经济
夹缝谈

朱其训 著

On
The Economic
Cracks

中国青年出版社

目　录

第一章　经济夹缝概述

经济夹缝如同经济往来、经济矛盾、经济冲突、经济发展一样，是经济活动中常见的社会现象，从有经济概念之日起，经济夹缝就已经存在了。经济夹缝是依据经济产生的，有时经济夹缝又是经济发展不可缺少的动力。

一、经济夹缝的概念

经济夹缝是从夹缝学中引申而来的。我们必须先对夹缝学中的夹缝相关概念加以了解，才能更好地理解经济夹缝的概念、形式和本质。

1. 夹缝和经济夹缝的概念

（1）夹缝的概念

夹缝原指两个靠近的物体中间的狭窄空隙。而用在夹缝学中的夹缝指两个以及两个以上的事物（主要是人）对第三个事物或更多事物（主要是人）构成挤压态势。夹缝是人类社会中普遍存在的社会现象。只要有人群的地方，都有夹缝。夹缝不同于矛盾，矛盾一般是指客观事物和人类思维内部各个对立面之间的互相依赖而又相互排斥的关系，特指事物互相抵触或排斥。矛盾一般由矛盾双方构成的，而夹缝不是，夹缝必须由三方以上才能够构成。人们常说受"夹板子气"，指受到了双方的责难，这就是夹缝现象。就夹缝而言，构成夹缝的双方与处在夹缝中的第三方——夹缝人在常态下没有矛盾，构成夹缝的双方有时也没有直接的联系，只是在作用于夹缝人时才产生联系。例如，有一个卖鸡蛋的故事，故事说有一位读书人到市场上卖自己家鸡下的鸡蛋,为了醒目,这位读书人写了一个广告牌子,牌子上书"新鲜鸡蛋在此出售"。几位顾客来买鸡蛋,一位顾客建议说,牌子"新鲜"两字多余了,"鸡蛋在此出售"就可以了;一位顾客建议说"在此"多余,"鸡蛋出售"即可;一位顾客建议说"出售"多余,"鸡蛋"即可;一位顾客建议说"鸡蛋"多余,你把鸡蛋摆在集市,难道不是卖的吗?这就是夹缝现象,读书人处在夹缝之中,不知道听哪一位是好。夹缝一般由夹缝构成者、夹缝人和夹缝环境构成。

夹缝构成者。所谓夹缝构成者指同时对一个人或组织发挥方向相对、内容相近、观点不一、发力对立的两个及两个以上的人或组织。夹缝构成者如果用物体来比喻的话,就如同一个镊子,对需要夹起来的物体同时发力。

夹缝人。所谓夹缝人指处在夹缝构成者构成的夹缝之中的个人或组织。

夹缝环境。所谓夹缝环境指除了夹缝构成者和夹缝人之外的能够促成夹缝形成的必要条件。

(2)经济夹缝的概念

经济夹缝指两个以及两个以上的组织或个人利用经济事物对第三组织、个人(乃至更多的组织、个人)构成挤压的态势。例如,一位老板在县城闹市区盖了一套楼房,家里人建议开一个诊所,为他人看病,到了工商局,才知道诊所首先要卫生局批准,为此,工商局的工作人员建议他们开影楼,使得这位盖房的老板一时举棋不定,这就是经济夹缝现象。

2.什么是经济

在理论界,经济学是研究经济的理论,经济学、经济理论概念已经对人们构成了夹缝。

(1)经济学概念的夹缝

经济学概念夹缝。经济学概念一直在发展着,发展着的概念往往容易构成夹缝。经济学的创始人、古典学派的代表人物亚当·斯密认为,经济学是研究国民财富的生产。新古典经济学派的代表个人物阿尔·弗雷德·马歇尔认为,"政治经济学或经济学是一门研究人类日常事务的科学,它研究个人和社会行为的一部分,即研究其中同取得和使用物质福利必需品关系最密切的那一部分"。① 英国著名的经济学家罗宾斯认为,经济学是一门科学,它把人类行为作为目的与可以有其他用途的稀缺资源之间的关系来研究。后来还有许许多多的经济学的概念:经济学"研究社会的组织和技术如何影响价格和资源在不同的用途上进行分配;考察金融市场的行为,包括利率和股票价格的涨跌及其规律。""考察收入分配,以及如何在不损害经济运动的前提下对穷人给予帮助。""研究商业周期(或作'经济周期'),考察如何利用货币政策调节失业和通货膨胀的波动。""考察各国贸易模式并分析贸易壁垒有何影响。""观察发展中国家的发展,并就资源有效利用的激励方式提出建议。""提出并回答政府采用何种政策才能达到既定的重大目标等问题,如加快经济增长、有效利用资源、实现充分就业、稳定价格水平和公平的分配收入。""经济学是研究市场主体如何选择,决定社会稀缺资源的使用方式的一门社会科学。"②还有的学者给经济学下的定义是"经济学泛指研究人类各种社会生产和经济活动,研究社会生产力的发展及其规律,研究生产关系的产生、演变及其规律的学科。"③在这众多的经济学概念中,我们应该采用哪一个? 经济学家该采用哪一个? 经济学的概念已经给我们构成了夹缝,需要我们仔细斟酌和辨析。

　　经济学细分的夹缝。理论一旦成为系统,细分就成为常态。经济学经过理论体系构成,一直在不断细分,对经济理论者和经济实践者构成了经济学细分的夹缝。例如,经济学细分至少可以分为六个细分系列。一是政治经济学。政治经济学又可以分为马克思主义政治经济学、资产阶级古典政治经济学,它们研究社会生产关系及其发展规律。难道社会生产关系和发展规律有多种? 如果有多种,人们在经济活动中选择哪种经济发展规律? 政治经济学的夹缝同样让经济理论研究者、实践者感到为难。二是部门经济学。部门经济学又可以分为工业经济学、农业经济学、商业经济学、邮电经济学、财政学、金融学、劳动经济学、消费经济学、国防经济学、人口经济学、网络经济学等,它们研究某一部门或产业的经济运行规律。理论分得越细,越容易构成夹缝。工业经济学、农业经济学、商业经济学等理论

---

① 转引自翁志勇主编:《经济学概论》第1—2页,上海大学出版社2006年版。
② 翁志勇主编:《经济学概论》第2页,上海大学出版社2006年版。
③ 刘树成主编:《现代经济辞典》第563页,凤凰出版社、江苏人民出版社2005年版。

中,一定包含了财政、金融、消费、人口等因素,理论细分中的交叉,构成了理论交叉的夹缝。三是与生产力相关的经济学。与生产力相关的经济学包括了技术经济学、生态经济学、国土经济学、区域经济学和生产力经济学本身。在经济学的研究中,对于什么是生产力要素还一直有着争议。马克思所指出的:"生产力表现为一种完全不依赖于各个个人并与他们分离的东西,它是与各个个人同时存在的特殊世界,其原因是,个人(他们的力量就是生产力)是分散的和彼此对立的,而这些力量从自己方面来说只有在这些个人的交往和相互联系中才能成为真正的力量。"①在劳动力要素的研究中,马克思主义认为劳动力具有三要素:具有一定生产经验和劳动技能的劳动者,以生产工具为主的劳动资料,劳动对象。劳动者是生产力的首要的能动的要素,因为只有劳动者才能制造和改进生产工具,掌握和使用劳动资料。列宁说:"全人类的首要的生产力就是工人,劳动者。"②邓小平说:"科学技术是第一生产力。"③列宁所讲的"首要的生产力"和邓小平所讲的"第一生产力"有区别吗?如果"首要的生产力"和"第一生产力"没有区别,但是,"首要的生产力"指的是"工人,劳动者","第一生产力"指的是"科学技术",这样的生产力论述对人们构成了夹缝。四是数理经济学、计量经济学。这类经济学研究经济活动中各种数量关系。五是世界经济学、发展经济学。这类经济学研究全世界各国和发展中国家的经济发展问题。六是微观经济学、宏观经济学。微观经济学研究厂商(企业)和消费者(家庭)的经济活动;宏观经济学研究整个国家的经济运行及其规律。就微观经济学和宏观经济学来讲,研究的最终落脚点还是在消费者消费上。国家经济运行得好,遵循经济发展规律,消费者手中的钱才多,才有钱可花,才能成为现代经济发展中的一驾马车(现代经济学家认为,当下经济发展靠三驾马车拉动:投资、出口、消费)。在经济活动中,人们是需要了解宏观经济学呢还是需要微观经济学呢?这是一个夹缝的难题。就六大类经济学的学说而言,同样是一个多重夹缝的夹缝难题。化解这些经济学理论概念夹缝的最好办法是"各取所需"。

---

① 《马克思恩格斯选集》第 1 卷,第 73 页,人民出版社 1972 年版。
② 《列宁选集》第 3 卷,第 843 页,人民出版社 1972 年版。
③ 《邓小平文选》第 3 卷,第 274 页,人民出版社 1993 年版。

（2）经济概念的夹缝

经济学是研究经济的学科，了解了经济学，就容易理解经济的理论。经济学者们对经济研究得越透彻，经济概念的夹缝就越多，必须在学习中注意化解。

经济概念的夹缝。在当下的概念中，我们所讲的经济是相对政治、文化、社会等概念而言的，经济在过去以及不同国度的不同时期，包含不同的含义，对后人理解经济构成了概念的夹缝，在中国古代，有"经国济民"之意。印度语系中，"经济"源自希腊文 Oiko-nomia，原文是家庭管理术。亚里士多德又赋予"经济"以谋生手段的含义。日本在近代借用古代汉语中原有的词汇，把此词译作"经济"，经过多年的发展和丰富，"经济"现在已成为一种哲学词语。在专家对经济的阐述中，有专家统计至少有七种含义。一是经济是人类社会生产活动的总称，包括社会生产过程的各个环节、各个方面，诸如生产、分配、交换、消费以及储蓄、投资等。诸如经济活动，指上述人类社会生产中的各种活动；经济运行状况、经济形势、经济波动等指人类社会生产的运转与进行的情况；经营管理指生产活动中投入与产出的比较。二是生产力方面的含义。三是生产关系方面的含义。四是经济形态的含义，如自然经济、商品经济、产品经济等。五是结构方面的含义，资源配置结构、产业结构、国民经济比例关系、消费结构、投资结构、社会生产技术水平结构、所有制结构、分配结构等。六是指人们常说的节省、便宜的含义。七是经邦济世即治理国家的含义。概念含义，已对经济活动和理论研究者构成了夹缝。

经济类型的夹缝。从人类社会生产这个概念出发，经济学家又把经济划分为不同类型，这些经济类型，对人们构成了经济概念夹缝。例如，按地域划分，可以分为国民经济、地区经济；按地域间的联系划分可以分为开放经济、封闭经济；按部门划分可以分为农业经济、工业经济、商业经济、财政经济、金融经济、房地产经济；按总体和个体划分，可以分为宏观经济、微观经济；按经济运行方式和管理方式特别是资源配置方式划分，可以分为市场经济、计划经济、混合经济；按人类社会生产活动的重要特征划分，可以分为知识经济、信息经济、网络经济、绿色经济等。[①] 经济的这些类型的划

---

① 　参见刘树成主编：《现代经济辞典》第 543—544 页，凤凰出版社、江苏人民出版社 2005 年版。

分,容易构成理解的夹缝。

国民经济概念以及运转中的夹缝。国民经济是国家经济的总称。一是国民经济是一个国家各种经济活动的总称。从层次上来看,国民经济分为宏观经济和微观经济。一般所讲的国民经济多指总体角度分析的具有反映国民经济总体水平衡量指标的宏观经济。例如有时我们常常讲的工业经济、农业经济等。二是国民经济具有一定的经济结构。国民经济结构指国民经济各部门、各区域及其他经济活动领域相互比例关系的总称,国民经济结构包括了国民经济的部门结构或者叫产业结构;国民经济结构包括区域经济结构、技术结构、产品结构、企业规模结构、就业结构等;国民经济结构包括生产、分配、交换、消费等各种经济变量之间的构成和比例。在国民经济的结构形态中,产业结构是国民经济结构的基本结构形态,它决定了国家经济增长的格局以及人们的社会生活质量。三是国民经济具有一定的成果标识。国民经济成果标识指"国内生产总值"——Grooss Domestic Product,缩写为 GDP。说是一种成果标识,是因为 GDP 反映的是一个国家(地区)在一定时期内所有常住单位生产活动的最终成果。GDP 有三种表现形态:价值形态、收入形态和产品形态。具体则为:以货币表示的一个国家在一定时期内所有部门生产的社会产品(增加值)和纯收入的总和。一般包括国民收入、固定资产折旧费和非生产部门的纯收入。与价值形态、收入形态和产品形态的三种形态的国内生产总值相对应,国内生产总值有三种计算方法:生产法,也称部门法;支出法,也称最终产品法;收入法,也称成本法。1993 年,联合国在国民账户体系中,鉴于国民生产总值是一个收入概念,而不是一个生产概念,所以把"国民生产总值"改为"国民总收入"。国民总收入扣除本国投在国外的资本和服务的收入,加上外国投在本国的资本和服务的收入后称国内生产总值。国民总收入扣除固定资本消费后,称国民生产净值。一个国家,一般都在使用国民总收入、国内生产总值、国民生产净值这三个指标来判断经济增长或危机程度,并用这三项指标作为制定各项经济政策的依据。"在 1994 年分税制改革的框架下,地方政府的财政收入按照财政收入来源主要可分为税收收入、中央转移支付收入、非税收入、债务收入和制度外收入。财政部的决算数据能够说明地方财政收入的一般预算规模和中央转移支付对平衡地方财政收入的作用,但却不能够说明地方政府财政收入的实际来源和规模。在中国很多地方政府财政收入中,非税收入的比重超过了税收收入,但很多非税收入并没有被纳入统计,也没有被纳入进预算内管理。"①中央政府要求加强统计,民众要求地方政府财政公开,似乎地方官员处在夹缝之中。其实,地方对国民经济概念理解及运作,已经构成了既对地方官员,又对民众的双重夹缝。

经济组织的经济问题夹缝。对于任何一个国家来说,必须面对和解决三个基本的经济问题:生产什么、如何生产和为谁生产。就"生产什么"来讲,对于经济决策者就是一个经济夹缝。一个社会必须决定,在诸多可能的物品和劳务之中,每一种应该生产多少以及何时生产。诸如一个社会必须生产多少卫星、导弹、军舰或生产多少电脑、汽车、粮食、衣服;生产多少消费品和生产多少投资品,这是生产什么典型的经济夹缝。保罗·萨缪尔森在其《经济学》一书中讲:"今天,我们应当生产比萨饼还是衬衫? 生产少量优质衬衫还是大批普通衬衫? 我们应当利用有限的资源生产更多的消费品(如比萨饼),还是应当生产较少的消费品和较多的投资品(如生产比萨饼的机器),从而让明天有更多的产出和消费?"②在生产决策时,有的建议生产比萨饼,有的建议生产比萨饼机器,经济理论在实践中遇到经济决策的夹缝。"如何生产"同样也是一个经济夹缝。一个社会必须决定谁来生产、使用何种资源以及采用何种技术生产。诸如谁来教书,谁来种田? 用水、风、煤、石油还是太阳能发电? 设备是用人来操作还是机器人来操作? 例如我国农村由集体生产到家庭联产承包责任制再到土地流转的土地耕种形式,都是由决策者决定的,这样的决策往往有一定的风险,有不同的意见,土地耕种形式就是农村经济夹缝的一种。"为谁生产"也是一个经济夹缝。生产的结果给谁享用,怎样合理分配生产的成果,谁应该得到高的收入? 就中国的房地产而言,房子盖了很多,结果是需要房子的人买不起,买得起的人又不需要房子,房子成为投资项目,那么今天我国的房子是为谁生产的呢? 是谁决定这样生产房子的呢? 其中富人有富人的理解和诉求,穷人有穷人的理解和诉求,中产阶级有中产阶级的理解和诉求,这

---

① 刘志广:《中国地方政府财政收入来源及其规模》,《地方财政研究》2010 年第 4 期。

② [美]保罗·萨缪尔森、威廉·诺德豪斯著,萧琛主译:《经济学》第 4 页,人民邮电出版社 2004 年版。

又是一个针对决策者的多重夹缝。"为谁生产"是三个经济问题中最为现实的经济夹缝。

3.经济原理的夹缝

美国经济学家 N.格里高利·曼昆提出了经济学的十大原理,在经济活动中,经济学的十大原理已经成为具体经济运转的原理。经济学的十大原理构成了"人们如何决策""人们如何互相交易""整个经济如何运行"的夹缝。

(1)人们如何做出决策的夹缝

曼昆说:"无论我们谈论的是洛杉矶经济、美国经济,还是全世界的经济,经济只不过是在生活中相互交易的人们所组成的群体而已。""一个经济的行为反映了组成这个经济的个人的行为。"[①]因此,人们必须在经济活动中有所取舍,因此也就构成了个人经济决策的夹缝。

"人们面临权衡取舍"的夹缝。在经济活动中,人们时常面临着经济的取舍,就是人们必须在一个目标与另一个目标之间权衡取舍。例如,中共十八大报告中指出:"实现发展成果由人民共享,必须深化收入分配制度改革,努力实现居民收入增长和经济发展同步、劳动报酬增长和劳动生产率提高同步,提高居民收入在国民收入分配中的比重,提高劳动报酬在初次分配中的比重。初次分配和再分配都要兼顾效率和公平,再分配更加注重公平。完善劳动、资本、技术、管理等要素按贡献参与分配的初次分配机制,加快健全以税收、社会保障、转移支付为主要手段的再分配调节机制。"[②]在追求公平中如社会保障,是帮助那些最需要帮助的社会成员的;如个人所得税,是要求经济上成功的人士支持二次分配,用来帮助穷人的。这实际上是以降低效率为代价,减少了对于辛勤工作的奖励。对于收入较低的人们来讲,他们希望福利和社会保障越多越高越好;对于那些个人所得税扣除者,不少人希望扣税的起点越高越好,自己被扣得越少越好。对于处在夹缝中的决策者来讲,很难在初次分配和再分配都兼顾好效率和公

[①] [美]N.格里高利·曼昆著,梁小民译:《经济学原理·微观经济学分册》第4页,北京大学出版社2006年版。

[②] 胡锦涛:《坚定不移沿着中国特色社会主义道路前进 为全面建成小康社会而奋斗》第36页,人民出版社2012年版。

平,这就是分配取舍的夹缝。

"机会成本"即成本与利益的夹缝。机会成本指为了得到某种东西所必须放弃其他的东西,也就是十大原理之一的"某种东西的成本是为了得到它所放弃的东西"[①]。在人们做出经济方面的决策时,成本与效益往往是决策的核心,成本和效益也成为构成夹缝的双方。成本是经济活动中别人收取的,效益是经济活动中别人付给的,效益减去成本,往往是行动主体决策者所获得的收益。例如,考虑上大学决策时就构成了成本和效益的夹缝。2013年新生录取的日子里,19岁的四川姑娘玲玲(化名)拿到了成都某高校的本科录取通知书,但父亲认为"读书无用",宁愿出钱资助玲玲做点小生意,也不愿意"把辛苦赚来的钱白白丢给大学"。这位父亲算了笔账:大学4年学费加生活费要8万元,毕业后还不一定能找到工作,即使找到工作一个月也只有两三千元工资。如果打工的话4年至少能赚8万元,加上省下的读大学的费用就有16万元,付房子首付、开店做生意都能赚钱,"都比读大学划得来"。小玲的父亲看到不断有新闻报道说,上百万大学生找不到工作。"大学毕业等于失业",他认为能赚钱养活自己最重要。他说,在自己住的小区,至少有10个大学生"家里蹲",那些人的父母家里没有好多钱,好多还是借钱送娃娃去读大学,结果呢? 读出来要不就是没工作,在家啃老,要不就是父母又花几万元去帮娃娃找工作,读大学有啥子用? 门口捡垃圾的每年能赚两三万元,都比读书强。而他自己,小学毕业,拉三轮车、做小生意,都比大学生赚得多。小玲父亲认为读大学是"肯定会失败的投资"[②]。这则报道刊登后,网民持几种观点:支持小玲爸爸的,支持小玲的,批评"教育"的等,自身已经构成了夹缝。经济学家认为,关于上大学的决策,上大学者的利益是丰富了知识、技能,且一生中拥有了更好的工作机会。成本至少有两方面:一是直接成本,学费、书费、住宿费、伙食费等;二是隐性成本,读大学的时间,当你读大学你就没有时间工作,因此也就没有了工作的收入。上面我们说的小玲读大学的例子,小玲的爸就已经把直接成本和隐性成本计算得非常清楚。小玲和她的父亲处在了读

---

① [美]N.格里高利·曼昆著,梁小民译:《经济学原理·微观经济学分册》第5页,北京大学出版社2006年版。

② 王逾婷:《父亲反对女儿上大学称不想把钱白白丢给大学》,《成都商报》2013年9月2日。

大学的成本和效益的夹缝之中。

理性人考虑边际量的夹缝。理性人指系统而有目的地做可以达到其目的的最好的事的人。边际量指对行动计划的微小增量调整。"理性人知道,生活中的许多决策很少是黑与白的选择,而往往是介于其间。""理性人通常通过比较边际效益(marginal benefit)与边际成本(marginal cost)来做出决策。"①一个理性人应该根据边际利益和边际成本而做出决策,而非理性人往往不会按边际利益和边际成本做出决策,容易处在边际利益和边际成本的夹缝之中。例如,假设一架有200个座位的飞机横越美国飞行一次,航空公司的成本10万美元,每个座位的平均成本是10万美元/200个,即500美元。按常理航空公司的定价不应该低于500美元。设想一架飞机即将起飞时仍有10个空位,而在登机口等退票的乘客愿意支付300美元买一张机票(理性人状态下的我们不考虑此时机场的程序),航空公司是卖票还是不卖票? 这就是一个边际量的夹缝,理性人理论家作为夹缝一方认为当然应该卖机票给那个出300美元买机票的那个人,因为飞机有空位,增加一位乘客的成本微乎其微,虽然每位乘客飞行的平均成本是500美元,但边际成本仅仅是这位额外的乘客免费的一包花生米和一罐饮料的成本而已。只要等退票的乘客所支付的钱大于边际成本,卖给他机票就是有利可图的。②但有些航空公司作为夹缝的另一方则认为,500美元卖300美元,明显亏本,亏本的事情是不能够做的。在这个"理想状态"的理性夹缝中,售机票的实际操作者往往成为夹缝人,无论他们对边际成本了不了解。

人们对激励做出反应的夹缝。激励有人解释为激发鼓励,有人解释为"引起一个人做出某种行为的某种东西。"其实激励指某些人运用目标和手段,推动人们某些欲望的提升和某些行动的高效。在一般情况下,人们通过比较成本与利益做出决策,对激励做出反应。由于国家政策不同,也就是不同国家的决策不同,相同的事物,会出现不同的决策结果,这些不同的决策结果,容易构成夹缝,在同一个国家也是如此。例如,汽车业的发

① [美]N.格里高利·曼昆著,梁小民译:《经济学原理·微观经济学分册》第6页,北京大学出版社2006年版。

② [美]N.格里高利·曼昆著,梁小民译:《经济学原理·微观经济学分册》第6页,北京大学出版社2006年版。

展,2011 年之前中国主张发展汽车业,以此拉动 GDP 的提升;2011 年之后,中国注意了堵车和环保问题。2011 年 2 月 25 日,全国人大常委会通过了《中华人民共和国车船税法》,2011 年 12 月 5 日,国务院颁布了《中华人民共和国车船税法实施条例》。车船税法及其实施条例于 2012 年 1 月 1 日起施行。汽车产业相关政策开始由以促进汽车消费为主向以鼓励汽车技术进步为主的转变。据了解,车船税法在完善征税范围、改革乘用车计税依据、调整税负结构、规范税收优惠和强化征收管理五个方面做了重大调整。乘用车税额按排气量计征,并依照排气量大小,分别做了税额降低、不变和提高的结构性调整,体现了节能减排和对汽车消费的政策导向。以乘用车来说,在 2011 年以前,对于 9 座以下的小型、微型客车只分为两挡,即 1.0 升(含)以下排气量的微型客车,年基准税额 300 元;1.0 升以上小型客车,年基准税额 480 元。而在新《办法》中,按排气量划分出七挡,其中,1.0 升(含)以下排气量的,年基准税额维持 300 元不变;1.0 升至 1.6 升(含)排气量的,年基准税额下调到 420 元;1.6 升至 2.0 升(含)排气量的,年基准税额维持 480 元不变;2.0 升至 2.5 升(含)排气量的,年基准税额提高到 900 元,增加了 420 元。此后排气量越高,年基准税额也越高。4.0 升以上排气量的为最高的一挡,年基准税额高达 5280 元,增加了 4800 元。这种汽车税收的激励政策,没有对国人有多大的震动,买车、买大排气量汽车仍然时髦。有一篇《有车生活你得到了什么》文章,代表了"车族"们的心态。"不断抬高的油价、停车费等费用,以及日益严重的堵车现象,使买车看起来像是一桩一直在亏本的买卖,可是你得到的也并不少,除了最后一条——大多数人不想提到它。1. 汽车改变了你上下班的方式,为你选择在哪儿居住提供更多可能,也改变了你制造浪漫的方式。2. 它改变了道路体系。理论上说,你会越来越方便地去你想去的地方。3. 你的行动半径增大了。一个乐观的方面是,你能有机会看到、遇到更多新事物。4. 它改善了你的出行体验。即便堵在路上,你也不必再忍受烈日下公交站台上的热浪。5. 换个角度看,你会更注意道路安全,尤其是自己作为行人的时候。6. 它是一个生活态度新载体,一个新玩具。7. 增加你的体重。"[①]有车好处有六条,缺点有一条,看来文章是在激励人们买车。国家

---

① 　孟佳丽:《有车生活你得到了什么》,《读者》2013 年第 19 期。

出台政策激励少买车和买小排气量的车;文章激励人们买车,这就是一个购车激励决策的夹缝。从发达国家来看,早已就在激励人们少买车。"汽油税鼓励人们开小型的节油型汽车。欧洲开小型车的人比美国多,原因之一就是欧洲的汽油税比美国高。汽油税还鼓励人们坐公共汽车,而不是自己开车,并鼓励人们在离自己住所近的地方工作。税收越高,就会有越多的人驾驶混合型汽车。如果税收足够高,人们就会开始驾驶电动汽车。"①这就是激励感受不同。在鼓励减排情况下,国人的购车决策行为和发达国家人的购车决策行为则不尽相同,两者对准备购车的人形成夹缝。

(2)人们如何交易的夹缝

"人们如何相互交易"是 N. 格里高利·曼昆经济学十大原理"第五、第六、第七"三条原理的概括。人们如何相互交易容易构成夹缝。

"贸易能使每个人状况更好"的夹缝。这一条原理对于发达国家无疑是正确的,对于发展中国家无疑是有疑问的。就理性人的经济理论而言,这条原理是正确的,但现实的贸易中则是有很大差距的。对于"贸易能使每个人状况更好"的原理解释说,"国家和家庭一样,也能从相互交易中获益。贸易使各国可以专门从事自己最擅长的活动,并享有各种各样的物品与劳务"。② 在世界的贸易活动中,当贸易涉及国家利益时,完全不是曼昆所设想的那样。"'国家利益'是国际关系理论中的核心概念之一,却也是'国际政治文献中最不严格的变量'。一般而言,国家利益指的是'一国相对他国而言的基本需求(need)和欲求(want)',或反过来,是'满足民族国家全体人民合法的物质与精神需要的东西'。"③"在一个无政府状态的、自助的国际环境中,由于生存利益的驱动,各国对相对实力的损失非常敏感。这种相对实力是它们安全和独立的最后基础。因此,现实主义者发现,任何关系中,国家的主要目标不是追求最大的获益(gain)或报偿(payoff)。相反,在任何时候,国家的基本目标是阻止其他国家实现有利于它们的相对实力。事实上,如果能够阻止其他国家实现更多的获益,有时,国家甚至

---

① [美]N. 格里高利·曼昆著,梁小民译:《经济学原理·微观经济学分册》第 7 页,北京大学出版社 2006 年版。

② [美]N. 格里高利·曼昆著,梁小民译:《经济学原理·微观经济学分册》第 9 页,北京大学出版社 2006 年版。

③ 张斌著:《"非市场经济"待遇:历史与现实》第 41 页,上海人民出版社 2011 年版。

会放弃增加本国绝对能力的机会。"①理性人设想的理想贸易成为夹缝的一方,现实贸易者们的实践成为夹缝的另一方。许多"不明的贸易者"成为夹缝人。

"市场通常是组织经济活动的一种好办法"的夹缝。计划经济、市场经济都是经济活动的一种形式,我国改革开放后,计划经济被视为"洪水猛兽"一般。其实,邓小平概括的是有一定道理的,"社会主义也有市场经济,资本主义也有计划控制。"②"计划经济不等于社会主义,资本主义也有计划;市场经济不等于资本主义,社会主义也有市场。计划和市场都是经济手段。"③市场经济一般被比喻为看不见的手在操作,价格就是看不见的手用来指引经济活动的工具。而政府为了调整市场时,就会使用计划。市场和计划怎么使用,往往容易构成夹缝。"市场通常是组织经济活动的一种好办法",计划经济在一定情况下可以发挥特殊作用,持这两种认识的人往往是构成夹缝的双方。

"政府有时可以改善市场结果"的夹缝。在法制健全、民主普遍的社会中,政府可以根据人民授权对市场进行干预;在法治不太健全,民主只是口号的社会中,政府会对经济实行独裁。"20世纪80年代苏联和东欧的解体是20世纪后半期世界上最大的变化。这些国家运行的前提是处于最高地位的政府官员决定经济中稀缺资源的配置。这些中央计划者决定,生产什么物品与劳务、生产多少,以及谁生产和消费这些物品与劳务。支撑中央计划的理论是,只有政府才能以促进整个社会经济福利的方式组织经济活动。"④这正是政府在经济活动中使用的"失当"。"我们需要政府的原因之一是,只有在政府实施规则并维持对市场经济至关重要的制度时,看不见的手才能施展其魔力。""政府干预经济并改变人们根据自己的利益选择的资源配置的原因有两类:促进效率和促进平等。"⑤政府无论在市场经济形态下还是在计划经济形态下,都能够发挥意想不到的作用,因为政

---

① 张斌著:《"非市场经济"待遇:历史与现实》第44页,上海人民出版社2011年版。
② 《邓小平文选》第3卷,第364页,人民出版社1993年版。
③ 《邓小平文选》第3卷,第373页,人民出版社1993年版。
④ 〔美〕N.格里高利·曼昆著,梁小民译:《经济学原理·微观经济学分册》第9页,北京大学出版社2006年版。
⑤ 〔美〕N.格里高利·曼昆著,梁小民译:《经济学原理·微观经济学分册》第11页,北京大学出版社2006年版。

府作用是人为的、有时是不遵守经济规律的,所以,政府的"作用"有时需要规范。在人们希望平等时,希望政府的作用大一些;当人们希望效率时,往往希望政府的"作用"遵循经济规律,这便是对政府"作用"的夹缝。

（3）整体经济如何运行的夹缝

经济如何运行,不仅仅是经济学家所关心的,政府官员同样关心。就我国而言,政府对经济运行投入了绝大部分的精力。从毛泽东所讲的"我们不能走世界各国技术发展的老路,跟在别人后面一步一步地爬行。我们必须打破常规,尽量采用先进技术,在一个不太长的历史时期内,把我国建设成为一个社会主义的现代化强国"。① 到邓小平提出的"经济工作是当前最大的政治,经济问题是压倒一切的政治问题"。②"我们的第一个目标是解决温饱问题,这个目标已经达到了。第二个目标是本世纪末达到小康水平,第三个目标是在下个世纪的五十年内达到中等发达国家水平"。③这些都是我国某一个时期经济运行的方针,也是经济运行的规划。在规范国家经济运行中容易构成夹缝。

"一国的生活水平取决于它生产物品与劳务的能力"的夹缝。曼昆认为,"几乎所有生活水平的差别都可以归因于各国生产率（productivity）的差别——即一个工人一小时所生产的物品与劳务数量的差别。在那些每单位时间工人能生产大量物品与劳务的国家,大多数人享有高生活水平;在那些工人生产率低的国家,大多数人必须忍受贫困的生活"。"生产率:一个工人一小时所生产的物品与劳务数量。"④这是经济生产率决定论,生产率决定论,在正常运转的经济模式中有道理,在非正常运转的经济模式中就不会显示出生产率的作用来,例如,石油生产国就是典型的稀缺资源决定本国的生活水平范例。2010 年一位台湾学者对世界各国富裕程度做了统计,拥有丰富石油的国家大多排在前面,像科威特、卡塔尔、阿联酋等国家。阿联酋政府给其本国居民提供了终生福利,普通百姓从一生下来就能过上衣食无忧的生活。阿联酋政府鼓励本国居民多生多育,孩子从出生

---

① 《毛泽东文集》第 8 卷,第 341 页,人民出版社 1999 年版。
② 《邓小平文选》第 2 卷,第 194 页,人民出版社 1994 年版。
③ 《邓小平文选》第 3 卷,第 256 页,人民出版社 1993 年版。
④ ［美］N. 格里高利·曼昆著,梁小民译:《经济学原理·微观经济学分册》第 12 页,北京大学出版社 2006 年版。

之日起,父母按人头每月能从政府部门领取儿童抚育金,其金额足以支付一个儿童的日常生活所需。等孩子到了上学年龄,到政府办的公立学校上学,学生不光不用交学费,同时还能领取一定金额的零花钱,成绩好的学生还享有可观的奖学金。孩子上大学时,如能考上国外的名牌大学,政府会提供相当金额的助学金,鼓励其到国外留学。从学校毕业后,阿政府以优惠的条件吸引本国人到政府机关就业,开出的工资很高,并提供免费住房。年轻人长大了,论及婚嫁,若是本国人之间通婚,阿联酋政府在各地设立的婚姻基金会将给新婚夫妇发放婚姻基金。公费医疗则是所有居民都能享受的。有人替阿联酋本国人算了笔账,在通常情况下大部分人的工资是"怎么花都花不完的"。对于一个普通家庭来说,在享受全方位的政府福利情况下(住房、医疗、教育全免费),其他的开支也就是穿衣穿鞋、水电费、通信费和交通费了。在阿联酋常常是一家只要一个人工作就够了,这样的生产率如何计算呢? 科威特和阿联酋差不多,"对科籍的学生实行大、中、小学免费教育,由国家免费提供衣、食、交通、书籍、文具和医疗费用。专业学校还为学生提供很高的助学金"。① 稀缺资源事业的情况不同,所谓的"一个工人一小时所生产的物品与劳务数量"的劳动生产率就有很大的区别。理论家的劳动生产率决定人们的生活水平的理论与持有稀缺资源决定人们生活水平的实践,构成了经济运转中劳动生产率的夹缝。

　　"当政府发行了过多货币时,物价上升"的夹缝。在民众中间,人们有一个通俗的认识:物以稀为贵。这里的"贵"有贵重的意思,也有价格贵的意思。当某一物品稀有时,价格必然上升,这种现象与政府发行货币似乎没有多大的关系,这则容易产生对于"当政府发行了过多货币时,物价上升"原理认识的夹缝。"当政府发行了过多货币时,物价上升"无疑是经济活动的一个规律,但在市场一体化的今天,某一经济大国的货币发行量已经影响到世界的物价,这便构成了本国政府的货币发行与经济大国货币发行的夹缝。货币对经济的作用主要表现在:"(1)通过调控货币供应总量,保持社会总供给与社会总需求的平衡;(2)通过调控利率和货币总量控制

---

① 中华人民共和国教育部国际合作与交流司组编:《世界62个国家教育概况》第82页,首都师范大学出版社2001年版。

通货膨胀,保持物价总水平的稳定;(3)调节国民收入中消费与储蓄的比重,引导储蓄向投资转化,并实现资源的合理配置,促进经济增长。"①其实,通货膨胀有各种因素,货币发行太多只是原因之一。1921年1月,德国的一份日报为0.3马克。不到两年之后,也就是1922年11月,一份同样的报纸价格为7000马克。经济中所有其他价格都以类似的程度上涨。这是最令人震惊的例子,这也是典型的货币发行过多引发的通货膨胀。所谓通货膨胀指物价总水平(或一般物价水平)持续上升的情况。根据通货膨胀通常视物价上涨幅度不同的区别,专家将其分为温和的通货膨胀(年物价上涨5%～10%)、奔腾的通货膨胀(年物价上涨10%～100%)和恶性通货膨胀(年物价上涨100%以上)。严重的通货膨胀容易导致社会经济动荡、政治斗争加剧和人民生活水平下降等严重后果。俄罗斯1992年1月实行经济转轨以后,一开始就小心翼翼地奉行严厉的紧缩货币政策,但结果完全不是预想的情况以期阻止通货膨胀的发生。与改革前夕的1991年12月相比,俄1992年12月的消费物价指数竟高达2600%,1992—1995年全国物价上涨了约8500倍。俄罗斯经济学家将此称为"超级恶性通货膨胀"。经俄政府的全力医治,通货膨胀率才逐渐下降,1993年降为900%,1994年为245%,1995年为131%,1996年为22%,1997年为11%。专家研究认为俄罗斯恶性通货膨胀的主要原因,一是长期存在的抑制性通货膨胀为恶性通货膨胀的爆发埋下了隐患。二是苏联的瓦解,使俄经济危机进一步深化,难以摆脱恶性通货膨胀的发生。三是预算赤字的进一步扩大最终导致恶性通货膨胀的爆发。四是部门经济和金融机构等利用其特殊地位捞取私利,使恶性通货膨胀难以及时遏制。② 这与发行货币的关系不大,并构成了通货膨胀认识和实践研究的夹缝。在经济一体化的今天,通货膨胀的原因更加复杂。其实,一个国家货币的价值,最终取决于该国的经济实力及对其经济政策的信任度。例如,美元作为基轴货币的特权,既是一把能使对外债务膨胀的双刃剑,亦是导致美国和东亚各国以及中东产油国等之间,产生大幅度国际收支不平衡的温床。大量的资金为了消除国际收支不平衡而流入美国,成为美国长期压低利率的主要原因。美国联

---

① 刘树成主编:《现代经济辞典》第462页,凤凰出版社、江苏人民出版社2005年版。
② 参见熊家文:《俄罗斯恶性通货膨胀的前因后果》,《世界经济》1998年第9期。

邦储备委员会(简称:"FRB"或"美联储")前主席格林斯潘,把即使提高政策利率,也无法使长期利率上升的情况,称之为"难解之谜"(Conundrum)。当时的财政部长保尔森暗示,美国楼市泡沫,不仅与美联储实行过度宽松的国内金融政策有关,也和中国等国家通过干预汇率,保持对美贸易顺差,向美国提供过度的流动性有关。① 这已经成为国际性经济问题,构成了不同国家间对于美元政策的夹缝。"2008 年的世界金融危机,是因为国际金融系统的缺陷所致? 还是单纯的美国宏观政策运作的失败? 我们在探讨其原因时,不可忽视美元这种货币的特殊性。此外,还有金融机构风险管理上的缺陷、不当的薪酬体系所诱发的过度的风险追求以及过度的杠杆作用等,也是金融危机爆发的原因。另外还有与评级机构利益相冲突的行为、监督体制的不完善等,论点涉及多方面。"② 从 1921 至 1922 年德国的通货膨胀,到 1992 至 1997 年俄罗斯的通货膨胀,再到 2008 年的世界金融危机,每一次通货膨胀和金融危机的原因不尽相同,但与货币的确有很大的关系,这也成为构成货币夹缝的规律。

"社会面临通货膨胀与失业之间的短期权衡取舍"的夹缝。"社会面临通货膨胀与失业之间的短期权衡取舍"的夹缝实际上是决策者"面临通货膨胀与失业之间的短期权衡取舍"的夹缝。为什么这么说,是因为发行多少货币,如何减少失业,这是决策者的事,不是社会的事。大多经济学家认为:"经济中货币量增加刺激了整个支出水平,从而刺激了物品与劳务的需求。""随着时间的推移,高需求会引起企业提高物价,但同时,它也鼓励企业增加它们生产的物品与劳务量,并更多地雇佣生产这些物品与劳务的工人。""雇佣更多工人意味着更少的失业。"③ 经济学家推理为货币量增加,可以减少失业,决策者面临通货膨胀与失业之间的短期权衡取舍,"这就简单地意味着,在一两年的时间内,许多经济政策朝相反的方向推动通

---

① 参见[日]小林正宏、中林伸一著,王磊译:《从货币读懂世界格局》第 3 页,人民东方出版传媒、东方出版社 2013 年版。

② [日]小林正宏、中林伸一著,王磊译:《从货币读懂世界格局》第 3—4 页,人民东方出版传媒、东方出版社 2013 年版。

③ [美]N.格里高利·曼昆著,梁小民译:《经济学原理·微观经济学分册》第 14 页,北京大学出版社 2006 年版。

货膨胀与失业"。① 其实决策者处在了通货膨胀与失业的夹缝之中。人们希望物价越低越好,工作收入越多越好,这是对通货膨胀与失业夹缝的另一种诠释。

二、经济夹缝的主客体

经济夹缝是由三个以上的因素构成的,一般是由夹缝的主体对夹缝的客体施夹才能构成经济夹缝。经济夹缝的主体又必须由两个以及两个以上的主体因素构成;经济夹缝的客体可能是个人,也可能是人构成的集体。经济夹缝显现出来的时候可能有些特殊,从宏观到微观看,大到国家间的经济夹缝,小到人与人之间因经济问题而产生的经济夹缝,夹缝的主体大多都是人。

1.经济夹缝的主体

经济夹缝由主体和客体构成,经济夹缝的主体有时又是夹缝的主体方面,经济夹缝的主体方面必须由两个以及两个以上的主体因素才能形成经济夹缝的形态。

(1)人是经济夹缝的主体

毛泽东曾经说过:"世间一切事物中,人是第一个可宝贵的。"②人是世界上最聪明、最活跃、最具创造性的动物,因此,人是夹缝的主体,也是经济夹缝的主体。在经济夹缝中,构成经济夹缝的是经济决策者、经济管理者、经济运作者、经济研究者、经济个体等。经济内容、经济条件、经济政策、经济规律等事物都是在"经济人"的运作下成为经济夹缝的主体方面的。

经济夹缝是人为形成的。在人们生活中,经济夹缝都是由人构成,又对另外一部分人施夹,从而构成了夹缝。经济夹缝构成的原因很多,有决策性的、运作性的、偶然性的等原因,大多是人为形成的。例如,三个水果摊贩和一位老太太的故事就是人为的经济活动的夹缝。故事讲的是一位

---

① [美]N.格里高利·曼昆著,梁小民译:《经济学原理·微观经济学分册》第14页,北京大学出版社2006年版。

② 《毛泽东选集》第4卷,第1512页,人民出版社1991年版。

老太太每天去菜市场买菜买水果。三个水果摊贩一字摆开。一天早晨,她来到菜市场第一个小贩摊前,老太太说我要买李子。第一个小贩赶忙介绍这个李子,又红又甜又大,特好吃,但不让尝。第二个小贩说我这里有很多李子,有大的,有小的,有酸的,有甜的,你要什么样的呢? 老太太说要买酸李子,小贩说我这堆李子特别酸,你尝尝? 老太太一咬,果然很酸,满口的酸水。老太太马上买了一斤酸李子。第三个小贩问老太太别人都买又甜又大的李子,你为什么要买酸李子? 老太太说:我儿媳妇怀孕了,想吃酸的。第三个小贩马上说:你对儿媳妇真好! 小贩又问,那你知道不知道这个孕妇最需要什么样的营养? 老太太说不知道。小贩说,其实孕妇最需要的是维生素,因为她需要供给这个胎儿维生素。所以光吃酸的还不够,还要多补充维生素。水果之中,猕猴桃含维生素最丰富,所以你要是经常给儿媳妇买猕猴桃才行! 这样的话,你儿媳妇一定能生出一个漂亮健康的宝宝。老太太一听很高兴啊,马上买了猕猴桃。第三个小贩说我这里水果可以尝,不满意包换,还给你优惠。从此以后,这个老太太每天在第三个小贩那里买水果。在这个故事中,第一个摊贩是夹缝人,他的生意一直很差;构成夹缝的是第二个摊贩、第三个摊贩和买水果的老太太。虽然是经济活动,构成夹缝的全是人。

经济夹缝最终是针对人的。在世界经济贸易中,反倾销一直是发达国家使用的夹缝手段。反倾销(Anti-Dumping)指对外国商品在本国市场上的倾销所采取的抵制措施。一般是对倾销的外国商品除征收一般进口税外,再增收附加税,使其不能廉价出售,此种附加税称为"反倾销税"。例如,中国光伏业的强大产能令欧美竞争者无所适从。其实,中欧光伏业之间的恩怨由来已久。早在 2012 年 7 月,欧洲光伏企业就向欧盟提起对华反倾销的调查申请。此后,中国商务部与欧盟委员会多次斡旋,其间甚至惊动了国家总理李克强和欧盟委员会主席巴罗佐,恩情可谓一波三折跌宕起伏。遗憾的是,中欧之间的高层磋商却未能带来实质性进展——2013年 6 月 4 日,欧盟委员会决定将对中国光伏产品征收 11.8% 的临时性反倾销税;如果双方无法在两个月内达成妥协,该税率最高可涨至 67.9% 。专家认为,光伏产品涨价加上贸易保护主义政策,欧洲的光伏企业将受益无穷。① 这样的反倾销从表面看是针对经济的,实质上经济是由人来操作的,因此,构成反倾销夹缝的构成者和夹缝人最终还是人。在光伏产品反倾销的过程中,中国执政者和光伏产品的生产者是夹缝人,构成夹缝的是欧盟和欧洲光伏产品的生产者。

(2)理性人假设与人力资本的夹缝

在经济活动中,理性人和人力资本的运用容易构成夹缝。

理性人假设的夹缝。经济学的基本前提是理性人假设。"理性人"假设(hypothesis of rational man)是指作为经济决策的主体都是充满理智的,既不会感情用事,也不会盲从,精于判断和计算,其行为是理性的。在经济活动中,主体所追求的唯一目标是自身经济利益的最大化。如消费者追求的是满足程度最大化,生产者追求的是利润最大化。在经济学里,"合乎理性的人"的假设通常简称为"理性人"或者"经济人"的假设条件。"经济学正是在这一假设之下研究资源既定时的最大化问题。对社会是 GDP 和社会福利最大化,对个人是收入和效用最大化,对企业是利润最大化和企业资产价值最大化。正是在对这种最大化的研究中得出了许多有意义的结论。离开了这个假设,经济学的全部内容都要被推翻。"② 有的西方经济学家指出,所谓的"理性人"的假设是对在经济社会中从事经济活动的所有人的基本特征的一个一般性的抽象。但实际上由于受到市场信息不对称效应的影响,完全"合乎理性的人"不可能存在,只能作为一个理论上的抽象概念。我们信什么呢? 研究经济的人成为夹缝人,理性人假设的本身就对人们构成了夹缝。在现实的社会中,无论国际还是国内的经济活动中,追求利益最大化只是一个理想的状态。例如,国际社会中的"援助"就不是追求利益最大化的行动,往往是国家之间的博弈。国际经济援助是指有关国家经济组织对发展中国家的赠予和提供的优惠贷款。国际经济援助主要分官方和非官方两大类,在官方援助中,国际性组织、地区性机构或某个国家都有国际经济援助专案;非官方主要指私人商业银行对欠发达地区提供的低息贷款。受援助国家主要集中于发展中国家。总部设在华盛顿的全球发展中心和总部设在美国威廉玛丽学院的"援助数据"项目(Aid

---

① 参见孙思远:《别恨欧盟的光伏反倾销税》,"新浪财经专栏"2013 年 6 月 5 日。

② 翁志勇主编:《经济学概论》第 16 页,上海大学出版社 2006 年版。

Data)共同发布的统计报告说："估计中国十年间援助非洲达 750 亿美元。"据介绍,统计人员用一年半时间收集分析了上万篇中国援助非洲的公开报道,最终汇总成一个可以实时更新的中国对非援助数据库。美国研究机构发布的统计报告显示,2000 年至 2011 年,中国共为 51 个非洲国家援助 1673 个项目,援助总额约 750 亿美元。2011 年南苏丹独立后,非洲共有 54 个国家,这意味着仅有 3 个非洲国家未接受中国援助。在 1673 个援助项目中,涉及 20 多个领域,涵盖非洲社会的方方面面。就项目数量而言,卫生援助、减免债务援助、政府和民间组织援助、教育援助等排名靠前,项目总数均超过 100 个。就援助金额而言,减免债务所占比重最大,总额超过 40 亿美元,其次是交通和仓储援助,总额约 24 亿美元,其他援助金额较多的领域包括农林渔业、政府和民间组织援助、能源援助等。报告表示,经过 10 多年的发展,中国对非援助几乎遍布非洲大陆,并且今后可能继续增长,与美国对非援助比肩。据估计,2000 年至 2011 年,美国对非援助总额约 900 亿美元。① 美中两国用援助争取非洲国家的支持,其实对非洲国家构成了经济援助的夹缝,美中两国考虑的不是本国利益最大化,考虑的是国际地位。

人力资本的夹缝。所谓人力资本指通过对人的教育、培训、实践经验、迁移、保健等方面的投资而获得的知识和技能的积累。人力资本是相对物质资本而言的。物质资本是指对机器设备、建筑物、存货的投资和积累。专家分析认为,人力资本与物质资本的相同之处在于一是它们都需要有前期投入,都是前期投资的结果;二是都能够使生产率提高;三是都能带来预期收益。人力资本与物质资本的不同之处在于物质资本是对物的投资;人力资本是对人的投资,其所获得的知识和技能是存在于人的身体之内的。② 在经济发展过程中,对于某一个具体的单位来讲,人力资本与物质资本往往容易构成夹缝,使经济工作者成为夹缝人,因为人力资本和物质资本需要互相支撑,才能完成经济科学发展的任务,经济工作者恰恰难以平衡。就人力资本本身而言,经济决策者和经济工作者时常对人力资本的发展和使用构成夹缝。例如,中国人力资本的投入,10 年中为实施免费义

① 参见中国新闻网:《统计报告估计中国十年间援助非洲达 750 亿美元》,2013 年 5 月 8 日。
② 参见刘树成主编:《现代经济辞典》第 848 页,凤凰出版社、江苏人民出版社 2005 年版。

务教育,中央财政累计投入经费 5000 多亿元。从教育投入总量看,全国教育经费总投入从 2002 年的 5480 亿元增加到 2010 年的 1.96 万亿元,增长了 3.6 倍,年均增幅约 17%。2012 年,经过多年努力,教育投入 4% 的目标终于实现。① 为了实现教育投资占到 GDP 的 4%,许多人都发表过自己的观点,这些观点对教育决策者构成了夹缝。北京航空航天大学前校长沈士团 1998 年第一次参加政协会议,他当着时任国务院副总理李岚清的面说,政府说话不算话。1993 年的《中国教育改革发展纲要》提出,在 20 世纪末财政性教育经费要占到 GDP 的 4%,可这个比例却在"八五"期间严重下滑。1995 年滑到谷底,只有 2.41%。眼看着世纪末就要到了,没达到这个目标是谁的责任? 经济学家厉以宁认为,4% 从来就不只是一个跟教育有关的数字。多年以前,正是他和一些人的实证研究得出结论,当人均 GDP 达到 800 美元到 1000 美元时,公共教育支出占 GDP 的比重要达到 4.07%~4.25%,才能实现教育与经济的良性发展。全国人大代表朱永新建议,要建立一个政府向各级人大报 4% 落实情况的制度,让教育投入成为各级政府工作报告里必写的内容。此外,在怎么花钱的问题上,要对重大教育投入有论证和公示制度。中国教育学会常务副会长、国家教育咨询委员会委员谈松华说,4% 是一个里程碑意义的成果,首先要考虑如何巩固这个成果。需要注意的是,中国经济增幅较快,2012 年教育投入达到 4%,不等于 2013 年也能达到。教育投入应随着经济增长保持较高的增长。北京理工大学校长胡海岩认为,即使 4% 兑现了,起到成效也是在几年以后。不能用"养鸡下蛋"这样的时间尺度去衡量它,因为教育投资的效果不是立竿见影的事儿。全国政协委员陈勉教授说,我们呼吁了 20 来年的 4% 终于达到了,但是教育的问题还远远没有解决。曾有联合国教育官员说,中国对教育的重视程度"还不如贫困的乌干达"。② 比起发达国家,我们的人力资本投资还相差很远。也就是说,教育经费占不到 GDP 的 4%,人们有意见,教育经费占 GDP 的 4%,人们还是有意见,这就是针对决策者的夹缝现象。

---

① 参见袁新文、赵婀娜:《教育免费,奠基民族复兴》,《人民日报》2012 年 8 月 9 日。

② 参见原春琳、张国:《教育投入支出占 GDP 比重:"4%"牵动中国 19 年》,《中国青年报》2012 年 3 月 6 日。

（3）经济夹缝主体的角色构成

经济夹缝主体分为夹缝人角色和夹缝构成者角色，经济夹缝主体是相对经济夹缝客体而言的，因此，经济夹缝主体又分夹缝主体方面。就经济活动而言，每个经济活动的参与者很多，除了夹缝主体即夹缝构成者角色和夹缝人角色之外，还有和经济夹缝没有联系的经济活动的参与者。当然，也有许多参与者自觉或不自觉地成为夹缝人或者夹缝构成者，这是夹缝的特性所决定的。分析夹缝主体角色，必须首先了解经济角色，然后才能更好地了解经济夹缝构成的角色。

经济角色。经济角色指参与经济活动的人。分析经济角色的理论不多，有的人认为经济角色可以分为经济决策者、经济管理者、经济运作者和经济享用者；有的人认为经济角色可以分为法人角色、打工者角色、消费者角色和管理者角色。我们从经济决策、发展和经济成果的使用等层面分析，认为经济的角色可以分为劳动者、消费者、经营者、投资者（储蓄者、投保人、股东等）纳税人等。就经济角色中的消费者而言，应该说所有人都是消费者，因为所有人的吃喝住行都在消费。其中有人是为生存、生活而消费，有的人是为生产而消费，还有的人是为了赚取更多的利润而消费。在经济活动中往往角色容易发生多重和"串色"（交叉）现象，诸如，就劳动者而言，他既是劳动者，又是消费者，可能还是投资者（他储蓄了）等。经济角色的区分和确定，容易构成夹缝。

经济夹缝的角色。经济夹缝角色和经济角色是紧密相连的，参与经济活动的人有时就是夹缝人，有时又是夹缝构成者。经济夹缝的角色可以分为许多种，诸如生产夹缝角色、经营夹缝角色、投资夹缝角色、消费夹缝角色、打工夹缝角色、决策夹缝角色和管理夹缝角色等。在经济运转中，经济夹缝的角色可能是多重的和变化的。例如，福建警察学院 2009 级行政管理专业的杨子阳两年半已有四次创业的经历，至今还处在创业的夹缝之中，杨子阳的第一次创业是卖洗洁用品，开始几次都很好，结果因团队中的管理问题、产品质量问题、市场调查盲目等问题而失败。在这次创业过程中，家长希望他创业，学校却认为他不务正业，本身就处在了夹缝中。第二次创业是销售养颜茶饮料。但因自己所在学校管理制度办不了走读而失败。第三次创业是创办网站，加入者开始热情很高，后来又全部退出，只剩下他自己，这是因为第六次网站域名备案申请被拒绝而放弃。第四次创业是成功注册了"学生花园网"和"闲置物品回收"两个项目,报中国青年创业国际计划(YBC)福建办事处,受到主办方的重视,可望被列入"千名大学生创业扶持计划"帮扶对象。① 看来这次创业有望成功。在杨子阳创业过程中,构成夹缝的往往是一些学校管事的部门以及同事和他的家长,四次创业三次失败主要原因还在于管事的那些部门的"管",使创业夭折。在杨子阳同学的创业活动中,他既是学生,又是老板,还是打工者,还被评为优秀创业者,角色多重,夹缝的角色一样多重。从他创业的过程和结果看,一方面国家鼓励大学生创业,另一方面学校有些部门不支持,还有他的家庭不赞成,他成为创业夹缝者的角色和教育夹缝者的角色;从他所创的企业来看,第一次的创业,因为产品方的以次充好,成为夹缝的一方,因为自己的团队管理不严格,是夹缝的另一方,杨子阳成为经济经营夹缝人,致使创业失败。他的创业,被学校有关部门认定为勤工俭学典型,有的认为不属于勤工俭学,使他成为学校勤工俭学的夹缝角色。再看第三次创业,同学们认为可以注册网站,是夹缝的一方,结果是网站管理部门不予备案,成为夹缝的另一方,杨子阳再次成为夹缝人角色,同时,他还是创业失败者的角色。他的夹缝人角色随着创业内容不同,在发生变化。

经济夹缝角色的失调。所谓经济夹缝角色失调指在经济夹缝的运动中夹缝角色变化或夹缝构成者之间不协调的现象。夹缝角色失调包括了夹缝角色的混同、夹缝角色的冲突、夹缝角色的失败等。诸如,在个体经商过程中,往往是家人让经营这种类型和方式,朋友让经营另外的类型和方式,而工商局却规定不得经营某种类型和方式,因而构成夹缝。例如,工商部门的夹缝角色,就很值得研究。2013 年 3 月,小狄为了便于经营稀有水产养殖合作社,从原来的注册地徐州市泉山区迁转到了丰县大沙河镇。在各种手续齐备的条件下,这个迁转的流程并不复杂。只要泉山区工商分局把小狄他们原来的电子档案转到丰县工商局,再由丰县工商局转到大沙河镇工商分局,由那里审核办理即可。但是在办理的过程中,不知为什么电子档案却始终转不过来,而且麻烦重重,给小狄构成了不知找谁的夹缝。电子档案是徐州方面没有转过来吗? 小狄专门跑到徐州市泉山区工商局询问,得到答复说已经转给丰县工商局了,让小狄回去办理,于是小狄兴冲

---

① 参见柴见金:《一位警院学生的 4 次创业》,《中国青年报》2012 年 2 月 13 日。

冲回到大沙河镇工商分局,但那里的办事人员说档案并没有转过来,让小狄到行政大厅查一查。小狄到行政大厅去查,说电子档案转过来了。小狄又回到镇工商分局,可是那里的工作人员说,电子档案还是没有转过来。让他再到县行政大厅询问。就这样像皮球一样被县镇工商部门踢了几个来回之后,小狄失去了耐心,当时就急了。对方给了他两张空白的营业执照,说让小狄自己去打印。为了讨个说法,不久前小狄给丰县有关部门写了一封信,标题是《让人心酸的两张空白营业执照》,反映了本身遇到的烦恼。这次是小狄第 11 次到县工商局,他带着镇分局给的两张空白营业执照和法人营业执照副本,那里的办事人员告诉他,只要到县工商局窗口把内容打印上去就可以了。到了县工商局,听说小狄办的是农业合作社的执照,办事人员一口回绝,他们让小狄还是回镇分局办。小狄随后来到大沙河镇工商分局,果然这次这里也说执照可以办理了。奇怪的是在办理过程中这位办事人员始终闷闷不乐,最后她忍不住拿出了一张纸放在小狄面前。原来这正是小狄写给县里有关部门的那封信《让人心酸的两张空白营业执照》,办事员说小狄这封信让她也很心酸。一件简单沟通就可以办到的事却拖了三个多月,往返十几次。迟迟办不下来执照,错过了购进饲料的好时候,今年他们合作社农户的收入会受到很大影响。[①] 不同的工商局给经营者构成了夹缝,小狄的一封信又给工商局的人构成了夹缝。因为上级批评,是夹缝的一方,同级的推脱,是夹缝的另一方。"办事员说小狄这封信让她也很心酸",办事员成为夹缝人。结果还不止如此。又有报道说:2013 年 10 月 11 日晚,"央视《焦点访谈》以'证难办,脸难看'为题,报道了徐州丰县青年小狄往返 11 次,在该县行政服务中心和县工商局大沙河分局办理营业执照和法人执照一事。针对此事,昨天上午,省工商局召开全系统电视电话会议,公布事件调查处理结果。丰县工商行政管理部门涉及 8 位人员,都进行了党纪政纪处理。给予丰县工商局局长党内警告,行政记过处分;丰县工商局分管登记副局长党内严重警告,行政记大过处分;丰县大沙河分局具体经办人员降低岗位等级处分。省工商系统明确,全系统要以基层工商分局(所)、机关处、科室为单位,抓紧制定和落实一

①　参见张鑫、陈永忠:《徐州丰县大学生为办营业执照连跑 11 次工商局》,人民网 2013 年 10 月 12 日。

系列切实可行的整改措施,建立健全长效机制,坚决杜绝类似事情再次发生"。① 看来办事员更心酸了,这次心酸的不仅仅是那位办事员了,还有其他的领导,这就对工商局构成了夹缝。小狄是夹缝人,小狄的信在电视台曝光,又成为夹缝构成者;同样,工商局的工作人员是最早的夹缝构成者,结果成了夹缝人,这是典型的夹缝角色的失调。

2. 经济夹缝的客体

经济夹缝有主体就必然有客体,经济夹缝的客体指经济夹缝生成的环境和夹缝表现形式。

(1)经济夹缝构成的基本条件

经济夹缝的基本条件指构成教育夹缝不可或缺的要素,是经济夹缝的主要客体。也就是说,没有这些客体,经济夹缝就不能构成。

构成经济夹缝的基本环境。首先,经济夹缝构成者和经济夹缝人要有一定的联系,在经济活动或者经济交往中存在一定的关系,有了这样的关系,才能彰显经济夹缝的夹力。其次,经济夹缝构成要有经济的环境。再次,经济夹缝的构成要存在一定的利益关系。例如,当下炒股的人很多,"某一位炒股者"想投资"某股",但不知道"某股"是否能够上涨。此时,一位炒股分析师认为"某股"肯定跌,成为夹缝的一方;另一位炒股分析师认为"某股"肯定涨,成为夹缝的另一方;还有一位分析师认为"某股"涨也涨不了多少。此时这个"某一位炒股者"成为夹缝人,处在炒股的夹缝之中。这些分析师和炒股者的联系就是夹缝构成的客体,没有了联系的形式,就构不成炒股夹缝。

构成经济夹缝的基本条件。经济夹缝的基本条件是夹缝形成必需的环境。例如,我们上面所举的炒股例子,首先要有股市,其次股市上有卖家和买家,如果没有股市,就形不成炒股的夹缝。

(2)经济夹缝构成的环境

经济夹缝构成有不同性质,诸如国家间的经济夹缝、国家内部的经济夹缝、企业间的经济夹缝、个体经济夹缝等,也就形成了经济夹缝的环境。

---

① 杭春燕:《"办个执照跑11趟"又有续闻,丰县工商8人被严肃处理》,《新华日报》2013年10月17日。

就具体某个国家而言,有经济的政治夹缝环境、经济的民族夹缝环境、经济的社会夹缝环境、经济的心理夹缝环境等。

　　经济的政治夹缝环境。经济的政治夹缝环境指经济处在带有明显政治倾向的经济氛围或制度之中,并对经济本身和从事经济工作的人构成夹缝。在我国,经济工作一直带有政治色彩,或者说经济工作大多被政治所左右。中华人民共和国成立后,我国一直实行计划经济,生产资料和生产成果基本是公有制。改革开放后,我们实行的是市场经济。其实,至今仍有人处在两种经济形式的夹缝之中。就经济受政治制约而言,政治的环境已经对经济构成了夹缝。例如,改革开放前我国农村实行的是集体所有制,这个集体就是人民公社。人民公社的基本特点为一是大,二是公。大是指公社规模大,便于进行大规模综合生产建设,公是指人民公社比农村生产合作社更具社会主义化、集体化。改革开放后我国的农村实行的是联产承包责任制,在承包形式上有两种。一种是包产到户。以土地等主要生产资料公有制为前提,以户为单位承包,包工、包产、包费用。按合同规定在限定的生产费用范围内完成一定的生产任务,实现承包合同指标受奖,达不到承包指标受罚。另一种是包干到户,又称大包干。承包合同中不规定生产费用限额和产量指标,让承包者自行安排生产活动,产品除向国家交纳农业税、向集体交纳公共提留以外,完全归承包者所有。即"交够国家的,留够集体的,剩下都是自己的"。2004 年,国务院颁布《关于深化改革严格土地管理的决定》,其中关于"农民集体所有建设用地使用权可以依法流转"的规定,强调"在符合规划的前提下,村庄、集镇、建制镇中的农民集体所有建设用地使用权可以依法流转"。同时,在中国广东、浙江、江苏、上海、安徽、天津等地的农村建设用地使用权流转开始了局部或区域试验,并发展出了重庆农地入股、广东海南出租农地、北京郊区等地小产权房等模式。土地流转是指土地使用权流转,土地使用权流转指拥有土地承包经营权的农户将土地经营权(使用权)转让给其他农户或经济组织,即保留承包权,转让使用权。2005 年 1 月 7 日经农业部第 2 次常务会议审议通过的《农村土地承包经营权流转管理办法》第十五条规定"承包方依法取得的农村土地承包经营权可以采取转包、出租、互换、转让或者其他符合有关法律和国家政策规定的方式流转"。农村的土地使用政策的变化对部分农民形成了夹缝。在经济发展的过程中经济被作为政治来发展的。

"经济工作是当前最大的政治,经济问题是压倒一切的政治问题。"①从经济的"发展才是硬道理"到"科学发展观"再到"不以 GDP 论英雄",政治构成了经济发展的夹缝环境。

经济的民族夹缝环境。经济的民族夹缝环境,说到底是国家的经济环境。一个民族要想过上美好的生活,必须发展经济。发展经济不仅受国内环境的影响,还受国际环境的影响。国际的经济环境有时常常对一个国家的经济发展构成夹缝。我国经过长达 15 年的跋涉,于 2001 年 12 月 11 日跨进了世界贸易组织的大门。加入世贸组织有许多有利之处,诸如:"有利于中国更快、更好地融入国际社会""有利于扩大出口贸易""有利于引进外资""有利于促进技术进步""有利于经济增长速度的提高""有利于促进中国企业提高竞争力""将促进中国产业结构调整""有利于加强与港澳台地区的经济联系""中国老百姓将享受到显而易见的实惠"。加入世界贸易组织,对我国有一定的不利影响,诸如:"经济体制与法制将面临挑战""宏观调控的难度加大""进口产品对国内市场的冲击加大""金融业风险加大""其他一些服务业也将受到一定的冲击""在知识产权方面将付出更大的代价"②等。从某种意义上来说,加入世界贸易组织的本身,就进入了夹缝的环境。一个国家在享受经济某些方面同等待遇的同时,必须有所付出。诸如我国加入世界贸易组织时的承诺:自 2002 年 1 月 1 日起,大幅下调了 5332 种商品的进口关税,关税总水平由 15% 降低为 12%。其中工业品的平均关税由 14.7% 降低到 11.3%,农产品的平均关税由 18.8% 降低到 15.8%,取消了粮食、羊毛、棉花、化肥等 8 类产品的配额许可证管理等,这是为加入世界贸易组织的奉献。就近来我国稀土出口而言,是一个典型的夹缝案例。我国是当今世界上最大的稀土生产、出口国,目前中国一个国家的稀土出口量就占国际市场份额的 90% 以上。稀土对各国的高科技产业至关重要,且稀土资源属于不可再生的矿产资源。稀土生产、加工过程对生态环境影响巨大。鉴于稀土资源储量严重下降、濒临用竭的严峻形势,同时,考虑稀土生产过程中对生态环境的破坏性影响,从 1998 年开始,我国政府就已实施稀土产品出口配额许可证制度,并把稀土原料列

---

① 《邓小平文选》第 2 卷,第 194 页,人民出版社 1994 年版。
② 罗士喜:《中国加入 WTO 的利弊分析》,《国际金融》1999 年第 12 期。

入了加工贸易禁止类商品目录。2010 年 9 月初,国务院正式发布《关于促进企业兼并重组的意见》,首次把稀土列为重点行业兼并重组的名单。2011 年中国仍对稀土出口实行配额管理且配额有所减少。中国加强稀土开采、生产和贸易管理的指导思想是保护可用竭的自然资源和保护生态环境不再遭受严重破坏,实际上是一种可持续发展的战略考虑。但对中国政府为保护环境采取的稀土出口管理政策,美国、欧盟和日本等 WTO 成员表示不满,多次向中方提出交涉,要求中方改变这一政策。在与中国政府交涉未果的情况下,它们向 WTO 提出了申诉,希望 WTO 争端解决机制作出不利于中国的裁决,从而迫使中国政府改变上述政策。① 英国 BBC 2013 年 10 月 26 日披露,世界贸易组织已认可了美国、日本、欧盟对中国稀土的诉讼主张,这意味着中国将在稀土诉讼案中一审败诉。在稀土争端中,以美国为首的发达国家为夹缝的一方,要求中国放开稀土出口;以中国为首的夹缝的另一方,则坚持为了保护环境,减少稀土出口配额;处在夹缝中的是世界贸易组织,他们必须裁决。从稀土开采的另一层面看,稀土所在地的地方政府认为创汇越多越好,坚持出口,成为夹缝的一方;作为国家,必须控制稀有资源,保护环境,成为夹缝的另一方。处在夹缝中的是那些想从稀土获利的外国人。

经济的社会夹缝环境。经济的社会环境指社会营造的推动经济科学发展的氛围。从让一部分人先富起来到共同富裕,从"全民经商"到"全民招商",这都是经济的社会环境,是人们认识发展是第一要务的认识和实践。从社会以 GDP 论英雄到不以 GDP 论英雄,也是经济的社会环境,而这些社会环境容易对"经济"构成夹缝环境。例如,温州的经济形式的变化,证明了经济的社会夹缝环境的重要。温州的民众经商在全国是出了名的,在温州 780 万人口中,有 175 万人在全国各地创业,有 60 万人在世界各地经商。温州人形成了"白天当老板,晚上睡地板"的创业精神和"不靠天、不靠地,只靠自己双手的"的"老百姓经济"。但是,近年来在温州本土创业的"老板"已经感到不适应,因为"官银"和"官情"已经让他们处在了夹缝之中。所谓"官银"指的是诸多政府工作人员参股企业、参与炒房、参与放贷,温州很多官员对于赚钱的欲望远远大于升官。因此,官们实际在

---

① 参见刘敬东:《打赢稀土案要做三件事》,《经济参考报》2012 年 3 月 28 日。

干涉着温州经济的发展。所谓"官情",指官场上的人情。温州商人信奉能走关系绝不走正道,能走后门绝不走前门,找人不一定能搞定,没人肯定搞不定,因此,温州经商维护人情关系的成本极高。有的老板说自己只有30%的精力打理业务,其他时间都在处理关系。许多温州商人说我们也不想这样,但资源在官员手中,你不求,别人一样求。在关系中获得好处的温州商人说,"我们怕政府清廉,走到哪都是先找熟人,'孝敬'当地的官员"。还有的商人为人情所累,选择离开温州经商。① 在经商过程中,许多温州商人处在夹缝之中。夹缝一方,是手握资源的官员和已经从官商经济中获得利益的商人;夹缝另一方是为躲避温州人情关系而躲到外地经商的商人。

三、经济夹缝的类别及转化

经济夹缝有不同的类别。从可视层面可以分为显性夹缝和隐性夹缝;从性质层面来看可以分为良性夹缝、中性夹缝和劣性夹缝;从夹缝人的角色层面来看可以分为劳动者夹缝、经营者夹缝和消费者夹缝;从夹缝构成者的角色来看可以分为针对经济的政治夹缝、文化夹缝和社会夹缝等类别。同一类别的经济夹缝在一定条件下是可以转化的,包括夹缝构成的转化、夹缝人的转化等。关于夹缝类别,我们只从经济夹缝的显性和隐性层面进行分析。

1. 显性经济夹缝的类别

显性经济夹缝指在经济活动中,人们能够看到或者感受到经济夹缝的存在和发展。从夹缝的宏观层面看,显性经济夹缝主要表现在经济的政策层面和经济的实践层面。

(1) 需求以及需求的政策性经济夹缝

需求和需求政策容易对经济人和消费者构成夹缝。需求的夹缝是人们在经济活动中常常遇到的夹缝之一。

需求与需求量的夹缝。需求指人们对某一种物品的需要。需求量指

---

① 参见庞清辉:《温州隐忧:"官商经济"逼退"老百姓经济"》,《中国新闻周刊》2013年第36期。

买者愿意并且能够购买的一种物品的数量。"常识和细致的科学观察表明，人们购买一种商品的数量取决于它的价格。在柜同的条件下，一种物品的价格越高，人们愿意购买的数量就越少；而市场价格越低，人们购买的数量就越多"[1]但是，在购物过程中往往容易构成需求的夹缝。例如，中国近几年出现的 11 月 11 日的"光棍节"和"购物狂欢节"，出现了物品狂购现象，构成了需求的夹缝。《人民日报》报道，2013 年 11 月 11 日，天猫"双 11"购物狂欢节当日 24 小时累计支付宝成交金额为 350.19 亿元人民币。去年"双 11"全天的成交额约为 191 亿元。[2] 搜狐新闻报道说，"双 11"正巧是小欣(化名)的生日，老公小梁忙着加班，这下老婆生气了，后果很严重。小欣在网上狂"扫"179936.08 元，就连卫生巾都买了好几百元。小梁是黄山路一家知名 IT 公司的员工，每月薪酬不低，当然加班也是常事。11 日，小梁照常加班，虽然答应了陪新婚妻子小欣过生日，可还是选择工作为重。晚上 10 时许，他满身疲惫回到家，发现妻子正坐在电脑前上网，也就没在意，洗洗睡了。可他没留意，坐在电脑前的妻子满脸怒气，正在"浴血奋战"，睡醒后的小梁才发觉妻子的异常。打开淘宝账号一看，悲催了，小欣把他所有的卡都刷爆了，买了 28 件商品，总价近 18 万元。"一款佳能相机，3 万多元。"小梁的同事介绍，一件黄金首饰，价值 1 万多元；一件高档羽绒服近 1 万元，家电家具全部买齐，连卫生巾都买了好几百元。同事们都在热议"双 11"，唯独小梁郁闷难当。一大早，小梁就开始一家一家"求退货"。截至 2013 年 11 月 12 日上午 10 时许，他已经退了大部分商品。但小欣不乐意了，小梁不得不返回家解决内部矛盾去了。@断头谷说，这哥们儿中奖了，得罪老婆别在"双 11"啊！@文雨水音说，姐们儿是偶像啊！不过也太狠了点，我再生气也不敢刷这么多！也有支持小欣的，认为小梁不对在先，妻子采用这种方式虽然过激，但在感情上也能理解。一位国家二级心理咨询师林林认为，女人更注重心理体验，希望获得男人的关注。小梁在小欣生日当天爽约，且没有任何表示，让小欣产生了愤怒心理。网购视觉冲击性较单一，抉择起来便捷，很多女性乐于通过网购达到情感

---

[1] ［美］保罗·萨缪尔森、威廉·诺德豪斯著，萧琛主译：《经济学》第 37 页，人民邮电出版社 2004 年版。

[2] 参见王珂：《350 亿！"双 11"消费沸腾》，《人民日报》2013 年 11 月 12 日。

的宣泄。林林建议小梁加强和妻子的感情互动,多给予妻子关爱。① 这是一个复杂的需求和购物量的夹缝。夹缝一方为网店,鼓动人们购物,最好不需要也购;夹缝另一方为网友,认为购物还是要理性;还有一方是小欣,狂购了近18万元物品,绝对不都是需要的物品。处在夹缝中的是小欣的丈夫小梁,不仅要退掉不需要的物品,还要做好老婆的思想工作。

财政政策的夹缝。财政政策指政府通过增减政府支出或者调整税收等手段来达到特定的经济目的。财政政策一般有三个相互关联的选择:一是财政支出政策,即开支多少以及用于哪些方面的开支;二是财政收入政策,即征收多少税以及采用何种手段征收;三是财政预算政策,即允许不允许进行赤字预算以及赤字预算的规模和分配预算。国家财政主要由政府支出和政府收入两方面构成,如图1-1所示。

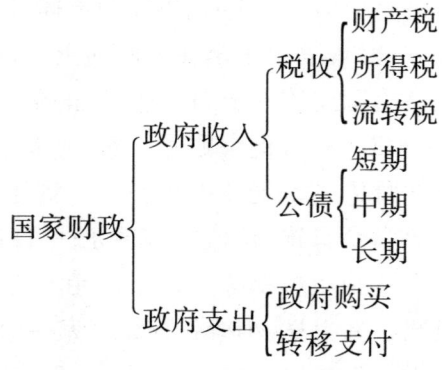

图1-1 国家财政支出和收入的构成②

从图中我们可以看到政府收入是由税收和公债构成的。政府收入一般是指政府为了满足国家职能和社会公共的需要,依据一定的原则和方式集中起来的一种资金或以货币形式表现出来的一定量的社会产品。税收是政府收入的最主要来源。在政府的经济运作中,税收不可能无限制地增长,当税收不足以安排财政支出时,政府只好发行公债。政府支出时政府收入的流出,反映了政府决策的选择,最终反映了政府提供公共产品所引起的成本和费用。以中央政府税收为例,中央政府税收主要来自公民的个

---

① 参见刘忠玉:《女子刷光老公卡里18万,因对方未陪其过生日》,搜狐新闻2013年11月13日。

② 翁志勇主编:《经济学概论》第302页,上海大学出版社2006年版。

人所得税,另外还有企业税和海关税等。税收本身就是夹缝。就个人所得税来看,有些经济学家建议放低个人所得税的税收起点,这样做可以增加税收;低、中收入者和部分经济学家则建议提高个人所得税的税收起点,增加高收入者的缴税比例。这就构成了税收的夹缝,当然,这种夹缝是针对决策者的,使他们处在两难的境地。同样,在财政政策运用的过程中,也容易构成夹缝。财政政策运用指运用政策工具来调节经济,总体遵循"逆经济风向行事"的原则。在财政政策的操作时,如果经济处在萧条时期,总需求小于总供给,经济中存在失业,政府通过扩张性的财政政策来刺激总需求,主要是增加政府投资、增加政府购买和增加转移支付以及减少税收。如果经济处在繁荣时期,总需求大于总供给,经济中存在通货膨胀,政府通过紧缩性的财政政策来控制总需求,主要是减少政府投资、减少政府购买和减少转移支付及增加税收等。政策的调整是人为的,市场是有一定规律的,何时采用扩张性的财政政策,何时采用紧缩性财政政策,就是一种看不见的夹缝中的难题。经济萧条时,政府决策者运用政策和经济运行者一起构成夹缝,对总需求施夹,刺激社会的总需求;经济繁荣时,政府决策者运用政策和经济运行者一起构成夹缝,对总需求施夹,控制社会的总需求。在经济运行中,人们发现财政政策的夹缝是难以控制的夹缝。

货币政策的夹缝。货币政策"就是运用货币和利率来改变宏观经济结果"。[1] 具体说来货币政策就是"货币当局为实现一定的宏观经济目标而采取的各种有关控制和调节货币供应量或信用的方针、政策和措施,包括宏观经济最终目标、政策工具、操作目标、中介目标(中间目标)及货币政策操作技巧的总和"。[2] 货币政策作用主要体现在:一是通过调控货币供应总量,保持社会总供给与社会总需求的平衡;二是通过控制利率和货币总量控制通货膨胀,保持物价总水平的稳定;三是调节国民收入中消费与储蓄的比重,引导储蓄向投资转化,并实现资源的合理配置,促进经济增长。在经济发展过程中,货币政策与财政政策在某些方面是相通的。如果经济处在萧条时期,总需求小于总供给,经济中存在失业,经济增长缓慢,中央银行一般采取扩张性货币政策,在公开业务市场上买入政府债券,降

---

① 　[美]布拉德利·希勒著,王福重译:《经济学基础》第 202 页,人民邮电出版社 2011 年版。
② 　刘树成主编:《现代经济辞典》第 462 页,凤凰出版社、江苏人民出版社 2005 年版。

低再贴现率和法定准备金率,从而增加货币供应量,引致利率降低,刺激消费和投资,实现扩大内需增加就业的目的。如果经济处在繁荣时期,总需求大于总供给,经济中存在通货膨胀,经济增长速度过快,中央银行一般采用紧缩性货币政策,在公开业务市场上卖出政府债券,提高再贴现率和法定准备金率,从而减少货币供应量,引致利率提高,压制消费和投资,降低通货膨胀。[①] 货币政策制定和执行的本身就是一个夹缝,何时紧缩,何时扩张,常常使货币决策者处在夹缝之中。在经济实践中,理论家对货币政策的理解,容易对民众构成夹缝。例如,首都经贸大学经济学教授兰纪平先生说,常常听到不少人抱怨:"不是说人民币升值了吗?那么钱应该更'值钱'了吧?但我为啥感觉钱越来越不值钱呢?"这里我们先举一个例子,来解开大家的困惑。李大妈在市场上买大米时,发现此时大米已经是3.30元/斤了,她记得这种大米在2005年为1.90元/斤,因此,可算出该大米的物价指数为1.74,8年期间年平均上涨9.2%。就购买大米的能力而言,与2005年的1000元相比,2013年的1000元已缩水至576元,即人民币对内贬值了。但当李大妈去中国银行购买外汇时,她又看到当前汇率已是6.17元人民币兑换1美元,她用1000元可购入162.07美元。她记得8年前8.28元人民币兑换1美元,当时1000元人民币只能购得120.77美元。8年来,人民币对美元累计升值超过34%。今天,她手中的人民币可换更多的美元,就交换美元而言,汇率上升使人民币越来越值钱了。这就是物价上升带来的人民币对内贬值和汇率上升带来的人民币对外升值。这个例子说明货币购买力和汇率是两个不同的概念,这两个概念就是构成夹缝的条件。货币购买力指单位货币在某一价格水平下能购买商品及支付服务费用的能力。汇率则指两种货币的兑换比率。在生活中,人们感觉到,在国内,人民币越来越不值钱;而在国外,人民币越来越值钱。其实,前者是讲人民币在国内的购买力,后者则关涉汇率。多年来,由于国内的经济增长更多地依靠投资,依靠大量增加的信贷投放,致使我国的货币投放量无论同我们自己过去比,还是与世界各国相比,都有着较大数量的超发。到2013年第一季度为止,广义货币(M2)已经超过100万亿元,2002年年初为16万亿元,10多年中增长超过5倍。我国的货币总量与GDP之比已

---

① 参见翁志勇主编:《经济学概论》第313页,上海大学出版社2006年版。

超过 200%，我国的经济总量为世界第二，大约为美国的 1/3，而货币投放量比经济总量第一的美国高出 1.5 倍，位居世界第一。[①] 但随后有人反驳兰纪平先生的说法。苏文洋先生反驳说，我们首先假定"李大妈"不是非偷即盗的人，而是一个诚实守信、通过付出劳动、创造社会价值赚钱的人。她无论是买大米还是买外汇，都是使用的正当收入。她的钱有一个数量，或曰可以"量化"，都买了大米就不能买外汇，都买了外汇就不能买大米。干脆说吧，"李大妈"要买什么都要去公平交易，用自己的付出去换取，而不能自己回家开机器印钱拿到市场上去换大米或外汇。"另一个'李大妈'"就不是这样了，假如她需要三四万亿美元的外汇，是通过开机器印钞票投放市场强制从有外汇的人手中换取的，那市场就多出了近 30 万亿人民币钞票，市场上多发了大批钞票，又少了大批的货物，货币对内怎么能够不贬值呢？国内市场为何少了大批货物呢？因为"另一个'李大妈'"换了外汇买了美国国债，借给美国人，美国人拿这笔钱从"另一个'李大妈'"国内把货物买走运回本国享用去了。这就是美国的通胀并不高的原因。要解决这个问题并不难，"另一个'李大妈'"只要放弃开机器印钞票换外汇就行了。美国人再不讲理，也不敢拿枪逼着我们开机器印钞票换美元。印不印、印多少本国钞票换取外汇的主动权还是在自己手里。不知道全世界有多少国家可以靠开机器印钞票换外汇？[②] 夹缝的一方认为人民币越来越不值钱，原因是外汇的原因；夹缝的另一方认为人民币升值的主要原因是自身的原因，使民众处在夹缝之中，因此，也就有了钱不当钱用的感慨。2013 年 11 月上旬，央视记者在街采环节再次遭遇吐槽。节目中，CCTV-NEWS 记者随机街采"你最关心的改革"话题，民众纷纷吐槽：空气污染严重，就业难，房价高，异地医疗贵，退休工资差距大……一名小伙感慨地说："人民币对不起中国人啊！"2010 年开始，国内市场上关于货币超发带来通胀的批评声音越来越多。经济学家钟伟曾指出，如果将时间拉长，货币"超发"并不是最近几年的事情，实际上从 20 世纪 80 年代末以来一直存在。曾任央行货币政策委员会委员的周其仁也认为，货币"超发"的规模

---

①　参见兰纪平：《人民币升值，钱却为何越来越不值钱》，《中国青年报》2013 年 11 月 4 日。

②　参见苏文洋：《驳兰纪平：人民币升值由美元带动非主动升值》，《北京晚报》2013 年 11 月 7 日。

不小。央行行长周小川则在演讲和采访中认为,中国的货币发行与 GDP 名义增速相匹配或者略高一些,这是中国市场化转轨时期的结果,中国 M2 与 GDP 的比值偏高,是因储蓄率高、间接融资比重过大的原因。中国货币投放量居世界第一,人民币外升值内贬值。① 刊登在《工人日报》上的李克强总理讲话提及:"就货币来说,我们的广义货币供应量 M2 的余额 3 月末超过了 100 万亿元,已经是 GDP 的两倍了。换句话说,就是'池子'里的货币已经很多了,再多发票子就有可能导致通货膨胀。大家都知道,恶性通货膨胀,不仅干扰或者说破坏市场,而且会给人民生活带来巨大的副作用和压力,甚至造成人心惶惶。"②就民众来讲,一是希望自己有钱,有钱就不怕钱不当钱用;二是希望钱当钱用,这是对货币政策构成的夹缝。例如,媒体报道,浙江义乌市 2013 年 11 月 12 日,18 个壮汉挑着担子,担子两头的竹篮里一共放着 8888888 元现金。他们后面跟着玛莎拉蒂、奔驰等 10 辆豪车。这是豪华的定亲队伍,被网友拍下照片发到网上,不少网友开玩笑说,"土豪,我们做朋友吧"。记者算了一下,崭新的百元人民币每张大约 1.15 克,1 万元就是 115 克,不算 8888 元零头,光 888 万的现金就重 102.12 公斤,至少要两个人才能背得动。888 万元只是男方的彩礼,还有首饰、服装、日用品等。有人在网上说"这么多彩礼,给我 2 万我就结婚了,我男朋友老妈去我家定亲,一听彩礼要两万,吓得饭都没吃就跑了,我多悲哀……"③聘礼如此豪华,贫富悬殊之大可见一斑。对于没有钱的人来讲,2 万都是困难的。有钱和没钱,多钱和少钱等构成了钱的夹缝,这是民间常见的货币夹缝。

拉动经济发展的夹缝。从总需求的构成来看,GDP 是最终需求——投资、消费、净出口这三种需求之和,因此经济学上常把投资、消费、出口比喻为拉动 GDP 增长的"三驾马车",这是对经济增长原理最生动形象的表述。消费是指内部需求,就是本国居民的消费需求,它是经济的主要动力;投资是指企业在新工厂和设备上的支出。当企业决定建新工厂或更新旧

① 参见吴敏:《央视街采遇吐槽,小伙吐槽"人民币对不起中国人"》,《新京报》2013 年 11 月 11 日。

② 转引自吴敏:《人民币购买力下降探因》,《新京报》2013 年 11 月 12 日。

③ 参见郑文良、董齐:《浙江义乌婚礼男方聘礼 888 万现金,18 人挑扁担送》,《都市快报》2013 年 11 月 13 日。

工厂时,所引发的支出将增加总需求,同样农民的购置农业设备、企业存货变化也属于投资的范畴;净出口(出口减去进口)是指外部需求,即是通过本国企业的产品打入国际市场,参与国际竞争,扩大自己的产品销路。其实,在经济学中总需求还有政府支出。政府支出指财政支出,即政府通过一系列的财政预算包括发行国债,对教育、科技、国防、卫生等事业的支出,是辅助性的扩大内需,我国经济学家往往把政府投资算作拉动 GDP 增长"三驾马车"的"一驾",忽略了企业设备厂房的投资。在经济运转过程中,拉动 GDP 增长的"三驾马车"往往不能并驾齐驱,容易产生"需求不足"和"需求过剩",构成经济发展的夹缝。就我国民众消费而言,一直是政府刺激的重点,"三驾马车"中往往政府投资过大,净出口中科技含量太低,形成了拉动经济发展的夹缝,使高层决策者难以决断。

(2)供给管理的经济夹缝

供给指在一定时期内,生产者针对不同的价格,愿意并且能够提供出售某种商品(或劳务)的数量。供给管理指政府通过调控总供给的形成条件达到稳定经济运行目标的宏观管理方式。供给管理在经济活动中容易构成夹缝。

经济增长政策的夹缝。影响总供给的最重要的因素是经济发展潜力和生产能力,经济发展潜力和生产能力又受经济增长政策影响,经济增长政策容易构成经济夹缝。促进经济增长的政策是多方面的,主要包括增加劳动力、资本积累、技术进步和计划与平衡增长等层面。就增加劳动力而言,可以分为提高劳动力素质和增加劳动力数量。提高劳动力素质可以通过办学和培训,增加劳动力数量可以通过提高人口出生率、鼓励移民等政策实现。就我国独生子女政策而言,已经严格实行了三十多年,人口出生率逐年下降,已经影响了经济增长的潜力和人口结构。因此,中共中央十八届三中全会决定"坚持计划生育的基本国策,启动实施一方是独生子女的夫妇可生育两个孩子的政策,逐步调整完善生育政策,促进人口长期均衡发展"。① 中央的政策出来了,有的民众不愿意生二胎,这又成为问题,因此构成了生二胎的夹缝。例如,有媒体调查中央政策出来后我国民众生

① 《中共中央关于全面深化改革若干重大问题的决定(二〇一三年十一月十二日中国共产党第十八届中央委员会第三次全体会议通过)》,《人民日报》2013 年 11 月 16 日。

不生二胎的情况,其中不同意生二胎的有不敢生、不愿生、生不起三种。那么,在中国 2000 万"单独"家庭中,究竟有多少愿意生育二胎的? 想生的生不了,能生的不愿生又是为了什么? 中国人民大学社会与人口学院院长翟振武牵头组织的一项样本数近万人的调查显示,符合"单独"二胎政策的夫妇中 50% ~60% 愿意生育第二个孩子。这一结论与多个门户网站上的调查结果类似,新浪网进行的一项 3 万余人参与的调查显示,64.5% 的网民愿意生育"二胎"。记者了解到,愿意生育二胎的家庭不少,除了传统的"养儿防老""传宗接代"功利性生育目的,不少居民是出于"希望孩子有个伴""孩子给生活带来乐趣"。而对于不愿生育的家庭,职场竞争激烈"不敢生"、生育观念业已形成"不愿生"、生活成本的压力大"生不起",都是降低生育意愿的原因,[①]因此构成生育二胎的夹缝。有人建议生二胎,有人建议不要生二胎,往往使适龄夫妇成为夹缝人,这是一种人口出生率和人口结构的具体夹缝。多年来,对于中国的人口结构状况,有专家和部分家庭建议准许家庭生二胎,有的建议严格控制人口出生率,这对有些决策者构成了夹缝。

就业政策的夹缝。《中共中央关于全面深化改革若干重大问题的决定》中指出:"促进以高校毕业生为重点的青年就业和农村转移劳动力、城镇困难人员、退役军人就业。结合产业升级开发更多适合高校毕业生的就业岗位。政府购买基层公共管理和社会服务岗位更多用于吸纳高校毕业生就业。健全鼓励高校毕业生到基层工作的服务保障机制,提高公务员定向招录和事业单位优先招聘比例。实行激励高校毕业生自主创业政策,整合发展国家和省级高校毕业生就业创业基金。实施离校未就业高校毕业生就业促进计划,把未就业的纳入就业见习、技能培训等就业准备活动之中,对有特殊困难的实行全程就业服务。"[②]中共中央十分重视就业。就具体的就业政策而言,就业政策又称人力政策,是一种旨在改善劳动市场结构,以减少失业的政策。一个国家的就业政策包括几个方面,一是人力资本投资政策,这是指由政府或有关机构向劳动者投资,以提高劳动者的文

---

① 参见项凤华:《"单独两孩"不等同"单独二胎"》,《现代快报》2013 年 11 月 21 日。

② 《中共中央关于全面深化改革若干重大问题的决定(二〇一三年十一月十二日中国共产党第十八届中央委员会第三次全体会议通过)》,《人民日报》2013 年 11 月 16 日。

化、技术和素质,适应劳动力市场的需求。二是完善劳动市场政策,政府通过不断完善和增加各类就业介绍机构,为劳动双方提供迅速、准确的信息,帮助就业者找到满意的工作,雇主找到所需要的员工。三是协助工人进行流动政策。就完善劳动市场政策来讲,我国企业多元化的市场形势,政府相关部门往往无法及时为劳动的供求双方提供准确完全的信息,使政府相关部门处于尴尬的夹缝境地。就业者希望找到满意的工作,雇主希望找到满意的员工,对提供就业政策的政府相关部门构成了夹缝之势,且这类夹缝难以短时期内化解,因为就业者在不断变化,雇主已在不断变化,老的夹缝化解了,新的夹缝又会形成。

指数化政策的夹缝。所谓指数化政策就是指政府相关部门根据通货膨胀率来调整各种收入的名义价值,以使其实际价值保持不变。实施指数化政策,一般的措施是使工资指数化和税收指数化。就工资指数化而言,政府相关部门为了保持工人的实际工资不变,在工资合同中就规定在一定时期内按消费物价指数来调整名义工资,这项规定称为“自动调整条款”。在实际操作中,政府还会规定最低工资标准。由于我国不同地区的经济发展水平不同,规定统一的工资标准,很难在企业中实现。一方面是工人希望工资实际水平不要降低,成为夹缝的一方;一方面是雇主希望利益最大化,成为夹缝的另一方,这样一来,政府往往通过协调来解决劳资纠纷,政府相关部门协调得好,可以化解夹缝,排除纠纷,化解得不好,往往形成劳资冲突,使调解方处在夹缝之中。

收入政策的夹缝。收入政策指政府通过控制工资与物价来抑制通货膨胀的政策。调控收入政策,一般有三项措施。一是工资——物价冻结,二是制定和实行工资与物价看导线,三是用税收控制工资与物价的增长。就政府利用控制工资与物价的增长而言,政府往往规定货币和物价的增长率,如果工资和物价增长率超过规定界限,就增加企业与个人的税负;如果工资和物价增长率低于规定界限,则减少企业与个人的税负。[1] 改革开放以来,企业和个人的税负总体是处于上升状态,物价也一直处于上升状态。相对穷者希望政府提高税收底线标准,以减少自己的税负,同时希望相对富者关心慈善事业;相对富者则希望政府减少税收额度,以获得更多的留

---

[1]　参见翁志勇主编:《经济学概论》第316—318页,上海大学出版社2006年版。

存；政府也希望增加税收以提高地方政府的财政收入。这便构成了多重的夹缝形式，政府、相对穷者和相对富者的角度不同，夹缝人就会变化。

（3）对外经济管理政策夹缝

世界一体化、地球村是通过经济来实现的。每一个国家的经济活动一定同世界其他国家相联系，世界经济变化对其他国家一定会产生影响。当一个国家的经济政策不利于其他国家时，经济夹缝就产生了。一个国家制定的对外经济管理政策，都是为了有利于自己国家经济发展的，对外容易构成夹缝；同样道理，外国的经济管理政策也会对中国经济构成夹缝。

对外贸易政策的夹缝。对外贸易政策指一个国家或地区为了与其他国家或地区进行商品交换活动所制定的政策。对外贸易政策是为国家最高利益服务的，它包括对外贸易总政策、国别贸易政策、进出口商品政策等。对外经济贸易政策主要分为自由贸易政策与保护贸易政策两种类型。从某一个具体的国家来看，对外希望别的国家实行自由贸易政策，对内大多实行保护贸易政策。就两种贸易政策而言，一个国家到底是执行自由贸易政策还是执行保护贸易政策，有时难以取舍，容易处在夹缝之中。从经济发展的现实来看，自由贸易政策只是在发达国家之间实行的逐步降低关税和放松其他进口限制的政策；而保护贸易政策主要通过强化种种关税壁垒措施限制别国商品进口。不同的国家间对于某一个国家的贸易政策是不同的，容易形成夹缝。例如，美国学者希勒说："那些富裕的工业国家仍然在补贴它们的农民，同时对食品的进口设置了严格的贸易壁垒。由于无法进入这些市场，拉美、非洲和亚洲的贫穷国家不能出售它们的农产品从而发展本国经济。2001—2007 年间，反对者们在 WTO 举行会谈的各个城市骚乱，最终，欧盟和美国仅是同意终止它们的出口补贴（2013 年前）；但农业进口方面的贸易限制仍然保留。这使得贫穷国家感觉到它们似乎被排斥于'富人俱乐部'之外了。"[1]对于发达国家来说，一方面本国的农民要求国家对本国的农产品进行补贴出口；一方面政府对于农产品进口实行贸易壁垒，使得穷国的农民要么折本才能把农产品出口到富国，要么自己在本国销售自己的农产品，从而处在夹缝之中。

汇率政策的夹缝。所谓汇率指两种不同货币间的兑换比率或外汇的

---

① ［美］布拉德利·希勒著，王福重译：《经济学基础》第 303 页，人民邮电出版社 2011 年版。

买卖价格,是一种货币表示的另一种货币的价格。如果 1 美元可以兑换 2 欧元,那么 1 欧元就值 50 美分。只要每个国家有自己的货币,每笔贸易都需要在某些时刻使用两种不同的货币。汇率是商品和服务全球定价的一个严格链条。一瓶法国葡萄酒是贵还是便宜取决于两个因素:一是用欧元表示的一瓶酒的法国价格;二是美元和欧元的汇率。准确的表示为:

$$\frac{\text{进口商品}}{\text{的美元价格}} = \frac{\text{商品的}}{\text{外国价格}} \times \frac{\text{外国货币}}{\text{的美元价格}}$$

因此,如果每瓶法国葡萄酒在法国卖 60 欧元,并且 1 欧元值 1.2 美元,那么进口法国葡萄酒的美国价格就是:

$$= 60 \text{ 欧元} \times 1.2 \text{ 美元}$$
$$= 72 \text{ 美元}①$$

汇率有直接标价和间接标价两种标价方法。直接标价法就是用 1 个单位或 100 单位外国货币作为标准,折算为一定数额的本国货币的方法。间接标价法就是用 1 单位或 100 个单位本国货币作为标准,折算为一定数额的外国货币的方法。美元、英镑、欧元等都是使用间接标价法标价。同样,汇率的政策也分为两种,即固定汇率和浮动汇率。固定汇率是指一国中央银行规定的汇率,并保持汇率基本不变,其波动保持在一定幅度内。固定汇率的优点是有利于一国经济的稳定,有利于国际金融体系和国际交往的稳定,有利于减少国际贸易与国际投资的风险。浮动汇率指一国中央银行不规定本国货币与其他国家货币的官方汇率,汇率由外汇市场的供求关系自发决定。浮动汇率的优点是有利于通过汇率的波动来调节经济和国际收支,尤其是当中央银行外汇储备与黄金储备不足时,实行浮动汇率较为有利。② 一个国家采用什么样的汇率,对决策者是一种考验,就是说固定汇率和浮动汇率已经对不同国家的决策者构成了汇率的经济夹缝。例如,钮文新在一篇文章中说,2013 年 11 月 7 日,欧洲央行将欧元区基准利率降至 0.25% 的历史低点,这一举措促使欧元大幅贬值。降息当天,欧元对美元汇率一度重挫 1.6% 。与此同时,捷克央行宣布时隔 11 年首次抛售克朗(量化宽松),以压低克朗汇价,克朗汇价应声大跌 4.4% ,创下

---

① 　[美]布拉德利·希勒著,王福重译:《经济学基础》第 300 页,人民邮电出版社 2011 年版。
② 　参见翁志勇主编:《经济学概论》第 321 页,上海大学出版社 2006 年版。

1999 年以来的最大跌幅。秘鲁央行宣布将基准利率下调 25 个基点至 4%。随着韩元对美元升至两年多来的高位，韩国央行和财政部近期实施了 2008 年 7 月以来的首次联合汇市干预。一些央行则采取了口头干预的方式压低本国货币币值。2013 年 11 月 12 日，法国巴黎银行发布报告，呼吁欧洲央行效仿美国 QE，每月采购 500 亿欧元的债券。纽约梅隆银行外汇策略师梅洛则断言，当前全球正在进入一个"货币战争新时代"。因为美元的大肆灌水，已经使世界各国经济受到巨大压力。道理很简单：在世界范围内，强势储备货币（硬通货）大量发行所引发的客观效果，就是强势货币国家打劫弱势货币国家。为什么人民币升值过度，但还在升值？有人一定会回答，中国贸易顺差很大。那为什么都升值过度了，顺差还这么大？升值不是可以达成汇率均衡吗？我们为什么看不到均衡？之所以出现上述矛盾，是因为现行人民币汇率形成机制错了。如此重大错误已经对中国经济构成严重伤害。老百姓最直接的体会就是生活成本越来越高。因为，全世界的流动性泛滥推高了石油、粮食等基础生活必需品的价格，而人民币的升值不仅没能平衡这样的成本上涨，升值所导致的货币紧缩效应，反而封杀了企业名义收入提高的可能性，进而压制了名义收入提高的空间。结果是，老百姓只能用不变的收入，面对越来越高的生活成本。同时导致房价上涨、股市下跌，并使大量中国财富移向境外。① 钮文新最后说："这一情况不能再继续下去了。"这是一个典型的固定汇率和浮动汇率的夹缝，我国实行的是固定汇率，结果被浮动汇率困扰。人民币汇率到了 2015 年年初发生了较大的变化。有报道说："消停"了几天后，人民币汇率再度逼近跌停线。2015 年 2 月中旬，人民币对美元即期汇率较中间价下跌 1.98%，逼近央行设定的 2% 跌停线。尽管 2015 年 2 月份以来人民币对美元汇率几度跌近红线，但市场仍认为，人民币汇率并未形成单边贬值的趋势，人民币仍算相对平静的货币市场。"仅看是否逼近跌停线实际意义不大。"一位交易员表示，现在人民币的波幅仍在可控范围内。市场分析人士认为，目前即期汇率主要是以客户的供求为基础的双边波动，尚未显现

---

① 参见钮文新：《警惕国外"注水货币"购买我国"干货资产"》，《中国经济周刊》2013 年第 44 期。

出单边趋势,但须警惕资本进一步流出的风险。① 这就使汇率夹缝越来越复杂。发达国家,让自己的货币注水,希望中国继续实行固定汇率,是夹缝的一方;中国的一部分经济专家和部分百姓,希望中国决策者,采取和发达国家一样的汇率,是夹缝的另一方。当下,中国决策者采取什么样的汇率来对付这场"新的货币战争",真的处在了汇率的夹缝之中。

2.隐性经济夹缝甄别方式及类别

隐性经济夹缝指没有显现的或者夹缝人一时没有感受到的经济夹缝形式。经济夹缝是什么样的夹缝,一般要看夹缝人的感受,因此,我们把经济夹缝的性质甄别放在隐性经济夹缝之中研究。

(1)隐性经济夹缝甄别方式

在经济活动中,人们所感受到的都是看不见的夹缝形式。就是说除了人为的或者故意构成的经济夹缝外,经济夹缝大多是以隐性方式出现的。就隐性夹缝的特征来看,隐性经济夹缝可以分为良性、中性和劣性的夹缝形式。

良性经济夹缝。良性经济夹缝是经济活动中常见的夹缝之一。所谓良性夹缝指人们在经济活动中为了实现经济目标有意或无意中构成的夹缝,这类夹缝对夹缝人和夹缝构成者是有益的,夹缝的愿望和结果都是好的。像经济发展的夹缝、共同富裕的夹缝等。例如,关于发展的理念,已经对人们构成了理念的夹缝。改革开放初,实行的是"发展才是硬道理",后来,实行"科学发展观",使经济发展受科学发展规范,现在,习近平同志多次强调,"我们不再简单地以国内生产总值增长率论英雄","更不要为生产总值增长率、全国排位等纠结"②,的确使不少干部不适应。人民日报评论员评论说:"有一些地方依然顾虑重重、瞻前顾后。经济总量上不去,GDP 排位不靠前,如何体现地方实力、发展能力? 会不会影响政绩、耽误升迁? 这样的纠结,导致一些地方在转型发展中做'虚功'。一些干部口头表态'不再唯 GDP 是从',一到本地区,还是爱说'发展不足是最大问题';一些地方提纲挈领时把升级转型放在前面,一到具体工作,还是老想

---

① 参见北晨:《人民币即期价再逼跌停线》,《扬子晚报》2015 年 2 月 18 日。

② 转引自人民日报评论员:《不要再为 GDP 排位纠结了》,《人民日报》2013 年 11 月 4 日。

着上项目、抓投资,一副'降速可以,不在我这儿就行'的派头。GDP 作为一个国家发展程度的重要标志,不是不重要,而是要辩证看、全面看。靠'高投入、高排放、高污染'得来的高速增长,排在首位也不光彩。注重提质增效,加快转型升级,一时排在末位也不丢人。通过科技进步、制度创新、深化改革等释放了经济潜力与动力,才能带来又好又快的发展。今年上半年以来,我们用主动调控经济增速,换来了发展质量和效益的稳步提升,赢得了经济运行企稳向好的良好势头,这样的 GDP 放慢,不仅不该懊恼,反而更坚定了我们发展的信心。"[1]唯 GDP 是从者认为"发展不足是最大问题",成为夹缝的一方;科学发展者认为靠'高投入、高排放、高污染'得来的高速增长,排在首位也不光彩,是夹缝的另一方。夹缝人往往是地方政府的官员们。这种经济夹缝是一种良性经济夹缝。

中性经济夹缝。中性经济夹缝指人们在经济活动中无意形成的针对不同"经济工作者"的夹缝,这类夹缝对夹缝人益处不大,但绝无害处,夹缝的夹力不大。例如:某一位大学毕业生毕业后创业,有些同学建议以网络为依托,进行创业;父母和其他家庭成员认为还是搞传统的实体最好,抓得着,看得见,这是一种中性夹缝。

劣性经济夹缝。劣性经济夹缝指某些人在经济活动中,为了某些目的针对具体个体有意构成的夹缝,对具体的夹缝人构成某种伤害。劣质夹缝是应该防止和注意化解的夹缝。例如,江西弋阳双汇冷鲜肉店被砸事件就是一个典型的劣质经济夹缝。弋阳双汇冷鲜肉店店主是 24 岁的退伍军人陈文云,他的双汇冷鲜肉店 2013 年 9 月 25 日开业。2013 年 10 月 3 日凌晨 5 点,店面遭到当地猪肉批发户陈礼林、时献忠等人的打砸,店员方有明遭到殴打。冲突中,方有明持刀刺伤陈礼林和时献忠。事后,陈礼林、时献忠、方有明等 4 人被拘留。陈文云说,自店面开张,9 天之内,双汇的送货车被拦了 5 次,分别发生在 9 月 26 日、27 日、28 日和 10 月 2 日、3 日。带头拦车的正是陈礼林和时献忠。与此同时,县内贸办、动物检验检疫、工商、药监、公安等部门前来检查过 6 次。陈文云说:"6 次执法检查都是叶金华带着来的。感觉不是来执法的,而是故意找事儿。"陈文云回忆,9 月中旬,店里还在装修,县内贸办主任科员叶金华就找过来,要求他向县里备

---

① 人民日报评论员:《不要再为 GDP 排位纠结了》,《人民日报》2013 年 11 月 4 日。

案。按照规定,陈文云已经办理开店必需的手续,包括税务登记证、个体工商户营业执照等。为了能顺利开店,他还是把一份报告交到县内贸办。这之后,9月28日到10月2日,叶金华每天都带着联合执法队到店里检查,每次都提出新要求,比如提供食品流通许可证、台账要登记每个顾客的详细信息等。然而,工商部门告诉陈文云,食品流通许可证主要针对包装食品,出售肉类无须办理。叶金华检查的依据是弋阳县人民政府办公室印发的"145号文件"。文件称,要"实行外埠冷鲜猪肉白条肉等猪肉类产品市场准入制度","凡符合国家规定标准的冷鲜肉进入我县区域销售,经营者应向县内贸办备案,并提供冷鲜肉生产企业的屠宰许可证、食品流通许可证、动物防疫许可证、肉品检验合格证等相关证照复印件和区域销售协议,以及国家认证的安全无公害肉品的认证文件"。知情人透露,145号文件的起草者正是叶金华,这份文件在陈文云的双汇店开业的第二天印发的。叶金华是弋阳县生猪定点屠宰场的承包人,双汇店开张后,屠宰场的屠宰量有所下降,当地猪肉定价也受到影响。这其中的真相也就大白了。弋阳县有关领导均承认,叶金华承包屠宰场违反国家相关规定,但均表示此前对叶金华承包一事毫不知情。记者在弋阳采访时,不止一位县领导认为,这属于"一起经营户之间普通的纠纷"。[1] 评论者凡言先生说:"弋阳双汇冷鲜肉店被砸事件之所以引发关注,是因为这场看似'经营户之间的普通纠纷',其实并不普通。一个政府部门共同讨论决定由公务员承包其分管工作内的企业经营活动,一个县政府的办公室印发与国家规定不符的红头文件,一支联合执法队伍涉嫌被个别人利用,对付特定的市场同行,对这些在被砸事件中'砸'出来的问题,只有认识正确清醒、整改及时有力,才能取信于民。市场要开放,竞争当公平,监管到位而不缺位越位。这样的投资创业环境,经营者、消费者才会欢迎。"[2]构成这个劣质经济夹缝的一方是县政府的办公室印发与国家规定不符的红头文件的人,限制陈文云经营;另一方是联合执法队伍,阻拦陈文云经营;还有一方是当地猪肉批发户陈礼林、时献忠等人,要求陈文云的猪肉提价经营等;夹缝人是陈文云。

---

[1] 参见智春丽、吴齐强:《肉店被砸,经营纠纷》,《人民日报》2013年11月26日。

[2] 凡言:《这起纠纷不普通》,《人民日报》2013年11月26日。

（2）经济发展中的潜夹缝

经济潜性夹缝指具备了形成夹缝的条件，没有形成的夹缝形式。经济潜性夹缝是经济隐夹缝的一种，但它与隐夹缝有区别。经济潜性夹缝与经济隐性夹缝的区别在于，经济隐性夹缝，已经存在，没有显现出来；经济潜性夹缝，具备了夹缝条件，没有构成夹缝。经济潜夹缝可以分为制度式、实践式和心理式等夹缝形式。

制度式经济潜夹缝。所谓制度式潜夹缝指由制度和政策方面构成的经济夹缝条件，在一定条件下可以成为显性夹缝。例如，2013 年 3 月 1 日晚新"国五条"细则正式发布，明确了对出售自有住房应依法严格按转让所得的 20% 征税。3 月 12 日 13 时 30 分左右，记者来到办理税费手续的晋中市地税服务大厅，发现来办理手续的人群已经将大厅挤得水泄不通。地税局服务大厅一位工作人员表示，"这些天，工作人员每天都得加班，回答群众的咨询嗓子都哑了"。据记者了解，若按新"国五条"细则出台之前的二手房交易原则，卖方需负担的各种费用差不多要到总房价的 10%，如果新"国五条"细则执行后，这些费用将占到总价款的 15% 以上。业内人士认为，新"国五条"细则出台后，按税收政策，二手房成交个人所得税应由赚取了卖房利润的卖房者来承担。但事实情况并非如此，按照现阶段二手房交易惯例，成交产生的各类税费大都由买方承担。所以，尚未完成过户的二手房交易者，都想争取在细则实施前完成过户。① 出售自有住房应依法严格按转让所得的 20% 征税是对卖方说的，而之前售房成交产生的各类税费大都由买方承担。用老政策让购房者多负担了，而新政策无疑对囤积二手房者形成了压力，这些政策就形成了针对卖方的潜性夹缝。

实践式经济潜夹缝。所谓实践式潜夹缝指在经济实践中形成的经济夹缝条件，在一定条件下可以成为显性夹缝。例如，温州炒房团，最初是从自家门口开始炒房。1998 年到 2001 年，温州的民间资本大量投入当地房地产，促使当地房地产价格以每年 20% 的速度递增，市区房价快速从 2000元/平方米左右，飙升到 7000 元/平方米以上。2001 年 8 月 18 日，第一个温州购房团共 157 人浩浩荡荡开赴上海，三天买走了 100 多套房子，5000多万元现金砸向上海楼市。同时，另一支购房团前往杭州。随后几年，约

① 参见白续宏：《山西二手房市场火爆，缴税执行仍是旧政策》，山西新闻网 2013 年 3 月 18 日。

2000 亿元温州的资金投向各地房地产,其中北京、上海两地集中了 1000 亿元。此外,温州资本还先后大举进入了杭州、青岛、重庆、沈阳等城市。温州炒房团所到之处,当地房价一路狂飙。一时间,"温州炒房团"广为人知,备受关注。"温州炒房团"在带来财富的同时,给部分地区的人们带来了许多不便。[①] 这就对那些真正需要购房子的人形成了实践的潜夹缝:温州人炒房,是夹缝的一方;当地有钱人投资房地产,成为夹缝的另一方;当地需要购房的一般民众成为潜经济夹缝人。现在,这个夹缝已经发生了变化,温州炒房团早已不复存在。

心理式经济潜夹缝。所谓心理式经济潜夹缝指在经济活动中人们的心理影响经济活动从而形成经济夹缝的条件。如今的社会上,在不少人的心中,随大流、跟着大多数人走,不仅感到安全,而且可以少惹麻烦、少担风险,即使随大流出了问题,亏的不只是自己,从而保持了自己的心理平衡。例如,在股市,个人投资者能量迅速积聚,追涨时信心百倍蜂拥而至,大盘跳水时,恐慌心理也开始连锁反应,纷纷恐慌出逃,这就是为什么牛市中慢涨快跌,而杀跌又往往一次到位的根本原因。针对这种情况,有的专家指导说,一般情况下急速杀跌不是出局的时候,应该等再出手,有人因此捉摸不定,处在心理的潜夹缝之中。

3.经济夹缝的转换

经济夹缝的转换指经济夹缝的构成发生了变化,诸如夹缝解体,新夹缝出现,多夹缝的互相牵制和夹缝人变化等现象。

（1）经济夹缝的夹缝人发生了变化

所谓经济夹缝人变化指经济夹缝人的身份发生了变化,诸如夹缝构成者变成了夹缝人,夹缝人变成了夹缝构成者;一个夹缝构成者既是夹缝构成者又是另一个夹缝的夹缝人;一个夹缝人既是夹缝人又是另一夹缝的构成者;夹缝人退出经济夹缝等都属夹缝人变化的范畴。在一个夹缝中如果夹缝人不存在了,那么,这个夹缝也就不存在了。

经济夹缝人退出夹缝。在经济活动中,夹缝人退出是常见的夹缝现象。当一个经济夹缝人退出夹缝时,无论夹缝构成者有没有变化,这个夹

---

① 参见 Ds Zw Qrx:《温州炒房团》,百度百科 2013 年 4 月18 日。

缝就消失了。例如,有一位买股票的投资者,当买某一种股票时被套牢了,股票评论家说,该股票很快会涨,股友说,该股票一时涨不了。该投资者突然把这种股票出仓了,此时针对这一种购票购入者的夹缝就不存在了。

经济夹缝构成者转换为夹缝人。在经济活动中,由于市场的千变万化,经济夹缝构成者在一定外力作用下能够发生转变,成为经济夹缝的夹缝人。例如,香港首富李嘉诚近来就从夹缝构成者转换为夹缝人。李嘉诚,长江实业集团有限公司创始人、董事局主席。1928 年生于广东潮州,1940 年为躲避日本侵略者,全家逃难到香港。1958 年开始投资地产。1979 年购入老牌英资商行"和记黄埔",成为首位收购英资商行的华人。1981 年获选"香港风云人物"和太平绅士,1989 年获英国女王颁发的 CBE 勋衔,1992 年被聘为港事顾问,1993 年度香港风云人物,1995 年至 1997 年任特区筹备委员会委员,1999 年亚洲首富,2011 年工夫茶传奇故事入选国家孔子学院汉语外教文章,2013 年《福布斯》全球亿万富豪排行榜,李嘉诚以 310 亿美元净资产位列全球第 8 名,并蝉联全球华人首富、亚洲首富等。"李嘉诚,名副其实,香港就是李家的城。"一名小学生曾在作文中写道。几十年来,李嘉诚名利双收,与香港诸多大亨、香港行政长官对民众形成了良夹缝。如今情况发生了大的变化,李嘉诚成为夹缝人。[①] 李嘉诚曾经坚称"爱国、爱港,永不迁册"(香港人将公司迁移注册地简称为"迁册"),但 2013 年 7 月底,李旗下和记黄埔发布公告出售百佳超市(百佳陪伴了香港人 40 年,是他们最为熟悉的超市),不过,2013 年 10 月 18 日,和黄再次公告暂停出售。2013 年 10 月 9 日,李嘉诚旗下的长江实业已将香港嘉湖银座商场,以 58.5 亿港元的总价整体出售;国庆长假前,李旗下的另一家上市公司电能实业宣布,拆售旗下的香港电灯有限公司;在内地,他以 60 亿元人民币的底价叫卖其在上海陆家嘴开发的首个写字楼项目"东方汇经 OFC",同时宣布抛售位于广州的西城都荟广场。从 2000 年至今,李家父子布局"购买英国"——他们已经或者即将控制英国天然气近三成的市场,约四分之一的电力分销市场,以及约 5% 的供水市场。此外,港口、机场与金融市场业务也在李氏收购范围之内。在欧洲大陆上,李嘉诚还分别以 13 亿欧元和 97 亿港元的巨额出资,拿下了奥地利 3G 通信业务,以及荷

---

① 参见 Isbloodsk:《李嘉诚》,百度百科 2013 年 12 月 3 日。

兰最大废物转化能源公司 AVR35% 的股权。据不完全统计，自 2010 年以来，长和系总共在香港和中国内地以外完成了 11 笔收购，涉及金额约 1868 亿港元。这其中，欧洲地区占比高达 96.75%。不少人认为，李嘉诚不是"爱国、爱港、永不迁册"吗，不该出售港产啊？也有人认为，财产是李嘉诚自己的，到海外开发应该啊？李嘉诚从夹缝构成者转化为夹缝人。是什么原因使李嘉诚发生角色转变的呢？有人分析，2013 年初的香港国际货柜码头罢工事件，被普遍认为是李嘉诚角色转变的一根导火索。据港媒报道，2013 年 3 月 28 日，一批葵涌货柜码头外判商工人（非正式工人），不满工资 15 年来有减无增，发起罢工，前后历时 40 天，成为香港"二战"后最长的一次工人运动。这个世界上最大的私营货柜码头，隶属和记黄埔港口集团，码头工人大多受雇于外判商——从某种程度上说，李嘉诚并不是工人们的直接雇佣方，也非谈判对象。然而，工人们却将矛头直接指向了李嘉诚。他们在位于中环的长实总部门前拉起横幅："全球华人首富，剥削工人致富"；"养起李，养不起家"。并将李嘉诚的大头像画成青面獠牙的"吸血鬼"模样，"五一"劳动节时，甚至在门前举行为李嘉诚"招魂"的仪式。梁文道在《地产霸权》一书的导读中写道："最近十多年来，香港社会对富豪的看法有很大变化。十几年前坐出租车和司机讲起李嘉诚，十个有九个会竖起大拇指，称他做'李超人'；今天要是坐出租车和司机讨论'诚哥'近日的事迹，我保证十个里头有十个会一听到他的名字就立刻大骂'官商勾结'，甚至叫他为'奸商'。"其实，使李嘉诚角色发生转变的还有其他原因。2012 年 3 月，依照基本法，香港换届，梁振英当选。而李嘉诚支持的却是梁的对手、同为建制派（爱国爱党）的唐英年。特首选举期间，李嘉诚公开表示，不熟悉梁振英，"就像做生意一样，不会支持不熟悉的人"。选举当日，即便明知梁振英已胜算在握，李仍然将票投向了唐英年。2013 年 2 月，香港行政长官梁振英便推出了香港有史以来最严酷的楼市调控政策：非港人购入工商和住宅物业，需要缴纳 15% 的额外印花税和双倍印花税。港媒将此称为"双辣招"。2012 年 10 月，梁振英出席立法会首次大会时就曾公开表示，市场不是万能的，失效例子很多，"本港过去积极不干预政策含糊不清，亦有矛盾的概念，大市场小政府不能满足需求"。地产界的风云人物施永青说，"现时香港每天都在吵架，什么问题，都开始泛政治化"。香港现在有一股左翼思潮，只强调劳动的功能，否定投资的作用，甚至将投资邪恶化，"商人投入资金建设社会仿佛还要做罪人"。他慨叹香港已从"重商"转变为"仇商"，"我们的意见领袖，简单地把社会问题用阶级矛盾的方式去解决，把矛头引向社会的富裕阶层，这是个非常坏的苗头"。施永青还说"争取权益可以，但不能搞人身攻击"。在香港，现在已经有舆论提出向富人征收累进税。在更早之前，多个社会团体甚至呼吁港府专门设立一个"李嘉诚税"。坊间传言，李嘉诚对自己的形象在工潮中被丑化感到非常痛心。施永青认为，此言非虚，"人终归是有感情的，特别是像李嘉诚那么在乎名誉的人"。香港中文大学教授郑宏泰对此也颇为赞同，他告诉记者，李嘉诚作为华人首富，金钱早已不是最重要的了，"赢了很多钱，却输了尊敬，一定不是他愿意看到的"。当李嘉诚转换为夹缝人之后，构成夹缝的有香港部分民众、香港行政长官、香港商业同行等。①

　　夹缝人转换为夹缝构成者。夹缝人转换为夹缝构成者是经济夹缝运动中常见的现象。夹缝人转换为夹缝构成者的夹缝形式可以分为多重夹缝和单一夹缝。多重夹缝指几个夹缝重叠或夹缝构成者处在多重夹缝之中的现象。在多重夹缝中，往往夹缝构成者有时又是另一个夹缝的夹缝人。常见的经济夹缝只是经济夹缝人成为夹缝构成者，从而使经济夹缝构成发生了变化。例如，有一个营销故事讲"您要一个鸡蛋还是两个鸡蛋"？的选择，使得一个卖辣汤的小店打出了品牌。故事说一位大学毕业生在街头租了一个门面，经营什么一直是个难题。这个门面的左边是一家菜店，再往左是一家早点店，右边是一家辣汤包子店。家人劝他经营水果，因为街对面就是住宅区；朋友劝他开一个杂货店，因为这条街上就没有杂货店。这位大学生处在了经营什么的夹缝之中。经过几天的观察和调查，这位大学生觉得这个城市的居民有喝辣汤的习惯，且喜欢在一碗辣汤里打一到两个鸡蛋。于是这位大学毕业生决定和右边那家辣汤包子店一样，开一家辣汤包子店。不仅如此，他还动员了菜店左边的那家早点店增加辣汤包子的服务项目。这位大学毕业生的身份变了，由原来的夹缝人转为针对原来辣汤包子店的夹缝构成者，使原来的辣汤包子店的老板感到了夹力。三家辣汤包子店在街头形成了竞争态势，也形成了气候，结果是原来那家的辣汤

---

① 参见陈新焱等：《香港不再是"李家城"，李嘉诚从"超人"到"万恶的资本家"》，《南方周末》2013 年 11 月 7 日。

包子店生意比以前更好,吃包子喝辣汤的居民越来越多。为了赶上和超过另外两家的辣汤质量,这位大学生找到蔬菜店的老板,让他经营质量好的"草鸡蛋",由他的辣汤包子店包销。在他自己的店内,他和服务员一起改变辣汤的经营方式,这个改变就是当为顾客盛辣汤前,他们总是要问一句,"您要一个草鸡蛋还是两个草鸡蛋?"喜欢吃鸡蛋的顾客总是要两个,不太喜欢吃鸡蛋的顾客一般要一个,结果草鸡蛋在这条街的附近也出了名,而且销量大增。为什么这位大学生问"您要一个草鸡蛋还是两个草鸡蛋?"而不是问"您要不要草鸡蛋"? 这是一种引导消费的经营技巧。据调查这位大学毕业生的辣汤包子店的生意一直很好。

(2)经济夹缝的解体

经济夹缝的解体指夹缝的构成者或夹缝的环境发生了变化,使经济夹缝夹力减小或者夹缝消失。

政策式的夹缝解体。所谓政策式夹缝解体指政策改变,使夹缝失去了夹力,夹缝人发生了变化。我国改革开放前后实行的是不同的经济政策。改革开放前,经济为政治服务,一切服从政治,在收入上提倡平均。改革开放后,政治为经济服务,一切服从经济,提倡让一部分人先富起来。当经济建设为中心之后,原来的政治经济夹缝就解体了,夹缝人往往成为新时期的英雄。例如20世纪70年代有一部电影《青松岭》中有一个人物叫钱广,是一个农村赶大车的,他一肚子生意经,时常撺掇村民把蘑菇辣椒等农产品带到城里销售,而且还拉拢一些农民跟着走。当钱广的行为受到大队支书万山阻拦时,钱广便给奔跑而归的马喝凉水,想让马打结子(肠胃痉挛),破坏生产。当时,多数观众认为钱广不好;也有观众认为钱广是个能人;还有的观众认为应该支持钱广的行为,让农民有钱花,这就构成了认识钱广的夹缝。电影的结尾是钱广受到法律的惩罚。改革开放之后,电影里的钱广不仅成为先富起来的英雄,而且成为"名人",吉林省有好几个叫"钱广"的公司。针对钱广的夹缝因为经济政策的变化解体了,夹缝发生了变化。

人为式的夹缝解体。人为式夹缝解体一般有两种情况,一是夹缝人退出,二是夹缝构成者变化或者夹缝环境变化从而使夹缝解体。例如墨西哥90%的妇女洗衣服喜欢使用柔顺剂,柔顺剂又要有一定的水才能冲洗干净,墨西哥又是缺水的国家,生产柔顺剂的厂家常常打不开局面,妇女们常常处在夹缝之中。一方面政府和家庭希望节水；一方面孩子和家人又希望衣服洗得干干净净，熨烫的平平整整；夹缝中的妇女希望既省水，又洗好衣服。宝洁公司的人员发现，墨西哥妇女洗衣服的时间，比承担其他所有家务花费的时间都要多。针对这样的夹缝情况，宝洁公司于 2004 年 3 月推出了一款新品——"多丽一漂净"（Downy Single Rinse），把洗衣服的六道工序"洗净、漂洗、漂洗、加柔顺剂、漂洗、漂洗"改为三道工序洗涤、加柔顺剂、漂洗，这样，既节省了时间和精力，也节约了用水。① 这便使墨西哥的妇女从洗衣服"要省水""要柔顺"的夹缝中走了出来，这是夹缝环境发生变化从而化解夹缝的典型。在经济夹缝中，夹缝人的退出，是夹缝解体的主要原因。

（3）新夹缝的形成

新经济夹缝的形成，指新的夹缝构成者的进入形成了新的经济夹缝，或者老夹缝构成者和新夹缝构成者构成新的夹缝，以及夹缝环境的变化形成新经济夹缝的现象。

新夹缝构成者的进入，形成了新的经济夹缝。在夹缝人不变的情况下，夹缝构成者一方出现了变化，或者夹缝构成者双方都发生了变化，新的夹缝产生了。对于消费者是夹缝人的夹缝状态下，诸如商家的增加或者减少，都会使夹缝发生变化；同类商品价格的变化，也容易使经济夹缝构成发生变化。新夹缝构成者的进入，形成了新的经济夹缝，虽然经济夹缝人没变，但夹缝已不再是原来的夹缝了。

经济环境的改变，形成了新的经济夹缝。经济环境包括经济制度、经济实体、经济发展方法等。经济环境的变化，必然促成新的经济夹缝的形成。《中共中央关于全面深化改革若干重大问题的决定》中指出："紧紧围绕使市场在资源配置中起决定性作用深化经济体制改革，坚持和完善基本经济制度，加快完善现代市场体系、宏观调控体系、开放型经济体系，加快转变经济发展方式，加快建设创新型国家，推动经济更有效率、更加公平、更可持续发展。"②"加快转变经济发展方式"是经济发展政策的变化，容易

---

① 参见［美］卡尔·麦克丹尼尔、查尔斯·W. 兰姆、小约瑟夫·F. 海尔著，时启亮、朱洪兴、王慧译：《市场营销学》第 6—7 页，格致出版社、上海人民出版社 2013 年版。

② 《中共中央关于全面深化改革若干重大问题的决定（二〇一三年十一月十二日中国共产党第十八届中央委员会第三次全体会议通过）》，《人民日报》2013 年 11 月 16 日。

使不少"经济人"处在经济发展方式转变的夹缝之中。例如,陈恒先生在《中国经济转型方向找好了吗》一文中列出了三种经济转型方向,使准备转型的"经济人"处在夹缝之中。陈先生总结的经济转型方向一是"去试试新的业态"。案例一讲,2013 年 11 月 11 日,号称是光棍节,各大电商展开促销大战,其中仅阿里巴巴一家这一天的销售额就达到 350 亿元。而在 35 年前的 1978 年,全国人一整年的社会消费品零售总额只有 1559 亿元,还不到这一家电商这一天销售额的 5 倍。2013 年的中国电商群体,是中国经济转型的一大亮点,也成为这次榜单中一个特殊"候选人"。已经扩大为 8000 万人的网商群体,为中小企业增加销售创建渠道。2013 年国务院发布的关于促进信息消费扩大内需的若干意见预测,到 2015 年信息消费规模超过 3.2 万亿元,年均增长 20% 以上。陈先生还认为,不光是信息消费,节能环保、新能源、新材料等新业态中,转型升级之机大量存在。二是"让技术达到新的高度"。案例二说,2013 年 12 月 2 日 1 时 30 分,"嫦娥三号"月球探测器在西昌卫星发射中心发射升空,展开奔月之旅。"嫦娥三号"由着陆器和"玉兔号"月球车组成,总重近 3.8 吨,代表着我国装备制造业的突出成就。"蛟龙号"载人深潜器是我国首台自主设计、自主集成研制的作业型深海载人潜水器,设计最大下潜深度为 7000 米,也是目前世界上下潜能力最深的作业型载人潜水器。中航工业实现了我国航空武器装备的"井喷式"发展,"辽宁号"航母搭载的歼 – 15 舰载机,整个系统、材料和动力都是国产。在与装备制造业传统强国的同台竞技中,中国企业已经具备了竞争优势。中国北车研制的 CRH3 型高速动车组创造了时速 394.3 公里的中华第一速和时速 394.2 公里两车重联的世界铁路最高速度,成为京津、武广、沪宁高铁的主型装备。目前,中国北车已经累计获得高速动车组订单 400 列,合同总金额近 800 亿元。三是"去投资新的国家"。案例三说,2003 年,美国最大的猪肉生产商史密斯菲尔德,还是一个遥不可及的"偶像"。而 10 年后的今天,双汇以 71 亿美元的价格实现收购,这也让双汇成为世界最大的肉类加工企业。据 2013 年 11 月数据显示,今年中资企业海外并购规模达 562 亿美元,远超日本企业今年 407 亿美元的水平。中国今年在海外并购方面雄踞亚洲榜首,夺过日本保持了两年的第一位置。2013 年 5 月 25 日,潍柴动力全资子公司潍柴卢森堡向德国凯傲集团行使认购期权,潍柴卢森堡将在凯傲公司 IPO 后持股比例提升至30%。6月28日,欧洲排名第一、全球排名第二的工业叉车集团——德国凯傲集团成功地在法兰克福证券交易所挂牌交易,作为这场资本盛宴的主角,潍柴动力登上行业领域的世界级舞台。如今,中国海外并购目标已经不仅限于自然资源领域,还瞄准了众多其他领域,也更加注重在并购中实现转型升级①。应该说,多数的中国企业都想转型,但不是每个企业都能很快转型的。在"去试试新的业态"方面,在"让技术达到新的高度"方面,在"去投资新的国家"方面一直找不准方向,这也就构成了经济转型的方向夹缝,国人比较担心失败,转型方向的选择使不少"经济人"左右为难。

---

① 参见陈恒:《中国经济转型方向找好了吗》,《光明日报》2013年12月4日。

第二章　经济夹缝的本质特征

经济夹缝同其他夹缝一样,具有夹缝的本质特征,更具有经济夹缝自身的本质特征。本质指事物本身所固有的、决定事物性质、面貌和发展的根本属性。事物的本质都是通过该事物与他事物联系时所产生的属性或特征表现出来的。我们必须通过事物的现象来把握事物的本质特征从而把握事物的本质。经济夹缝的本质特征主要有几点。

一、经济夹缝具有政治性和效益性

经济夹缝的形成有经济自身的原因,也有经济环境的原因,特别有政治环境的原因;经济夹缝的形成,还有经济自身追求效益的原因。

1. 经济夹缝的政治性

在经济发展过程中,政治与经济之间已经对人们构成了夹缝。在很长时间内,人们认为经济是社会生产关系的总和,上层建筑赖以竖立的基础。恩格斯说:"政治、法律、哲学、宗教、文学、艺术等的发展是以经济发展为基础的。"[①]毛泽东说:"政治工作是一切经济工作的生命线。"[②]邓小平说:"经济工作是当前最大的政治,经济问题是压倒一切的政治问题。"[③]"经济基础"说,"政治生命线"说,"政治是经济说"在理论上对人们构成了理解

---

① 《马克思恩格斯选集》第 4 卷,第 732 页,人民出版社 1995 年版。
② 《毛泽东文集》第 6 卷,第 449 页,人民出版社 1999 年版。
③ 《邓小平文选》第 2 卷,第 194 页,人民出版社 1994 年版。

上的夹缝。因此,在一定条件下,经济夹缝具有政治性。

(1)经济夹缝政治性的形式

经济夹缝的政治性形式是指政治对于经济采用控制、改革和推动等方式,促使经济夹缝政治性质的显现和发挥应有的作用。

经济夹缝的改革发展式。所谓改革发展式指经济的夹缝是在改革发展中形成的经济夹缝方式。邓小平讲:"不坚持社会主义,不改革开放,不发展经济,不改善人民生活,只能是死路一条。"①习近平讲:"党的十八大以来,中央反复强调,改革开放是决定当代中国命运的关键一招,也是决定实现'两个一百年'奋斗目标、实现中华民族伟大复兴的关键一招,实践发展永无止境,解放思想永无止境,改革开放也永无止境,停顿和倒退没有出路,改革开放只有进行时、没有完成时。"②邓小平讲的"改革开放"所处的年代和环境与改革开放30多年后的"改革开放"所处的年代和环境已经完全不同了。20世纪70年代的"改革开放"是"把党和国家工作中心转移到经济建设上来、实行改革开放";现在的"改革开放"面临着"发展中不平衡、不协调、不可持续问题依然突出,科技创新能力不强,产业结构不合理,发展方式依然粗放,城乡区域发展差距和居民收入分配差距依然较大,社会矛盾明显增多,教育、就业、社会保障、医疗、住房、生态环境、食品药品安全、安全生产、社会治安、执法司法等关系群众切身利益的问题较多,部分群众生活困难,形式主义、官僚主义、享乐主义和奢靡之风问题突出,一些领域消极腐败现象易发多发,反腐败斗争形势依然严峻,等。解决这些问题,关键在于深化改革"。③同为"改革开放",内容和形式已经大不相同。改什么,怎么改,顶层设计和民众要求往往对一些执政的官员构成夹缝。

经济夹缝的控制协调式。所谓经济夹缝控制协调式是指经济夹缝是在经济协调控制中形成的夹缝方式。经济的控制和协调往往会对某些企业和某些人有利,对某些企业和某些人没利,对某些企业和某些人几乎没有影响,但是,经济发展中的控制和协调是必需的。经济的改革和开放往往是通过控制和协调来实现的。但控制和协调在某种条件下容易构成夹

① 《邓小平文选》第3卷,第370页,人民出版社1993年版。

② 习近平:《关于"中共中央关于全面深化改革若干重大问题的决定"的说明》,《求是》2013年,第22期。

③ 习近平:《关于"中共中央关于全面深化改革若干重大问题的决定"的说明》,《求是》2013年,第22期。

缝。《中共中央关于全面深化改革若干重大问题的决定》中指出："积极发展混合所有制经济。国有资本、集体资本、非公有资本等交叉持股、相互融合的混合所有制经济，是基本经济制度的重要实现形式，有利于国有资本放大功能、保值增值、提高竞争力，有利于各种所有制资本取长补短、相互促进、共同发展。允许更多国有经济和其他所有制经济发展成为混合所有制经济。国有资本投资项目允许非国有资本参股。允许混合所有制经济实行企业员工持股，形成资本所有者和劳动者利益共同体。"①"积极发展混合所有制经济"是中央调控经济的方式，但这方式在理解上不同，容易形成夹缝。例如，在中央决定作出后，有人提问，"'混合所有制'究竟谁'混合'谁"？2013 中国年度管理大会上，与会的 260 家民营企业老总与应邀出席的央企掌门人热议"混合所有制"。与国企混合后，民营企业究竟能得到哪些好处、在企业经营决策的哪些领域可能会受到限制、这一"重大利好"的背后，民企老总们究竟在担心什么？国务院发展研究中心企业研究所副所长马俊认为，所谓的混合所有制经济有可能将公有制经济和非公有制经济的优势结合起来，形成更大的优势，这种情况下，混合所有制企业的创新能力将会明显增强。但在一些"当事人"眼中，"混合所有制"远没有想象中那样简单。宁夏宝塔石化集团有限公司董事长孙珩超认为："混合所有制经济到底是谁混合谁、混合之后谁说了算，这些事儿都还没说清楚。"内蒙古亿利资源集团有限公司董事长王文彪提出，"混合所有制企业"，为什么不能由国、民混合的企业来做生态产业链的建设呢？国有独资大型中央企业、中国恒天集团有限公司董事长张杰表示看好"混合所有制"，"希望能早点有详细政策出来，实现中国企业与跨国公司同台竞争的企业'中国梦'"。张杰指出，国企和民企不应是"国进民退""民进国退"相互抗衡的关系，而应是一个合作共赢的关系，并且说"国企、民企联合起来，优势互补，我们也能做出几个实力强大的跨国公司"。"国、民混合企业"海航集团董事长陈峰回忆，"早年我们老说，连做个木头飞机都要发改委的批示"。"像所有国企、民企一样，批一个项目，难着呢"。陈峰说，海航的发展，受到了海南省政府的"关照"。而这种关照，与这家民营

① 《中共中央关于全面深化改革若干重大问题的决定（二〇一三年十一月十二日中国共产党第十八届中央委员会第三次全体会议通过）》，《人民日报》2013 年 11 月 16 日。

企业的"国资背景"密不可分。而企业发展之后,出于"国资背景",这家企业未来仍将以海南"本土企业"的身份,促进当地"国际旅游岛"的建设。陈峰说,理想中的"混合所有制企业"应该就是这种"互补"的状态。"国资背景"在政策层面促进企业快速发展,企业又在发展之后适时地"反哺"国家,"混合所有制应当是未来发展的大趋势,是个好东西"。① 经济的控制协调方式构成的经济控制协调夹缝有时是多重形式的。

经济夹缝的领导式。所谓领导式是指经济夹缝有时是因为领导原因形成的经济夹缝方式。我国"经济"的领导有地方的领导和上级的领导,在"经济"的上级领导中,还有许多层次的领导;在同一层次的领导中,有具体办事的领导和具体办事领导的领导。由于领导所处的层次不同和理解问题、处理问题的方法不同,同为一个经济问题,往往处理的结果就会不同,这就容易构成夹缝。

(2)经济夹缝政治性的本质

经济夹缝政治性本质是经济夹缝重要特征,是区别其他夹缝的根本特征。经济夹缝政治性本质主要由控制性、试验性、推广性和更新性等特质构成。

经济夹缝的控制性特质。所谓控制性指政府在干预和控制经济时构成经济夹缝的性质。在较为集权的政体中,经济是受政治控制的。在分权的政体中,经济有时也受政治控制。《中共中央关于全面深化改革若干重大问题的决定》中指出:"推动国有企业完善现代企业制度。国有企业属于全民所有,是推进国家现代化、保障人民共同利益的重要力量。国有企业总体上已经同市场经济相融合,必须适应市场化、国际化新形势,以规范经营决策、资产保值增值、公平参与竞争、提高企业效率、增强企业活力、承担社会责任为重点,进一步深化国有企业改革。准确界定不同国有企业功能。国有资本加大对公益性企业的投入,在提供公共服务方面做出更大贡献。国有资本继续控股经营的自然垄断行业,实行以政企分开、政资分开、特许经营、政府监管为主要内容的改革,根据不同行业特点实行网运分开、放开竞争性业务,推进公共资源配置市场化,进一步破除各种形式的行政

---

① 王烨捷:《"混合所有制"究竟谁"混合"谁》,《中国青年报》2013 年 12 月 5 日。

垄断。"①从这个决定中我们可以看到政府对企业的控制力度。政府对国有企业的改革提出了要求,普通民众希望国有企业改革力度更大更彻底,形成了对企业控制和干预的夹缝。大多发达国家的经济学者对于政府的控制是认可的。亚当·斯密在《国富论》中曾经认为,有市场权力的公司可能会聚在一起,共谋固定价格或者限制竞争,政府可能不得不帮助和安抚穷人。"从那时开始,经济学家、政府官员和政治家就一直在争论政府的角色问题。普通大众也是如此。虽然人们很快就得出结论说政府太大了,但是他们也同样迅速地觉察到,我们需要更多的学校、更多的警察和更多的转移支付。"②其实,经济学家、政府官员、政治家和普通大众对政府干预和控制经济构成了夹缝。

经济夹缝的资源配置性特质。所谓经济夹缝资源配置性指在经济活动中,权力对各种社会资源在不同使用方向分配时形成的夹缝特质。这里的社会资源指社会生产活动中的生产诸要素或生产条件,包括劳动资源和物质资源等。习近平说:"从党的十四大以来的 20 多年间,对政府和市场关系,我们一直在根据实践拓展和认识深化寻找新的科学定位。党的十五大提出'使市场在国家宏观调控下对资源配置起基础性作用',党的十六大提出'在更大程度上发挥市场在资源配置中的基础性作用',党的十七大提出'从制度上更好发挥市场在资源配置中的基础性作用',党的十八大提出'更大程度更广范围发挥市场在资源配置中的基础性作用'。可以看出,我们对政府和市场关系的认识也在不断深化。"③发挥市场在资源配置中的作用,不是由市场主导资源配置。从人类社会发展过程来看,资源配置存在着三种方式:自然配置、计划配置和市场配置。自然配置是自然经济中的资源配置方式,它是建立在小生产方式基础之上的方式。计划配置是社会化生产的资源配置方式,它通过计划手段或行政手段来实现资源配置,以保证社会生产顺利进行。市场配置是指通过市场价格的调节和引导,使社会资源在各部门或不同经济主体之间,实行合理配置,从而使社会

---

① 《中共中央关于全面深化改革若干重大问题的决定(二〇一三年十一月十二日中国共产党第十八届中央委员会第三次全体会议通过)》,《人民日报》2013 年 11 月 16 日。

② [美]布拉德利·希勒著,王福重译:《经济学基础》第 153 页,人民邮电出版社 2011 年版。

③ 习近平:《关于"中共中央关于全面深化改革若干重大问题的决定"的说明》,《求是》2013 年,第 22 期。

资源得到充分、有效的使用。资源配置的方式本身就是一个经济夹缝,宏观经济中资源配置性夹缝是经济夹缝的重要特征。当一部分经济工作者和理论家要求以计划配置资源为主,另一部分经济工作者和理论家要求以市场配置资源为主时,就构成了经济资源配置的夹缝特征。

经济夹缝的宏观调控性。所谓经济夹缝的宏观调控指经济在运转过程中形成的必须调控的夹缝特质。宏观调控的市场经济指西方发达国家采取分散决策和集中决策相结合,以分散决策为主,在市场机制基础上,通过经济手段对经济活动实行政府干预或调节的市场经济。市场经济的本身离不开调控性这个本质。马克思发现,随着资本主义经济的进一步发展,私人资本转化为社会资本,私人企业转变为社会企业,出现了股份公司、垄断组织等社会化的企业组织,"这是资本主义生产方式在资本主义方式本身范围内的扬弃,因而是一个自行扬弃的矛盾,这个矛盾首先表现为通向一种新的生产形式的单纯过渡点。它作为这样的矛盾在现象上也会表现出来。它在一定部门中造成了垄断,因而要求国家的干涉"。[1] 恩格斯说:"资本主义社会的正式代表——国家不得不承担起对生产的领导。"[2]而当宏观经济夹缝出现时,经济夹缝的调控性与经济宏观调控是相通的。当市场根据自身的规律发展时,可能会带来自身无法调节的困难和危机,从总体上看,需要外力来调节、控制市场,从某些微观层面来看,有些经济实体倒希望市场不要调节和控制,此时便形成了夹缝。就市场调节来看,从哪儿入手,调控的力度多大等,认识都是不同的,对准备调控的调控者容易构成夹缝。《中共中央关于全面深化改革若干重大问题的决定》指出:"完善主要由市场决定价格的机制。凡是能由市场形成价格的都交给市场,政府不进行不当干预。推进水、石油、天然气、电力、交通、电信等领域价格改革,放开竞争性环节价格。政府定价范围主要限定在重要公用事业、公益性服务、网络型自然垄断环节,提高透明度,接受社会监督。完善农产品价格形成机制,注重发挥市场形成价格作用。"[3]这是中国对于市场决定价格的宏观调控,同样形成了夹缝调控的特质。决策是由政府作出

---

① 《马克思恩格斯全集》第 25 卷,第 495—496 页,人民出版社 1974 年版。

② 恩格斯:《反杜林论》第 274 页,人民出版社 1970 年版。

③ 《中共中央关于全面深化改革若干重大问题的决定(二○一三年十一月十二日中国共产党第十八届中央委员会第三次全体会议通过)》,《人民日报》2013 年 11 月 16 日。

的,调控是宏观的,宏观调控的主要方式是总量调控和结构调控同时进行的。调控的手段是规划(计划)引导、政策调控、法律规范和行政干预。宏观调控的决策来自对于国内市场运转的认识,调控的范围针对所有的相关企业,此时夹缝的针对性可能转到了针对决策者了。有的企业认为该这样调控,有的企业认为该那样调控;有的经济学家认为调控的力度大了,有的经济学家认为调控的力度还不够等。此时构成的夹缝就具有经济调控的特质。

2. 经济夹缝的效益性

经济活动是追求效益的活动,无论是市场经济下的经济活动还是计划经济下的经济活动,都是如此。在经济活动中,由于经济活动追求效益目标的不同、活动的方式不同,很容易构成夹缝。在经济活动中,一切经济夹缝都表现出一定的效益性。所谓效益指效果与利益,从经济活动的具体效果来看,人们时常把效益理解为利益,这是"理解夹缝"的原因。

(1)效益性经济夹缝的主要形式

效益性经济夹缝的形式有许多种,我们只从受惠者层面分析经济夹缝的形式,诸如全民受惠式、团体受惠式和个人受惠式。

全民受惠效益夹缝的形式。所谓全民受惠指经济效益是针对全部人口的。党的十八大报告指出:"共同富裕是中国特色社会主义的根本原则。要坚持社会主义基本经济制度和分配制度,调整国民收入分配格局,加大再分配调节力度,着力解决收入分配差距较大问题,使发展成果更多更公平惠及全体人民,朝着共同富裕方向稳步前进。"[1]但是,在经济活动的现实中,共同富裕和一部分人先富起来一直构成一种理念和现实的经济夹缝。赵振华先生在文章中说:"改革开放以来,在全国城乡居民收入水平都有巨大提高的前提下,一些人从自身状况出发,对全国范围的收入差距问题感受不深,以为收入差距并不大。显然,他们忽略了这样的事实:到2011年年底,我国还有1亿多的农村人口生活在年纯收入2300元的最低

---

[1]　胡锦涛:《坚定不移沿着中国特色社会主义道路前进,为全面建成小康社会而奋斗——在中国共产党第十八次全国代表大会上的报告》《十八大报告学习辅导百问》第13页,学习出版社、党建读物出版社2012年版。

贫困线以下,还有 2000 多万城市居民依靠各种救济和低保生活,目前我国贫困人口数量相当于美国总人口的一半,比英国和法国人口总和还多,而且大多数农村贫困人口分布在自然条件相对恶劣的深山区,劳动者文化教育素质相对偏低,脱贫难度大。另一些人则认为共同富裕就是平均富裕,就是同步富裕,看到收入差距,就以为出现了两极分化,甚至认为已经不是社会主义制度了。这两种观点都是片面的。党的十二届三中全会通过的《中共中央关于经济体制改革的决定》中明确指出:'共同富裕绝不等于也不可能是完全平均,绝不等于也不可能是所有社会成员在同一时间以同等速度富裕起来。如果把共同富裕理解为完全平均和同步富裕,不但做不到,而且势必导致共同贫穷。'因此,缩小收入差距不是要消灭差距,而是要把收入差距控制在合理区间。"①"看不到收入差距"和"认为两极分化的认识"已经构成了经济收入式认识的夹缝,赵先生认为应该把收入差距控制在合理之间,这是一个难题,同时也是经济夹缝问题。

团体受惠效益夹缝的形式。团体受惠效益夹缝一般指利益集团构成的夹缝形式。所谓利益集团指那些具有某种共同的目的,试图对公共政策施加影响的个人的有组织的实体。利益集团的成员可以是普通公民、非赢利性组织、公共部门组织,也可以是营利的厂商等。不同的利益集团在其规模、资源、权利和政治倾向等方面存在着明显的差别,从而构成了不同的效益夹缝。对于利益集团认识,已经构成了夹缝。例如,邓聿文先生认为,中国的既得利益者可以划分为七类。一类是强力政府部门及其官员;二类是地方政府及其相关官员;三类是国有垄断企业特别是央企和地方重要国企及其高管;四类是跨国资本及其国内代理人,即俗称的"洋买办";五类是房地产开发商;六类是大的民营企业和民营资本,包括民营房产商、煤老板等实业资本家和金融资本家;七类是依附于上述各类利益集团之上的部分专家学者和专业人士。②李杰先生认为:"利益集团的作用和能量可能被夸大了,这或许会对落实十八届三中全会《决定》选取主攻方向造成扰乱,激化社会争论,从而影响改革的实际效果。对利益集团,我们应有更求实的认识。利益集团的概念来自西方社会,西方的利益集团都是较清晰的

---

① 赵振华:《论共同富裕》,《求是》2013 年第 8 期。
② 邓聿文:《中国有哪七类利益集团》,求是理论网 2013 年 4 月 24 日。

阵营,有相对明确的组织和维护利益手段。它们游说政府和议会,公开活动,公开施加影响。如果按这些标准,中国的所谓'利益集团'都不太够格。"①一方面认为中国不仅有利益集团,而且有七大类;另一方面认为中国的利益集团都不够格。这无论是搞经济的还是搞经济理论研究的都处在夹缝之中。例如,2013 年中石油这个利益集团频繁出事,2013 年 3 月 20日,中石油旗下运营商昆仑利用总经理陶玉春落马,拉开中石油腐败案序幕。2013 年 8 月 26 日,中石油副总经理兼大庆油田有限责任公司总经理王永春涉嫌严重违纪被调查。2013 年 8 月 27 日,中石油副总经理李华林、中石油副总裁兼大庆油田分公司总经理冉新权、中石油总地质师兼勘探开发研究院院长王道富等 3 人涉嫌严重违纪被调查。2013 年 9 月 1 日,国务院国资委主任、中石油原董事长蒋洁敏涉嫌严重违纪,接受组织调查。2013 年 9 月,四川富商吴兵卷入中石油窝案。2013 年 12 月 17 日,中石油总会计师温青山与妻子王富荣均已被带走调查。一方面纪委监察部门要求严格,另一方面中石油的管理者们频频出事,处在夹缝中的人们有些眼花缭乱了。

个体受惠效益夹缝的形式。个体受惠效益夹缝指经济效益对个体(包括某些松散个体的阶层)构成的经济夹缝形式。在经济生活中,无论是利益集团还是惠及全民的经济效益,最终都落实到一个一个的具体个体身上,并通过他们体现出来。不同的个体有不同的经济诉求,都容易对他人构成夹缝。同样,在帮助人们满足经济诉求时,也会构成经济夹缝。例如,如今我国某些地区出现了'年年扶贫年年贫'的现象,有些地区一边四处"哭穷"申请"贫困帽",一边又变相投资近亿元兴建豪华办公楼。黑龙江海伦市就是如此。事实上,地方政府要政绩的时候争戴"富帽",要利益的时候又争戴"穷帽",这种现象并不少见。有的县甚至打出宣传标语:"热烈祝贺成为贫困县。"如何打破"扶贫、脱贫、返贫、再扶贫"的恶性循环,走出"年年扶贫年年贫"的怪圈,让"减贫摘帽"代替"哭穷戴帽"? 国务院扶贫办主任刘永富说,扶贫开发重点县有点类似于身份划定,凡是进入重点县的,不仅可以拿到扶贫资金,而且可以享受到多项政策支持,包括中央的、地方的甚至国际援助。由于扶持政策的含金量比较高,所以很难退

---

① 李杰:《中国"利益集团"都不够格莫无限夸大其能量》,《环球时报》2013 年 11 月 20 日。

出。反过来说,我们在政策上实际是反向激励。所以就出现了干部群众普遍不愿意"摘帽"的情况,一些非重点县也想办法哭穷"戴帽"。更重要的是政绩观和考核体系的问题。一段时间内,我们的考核办法中基本是以GDP论英雄,扶贫工作基本没有进入考核体系。中央办公厅、国务院办公厅印发了意见,从四个方面进行改革。一是改进考核机制,对限制开发区和生态脆弱的贫困县取消GDP考核,把提高贫困人口的生活水平和减少贫困人口数量作为主要考核标准。二是建立精准扶贫的工作机制,工作的重心下沉到村、到户,精准识别"扶真贫"、精准帮扶"真扶贫"。三是开展调查研究,制定重点县退出的正向激励措施。四是开展试点,探索重点县的退出机制。① 国务院要求"扶真贫",有些人希望在扶贫中得实惠,使那些实施扶贫计划的领导者处在经济扶贫的夹缝中。国务院扶贫办主任刘永富说:"现在存在一个比较普遍的现象,虽然一些贫困县的经济指标上去了,但是老百姓得到的好处不明显。这些问题和现象值得深思。"②

(2)经济效益性夹缝的本质

经济效益性夹缝本质主要表现为共享性、私利性和发展性等方面。

经济效益共享性的夹缝特质。所谓经济效益共享性夹缝指在共享经济效益时构成的夹缝性质。共享效益不是平均享用经济效益,也不是个别享用,共享即分享,将一件物品或者信息的使用权或知情权与其他人共同拥有,共同使用。党的十八大报告指出:"必须更加自觉地把以人为本作为深入贯彻落实科学发展观的核心立场,始终把实现好、维护好、发展好最广大人民根本利益作为党和国家一切工作的出发点和落脚点,尊重人民首创精神,保障人民各项权益,不断在实现发展成果由人民共享、促进人的全面发展上取得新成效。"③所谓改革发展成果共享,是指让全体社会成员能够公平地享受由社会改革发展而带来的政治经济文化等一系列成果。改革发展成果不仅仅包括物质成果,还包括非物质成果。具体可以分为经济

---

① 参见王逸吟、殷泓:《精准扶贫:识别"扶真贫"帮扶"真扶贫"——直击全国人大常委会专题询问扶贫开发》,《光明日报》2013年12月28日。

② 转引自王逸吟、殷泓:《精准扶贫:识别"扶真贫"帮扶"真扶贫"——直击全国人大常委会专题询问扶贫开发》,《光明日报》2013年12月28日。

③ 胡锦涛:《坚定不移沿着中国特色社会主义道路前进,为全面建成小康社会而奋斗——在中国共产党第十八次全国代表大会上的报告》,《十八大报告学习辅导百问》第8页,学习出版社、党建读物出版社2012年版。

成果、政治成果、文化成果和社会成果等。改革发展成果的共享主体是全体人民。在实现共享改革开放成果过程中,出现了共享改革发展成果的夹缝。一方面我国社会福利和民生问题对改革发展成果共享提出最直接、最强烈的要求。改革开放使中国经济发展有了快速提升,但社会福利事业却没有得到同步发展。总体来看,中国社会福利的发展水平仍然较低,属于"补缺型"的福利制度。社会福利覆盖面窄、社会福利制度不完善、社会福利财政支持力度不够等都是我国福利事业发展问题的具体表现。富人的捐赠也不均衡,而且出现了捐赠海外的情况。北京师范大学中国公益研究院发布《2014 中国捐赠百杰榜》。榜单显示,上年度入选该榜单的中国捐赠前 100 人,捐赠总额(含承诺)达到 304.16 亿元,其中 80% 捐赠款流向海外。这是该机构连续四年发布这一榜单,进入榜单的前 100 人中,最大捐赠额为 169 亿元,最少为 1110 万元,捐赠总额首次超过 300 亿元。与前三届相比,年度慈善大额捐赠总额呈持续上涨态势,较 2013 年(147 亿元)同比增长 107.5%。大额捐赠中,共有 242 亿元投向了境外,使中国投向境外的捐赠规模,首次超越境内捐赠。榜单显示,马云因捐赠价值超过 169 亿元的阿里巴巴股份而位居第一,同样捐赠阿里巴巴股份的蔡崇信,以 72.4 亿元的额度排名第二,何享健则以 4.25 亿元的捐赠额排名第三。中国公益研究院研究员章高荣分析,之所以流向海外,主要是由于国内大额股权捐赠领域相关税收制度不健全所导致。[1] 2015 年 2 月 27 日,马云发文回应近期备受外界关注的"240 亿元慈善捐款流向海外"一事。他称自己"躺枪",在春节期间为此事被很多人指责,实际上捐款的绝大部分将用于中国公益事业。马云称,2014 年他和蔡崇信确实向他们成立的个人公益信托基金捐赠了一笔资产。考虑到目前中国公益慈善基金设置制度尚未完善,而且捐赠的是海外上市公司的资产,为了方便早日开展工作,只能先把基金注册在国外。但基金注册在哪儿不等于钱就花在哪儿,这笔捐赠的绝大部分将会用于中国公益事业。马先生的此番解释想化解夹缝是比较困难的。[2] 当前,民生问题显得尤为突出,就业、住房、教育、医疗等,成为人民群众最关心、最直接、最现实的利益问题。另一方面公民权利意识

---

[1]　参见杨晓红:《2014 年中国大额捐赠 80% 流向海外》,财经网(北京)2015 年 2 月 6 日。

[2]　参见祝剑禾:《马云回应海外捐款:我躺枪》,《京华时报》2015 年 2 月 28 日。

的不断增强对改革发展成果共享提出了新要求。人们的权利意识与日俱增。市场经济体制的确立与发展,也为权利意识的健康发展奠定了物质基础。第三方面是人民群众就社会公平正义的渴望对改革发展成果共享提出了新要求。社会公正的核心,是社会对人们权利和义务的分配问题。就当前来看,我国的社会公正现状却不容乐观。总体收入差距拉大、社会再分配力度较弱、社会成员基本权利保障的总体状况较弱。① 从分析的情况看来,全体人民享受改革发展的成果是共同的,享受什么样的内容却是不同的,这就给共享经济发展成果的实施者构成了夹缝。在化解共享改革发展成果过程中,既要统筹全局,又要重点关注特殊地区、特殊群体每个社会成员的发展权利;既要满足社会成员不同层次的需求,又要确保社会成员最基本的生活保障;既需要政府主导,又需要全体人民参与。

经济效益私利性的夹缝特质。所谓经济效益夹缝私利性指在享用经济效益时形成的夹缝性质。马克思说:“人们奋斗所争取的一切,都同他们的利益有关。”②恩格斯说:“正像达尔文发现有机界的发展规律一样,马克思发现了人类历史的发展规律,即历来为繁芜丛杂的意识形态所掩盖着的一个简单事实:人们首先必须吃、喝、住、穿,然后才能从事政治、科学、艺术、宗教等。”③“吃、喝、住、穿”是什么呢? 是个人生存所必需的私利。无论是集团的利益,还是阶层的利益,最终都归结为“私利”。不同的个体为了私利容易构成夹缝,在经济利益形成之后也会形成争取私利的夹缝。私利在这里指个人的利益。亚当·斯密在《国富论》中指出:“每个人都只打算赢得他自己的利益。”马斯洛在考察本能理论及需要的层次时曾指出,人们对需要的追求各有差别,同一需要对不同的人的重要性、迫切性不一样,对行为的影响不一样。同一社会中,当了解人们的需求时,每个人的现实需求是不同的。这就对满足人们需求的实施者构成了夹缝。现实中追求私利的经济活动在为人们带来实惠的同时,又使社会无处不陷入个体私利和公众利益的现实夹缝之中,导致社会生活和道德面临着诸多的困境。因此,社会需要通过各种规范来化解个体私利与他人利益的夹缝。社会规

---

① 参见田玉麒:《改革发展成果共享:现实诉求与行动策略》,《沈阳大学学报(社会科学版)》2012 年 4 月,第 14 卷第 2 期。

② 《马克思恩格斯全集》第 1 卷,第 82 页,人民出版社 1956 年版。

③ 《马克思恩格斯选集》第 3 卷,第 776 页,人民出版社 1995 年版。

范理论认为,人们总是按照社会赞许、提倡的规则展开各种行为活动。有学者将社会规范划分为道德性规范、契约性规范和行政性规范三种形式。道德规范是对人们私利的自律,契约规范可以理解为半自律,行政性规范是他律。就道德规范私利而言,有人即使为了私利也不会参与,有人即使明知违反道德也会为之,这就对道德规范构成了夹缝。再看行政规范,比如造假行为,由于各国的法律规范不一样,因而在不同的国家造假付出的成本是不一样的。在成本大的国家如美国,造假者私利需求的重要性、迫切性相应降低;而成本低的国家如中国,私利需求的重要性、迫切性所占比例大些,或者说私利需求的重要性、迫切性相应提高。① 原因在于,我国重人情,美国重法律,当同一个人生活在不同的国家时,私利的欲望处在不同的行政规范的夹缝之中。

经济效益发展性的夹缝特质。经济活动主要是为了获得效益,经济发展主要是为了长久获得利益。党的十八大报告中指出:“发展中不平衡、不协调、不可持续问题依然突出,科技创新能力不强,产业结构不合理,农业基础依然薄弱,资源环境约束加剧,制约科学发展的体制机制障碍较多,深化改革开放和转变经济发展方式任务艰巨。”②《中国经济增长报告2013》分析说,经过34年的改革发展,我国经济实现了年均9.8%左右的增长,人均GDP实现了年均8.7%左右的增长,到2012年末人均GDP超过3.8万元,我国进入“上中等收入”向“高收入”的过渡阶段。这一阶段的经济面临两种可能,一是在不长的时期里实现由中等收入向高收入阶段的跨越。二是停滞在中等收入阶段,即所谓陷入“中等收入陷阱”。这就需要让经济增长的成效能更好地体现在居民生活上,重视居民的就业和收入的增长,重视弥补社会保障的薄弱环节。北京大学副校长刘伟在《中国经济增长报告2013》发布会上指出,投资需求疲软的原因在于技术创新力量不足,同时消费疲软的核心在于国民收入分配结构不尽合理。③ 多年来

---

① 参见付群英、曹威麟、朱宁:《社会规范与私利需求对个体经济行为影响的实证研究》,《软科学》2010年2月,第24卷,第2期(总第122期)。

② 胡锦涛:《坚定不移沿着中国特色社会主义道路前进,为全面建成小康社会而奋斗——在中国共产党第十八次全国代表大会上的报告》,《十八大报告学习辅导百问》第5页,学习出版社、党建读物出版社2012年版。

③ 参见冯蕾、王苗:《“中国经济增长报告2013”发布》,《光明日报》2013年7月16日。

我国的经济发展的高增长总体上是主要依靠要素投入、低成本竞争和市场外延扩张的粗放型增长,可持续发展能力不足。一方面要求经济科学发展;另一方面又担心经济增长下滑,加大投入的力度,这对经济工作者构成了经济效益发展性夹缝。

二、经济夹缝具有经营性和消费性

经济夹缝一般都是在经济活动中形成的,经济活动的形式大多是经营,而经营的过程又主要是消费。人们所说的"经济三驾马车"——投资、出口和消费,投资的本身就是消费的一种形式,而出口是让"国际社会"消费的一种形式。经济夹缝的经营性和消费性是其主要的本质。

1. 经济夹缝的经营性

经济夹缝的经营性指经济活动中因为经营而构成的夹缝或者人们在经济夹缝中经营的特性。

（1）经济经营夹缝的形式

经济的经营方式各式各样,经济活动中形成的经营夹缝也不尽相同。我们只分析经济的经营中形成的夹缝经销方式、夹缝市场方式和夹缝利润（赚钱）方式。

经济活动中经营夹缝的形式。所谓经营指在经济活动中人们对企业或者经济活动的管理、组织和筹划。不同类别的企业的经营方式不同,相同类别的企业的经营方式也不会相同。从宏观经营活动看,不同的经营方式容易对企业构成夹缝;从微观经营活动看,某一企业的同一经营的方式,也容易对消费者构成夹缝。例如,麦当劳连锁店的经营方式,就是一个典型的经营夹缝方式。我们仔细研究发现麦当劳有一种特殊的经营方式,即不直接降价,对顾客派发优惠券。麦当劳的经营者市场调研得到的结论是,并不是所有的顾客对麦当劳网上的优惠券都会花时间下载之后打印出来,或者从海报上剪下优惠券并在下次就餐时带在身边,也不是所有人都愿意选择指定套餐。优惠券对部分敏感于价格的顾客具有相关作用,而相对富裕繁忙的顾客一般不会发挥作用。于是,麦当劳连锁店一方面用优惠券吸引一部分低收入家庭到麦当劳用餐,提高销售量;另一方面不降价抓住一部分富裕的顾客,给他们留足面子,保证层次和收入,①这种做法却对不太富裕又不属于穷人的顾客形成了经营的夹缝,同时对相同类别的经营企业构成夹缝。

经济活动中市场夹缝的方式。所谓市场指交易场所和在此场所进行交易的行为。从广义上看,所有产权发生转移和交换的关系都可以成为市场。市场具体可以分为商品服务市场、金融市场、劳务市场、技术市场、信息市场、房地产市场、文化市场、旅游市场、服务市场等。不同的市场容易构成不同市场式的夹缝,同一市场也容易构成同一市场式的夹缝。例如,在中国的各个较大一点的城市,人们总会发现一家肯德基挨着一家麦当劳。从市场竞争来看,肯德基和麦当劳属于竞争的对手,为什么会那么"亲密"呢?这已经对普通市民构成了认识层面的夹缝。当麦当劳和肯德基形成了竞争态势之后,吸引了人们的注意,使消费者有了更多的选择。为了使自己获得更大的效益,商家必须注意自身的服务质量。② 对于民众来讲,是选肯德基还是选择麦当劳,使不少人处在了选择的夹缝之中,即有人认为肯德基比麦当劳好,有人认为麦当劳比肯德基好,使"第三者"处在夹缝之中。肯德基和麦当劳回头客多,他们的服务和饮食质量也时常处在顾客的夹缝之中。

经济活动中利润(赚钱)夹缝的方式。经济活动大多以获取利润为目的的,在获取利润时往往容易构成获取利润方式的夹缝。对于做生意的人来说,赚钱的方式很多;对于经营同一商品的生意人来说,赚钱的方式也不尽相同。经济活动中赚钱的方式容易形成针对经营者夹缝、经济活动管理者夹缝和消费者夹缝。我们来看看经营者形成的针对消费者赚钱的夹缝方式。Derek Thompson 在《优惠的秘密》一文中说,如果同一杯咖啡提供两种优惠:一种是加量33%不加价,另一种是降价33%但不加量,你会买哪种?这就是一种赚钱的夹缝方式,使购买者处在夹缝中。在这个夹缝中,人们可能会觉得差不多,但实际上,假设咖啡的标准价格是1美元3夸脱(即每夸脱0.33美元),在第一种优惠中,1美元可以买到4夸脱咖啡(即每夸脱0.25美元),而在第二种优惠中,66美分就可以买到3夸脱咖啡

---

① 参见张溪竹、张再金编著:《漫话经济学》第34页,中国法制出版社2014年版。
② 参见张溪竹、张再金编著:《漫话经济学》第104页,中国法制出版社2014年版。

（即每夸脱 0.22 美元）。消费者虽然不喜欢上当受骗当冤大头,但也不喜欢被人看作喜好便宜货。由于无法确定一件商品的真正价值,人们会习惯性地避开最高和最低的价格,处在两种价格的夹缝之中,这一点一直被商家所利用。例如,一个酒吧里有两种啤酒供人们选择:2.5 美元的高级啤酒和 1.8 美元的普通啤酒。大约有 80% 的人会选择更贵的啤酒。后来,酒吧引进了第三种啤酒,只卖 1.6 美元。接着,有趣的现象出现了,80% 的人转而选择 1.8 美元的啤酒,剩下 20% 的人会买 2.5 美元的啤酒,最便宜的则无人问津。最后,酒吧撤去 1.6 美元的啤酒,取而代之的是 3.4 美元一瓶的高端啤酒。然后,大多数消费者又转而选择 2.5 美元的啤酒,一小部分人会选择 1.8 美元的啤酒,约 10% 的人会为最贵的那款啤酒慷慨解囊。从表面上看,这是典型的消费心理夹缝形式,其实,这正是经营者利用消费者心理的一种赚钱的夹缝方式。"大多数人的消费心理是,宁可多付钱买一些不需要的东西,也不愿意支付那些只是'看起来不公平'的交易费用。"①这最容易对自己构成消费夹缝。

（2）经济经营夹缝的本质

在经济活动中,经济经营夹缝的形式很多。从各种各样的经济经营夹缝方式中,我们归纳出经济经营夹缝的本质一般可以分为营利性、谋略性和占有性。

经济经营夹缝的营利性本质。所谓营利性本质指经营者在经济活动中为了营利而构成的夹缝性质,营利是指经营者在经济活动中谋求利润。经营营利是经营者追求的目的,是经济活动的本质所在,如果经营者经营不赚钱,那一定是经济活动的另类。人们常说经营有道,道的很大一部分是经营者的道德,而经营者的道,一般是经营者自己把握的。赚钱,是经营者的根本目的,就是说,经营者会利用各种方式,来追求经营利润的最大化,而表面上却以给消费者的优惠来实现。例如,有些餐厅实行的饮料免费续杯,就是追求利润最大化的曲线方式,构成了营利性夹缝。有一个故事说,陈航和女朋友素素下班发现街角有两家餐厅,这两家餐厅从表面上看档次不相上下,环境都很好,唯一不同的是第一家餐厅的招牌上标示着:本店饮料免费续杯,陈航和素素经过协商选择进了第一家餐厅。在国家反

---

① 参见 Derek Thompson:《优惠的秘密》,《读者》2013 年第 23 期。

对公款吃喝的情况下,为了在激烈的竞争中取胜,餐厅老板们只有绞尽脑汁想对策以保证自己在存活下来的同时还能够获得更多的利润。餐厅提供免费续杯就是在市场竞争日益激烈的情况下餐厅决策者所选择的一种策略。一般情况下,餐厅里冰茶和苏打水的成本和价格与市场价相差很大,若为顾客提供冰茶和苏打水的免费续杯,经营者其实不会损失什么,然而在消费者眼里,自己已经占了大便宜。餐厅提供饮料免费续杯还涉及边际成本问题。就是说:一杯"雪碧"的价值由原料、服务、品牌等组成。如果其中原料的价格比重小于服务和品牌,那么餐厅续杯的可能性就很大;如果顾客对雪碧的需求弹性小,也就是说雪碧从每瓶 5 元降到每瓶 3 元,售出的价格变化也不是很大,那么续杯的可能性就更大。顾客对雪碧的边际成本也可以这样理解,为顾客设置一个满足的标准。若设置满足的标准为一杯,也就是说顾客喝一杯基本上满足了;若设置标准为两杯,那么餐厅续杯的可能性就会很大。由于可以续杯,来就餐的人会越来越多,餐厅为顾客提供服务的平均成本就会下降,而且餐厅从菜饭和酒水中已经赚够了利润,根本不差几杯饮料的钱。[①] 在"免费续杯"的营利夹缝中,构成夹缝的一方是实行免费续杯的餐厅,一方是不实行免费续杯的餐厅,就餐者往往是夹缝人,这些夹缝人大多知道世界上没有"免费的午餐"。这种夹缝现象是经济活动中常见的,经营者在利用各种手段实现利润的最大化,从而形成了夹缝的营利性性质。

经济经营夹缝的谋略性本质。所谓谋略性本质指经营者在经济经营活动中为了实现经济目标采用谋略时而构成的夹缝性质。人们在经营活动中,需要采用一定的计谋和策略,称为经营谋略。不同的经营者,不同的经营商家都会在经营中采用不同的经营谋略,也就容易构成不同性质的谋略夹缝。例如,被称作"零售大王"的沃尔玛,打出的口号是"天天平价,始终如一"的营销口号。在营销实践中,沃尔玛采取的谋略是沃尔玛所有的商品都以最低价销售;所有的商品长年以最低价销售;世界所有地区都以最低价销售等,以此来吸引顾客。在经营中,创新是沃尔玛的后劲。沃尔玛跳出传统零售业,推出网上零售平台,化危为机推动网上零售业务发展。沃尔玛创造自己的商品品牌。目前,沃尔玛在全球有 55 个自有品牌,其中

---

① 参见张溪竹、张再金编著:《漫话经济学》第 106 页,中国法制出版社 2014 年版。

23 个是全球性品牌。我们比较熟知的有 Great Value、Mainstays、Simply Basic、equate、Edition、Kid Connection、Mainstays、725 Originals 等。沃尔玛的自有品牌覆盖家具、玩具、服装、毛巾、五金、日化用品、食品等几十万种商品。沃尔玛为实现战略愿景,跳出零售行业"价值链陷阱",不遗余力地发展物流、IT、商业地产、互联网、金融等企业支持零售业;将零售、物流、IT、商业地产、互联网、金融和自有品牌商品关联成价值网,并通过交叉补贴和资源转移,将"天天平价"做到极致。沃尔玛以进货量巨大、帮助供应商进入世界市场、现金结算三个理由,要求供应商降价 25%,实现了规模效应的规模效益。沃尔玛之所以能使"天天平价"生生不息,还得益于其高效、准确、低成本的物流配送系统。沃尔玛配送中心的根本作用在于充分整合资源。沃尔玛在美国拥有 62 个配送中心,服务于 4000 多家商场。基本上是以半径 320 公里为一个商圈建立一个配送中心,一个配送中心基本可以满足周边 100 多个销售网点的需求。这样,从任何一个配送中心出发,汽车都会在一天之内到达它所服务的商店。从 20 世纪 80 年代开始,沃尔玛高度依赖信息系统来解决成本问题。在美国,沃尔玛拥有最大的民用数据库,其规模甚至超过了美国电报电话公司。1983 年,沃尔玛做了一件让绝大多数零售企业不敢想象的事情,它与美国休斯公司合作,花费 2400 万美元发射了一颗商业卫星。在此基础上,又投入 7 亿美元的巨资,建立了现有电脑及卫星互动式通信系统。沃尔玛处处力行节俭,沃尔玛中国总部里都是狭窄的过道和素面朝天的办公大楼,沃尔玛国际公司总经理和他的下属们至今还挤在一起办公。沃尔玛的商店装修简洁,沃尔玛对于行政费用的控制非常严格,比如规定采购费不超过采购金额的 1%,公司的整个管理费是销售额的 2%,而行业的平均水平是 5%。在经营中,尽量减少一切不必要的广告费用。① 沃尔玛做得优秀,成为其他企业的榜样,也处在了顾客要求价格更便宜、其他企业学习和模仿的夹缝之中。对于同一个企业来说,学习沃尔玛,时常处于成本控制的成本形成过程与成本费用分类的夹缝之中,这些夹缝往往带有谋略的特性。

经济经营夹缝的占有性本质。所谓占有性指经济经营活动中形成的夹缝带有占据及掌握的性质。占有的实质是指占据了商品利润或者商品

---

① 参见张溪竹、张再金编著:《漫话经济学》第 52 页,中国法制出版社 2014 年版。

的特性。对于消费者来说,不论价格购置奢侈与否,目的是占据商品;对于商家来说,极力推销商品,是为了占据商品的利润,在这类经营活动中,容易构成夹缝。例如,一些"高富帅"和"白富美"对奢侈品的疯狂追求,为的是占有奢侈品。平民时尚品牌 H&M 设计者请奢侈品牌 VER – SACE(范思哲)设计者设计的 H&M 限量版上市时,杭州 H&M 万象城店引来了众多消费者。5 位从宁波赶来的年轻人,从前一天中午就开始等着购买。出售当天,一女孩疯狂冲进场内,为了能买到模特身上的裙子,抱起模特就走,还一边疯狂扫货。更有一位 30 多岁的女性,竟然爬到柜台上将上面的货物扫了个遍⋯⋯[1]这个带有占有性本质的夹缝的一方,是制定营销策略的商家,让那些"白富美"欲罢不能;夹缝的另一方是那些虽是"白富美",但又瞧不起抢购 H&M 商品的人;还有夹缝的一方是平民百姓,买不起但心里很淡定,感到发疯似的"白富美"很幼稚。

2. 经济夹缝的消费性

经济夹缝的消费性指有些经济夹缝是在消费中形成的,也是在消费中消失的。对于不同的人群来说,消费的本身就容易构成夹缝。

(1)经济消费夹缝的形式

消费指人们为了生产和生活而消耗物质财富。在人类社会中,每一个人都是消费的主体,不同的消费主体所消费的物质财富不同,构成的夹缝形式和性质也不同。消费夹缝的形式主要可以分为需求方式、供给方式和拉动方式等。

需求式的经济夹缝。所谓需求指人们在生产和生活中因为需要而产生的要求。就消费者需求而言,有一定的决定因素:诸如"偏好(消费者对该商品或其他商品的欲望)、收入(消费者的)、其他商品(其可获得性和价格)、预期(对收入、价格、偏好的)、购买者数量"[2]等者因素,决定着需求的走向和需求的大小。在经济活动中,经济夹缝的形成往往是因为需求而形成,又因为需求的变化而化解。就马斯洛的个人需求而言,容易构成个人需求的夹缝。马斯洛理论把需求分成生理需求、安全需求、归属与爱的需

---

① 参见张溪竹、张再金编著:《漫话经济学》第 54 页,中国法制出版社 2014 年版。

② 参见[美]布拉德利·希勒著,王福重译:《经济学基础》第 44 页,人民邮电出版社 2011 年版。

求、尊重需求和自我实现需求五类,依次由较低层次到较高层次排列。生理需求,也称级别最低、最具优势的需求,如:食物、水、空气、性欲、健康。安全需求,同样属于低级别的需求,其中包括对人身安全、生活稳定以及免遭痛苦、威胁或疾病等。社交需求,属于较高层次的需求,如:对友谊、爱情以及隶属关系的需求。尊重需求,属于较高层次的需求,如:成就、名声、地位和晋升机会等。尊重需求既包括对成就或自我价值的个人感觉,也包括他人对自己的认可与尊重。自我实现需求,是最高层次的需求,包括获得真善美至高人生境界的需求。前面四项需求如果能够满足,最高层次的需求就能相继产生,自我实现需求是一种衍生性需求,如:自我实现,发挥潜能等。马斯洛在晚期时又提出的一个理论:超自我实现,马斯洛认为,当一个人心理状态处在充分地满足了自我实现需求时,所出现短暂的"高峰经验",就是超自我实现。超自我实现通常都是在执行一件事情时,或是完成一件事情时,才能深刻体验到的这种感觉,大多出现在艺术家或是音乐家身上。如一位音乐家,在演奏音乐时,所感受到的一股"忘我"的体验就是超自我实现。一位艺术家在画图时,感受不到时间的消逝,他在画图的每一分钟,对他来说跟一秒一样快,但每一秒却活得比一个星期还充实。需求理论需要说明的是,其一,五种需要像阶梯一样从低到高,按层次逐级递升,但这样次序不是完全固定的,可以变化,也有种种例外情况。其二,需求层次理论有两个基本出发点,一是人人都有需要,某层需要获得满足后,另一层需要才出现;二是在多种需要未获满足前,首先满足迫切需要;该需要满足后,后面的需要才显示出其激励作用。其三,一般来说,某一层次的需要相对满足了,就会向高一层次发展,追求更高一层次的需要就成为驱使行为的动力。此时,获得基本满足的需要就不再是一股激励力量。其四,五种需要可以分为两级,其中生理上的需要、安全上的需要和感情上的需要都属于低一级的需要,这些需要通过外部条件就可以满足;而尊重的需要和自我实现的需要是高级需要,他们是通过内部因素才能满足的,而且一个人对尊重和自我实现的需要是无止境的。同一时期,一个人可能有几种需要,但每一时期总有一种需要占支配地位,对行为起决定作用。任何一种需要都不会因为更高层次需要的发展而消失。各层次的需要相互依赖和重叠,高层次的需要发展后,低层次的需要仍然存在,只是对行为影响的程度大大减小。其五,马斯洛和其他的行为心理学家都认为,一个国家多数人的需要层次结构,是同这个国家的经济发展水平、科技发展水平、文化和人民受教育的程度直接相关的。在发展中国家,生理需要和安全需要占主导的人数比例较大,而高级需要占主导的人数比例较小;在发达国家,则刚好相反。马斯洛的需求理论在现实中构成了需求式的夹缝。当某些人产生安全需求时,往往生理需求的人和尊重需求的人不理解,对安全需求的人构成夹缝。同样,不同需求的人会对其他需求层面的人构成夹缝。就马斯洛的需求理论而言,后人在研究和运用过程中,对马斯洛构成了夹缝。例如,有的研究者认为,马斯洛提出人的需要有一个从低级向高级发展的过程,这在某种程度上是符合人类需要发展的一般规律的,对于研究人们的需求理论非常有用。还有的研究者认为,马斯洛需要层次理论存在着人本主义局限性;人的动机是行为的原因,而需要层次理论强调人的动机是由人的需求决定的,似乎不正确;马斯洛的需求归类有重叠倾向;需要层次理论具有自我中心的倾向;需要满足的标准和程度是模糊的等。有报道说,有人曾做过多年的相关研究,没有足够实验证据证明马斯洛的需求层次关系的确存在,即需求层次存在,但其之间的联系并不明显等①,这些研究对马斯洛和需求理论构成了夹缝。在人们的生活中,需求构成的经济夹缝很多,有些夹缝很有意思,例如,假设因为某些原因你和 6个陌生人需要共处一年,每天早上都会有人为你们免费提供一个新出炉的面包,如何分配这个面包才能满足 6 个人的需求呢? 就这 6 个人而言,每个人都有自利需求的心理,都希望自己能够分到大一些的面包,此时其他人对分面包的人构成了面包需求的夹缝,使分面包者非常为难。我们用甲乙丙丁戊己来表示这六个人。如果甲分面包,则乙丙丁戊己,对甲构成夹缝;如果乙分面包,则甲丙丁戊己对乙构成了夹缝,以此类推。怎么化解分面包这个需求的夹缝呢? 大家先是轮流主持分面包,结果是分面包者得到的最大;大家选出品德高尚者分面包,结果是品德高尚者最后会照顾与他关系好的人;他们又成立了一个面包委员会和监督委员会,选举分面包者,结果是等面包分完了,面包也冷了;最后大家发现,只有分面包的人要最后一份面包的时候,才真正实现了公平,满足了大家对面包的需求②,化解了

---

① 参见王加微编著:《行为科学》第83—86 页,浙江教育出版社 1986 年版。
② 参见于跃龙著:《趣味经济学》第 49 页,中国纺织出版社 2012 年版。

对面包需求的夹缝。

供给式的经济夹缝。所谓供给指把生活中必需的物资、钱财、资料等给需要的人使用。供给大多是根据需要进行的,供给也有引导的需要。当供给无法满足需要时或者供给大于需要时则容易构成经济的供给式夹缝。市场中的供给有一定的决定因素:"技术、要素成本、其他商品、税收和补贴、预期、卖方数量"①等。当供给大于需求时,即成为买方市场,一般情况下商品会降价;当需求大于供给时,即成为卖方市场,一般情况下商品会涨价,这是市场运动的法则。当人们对市场法则不了解或者有人利用了市场法则,则容易构成经济供给式的夹缝。例如,有个故事讲一个叫"东哥"的没等小舅子的婚宴结束,就借口出来,直奔加油站,因为东哥在婚宴上听朋友说,汽油明天要涨价。紧赶慢赶,还是来晚了! 油站车水马龙。等了一个多小时,给自己的车加上了油。等东哥等了多时为老婆阿娇加了油时,发生了碰撞事故。为了处理碰撞事故,总算等到天亮,加油站说,今天汽油没涨价。② 别提东哥那个懊恼啊。那么是谁说汽油要涨价的呢,是供给方啊,供给方借助部分人的心理,放出汽油要涨价的消息,使诸多的汽车用户处在夹缝之中。有人赞成加油,能省一点是一点;有人认为不要去凑这热闹,一油箱的汽油也用不了多长时间;还有的人认为买得起车,就该加得起油等,此时已经构成了汽油供给的夹缝。

拉动式的经济夹缝。拉动指用投资、出口和消费等手段牵引经济的不断增长。在我国实行市场经济之后,一直认为拉动经济增长的是投资、出口和消费,被称为"三驾马车"。在这拉动经济增长的"三驾马车"中,哪一驾马车用力大一些,哪一驾马车用力小一些,早已对中国的基层治政者构成了夹缝。如今,又有学者认为,拉动经济增长传统"三驾马车"的动力正在逐渐减弱。具体而言,投资方面,未来我们不可能再像过去那样,依靠较高的投资增长率来支撑经济增长;出口方面也面临着欧洲、美国和日本市场的不景气以及世界经济的低迷,因此不可能再指望未来出口会有较高增长;消费方面,我国社会消费品零售总额增长速度,扣除物价上涨的因素后,并不是逐年增加,而是有所下降,这说明居民的消费需求在短期内也难

---

① [美]布拉德利·希勒著,王福重译:《经济学基础》第 48 页,人民邮电出版社 2011 年版。

② 参见侯歌:《明天汽油要涨价》,《深圳特区报》2011 年 2 月 28 日。

以有效地提高。所以,有人提出未来新的"三驾马车",分别是城镇化、信息化以及民生建设。他们认为之所以把城镇化作为我们"三驾马车"的重中之重,是因为李克强最近反复提出,城镇化是我们未来最大的需求来源,是未来经济平稳发展的动力所在。中央经济工作会议以及未来的经济部署中都强调加快城镇化。走新型城镇化道路以及提高城镇化的质量将成为我们扩大内需、增加居民消费需求、增加投资特别是优化投资结构的动力所在,把长期依靠外需来拉动经济的模式变成依靠内需来拉动经济。①有人又认为,最早所说的拉动经济的"三驾马车",与经济增长直接发生联系,而后面的"三驾马车"与经济增长似乎没有直接联系,并且把城镇化作为拉动经济的重点,把信息化、民主建设放在次要的位置,人们难以理解。老的拉动经济的"三驾马车"和新的拉动经济的"三驾马车"对人们构成了拉动经济发展的夹缝。

(2)经济消费夹缝的性质

在经济活动中,人们消费的方式、目的和过程都不尽相同,构成的消费夹缝性质也有很大的区别。从消费的目的来看,消费夹缝具有满足性;从消费的过程来看,消费夹缝具有刺激性;从消费的结果来看,消费夹缝具有攀比性(示范效应)等。

消费夹缝的满足性。消费的满足指人们在消费时产生的一种快乐的感觉。有些人为了实现这种满足,便进行一些特别的消费,从而构成了消费夹缝,并且使夹缝带有满足的特质。例如,中国有些民众对于奢侈品的消费,就构成了带有满足性的消费夹缝。根据世界奢侈品协会的《2013"黄金周"中国境外奢侈品消费统计报告》显示,国庆长假7天,中国内地消费者出境消费奢侈品累计约41亿欧元,比2012年国庆"黄金周"期间增长6.5%,如果算上隐形的消费,数字可能会达到65亿欧元。与此形成鲜明对比的是,同期国内奢侈品市场销售降幅达到惊人的53%。来自环球蓝联(境外购物消费专业退税机构)的数据显示,2012年中国消费者退税购物金额达到了创纪录的30亿欧元(约合人民币244亿元),比2011年增长58%,这使得自2006年,中国消费者退税购物总支出每年平均增幅近41%,并连续两年成为全球购物者头号客源国。具体的境外购物总消费排

---

① 参见尹中卿:《拉动中国经济需要新三驾马车》,《经济观察报》2012年12月17日。

名依次是：中国、俄罗斯、印度尼西亚、日本、泰国和美国。据中国旅游研究院统计，在我国出境游客海外消费占比中，有 65% 的钱花在购物方面，仅在香港地区游客中购物消费占比高达 71%。随着中国游客购买力的大幅提升，越来越多的国家和地区为中国游客境外购物提供各种便利，大幅提升退税额度，刺激中国游客的海外购物欲望（拥有 LV 和迪奥的 LVMH 集团已经成为全世界市值最高的奢侈品集团，约合人民币 6049.46 亿元，高于中国石化的 5141 亿）。《2014 中国奢侈品报告》显示，2014 年，中国消费者全球奢侈品消费达到 1060 亿美元，同比增长 4%，约合 6400 多亿元人民币，中国人买走了全球 46% 的奢侈品。但中国消费者 2014 年在本土消费额仅为 250 亿美元，同比下降 11%，中国奢侈品市场占全球奢侈品市场比重由 2013 年的 13% 下降到 2014 年的 11%。虽然奥特莱斯和网络销售都有明显增长，但都没有改变 2014 年中国奢侈品市场整体下滑态势；中国消费者境外消费进一步加强，中国消费者 2014 年境外消费达到 810 亿美元，同比增长超过 9%，这意味着 2014 年中国消费者 76% 的奢侈品消费发生在境外。① 世界奢侈品协会数据显示，2001 年至 2005 年，国内奢侈品消费规模增长速度从 16.6% 上升至 22.0%，此后一直减缓，2011 年为 8.1%。研究院报告显示，2014 年中国消费者在本土的消费额同比下降 11%，中国奢侈品市场占全球奢侈品市场比重由 2013 年的 13% 下降到 2014 年的 11%。国家统计局公布的数据显示，中国内地公民出境旅游人数自有统计数据的 1998 年的 843 万人次，到 2014 年破亿，增长 10.8 倍。当下，更有年轻人每年专门出国"扫货"，一次性购买多种大牌产品。在业内人士看来，反腐对国内奢侈品消费下滑的影响不可忽视。《2014 年中国奢侈品市场研究》指出，2014 年，"政府反腐倡廉工作的落实与推进对奢侈品馈赠风潮产生了持续的影响"。② 为了迎接更多的中国游客，英国的各个商家也是做足准备，著名的塞尔福里奇百货公司除了接受中国的银联卡之外，还特意配了 40 位中文翻译随时提供服务。哈罗兹百货公司更是配了 100 名中文翻译，该公司去年接纳的中国顾客平均每人消费 3500 英镑（约合人民币

---

① 参见朱耘：《中国奢侈品市场是否正被大牌产品"抛弃"》，《中国经营报》2015 年 3 月 3 日。

② 参见中国报告大厅：《奢侈品市场：2014 年国人境外奢侈品消费占比 76%》，中国报告大厅 www.chinabgao.com 2015 年 3 月 2 日。

34280 元）。即使是不会说中文的店员也受到了培训,根据中国礼仪,他们
必须要使用双手接过客人的信用卡,而在英国这是没有必要的。近几年,
国人的消费能力让英国商家尝到了甜头,每逢中国长假,英国的商店都会
想尽办法吸引中国客人。"有的商店甚至直接大笔一挥,直接用中文写上
'庆十一国庆',甚至有店家打出这样的横幅,'钓鱼岛是中国的'！"[①]借着
国庆长假和公休,上海市民韩小姐与几个好友一同前往英国旅游,但是在
伦敦,她遇到了从来没有想到过的事情。为了买一款朋友喜欢的经典款皮
包,她连续三天前往牛津街的专卖店,但每次都是失望而回。"第一天我
是下午过去的,店员告诉我那款包早上就卖光了。第二天我上午就过去
了,结果还是晚了一步。第三天我做好打算,在店还没开门的时候就去门
口等着,但让我没想到的是,当我来到那里的时候已经有很多人排在门口,
所以最终还是失望而回。"说到这里,韩小姐突然满脸都是哭笑不得的表
情,"说来也不能怪别人,后来店里面的一位销售人员告诉我,这种经典款
包他们每天最多只进两三个,平时不会这么紧张,但是最近碰上了中国的
国庆黄金周,中国游客突然增多,所以就供不应求了。他说的没错,因为最
后一天排在我前面的,80% 都是华人"。除去这款经典皮包,在其余几家奢
侈品店,韩小姐也都遇到了类似的事情,只不过与那个品牌相比,情况要略
微好一些,"但下手还是要快,毕竟像这样一两万人民币一只的皮包,店里
面的备货都不会太多,稍有犹豫就可能被别人'捷足先登'"。[②] 这是一种
典型的消费满足性的经济夹缝。构成夹缝的一方面是中国有钱人的"任
性"的习俗,要用就用最好的;另一方面是国外生意人的引导手段,吸引中
国人的"任性"消费。这种满足性的消费夹缝衍生了对中国国内奢侈品的
夹缝,构成这类夹缝的一方是部分"土豪",另一方是国外的商家。

　　消费夹缝的推动性。在经济活动中,消费的推动与拉动几乎是同义
词。从经济的发展过程来看,推动,是在经济发展有了模式之后对于经济
的发力,使经济向前发展;拉动,则是在经济活动还没有开始的时候加以引
领,使经济向前发展。推动和拉动经济发展的目的是一致的,就是促使经

---

　　① 参见陈海翔:《黄金周中国消费者"挤到"国外去抢购奢侈品》,《新闻晚报》2013 年 10 月
11 日。

　　② 陈海翔:《黄金周中国消费者"挤到"国外去抢购奢侈品》,《新闻晚报》2013 年 10 月 11 日。

济发展。长久以来,挥舞着钞票的中国购物者已经被贴上了"金主""土豪"的标签。上海 A. T. Kearney 管理咨询公司研究指出,包括 LV 和古驰在内的全球品牌有超过 30% 的产品是由中国顾客购买,海外购买占据了总市场的 55% ~ 60%。换句话说,中国的这部分消费者,卖掉了全世界三分之一的奢侈品,并且这三分之一中的一大部分都是在海外市场完成交易的。英国 2012 年年初的一份调查表明:2011 年,中国人奢侈品消费总额达到 3060 亿元。英国奢侈品公司博柏利集团表示,去年下半财年公司收入增长 9%,达到了 11.2 亿英镑,增长主要归功于中国人。博柏利集团首席执行官阿伦茨说:"我们不仅仅关注中国的市场,虽说未来三到四年中国市场的销售额甚至会占到我们公司的 50%,但我更喜欢的数据是,中国在 2015 年会有数以亿计的游客出国购物。"① 中国奢侈品消费的推动力太大了,使得国外奢侈品的生产量和销售量连年增加。在推动国外奢侈品消费的同时,还推动了国外整个旅游服务业的发展,而我国的旅游服务贸易却出现了逆差,2009 年我国旅游服务贸易首次出现逆差,逆差额为 23 亿美元,此后逆差额加速扩大。2012 年,我国已经超过德国、美国,成为世界第一大国际旅游消费国。② 构成推动性质消费夹缝的一方是国外不同的商家,构成夹缝的另一方是政府的免税政策,使得国人出国旅游购物不断增加,推动了国外旅游服务业的快速发展。

消费夹缝的示范性。所谓示范指消费过程中某些消费者的行为对其他消费者做出的可以学习、模仿的典范。从宏观经济方面看,经济发展具有示范性,比如,发展中国家把美国、英国等国家作为发展的榜样和标杆。从消费层面来看,土豪的消费也成为一部分人的消费标杆,成为他们消费的示范,从而构成示范性质的夹缝。"示范效应"是加利·伯克尔发现的,他发现消费者对某些商品的需求,取决于其他消费者对这些商品的需求。具体来说,人们的消费行为,受到其他人——尤其是那些收入与其相近的人——消费行为的影响。如果一个人收入增加了,周围人收入也同比例增加了,则他的消费在收入中的比例并不会变化。而如果别人收入和消费增

---

① 转引自陈海翔:《黄金周中国消费者"挤到"国外去抢购奢侈品》,《新闻晚报》2013 年 10 月 11 日。

② 参见陈海翔:《黄金周中国消费者"挤到"国外去抢购奢侈品》,《新闻晚报》2013 年 10 月 11 日。

加了,他的收入并没有增加,但因顾及在社会上的相对地位,也会打肿脸充胖子地提高自己的消费水平。这种心理会使短期消费函数随着社会平均收入的提高而整个的向上移动。在市场经济条件下,特别是在商品供应比较丰富的情况下,消费的示范效应表现得越来越明显,对市场供求关系起着较大的作用。万事达卡国际组织在 21 世纪初对来自亚太地区 5406 位消费者进行了调查,结果显示:有 16% 的消费者在消费方面受到同龄人的影响,11% 的消费者受到媒体的影响。在香港,45% 的被调查者受到同龄人的影响,在韩国,30% 的消费者受到媒体的影响。根据有关调查,消费者在购买保健品时,有 23% 的人会接受亲友的介绍。有 13% 的受访者认为,消费大型化的形成原因是攀比、逐富的虚荣心理在起作用。消费的"示范作用"和消费者的从众心理如果发展得太过头,可能形成盲目的消费攀比,如果相应的商品供应不足,会形成抢购风潮。① 例如,张女士和王女士同去逛街,张女士买了 5000 元的皮包时,王女士也跟着买了这样的一个包,尽管王女士后来很后悔,这就是示范效应。还有,在捐款的时候,大多数是人会看别人捐了多少,自己也捐多少,这也是示范效应。最著名的示范效应是习近平先生 2013 年年底吃包子,搞得庆丰包子热京城。2013 年 12 月 28 日上午,习近平来到北京庆丰包子铺,北京西城区庆丰包子铺月坛店经理贺媛丽说:"习近平总书记一行是今天中午 12 点 20 分左右到我们包子铺来的,大家一眼就看出来了。习总书记到了,他自己直接来排队,当时他前面有六七个人,排了有三四分钟。他排队时,百姓就过来找他握手,和他合影,习总书记很亲切地和大家拍照,也没有人拦着。他自己付了钱后,又自己去取的包子。"据贺媛丽介绍,习近平总书记当时要了二两猪肉大葱包子、一份炒肝、一份拌芥菜,其中二两包子 7 元、炒肝 6 元、芥菜 8 元,一共花了 21 元钱。贺媛丽说她给习近平总书记拿了点蒜末,她还对习近平总书记说:"您能来到我们这儿吃包子,我们感到非常荣幸,特别幸福。请您给我们的包子提提意见?"习近平对她说:"包子挺好吃,食品安全一定要放在第一位。"据该包子铺收银员郭雪琴介绍,当时,习近平排队到她跟前的时候,她感觉很惊讶、很意外。她有点激动地问习近平:"习主席,您需要什么?"习近平问她:"什么好吃?"郭雪琴回答说:"猪肉大葱包

---

① 参见张溪竹、张再金编著:《漫话经济学》第 50 页,中国法制出版社 2014 年版。

子。"习近平就点了包子。郭雪琴说炒肝是习主席自己点的。习近平又问
郭雪琴:"蔬菜有什么?"郭雪琴答:"菠菜和芥菜。"习近平说:"那就芥菜
吧。"①习总书记到庆丰包子铺吃饭,带来的示范效应是巨大的。首先是
"庆丰包子热京城"。习近平离开约1小时后,从网上看到消息前来的顾
客开始增多。当晚,有的工作人员在加班。第二天中午,客人出现爆满。
即使这两天是周末的消费低谷期。位于月坛北街的老字号庆丰包子铺,在
可容纳120位客人的店里,顾客排了几十米长队。从中午11点开始,要等
一个多小时才能取到包子。不同职业、不同经历、不同年龄的人们,在这个
冬天汇聚到一起,体验习近平排队、取餐、就餐的感受,这包子铺一直热火
着。② 包子铺生意好了,连习近平坐过的位子也火了,人们在他坐过的位
子上轮流留影。《北京晨报》记者报道说:"习主席曾经坐过的椅子已被店
家收起来了,不过还有很多顾客来店里合影。"昨日月坛北街的庆丰包子
铺中,明知习主席就餐的桌椅已被替换,仍有不少顾客在新桌旁排队等待
照相。一市民买了包子后直奔习主席曾经坐过的位子,"我就是专门来这
里感受'主席套餐'的,不过听说主席坐过的桌椅已被换了一套"。即便如
此,在习近平原本用餐的位置还是有十余名顾客在排队。庆丰包子铺的工
作人员也向北京晨报记者证实,已将习近平坐过的桌椅珍藏,"我们也是
出于保护的目的收藏,已经用一样的桌椅将空地填上了"。③ 还有接待过
和当日见过习近平的人也火了。店长贺媛丽和收银员郭雪琴已经俨然明
星。"你太幸福了!"有顾客认出了贺媛丽,对她说。而给习近平推荐过菜
肴的郭雪琴,则被顾客请求在习近平坐过的位置旁留影。负责外宣的工作
人员的手机几乎被打爆。包子铺附近的亲历者也成了名人。因来采访的
记者太多,28日原定晚上9点收摊的报刊亭老板王行凯,下午6点就收了
摊。现在他已经不大愿意开口,但在记者"买报纸"的承诺和苦苦央求之
下,他还是说了。负责停车收费的易昌荣亲眼看见了习近平专车的来去,

---

① 参见王岑予、李铁、张晓秋:《习近平在北京庆丰包子铺吃包子,叮嘱把食品安全放在第一
位》,中国青年网 www.youth.cn,2013 年 12 月 28 日。
② 参见肖尔亚、胡昊:《庆丰包子热京城》,《经济日报》2014 年 1 月 16 日。
③ 张静雅:《庆丰包子铺珍藏习近平所坐桌椅,"主席套餐"仍最火》,《北京晨报》2013 年 12 月
31 日。

因此也接受了十几家媒体的采访。① 有意思的是江苏省两会也吃起了庆丰包子。记者报道说,"昨天,扬子晚报记者来到南京华东饭店探访,发现省两会的午餐是自助式的,每桌只提供两道固定菜食:一笼最近很红的庆丰包子和一锅杀猪菜"。"据服务人员介绍,这里的庆丰包子是正宗的,而且和习近平吃的一样,也是猪肉大葱馅的。不过,为了提倡节约避免浪费,所有的包子都比正常销售的小了一号。"②有一位上海商人连夜赶到北京庆丰包子铺洽谈加盟事宜——庆丰在上海并无分店,他看准了这个商机。从这些报道看来,习近平吃包子的示范效应是巨大的。构成示范性夹缝的一方是示范者,另一方是遵循"打肿脸充胖子"的习俗的人们,使"被示范者"成为夹缝人。化解这类夹缝的方法是保持自己的理性,依照自己的需要和经济能力消费。

三、经济夹缝具有市场性和干预性

经济离不开市场,市场是经济活动的主要载体。经济走市场之路,而经济在市场化的活动中一定会受到许多的干预,因此许多经济夹缝就带有市场性和干预性的特征。

1. 经济夹缝的市场性

市场是同商品经济相联系的范畴,同时是历史范畴,就是说自从有了商品生产和商品交换之时,市场就产生了。列宁说过:"哪里有社会分工和商品生产,哪里就有'市场'。"③理论家对市场下了许多的定义,诸如:市场是商品交换的场所,像集市、商店、交易所等;市场是以商品等价交换为准则的经济活动形式、方式、方法或手段的总称;市场是指商品交换中的供求关系及其状况等。这些概念的本身对人们构成了理解市场含义的夹缝。从经济学的角度看,市场是指商品关系或商品供求关系。"市场的发育程度是商品经济发展程度的一个重要标志,市场的发育,又是商品经济发展

---

① 参见陈军吉:《"来份主席套餐":习近平光临后的庆丰包子铺》,搜狐网。
② 张筠:《江苏两会午餐安排庆丰包子:和习近平吃的一样》,《扬子晚报》2014 年 1 月 16 日。
③ 《列宁全集》第 1 卷,第 83 页,人民出版社 1984 年版。

的一个重要条件,并成为商品经济及其充分发展形态的市场经济运行的枢纽。"①许多的经济夹缝是在市场中形成的,又在市场中化解,带着市场的性质。

(1)经济市场夹缝的形式

市场夹缝指经济在市场活动中形成的夹缝形式。经济夹缝具有许多形式,市场夹缝仅是经济夹缝的一种,同时,经济的市场夹缝又具有不同的夹缝形态。

市场构成的夹缝形式。市场是由市场主体、市场客体和市场载体三个元素构成的。市场主体是指市场运行中具有独立经济利益并能受到市场调节的有机生命体,即直接参与市场活动的商品生产者、经营者和劳务交易的当事人。市场主体对商品和劳务具有所有权、占有权、使用权和处置权。市场客体是指市场交换的对象,即市场运行赖以存在的客观物质基础,如商品、劳动力、货币、技术、信息等。市场载体是指市场主体对市场客体进行活动的一切设施和场所。在经济活动中,市场主体之间容易构成夹缝,市场主体和市场客体之间也容易构成夹缝,市场客体通过持有者对市场主体构成夹缝。近年来个别地区涉众型民间债务违约事件的集中爆发给司法处理带来相当大的压力,有人戏说,2013 年,看守所中有一大半是因涉及非法集资的人,集资涉及了众多家庭。非法集资之所以难以控制的一个重要原因就是法律法规对正规民间融资与非法融资的界限没有明确,考察当前我国非法集资的司法处理,实践中存在着三个比较明显的取向性特征,即追随行政取向、表象化取向和结果取向。我国对非法集资行为的司法把握一直存在着鲜明的追随行政取向印记。以前把握非法集资的一个重要前提是"未经有权机关批准",2010 年 11 月 22 日最高人民法院发布《关于审理非法集资刑事案件具体应用法律若干问题的解释》将之改为"违反国家金融管理法律规定"。从"未经批准"到"违反金融法规"已经体现了金融多元化和金融深化实践进程对司法的冲击,却没有真正改变行政取向的本质。再看表象化取向。在我国,《刑法》并没有直接使用"非法集资罪"作为一个规范的罪名,但"非法集资"这个词却一直被广泛应用于行政机关与司法系统的文件中。司法实践中经常用来处理非法集资活动的

---

① 赵德水主编:《市场经济 400 题》第 1 页,江苏教育出版社 2002 年版。

罪名是"非法吸收公众存款罪"和"集资诈骗罪"。《关于审理非法集资刑事案件具体应用法律若干问题的解释》第一条定义《刑法》第176条的非法吸收公众存款为"违反国家金融管理法律规定,向社会公众(包括单位和个人)吸收资金的行为"并以联立的方式规定了四个核心构成要件,即"未经有关部门依法批准""向社会公开宣传""承诺还本付息或给付回报"和"面向社会公众即社会不特定对象"。同时规定"未向社会公开宣传,在亲友或者单位内部针对特定对象吸收资金的,不属于非法吸收或者变相吸收公众存款"。目前在司法实践中,对这些构成要件在具体比照认定上存在相当的争议。最后看结果取向。当前在办理非法集资类犯罪的司法实践过程中存在一种现象,即司法措施以集资者的成败为标准,而不是以非法集资犯罪的核心法律特征为标准进行严谨的甄别。一般而言,对于成功的集资者,只要其没有产生严重后果,就不予刑事追诉;对失败的集资者,造成了群体性借贷纠纷,可能影响社会的稳定,就予以刑事惩处。这是一种典型的"成者英雄败者寇"的理念。如果执法上也迎合社会通行的"以结果论英雄"的思维,将会明显助长投机和道德风险。① 这是一个很有意思的市场夹缝。因为经济发展需要资金,而民众手里有资金,集资者看准民众赚钱的心理,进行非法集资,因而形成了一个多重的市场夹缝。像立法者和执法者对集资者构成了夹缝,因为法律的解释不一致,执法是看集资的后果;集资者和被集资者对执法者构成夹缝,集资者希望不担法律责任,被集资者希望尽快拿到钱;执法者和被集资者对立法者构成夹缝,希望法律条款明确,易操作等。

国营与民营的市场夹缝形式。"公有制经济和非公有制经济都是社会主义市场经济的重要组成部分,都是我国经济社会发展的重要基础。必须毫不动摇巩固和发展公有制经济,坚持公有制经济主体地位,发挥国有经济主导作用,不断增强国有经济活力、控制力、影响力。必须毫不动摇鼓励、支持、引导非公有制经济发展,激发非公有制经济活力和创造力。"②在我国的经济发展中,国营和民营企业都是市场经济的主体,但它们之间有

① 参见林越坚:《非法集资与民间借贷的刑民界分》,《财经科学》2013年第1期,总298期。
② 《中共中央关于全面深化改革若干重大问题的决定(二〇一三年十一月十二日中国共产党第十八届中央委员会第三次全体会议通过)》,《人民日报》2013年11月16日。

很大区别。国营企业也叫国有企业,指企业全部资产归国家所有,并按照《中华人民共和国企业法人登记管理条例》的规定登记注册的非股份公司制的经济组织。民营企业一般指国家或政府直接经营以外的所有企业,包括个体企业和私营企业。国有企业和民营企业,同在经济市场中活动,它们在市场中的地位、构成和对市场的要求、运用是不一样的,因此,它们时常对市场构成夹缝,这里的"市场"一般指决策者、管理者和消费者等。例如,2001年兴起的"国进民退"争论,引起学界、媒体、企业、政府、社会等各方面的广泛关注,2009年以来每次全国"两会"期间,"国进民退"争论都会急剧升级,演变成"两会"话题,以至于构成了认识和理解的夹缝。据统计,2001年至2012年的10多年中,在报纸上出现"国进民退"一词的报道和文章约有770篇,在期刊中出现"国进民退"一词的论文约有1170篇,在著作中出现"国进民退"一词的有60种。文献统计表明,以2008年为起爆点,"国进民退"争论在2009年跃居为新闻舆论的关注焦点,在2010年进一步升级为以期刊论文和图书出版为载体的学术热点。10多年来,"国进民退"争论的要点和细节纷繁复杂,重大分歧主要集中在"国进民退"的真伪与规模问题。一种观点认为,"国进民退"浪潮大规模呈现,2009年以来愈演愈烈,诸如"国进民退"涉及很多行业领域,"逆市场化"的趋势是严重的,并且列举通钢"7·24"事件、山西煤炭企业重组、地方政府争抢央企高额投资、央企争夺房地产市场的"地王"、新《邮政法》抬高民企快递门槛等案例作为依据。诸如中国政府为应对金融危机出台的十大产业振兴规划和经济刺激方案,使资源大量流向国有垄断企业。诸如大型央企对民营企业进行了多行业和大规模的兼并、收购等非市场行为,在煤炭等矿产资源领域大批民资退出,在钢铁领域民企几乎都折返,在石油分销领域民营的小加油站和小分销企业多数被收购或者因为门槛提高等因素而退出等。另一种观点认为,总体上不存在所谓"国进民退"。2009年12月25日,国家统计局时任局长马建堂在国务院新闻办举行的发布会上说,第二次全国经济普查的数据与第一次经济普查的数据相比,至少在企业单位数量上、企业资本的结构上,国有企业的比重是下降的,非国有企业的比重或者说私营企业的比重是上升的。这意味着,民营经济有了长足的发展,总体上不存在"国进民退"现象。有人认为,无论从经济事实上还是经济理论上看,"国进民退"都是一个伪命题。从企业数量、就业人数、企业产值、企业利润、税收及公共财政资源的贡献等统计数据上看,不存在所谓的"国进民退"。所谓"国进民退",不符合客观事实,不能代表中国经济改革的基本事实和基本趋势。从西方发达国家为应对国际金融危机实行某些国有化的措施看,从国家现行宏观政策取向看,从国企和私企的发展趋势及其比重消长看,从市场经济运行的操作层面看,从理论逻辑与论断的准确性看,所谓"国进民退"都是缺乏科学依据的一种主观论断。[①] 从"国进民退"的经济市场形势来看,构成这种夹缝的一方是理论层面,认为出现了"国进民退"的现象;构成夹缝的另一方是政府的代表,认为"国进民退"是伪命题。处在夹缝中的是那些涉及"国进民退"或"民进国退"的企业:有的国企进了,有的民企退了;有的国企退了,有的民企进了,分布不均。国企的进退,有时是市场行为,有时是政府行为,这是中国特色的市场夹缝形式。

政府与民众的市场夹缝形式。政府与民众对市场的要求是不同的,政府希望加大消费力度,使经济发展好一些、快一些,而民众不是,民众希望对自己需要的东西能够买得起,用得好。十八大报告指出:"使经济发展更多依靠内需特别是消费需求拉动。"[②]最终的消费在民众,民众对于价格是有挑剔的,在大部分工薪阶层没有达到富裕水平的时候更是如此。老福特说过,工人的收入要买得起自己制造的产品,如福特汽车,才是收入与消费的相当。同理,中国造车工人能买得起自己造的车,建筑工人能买得起自己盖的房,这是民众追求的消费目标。对于地方政府来说,土地出让金越高,政府的财政收入就越高,房价也就越高,刚好和民众的要求相反,这样,就对房地产开发商等商人构成了夹缝。

（2）经济市场夹缝的性质

经济市场夹缝的性质是由市场决定的,在经济运转过程中,经济夹缝既受到市场的引导,又受市场的限制。经济市场夹缝具有规律性、基础性和调节性。

经济市场规律的夹缝特性。经济市场规律的夹缝特性是因市场规律

---

① 参见冷兆松:《"国进民退"主要分歧综述》,《红旗文稿》2013 年第 1 期。

② 胡锦涛:《坚定不移沿着中国特色社会主义道路前进 为全面建成小康社会而奋斗——在中国共产党第十八次全国代表大会上的报告》,《十八大报告学习辅导百问》第 18 页,学习出版社、党建读物出版社 2012 年版。

调节过程中产生的,是市场夹缝形成和化解过程中内在的本质的和必然的联系。经济市场夹缝的基本规律是价值夹缝规律。在市场经济运行过程中,其基本规律——价值规律发生作用时,容易构成市场价值规律的夹缝,形成价值夹缝的规律。商品的价值量由生产商品的社会必要劳动时间决定的,商品交换要以价值量为基础,按照等价交换的原则进行。商品价值的货币表现是价格,价格必须以价值为基础,同时受到商品供求关系、货币价值、纸币发行量等因素的影响,商品价格与商品价值往往不一致,价值的夹缝就产生了。从理论上看,价值规律自发地调节着社会劳动在各生产部门之间的分配,调节商品生产和流通,刺激商品生产者不断改进技术,提高劳动生产率,导致商品生产者的优胜劣汰,但我国的市场价值规律有时不是如此运行,有时是靠政策性调节运行的,人为性定价,这是市场夹缝产生的原因之一。例如,我国地方政府常常人为地补贴某些产品的价格,影响价值规律的运行,构成市场夹缝。福建清源科技有限公司是集印染、化工、能源生产和燃料业务为一体的企业。长期以来,印染行业因为高污染、高能耗而饱受诟病。为改变这一局面,实现可持续发展,清源科技引进了水煤浆技术,利用印染废水制备水煤浆,用水煤浆锅炉代替原有燃煤锅炉供热和发电。这一新技术的投入使用,使这家印染企业每印染百米布的整体消耗标煤降低 11 千克,每年节省了 7 万多吨标准煤,使锅炉烟气中的二氧化硫含量降到 53 毫克/标准立方米,远远低于国家规定的 400 毫克/标准立方米,企业每年少排放 1400 吨二氧化硫。水煤浆燃烧发的电必须上网,但泉州市过去没有水煤浆发电技术,如何确定水煤浆发电的上网电价,成为一大难题。当地供电企业提出参照火电标准确定上网电价,但这一算下来,上网电价与发电成本仍然存在差距。这就意味着发越多的电,节省越多的标准煤,就要亏越多的钱。泉州市物价局官员介绍说:"我们在调研中了解到,水煤浆发电技术与火电有着本质不同,前者属于清洁能源发电,确实应该予以补贴。"泉州物价局最终将水煤浆发电的上网电价标准确定为 0.61 元/千瓦时,比火电上网电价每千瓦时高 0.16 元左右。① 水煤浆燃烧发电多少钱一度,按理应该由市场决定,一进入市场确定价格,水煤浆燃烧发电就不赚钱或者少赚钱,于是,政府的杠杆出现了,给水煤浆燃烧发电

---

① 参见林火灿:《以价格杠杆撬动民营企业转型》,《经济日报》2014 年 1 月 18 日。

加价。此时,已经对其他发电企业构成了价格的夹缝。夹缝的一方是市场的价值规律;夹缝的另一方是政府的物价部门,夹缝中的发电企业肯定都希望加价。这种价值夹缝在我国人际关系流行的状态下,一时难以化解。

经济市场风险的夹缝特性。所谓经济市场风险的夹缝特性是指因为市场经济在运转过程和运转结果方面都存在风险并因此构成经济市场夹缝的特有性质。经济学理论认为,商品经济是市场经济的基础,市场经济是商品经济高度发展的产物,存在各种各样的风险,诸如企业风险(包括企业经营风险与企业财务风险)、信贷风险、利率风险、道德风险、外汇风险、决策风险等。风险指经济未来变化的不确定性可能使决策者得到的收益低于期望收益甚至遭受损失。经济市场的风险夹缝是常常存在的,并且就在我们日常的经济生活之中。例如,2014年春节的微信抢红包就使不少民众处在了将信将疑的夹缝之中。例如有人问抢到红包后如果不提现金或者没有绑定银行卡,这些钱哪儿去了?绑定银行卡后,个人账户安全吗?通过手机微信进行支付靠谱吗?没有提现红包产生的利息是不是让微信收回去了?微信财付通人员表示,与支付宝不同,微信财付通并不单开账户,只是为用户和银行提供"快捷接口"。除了微信红包这个"特例"。微信支付目前在交易环节不沉淀、存留用户任何资金。银行相关人士表示,支付宝模式属于单开账户,银行能够掌握用户初次将钱转入支付宝的信息,但此后从支付宝中划走的每笔钱银行无法获知,银行其实被隔离。银行人士说,微信支付只是绑定银行卡,因此用户的每笔走款都仍旧通过银行账户。银行能够获取用户使用微信支付的相关交易信息,因此,银行能掌握支付用户线上消费资金的真实去向,可以对支付交易风险进行监控并采取相应的事中控制措施。公安部相关部门说:"从已经发生的互联网支付案件看,问题大多集中在用户开户和交易两个环节。其中,开户环节缺乏面对面'人证合一'查验是第三方移动支付存在风险隐患的主要原因。""第三方移动支付环境下,仅通过姓名、卡号、身份证、手机号就可以完成,而且手机号的短信验证已被代劳,缺乏多因素认证措施。"商业银行相关人士说:"在商品交易过程中,微信支付的每笔走款仍旧通过用户的银行账户,银行能够获取相关交易信息,掌握消费资金的真实去向,对支付交易风险进行监控。"腾讯公司相关人士说:"微信支付并未单开账户,只是为用户和银行提供'快捷接口'的支付能力,除'红包专用账户'外,不存留和沉淀用户资金。不绑卡未提现的资金暂时存留在'红包专用账户'中，正研究新产品方便消费'红包'。"①羊年春节，最火的当属在手机上"抢红包"。春节这几天，一个拼手气红包一旦在微信好友群里出现，能够瞬间被秒杀。有人则在收看央视春晚全过程中摇动手机，希望抢到几元乃至几百元的微信春晚红包，即使毫无收获，仍然乐此不疲。微信和支付宝官方数据显示，仅除夕当天，微信红包收发总量达 10.1 亿次，是去年的 200倍，春晚播出期间，微信"摇一摇"互动总量达到 110 亿次，峰值为每分钟8.1 亿次。QQ 红包收发总量 6.37 亿个，抢红包人数为 1.54 亿；支付宝红包收发总量达 2.4 亿个，总金额达到 40 亿元。由于微信用户和支付宝用户数量巨大，"抢红包"行动堪称一场全民狂欢。从一开始，网络红包就处在夹缝之中。欢迎者表示抢红包无关收获多少，却是欢乐多多。批评者则指抢红包让人无心过年，只顾低头戳屏，而不抬头和家人、朋友叙情话谊。2015 年网络红包的流行，和 2014 年有着质的差别。如果说 2014 年是试水，2015 年就已经是戏水了。不少人 2014 年的微信红包收发额在几百元，今年则一下子就跃升到几千元的水平。网络红包火起来，归功于多个原因。去年微信红包的出现，让一部分用户绑定了银行卡，而去年滴滴和快的等打车软件的补贴大战，又培养了一大批移动支付的忠实用户。4G移动通信的成熟应用和大范围铺开，WiFi 的遍地开花，以及智能手机质量提升，又让移动支付更加方便和快捷，减少用户的时间和精力成本。如果一定要比较微信红包和支付宝红包，在细节体验上，由于不用输入口令，在微信抢红包的体验相对更好，而微信社交群落更让抢红包活动天然扎根在社会和人际关系的基础上，显得更生活化、更有乐趣。如何在技术突飞猛进的时代，既享受到科技带来的福利，又不因此"冷落"身边人，也确实是一个需要深入讨论的新话题。② 微信支付是新的支付方式，而且以其快捷著称，今后可能是银行之外的最有前途的支付方式。公安部门、商业银行、腾讯公司说的都有道理，民众的说法也有道理，这便构成了靠不靠谱的夹缝，同样也构成了某种程度上的风险夹缝。

经济市场调节的夹缝特性。所谓经济市场调节的夹缝特性指经济在

---

① 王璐、郭子源：《微信支付，靠谱不靠谱》，《经济日报》2014 年 2 月 12 日。

② 参见余建斌：《第三只眼看网络红包》，《人民日报》2015 年 2 月 27 日。

发展过程中市场通过市场规律等手段对其进行适当地调节构成夹缝的特有性质。市场依靠价值规律,通过市场机制自发调节经济活动。市场经济以自由竞争为特征,通过市场价格支配着人、财、物等资源在产业之间与企业之间的移动。市场经济对资源的这种自发的调节作用也蕴含着造成资源和社会劳动巨大浪费的可能性,形成调节的夹缝。市场调节符合商品经济的客观要求,能够比较合理地进行资源配置,使企业的生产经营与市场直接联系起来,促进竞争。市场调节可以调节商品供求,调节经济资源在社会各方面间的分配,调节物质利益在不同利益集团之间的分配等优点;市场调节具有短期性、自发性、盲目性、分散性和滞后性等缺点,对人们构成夹缝。例如,在发展经济的旗号下,导致有些厂家无所顾忌地向空气中和河水中排放废气和废水,对生态环境造成极大的污染。由于多数生态资源具有类似于公共物品的性质,如清洁的空气、自然水源等,其使用和消费不具有排他性,无法由市场自发地提供,导致在市场调节作用下,作为公共物品的自然环境,谁都可以污染,污染了也可以不承担相应责任,有的人甚至甘愿冒着道德风险去寻求个人利益最大化。其实,早已有智者在改革开放初期就提出了必须科学发展经济,但没有引起人们的重视。在这个夹缝中,夹缝的一方是主张靠市场调节千方百计发展经济的人们;构成夹缝的另一方是主张不能单靠市场调节,要求科学发展经济的人们;还有一方是追求利益最大化的经济实践者,他们最赞成市场调节。处在夹缝中的是大多数民众,这也是当下雾霾不见减轻的原因。

2.经济夹缝的计划(政府)性

经济的市场与计划是经济活动不能截然分开的两个方面,正如邓小平所说:"计划经济不等于社会主义,资本主义也有计划;市场经济不等于资本主义,社会主义也有市场。计划和市场都是经济手段。"[①]在今天的经济活动中,市场与计划,其实就是经济学家所常常讲到的调控经济的两只手,一只是看不见的手——市场,一只是看得见的手——政府。政府常常使用"计划"管理和调节市场。"理想的市场经济是指所有物品和劳务都按照市场价格自愿地以货币形式进行交换。这种制度无须政府干预,就能够从

---

① 《邓小平文选》第 3 卷,第 373 页。人民出版社 1993 年版。

社会上可供利用的资源中获取最大的利益。然而,在现实世界中,还不曾有一种经济能够完全依照'看不见的手'的原则而顺利地运行。相反,每个市场经济几乎都会遭受其制度不完备之苦,结果是过度的污染、失业、贫富两极分化等症状。为此,世界上任何一个政府,无论多么的保守,都不会对经济袖手旁观。现代经济中,政府针对市场机制的缺陷肩负起许多任务。"①当市场手段和政府的计划手段同时对经济发挥作用时,容易构成经济夹缝;当政府单独对经济发挥作用时,容易构成政府不同的经济调控式夹缝。

(1)计划(政府)性经济夹缝的形式

计划性经济夹缝是指政府在运用行政手段控制经济时构成的夹缝形式。政府控制职能一般只有三大类,即效率、公平、经济的稳定与增长的夹缝形式。

效率夹缝式。经济效率指经济资源配置和利用的有效性。它通过资源投入与相应的产出之间的比率关系来表示,如劳动生产率、资本产出率、全要素生产率等。"政府通过促进竞争,控制诸如污染这类外部性问题,以及提供公共品等活动来提高经济效益。"②"中国人民大学重阳金融研究院高级研究员罗思义研究发现,中国经济增长,64%来自投资,30%来自生产率,仅有6%来自劳动力。"③由此看来,我国经济发展的效率大多来自政府的投资,这是不健康的发展。《中共中央关于全面深化改革若干重大问题的决定》中指出:"推动经济更有效率、更加公平、更可持续发展。""政府要加强发展战略、规划、政策、标准等制定和实施,加强市场活动监管,加强各类公共服务提供。加强中央政府宏观调控职责和能力,加强地方政府公共服务、市场监管、社会管理、环境保护等职责。""建设生态文明,必须建立系统完整的生态文明制度体系,实行最严格的源头保护制度、损害赔偿制度、责任追究制度,完善环境治理和生态修复制度,用制度保护生态环境。""坚持使用资源付费和谁污染环境、谁破坏生态谁付费原则,逐步将

---

① [美]保罗·萨缪尔森、威廉·诺德豪斯著,萧琛主译:《经济学(第十七版)》第28页。人民邮电出版社2004年版。

② [美]保罗·萨缪尔森、威廉·诺德豪斯著,萧琛主译:《经济学(第十七版)》第28页。人民邮电出版社2004年版。

③ 黄家杨:《"干两天就休一天"听上去很美》,《读者》2014年第4期。

资源税扩展到占用各种自然生态空间。"①经济发展,既要经济效率,又要保护资源,这本身就构成了效率式夹缝。就中央提出的"谁污染环境、谁破坏生态谁付费原则",在执行中就容易构成效率与环境保护(夹缝一方希望高效率;夹缝另一方希望在高效率同时,坚持生态保护;夹缝第三方希望为了生态牺牲效率;夹缝第四方在执行生态政策时假公济私),业主与政策执行者的夹缝,夹缝人大多是民众和部分业主。这些夹缝的构成,起因是为了保持科学效率。

公平式夹缝。公平与效率是市场经济发展中的一对孪生兄弟。公平一般指收入分配应该均等化,而效率指收入分配应该促进资源配置的最优化。在公平与效率的概念上已经构成了夹缝,让人们无所适从。发达国家的经济学者对公平与效率的关系的论述就非常有意思:一是效率优先论。经济自由主义各流派均认为应将与市场机制相联系的效率作为优先的政策目标,反对政府干预收入分配。二是公平优先论。主张国家干预的学派一般将公平为优先的政策目标。三是公平与效率兼顾论。认为公平与效率同等重要,必须兼顾。② 这是一个对于效率与公平认识的夹缝。公平的实施过程中,对民众已构成了夹缝。我们知道,"市场并不必然能够带来公平的收入分配。市场经济可能会产生令人难以接受的收入水平和消费水平的巨大差异"。"收入取决于一系列因素,包括努力程度、教育、继承权、要素价格和运气。由此导致的收入分配可能会同公平的结果相悖。""物品追随的是货币选票而不是最大满足。富人的猫所喝的牛奶,也许正是穷人孩子维持健康所必需的东西。"③富人希望更富,中等收入者也希望更富,穷人希望公平。公平,市场经济是实现不了的,需要政府来完成,这就对政府构成了公平的夹缝。为了化解公平夹缝,胡锦涛在十八大报告中指出:"必须坚持维护社会公平正义。公平正义是中国特色社会主义的内在要求。要在全体人民共同奋斗、经济社会发展的基础上,加紧建设对保障社会公平正义具有重大作用的制度,逐步建立以权利公平、机会公平、规

---

① 《中共中央关于全面深化改革若干重大问题的决定(二〇一三年十一月十二日中国共产党第十八届中央委员会第三次全体会议通过)》,《人民日报》2013 年 11 月 16 日。
② 参见刘树成主编:《现代经济辞典》第 202 页,凤凰出版社、江苏人民出版社 2005 年版。
③ [美]保罗·萨缪尔森、威廉·诺德豪斯著,萧琛主译:《经济学(第十七版)》第 28 页。人民邮电出版社 2004 年版。

则公平为主要内容的社会公平保障体系,努力营造公平的社会环境,保证人民平等参与、平等发展的权利。""必须坚持走共同富裕道路。共同富裕是中国特色社会主义的根本原则。要坚持社会主义基本经济制度和分配制度,调整国民收入分配格局,加大再分配调节力度,着力解决收入分配差距较大问题,使发展成果更多更公平地惠及全体人民,朝着共同富裕方向稳步前进。"其实,权利公平、机会公平、规则公平等公平都赶不上分配公平,应当研究化解不同的收入群体诉求不同时所构成的夹缝。

稳定增长式的夹缝。稳定增长式的夹缝指政府促进宏观经济的稳定和增长时构成的夹缝。稳定增长一般是指政府通过财政政策和货币政策促进宏观经济的稳定和增长,在鼓励经济增长的同时减少失业和降低通货膨胀。"自从资本主义产生以来,它就不时地受到通货膨胀(价格上升)和萧条(高失业率)的周期性困扰。例如'二战'后美国已经发生了 9 次衰退,其中有几次衰退曾造成上百万人失业。这些波动被称为商业周期。"[①]怎样运用好财政政策和货币政策,切实地实现经济的稳定增长;怎样在国际经济大环境中保证自己家的经济稳定增长;怎样科学地实现经济的稳定增长,这不仅是执政者的课题,也是经济学家的课题,还是民众的期望,同时容易对所有经济改革受惠者构成夹缝。"中国国家主席习近平在接受俄罗斯电视台《星期六新闻》节目主持人谢尔盖·布里廖夫专访时表示,中国改革'已进入深水区,可以说,容易的、皆大欢喜的改革已经完成了,好吃的肉都吃掉了,剩下的都是难啃的硬骨头……改革再难也要向前推进'。"习近平同志谈话说明中国经济发展改革进入困难时期,也说明了中国克服困难的决心。就稳定增长发展经济来看,经济学家们的观点就构成了夹缝。交通银行首席经济学家连平说:"看增长,预计 2014 年经济增速将略好于 2013 年,初步预计在 7.8% 左右。我们认为,有四方面因素支持2014 年中国经济增长保持在合理增长区间。""外需小幅改善。""内生动力支撑。""改革红利释放。""适度政策刺激。""看就业,伴随经济稳中向好、城镇化和服务业加快发展,就业形势将保持平稳。""预计 2014 年我国就业形势将继续保持平稳。"这是因为:"经济稳中向好有利于就业增长。"

---

① [美]保罗·萨缪尔森、威廉·诺德豪斯著,萧琛主译:《经济学(第十七版)》第 31 页。人民邮电出版社 2004 年版。

"以人为本的新型城镇化战略的实施有利于就业增长。""大力发展服务业有利于就业增长。""看物价,预计明年 CPI 周期忄上行,涨幅为 3% ~ 3.5%,通胀压力不大。""初步估计 2014 年 CPI 同比涨幅为 3% ~ 3.5%,PPI(生产者物价指数)同比涨幅为 0 ~ 2%,趋势都将呈现中间高两头低的倒'U'形。""看国际收支,预计明年资本流入压力加大,人民币汇率小幅升值,'破 6'是大概率事件。""虽然 2014 年在美国量化宽松政策退出预期增强的背景下,资本仍有阶段性流出的压力,但考虑到以下原因,我们认为2014 年资本流入的压力可能会有所增强。""在货币政策方面,明年基准利率很可能继续保持稳定,但不排除进一步扩大存款利率波幅上限的可能。在市场流动性日趋紧张的形势下,准备金率面临下调压力,不排除小幅下调 1 ~ 2 次、每次 0.5 个百分点的可能。公开市场操作仍将作为主要货币政策工具来灵活使用。"①中国社会科学院学部委员、经济学部副主任刘树成先生认为:我国经济发展所面临的国内外环境发生了重大变化。从国际看,世界经济已由国际金融危机前的快速发展期进入深度转型调整期。从国内看,经济发展已由高速增长期进入增长速度换挡期,或称增长阶段转换期。在这个新阶段,要保持经济持续健康发展,从宏观调控方面来说,一个重要问题就是把握好潜在经济增长率下降的幅度,也就是把握好经济增长的适度区间,把握好经济增长速度究竟换到哪一挡。关于潜在经济增长率下降的幅度问题,近两年来引起学术界的热烈讨论。有观点认为,潜在经济增长率的下降是一个大幅度的突变过程。据《中华人民共和国 2014 年国民经济和社会发展统计公报》公布的数字:"国民经济稳定增长。初步核算,全年国内生产总值636463 亿元,比上年增长 7.4%。其中,第一产业增加值 58332 亿元,增长 4.1%;第二产业增加值 271392 亿元,增长7.3%;第三产业增加值 306739 亿元,增长 8.1%。第一产业增加值占国内生产总值的比重为 9.2%,第二产业增加值比重为 42.6%,第三产业增加值比重为 48.2%。"②"在国新办新闻发布会上,国家统计局局长马建堂公布,2014 年我国 GDP 首破 60 万亿,达到 636463 亿元,同比增长 7.4%,其

① 连平:《2014,我们的经济走势》,《人民日报》2013 年 12 月 30 日。
② 中华人民共和国国家统计局:《中华人民共和国 2014 年国民经济和社会发展统计公报》,《人民日报》2015 年 2 月 26 日。

中四季度增长 7.3%。增速滑落至 1990 年以来的新低。"①这一下滑趋势给现实经济生活带来许多问题，并引起国内外的广泛关注和担忧。国际上，中国经济"恶化论""崩溃论""硬着陆论""复苏夭折论"等说法再次泛起。刘树成先生说："潜在经济增长率的下降可以是一个渐进过程，先由'高速'降到'中高速'，然后降到'中速'，再降到'中低速'最后降到'低速'，分阶段地下降。"②在对于经济的分析上，一些专家分析经济是乐观的，一些专家分析是经济是下降的，一些专家认为下滑是暂时的等，由此构成了对于经济稳定增长分析和理解的夹缝。

（2）计划（政府）性经济夹缝的性质

政府运用行政手段控制经济时构成夹缝主要有主导性、控制性和阻碍性等特性。政府运用行政手段控制经济一般称为市场经济的宏观调控，在对经济调控过程中容易形成带有主导、调控等性质的夹缝，这些夹缝有的发挥着推动经济发展的作用，有的阻碍了经济的发展。

政府调控式经济夹缝的主导性特质。所谓主导性指经济发展过程中政府发挥的控制和引导经济发展作用时构成的夹缝特性。发达国家有些经济学家认为："谁统治市场经济？是诸如微软和美国电报电话公司这样的大企业发号施令？还是国会和总统？抑或是麦迪逊大道上的广告大亨？所有这些机构都会影响我们，然而经济的核心控制者却是偏好和技术，它们才是市场的两大君主。"③但是，在我国，"偏好和技术"只是市场经济中的小君主，真正的大君主是"政府"。因此，近年来有些发达国家的经济学家也不得不承认，我们市场经济需要政府。"我们需要政府的原因之一是：只有在政府实施规则并维持对市场经济至关重要的制度时，看不见的手才能施展其魔力。""我们需要政府的另一个原因是：看不见的手是强有力的，但并不是无所不能的。政府干预经济并改变人们自己选择的资源配置的原因有两类：促进效率或促进平等。这就是说，大多数政策的目标是

① UN 660：《统计局发布 2014 年 GDP 数据》，《新京报》2015 年 1 月 20 日。

② 刘树成：《中国经济进入中高速增长阶段》，见李扬主编：《2014 中国经济形势分析与预测》第23—34 页，社会科学文献出版社 2013 年版。

③ ［美］保罗·萨缪尔森、威廉·诺德豪斯著，萧琛主译：《经济学（第十七版）》第 22 页，人民邮电出版社 2004 年版。

既要把经济蛋糕做大,又要改变这个蛋糕的分割方式。"①我们信哪位专家呢?还是专家们说得都有道理?这本身就构成了对市场经济和政府调控的认识夹缝。为了让市场经济的规律充分发挥作用,《中共中央关于全面深化改革若干重大问题的决定》中指出:"全面正确履行政府职能。进一步简政放权,深化行政审批制度改革,最大限度减少中央政府对微观事务的管理,市场机制能有效调节的经济活动,一律取消审批,对保留的行政审批事项要规范管理、提高效率;直接面向基层、量大面广、由地方管理更方便有效的经济社会事项,一律下放地方和基层管理。"②地方政府管理比中央政府管理就好?既然采取市场机制调节作用,那么污染大的企业往往经济效益就好,地方能否严格把关?为此,《中共中央关于全面深化改革若干重大问题的决定》又指出:"建立和完善严格监管所有污染物排放的环境保护管理制度,独立进行环境监管和行政执法。建立陆海统筹的生态系统保护修复和污染防治区域联动机制。""探索编制自然资源资产负债表,对领导干部实行自然资源资产离任审计。建立生态环境损害责任终身追究制。"③一方面政府放权,让市场机制发挥作用;另一方面又强调政府实行自然资源资产离任审计和建立生态环境损害责任终身追究制,这种夹缝带有主导的特性。

政府调控式经济夹缝的控制性特质。所谓控制性指政府在调控经济发展过程中对经济掌握和操纵时构成的夹缝特性。一般来说,经济的调控是政府对社会供应总量和需求总量及其构成等重要经济活动进行的调节和控制。在经济运转过程中,政府的宏观调控是社会市场经济体制的有机组成部分,是国民经济协调发展的重要手段,是现代国家发展经济过程中总结出来的经验。例如,我国对于房价的调控,早已构成了控制性的夹缝。如果从 2002 年 8 月 26 日六部委颁发的 217 号文件算起,我国房地产调控历史走过了十多年。调控大致可以划分为四个阶段:第一阶段,调控起步

---

①　[美]N.格里高利·曼昆著,梁小民、梁砾译:《经济学原理——微观经济学分册(第6版)》第12 页,北京大学出版社 2012 年版。

②　《中共中央关于全面深化改革若干重大问题的决定(二〇一三年十一月十二日中国共产党第十八届中央委员会第三次全体会议通过)》,《人民日报》2013 年 11 月 16 日。

③　《中共中央关于全面深化改革若干重大问题的决定(二〇一三年十一月十二日中国共产党第十八届中央委员会第三次全体会议通过)》,《人民日报》2013 年 11 月 16 日。

期(2002 年至 2004 年):主要以收紧土地供给和房地产信贷为主要手段,以抑制房地产市场投资过热为目的。第二阶段,调控加码期(2005 年至2008 年上半年):加码的手段以结构性调整为主,在抑制房地产投资过热的同时,提出稳房价的新目标。国八条、新国八条、国六条相继出台,重点打击囤地行为、改善商品房和保障房供应结构、提高首付比例、推出税收调控手段,改善供给结构的同时开始调节商品房投资性需求。第三阶段,紧急救市期(2008 年下半年至 2009 年上半年):为应对全球性金融危机对中国经济的冲击,政府政策全面转向,以楼市稳定来支持经济稳定,从中央到地方全面放松各项房地产调控措施,甚至出台利率打折等购房刺激政策。第四阶段,调控全面加码期(2010 年至 2014 年底):遏制房价过快上涨或促进房价合理回归成为突出调控目标。国十一条、新国十条、限购令等号称史上最严厉调控措施相继出炉,涵盖土地供给、信贷、税收、保障房等各方面的住房差别化调控体系逐渐形成。调控的十几年中,以地根撬动银根,以房地产创造 GDP,成为地方政府发展经济手段。随着 2012 年年底楼市加速回暖,2013 年各地"地王"再现,继续加大了土地供给、加大保障房建设和供给等也将成为楼市调控政策的重点。根据国家统计局数据,2013年全国 70 个大中城市的房价呈现连涨的趋势。部分城市的房价已连续11 个月环比上涨,广州、北京、深圳等热点城市继续领涨全国,仅有极少数城市房价出现下跌。2014 年上至地产大佬,下至平民百姓,房价仍是大家最关心的话题。草根视角:对房价的企稳有那么一丝希望;业内视角:整体房价增速放缓分化加剧;调控视角:去行政化差异化政策将成主流。十八届三中全会通过的《中共中央关于全面深化改革若干重大问题的决定》明确提出使市场在资源配置过程中起决定性作用和更好地发挥政府作用。而在不久前举行的全国住房城乡工作会议上,住房城乡建设部长明确表示针对房地产市场出现的新情况,要更加注重分类指导。实践证明,类似"头痛医头,脚痛医脚"的行政化调控已难以从根本上抑制住房价"脱缰的野马",走出越调越涨的"怪圈",需长远地建立"市场化为主手段,辅以政府调节"的政策引导体系。① 2014 年以来,我国住房景气指数逐月下滑,房

---

① 参见罗宇凡、赵宇航:《新华社发文预测 2014 年房价走势上涨不是唯一答案》,《扬子晚报》2014 年 1 月 7 日。

地产投资增速显著放缓,房地产销售面积和销售额同比大幅下滑,70 个大中城市中房价下跌城市不断增加。随着房地产市场调整的不断加深,各地地方政府从 6 月开始取消限购,不断放松调控,央行也最终放松首套房认定政策,释放改善性需求。2015 年,房地产新常态下的投资增速预期会进一步下降,房地产市场持续调整,房价会继续进行合理回归,开发商应继续以量换价,加快去库存化。[①] 可顾我国十几年的房地产走过的历程,可见政府控制的夹缝力度。中共中央在十八大报告中指出:"建立市场配置和政府保障相结合的住房制度,加强保障性住房建设和管理,满足困难家庭基本需求。"[②]我国的楼市价格是一个多重式的控制性夹缝。夹缝一方是部分住房民众的需求;夹缝第二方是部分投资者的需求,把住房作为理财的投资;夹缝第三方是房地产开发商,为利开发;夹缝第四方是地方政府,以此拉动 GDP;夹缝第五方是政府调控者;夹缝第六方是政府决策者;夹缝第七方是房地产学者和经济学家。这些"者"在政府调控楼市的经济夹缝中构成了不同的角色,他们有时既是夹缝构成者,有时又是夹缝人。化解房价控制性夹缝的方法是决策者和调控者加大调空力度;地方政府坚持经济的科学发展,不唯 GDP 论英雄;民众根据需要购房,不把房子作为投资;盖房者不要唯利是图等。

政府调控式经济夹缝的阻碍性特质。所谓阻碍性指经济发展过程中政府发挥阻拦作用时构成的夹缝特性。政府在经济发展中构成阻碍夹缝有时是有意识行为,有时是无意识行为。有意识拦阻经济发展走向和效率,往往构成良性夹缝;无意识拦阻经济发展走向和效率,往往构成恶性夹缝。经济发展过程中,当经济处于衰退时期,企业开工不足,失业人数增加,一部分经济资源未被利用,经济正常运行和发展主要受需求不足的制约,这时政府一般采取扩张性财政政策,即增加财政投入,减少税收,以刺激总需求扩张,降低失业率。当经济快速发展时,由于可利用的资源已经得到充分的利用,过大的需求不会引起供给的增加,只会引起物价的上涨,此时政府往往采取紧缩性财政政策,即减少财政支出,增加税收,以抑制总

----

① 参见百度文库:《2014 年中国房地产行业总结楼市总结》,2015 Baidu。

② 胡锦涛:《坚定不移沿着中国特色社会主义道路前进 为全面建成小康社会而奋斗——在中国共产党第十八次全国代表大会上的报告》,《十八大报告学习辅导百问》第 32—33 页,学习出版社、党建读物出版社 2012 年版。

需求,降低通货膨胀率。① 由于政府采取的是宏观经济政策,无论是采取扩张性财政政策还是紧缩性财政政策,包括何时采取扩张性财政政策和何时采取紧缩性财政政策等都容易对具体的经济实体和具体的"经济人"构成夹缝。从经济发展过程来看,经济一般都是呈波浪式发展的,政策的实施又具有滞后性,何时采取何种政策,政策的力度有多大,对于政策的制定者,政策的落实者,政策的建议者(往往是经济学家),具体的经济实体都会产生很大的影响,构成多重夹缝。例如,当政策制定者准备采取紧缩性财政政策时,政策的建议者认为不是时候,此时对政策的落实者构成了夹缝;当紧缩性财政政策实施时,同行的经济实体会有不同的反应:有的经济实体加大了经济投入,有的经济实体减少了经济投入,对于还在观望的经济实体构成了投入的夹缝。

四、经济夹缝具有全球性与区域性

经济的全球性和区域性构成了性质相关、类型不同的夹缝形式,彰显了夹缝的全球性特性和区域性特性。这些夹缝是因为经济发展的全球性特征和区域性特征构成的,有时拉动了经济的发展,有时阻碍了经济的发展。

1. 经济夹缝的全球性

经济全球性是指随着社会生产力的发展,商品和生产要素跨国界自由流动,资源在全球范围或地区范围内优化组合。世界各国、各地区经济,包括生产、流通和消费领域,更加紧密地联系在一起,使世界经济越来越成为一个不可分割的有机整体。就其内容来说,主要包括生产全球化,贸易全球化,金融全球化,投资全球化,区域性经济合作日益加强等。由于经济全球性的加快,不断地构成了经济夹缝的全球性特性,形成了不同的带有全球性的夹缝形式。

(1)全球性经济夹缝的形式

全球性经济夹缝可以分为开放式、组织式和限制式。就是说,经济夹

---

① 参见赵德水主编:《市场经济400题》第416—416页,江苏教育出版社2002年版。

缝的构成往往是因为全球经济一体化之后显现的外在的形式。

开放式的全球性经济夹缝。经济开放式或者开放式经济又称对外经济，指一个国家，除了与内部的用户、厂商、政府部门、要素市场、商品市场间的交易外，与外国进行财货、劳务、金融等项目的交易。在开放式经济活动中，发达国家与发展中国家有很大的区别，大国与小国也有很大的区别。一般说来，在商品市场的供需上，发达国家由于掌握了多数的交易，成为世界交易价格的决定者，而发展中国家则失去议价能力成为交易价格的接受者。在利率上，发达国家则掌握了大部分的资本，成为世界利率的决定者，而发展中国家则失去对于资本的利率控制，成为世界利率的接受者。这就容易构成针对发展中国家的开放式经济夹缝。除了国家之间在开放式经济中容易构成夹缝外，民众通过互联网的开放式经济贸易，同样容易构成开放式的经济夹缝。例如，近几年的"比特币"的开放式交易，已经构成了开放式的经济夹缝。什么是比特币呢？2008 年 11 月 1 日，一个自称中本聪的人在某个隐秘的密码学评论组发帖，陈述对电子货币的新设想，比特币就此面世并完成首笔交易。比特币是一种由开源 P2P 软件产生的电子币、数字币，是一种网络虚拟资产。使用者可以用它购买一些虚拟物品，比如网络游戏中的衣服、帽子、装备等；如果有人接受，也可以用来购买现实生活中的物品。比特币的总数有限，具有极强的稀缺性。此外，它不依赖于特定的中央发行机构，而是使用遍布整个 P2P 网络节点的分布式数据库来记录货币的交易，并使用密码学设计来确保流通环节安全。可是，就是这个互联网上的虚拟货币，一个月内价格上涨了 5 倍，2013 年上涨幅度高达 40 倍，4 年时间里更是上涨了超过万倍——如比暴涨行情已经超过了任何一款正规的大宗商品或者金融投资产品。[①] 比特币一路狂奔，短短 3 年多便从市值不到 14 美分飙升到 1000 美元。人们基于各种各样的目的，投入到比特币的挖掘和交易中，其中有无政府主义崇拜者、技术和网络狂人，更有虚拟货币和新金融模式的探索者，以及各式各样怀有暴富梦想的人。比特币与其他虚拟货币最大的不同，是其总数有限，具有极强的稀缺性。该货币系统曾在 4 年内只有不超过 1050 万个，之后的总数将被限制在 2100 万个。比特币只能被它的真实拥有者使用，而且仅仅一次，支付

---

① 参见赵刚：《比特币："造富"传奇还能延续多久》，《光明日报》2013 年 11 月 30 日。

完成之后，原主人即失去对该份额比特币的所有权。面对比特币的诱惑，很多人都相信，自己不会是"击鼓传花"的最后一环。比特币的出现也伴随着特定风险。2013 年 6 月，美国在线支付服务 Liberty Reserve 因涉嫌从事大规模在线洗钱交易被关闭，这引发了比特币可能会被犯罪分子当作洗钱工具的担忧。① 2013 年 12 月 6 日，中国央行、工信部、银监会、证监会、保监会联合发文《关于防范比特币风险的通知》，明确比特币不具有与货币等同的法律地位，不能也不应作为货币在市场上流通使用。② 2014 年 12 月 16 日支付宝、几大银行、财付通等相关负责人被中国央行约谈，"明确要求银行、支付机构不能给比特币、莱特币等交易网站提供支付与清算服务。对于已发生业务的支付机构，应解除商务合作；对于存量款项，可在春节前完成提现，不得发生新的支付业务。此前，比特币已遭到法国、泰国、挪威等多国央行'封杀'，无法获得合法货币地位。可以预见，比特币在一定时期内的主流发展空间已经被封闭"。③ 北京时间 2014 年 2 月 25 日，位于日本的全球最大比特币交易平台 Mt. gox 停止运营，其网站不能登录，官方推特中的消息也被全部删除，多家外媒更是披露了"Mt. gox 拟申请破产，77.4 万枚比特币遭窃"的消息。交易平台比特币中国迅速与国外多家平台联合发表声明，与 Mt. gox 划清界限，并承诺不会重蹈覆辙。目前，Mt. gox 事件已清晰无误地把比特币的风险和危机摆在了人们眼前。④ 因此，李景认为："比特币交易平台本身存在风险，技术漏洞使价格波动时常出现，盲目跟风后果可能是血本无归。""把比特币创立之初的货币理想和起伏不定的币值价格都搁一边，仅凭 Mt. gox 平台关闭、比特币瞬间蒸发的事件，就在整体上打击和损害了比特币持有者的信心和期望。而技术漏洞的难以彻底解决，将决定着比特币未来价格的大幅波动还将时常出现。"⑤其实，在 2013 年年底，就有许多专家对比特币作过评价。巴菲特称，比特币"不是货币"，因为它未满足货币的条件，包括价值储备功能。巴菲特说，如果比特币未来十年或二十年不存在了，他不会感到意外，因为比特币只

---

① 参见杨涛：《掀开比特币的神秘面纱》，《人民日报》2013 年 12 月 25 日。
② 参见赵伟莉：《比特币，仅是一个互联网商品》，《新华日报》2013 年 12 月 6 日。
③ 杨涛：《掀开比特币的神秘面纱》，《人民日报》2013 年 12 月 25 日。
④ 参见李景：《全球最大比特币交易平台停止运营》，《经济日报》2014 年 2 月 27 日。
⑤ 李景：《全球最大比特币交易平台停止运营》，《经济日报》2014 年 2 月 27 日。

是一种投机品。"比特币的价格不可避免的基于美元价值之上,这意味着它本质上并不是货币。"①爱尔兰利默里克大学经济学博士史蒂芬·金塞拉认为:"比特币是英国精神分析学家戴维德·塔科特提到的'梦幻之物'的最好体现:虽然不真实,却非常吸引人。它实现了货币无国界并脱离了金融中介机构和监管机构而存在,并由市场中的需求来确定其价值。实际上,比特币本身没有价值,只在交换时产生使用价值。但这样一来,比特币的价格弹性伸缩空间很大,也就导致比特币交易市场总会处在泡沫状态。泡沫不断产生又破裂,财富也随之产生又消失。"《泰晤士报》经济专栏作者马特·雷德利认为:"比特币的价格确定方法与金、银等商品货币类似,是借由稀缺性和不可毁灭性等特征来储存价值。但现实世界中真正的商品货币很容易受到各种因素影响而发生通货膨胀或者通货紧缩,比如新金矿的发现等情况。理论上来说,各国政府印发的法定货币——纸币应该可以避免通胀或者通缩,但是由于政府常常多印钞票来减少债务,使纸币背离了货币存在的意义,纸币发行没有节制、信用也越来越低。"日本信金中央金库海外业务支援部高级审议官露口洋介认为:"比特币并非通过与其他货币交换产生,而是通过复杂的计算产生,每年的产量与最终的产量都固定。正是因为这一稀少性,持有比特币才具有价值。通过向其他人转让这种价值,实现商品与服务的买卖结算。另外,随着接受比特币结算的商店与人群越来越多,比特币本身也具备货币的功能。从这个意义上来说,比特币是一种类似黄金的存在,与日元或美元结算之际汇率会发生变化。"新加坡华侨银行经济分析师谢栋铭认为:"比特币最吸引人的地方有两处。第一,它的存量是固定的,2100万个上限与不断上调国债上限的美元相比,更具稀缺性;第二,比特币在全球支付时具有高效和便捷的特性。"美国乔治·梅森大学莫卡特斯中心高级研究员杰瑞·布里托认为:"正如其他新技术一样,比特币也带来一些挑战。在监管层面,当比特币这样一项具有干扰性的新技术出现时,监管者首先要弄清楚它的属性,在现有监管对象中找到同类参照物。比特币具备一些商品的特性,但又不是一般的商品,它是一种货币,但又不是由某个国家发行的。因此,还找不到可适用的对应监管法律。目前可以肯定的是,有关货币传导和反洗钱的规

---

① 巴菲特:《比特币不是货币》,http://t.cn/8FgMZ8Q。

则,对比特币是适用的。"南非自由职业者皮特认为:"比特币很多特点比较适合非洲,但互联网接入率的有限及其他很多因素制约了比特币交易的发展,有一些商家已接受比特币支付,这将促进跨境商品交易,我对比特币未来在南非的发展有信心。"非洲最大比特币交易所 BitX 公司创始人之一尼古拉认为:"虽然比特币交易平台还很年轻,但相信市场会稳定增长。非洲许多国家银行等安全、稳定的基础设施的缺乏给了比特币很好的机会,这只是设想,贫穷等问题将在现实中对比特币产生阻力。"俄罗斯莫斯科州长顾问、经济学家阿尔焦姆·谢苗诺夫认为:"比特币自身包含着替代真正的、有抵押无担保虚拟货币单位的基本思想。美国很可能与其他国家协商过渡到使用共同能够接受的虚拟货币,利用它进行世界上主要的交易与结算,就像美元一样。这将是更加完全、均衡的金融与货币体系,不仅对美国,而且对全世界较大经济体的经济潜力起到保障作用。这种虚拟货币或将逐渐取代世界上的许多货币,使现金慢慢消失,甚至私人结算也将借助于单一的虚拟货币来实现。一方面,这是对世界金融经济的统一监督,并且似乎是对影子市场的完全监督;另一方面,这既是对国家也是对公民的全球奴役。谁实际控制这个体系,就会成为全世界的主人。"①这是多重的开放式的经济夹缝,这个夹缝是因为"比特币"的开放性引起的,夹缝构成者有时也是夹缝人。构成夹缝的一方是创造比特币的中本聪,他的本意只是可以用比特币购买一些虚拟物品,比如网络游戏中的衣服、帽子、装备等;构成夹缝的另一方是部分媒体和网络操作者,认为比特币是稀缺的"虚拟物品",但可以购买实物;处在夹缝中的是无政府主义崇拜者、技术和网络狂人、虚拟货币和新金融模式的探索者以及各式各样怀有暴富梦想的人。由于夹缝人的疯狂购买,使比特币价格不断变化,从而对政府、银行和经济管理者构成了夹缝。

组织式的全球性经济夹缝。组织式的全球性经济夹缝指不同的国家和不同的经济实体在世界范围内构成经济组织时所构成的夹缝形式。当下的国际社会经济组织很多,有全球性的,也有区域性的,区域性的经济组织往往是为影响全球经济而组建的。这些有组织的经济夹缝构成了带有组织性质的经济夹缝。一般说来,世界有三大经济组织,即世界银行、国际

---

① 转引自杨涛:《掀开比特币的神秘面纱——国际回声》,《人民日报》2013 年 12 月 25 日。

货币基金组织(IMF)、世界贸易组织(WTO)的前身——关税和贸易总协定(GATT);具体说来,世界的经济组织又多得让人眼花缭乱,这些组织在发挥作用时已经构成了不同形式的夹缝。一是按参加国际经济组织成员方的不同,可以分为政府间国际经济组织和非政府间国际经济组织。政府间国际经济组织是指基于主权国家之间的经济条约或协定而成立的国际经济组织。狭义的国际经济组织就是指政府间的国际经济组织。政府间国际经济组织是国际经济组织中数量最大、活动最为频繁、影响最为广泛的组织,诸如:联合国系统的经济机构,如联合国经济及社会理事会、联合国贸易与发展会议、联合国粮食与农业组织、国际货币基金组织、世界银行集团等;七十七国集团;石油输出国组织等,它们通过其成员国政府对其所做的建议或决定的实施,对国际经济的发展产生影响。非政府间国际经济组织又称民间国际经济组织,较有影响的非政府间国际经济组织主要有:国际商会、国际博览会联盟、国际批发贸易中心等。二是按参加范围,可分为世界性的国际经济组织和区域性的国际经济组织。世界性的国际经济组织主要有国际货币基金组织、世界银行集团、世界贸易组织、联合国贸易和发展会议等。区域性的国际经济组织是指参加者局限于某一洲或某一地区的国家或民间团体的国际经济组织。区域性的国际经济组织有欧洲经济共同体、东南亚联盟、加勒比共同市场、北美自由贸易区、亚洲开发银行等。三是按商品结构,可分为各种根据某项特定商品的特点而建立的国际经济组织。如石油输出国组织、国际小麦理事会、国际茶叶委员会、国际食糖组织、国际咖啡组织等。另外,区域性经济组织包括欧洲联盟,北美自由贸易区,北美自由贸易区,独联体经济联盟,东南亚国家联盟,欧洲自由贸易联盟,澳新自由贸易,黑海经济合作区,南亚区域合作联盟,海湾合作委员会,阿拉伯合作委员会,阿拉伯马格里布联盟,经济合作组织,安第斯集团,维谢格拉德集团,中美洲自由贸易区,南锥体共同市场,拉丁美洲一体化协会,西非国家经济共同体,西非经济共同体,南部非洲发展共同体,上海合作组织等22个组织。这些国际性经济组织在经济活动中往往有组织地对一些国家构成夹缝。经济制裁是指采用财政、金融、贸易、海运、航空甚至军火贸易等措施和贸易禁运、中断经济合作、切断经济或技术援助等手段加以打击。当某些国家提议对一个国家制裁时,另外一些国家则认为应该采取和缓的方式,这就对世界贸易组织构成了夹缝。例如,发达国家经济组织对我国光伏产业采取的措施,已经构成了有组织的夹缝形式。中国光伏行业在 2012 年就分别遭到了来自美国、欧盟、印度等国家有组织提起的反倾销、反补贴调查和关税惩罚,2013 年 3 月 8 日欧盟委员会宣布,自 6 日起对产自中国的光伏产品实施进口登记,加之欧盟对华接连提起的对光伏电池及光伏玻璃的反倾销调查。① 制裁虽然是有组织的,但是,反对往往也是有组织的,美国光伏制造联盟(CASM)支持对中国光伏产品征税,其表示此举能够为美国创造更多的就业。但是由光伏进口商、安装企业和供电企业组成的普及太阳能联盟(CASE)却对此表示反对,指出征收关税意味着"到 2014 年将有 6 万多名美国人失业"。对此,美国太阳能产业协会总裁罗纳·莱斯驰(Rhone Resch)表示,征税措施"对美国市场影响很小",既不会使太阳能电池价格飙升,也无须重建美国国内的生产基地。而减少中国的进口量进一步推高了亚洲其他国家的进口量。然而,美国对中国光伏电池征税的缘由与欧盟相同,即来自中国方面的竞争力使得美国本土公司举步维艰。② 2013 年 6 月 4 日,欧盟不顾 18 个成员国反对,宣布对中国光伏产品征收临时反倾销税。德国经济部长 2013 年 6 月 5 日重申,欧盟的决定是一个"严重错误",因为贸易战不仅仅局限于光伏产业,其他领域也会受到冲击。随之有不少欧盟成员国表示对欧盟的决定表示反对。法国的许多商界人士清楚地认识到,中国经济从侧重外销向推动内需的历史转型为法国的产品带来无限商机,仅以葡萄酒为例,近年来便一直以双位数以上的幅度迅速增长。与此同时,中国企业加快了进入欧洲的步伐,为欧洲的经济注入了活力,双方经济你中有我、我中有你的趋势成为力争复苏的欧洲不可忽视的因素。制裁中国光伏产品,中国当然会蒙受重大损失,但对欧洲光伏产业以及环保也会造成损害,毕竟欧洲的销售、安装企业要远远超过生产企业。文章最后表示,希望中欧能尽快通过谈判解决分歧,回到正常发展的轨道。③ 这个夹缝是多重的经济夹缝,具有经济组织的形式。以美国为首的经济组织是夹缝的一方,呼吁欧盟在光伏产品上制裁中国;以欧盟 18 国经济组织为另一方,要求欧盟不要制裁中国。处在

---

① 参见廖婷婷、黄玫:《国际制裁叠加:中国光伏产业恐再添"新伤"》,新华网 2013 年 3 月 8 日。

② 参见岳书羽:《美国制裁中国光伏企业效果存疑争议持续至今》,环球网 2013 年 6 月 3 日。

③ 参见初美慧:《法媒指责制裁中国光伏产业贸易战欧盟玩不得》,慧聪丝印特印网 www. screen. hc360. com. 2013 – 06 – 13。(来源:星岛环球网)

夹缝中的是欧盟,当然还有中国。

限制式的全球性经济夹缝。所谓限制式的全球性经济夹缝指某些国家对另外一些国家制裁时构成的夹缝形式。例如,2011 年至 2012 年美国等发达国家对伊朗的石油出口限制方式,已经对一些无辜的国家构成了夹缝。2012 年 3 月底,美国国务卿希拉里表示,为迫使伊朗放弃核计划,必须加大对伊朗的制裁力度,对那些破坏国际制裁的国家,尤其是仍购买伊朗石油的国家,美国准备对他们进行制裁;美国制裁的国家名单中包括印度、中国、韩国、印尼、马来西亚、巴基斯坦、南非和土耳其等 12 国。表现"积极"的日本、比利时、英国、捷克、法国、德国、希腊、意大利、荷兰、波兰、西班牙等 11 国获美"赦免"。为了防止被制裁,中国减少进口伊朗石油,据路透社报道,中国 2012 年 2 月份从伊朗进口的原油下降到 2011 年 12 月的一半。与此同时,中国从伊朗的竞争对手沙特购买的原油达到历史最高水平,以弥补进口不足。2012 年 7 月初,美国国务卿希拉里称,鉴于中国和新加坡大幅减少伊朗原油进口,决定将中新两国列入伊朗石油制裁豁免名单,观察期半年并可延长。中新自此"荣幸"加入今年初以来美国炮制的那份长长的"大赦"名单。① 构成限制式夹缝的一方是美国及部分发达国家,主张制裁伊朗和部分向伊朗购石油的国家;构成夹缝另一方的是遵循市场规则的国家,主张"自由买卖",处在夹缝中的是既想买便宜石油又不想得罪美国的那些国家。国际上的限制式夹缝处处体现了强权经济,是非常不公平的做法。邓小平说过:"巴黎七国首脑会议就体现出来了,就是在这个会上决定制裁中国,他们使用经济手段,也使用政治手段,如高级官员不接触。这个东西对中国有什么影响? 美国也好,法国也好,他们的决策人至少有两点对中国认识不清。第一,中华人民共和国是打了 22 年仗建立起来的,建国后又进行了 3 年抗美援朝战争。没有广泛的群众基础,不可能取得胜利。这样一个国家随便就能打倒了? 不可能。不但国内没有人有这个本领,国际上也没有人有这个本领,超级大国、富国都没有这个本领。第二,世界上最不怕孤立、最不怕封锁、最不怕制裁的就是中国。建国以后,我们处于被孤立、被封锁、被制裁的地位有几十年之久。但归根结底,没有损害我们多少。为什么? 因为中国块头这么大,人口这么多,中

---

① 参见阮宗泽:《且看美国如何用制裁绑架世界》,《人民日报海外版》2012 年 7 月 4 日。

国共产党有志气,中国人民有志气。"①话虽这么说,制裁的夹缝还是存在的,必须注意化解。

(2)全球性经济夹缝的性质

全球性经济夹缝的首要特性就是全球化特性,在全球性的特性影响下,促生了经济夹缝的并进性、结合性和挤夹性。

全球经济夹缝的共赢性特质。所谓全球性经济夹缝的共赢性指经济活动中各方为了获得更大的收益而采取的共进共退措施时构成夹缝的特性。在全球性经济活动中,出口和进口是世界经济活动的主要形式,出口和进口又往往容易构成共赢特征的夹缝。出口、投资、消费一直被称为发展经济的"三驾马车",这里的出口指出口贸易和出口服务。出口贸易又称输出贸易,是指本国生产或加工的商品输往国外市场销售。出口服务,是指由本地生产商提供给外地顾客或消费者的服务,例如大学教育、技术转移、影像娱乐、基金投资、人寿保险等出口类服务。为了在国际市场竞争,实现互利共赢,不少国家采取出口补贴和出口退税的策略。出口补贴指国家为了降低出口商品的价格,提高其在国际市场上的竞争能力,对出口商品给予的现金补贴或财政上的优惠待遇。诸如日本的汽车和电子产品进入欧洲和北美市场,欧共体的农产品大量地进入世界市场,韩国的钢铁、汽车和其他产品进入国际市场都得到了政府的补贴。此外,还有一种贸易保护政策:出口退税。出口退税是指对出口货物退还其在国内生产和流通环节实际缴纳的产品税、增值税、营业税和特别消费税。出口退税主要是通过退还出口货物的国内已纳税款来平衡国内产品的税收负担,使本国产品以不含税成本进入国际市场,与国外产品在同等条件下进行竞争,扩大出口创汇。当有的产品出口有补贴,有的产品出口没有或者补贴较少或者同一产品有的国家补贴多,有的国家补贴少,互利共赢就难以实现了,夹缝也就产生了。进口指一个国家从别的国家或者地区购进商品,具体说来,进口指向非居民购买生产或消费所需的原材料、产品、服务,目的是获得更低成本的生产投入,或者是谋求本国没有的产品、服务的最大利润。为了保证自己国家的产品不受进口产品冲击,各个国家都设置了进口配额和进口关税。进口配额又称进口限额。它是一国政府在一定时期(如一

---

① 《邓小平文选》第 3 卷,第 329 页,人民出版社 1993 年版。

个季度、半年或者一年)内的进口数量或金额所给予的直接限制。在配额以内,该商品可以进口;在配额以外,则不准进口,或者征收较高的关税,或处以罚金后方能进口。进口配额的形式有:全球配额,即适用于世界范围内任何国家或地区的配额,按进口商的申请先后批给不定期额度,直至额满为止;国别配额,即按国家和地区进行分配的固定配额,有的由单方面强制规定,有的由双方谈判达成协议确定;进口商配额,即按不同进口商分配给一定配额。有的国家还将进口配额与征收关税结合起来,在配额以内给予低税、减税或免税待遇,超过配额则征收较高关税或附加税,称为关税配额。进口关税是一个国家的海关对进口货物和物品征收的关税。征收进口关税可以增加进口货物的成本,提高进口货物的市场价格,影响外国货物进口数量。因此,各国都以征收进口关税作为限制外国货物进口的一种手段。适当的使用进口关税可以保护本国工农业生产,也可以作为一种经济杠杆调节本国的生产和经济的发展。此外,进口还有"进口附加税",这是在正税(即正常征收的关税)的基础上,为了某种目的,对进口商品加征的进口关税,如反补贴税、反倾销税。[①] 在进口贸易中,不同的国家制定不同的进口配额,又有不同的进口关税;不同的国家对同一国家同一产品进口配额不同,进口关税不同,由此构成了国际贸易中互利共赢性的经济夹缝。

全球经济夹缝的结合性特质。全球经济夹缝的结合性指一个国家在引进外资和学习先进技术时构成的夹缝特性。引进外资指采取措施、创造条件吸引外国资本进入本国(本地区)投资。外国资本在本国(本地区)投资可分为间接投资、直接投资和其他投资。间接投资指对外借款,如外国政府、银行、国际金融组织的贷款和出口信贷以及对外发行债券、股票等;直接投资指投资办企业,如举办合资经营、合作经营、外资经营企业与合作开发等;其他投资有国际租赁、补偿贸易、加工装配等。引进先进技术指为发展本国经济和提高科学技术水平,提高企业竞争力,有计划、有重点、有选择地引进外国的先进科学技术成果的活动。技术引进又称技术输入,是技术转移的一种方式。技术引进的内容包括引进先进技术、先进设备、先进管理知识和经验。引进外资和引进先进技术到本国使用,就有使用、结

---

① 参见刘树成主编:《现代经济辞典》第536—541页,凤凰出版社、江苏人民出版社2005年版。

合和发展的问题,很容易构成夹缝。我们知道,引进外资是好事情,可以弥补国内生产投资不足,促进经济增长;可以学习国外的生产技术和管理经验;可以扩大劳动就业,增加财政收入;可以推动出口贸易发展,增加外汇收入;可以推动人才培养和人才开发等。正如长江学者黄泰岩先生所说,引进外资不是目的,它只是发展经济的手段。资本的本性是追逐利润的,外资进入中国不是搞慈善,而是要追求利润最大化。如果我们不让外资赚钱,外资就不可能进中国,即使进来了很快还会撤出去,外资对中国经济增长的推动作用也就无从谈起。外资绝非免费的午餐。一些大企业为了完善股权结构、建立现代公司治理结构,引入海外投资,在这个过程中,让出部分利益和控制权就成为改革与发展必须付出的代价。我国引进外资的重要目标之一是"以市场换技术"。实践说明,虽然外商投资在我国国民经济发展进程中发挥了重要作用,市场也换来了一定的技术,但核心技术和关键技术却微乎其微。"以市场换技术"这一战略目标并未很好实现。事实上,"以市场换技术"如一把"双刃剑",外资在一定程度上抑制了我国企业的自主创新能力,对企业技术进步存在着一定的负面影响。在技术、质量、规模相差悬殊的情况下,外资可以绕过关税壁垒,在我国就地生产,低价销售。内资企业本来资金就捉襟见肘,在强大的外资企业面前,一些企业陷入了"不搞研发等死、搞研发找死"的阴影里。一些外资还会通过多种手段遏制合资企业开发新产品或新技术。如在合资条款中,外方一般都要求中方,只有生产许可权而没有产品设计确认权,因而无须也不能对外方的产品技术进行任何修改和创新。不少国有企业在与外商合资的过程中,原有的研发机构被分拆,技术力量大量流失。"挖脑"是一些外商独资或外商控股企业控制技术的常用手段。大的跨国公司凭着优厚的薪水和待遇"挖走"了我国许多优秀科研人才。有关统计表明,我国最优秀人才的40%、优秀人才中的45.7%都流向了外商直接投资企业或大型跨国公司在华设立的研发机构。引资规模的扩大并没有产生预期的"技术外溢效应"。相反,外资企业与中国企业在技术方面的差距呈现出加速扩大的趋势,①这种现象,今天还是如此。一方面外资对经济发展有推动作用;

---

① 参见原国锋:《今天我们如何利用外资:外资不是免费的午餐》,《人民日报》2007 年 7 月 16 日。

另一方面外资又有很大的负面影响,这就构成了外资和引进技术的结合性夹缝,处在夹缝中的往往是引进外资和引进技术的国家。

全球经济夹缝的挤夹性特质。所谓挤夹性指在经济活动中某些经济主体对较弱势经济主体构成排挤、压力的特性。经济夹缝的挤夹性一般是经济联盟或经济强国针对经济弱国的,经济挤夹的结果有时会引发战争。例如,带有挤夹性的伊拉克战争。伊拉克战争,是以英美军队为主的联合部队在 2003 年 3 月 20 日对伊拉克发动的军事行动,美国以伊拉克藏有大规模杀伤性武器并暗中支持恐怖分子为由,绕开联合国安理会,单方面对伊拉克实施军事打击。到 2010 年 8 月美国战斗部队撤出伊拉克为止,历时 7 年多,美方最终没有找到所谓的大规模杀伤性武器,反而找到萨达姆政权早已将其销毁的文件和人证。真正参加伊拉克军事行动的国家只有美国、英国、澳大利亚和波兰四国,丹麦政府宣布对伊拉克宣战,并派遣了两艘军舰支援美军。日本等多个国家提供后勤支援。这场战争遭到俄罗斯、法国、德国、中国、阿拉伯联盟、不结盟运动等多个国家政府和国际组织的批评与谴责。奥地利等多个国家宣称,对伊拉克的军事行动由于没有得到联合国安理会的授权,已经违反了国际法。埃及籍的联合国前秘书长布特罗斯·加利谴责该军事行动,认为违反了联合国宪章。奥地利、瑞士和伊朗禁止联军战机飞越其领空,土耳其禁止美军通过其领土向伊拉克北部发动进攻,沙特阿拉伯禁止美军导弹通过其领空袭击伊拉克。全球普遍的反战情绪最终导致了全球反对对伊战争大游行。2003 年开始的历时近 9 年的伊拉克战争导致超过 10 万伊拉克人死亡。同样也给美国许多家庭造成创伤。据美联社统计,伊拉克战争导致 9272 名美国士兵死亡,56629 名美国士兵受伤。伊拉克战争,从军事角度看,美国已经打败了萨达姆,最初的目的达到了,因而美国算是胜利了。但是从战略全局,从政治、军事、经济、社会、道义等综合角度看,美国在很大程度上失败了。"冷战"结束后,国际力量对比严重失衡,美国在军事、科技和经济等诸多领域拥有超群优势,成为唯一的超级大国,确立了以维护美国霸权为总目标的国家安全战略,即霸权战略。同时制定了三大具体目标,即维护美国及盟国的安全,扩展美国经济;在世界推进美式民主。美国为了控制欧亚大陆的核心地带,控制了伊拉克,摆脱严重依赖沙特阿拉伯石油的局面和控制世界石油供应的主动权,实现对俄、欧、中、印等大国的战略牵制这一箭多雕的作用,发动了这场具有市场价值和资源价值的战争。我们知道,但凡发生在中东的战争,无非是为了针对三样东西:土地、水源和石油。所以,对于疆土辽阔、水资源丰富的美国来说,它劳师远征不为水,不争地,只要石油。其实,美国除了考虑到本国的石油供应外,更重要的是试图通过控制石油资源来实现其更深的战略意图。石油对于欧洲、日本、俄罗斯和东亚等地区的发展中国家至关重要。控制了海湾地区的石油就等于把握住了全世界的能源生命线,阻止潜在竞争对手获得这项重要的战略资源,从而达到建立全球霸权的政治目的。另外,欧盟的自我整合不符合美国的利益,随着欧元对美元的愈发坚挺,美国的经济霸权必然受到挑战。更让美国人感到不可接受的是:2000 年 10 月,伊拉克宣布其出口的石油将不再用敌国货币美元而改用欧元,伊拉克请求将联合国账户上所有的美元都换成欧元,伊拉克每年将因兑换费和利息损失 3 亿美元。这不仅是对美国政府的挑战,也是对美国最大的特权——美元特权的挑战。美国对于伊拉克的战争,使一些弱小的国家处在挤夹的夹缝之中,同时,美国自身也处在了道义的夹缝之中。

2. 经济夹缝的区域性

所谓经济区域性是指世界区域性的国家和地区,为了各自的及共同的经济利益,在经济联系日益紧密的基础上,相互采取比区域外国家更加开放、更加自由的政策,同时在体制框架、调节机制上结合成经济联合组织或国家经济集团。当一部分的国家和地区,为了各自的及共同的经济利益组成经济集团时,便对另外一些国家和地区构成了区域的经济夹缝。在全球范围内,不同的地区、不同的国家有不同的经济情况,不同的经济结果和不同的经济夹缝。在同一国家,由于资源、理念等不同,同样也有很大的经济差别,容易构成区域性的经济夹缝。化解区域中的经济夹缝,使经济科学发展,缩小贫富两极差距,减少环境污染,是全人类的任务。

(1)经济夹缝区域性的形式

经济区域的划分源自尊重民众的习惯和行政上的管理。经济区域的划分,不同于行政区域的划分,因为经济区域是按自然形成某种经济方式或经济结果的方式划分的区域。用这种方式划分经济区域与行政区域既有区别又有联系。其实,在经济区域划分时就已经对其他区域构成了区域式的夹缝。经济区域性的夹缝形式主要有三种:全球式、中国国内式和中国地方区域式等。

全球区域划分的经济夹缝形式。经济一体化,知识经济的发展,已经把地球变成了一个"村"。虽然全球经济联系非常紧密,但是,不同的区域的经济本质上有较大的区别。经济发达国家绝对不会无缘无故地对落后地区进行支持、帮助,尽管有了双边贸易,发达国家科技产品中的核心技术永远不会传授给相对落后的国家,这是市场经济规律决定的,也是人类生存的本质决定的。加入 WTO 也好,双边贸易火热也罢,我们必须相信一条真理:天上不会掉下馅饼来。正如毛泽东同志曾讲过的:世界上没有无缘无故的爱也没有无缘无故的恨一样,经济的发展,经济援助也绝对不会无缘无故,我们必须看到这一点。正因为发达国家不愿意把科技产品中的核心技术转让给相对落后的国家,以经济发展程度形成的经济"联盟"就对其他国家构成了区域式的夹缝。世界经济区域划分构成的夹缝可以分为两种形式。一是早期的三个世界的经济夹缝形式。三个世界的划分源于国际政治经济的斗争,是按不同国家经济实力划分的。三个世界的划分是毛泽东 1974 年同赞比亚总统卡翁达的谈话时首先提出来的。这种提法既有政治的原因,更有经济的原因。毛泽东说:"我看美国、苏联是第一世界。中间派,日本、欧洲、澳大利亚、加拿大,是第二世界。咱们是第三世界。""美国、苏联原子弹多,也比较富。第二世界,欧洲、日本、澳大利亚、加拿大,原子弹没有那么多,也没有那么富,但是比第三世界要富。""亚洲除了日本,都是第三世界。整个非洲都是第三世界,拉丁美洲也是第三世界。"①毛泽东的三个世界的理论虽然是在 40 多年前作出的,但其划分的方法和依据,是非常宝贵的。随着经济的发展,有些国家已发生了根本的变化,比如苏联,已经解体,成为若干个独立的国家,但俄罗斯依然强大。世界的格局没有太多的变化。毛泽东在划分三个世界时也说得非常明确:美国、苏联原子弹多,也比较富。第二世界要比第三世界富。而第三世界人口最多,也最穷。这对于摆正我们自己的经济位置,明确自己的经济发展目标非常重要,为我们静下心来搞经济建设找到一个较好的环境。邓小平同志说"贫弱国家,第三世界国家的国权经常被他们侵犯。他们那一套人权、自由、民主,是维护恃强凌弱的强国、富国的利益,维护霸权主义者、

---

① 《毛泽东文集》,第 8 卷,第 441 页,人民出版社 1999 年版。

强权主义者利益的"。①"第三世界有一些国家希望中国当头。但是我们千万不要当头,这是一个根本国策。这个头我们当不起,自己的力量也不够。"②其实,有时我们国家一直处在世界区域经济的夹缝之中,当一些国家希望我们当头,一些国家不希望我们当头时,我们就处在夹缝之中。同样,三个世界有时是区域经济夹缝的构成者,有时是夹缝人,这完全是以利益为准则的。二是经济联盟夹缝的形式。经济联盟是指成员国之间废除贸易壁垒,统一对外贸易政策,允许生产要素的自由流动,且在协调的基础上,各成员国采取统一的经济政策。经济联盟的特点是成员国之间在形成共同市场的基础上,进一步协调它们之间的财政政策、货币政策和汇率政策;当汇率政策的协调达到这样的程度,以致建立了成员国共同使用的货币,或统一货币时,这种经济联盟又称为经济货币联盟;各成员国不仅让渡了建立共同市场所需让渡的权利,更重要的是成员国让渡了使用宏观经济政策干预本国经济运行的权利。特别是,其成员国不仅让渡了干预内部经济的财政和货币政策,保持内部平衡的权利,也让渡了干预外部经济的汇率政策,维持外部平衡的权利。世界主要经济联盟主要有东盟、东南亚国家联盟、南亚区域合作联盟、海湾合作委员会、伊斯兰会议组织、欧安会、美洲国家组织、孔塔多拉集团、非统、阿拉伯马格里布联盟、南太平洋论坛、经济互助委员会、西欧共同市场、欧洲自由贸易区、七国经济最高级会议、比荷卢经济联盟、安第斯集团、拉丁美洲一体化协会、亚洲太平洋经济合作组织等。经济联盟各成员国采取统一的经济政策,就会对不结盟国家构成夹缝。同样,不同的经济联盟之间也会构成夹缝。例如 2014 年 2 月底,乌克兰局势发生了变化。以美国、俄罗斯、欧盟等为主导的各方纷纷在乌克兰的利益中博弈,形成了对乌克兰以及同乌克兰相关联国家的夹缝。这个夹缝的结果还在变化着。

中国国内区域经济夹缝形式。国内经济区域的划分指一个国家根据本国地理等情况划分的不同经济区域以便于行政管理。我国的国内经济区域划分指我国从国情出发,根据社会劳动地域分工的规律和相关区域划分的原则,进行的区划。当区域经济划分明确后,区域经济的夹缝就形成

① 《邓小平文选》,第 3 卷,第 345 页,人民出版社 1993 年版。
② 《邓小平文选》,第 3 卷,第 363 页,人民出版社 1993 年版。

了。我国国内经济区域划分可以分为两种，一种是传统的划分形式。传统的划分形式指我们国家不按现有的行政区域而按某种需要而做出的大体的划分方式。诸如东西南北中的划分形式，这是我国在新中国建立前和新中国建立初期采用的划分形式。现在在特定的场合还在使用。我国按行政区域划分方法把全国分为六个地区：华北地区、东北地区、华东地区、中南地区、西南地区、西北地区。我国按经济带的划分形式，把全国分为东部沿海地区、中部内陆地区、西部边远地区。我国按传统三线的划分形式，把全国划分为一线、二线、三线，沿海地区为一线，中部地区为二线，后方地区为三线。三线又有大小之分。西南西北为大三线，中部及沿海省区的腹地为小三线。三线的划分有当时的国际背景，即备战和建设的需要。这种划分法为我国原子弹、人造卫星等航天事业的发展打下了较为安全的基地基础和物质基础，在中国西部经济发展史上具有独特的地位。我国按地带经济区域划分有三大地带划分方式：东部地带、中部地带、西部地带。我国按区域划分可以分为八个区域：东北地区、北部沿海地区、东部沿海地区、南部沿海地区、黄河中下游地区、长江中下游地区、西南地区、大西北地区等。虽然同为国内地区，一旦形成经济区域，某些区域就会对另一些区域构成夹缝。二是根据经济发展的类型划分经济区域。按类型划分的经济区域指根据区域内部不同部门以及生产的类型按均质方法划分的经济区域。其一，按部门类型划分的类型有：部门经济区、原料区、加工区；经济发达地区、贫困地区；出口加工区、重点开发区、国家级开发区、省级开发区、县级开发区、工业园区等。其二，按综合经济型划分的区域经济。综合经济型区域经济以一个城市为中心，上下紧密相连并占有某方面优势的经济区域。这是一种按极化方法划分经济的一种方式。综合经济型划分的经济形式虽然经济主体之间联系紧密，占有一定优势，但它们之间仍有很大的区别。其三，按等级划分的区域经济。按等级指按不同的级差划分区域经济的方法。在我们现实的经济区域中存在着大小、上下、条块、横竖的等级差异，经济区域就是根据这些差异进行不同级别的划分。从国内三大地带经济区域来看，东部地带、中部地带、西部地带在经济发展中承担着不同的角色，当西部地区需要招商引资时，中部地区和东部地区往往对西部地区构成经济发展的夹缝。

经济特殊区域的夹缝形式。经济特殊区域指一个主权国家或地区在对内对外的经济活动中划定的不同于境内其他地区经济制度和政策的特殊的经济管理区域。这种经济区域在一定的历史时期,在一定的社会形态下发挥特殊的作用。世界上第一个经济特区是1547年意大利设立的自由港。之后不久,西欧和美国等国家相继学习该方法并设立经济自由港。在第二次世界大战之后,经济特区有了较大的发展。我国设立的经济特区是在改革开放之后,于1979—1980年之间,先后设立了首批的经济特区四个:深圳、珠海、汕头、厦门。这四个特区是属于多功能综合性经济特区。1984年,大连、秦皇岛、天津、烟台、青岛、连云港、南通、上海、宁波、温州、福州、广州、湛江、北海14个沿海城市,被国务院批准为全国首批对外开放城市,这些港口城市在对外经济活动中实行经济特区的某些特殊政策。1988年建立了海南经济特区,这个特区主要是以吸引外资为主,产品也主要用于外销,特区有更大的自主权。1990年开发、开放了上海浦东新区。该新区虽不称"经济特区",但实行比经济特区更为优惠的政策。我国建立开放的经济特区,是经济建设的需要,是对社会主义市场经济的一种试验。特别是深圳、珠海、汕头、厦门的经济发展,形成了农民离乡背井的打工潮。这些经济特区之间互相竞争,构成了经济发展的夹缝,同时,特区的经济发展,吸引了诸多的打工者,对打工者所在的区域,构成了经济发展的人力需求的夹缝。

(2)区域性经济夹缝的性质

区域性经济夹缝的首要特性就是区域性,在区域性特性影响下,催生了经济夹缝的拉动性、中坚性和灵活性。

区域经济夹缝的拉动性特质。区域经济夹缝的拉动性特质指区域经济发展较快的经济实体对发展较慢的经济实体构成的带有拉动性质的夹缝。邓小平说过:"一部分地区有条件先发展起来,一部分地区发展慢点,先发展起来的地区带动后发展起来的地区,最终达到共同富裕。"[1]一部分先富起来的地区,一定会对相对发展慢的地区构成夹缝,这种夹缝有时是良性的经济夹缝,既对相对发展慢的地区做出了示范,又有一定的经济和管理经验支援,这种夹缝就带有拉动性。

区域经济夹缝的中坚性。区域经济夹缝的中坚性指区域经济发展中

---

[1] 《邓小平文选》第3卷,第374页,人民出版社1993年版。

执政者所依靠的、发挥较大作用的经济实力构成的夹缝性质。区域经济夹缝的中坚特征,往往表现在经济发展停滞或者经济发展遇到特大困难的时候。经济良性夹缝,一般都带有中坚的特点,对经济发展起到了支撑的作用。例如 2008 年第四季度到 2009 年上半年,我国政府分三批安排 3000 亿元投资,用于扩大投资规模,拉动经济增长。中央投资拉动全社会固定资产投资增长速度加快,带动重点领域投资明显加快。同时,经济运行出现积极变化,工业生产和部分投资品价格逐步企稳。2009 年一季度,全社会固定资产投资同比增长 28.8%,增幅比去年同期和第四季度分别提高 4.2 个和 6.4 个百分点;新开工项目计划总投资同比增长 87.7%,增幅比去年同期提高 92.1 个百分点。农业、水利、交通运输、教育、卫生、环保投资分别增长 30% ~ 90%,中部、西部和东北老工业基地投资增长分别为 33.7%、46.1% 和 58.9%,均高于全国平均投资增长水平。同时,一些与投资关联度高的行业,如工程机械、建材、机电装备等生产形势好转。3 月份规模以上工业增加值增幅比前两个月加快 4.5 个百分点。4 月份制造业采购经理指数为 53.5%,作为观察经济走势的重要先行指标,已连续 5 个月回升。世界经济发展下滑,对不同的区域构成了经济发展的夹缝。为应对国际金融危机对我国经济的冲击,中央果断决策,实施积极的财政政策和适度宽松的货币政策,迅速推出扩大内需促进经济平稳较快发展的一揽子计划。通过增加安排 1.18 万亿元中央投资,拉动 4 万亿元投资规模是一揽子计划的重要内容之一。① 这样的经济投入,表现了经济发展夹缝中的中坚性特质。

区域经济夹缝的灵活性。区域经济夹缝的灵活性指经济夹缝在经济活动中及时变化的特性。经济夹缝的构成不是永久不变的,经济夹缝往往因为一次经济活动而形成,等到这次经济活动结束时就解体了。同时,区域经济夹缝的构成角色有时又是变化的,夹缝构成者有时会变成夹缝人,夹缝人有时因为经济活动的变化而成为经济夹缝的构成者,表现出很强的灵活性。

----

① 参见江国成:《中国新增中央投资 3000 亿元对经济拉动作用于始显现》,新华网 2009 年 5 月 6 日。

第三章　经济机制与体制的夹缝

经济机制与经济体制都是经济学的学术用语,是关于经济的内部构造和性质的描述。当不同的经济学者和民众在使用和理解关于经济概念的经济现象的时候,往往形成了关于经济的夹缝。这些夹缝不仅影响了人们对于经济的理解,而且有些经济现象使民众处在经济的夹缝之中。化解某些经济夹缝,既需要民众在经济活动中理解经济现象,又需要经济活动的主导者和经济活动的实践者在经济活动中破解一些经济难题。也因为经济夹缝有良、中、劣夹缝的区分,因此,了解夹缝的性质,有时又构成了新的经济夹缝。

一、市场机制与市场经济体制的夹缝

1. 市场机制与市场经济体制概念的夹缝

机制与体制的概念在理解中容易混淆,构成对于市场机制和市场经济体制的概念理解夹缝。

(1)机制与体制的概念厘清

机制原来的含义是机器的构造和工作原理,如计算机的机制,而用在管理方面的机制,泛指一个工作系统的组织或部分之间相互作用的过程和方式。

体制一般指单位的组织制度。

(2)市场机制与市场经济体制概念的夹缝

市场机制概念的夹缝。市场机制是商品经济的运行机制,指通过市场竞争配置资源的方式，即资源在市场上通过自由竞争与自由交换来实现配置的机制，也是价值规律的实现形式。具体来说，它是指市场机制体内的供求、价格、竞争、风险等要素之间互相联系、作用及推动经济运行过程和方式。经济学家把市场机制分为一般市场机制和特殊市场机制。一般市场机制是指在任何市场都存在并发生作用的市场机制，主要包括供求机制、价格机制、竞争机制和风险机制。特殊市场机制是指各类市场上特定的并起独特作用的市场机制，主要包括金融市场上的利率机制、外汇市场上的汇率机制、劳动力市场上的工资机制等。对于经济活动来说，什么市场都是市场，市场机制的细化往往使人们处在市场机制认识的夹缝之中。

　　市场经济体制概念的夹缝。经济体制是国民经济管理制度、管理方法和运行方式的总称。它实质是社会经济发展到一定阶段上特定的生产关系的具体形式。市场经济体制是指以市场机制作为配置社会资源基本手段的一种经济体制。在市场经济体制下，资源分配受消费者主权的约束，生产什么取决于消费者的需求（市场需求），生产多少取决于消费者的支付能力的需求水平；经济决策是分散的，作为决策主体的消费者和生产者在经济和法律上的地位是平等的，不存在人身依附和超经济强制关系；信息是按照买者和卖者之间的横向渠道传递的。经济动力来自于对物质利益的追求，分散的决策主体在谋求各自的利益中彼此展开竞争，决策的协调主要是在事后通过市场来进行。整个资源配置过程是以市场机制为基础的。市场经济可以说是以市场机制的作用为基础配置经济资源的方式。市场经济体制在概念上又分为社会主义市场经济体制和资本主义市场经济体制，两种市场经济体制有很大区别，往往对人们构成夹缝。两种市场经济的所有制基础不同。资本主义市场经济是市场经济与资本主义制度的结合体，它建立在生产资料私有制的基础上；社会主义市场经济是市场经济与社会主义制度的结合体，它建立在生产资料公有制为主体、多种所有制经济共同发展的基础上。两种市场经济的立足点不同。资本主义市场经济的立足点和指导思想是人性自私论。与此相联系，资本主义市场经济还有一个信条，就是断定买和卖始终是一致的，供给会创造需求；市场能够自动进行调节，一个完全竞争的市场，无须任何外部干预，交换双方通过自由竞争，必然达到完美的均衡。社会主义市场经济的出发点是劳动者共同占有生产资料,通过分工协作,联合劳动,发展生产,按劳分配,等价交换,满足人们不断增长的物质和文化需要。两种市场经济的宏观调控不同。西方国家政府调控经济有三种形式:一是以英美为代表的"自由主义市场经济"模式,它对经济的干预主要采用间接手段,通过财政货币政策进行,限定在所谓"市场失灵"的范围。二是以德国等为代表的"社会市场经济模式",它强调市场自由竞争原则同社会公平原则相结合,以市场为基础,政府通过法律和经济手段对市场进行有限干预监督,为市场创造自由竞争的条件和秩序。三是以日本、新加坡、韩国为代表的"政府主导型"市场经济模式。宏观调控是我国社会主义市场经济体制的本质要求和不可缺少的组成部分,是中央政府的重要职能。社会主义宏观调控是国家代表人民利益,按照社会主义市场经济的内在要求,按照全社会和每个成员的需要对生产进行的社会的有计划的调节。①

2. 市场运行机制的夹缝

(1) 价格机制的夹缝

市场运行机制包含了价格机制。价格机制是市场机制的核心要素,是通过价格的涨落来调节商品和其他要素的需求量和供应量,指导生产、经营和消费的运行机制,为此,我们把其单列出来分析。价格在同商品的供给与需求相互联系和连续运动中发生作用。价格机制作为社会资源配置的指示器,在社会主义市场经济运行中具有重要的不可替代的作用。在价格机制运转过程中,往往容易形成价值与价格的夹缝、商品比价的夹缝、商品差价的夹缝和价格机制作用的夹缝。

价值本身构成的夹缝。价值与价格在前面我们曾经提到过。价值是凝结在商品中的一般人类社会必要劳动。价值量的大小决定于生产这一商品所需要的社会必要时间的多少。不同使用价值的商品能够以一定的比例相交换,正因为它们当中凝结了同样多的人类劳动。价值是商品的社会属性,体现着商品生产者之间相互交换劳动的关系。就价值而言,又可以分为使用价值和价值(交换价值),这种理解的本身就已经构成了商品价值认识和运用的夹缝,夹缝构成正是因为商品的二重性。所谓商品二重

---

① 参见宗寒:《两种市场经济的三个重要区别》,《红旗文稿》2011 年第 24 期。

性是指商品具有的使用价值和价值(交换价值)两种属性。商品的使用价值,是指商品作为交换的物品,首先必须是一个有用物,能够满足人类的某种需要。使用价值取决于商品的自然属性。不同的商品,因其自然属性不同,使用价值也不同。同一商品,如有多种自然属性,就有多种使用价值,如电力既可用于生活,也可用于生产,说明电力具有多种使用价值。虽然商品的使用价值千差万别,但它们都是人类劳动的产物,其中凝结着一般人类劳动。凝结在商品中的一般人类劳动,就是商品的价值。价值是决定商品交换比例的基础。价值表明的是商品生产者之间的一种劳动交换关系或利益交换关系。① 在人们的经济活动中,除了使用价值之外,人类劳动的产品还有另一种价值,即交换价值。有时候,一件产品不是为了生产者或富有阶级的直接消费而生产,而是为了在市场上交换、出售而生产的。一大批为了销售而创造出来的产品,不单是单纯使用价值的生产,而是商品的生产。因此,商品便是为了在市场上交换而创造出来的产品,相对而言即非为了直接使用而生产的产品。价值是交换价值的基础,交换价值是价值的表现形式。对于某一件具体的商品来说,对甲有使用价值,对乙、丙没有使用价值,此时这件商品的价值对人们构成了使用价值和价值的夹缝。

　　商品的价值和价格对人们构成夹缝。价格是商品价值的货币表现,是商品的交换价值在流通过程中所取得的转化形式。商场里,每种物品的标价各不相同,例如香皂、卫生纸、洗衣粉等,虽然同是生活用品,价位却高低不一,这就是商品的价格。商品的价格是通过货币来表现的,货币具有表现一切商品价值和衡量商品价值量的功能。价格必须以价值为基础,并围绕价值运行,这是市场经济运行的一般趋势决定的。就具体商品来说,价格和价值往往不一致,价格高于价值或低于价值,都是一种合乎规律的现象。价格形成的因素是多方面的,除了以商品价值为基础外,主要有供求关系,货币的价值和国家控制等因素。就市场供求关系而言,供过于求时,价格就下降,价格低于价值;供不应求时,价格就上涨,价格高于价值。供求关系的变化,必然引起价格围绕价值上下波动。从货币价值影响市场价格来看,价格是价值的货币表现形式,"价格作为商品价值的指数,是商品

<hr />

① 　参见刘树成主编:《现代经济辞典》第 878 页,凤凰出版社、江苏人民出版社 2005 年版。

同货币的变换比例的指数"。① 价格和货币价值成反比例。就国家政策对市场价格的影响来看,一是国家运用价格政策手段,规定最高价格和最低价格,对某些商品的价格进行直接调控,从而影响着市场价格的形成和运动。二是国家运用税收和物价补贴的方法对市场价格进行间接调节,使价格发生变动。价格和价值构成的夹缝较为长久,而且较为常见。在政府出手调控物价时,物品的价值和价格的夹缝就更为明显,夹缝的夹力也就更大。就价值与价格夹缝而言,有时往往是物所不值,但人们却争相购买,形成一种价格与价值的夹缝,例如,用几万块钱去购买 LV 樱桃包时,有谁是为了消费这个小皮包的使用价值呢? 恐怕人们真正想要购买的,是皮包上面醒目的 LV 所带来的成就感与满足感。LV 两个小小的字母何以有这种魔力? 这是人们讲排场、要面子追求显摆的缘故,使得皮包的本身价值与使用价值相差太远,构成了使用价值和价格的夹缝。在夹缝中,往往是有的人认为买那么贵的包不值,是夹缝的一方;有的人认为买那么贵的包值,是面子的需要,构成了夹缝的另一方。处在夹缝中的往往是犹豫不决的消费者。

比价构成的夹缝。比价,Price Comparison,即价格比较,是指不同商品在同一时期,同一市场价格之间的比例关系。人们在经济活动中通过比较不同产品之间价格的高低,决定商业选择,以降低成本,完成购物的需求。在我国现行的价格体系中,主要的商品比价有工农业产品交换比价、农产品比价和工业产品比价等。当比价的参照变化很大时,往往容易构成比价的夹缝。例如,我国农产品的比价,主要是指不同产品在同一市场、同一时期里,收购价格的比例关系。由于粮食价格在市场价格中占有重要地位,因此,粮食价格成为农产品价格体系的中心。当不同季节粮、油、肉、蔬菜等农产品价格的比价出现大的落差时,选购农产品的人们往往处在比价的夹缝之中。

差价构成的夹缝。商品的差价是指同一种商品在流通中由于购销环节、购销季节、商品质量和购销地区等不同而形成的价格之间的差额,也指不同等级、不同交割月份、不同商品,不同交割地点的期货价格差异。差价有地区差价、季节差价、购销差价、批零差价、质量差价等。其实,商人做的

① 《马克思恩格斯全集》第 23 卷,第 119—120 页,人民出版社 1975 年版。

生意就是为了赚取进货与卖出货的差额。差价的夹缝比比价的夹缝更多、更普遍。货比三家,往往使消费者处在差价的选取夹缝之中。例如,《漫话经济学》中讲到一个故事,就是因为实际差价和销售时绝对差价不同,对其他销售水果者构成了夹缝。故事说,刘芸经营的水果店生意最好,隔壁水果店的白先生等人很困惑,几家水果店水果质量、价格、服务态度都差不多,为什么她的水果店生意就那么好?经过多日观察,白先生等人终于发现了刘芸经营的秘密——额外送顾客一些水果。一位母亲带着孩子来买水果,刘芸会给孩子送一个苹果或者几个小圣女果,虽然几家卖的水果价格一样,但顾客感觉到了"实惠和服务"的差价。① 以刘芸为差价夹缝的一方,以一部分顾客为夹缝的另一方,处在夹缝中的是不明事理的其他水果店。

价格机制作用的夹缝。价格机制是价值规律发生作用的一个重要运行机制,在我国社会主义市场经济中发挥着重要作用,市场在发挥重要作用时往往会构成夹缝。一般看来,价格机制发挥的作用主要有几个部分,诸如在实现资源的优化配置过程中,价格机制能够传递价格涨落信号,引导资源的投资方向和生产规模,价格机制可以推动社会生产发展,价格机制可以引导和调节消费,价格机制可以调节经济利益关系,价格机制可以为宏观调控提供依据等。就价格机制可以调节经济利益关系来看,当价格机制通过向市场提供价格信息,调节国民收入的分配,调节国家、企业和个人三者利益时往往构成利益分配的夹缝。从国家、企业和个人来看,他们都希望自己的利益高一些,此时,就形成了互为夹缝人的夹缝形式。

(2)市场运行机制的夹缝

市场机制包含了市场运行机制,市场机制是从理论与实践等较为全面的层面归纳和概括各种经济活动之间内在的相互作用以及各种经济行为发生与形成的内在过程;市场运行机制主要是从经济运行层面归纳和概括市场各种经济行为互相联系和作用以及经济运行过程和方式。就两个概念而言,已经对市场外行者构成了夹缝。所谓市场运行机制是指通过市场价格的波动、市场主体之间的利益竞争、市场供求关系的变化来调节经济运行的过程和方式。运行机制主要包括供求机制、价格机制、竞争机制和

---

① 参见张溪竹、张再金编著:《漫话经济学》第 94 页,中国法制出版社 2014 年版。

风险机制。市场运行机制就是依靠价格、供求、竞争等市场要素的相互作用,自动调节企业的生产经营活动,实现社会经济的协调发展。除了我们前面专门分析的价格机制夹缝以外,在经济运行的过程中还容易形成供求机制夹缝、竞争机制夹缝和风险机制夹缝。

供求机制的夹缝。供求机制是调节市场供给与需求矛盾运动及其趋势,使之趋于相互均衡的市场机制。供求关系包括两个方面的内容,一是市场供求的变动性和不平行性,即市场的供求经常以供给大于需求或需求大于供给的形式表现出来;二是从一个时期的整体来看,供给和需求则具有平衡性①。供求机制是指商品的供求关系与价格、竞争等因素之间相互制约和联系而发挥作用的机制。供求关系受价格和竞争等因素的影响,而供求关系的变动,又能引起价格的变动和竞争的开展。供求机制是市场机制主体的一个方面。供求联结着生产、交换、分配、消费等环节,是生产者与消费者关系的反映与表现。供求运动中的价格、竞争、货币流通等的变化都围绕供求运动而展开。供求机制的作用主要在于:调节总量平衡,调节结构平衡,调节地区之间的平衡,调节时间上的平衡等方面。就调节总量平衡来看,当某一商品供不应求时,价格上涨,从而吸收更多的投资者投资;供过于求时,某一商品的价值得不到实现,迫使部分滞销企业压缩或退出生产,以追求资金回笼,追求企业的经营平衡。正是因为供求的不平衡,才形成了供求的夹缝,使得不少经营者处在供求机制运转的夹缝之中。例如,我国的房地产,进入供大于求的现象,"一些国际专家和官员认为中国经济在下滑,特别是房地产下跌,带来的是银行要出问题,中国经济要崩溃"。② 在 2014 年 7 月 12 日举行的第六届中国(国际)资产管理大会上,经济学家、原中央政策研究室经济局局长李连仲对国外唱衰中国经济的观点进行了反驳,认为房地产下跌不会导致金融体系崩溃。相关数据显示,2014 年前 5 个月,我国 70 个城市中,房价下降的城市 35 个,商品房的销售面积下降 7.8%,销售额下降 8.2%,特别是杭州、上海、深圳、宁波、金华等城市房价下降突出。李连仲认为,我国银行贷款当中,房地产的贷款占贷

---

① 参见赵德水:《市场经济 400 题》第 155 页,江苏教育出版社 2002 年版。

② 转引自王政、韦慧:《李连仲:房地产下跌不会导致金融体系崩溃》,《中国证券报》2014 年 7 月 14 日。

款总额的20%,这当中个人购房贷款占67.9%,个人贷款的不良贷款率不到1%。"日本房价趋势性下跌是因为城镇化率达到60%～70%,我国的城镇化率是53.73%,当中有户籍的只占37%,差距很大,按照城镇化的要求,它将推动房地产发展,目前还没有达到房价趋势性下跌的阶段。"①现实的情况是,我国的房价在徘徊,有的城市在下滑,外国专家认为中国房地产下跌,中国的经济要出问题,成为构成夹缝的一方;而我国的专家认为按照城镇化的要求,它将推动房地产发展,目前还没有达到房价趋势性下跌的阶段,像李连仲说,我国房地产发展有空间,仍是一个很有前景的产业,成为构成夹缝的另一方;处在夹缝中的是购房和出售房子的民众。新一届政府自上台以来,一改以往动不动就干预市场的理念,虽然坚持调控的大环境不动,但是在具体执行中已经分化成区别对待式的楼市调控政策,这种观念在2014年上半年崭露头角,下半年体现得更加明显。对价格涨幅过大、投机过热的地区采取严格的调控政策,反之,则采取宽松、放松的政策措施。已执行9年的"90/70"政策正在从全国性楼市调控中逐步退出。继南京、杭州、天津在2014年修正或取消该政策后,目前四川也宣布对地方政府住房消费政策进行集中清理,其中便包括"90/70"政策。事实上,这一针对新建住房结构比例的硬性规定,出台后不久便在不少城市中被房地产开发商、地方相关部门合力"规避"。从执行的"名存实亡"到多地"公开取消","90/70"政策的退出正折射着近年来楼市结构的调整,以及"去行政化"调控思路的转变。"90/70"政策,是指2006年为调控楼市过快上涨,政府出台"国六条"调控楼市,其中就新建住房结构比例作出的规定:自2006年6月1日起,新建商品住房套型建筑面积90平方米以下住房面积所占比重,必须达到开发建设总面积的70%以上。但这一以降低购房总价、支持刚需购房为初衷的政策,并未得到彻底落实。多位房地产人士向中新网房产频道透露,其实"90/70"政策在很多地方早已形同虚设。比较极端的例子是,据《经济观察报》2007年报道,温州一别墅楼盘为保证在"70/90"政策下通过审批,将一套600多平方米的别墅分割成8套,用连廊、花架、车库等进行连接。房地产市场需求改变,"90/70"政策已失去了

---

① 转引自王政、韦慧:《李连仲:房地产下跌不会导致金融体系崩溃》,《中国证券报》2014年7月14日。

继续存在的必要性。2013 年、2014 年一些二三线城市产业萎靡、人口红利丧失,区域房地产市场以中产阶层的改善型消费为主,中小户型房源需求已大幅下滑。"90/70"成为制约二三线城市楼市供需结构合理化的不合理政策。① 近年的房地产走势专家们预测为:一是全国限购逐步放开。2014 年以来,已有杭州、无锡、天津、沈阳等至少 16 个城市采取或直接放松限购条件,或放宽落户条件,或采取调整公积金贷款等方式促进楼市走量。二是分类调控将进一步贯彻下去。对价格涨幅过大、投机过热的地区采取严格的调控政策,反之,则采取宽松、放松的政策措施。三是一线微涨三四线城市下降。四是大房企纷纷撤离三四线城市。统计数据表明,2014 年前 3 个月,国内 10 家标杆房企在一线、二线、三四线城市的购地金额占比分别为 62%、5% 和 33%。和去年下半年的占比相比较,一线城市购地金额的占比猛增 24 个百分点,而二线城市的占比大幅下滑了 28 个百分点,三四线城市占比则微增 4 个百分点。五是楼市调整期或将持续相当一段时间。这次市场遇冷,与以往不一样,这次市场萧条几乎与政策无关,所以这应该是市场自我调整的一个机会。而且或许将持续相当长一段时间。六是购房者进入深度观望阶段。政策上已经以稳为主基调,而房价也不再有上涨压力,购房者面对这种市场背景,更加趋于理性。七是住房信息联网磨磨蹭蹭。2013 年 6 月底,住房信息联网原计划扩展到 500 个城市,但传出停滞的消息。据报道,国务院已要求国土部在 2014 年 6 月底前出台《不动产登记条例》,但进展并不顺利。八是房产税依然雷声大雨点小。九是自住房入市冲击商品房市场。据统计,北京自住房地块可供应的自住房项目累计可达 5 万套,大部分都将在今年入市。5 万套对于北京楼市来说意味着什么?几乎占据了北京全年商品房成交的半壁江山,几乎相当于北京一个季度的商品房住宅成交。十是官员抛房现象将更加突出。现在很多官员开始急于抛售住房,出售住房的原因一方面缘于目前楼市下跌,他们看空楼市;另一方面与国家推出的"不动产统一登记制度,实现全国住房信息联网"以及迟早要推行的官员财产公示制度有关。万科公司创始人、现任集团董事会主席王先生接受采访时称,"反腐(就)是最大的调

---

① 参见马榕:《多地取消楼市"90/70"政策》,《报刊文摘》2015 年 2 月 18 日。

控"。① 其实,预测不是结果,现实与预测往往不一致,就是说预测和现实已经构成了我国关于房地产供求的夹缝。对于住房价格下跌的主要原因,还是供大于求,供求对人们构成了夹缝。

　　竞争机制的夹缝。竞争是市场经济的必然产物,凡是存在商品交换的地方,就必然存在竞争。竞争指市场经济中,商品生产者和经营者为经济利益而进行的争斗。竞争机制是指市场经济条件下,竞争作为客观必然性表现出来的运转过程,以及这一过程中各种因素的相互关系。市场竞争是市场经济中同类经济行为主体为着自身利益的考虑,以增强自己的经济实力,排斥同类经济行为主体的相同行为的争斗表现。市场竞争的内在动因在于各个经济行为主体自身的物质利益驱动,以及为丧失自己的物质利益被市场中同类经济行为主体所排挤的担心。通过竞争,有的实现了企业的优胜劣汰,进而实现生产要素的优化配置;有的企业实现了垄断。竞争可以分为商品竞争、素质能力竞争、服务竞争、信息竞争、价格竞争、信誉竞争等形式。经济学者通常按市场竞争的程度把市场竞争划分为完全竞争和不完全竞争。完全竞争指一种没有任何外在力量阻止和干扰的市场情况。不完全竞争一般是指除完全竞争以外的有外在力量控制的市场情况。不完全竞争包括三种类型:完全垄断、垄断竞争和寡头垄断。在经济活动中竞争就是一种夹缝,如果经营竞争者只有两方,夹缝人往往是消费者;如果经营竞争者在三方或者三方以上,有的经营竞争者容易和消费者一样成为夹缝人。如果是完全竞争的条件,竞争的夹缝往往是良夹缝;如果是不完全竞争,则夹缝可能是劣夹缝。专家告诉我们完全竞争需要具备四个条件:一是企业在完全竞争市场上销售的全部是标准化的商品;二是市场上有无数的买者和卖者;三是市场资源可以完全自由流通,企业可以自主选择进入或退出市场;四是所有市场参与者都掌握了市场的全部信息,不存在信息不对称。就是说,在完全竞争市场中,供给和需求是唯一能够影响产品价格的因素,而且每种产品的价格必然是均衡价格。具体说来,完全竞争的市场上要具有许多生产者和消费者;他们都只是价格的接收者,竞争地位平等;生产者提供的产品是同质的(无区别的);资源自由流动;市场信息畅通;厂商的进入和退出壁垒基本没有,厂商加入或者退出市场完

---

　　① HN026:《2014下半年中国楼市十大预测》,和讯网 2014 年 7 月 12 日。

全自由等。但是,在现实的市场中,往往出现多个产品质量参差不齐的生产厂家,市场上的供求平衡非常少见,企业进入和退出市场不那么自由,生产者和购买者之间的信息往往是不对称的等,在这样的情况下,就容易形成竞争的夹缝。例如,雷克公司的破产就是市场不完全竞争夹缝夹力的结果。1977 年,英国人弗雷迪·雷克看到航空市场的利润空间,创办了雷克航空公司。雷克公司的飞机主要经营从伦敦直飞纽约的航班,单程票价135 美元,当时航空市场上的最低票价是 382 美元,与之相比,雷克的机票相当便宜。毫无悬念,雷克公司依靠价格优势生意兴隆,1978 年雷克获得英国爵士荣誉。到了 1981 年,雷克公司一年的营业额超过了 5 亿美元,这让他的同行们感到非常不安,甚至有点气急败坏。1982 年红火了 5 年的雷克公司突然破产,从此再也没有出现过。雷克公司的破产,主要原因来自于雷克公司的同行。当时,环球公司、英航公司、泛美公司等,对雷克公司构成了夹缝,他们对雷克公司采取了联合对抗政策,这些公司统一降价,甚至比雷克公司的票价还要低。这样一来,许多原本是雷克公司的乘客都转向了其他公司,雷克公司的生意一落千丈。此外,这些公司还联合向各大银行、金融机构施压,以阻止雷克公司获得贷款,最终以破产告终。等到雷克公司消失后,其他的航空公司又将票价恢复到了原来的水平。① 在这个夹缝中,构成夹缝的一方是诸如环球公司、英航公司、泛美公司等,联手降低票价;构成夹缝的另一方是那些乘客,谁的票价低选谁;处在夹缝中的是雷克公司。在这个劣夹缝中,失败的不仅仅是雷克公司,还有那些乘客。

　　风险机制的夹缝。风险指事物未来变化的不确定性可能使决策者得到的收益低于期望收益甚至遭受损失。在经济活动中有许多风险,诸如企业风险(包括企业经营风险与企业财务风险)、信贷风险、利率风险、道德风险、外汇风险等。风险机制是各经济主体参与市场竞争活动同盈利、亏损和破产之间的相互联系和作用。风险机制是以利益机制为基础的,它以利益为诱力,与亏损、破产的压力共同作用于企业,迫使企业奋发努力,不断采用新技术,加强经营管理,为市场提供适销对路的产品。风险机制是强化市场机制运行的一个压力机制。市场风险机制的风险,主要是指经营风险,具体指在生产经营中可能因管理不善或决策失误给竞争主体带来的

---

① 参见于跃龙著:《趣味经济学》第 83—84 页,中国纺织出版社 2012 年版。

损失。① 在我国经营风险包括生产风险、投资风险、销售风险和人脉风险，人脉风险是最难以把握的风险，而我国企业风险的人为性又最大，最容易构成风险夹缝。例如，著名的浙江"吴英"案件和围绕"吴英"案件显现出来的人为风险机制夹缝更使人们感到扑朔迷离。吴英，原浙江本色控股集团有限公司法人代表。1981年5月20日出生，生长在浙江东阳的一个农民家庭。没读完技校，吴英就辍学去姑姑的美容院学美容技术，后结识了丈夫周红波，一起开了一家女子美容院(一生美容美体沙龙)做起了生意。之后因发展需要在西街开设了贵族美容美体中心，当时"羊胎素"项目帮她挣到了不少钱。紧接着，她又开出了东阳最大的足浴店千足堂。在"嗅"到了汽车租赁业商机之后，她就利用原先积累的资本一口气买下了十多辆车。"韩流"袭来，她又开出了韩品服饰店。此后，她又接收了喜来登娱乐城，成了娱乐城的老板娘。吴英在涉猎这些行业中，挣到了自己的第一桶金。除了有形的财富，更重要的是，吴英积累了丰富的人脉关系，她的客户几乎都是当地最有财富的一批人。而吴英在与这些成功人士的耳濡目染中，逐渐锤炼了自己的商业禀性。个性豪爽的吴英"知交天下"，在与这些形形色色的朋友相处中，非常有心地吸收到了许多很有价值的商业信息。最重要的是，与许多普通人对商业信息"一听了之"不同，吴英只要耳朵边刮过这样的商机，就会马上去做。有时打个电话，就做成了一笔生意。2000年后，吴英捕捉到了一个很大的商业机会——投资房地产。当地和全国很多城市的楼市，吴英都有过涉及。住宅、商铺，吴英都炒过。到2004年，吴英在服务业和商贸业中完成的原始积累得到了成倍的膨胀。然而，期货市场才是她真正的创业实验田，在这里她的财富得到最大限度的放大。同时吴英广泛的人脉关系再一次发挥了作用，在朋友的引领下她了解了期货市场的"光明钱景"。而吴英在商贸界的摸爬滚打，也让她这个期货的"门外汉"，比业内一些专家更清晰地看到其中巨大的机会。在期铜的连续暴涨中，吴英的财富成几何级数增长。从服务业、商贸业，到房地产、期货，吴英几乎踩准了几年中最漂亮的商业节奏，其财富积累也因此插上了翅膀。从2001年到2005年，吴英自己的生意做得有声有色，美容店、喜来登俱乐部、千足堂足浴、韩品服饰店，按她之后自述，身家有2500

---

① 参见赵德水:《市场经济400题》第159页，江苏教育出版社2002年版。

万元。2006 年 3 月起,吴英在东阳注册成立了 12 家以本色命名的实业公司,涵盖商贸、地产、酒店、网络、广告等众多领域。其中,浙江本色控股集团公司,注册资金达 5000 万元,吴英本人出资 4500 万元,另 500 万元以吴英妹妹吴玲玲的名义出资。4 月,在东阳成立本色商贸有限公司,并租赁7000 平方米的房子准备做家居商场;在湖北成立荆门信义投资担保有限公司。5 月,成立汽车美容公司。7 月,成立洗衣店。8 月,成立本色广告公司、酒店管理公司、洗业管理服务公司、电脑网络公司、装饰材料公司、婚庆公司。9 月,成立本色物流公司。2006 年 12 月,吴英以本色集团名义,一次性申请注册了"吴英""巾帼英雄""穆桂英"3 个商标。2006 年,媒体曝光吴英的总资产达 38 亿元,吴英位列 2006 年胡润百富榜第 68 位,女富豪榜第 6 位。同时其极为张扬的个性作风引起了极大争议。2006 年 12 月,在外界风传吴英和她的本色集团遭遇资金危机的关键时刻,吴英突然神秘失踪了。8 天后吴英终于重新现身,她声称自己是被人绑架了。这次绑架最终因缺乏证据未被公安机关证实;她在失踪 8 天后的重新现身也未能化解本色集团的这次资金危机。2007 年 3 月 16 日因涉嫌非法吸收公众存款罪被依法逮捕。2009 年 12 月,被金华市中级人民法院以集资诈骗罪一审判处死刑。2012 年 1 月 18 日,浙江省高级人民法院二审驳回上诉,维持原判并报最高人民法院核准。2012 年 4 月 20 日,最高人民法院未核准吴英死刑,该案发回浙江高院重审。2012 年 5 月 21 日,浙江省高级人民法院作出终审判决,以集资诈骗罪判处吴英死刑,缓期二年执行,剥夺政治权利终身,并处没收其个人全部财产。2012 年 11 月 27 日,两起和房产相关的吴英"案中案"在浙江金华中级人民法院开庭重审。2013 年 11 月 2 日,浙江东阳市政府首度对外通报了资产处置的相关工作情况。2014 年 7 月11 日吴英死缓减刑案在浙江省女子监狱开庭,浙江省高院当庭宣读了书面审理后的判决:吴英由死缓减刑为无期。① 这是一个耐人寻味的案子,其中的夹缝更有意思。吴英案作为典型的民营企业家集资类案件,曾引发全国广泛关注,引起了学界与舆论一波又一波的大讨论,进而从一个普通案件演变为一起法治事件,且至今争论未歇。"从死缓到无期徒刑,避免了吴英的性命之忧,但吴英父亲吴永正并不满意。庭审结束,面对媒体,吴

---

① 参见百度百科:《吴英》,2015 Baidu。

永正坚持认为,吴英案不是减不减刑的问题,而是存不存在犯罪的问题。他坚定地认为:女儿无罪。吴英案申诉案代理律师朱建伟也一直为吴英的"无罪"做努力。朱建伟认为,吴英的集资行为只是企业的正常融资行为,并且在公司正常运作情况下,营运收入和资产完全可以覆盖债务"。吴英案众说纷纭,而实际上,其备受关注,除了案件本身引发的社会公平、死刑改革、民间借贷出路、金融垄断,以及非法吸收公众存款、集资诈骗等犯罪的合理性与边界等争议,还有对吴英一案涉案资产处置的争议。按照刑事判决书认定,吴英实际诈骗金额为 3.84 亿元无法归还,案发时查封的吴英资产为 1.7 亿元。但吴永正坚信,对吴英案涉案资产的鉴定结论明显偏低,而且很多资产被漏计。除了涉案资产的价值,还有涉案资产处置的程序。早在 2008 年,法院尚未作出一审裁决前,吴英名下的资产拍卖却早已开始,据公开资料显示,在吴英被刑拘 3 天后,东阳市公安局依据东阳市政府发布的一则《公告》,迅即查封和扣押了本色集团财产,并组成清产核资组对本色集团资产进行清理。而随后,东阳市公安局对本色集团的酒店经营权、汽车、货物等进行了拍卖。在对吴英及本色集团尚无司法定论的情况下,东阳市政府的行政行为,曾令舆论为之哗然。我国《刑事诉讼法》及相关司法解释规定,公安机关对于被查封、扣押、冻结的被告人财物应当妥善保管,并制作清单随案移送,任何单位和个人不得挪用或者自行处理。吴英刑事申诉代理人蔺文财说,公安机关在办理刑事案件时,仅有对财产的查封扣押权利,没有处置权。处置财产需要移送法院,在法院确认是赃物后,由人民法院进行处理。而吴英一案的涉案财产至今一直控制在案发地东阳公安机关的手中。蔺文财说,"由于当时公安机关没有把扣押财产移送,所以导致法院在审理时,没有审查这些财产的合法性"。正是基于这个前提,法院认为吴英无力偿还,进而认定其构成集资诈骗。"财产数额直接影响法院判决的结果。""东阳市公安局无权处置吴英涉案财产。"显然,围绕吴英案的资产处置,纷争还将继续。从死缓减刑至无期徒刑,在当天法庭裁定后,吴英也表示将继续申诉。①《南方都市报》在社论中说:"我国的实际金融垄断状态,导致贷款资源远远小于融资需求。全国企业

————————

①　参见董碧水:《浙江东阳警方拍卖"亿万富姐"吴英财产引争议》《中国青年报》2014 年 7 月 14 日。

总数中有99%均为中小企业,这些基本是民营企业,但在有限的资源里,银行显然更倾向于1%有政府信用背景的大型国企或地方融资平台,而与中小企业相对的村镇银行和小贷公司等又长期得不到发展,于是,大量的民营企业只能通过民间借贷这种一直在灰色空间之中的方式融资。而在我国的法律当中,民间借贷的合法与非法之间并没有明确的界限。如最广泛适用的非法吸收公众存款罪,民事与刑事法律交织,罪与非罪的界限模糊,在1997年的《刑法》对其未有明确规定;但在2001年最高检察院与公安部联合发布的《关于经济犯罪案件追诉标准的规定》中规定:'个人非法或变相吸收公众存款30户以上,或数额在20万元以上;单位非法或变相吸收公众存款150户以上,或数额在100万元以上,即可立案追究刑事责任。'这样一来,涉及民间借贷的大量民营企业家几乎都会'躺枪',而法官的主观意识占主导,自由裁量权又大,于是,可信手拈来的非法吸收公众存款、非法集资、集资诈骗等集资类罪,很容易变相成为'专治不服'的'民营企业家专用罪',而吴英所涉的集资诈骗罪量刑最高可处死刑。"①什么样的集资是"非法吸收公众存款",集资多少属于非法集资的标准,公安局有没有权利处置涉案财产等,都成了构成投资风险的夹缝条件。除此之外,部分当地官员介入吴英案,使夹缝更加复杂化。《中国青年报》一篇文章说,耐人寻味的是,有十多名政府官员渴望吴英速死——据吴英之父吴永正透露,一审前,东阳市政府十几个人曾写联名信,要求一审法官判处吴英死刑。吴永正曾向法官求证,一审法官不置可否。一审判决完后,这些人又到省高院,要求二审维持原判。这些官员为何非要置吴英于死地?据律师透露,一审结束后吴英连写控诉材料,检举了湖北荆门市人大常委会原副主任李天贵、荆门市农业银行原副行长周亮和中国农业银行丽水市灯塔支行原行长梁骅,此3人均已获刑。2009年3月,湖北省检察院反贪局曾出具一份说明书,称根据吴英的检举线索,在查处李天贵、周亮的案件中,挖出窝案、串案,一并查处21人,其中厅级2人、处级5人。此外,吴英还检举了7人,有些时机不成熟,作为线索保存。如此种种,说明拔出萝卜带出泥甚至能带出大萝卜。在此情境中,官员们希望吴英速死,有没有别的

---

① 《南方都市报》社论:《吴英案改判,民间借贷风险防范需法律保障》2014年7月12日。

动因?① 就构成吴英投资夹缝来看,构成夹缝的因素有被集资者,参与集资者,浙江本色控股集团有限公司的成员,银行某些职员,东阳市某些官员,东阳市公安局某些官员,东阳市检察院某些官员,东阳市法院某些官员,上级法院的某些官员,吴英的律师,吴英的家人,部分媒体职员,部分网民等,构成的夹缝复杂、多重。就当事法院的某些法官来说,夹缝的一方是某些地方官员希望吴英速死;夹缝的另一方是吴英的家人、律师和某些媒体,希望法院公正办案。这些法官成为夹缝人。就吴英来说,因为投资成为夹缝人,构成夹缝的一方,希望高收入;构成夹缝的另一方认为吴英集资非法等。这个机制反险夹缝一时难以化解。

3. 商品市场的夹缝

简单说来,商品市场指有形的物质商品进行交易的市场,具体说来,商品市场是指有固定场所、设施,有若干经营者入场经营、分别纳税,由市场经营管理者负责物业管理,实行集中、公开交易有形商品的交易场所。这一概念有三层含义:一是商品市场是由交易主体、交易客体、交易载体等多种要素构成的商品交易场所;二是商品市场是提供服务的场所,这是一个给生产者、消费者提供有一定服务质量的交易场地;三是商品市场是提供感觉体验的场所。

(1)商品市场形成和特点的夹缝

商品市场是市场体系中最早出现的形态,也是整个市场体系的基础。商品市场有自己形成的原因和基础,有自身形成的特点,这些基础和特点往往容易构成夹缝。

商品市场形成的基础条件的夹缝。所谓商品市场形成的条件指商品市场的形成一般都要有某种生产条件做依托才能构成商品市场,这类基础条件容易对其他商品市场构成夹缝。商品市场一般以区域经济发展水平、人们的文化素质、地方政府对市场的垄断与保护政策、市场商品供求的丰富性、小企业的发展等基础条件为依托,这些依托和条件已经对其他商品市场构成夹缝。以区域经济发展水平为例,区域经济水平的高低是由产业集中度等指标来体现的。随着某一产品生命周期从诞生、成长、成熟到稳

---

① 参见王石川:《盼吴英速死的官员是为什么?》,《中国青年报》2011 年 4 月 14 日。

定的逐步演进,企业的数量从集中度最终会趋向一个相对稳定的均衡状态。一般来说,在产业发展初期,市场集中度很低;当产业技术成熟、进入繁荣期时,市场集中度会逐步提高,而后趋于稳定;随着产业的变化,部分厂商退出,市场集中度就会再度提升,这种集中对一些边远企业和外来企业容易构成夹缝,也对区域核心产业之外的企业构成夹缝。例如,区域经济发展的小商品市场的夹缝就很耐人寻味。2012 年《温州日报》的一篇文章说温州市场总体呈现衰退趋势,改革开放以来,温州往往一个村或者邻近几个村就是某一类产品的产销基地,集聚而成的各类大大小小的市场也因此迅猛发展,促进了温州制造走向全国。然而时至今日,温州的"小商品,大市场"逐渐褪去其先发优势。相比之下,周边的义乌小商品市场、绍兴轻纺城等市场已经凸显。位于市区矮凳桥的温州东方灯具市场,这里经营的灯具品种比较丰富,但是来购买或采购的客户,却寥寥无几。如曾经名噪一时的永嘉桥头纽扣市场,如今摊位数已从过去的 4000 多个锐减到 200 多个。大市场的发展困境,与环境不无关系。受土地、交通等硬环境的限制,多年来,温州市场的发展备受捆缚。而对于小市场来讲,还要受困于内忧。温州信泰皮革鞋料市场董事长胡福林表示,小市场存在低小散、管理不规范等问题,并且缺乏统一规划,多头布局重复建设,同类市场的恶性竞争愈演愈烈,像河通桥的鞋材市场、飞霞北路的文化用品市场。而同质化竞争的最终结果是,小市场在内耗中衰退甚至消亡。现在要想做大市场,还必须要有电子商务、物流配送、产品孵化、人才培训、科技研发等一系列的服务平台的支撑。夹缝中的温州市场,是受到夹缝一方国家经济发展和世界经济发展的影响,又受到夹缝的另一方电子商务(网络经济)发展的影响,还受到夹缝的第三方地方政府发展思维的影响。一些研究者认为,只要政府和市场各方皆有作为,曾历经 30 多年风雨的温州"小商品、大市场"再创辉煌也将不再是梦想。① 倒是温州"小商品"借势网货会为其发展带来了机遇。通过参加网货会,不少陷入发展瓶颈的温州以及浙江其他城市的中小企业扭亏为盈,顺利摆脱危机的牵绊。如浙江玩具品牌"飘飘龙"在为期 3 天的第二届网货会中零售额达 10 万元,产品数量超过 2000

---

① 参见叶德初:《小商品大市场 小市场大机遇——温州市场大与小的整合提升战略》,《温州日报》2012 年 9 月 26 日。

多个;在小额个人版上成为创业先锋的张琼法是浙江籍服饰批发商,参加网货会后,其公司每月最低批发金额最高可达百万,更被评为阿里巴巴2010最佳供应商。在第三届网货会的报名活动中,温州诸企业表现依然踊跃。分析人士认为,从历届网货会的持续火爆不难预料,作为电子商务下一个十年的开场盛会,二度落户广州的第四届网货会再次创造参展企业及参与人数的新高峰将不会有悬念,[①]这对于化解商品市场基础条件构成的夹缝很有好处。

商品市场特点的夹缝。商品市场表面是"物品交换",即商品不断从卖者手里转到买者手里,实质是商品使用价值的转换,即实现了商品价值的增殖。从商品市场的自身特点和社会特点来看,商品市场不同类型的特点往往对消费者构成夹缝。在商品交换中,商品的价值和使用价值已经构成了夹缝。一是商品市场流通双重性的夹缝。在商品流通过程中。消费者在商品自身内在的价值和使用价值夹缝中加以选择。从商品消费理论上讲,商品在市场的流通,不仅有使用价值在时空上的转换,而且要有价值形态的转换。对于某一件商品来说,只有使其使用价值在一定的时空到位,该商品的价值才能实现。因此,商品市场中同时并存着以价值形态转换组成的商流和使用价值时空转换组成的物流。说到底就是买卖双方在商品市场中把某一商品的价值转换成为更为合适的使用价值。当某一商品的类别很多,持有者也很多,商品市场流通的双重性夹缝就更为明显。二是市场交易频繁性的夹缝。实物形态的商品,在消费过程中使用价值的物资实体不断地被消耗掉,由此决定了市场交易活动的频繁性。当大多数消费者几乎同时消耗某一物资实体时,市场交易的频繁性夹缝就十分明显了。三是市场运行的非创造性夹缝。商品的使用价值在于满足生产消费和个人生活消费,不能创造价值。经济学者认为,商品市场的运行只是实现了商品的价值而转让了商品使用价值,与任何价值增值没有关系,从而具有非创造性。这种认识只是从商品的真正实质方面认识的。当某一新的商品问世之后,往往启发了一些获得商品使用价值人们的创造性商品意识,从而创造出与某一商品相关的商品价值和使用价值来。例如现在国内流行的山寨商品就是创造商品使用价值的商品夹缝现象。所谓"山寨"指

---

① 参见 Editor:《温州"小商品"借势网货会》,新华网 2010 年 3 月 19 日。

依靠抄袭、模仿、恶搞等手段发展壮大起来,逆权威、逆主流且带有狂欢性、解构性、反智性以及后现代表征的亚文化的大众文化现象。"山寨商品":第一个层面是其物质层面,"山寨"从字面来解释是:在山寨中,逃避政府管理,主要表现形式为通过小作坊起步,快速模仿成名品牌,涉及手机、游戏机等不同领域。山寨产品包括山寨手机、山寨数码相机、山寨 MP3 等。由于这些手机多抄袭手机生产厂家的正规产品从而节省了研发费用,其价格只有正规产品的五分之一甚至更低。加之其虽然材质和做工会稍逊一筹但其功能繁多、外观新潮,从而得到中低端消费者的青睐,行业规模不断扩大,而且形成了山寨文化,包括了山寨行为所折射出的主体行为者乃至当前大众的社会心理、审美取向以及社会思潮的涌现、价值体系的新建等,诸如山寨明星、山寨红楼梦、山寨百家讲坛等文化现象。山寨商品的创新已经对人们构成了商品价值和商品使用价值以及商品价值文化的夹缝。例如,人们对山寨商品和山寨文化就形成了至少两种以上的观点,构成了创造山寨商品的夹缝。夹缝的一方认为,山寨文化是民间创新力量的表现;山寨文化是对相关行业特别是垄断行业暴利行为的反抗;山寨文化是促进技术创新、发展新型科技的重要力量。毫无疑问,山寨文化框架下的山寨产品,容易甚至有的已经侵犯相关企业的知识产权。因此,应当加大维护知识产权的力度,运用法律力量,运用道德力量,运用社会舆论,进行严格有效的管束。总的说来,山寨文化有利于促进社会进步,尽管它也有明显的不足和问题,但相对于其正面价值而言,山寨文化的存在,对我们目前这个社会是利大于弊。夹缝的另一方认为,与其说这"山寨"文化是新的,是创新的,倒不如说这是一种伪创新;山寨文化造就了自身的恶性竞争,整个山寨人员形成了一种投机取巧的心态,从而抑制了创新;山寨文化带来的挑战使得正规企业为了压缩成本,不得不裁减研发费用,危害正规品牌企业的创新;山寨文化无法带给我们良性可持续发展,创新停滞不前。总的说来,虽然山寨产品使得整个产业的产品更新速度加快,带给我们所谓高性能低价格的享受,但是它使得企业自主创新能力下降,给企业创造带来恶性的循环,严重危害我们的创新,山寨文化对于促进自主创新弊大于利。① 这两种认识已经对人们构成了关于商品创新的夹缝,尤其是对山寨商品和山寨文化现象的认知构成了夹缝。从商品市场表象看商品市场特点,有的经济学者认为,商品供应日益丰富,供求结构趋于合理;市场规模不断扩大,城乡市场开拓成效显著;消费热点不断涌现,诸如汽车、住宅、通信等为主的消费热点基本形成;消费结构发生了很大改变,消费结构升级明显加快;市场调控能力增强,运行质量明显提高;流通各行业齐头并进,大中型企业领跑市场;餐饮消费的市场份额不断扩大,成为消费品市场的一大亮点,餐饮业零售额一路走高,保持持续快速增长的格局,呈现淡季不淡、旺季更旺的销售局面;流通体制改革不断深化,新兴业态蓬勃发展,专卖店、专业店、超级市场、便利店、百货店、折扣店等各种业态均保持稳定发展的态势。也有经济学者认为,这些商品市场的特点是普遍现象吗? 人们对此有认识吗? 不同的商品市场的特点对消费者已经构成夹缝。

(2)商品市场类别的夹缝

商品市场是由消费品市场、生产资料市场和服务市场构成的。消费品市场按消费的对象分有两类,即农副产品市场和工业消费品市场,它是连接生产和生活消费的纽带。生产资料市场是生产资料生产者和生产资料需求者之间的桥梁。其作用在于,满足各类产业、各个部门的投资、生产和经营对生产资料的需要,为经济发展提供物质条件。服务市场,服务也称劳务,指的是第三产业提供的服务。发展服务市场,前提是要承认服务是商品,服务同样具有使用价值和价值。服务的使用价值是为人们提供一定的效用,价值是为提供服务而消耗的社会必要的物化劳动量和活劳动量。除了少数行业确实属于事业型服务和福利型服务,经费来源主要依靠国家财政外,其余大量的服务应实现商品化和市场化,服务单位实行企业化改造,在国家的调控下自主经营、自负盈亏,建立自我发展机制。商品市场的不同分类容易对人们构成夹缝。商品市场是依据不同的标准划分成不同类别的。按商品经济用途不同,可以分为生产资料市场和消费资料市场;按生产者生产或制造出来的商品不同,可以分为工业品市场和农产品市场;按市场主体支配交换客体的运行轨迹即市场的时序,可以分为现货市

---

① 参见张溪竹、张再金编著:《漫话经济学》第94页,中国法制出版社2014年版;参见百度百科:《山寨》,2015 Baidu.

场和期货市场,按商品运行轨迹的顺序,可以分为批发市场和零售市场等类别。市场类别越细分,越容易对人们构成夹缝。

消费资料市场的夹缝。消费资料市场又称消费品市场、消费者市场等,是消费资料买卖的场所及其交换关系的总和。消费资料市场处在生产与消费的中介地位,是社会最终需求和最终供给的焦点,也是最终产品的市场。消费资料是用来满足人们生存、发展和享受等需要的商品和服务的总称。在市场经济条件下,消费资料作为商品,只有通过市场才能最终进入消费,使商品的价值得以最终实现,使消费者的消费需求得到满足。消费资料市场是为个人和社会提供最后的、直接的生活消费品的市场。就是说消费资料市场的购买主体是消费者个人;市场客体是最终产品,是直接用于消费的产品。在消费资料市场中,所有的消费者有时是夹缝构成者,有时又是夹缝人。消费资料市场具有许多特点,有许多关于消费资料市场的描述,这些描述往往是一些学者这样"定义",成为夹缝的一方;一些学者那样定义,成为夹缝的另一方,使关注消费资料市场的人们处在夹缝之中。诸如,有的学者在论述消费资料市场的特点时认为:一是消费资料需求的弹性大,消费资料市场具有多样性和伸缩性。二是消费资料市场具有明显的层次性。三是消费资料市场具有广泛性。四是消费资料市场上消费者购买移动率大。五是消费资料市场以现货交易为主。[1] 又有一些学者在论述消费资料市场的特点时认为:一是消费资料市场购买人数多。既然消费品市场上的购买者是消费者个人,那就一定是遍及城乡的千千万万个人,因为每一个人都是消费者。相应地,为了能够满足众多消费者的购买需求,消费品市场也是各类市场中设施最为分散、布局最为广泛、对象最为广阔的市场。二是消费资料市场商品品种繁多。因为不仅每一个人都是消费者,并且不同的人在不同时期都会有不同的消费需求,这就使得商品交易对象必然差别大。为了使不同层次、不同需求的消费者都能满意,商品的品种、花色必须多样化。三是消费资料市场商品交易次数频繁。从消费者的角度看,由于每时每刻都要消费,而消费行为的多变性和消费品自身的不变性以及不宜保存性决定了不可能一次性购买许多、储备很久,所以消费者几乎天天都需要与消费品市场打交道。这样,每次交易的数量

---

① 参见赵德水:《市场经济400题》第168页,江苏教育出版社2002年版。

和金额一般比较小,交易次数就必然频繁多样。四是消费资料市场上供求关系复杂多变。随着商品经济的发展,人们消费需求出现的多样化、多变性。特别是由于旅游业的发展、人才的流动等因素,使得流动性购买多起来。如有人原来居住此地,消费市场自然是此地;后由于工作变动或旅游原因,到了别的地区,消费市场自然也就发生了变化。五是消费资料市场购买者易受广泛宣传促销活动影响。作为成年人的我们,虽然已经消费过很多产品,对商品的了解可谓不少了,但在商品品种质量变化多端的今天,也不得不接受广告宣传、售后服务等外界因素的影响,这是因为我们都缺乏专门的商品知识。[①] 以上的论述都不无道理,但往往使人们处在理解消费资料市场的夹缝之中。就消费资料市场中的宣传促销活动来讲,也容易构成夹缝。例如,消费资料市场中的"捆绑销售",最容易构成夹缝。捆绑销售大到买楼房送车位,买大件家电送电饭煲,小到买手机送话费,买酸奶"二送一",甚至买支牙膏也送个钥匙圈等。有趣的是当你问商家不要赠品能否减价时,得到的回答一定是:不要赠品可以,但不减价。细细分析我们可以发现,捆绑销售是一个销售商要求消费者在购买其产品或服务同时也得购买其另一种产品或者服务,并且把消费者购买其第二种产品或者服务作为其可以购买第一种产品或者服务的条件。商家难道愿意折本销售?绝对不是。捆绑销售通过两个或两个以上的品牌或公司在销售过程中进行合作,共同扩大它们的影响力,从而达到促销的目的。[②] 消费者的心理在于买一送一(不要赠品可以,但不减价),有便宜可取,好事,对于商家的宣传不去在乎。至于买的那个"一"是否价值那么多的钱,消费者一般不会查考(也无从查考)。构成捆绑销售夹缝的双方往往是产品生产者和销售商家,他们利用各种手段在销售中加大宣传促销,在促销宣传中实现盈利,处在夹缝中的往往是消费者。

生产资料市场的夹缝。生产资料市场是市场体系的组成部分,指交换人们在物质资料生产过程中所需要使用的劳动工具、劳动对象等商品的市场。生产资料是指人们在生产过程中所使用的劳动资料和劳动对象的总和。它与消费资料共同构成社会物质资料,即社会总产品。例如生产所需

---

① 参见百度文库:《消费品市场与生产资料市场的区别》,2015 Baidu。
② 参见黄晓林、赵伟编著:《二十几岁要懂点经济学》第 140 页 中国华侨出版社 2011 年版。

的原材料、机械设备、仪表仪器等,都是生产资料市场的客体。生产资料包括未经人类劳动加工的自然资源,如土地、森林、河流、矿藏等;也包括经过人类劳动加工的劳动对象和劳动设施,如原材料、能源、机器、厂房等。生产资料是构成生产力的物的要素,生产资料市场是实现社会再生产的前提条件。在生产资料供求的市场上,很容易构成生产资料的夹缝。例如,作为生产资料的稀土,近年就成为构成生产资料夹缝的起因。稀土一词是历史遗留下来的名称。稀土元素是从18世纪末叶开始陆续发现,当时人们常把不溶于水的固体氧化物称为土。稀土一般是以氧化物状态分离出来的,虽然在地球上储量非常巨大,但冶炼提纯难度较大,显得较为稀少,因此得名稀土。稀土有"工业维生素"的美称。现如今已成为极其重要的战略资源。稀土元素氧化物是指元素周期表中原子序数为57到71的15种镧系元素氧化物,以及与镧系元素化学性质相似的钪(Sc)和钇(Y)共17种元素的氧化物。根据稀土拥有量(含矿及半成品,加工品),中国、俄罗斯、美国、澳大利亚是世界上四大稀土拥有国,中国名列第一位(今朝鲜发现世界上最大稀土矿,储量为中国6倍,初步评估结果显示潜在矿物总量60亿吨,总计2.162亿吨稀土氧化物)。稀土用于军事方面,可以大幅度提高用于制造坦克、飞机、导弹的钢材、铝合金、镁合金、钛合金的战术性能。同时,稀土同样是电子、激光、核工业、超导等诸多高科技的润滑剂。稀土科技一旦用于军事,必然带来军事科技的跃升。用于冶金工业,稀土金属或氟化物、硅化物加入钢中,能起到精炼、脱硫、中和低熔点有害杂质的作用,并可以改善钢的加工性能;在石油化工方面、玻璃陶瓷方面、新材料方面、电子及航天工业方面、农业方面等都有着非常广泛的用途。中国稀土储量在1996年至2009年间大跌37%,只剩2700万吨。按现有生产速度,中国的中、重类稀土储备仅能维持15年至20年,在2040—2050年前后必须从国外进口才能满足国内需求。中国并非世界上唯一拥有稀土的国家,却在过去几十年敞开了门不计成本地向世界供应稀土,承担了世界稀土供应的角色。美、俄以及一些具有稀土资源的欧洲国家均从中国进口稀土。日本已经囤积中国稀土足够其国内使用100~300年,从而掌握稀土的国际定价权。我们过量开采稀土,结果付出了破坏自身天然环境与消耗自身资源的代价。稀土开采属于重污染行业,白云鄂博矿区的村民癌症比例很高,羊群的羊毛很难看,有些羊长着内外双重牙齿。一位中国专家称,全球一年只需要 12 万吨稀土,稀土根本就不是像铁、铜、铝、石油这样大量消耗的资源,而是像味精一样稍用一点就能发挥巨大作用的战略元素。这位专家说,真正需要的那些应用强国,早就以低价大量储备了中国的稀土,他们大肆炒作,其实是想让中国继续以不合理的廉价,供给他们稀土,同时消耗中国具有独特优势的战略资源,等到中国优势转为弱势,他们就会以极为昂贵的价钱反卖给中国。这正是几个稀土进口大国与中国较量的手法。有日本专家也认为,以日本为突出代表的国家在大力寻找或重启稀土开发的势头,不排除是为了牵制中国的一种姿态。2012 年国务院新闻办发布《中国的稀土状况与政策》白皮书。白皮书表示,我国稀土行业的快速发展,不仅满足了国内经济社会发展的需要,而且为全球稀土供应做出了重要贡献。目前,我国承担了世界 90% 以上的市场供应。长期以来,我国认真履行加入世界贸易组织的承诺,遵守世界贸易组织规则,促进稀土的公平贸易。白皮书指出,稀土开发在造福人类的同时,资源和环境问题日益凸显,资源的合理利用和环境的有效保护是世界面临的共同挑战。近年来,我国的稀土行业存在资源过度开发、生态环境破坏严重、产业结构不合理、价格严重背离价值等问题。白皮书强调,我国将加强稀土行业的科学管理,促进稀土行业持续健康发展。我国要不断加强、完善对高能耗、高污染、资源性产品和相关行业的管理,在稀土领域采取一系列有力措施,促进稀土开发利用与生态环境的协调发展,绝不以牺牲环境为代价换取稀土行业的发展。白皮书表示,我国将继续按照世界贸易组织规则,加强稀土行业的科学管理,向国际市场供应稀土产品,为世界经济发展和繁荣做出贡献。[①] 从 2013 年以来,政府对稀土私挖盗采的打击逐步落到实处,同时稀土价格大幅回落,国内稀土的真实产量处于下降通道。但是,稀土风波远没有停止,2012 年 3 月 13 日,美国、欧盟、日本将中国稀土、钨、钼相关产品的出口关税、出口配额以及出口配额管理和分配措施诉诸 WTO 争端解决机制。2014 年 3 月 26 日,世界贸易组织(WTO)公布专家组报告,裁定中国对稀土、钨、钼相关产品采取的出口关税、配额管理措施违反 WTO 相关规定。中国商务部条约法律司负责人就此发表谈话表示,中方

---

① 参见王敏、张辛欣:《国务院新闻办发布〈中国的稀土状况与政策〉白皮书》,新华网 2012 年 6 月 20 日。

正在评估专家组裁决报告,并将根据世贸组织争端解决程序妥善做好本案后续工作。专家分析指出,不管此案胜败如何,从保护稀有资源的角度出发,中国政府的当务之急应是加大行业监管力度,限制国内稀土的开采和消费。① 在这个夹缝中,构成夹缝的一方是国外的那些所谓的商家,希望中国继续低价出口稀土;夹缝的另一方是依靠稀土准备富起来和已经先富起来的人们,坚持破坏性开采和出口稀土,处在夹缝中的是决策者和大部分国人。

服务市场的夹缝。服务市场是指提供劳务和服务场所及设施,不涉及或甚少涉及物质产品交换的市场形式。服务市场一般指劳动者运用服务设备、工具及其他生产资料接受消费者的要求而提供劳动服务的场所和领域。在服务市场的"生产"过程中,劳动者提供服务,消费者享用服务,生产和消费结合进行,这是其他商品生产者所不具有的特征,服务作为商品进入市场,从而形成了独特的服务市场。传统的服务市场是指生活服务的经营场所和领域。主要指旅社、洗染、照相、饮食和服务性手工业所形成的市场。现代服务市场是一个广义的概念,所涉及的行业不仅包括现代服务业的各行各业,而且包括物质产品交换过程中伴生的服务交换活动。现代服务市场所涉及的服务业的范围包括了金融服务业、公用事业、个人服务业、企业服务、教育慈善事业、各种修理服务、社会公共需要服务部门和其他各种专业性或特殊性的服务行业。有学者又把服务商品市场细分为:生产服务市场,主要包括机器设备维修服务、生产线的装配、零部件的更换、机器的保养服务;生产经营管理活动服务;劳动力的培训服务。生活服务市场,主要包括加工性服务、活动性服务、文化性服务。流通服务市场,主要包括生产过程服务,如保管、包装、搬运等业务;交换性服务,如柜台销售、业务洽谈等商业活动;金融业服务,如存贷款、储蓄、支票管理、结算和代客户转移支付等服务。综合服务市场,主要包括公共事业服务、运输服务、旅游服务、信息传递服务、移动互联网服务等。服务市场是组织和实现服务商品流通的交换体系和销售网络,是服务商品生产、交换和消费的综合体。服务市场与一般商品市场相互依存、相互作用。服务商品生产和流通的特点是边生产边消费,

---

① 参见雷敏、游苏杭:《WTO 稀土争端案中国"一审"败诉专家建议加强行业管理》,新华网2014 年3 月27 日。

先出售后生产,从而决定了服务市场呈现出与物质商品市场不同的特点。一是无形性。服务商品是无形的,它不可能像物质商品那样展销、陈列,更不可能选择鉴定。二是易逝性。服务商品不是经久存在的东西,因为对各种服务商品的利用都是短期瞬间的事。三是差异性。服务商品不像物质商品那样标准化,同样的服务商品的不同提供者,服务的效果往往不一样。有人说,服务商品就是以不标准化的服务来满足不同消费者的需求。就服务商品的不标准化来看,足疗作为服务商品,的确时常构成夹缝。足疗在中医文化中,源远流长,它源于我国远古时代,是人们在长期的社会实践中的知识积累和经验总结,至今已有 3000 多年的历史传统。古人曾经有过许多对足浴的经典记载和描述:"春天洗脚,升阳固脱;夏天洗脚,暑湿可祛;秋天洗脚,肺润肠濡;冬天洗脚,丹田温灼。"清朝外治法祖师在《理论骈文》道:"临卧濯足,三阴皆起于足,指寒又从足心入,濯之所以温阳,而却寒也。"19 世纪 30 年代,美国印古哈姆《足的故事》专门介绍了"足部按摩疗法"。1975 年,瑞士玛鲁卡多《足反射疗法》,从学术上总结了人类关于足部反射区的自然疗法。1985 年,英国现代医学协会正式将足部按摩方法定为"现代医学健康法",明确了更高的医学地位。1989 年,美国加州召开了"足反射疗法大会"。学者们认为,足部按摩的原理主要有以下四方面:一是血液循环理论。脚在人体最底部,血液中的尿酸晶等有害物质沉积在脚底,不利健康。通过足底按摩,分解沉积在脚底的有害物质,可使其通过汗液、尿液排出体外。二是反射原理。"脚是人的第二心脏",人的脏腑器官与足底穴位是一一对应的。足部按摩通过反射区促使大脑传导信号,改善人体内分泌和血液循环,调节生理环境。三是全息论原理。中医以局部观全体,把脚看作是人体的全息胚,上面充满了五脏六腑的信息,对脚的按摩就是对全身的按摩。四是中医经络学原理,亦即中医三阴、三阳学说。足部按摩通过对脚的按摩能刺激调理脏腑,疏通经络,增强新陈代谢,从而达到强身健体祛除病邪的目的。改革开放后,我国的足疗服务瞬间布满了大小城市。由于足疗服务商品的不标准化和无形性,足疗服务(足疗色情服务不在我们所规范的服务商品范围之内)受到消费者欢迎,也受到足疗服务者的推崇,也时常构成足疗服务的夹缝。构成足疗服务的夹缝很简单,同为足疗服务,有的人做过了认为很有效果,有的人认为没有一点儿效果,这对于足疗服务工作者构成了夹缝。

二、金融市场的夹缝

1. 金融市场划分和发展中的夹缝

金融市场的划分指按照金融市场的功能和形式的不同划分出来的金融经营运作的方式。在实践中,金融市场的划分已经形成了夹缝,尤其是网络金融"宝宝们"的出现,使金融市场划分的夹缝更加复杂化。

(1)金融及金融市场概念厘清的夹缝

金融概念理解的夹缝。有的学者认为金融是"各种货币资金运动和信用活动的总称。"[1]有的学者认为"金融是指货币资金的融通,是现代银行制度下货币流通和信用活动的总称。"[2]还有的学者概括为:金融就是对现有资源进行重新整合之后,实现价值的等效流通;金融指货币的发行、流通和回笼,贷款的发放和收回,存款的存入和提取,汇兑的往来等经济活动;金融的内容可概括为货币的发行与回笼,存款的吸收与付出,贷款的发放与回收,金银、外汇的买卖,有价证券的发行与转让,保险、信托,国内、国际的货币结算等。MBA 智库百科下的定义更为专业:"金融是货币流通和信用活动以及与之相联系的经济活动的总称,广义的金融泛指一切与信用货币的发行、保管、兑换、结算、融通有关的经济活动,甚至包括金银的买卖,狭义的金融专指信用货币的融通。""金融是信用货币出现以后形成的一个经济范畴,它和信用是两个不同的概念。"一是"金融不包括实物借贷而专指货币资金的融通(狭义金融),人们除了通过借贷货币融通资金之外,还以发行股票的方式来融通资金"。二是"信用指一切货币的借贷,金融(狭义)专指信用货币的融通。人们之所以要在'信用'之外创造一个新的概念来专指信用货币的融通,是为了概括一种新的经济现象;信用与货币流通这两个经济过程已紧密地结合在一起。最能表明金融特征的是可以创造和消减货币的银行信用,银行信用被认为是金融的核心"。[3] 在经

---

① 刘树成主编:《现代经济辞典》第 525 页,凤凰出版社、江苏人民出版社 2005 年版。

② 赵德水:《市场经济 400 题》第 168 页,江苏教育出版社 2002 年版。

③ MBA 智库百科:《金融》,2006—2014 MBA Library,Allrightsreserved。

济活动的现实中,金融和信用早已成为一体,人们很难从金融概念中能够分清金融和信用是两个概念。对于不同的金融注解,已经对人们构成了理解的夹缝。

金融市场概念的夹缝。"金融市场是指为实现货币借贷而办理各种票据和有价证券买卖的场所。从狭义上来讲,金融市场是货币资金融通以及证券、外汇和黄金买卖的场所。从广义上来讲,金融市场是货币资金借贷关系的总和。"①金融市场指"资金供求双方借助金融工具进行各种货币资金交易的活动方式或场所"。"广义金融市场泛指资金供求双方运用各种金融工具,通过各种形式进行的全部金融性交易活动。""狭义的金融市场一般限定在以票据和有价证券为金融工具的交易活动、金融机构间的同业拆借、黄金和外汇的交易活动等范围内。"②"金融市场是指资金供应者和资金需求者双方通过信用工具进行交易而融通资金的市场,广而言之,是实现货币借贷和资金融通、办理各种票据和有价证券交易活动的市场。"③金融市场,指具有一定规模的资金融通、货币借贷和买卖有价证券的活动和场所。金融市场不一定要在固定的场所中,通过电子通信等方式完成的交易也可以被认为是金融市场的一部分。金融市场的参与者是资金供求双方,可以是个人、企业、银行、经纪人、证券公司、保险公司、投资机构以及政府机构等。金融市场交易的对象是货币形态的资金商品,并以利息作为价格。而利息通常是资金使用权转移的代价或者是资金参与生成的利润的分割。并非只有市场经济下才有金融市场。计划经济体制下也有金融市场,其规模一般不如市场经济下的金融市场规模大,而其运作机制与市场经济下的金融市场有很大差异。④ 金融市场的广义或者狭义概念,已对人们构成了夹缝。其实。无论金融市场的广义还是狭义的概念,金融市场是以利息作为价格的融资活动这个特性是一致的。

（2）金融市场内容延伸的夹缝

金融市场内容的延伸指金融的国际化和国内金融市场内容的扩展。金融市场在内容的扩展中容易构成金融夹缝。

---

① 赵德水:《市场经济400题》第184页,江苏教育出版社2002年版。

② 刘树成主编:《现代经济辞典》第530—531页,凤凰出版社、江苏人民出版社2005年版。

③ MBA智库百科:《金融市场》,2006—2014 MBA Library,Allrightsreserved。

④ 参见维基百科:《金融市场》,Wikipedia。

国际金融市场的夹缝。在国际领域中,国际金融市场显得十分重要,商品与劳务的国际性转移,资本的国际性转移、黄金输出入、外汇的买卖以至于国际货币体系运转等各方面的国际经济交往都离不开国际金融市场,国际金融市场上新的融资手段、投资机会和投资方式层出不穷。国际金融市场又叫外部市场(External Market),是金融资产的交易跨越国界、进行国际交易的场所。该市场上的证券的显著特点是:它们同时向许多国家的投资者发行,且不受一国法令的制约。金融全球化是指世界各国、各地区在金融业务、金融政策等方面相互交往和协调、相互渗透和扩张、相互竞争和制约已发展到相当水平,进而使全球金融形成一个联系密切、不可分割的整体。金融全球化构成的夹缝很值得关注。从发达国家来看,1992 年的西欧金融风暴迫使英国退出了欧洲货币体系。从发展中国家来看,1982 年拉美债务危机,1994—1995 年墨西哥金融危机,1997 年东亚金融危机,构成的金融夹缝对当地经济所造成的影响是全方位、多层面和深层次的,在全世界都引起了极大的震撼。金融危机又称金融风暴,是指一个国家或几个国家与地区的全部或大部分金融指标(如:短期利率、货币资产、证券、房产、土地价格、商业破产数和金融机构倒闭数)的急剧、短暂和超周期的恶化。金融危机可以分为货币危机、债务危机、银行危机等类型。近年来的金融危机越来越呈现出某种混合形式的危机。例如亚洲金融危机发生于 1997 年 7 月,由泰国开始,之后进一步影响了邻近亚洲国家的货币、股票市场和其他的资产价值。此危机另一名称是亚洲金融风暴(常见于香港)。印尼、韩国和泰国是受此金融风暴波及最严重的国家。新加坡、马来西亚、菲律宾和香港也被波及。中国大陆和台湾受影响程度相对较轻,但中国台湾却面临着"本土型金融风暴"的威胁。日本受此金融风暴的影响并不大。1997 年,泰国经济疲弱,许多东南亚国家如马来西亚和韩国等长期依赖中短期外资贷款维持国际收支平衡,大多维持与美元或一揽子货币的固定汇率或联系汇率,这给国际投机资金提供了一个很好的捕猎机会。由美国知名炒家索罗斯主导的量子基金乘势进军泰国,从大量卖空泰铢开始,迫使泰国放弃维持已久的与美元挂钩的固定汇率而实行自由浮动,从而引发了一场泰国金融市场前所未有的危机。之后危机很快波及所有东南亚实行货币自由兑换的国家和地区,香港的港元便成为亚洲最贵的货币。1998 年 8 月,量子基金和老虎基金开始炒卖港元,首先向银行借来大量港元在市场上抛售,换来美元借出以赚取利息,同时大量卖空港股期货。前者会使利率急升,导致股市下跌,从而在期货市场获利;一旦港元下跌,他们也可以同时在外汇市场获利,可谓一石二鸟。为了应对,港府把息率大幅调高,隔夜拆息一度高达300%,并动用外汇储备近1200亿港元(约150亿美元)大量购入港股,结果炒家在8月28日期货结算日被迫以高价平仓,损失严重,加上在俄国和马来西亚同时受挫,最终炒家撤退。在此一段时间,香港政府动用了大量外汇储备投入股市,一度占有港股7%的市值,更成为部分公司的大股东,一旦股市下挫联系汇率将有可能崩溃。所以到1999年11月,港府把购买的港股以盈富基金上市,分批售回市场。构成这次金融危机夹缝一方是量子基金和老虎基金;构成夹缝另一方往往是众多民众;处在夹缝中的是执政者。

国内金融市场内涵发展的夹缝。中国共产党十八届三中全会通过的《决定》指出,要"完善金融市场体系,发展普惠金融,鼓励金融创新,丰富金融市场层次和产品"。[①] 互联网金融在实现金融包容和服务创新方面,具有独特的发展前景与战略意义,深刻影响着我国金融市场的发展。2013年以来中国互联网金融发展方兴未艾,各界评论褒贬不一。互联网金融在我国正在成为一种新兴业态,由此引发金融市场的"鲶鱼效应"和"普惠金融"理念正在倒逼金融体制改革和金融服务创新,进而成为影响未来金融发展格局的重要变量。"当前,中国互联网金融发展面临的首要问题是,市场竞争引发体制内的金融企业通过保护性政策限制和挤压体制外的互联网金融机构展业,在大呼'狼来了'和'互联网金融威胁论'的同时,片面夸大互联网金融存在的信用风险,从而达到压制互联网金融服务创新的目的。国际经验业已表明,互联网金融与传统金融之间并非一种'非此即彼'的替代关系,而是丰富金融生态环境的互补与共生力量,关键在于相关政策能否着力于培育信息化、国际化和法制化的营商环境。"[②]这就构成了金融市场发展的夹缝。夹缝的一方是民众和决策者,希望金融市场更好地为民众服务,为经济服务;夹缝的另一方则是互联网金融市场,顺应经济

---

① 《中共中央关于全面深化改革若干重大问题的决定(二〇一三年十一月十二日中国共产党第十八届中央委员会第三次全体会议通过)》,《人民日报》2013年11月16日。

② 李凌:《互联网金融引发中国金融发展新格局》,《解放日报》2014年3月13日。

的发展,满足民众的需求,适时推出金融服务的新项目、新产品;处在夹缝中的是传统金融业和部分金融管理者。互联网金融市场的发展,使金融市场发展的夹缝越来越复杂。以支付宝发展为例,支付宝是全球领先的第三方支付平台,成立于2004年12月,致力于为用户提供"简单、安全、快速"的支付解决方案。旗下有"支付宝"与"支付宝钱包"两个独立品牌。自2014年第二季度开始成为当前全球最大的移动支付厂商。支付宝主要提供支付及理财服务。包括网购担保交易、网络支付、转账、信用卡还款、手机充值、水电煤缴费、个人理财等多个领域。在进入移动支付领域后,为零售百货、电影院线、连锁商超和出租车等多个行业提供服务。还推出了余额宝等理财服务。支付宝与国内外180多家银行以及VISA、Master Card国际组织等机构建立战略合作关系,成为金融机构在电子支付领域最为信任的合作伙伴,与阿里巴巴集团为关联公司关系。2013年,支付宝手机支付完成超过27.8亿笔、金额超过9000亿元,成为全球最大的移动支付公司。支付宝为公益机构提供免费的即时支付服务,以汶川地震开通网络募款通道为例,包括希望工程、中国扶贫基金会、中国儿童少年基金会、壹基金等300多家企业、公益机构都接入了支付宝,支撑了中国公益九成以上网募站点。2008年底开始,支付宝推进公共事业缴费服务,已经覆盖了全国300多个城市,支持1200多个合作机构。除了水、电、煤等基础生活缴费外,支付宝还扩展到交通罚款、物业费、有线电视费等更多与老百姓生活息息相关的缴费领域。在支付宝钱包的"服务"中添加相关服务账号,就能在钱包内获得更多服务。包括银行服务、缴费服务、保险理财、手机通信服务、交通旅行、零售百货、医疗健康、休闲娱乐、美食吃喝等10余个类目。网银是指银行面向所有用户和场景提供的网上银行综合服务,包括了支付和转账等服务。在支付宝环境下,主要指用户通过网银充值到支付宝余额以及支付时跳转到网银扣款。由于绝大部分银行并未开通网银服务(仅有20多家),而开通手机版网银的银行数少之又少,因此要使用移动支付时网银并不方便。余额宝是支付宝推出的理财服务,但也能用于日常的购物、还信用卡等支付。余额宝的优势在于额度较大、支付成功率非常高。2014年2月28日,余额宝用户数突破8100万。2010年12月,中国银行与支付宝推出第一张信用卡快捷支付。截至2014年5月,约有180多家银行开通快捷支付服务。支付宝支付的形式有手机支付、二维码支付、声波支付、"NFC 支付"、互联网电视支付、指纹支付等方式。2014 年 3 月 13 日,央行下发了关于暂停支付宝、腾讯公司虚拟信用卡和二维码支付等业务意见的函。对于央行本次暂停的原因,有学者分析认为"动了银联的奶酪或是主因"。央行支付结算司副司长周金黄 2014 年 3 月 14 日接受新华社记者采访时表示,是"暂停"而不是市场传言的"叫停"。后来,央行下发的《管理办法》草案第二十五条规定,个人支付账户转账单笔金额不得超过 1000 元,同一客户所有支付账户转账年累计金额不得超过 1 万元。个人支付账户单笔消费金额不得超过 5000 元,同一个人客户所有支付账户消费月累计金额不得超过 1 万元。超过限额的,应通过客户的银行账户办理。① 这个草案也是夹缝的结果。夹缝的一方面是网络金融冲击力太大,夹缝的另一方面是传统金融业有些保守;处在夹缝中间的金融管理者则左右为难。伴随着计算机技术和互联网技术的深入应用,很多智能手机用户将银行客户端下载到手机中,这样就可以非常容易地了解到银行的理财产品信息,使客户获得更高的收益和更大的便利,但银行的模式毕竟是单一的,有限的,远远满足不了人们丰富多样的需求。首先是客户的冲击,阿里巴巴、淘宝本身就有大量的客户,这些客户既包含他们平台上的电商,也包含网购用户,这些客户是阿里集团做互联网金融的基础,而传统银行即使转型做互联网也没有一个具备这样的优势。其次是生活方式的冲击,互联网金融不是技术导向,而是消费者导向,现在互联网就是一种生活方式,电子商务已经渗透到人们生活的各个角落。在强大的互联网金融面前,传统金融靠改变盈利模式、调整业务结构、改变客户基础、改善服务水平、建立和引入新的信息管理系统等并不完全有效。现在需要的是全新的模式,而非旧有模式的延伸。最后是大数据,大网络的优势,数据显示,阿里小微信贷的贷款不良率为 0.87%,低于我国银行业 0.96% 的水平。有了金融大数据的支持,就可以针对不同的用户提供他们需要的产品,无论是百度金融中心理财平台支持推出的两款金融产品,还是支付宝的余额宝都是对用户需求的一种应对。另外,通过互联网技术,通过大数据、云计算去识别风险,管理风险,能更有针对性更好地为小微企业以及消费者的金融需求服务,而传统金融企业却不具备这样的数据优势。如果说支付宝的网络支付

---

① 参见百度百科:《支付宝》,2015 Baidu。

让传统银行业领教到什么叫"冲击"的话,那么余额宝的网络理财则让传统银行业领教到什么叫"危机",这种冲击就是金融脱媒,也就是隔绝着客户与银行的联系,如余额宝正好卡住了银行资金来源的咽喉,正好切断、截流了银行活期存款来源的渠道,正在动摇传统银行的基础和根本。网络信贷也必将分掉银行很大一部分信贷份额,总之互联网金融对传统金融的影响是革命性的,而现在这种影响才刚刚开始。当网络金融发展成为夹缝的一方,传统金融业成为夹缝的另一方,消费者可以自由选择,金融业的管理者呢? 金融业管理者成为地地道道的夹缝人。[①]

2. 货币市场与资本市场的夹缝

货币市场和资本市场作为金融市场的核心组成部分,前者是后者规范运作和发展的物质基础。发达的货币市场为资本市场提供了稳定充裕的资金来源;货币市场的良性发展减少了由于资金供求变化对社会造成的冲击;世界上大多数发达国家从金融市场的发展历程中总结出的"先货币市场,后资本市场"是金融市场发展的基本规律。货币市场以及资本市场运转时都容易构成夹缝。从整个金融市场来看,货币市场是金融市场和市场经济良性发展的前提,金融市场和市场经济的完善又为货币市场的正常发展提供了条件,三者是相辅相成的统一体。[②] 正因为联系如此紧密,三者的夹缝构成也很特别。

(1) 货币市场夹缝

货币市场特指存续期在一年以下的金融资产组成的金融市场。一般来说,货币市场包括短期国债、短期地方政府债券、商业票据和短期大额可转让存单等货币方式。由于该市场所容纳的金融工具,主要是政府、银行及工商企业发行的短期信用工具,具有期限短、流动性强和风险小的特点,在货币供应量层次划分上被置于现金货币和存款货币之后,称之为"准货币",所以将该市场称为"货币市场"。由于货币市场具有交易期限短、交易目的明确、交易的工具具有极强的货币性和风险较小的特点;具有各种

---

① 参见高连:《支付宝带给传统银行"冲击",余额宝则带来危机》,《证券日报》2014 年 1 月 27 日。

② 参见刘树成主编:《现代经济辞典》第 459 页,凤凰出版社、江苏人民出版社 2005 年版。

交易主体,诸如资金需求者、资金供给者、交易中介、中央银行、政府和政府机构和个人等参与者,很容易构成货币市场夹缝。

同业拆借的夹缝。同业拆借(放)指的是银行之间为了解决短期内出现的资金余缺而进行的相互调剂,是具有法人资格的金融机构及经法人授权的非法人金融机构分支机构之间进行短期资金融通的行为。同业拆放利率是市场利率体系中对中央银行的货币政策反应最为敏感和直接的利率之一,成为中央银行货币政策变化的"信号灯"。在发达的金融市场上,同业拆借活动涉及范围广、交易量大、交易频繁,同业拆放利率成为确定其他市场利率的基础利率。国际上已形成在同业拆放利率的基础上加减协议幅度来确定利率的方法,尤其是伦敦同业拆借利率更成为国际上通用的基础利率。同时,就超额准备而言,发达的同业拆借市场会促使商业银行的超额准备维持在一个稳定的水平,这显然给中央银行控制货币供应量创造了一个良好的条件。由于同业拆借一般遵循以下原则:自主自愿、平等互利原则、短期融通原则和恪守信用原则。不认真奉行这些原则,很容易构成夹缝。例如,恪守信用原则,是同业拆借的基本要求。在拆借双方中,拆出行的资金一般是暂时闲置的资金,期限短、资金数量有限,因此,拆入行一定要按照"有借有还"的原则,保证按期偿还。拆入行如果违背这一原则,一方面会给拆出行的资金周转带来极大困难,另一方面也会使拆入行本身丧失在同业当中的信誉,构成的夹缝也很难化解。

短期债券的夹缝。短期债券指偿还期限在 1 年以下的债券为短期债券。短期债券的发行者主要是工商企业和政府,金融机构中的银行因为以吸收存款作为自己的主要资金来源,企业发行短期债券大多是为了筹集临时性周转资金。在我国,这种短期债券的期限分为 3 个月、6 个月和 9 个月。在美国,政府发行的短期债券分为 3 个月、6 个月、9 个月和 12 个月四种。债券投资必须留意可能的风险,诸如购买力风险、利率风险、经营风险、变现能力风险、再投资风险。当风险存在时,债券投资就构成了夹缝。如再投资风险,例如,购买短期债券,而没有购买长期债券,会有再投资风险。假设长期债券利率为 14% ,短期债券利率 13% ,为减少利率风险而购买短期债券。但在短期债券到期收回现金时,如果利率降低到 10% ,就不容易找到高于 10% 的投资机会,还不如当期投资长期债券,仍可以获得 14% 的收益,这时就构成了债券投资的夹缝,即购买什么样的债券的夹缝。

怎么样化解这样的夹缝呢？对于再投资风险,应采取的防范措施是分散债券的期限,长短期配合,如果利率上升,短期投资可迅速找到高收益投资机会,若利率下降,长期债券却能保持高收益。也就是说,要分散投资,以分散风险,并使一些风险能够相互抵消,从而化解投资夹缝。①

（2）资本市场的夹缝

资本市场亦称经营长期金融市场。是指证券融资和经营一年以上的资金借贷和证券交易的场所,也称中长期资金市场。其主要业务是吸收社会闲置资金或储蓄的转化,使它成为一年以上的中、长期资本。资本市场按资金融通方式可以分为股票市场（经营股票发行和买卖的市场）；政府债券市场（政府为兴办建设项目或弥补赤字等向国内外发行债券,并进行流通和买卖的市场）；公司债券市场（经营公司、企业债券发行和买卖为主的市场）；银行中、长期贷款（银行对工商业提供用于固定资产更新、新建或扩建的中、长期资金信贷）。如果以金融工具的基本性质分类,资本市场可区分为股权市场及债券市场,前者是指股票市场,后者则指债券市场。

股票市场的夹缝。股票市场是已经发行的股票转让、买卖和流通的场所,包括交易所市场和场外交易市场两部分。由于股票市场是建立在发行市场基础上的,因此又称作二级市场。股票市场的结构和交易活动比发行市场（一级市场）更为复杂,其作用和影响力也更大。大部分国家都有一个或多个股票交易所。股票市场的前身起源于 1602 年荷兰人在阿姆斯特河大桥上进行荷属东印度公司股票的买卖,而正规的股票市场最早出现在美国。股票市场是投机者和投资者双双活跃的地方,是一个国家或地区经济和金融活动的寒暑表,股票市场的不良现象例如无货沽空等,可以导致股灾等各种危害的产生。股票市场唯一不变的就是:时时刻刻都是变化的。因此股票市场的夹缝始终不可能彻底化解。我国有上交所和深交所两个交易市场,进入市场的所有购买股票的人从购买股票时都处在股票市场的夹缝之中。当股票市场波动较大时,某类股票持有者是听专家的建议还是根据股票市场变化采取措施的时候,股票市场的夹缝就形成了。

债券市场的夹缝。债券市场是发行和买卖债券的场所,是金融市场重要组成部分。根据债券的运行过程和市场的基本功能,可将债券市场分为

① 参见圣涛:《规避债券投资的六大风险》,《卓越报道》WISEMONEY. August 2005。

发行市场和流通市场。债券发行市场,又称一级市场,是发行单位初次出售新债券的市场,其作用是将政府、金融机构以及工商企业等为筹集资金向社会发行的债券,分散发行到投资者手中。债券流通市场,又称二级市场,指已发行债券买卖转让的市场。债券一经认购,即确立了一定期限的债权债务关系,但通过债券流通市场,投资者可以转让债权,把债券变现。债券市场具有几项重要功能:融资功能、资金流动导向功能、宏观调控功能。就宏观调控来讲,调控的本身就是一个夹缝。当在经济过热、需要减少货币供应时,中央银行卖出债券、收回金融机构或公众持有的一部分货币从而抑制经济的过热运行,此时,并不是所有企业都希望回收货币,有的企业希望收回一部分货币,有的企业不希望收回一部分货币,对银行的决策者构成了夹缝。同样,当经济萧条、需要增加货币供应量时,中央银行便买入债券,增加货币的投放。此时,有的企业希望增加货币的投放,有的企业反对增加货币的投放,对银行的决策者构成了夹缝。

(3) 证券市场的夹缝

简单说来证券市场是指证券发行与流通的场所。证券市场是从事股票、公司债券,政府债券等有价证券进行发行和流通场所的总称,是金融市场的重要组成部分,是证券运行的枢纽或传动机制。证券市场是国家和企业筹措长期资本的场所,发行证券的目的在于筹措长期资本,是长期资本借贷的一种方式,证券市场还是证券投资者展示其才能的大舞台。证券市场的夹缝是由证券发行部门、证券购入者和企业或者治政者构成的。证券市场是市场经济发展的产物,在发达国家有着悠久的历史。16 世纪,比利时的安特卫普和法国的里昂产生了证券交易所。20 世纪 60 年代以来。证券市场进一步国际化,形成规模庞大的国际证券市场。目前世界上已有 60 多个国家拥有证券交易,其中规模最大的、最著名的证券交易市场有纽约、东京、伦敦、巴黎、法兰克福、苏黎世等证券市场,在这些市场上,不仅本国政府、企业参与证券交易,筹集中、长期资本,而且外国政府、企业也参与证券交易,筹集资本。① 当不同的证券主体宣传自己的证券特色时,往往给购买证券的国家和企业构成夹缝。

证券夹缝。证券是指一种表示财产所有权或债权的凭证。证券用来

---

① 参见赵德水:《市场经济 400 题》第 190 页,江苏教育出版社 2002 年版。

证明持有者有权获得应有的经济权益,因而它是有价证券。股票、债券、本票、汇票、支票、保险单、存款单、借据、提货单等各种票证单据都属于证券。证券包括证据证券、凭证证券和有价证券三大类。证据证券指只是单纯证明事实的文件,有借用证、书面证等。凭证证券指认定私权的合法权利拥有者,证明对持证人所履行的义务是有效的文件,有款单、定期存款单、借据和收据等。有价证券指具有一定的票面金额,证明持券人有权按期取得一定收入的所有权或债权证书。证券的票面要素主要有四个,一是持有人,即证券为谁所有;二是证券的标的物,即证券票面上所载明的特定的具体内容,它表明持有人权利所指向的特定对象;三是标的物的价值,即证券所载明的标的物的价值大小;四是权利,即持有人持有该证券所拥有的权利。其实,在证券的分类上有的学者认为证券只有两类,即有价证券和凭证证券;有的学者认为证券可以分为三类,如前面所述证据证券、凭证证券和有价证券。这种分法已经对许多人构成了夹缝。学者们还认为,有价证券具有许多特点,诸如证券具有收益性,证券的投资者进行证券投资,其目的是要得到一定的收益,当然证券的收益性并不等于投资者的投资就能够得到预期的收益;诸如证券具有风险性,任何一个资本证券均有可能因证券经营者的经营不善或者证券市场的跌落而难以达到预期收益的目的,处在风险的夹缝之中;诸如证券具有变现性,证券的持有人可以依法将自己持有的证券通过转让的形式收回自己的本金;诸如证券具有参与性,证券的参与性,是指证券的持有人可以根据持有的证券参与发行人的生产经营活动;诸如证券具有价悖性,即证券的票面价格和证券市场上的价格并不完全一致,使投资者处在证券所值的夹缝中。在研究证券的过程中,有的学者又把证券分为风险证券和安全证券。风险证券是指在投资业务中,违约风险较高的证券,就世界证券市场而论,大多数证券属风险证券,只有少数证券是无违约风险的安全证券,如国库券等。就证券的风险性而言,证券夹缝非常厉害。例如 2004 年 7 月"中华文本库"载《南方证券窟窿超过 200 亿元,自营及委托理财负责人被捕》一文,记述了夹缝的厉害。2004 年 6 月底,南方证券接管小组向中国证监会、中国人民银行、深圳市政府等有关部门上报了关于南方证券资产情况的报告,报告称,南方证券挪用个人保证金部分超过 80 亿元,在中国证券登记结算公司透支和国债欠库超过 100 亿元,委托理财亏损超过 30 亿元——总窟窿盘子超过 200 亿元。在清查南方证券账目的同时,清查南方证券种种违规操作责任人的工作也开始了。2014年3月上旬,南方证券主管自营和委托理财的副总裁孙田志在深圳被刑事羁押,主因是涉嫌操纵证券价格。针对南方证券问题,夹缝一方提出,确定200亿元窟窿数字,自营及委托理财负责人被羁押,南方证券能否活下去？夹缝的另一方南方证券接管小组的人士说:"到目前为止,除了孙田志,南方证券还没有其他人被捕,不过所有高管以及前几任领导层都被要求在深圳配合调查,""其他人要定罪就很难了,大部分人决策失误顶多负个领导责任,当然可能有人涉嫌渎职。"夹缝还有一方说:南方证券"肯定死不了"。监管部门、南方证券及大股东深圳市均表示:80亿元客户保证金由央行再贷款保证支付,但超过百亿元的其他窟窿如何处理？中国证监会机构部一位官员说:"不能因为南方证券而引发系统性风险","还是得想办法让南方活下去。"南方证券一位内部人士说:"账目查清了,责任人也都等着拿出处理意见,保住南方的牌子是肯定的。"深圳市政府的消息称,深圳市政府正在积极引进战略投资者,并准备降低在南方证券的持股比例,"这200亿的窟窿靠南方证券自己肯定是还不上了,引进新股东能够带来一部分资金,但剩余的部分还没有说法",夹缝最后一方,一位接近深圳市政府的人士说:"能赖掉最好。"①这不仅仅是对南方证券认识的夹缝,这个多重夹缝构成者构成的证券夹缝是十分复杂的夹缝。

证券经纪人夹缝。证券交易所的经纪人是指遵照证券交易的基本法规和证券交易所的交易规则,接受客户委托业务,从事证券交易活动并收取佣金报酬的经纪人。经纪人最重要的特点就是不为自己买卖证券,只是在证券交易中替别人买卖和撮合交易。各国的证券交易所都明确规定,只允许具有一定资格的证券商进入证券交易所进行证券交易。客户或其他机构要在证券交易所进行证券交易,自己不能进入,必须委托有资格的经纪人办理。这样限制场内交易人数既是为了保持正常的交易环境,也可以确保交易的安全,有利于加快证券顺利成交,维护交易程度。合格的证券经纪人,有三个条件必须符合,一是对证券市场有深刻的认识;二是有着丰富的从业经验;三是有良好的职业道德。传统的投资模式,首先要学会如何将品牌推荐给证券公司的经纪人,然后再进行其他操作,而今已进入网

---

① 参见中华文本库:《证券风险案例》,2015 China dmd. Com, All R ghts Reserved。

络时代,应运而生大批网络时代的经纪人,这些新生代证券经纪人多半从事与投资有关的知识、信息方面的咨询业务,是一批精力旺盛、且能自如驰骋网络,令昔日经纪人刮目相看的当代投资家。按经纪人性质与职能,可以分为佣金经纪人(又称证券商行)、二元经纪人(专门接受佣金经纪人的委托,代理筹资和为投资者进行证券买卖)、特种经纪人(又称专业经纪人)、零股经纪人、交易厅经纪人等类别。我国的《证券经纪人管理暂行规定》第十三条规定不得有下列行为:"(一)替客户办理账户开立、注销、转移,证券认购、交易或者资金存取、划转、查询等事宜;(二)提供、传播虚假或者误导客户的信息,或者诱使客户进行不必要的证券买卖;(三)与客户约定分享投资收益,对客户证券买卖的收益或者赔偿证券买卖的损失作出承诺;(四)采取贬低竞争对手、进入竞争对手营业场所劝导客户等不正当手段招揽客户;(五)泄露客户的商业秘密或者个人隐私;(六)为客户之间的融资提供中介、担保或者其他便利;(七)为客户提供非法的服务场所或者交易设施,或者通过互联网络、新闻媒体从事客户招揽和客户服务等活动;(八)委托他人代理其从事客户招揽和客户服务等活动;(九)损害客户合法权益或者扰乱市场秩序的其他行为。"①其实,规定中不容许的行为往往就是构成经纪人夹缝的条件。例如,广东证监局2014年3月对辖区证券经纪人张某违法荐股行为作出行政处罚,责令其停止从事非法证券投资咨询业务,并处没收违法所得4.62万元,罚款1万元。这是自2013年证监会处罚权全面下放以来,首例派出机构进行处罚的非法证券咨询案。2012年5月,张某被东莞地区某证券营业部聘为证券经纪人,代理该营业部进行客户招揽、客户服务等活动。由于入行不久,很难发展客户,张某便打起了通过网络进行非法证券咨询的主意。张某先是注册了微信公众号,通过发布股票信息,吸引投资者的关注和加入。随着微信的迅速普及,张某微信"粉丝"快速增长,截至2013年8月20日,"粉丝"人数累计超过1.8万。张某陆续开通了QQ空间、腾讯微博、新浪博客、金融界直播室等公开网络平台。经查,张某先后共启用了4个QQ群,群人数一度达1000多。自2013年5月起,张某开始对近百名客户进行收费,收费标准在2013年7月以前是380元/季度,7月起上涨至680元/季度。截至2013年8月

---

① 《证券经纪人管理暂行规定》,中国网,china. com. cn2009年3月17日。

20 日,张某共收取荐股费 4.62 万元。[1] 广东证监局有关负责人指出,近年来我国资本市场快速发展,但不少投资者缺乏投资知识和经验,存在赚快钱的心理,非法证券咨询还有一定的市场,甚至部分证券从业人员也参与其中,导致不少投资者上当受骗,遭受损失。[2] 证券法规定,不得有荐股行为,是构成夹缝的一方;而投资者希望荐股,是构成夹缝的另一方,证券经纪人往往处在荐股和不荐股的夹缝之中。

三、市场服务的夹缝

市场服务是经济体制重要组成部分。没有市场服务的经济体制是不完善的体制。经济市场服务夹缝主要包含了人力资源市场与信息服务市场夹缝、产权市场与服务商品市场的夹缝和营销市场的夹缝等。

1. 人力资源市场与信息服务市场夹缝

（1）人力资源市场夹缝分析

一般来说,人力资源市场是将传统的由人事部门组建的人才市场、劳动保障部门组建的劳动力市场(或职业介绍机构)以及教育部门组建的高校毕业生就业市场统一融合而成的现代人才服务平台。在人力资源市场中,夹缝现象越来越凸显。

劳动力市场的夹缝。劳动力市场是劳动供求双方合理交换劳动使用权的场所或领域。劳动力市场又称劳动市场、劳工市场、职业市场、就业市场、求职市场、招聘市场、人力市场等,它是根据市场经济规律优化配置劳动力的一种手段,是实现企业自由选择劳动者或劳动者自由择业的重要条件,它反映了以劳动合约交换为基础的劳动供给与需求之间的关系。劳动力市场夹缝构成有几大因素,一是市场对劳动力需求的因素,二是经济发展的情况,三是劳动力自身的供应情况等。这些都是构成劳动力市场夹缝的条件,这些夹缝条件又是变动着的。例如,自 20 世纪 80 年代末以来,"民工潮"成为描述中国劳动力从农村向城镇流动的专用名词,然而,近几

---

① 参见龚小磊:《广东证监局处罚证券经纪人违法荐股》,《中国证券报》2014 年 3 月 4 日。

② 参见吴倩:《证券经纪人违法荐股被罚万元》,《广州日报》2014 年 3 月 4 日。

年来"民工潮"慢慢演变成"民工荒"。特别是2007年以来,"民工荒"一词在网络、电视等中出现的频率越来越高,随之"民工荒"现象也进入大家的关注当中。"民工荒"说明了劳动力供给不足,企业需求大,对用工企业构成了夹缝。最近几年,每逢春节后,各地工厂企业触目惊心的"缺工"现象总是占据各大媒体显要位置。2013年11月,任大刚先生曾在上海市中心一条长约1000米的街道上,数了其中一边橱窗中的招聘信息,招工150人左右。时隔半年,发现很多招聘信息还挂在那里。2014年6月,任大刚先生到江苏江阴乡下一家工厂帮四川亲戚订购一台机器。在和工厂老板聊天时,任先生特意问她,是否缺工? 招工难不难? 她很肯定地说:不缺工。原因很简单,她的工厂效益还行,所开出的工资待遇自然要高一些,只要想招工,不愁没有人。不过有些工厂确实招不到人,原因要么是工资太低,要么是不讲诚信,经常拖欠工人工资。她还把上海和她们当地的收入和开支做了对比:同时开出5000元月薪,江阴更吸引人,原因很简单,江阴乡下她提供的住房,一年只需2000元房租,而上海市区一个月的住房交通,起码要花2000元,每个月工人所剩无几。上海街头普通饭店招聘大厨,开出的月薪为五六千元,而这位女老板的堂弟在四川"农家乐"做大厨,月薪达到5000元。对一个西部的大厨来说,上海已经没有吸引力。任先生认为,不管人口红利是否已经消失,一些不经意间的变化正在发生。一是通过劳动力供给减少的倒逼,劳工权益获得极大改善。困扰中国社会多年,严重影响社会稳定的劳资纠纷,得到很大缓解。二是在经济放缓之际,最担心的是失业。三是人口流动方向正在发生逆转。以上海为例,据《劳动报》2013年7月报道,上海每年新增人口达到60万~70万人,其中70%为农民工,但是2014年2月份的统计数据显示,2013年上海市新增常住人口为29.77万人,人口增长速度大为放缓。四是"低端劳动力"的减少,短时间内可能抬高本地居民的生活成本。提高工资的成本很快会转嫁到被服务对象身上,导致居民生活成本水涨船高。[1] 劳动力供求的变化,构成了劳动力供求的夹缝。构成夹缝的是不同的劳动力,他们在寻求工资高的、待遇好的、可以照顾到家庭的企业;处在夹缝中的往往是企业主。当企业主提高工人工资,企业工人随意挑选企业时,新的夹缝形成了,此时处在夹缝

---

[1]　参见任大刚:《正视劳动力短缺的机遇与挑战》,《中国青年报》2014年6月18日

中的是本地居民,他们在不知不觉中被提高了生活成本。对于民工荒问题,有的学者认为是好事。陈志龙先生说,正月十五一过,许多媒体都报道了"民工荒"问题。在世界经济发展史上,进入工业化中期的国家,都面临劳动力供需数量和质态的矛盾。民工荒逐年加剧的背后,是过去较长时间内,洪水般供给的农村剩余劳动力供应正在日渐断流。劳动力由剩余向短缺转变的"刘易斯拐点"正开始出现,其对经济和社会的影响是深远的。"'刘易斯拐点'的临近从某种意义上说其实是好事,它倒逼政策的调整和产业的转型升级。比如倒逼人口政策的调整,比如有利于推进传统产业优化,促进企业在员工待遇和福祉上的改进。当然,要解决'民工荒'问题,必须从根本上加快转变经济发展方式,通过终身教育提高全民劳动技能,同时要打破户籍藩篱,破除城乡自由流动壁垒,让农民公平而有尊严地融入城市。"①陈先生的观点和企业的用工愿望构成了针对经济管理者的夹缝,夹缝一方要求加快转变经济发展方式,夹缝的另一方要求解决用工难的问题。劳动力市场的夹缝一直随着经济发展而变化着。

人才市场的夹缝。从经济学角度看,人才是指具有一定的专业知识或专门技能,并进行创造性劳动,对社会做出贡献的人,是人力资源中能力和素质较高的劳动者,是高质量的劳动力。所谓人才市场就是具有专门知识和创造能力的劳动力进行交换的领域。人才市场可以看成是劳动力市场的一个重要组成部分。我们在前面所说的劳动力和劳动力市场,是较为简单、低端的劳动者。这里突出研究人才市场的夹缝,目的是为了使人才供给方充分发挥自己的聪明才智,使人才的需求者合理使用人才,从而化解人才市场的夹缝,推动整个社会经济科学全面发展。例如,辽宁省百余单位联合首次大规模异地招聘高级人才,两院院士来辽工作,年薪40万元,还可获150万元的一次性安家费,同时解决配偶工作并协助安排子女就业。②采取招聘方法的省份有好多家。就高校而言,全国不少高校连年高薪诚聘人才,在招聘中形成人才引进的夹缝。再如,根据《深圳大学高端人才特聘条例(试行)》,深圳大学启动高端人才特聘计划,在14个学科领

---

①　陈志龙:《从"民工荒"看"刘易斯拐点"》,《新华日报》2014年2月18日。
②　参见黄晓姣:《辽宁省高薪聘请两院院士40万年薪150万安家费》,《华商晨报》2008年10月16日。

域面向全世界公开招聘"特聘教授"。"高端人才引进支持计划"指由政府专项经费支持的高层次人才引进和支持计划。据了解,深圳市政府设立了高端人才基金,经费为3000万元。根据计划,深圳大学设立特聘教授岗位,5年内计划特聘20名至30名高层次学术带头人。首批招聘的高端人才年薪为60万元至120万元。同时,深圳大学还将164个校内计划内的原有岗位公开向社会招聘。2014年年初深大校长章必功透露,这是深大首次面向全球招聘属于校内计划内的原有岗位招聘,而此前只要本校有人的就不对外招聘,而现在此类岗位则要公开招聘。他还表示,在深大人事改革之后,此次招聘的岗位至少需有2人以上进行PK,如果只有一人报名岗位的招聘则须押后。章必功透露,不少校内员工因此感到压力,而他亦认为此举将促进全国高校的人才流动。其实,在不少高校里,引进的人才有安家费和科研启动费等优惠待遇,而校内原有的人才不享受这样的待遇,这就对高校决策者构成了夹缝。夹缝的一方认为引进的人才应该享受高薪待遇;夹缝的另一方则认为原有的人才也应该享受高薪待遇。如果高校原有的人才不享受一定的待遇,那就会出现章必功先生所讲的,"将促进全国高校的人才流动"。[①]

大学生就业的夹缝。据《2014典范企业人才招聘状况报告》显示,典范企业评选是由前程无忧发起的目前国内最大规模的人力资源管理领域选拔。每年当选的企业不仅代表了中国人力资源管理的最高水平,也显示出人力资源管理的发展风向,拜耳中国、佳能(中国)、大金空调等都是2014年当选的典范企业。2014年典范企业在市场上保持了卓越的经营业绩。调查发现,典范企业的领先一步主要依赖技术领先和管理领先,这与企业的人才高质量和人才管理高效率密切相关。2014年典范企业的招聘规模达到386171人,平均每家雇主在2014年计划招聘雇员超过3300人,招聘计划中每10个新入职员工中有4人为1990年后出生的年轻人,高于2013年33.5%的比例。2014年典范企业平均每家招聘683位大学应届毕业生,比2013年的606人增加了12.8%。前程无忧首席人力资源专家冯丽娟指出,对今天的年轻人才来说,与其说在找一份合适的工作,不如说是在等一个完美的雇主。企业内的精英人才和高校顶尖学生越来越青睐自

---

① 参见罗莎:《深圳大学全球高薪招教授最多年薪可获200万》,《南方日报》2011年3月23日。

己创业,追求职业的自由度,这使得典范企业在年轻优秀人才的争夺中不仅一掷千金,而且抢得头破血流,①夹缝的夹力之大也可想而知。2014 年我国有毕业生 727 万人,加上 2013 年尚未就业的大学生,这意味 2014 年大学生就业形势将是"没有最难,只有更难",有人戏说大学毕业生毕业即失业,已经构成了大学生就业夹缝。自从大学扩招以来,大学生就业就成为一大社会问题。王小妮曾在一篇文章中讲了一段话:"北京一家出版社的编辑跟我说,他虽然每接到老家人的电话,都会叮嘱要供孩子读书,其实自己也知道这已经不是心里话,他家乡也在湖北,他们那儿称刚毕业的大学生为'废人'。苦活儿累活儿技术活儿都干不来,做什么都不会,白花钱白念书,不就是废人吗?""很多来自乡村的学生还没有意识到,一旦把户口迁到大学,再想迁回去做农民已经不可能,他名下的土地被收回了。你念了大学,变成国家的人,户口只能落在镇上。出来 4 年,土地没了,所以,真正的问题也许不是寒门是否出贵子,而是寒门无退路。"②大学毕业生就业率低的原因有三点,一个是工作岗位太少,一个是大学生太多,一个是教育质量下降。在现实社会中,人们往往不思考这几个原因,而思考大学生本身,认为大学生没有学到本领,这可真是冤枉了大学生。因为大学生就不了业主要受国家经济发展的影响,就是说国家的经济结构对大学生就业构成了夹缝。中国就业研究所副所长杨伟国教授说:"就业肯定是跟着经济活动走的,在中国,大学生就业完全取决于政府的资源投向。""中国经济结构目前还是处于比较低端的水平,结构调整的速度跟经济增长的速度很不相称。虽然像航天航空、计算机方面取得不小成就,但这都不占目前经济结构中的最大比重,这种状况就造成了大学生就业困难。很简单,你的经济结构不需要那么高素质的劳动力,农民工来了 3 天就能上岗甚至来了跟他说一说马上就能做,要大学生没有意义。"③经济结构的调整不是一天两天的时间就可以完成的,这种夹缝会长期存在。构成大学生就业夹缝的一方是国家教育政策的决策者;另一方则为家长,往往希望孩子上大学,他们普遍认为上了大学就可以找到较为理想的工作;处在夹缝中的是那些

①　参见程鑫:《2014 典范企业人才招聘状况报告》,《武汉晨报》2014 年 11 月 18 日。
②　王小妮:《活着就是挣扎》,《读者》2012 年第 2 期 1 月下,第 30—31 页。
③　杨伟国:《大学生就业难在哪里》,《南风窗》2012 年 4 月 18 日。

大学毕业就失业的大学毕业生们。还有学校就业排名造假构成大学生就业的心理夹缝。不少省份的媒体每年招生前几个月会公布这个省份高校的大学生就业排行榜，以此来吸引考生。应届高中毕业生和家长们并不知道毕业生就业排行榜大有学问。北京某重点高校研究生部负责人赵岩却坦言："看起来形势大好，可实际上几乎家家有水分！""就业率注水早已成公开的秘密"：以他所在高校为例，2014 年对外公布的研究生就业率是95%，可实际情况却要"至少砍掉三分之一"。[①] 有些高校为了让自己在就业排行榜上靠前一些，规定每个毕业生到一个企业或单位在就业协议上盖一个章，即上报省教育主管部门该生就业了，公开弄虚作假。这种作假方式，影响了学生的诚信教育，影响了大学的"科学"氛围，影响了社会风气。不少大学辅导员（班主任）用哀求的方式，求学生最后帮个就业"造假的忙"；如果没有上交那份就业协议，有些学校则会扣下该生的某些证件，以督促毕业生上交"就业协议"。据了解，教育部曾在 2005 年发文规定，对"连续 2 年就业率不足 50% 的专业要严格控制招生规模，就业率连续 3 年不足 30% 的专业要减少招生甚至停止招生"。而招生数量与政府教育经费划拨、各种科研立项、教师福利待遇等方面密切相关。"有专家建议，在统计高校就业率时应引入第三方评价，由人社部门或第三方机构进行统计评价，扼住造假的源头。""相关部门和社会公众应该转变唯就业率论英雄的狭隘观念，允许一些高校转型期就业数据暂时很难看，同时督促一些乱作为高校要严格自律。"[②]在这个夹缝中，教育主管部门是夹缝的主要构成者，他们要就业的"数字"；构成夹缝的另一方是学校的领导，要迎合主管者的要求，保证自己学校的招生数，要求学生就业造假；处在夹缝中的是大学应届毕业和新报考的学生。

　　另外，对于一般的个体来讲，教育投资是为了回报自己，因而构成了教育投资回报的夹缝。无论是教育投资、智力投资还是人力投资，人们的投入，总希望有所回报，回报的结果最好大于投入。近几年，一直有大学生的工资低于农民工工资的说法，社会对此问题一直有争论，因而形成了夹缝。

---

　　① 转引自邓晖、赵倩：《高校就业率"注水"已成公开秘密——就业率造假，大学的"最后一课"》《光明日报》2013 年 8 月 13 日。

　　② 邓晖、赵倩：《高校就业率"注水"已成公开秘密——就业率造假，大学的"最后一课"》《光明日报》2013 年 8 月 13 日。

一方认为,大学生的工资低于农民工的工资是不正常的。例如,陕西农民韩培印为了供儿子上大学,卖掉了家里值钱的东西,到西安当了农民工。儿子毕业后,他却吃惊地发现,身为大学毕业生的儿子每月工资甚至还比不上自己。[①]为此,引发了争论。夹缝的一方认为,大学生起薪比农民工低,没有什么好奇怪的,找工作,要看招聘方开出的条件。拿薪水靠的是实打实的一技之长,靠的是踏实、勤奋。那些起薪低的大学生,但凡能达到用人单位的要求,早被人抢走了。都能干的情况下,谁不想要综合素质更高的员工啊?那些起薪低的大学生,要怪只能怪自己没有核心竞争力。夹缝的另一方认为,最该承担责任的应该是教育主管部门和大学。学校专业设置不对路,教学内容陈旧,不考虑如何与现实接轨来提高教学质量,一门心思想着扩招收学费,从财政、项目上划拨经费。能考上大学的都是好坯子,塑型时出了错,怎么能怪学生自己?至少,教育主管部门与大学必须负起责任。另外,如果只是个别大学生就业难,还可以归结为个人能力。现状却是大批毕业生陷入"毕业即失业"的境地,读书还有用吗?个人投资还有用吗?[②]清华大学中国经济社会数据中心常务副主任李宏彬说:"我们发现,在中国,用一般方法估计的年教育回报率为8.4%;当我们分离出个人能力、家庭背景的影响后,教育回报率下降至2.7%。也就是说,尽管多接受一年教育可以提高收入8.4%,但其中近七成的回报来源于个体自身的能力和家庭背景,而教育本身只能使其收入提高2.7%。如此看来,中国真实的教育回报率实际上远低于欧美发达国家,而能力和家庭背景对收入的贡献则远高于其他国家。为什么中国真实的教育回报率这么低,而能力和家庭背景的回报如此之高呢?为了回答这个问题,我们又以教育程度作为测度,测量了不同教育程度的教育回报率。与高中相比,大学教育的回报率是40%,中专和大专的教育回报率也都超过20%。然而,对于没有上大学,仅完成高中教育的人来说,高中教育没有任何回报,即高中毕业生收入和初中毕业生一样多。正是高中教育的零回报拉低了中国的整体教育回报率。高中三年的发奋苦读为什么不能带来回报呢?教育体制难辞其咎。中国的高等教育资源相对稀缺,对高等教育资源的竞争格外激烈。

---

① 参见黄碧梅:《大学生工资不如农民工,正常吗》,《人民日报》2011年12月20日。

② 参见南方周末编辑部:《大学生工资低过农民工,再正常不过》,《南方周末》2011年3月3日。

为了学生在高考中金榜题名,高中教育完全是考试导向。虽然高中学制为三年,但通常情况下,全部课程在一年半或者更短时间内就已完成,其余时间全部用来准备高考。学校和老师们的奖惩很大程度上也取决于学生的高考成绩,因此老师们也没有尽力教授学生其他知识和技能。因为高中三年都在重复做题与考试中度过,学生们在高中所学到的技能在高考结束后就失去了意义。如果考不上大学,高中日复一日训练的考试技能无法给学生带来经济回报。职业教育和高等教育则不同,这些教育以就业为导向,获得的知识、技巧更有可能转化为在工作上的生产力,帮助他们获得更高的报酬。"①其实,对于夹缝中的多数民众来讲,有时候明明知道教育投资不会有太大的回报,为了运气,宁愿让孩子读可能没有回报的高中,也不让孩子去读好就业的技校,这是一种就业夹缝的心态。

(2)信息市场的夹缝

信息市场是以各种信息服务作为交换客体的市场,指信息商品进行交换的场所或流通领域,是信息商品交换关系的总和。信息服务包括信息的生产、加工、处理、传输,以及相关的软件、硬件服务。信息市场是在现代社会经济发展到一定程度、信息的大量产生及其在经济活动中的作用日益突出的条件下产生的,它也是要素市场的重要组成部分。信息是一种资源,是一笔财富,它能够满足人们的某种需要,因而可以形成一种供给,可以通过市场交换来满足人们对信息商品的需要。信息属于知识型的产品,通过语言、文学、信号、数据等来进行流通,这种商品的流通是当供应作为一种劳务产品提出来时,需求以获得服务而得到满足,所以供应、流通和需要的满足是紧密联合在一起的;信息产品在有效时间内可以多次买卖和多次使用;信息商品流通的结果往往引出新的信息的产生;信息商品如果失去时效就失去了使用价值和价值;信息商品的流通往往是有信息的反馈等作用。信息市场具有自身的特征,诸如形态的多样性和复杂性、形态的隐蔽性、交易不受时空限制、市场具有双重性、市场垄断因素具有主导性、市场供求关系具有扩张性和诱导性、市场的管理具有科学性等。由于信息商品承袭了信息的许多特征,例如,共享性、易复制性、依附性、时效性、主导性、

---

① 李宏彬:《华尔街日报:为何中国的教育回报远低于西方》,华尔街日报中文网 2012 年 11 月 2 日。

诱导性等,信息商品的交换必须有合理的价格制度和较强的法制系统做保证,否则,信息市场将夹缝重重。

　　信息市场供求关系的扩张性和诱导性夹缝。信息市场的诱导性是信息商品常见的夹缝之一。所谓诱导就是夹缝构成者通过信息,使夹缝人处在信息夹缝之中,宁信其有,不信其无。例如,2013年3月上旬和中旬,有人传播信息说,"日本地震,核电爆炸,导致核辐射,对抗辐射要补碘,江苏、浙江、广东居民都在抢购含碘食用盐,各大超市都断货了,连一些农村的小卖部都没盐了,一群人都是三四十包地买,一整箱一整箱地买,请尽快打电话告诉家人也买一些盐与海带放家里以防断货"。这样的信息在微博及手机短信中传开,广州各大超市的盐供不应求,部分市民几十包上百包地购买。这一波恐慌性抢购,不仅是加碘盐,还包括加碘酱油,甚至个别药店还出现了抢购口罩的行为。市民抢购,主要是有几种可能的担心版本:版本一,加碘盐、口罩等都可以预防核辐射,不买的话未来肯定买不到了,目前在日本也是吃碘片,所以带碘的东西都有效果;版本二,传言海边受到辐射不能晒盐,现在不买盐的话,就买不到了。关于日本核辐射对海水是否造成污染,从而影响海盐生产的问题,我国政府早些时候已明确表示日本核辐射不会对我国造成影响,市民大可不必恐慌,专家也在解释日本核辐射不会影响我国。夹缝的一方是信息的误导,说日本核辐射会影响我国,需要买盐;夹缝的另一方是专家和政府解释日本核辐射不会对我国造成影响,却信者不多。处在夹缝中的部分民众有的抢购食盐,有的无所适从,有的镇定自若。《每月3元钱,硒盐防辐射》,这是2011年3月16日17点52分出现在南京盐业公司官方网站的一则新闻标题,该文章称,"与大家分享一下通过食用硒强化营养盐的方式来防御辐射的做法"。这条新闻发布的时间与"抢盐潮"开始的时间相近,有网友质疑,这有明显的误导作用。早报记者就此事联系南京盐业公司,该公司企管部一位负责人称,并不清楚该网站新闻。另有媒体报道称,南京盐业办公室工作人员解释称,已查实是黑客入侵所为。早报记者昨日登录南京盐业公司网站,相关新闻已被删除,不过,通过百度快照及部分网友的截图,仍能看到全文。文章在提及日本地震海啸和核辐射后称:碘、茶多酚、黄酮类、硒元素等是食物中常见的抗辐射物质,而食盐当中既含有碘又含有硒,所以硒强化营养盐抗辐射功效显著。该新闻在网上引来了一片喊打之声,有网友指南京盐业公司是"制造盐荒的专家",还有人表示,"原来是卖盐的最先开始造谣!"不过,也有网友认为,帖子内容只是强调硒盐在一定程度上减轻电磁辐射带来的影响,并非是防核辐射,但是文章开头和文中不止一次提到日本核辐射,浑水摸鱼的意图很明显。① 就抢购食盐误导的问题,不同的网友和媒体对有些盐业部门构成夹缝。

信息市场垄断因素主导性夹缝。信息市场垄断主导指发布信息者独有的地位和发布的信息具有导向性的权威作用。当某些信息主体隐瞒或发布垄断主导性信息时,往往对他人构成夹缝。例如,北京证监局 2012 年普法案例之三:京博控股信息披露违法违规案就是构成信息市场垄断因素主导性夹缝的例子。2007 年 7 月,山东京博控股发展有限公司(简称"京博控股")动用约 2.7 亿元资金,利用自己和 17 个关联企业以及 1 个自然人的证券账户,持续买入国通管业流通股股票。在整个收购过程中,京博控股控制的 19 个证券账户持有国通管业流通股股票分别于 2007 年 7 月 24 日、8 月 3 日、8 月 10 日、8 月 27 日、9 月 24 日、12 月 13 日、12 月 18 日达到国通管业总股本的 5%、10%、15%、20%、25%、30%、30.31%。但京博控股均未按照《证券法》的规定,履行报告义务、信息披露义务和要约收购义务。京博控股在其场外收购期间及证监会展开稽查后,19 个证券账户陆续减持国通管业流通股股票,至 2009 年 4 月 9 日,其持股比例降低至 16.12%。在减持期间,京博控股又多次触发《证券法》规定的持股比例每减少 5% 须履行报告和公告的义务,但仍没有向证监会、交易所书面报告并予以公告。此外,京博控股还两次虚假披露持股信息误导投资者。2008 年 7 月 11 日,京博控股披露其前一交易日持股比例达国通管业已发行股份的 5%,持股数量为 5251343 股,而其当日实际持股比例高达 23.92%,实际持股数量高达 25120262 股;2008 年 9 月 25 日,京博控股披露其前一交易日持股比例为 10.03%,持股数量为 10536361 股,而其当日实际持股比例高达 26.48%,实际持股数量高达 27812654 股。为此,山东京博控股发展有限公司及时任法定代表人、董事长马韵升,因京博控股在其交易国通管业股票过程中未履行报告义务、信息披露义务、要约收购义务、虚假披露其持股信息,被中国证监会处罚。证监会认定,京博控股的行为分别违反

---

① 参见吴志刚:《刊文称"硒盐防辐射"被指误导民众》,《东方早报》2011 年 3 月 24 日。

了《证券法》第八十六条、《上市公司收购管理办法》第十三条、《证券法》第八十八条等规定,构成了《证券法》第一百九十三条及第二百一十三条所述违法行为,责令京博控股改正,给予警告,并处以 70 万元罚款;对时任法定代表人、董事长马韵升为直接负责的主管人员,给予警告,并处以 30 万元罚款。专家认为,京博控股作为上市公司收购方既未按规定披露大额持股信息,又未在持股比例达到 30% 时发出强制收购要约,还虚假披露持股信息误导投资者。其之所以刻意隐瞒,一是为了规避向上市公司其他股东发出收购要约;二是为了通过先增持股票再减持部分股票,博取差价,降低收购成本,违法意图明显,违法情节恶劣。有专家提醒,广大中小投资者对证券市场上的各种并购重组消息,要提高识别能力,不要轻信传闻。参与上市公司收购重组的机构或个人,要认真学习并严格遵守《证券法》的相关规定,依法及时履行信息披露和要约收购义务。[①] 夹缝的一方刻意隐瞒和虚假披露持股信息,夹缝的另一方则要求中小投资者对证券市场上的各种并购重组消息,要提高识别能力,这的确使夹缝人——中小投资者无所适从了。

2. 产权市场与服务商品市场的夹缝

（1）产权市场的夹缝

产权市场是指商品的所有权、占有权和使用权交换或转让的场所,是市场主体之间发生交换关系的总和。产权市场主要包括企业产权市场、技术产权市场、土地产权市场、房屋产权市场等。

产权市场细分的夹缝。经过专家研究,产权市场根据不同类型权利的让渡,可分为所有权市场、占有权市场和使用权市场。所有权市场是交换客体的所有权让渡的市场。它的参加者必须具有所有权的法人地位,拥有对交换客体的处置权。所有权的转让,意味着对交换客体处置权的转让,是最高经济权的转让,它决定了交换客体占有权和使用权的归属。所有权市场的交易方式,主要是企业的买卖、兼并等。占有权市场是交换客体的占有权转让的市场。当财产或企业的所有权和占有权相分离的情况下,便

---

① 参见中国证券监督管理委员会:《北京证监局 2012 年普法案例之三:京博控股信息披露违法违规案》,中国证券监督管理委员会京 ICP 备 05035542 号。

产生了占有权的转让关系,从而形成了占有权市场。占有权市场的主体,是权利地位不对等的供应者和需求者。供应者是具有法人地位的所有者,他们保留交换客体的所有权,而转让占有权。占有权市场的交易方式,通常是通过合同实行的承包、保管、租赁等。使用权市场是交换客体的使用权转让的市场。使用权市场的主体,也是权利地位不对等的供应者和需求者。使用权市场的供应者有两种类型:一是供应者就是直接的所有者,他们保留其所有权和占有权,只转让使用权;二是供应者则是占有者,他们保留其占有权,转让使用权。使用权市场的交易方式,通常是租赁、代客加工、资金拆放、商标借用、许可证贸易等。其实,在产权交易的过程中,人们需要什么,直接进行商谈,很少深入细分所有权市场、占有权市场和使用权市场。对于产权是买还是租,开始就非常清楚。因此,当学者们细分产权市场时,很容易使产权的需求者和供应者处在夹缝之中。

企业产权转移的夹缝。企业产权市场主要是指把整个企业作为商品交换或转移的市场。在产权市场上,通过企业的拍卖、兼并、组合,能够实现企业重新组合和优化配置,使优势企业获得急需的场地、设备、劳动力等资源,形成规模效益;同时使劣势企业"置之死地而后生"。据统计,2001年竞争性行业中的国有大企业亏损面高达89.9%。因此,如果仅仅依靠国有企业自身的资金实力来进行资产重组很难达到目的。国有资产的战略性重组迫切需要多元化的投资主体,需要用非公有制形式来改造公有制。产权市场为非公经济参与国有资产的改制、重组架起了桥梁,使国有企业的投资主体实现了多元化。过去进行国有产权转让,大多采取协议转让的方式,由转让方寻找、选择受让方,通过一对一的谈判确定转让价格。实践证明,场外交易存在不透明、不公开的弊端,缺乏有效监管,容易产生不规范、不公正的现象,难免出现暗箱操作、私相授受、低估贱卖等问题,极易造成国有资产的流失。对国家和人民构成夹缝。但是在产权转移中,怎样保证国有资产不流失,怎样实现公平,怎样防止领导层腐败,的确是一大课题,也是化解企业产权转移的夹缝难题。例如,知名国企——古井集团因高管涉腐败窝案近乎"全军覆没"而震惊天下。2009年2月初王效金被终审判处无期徒刑,在他前后,已有近十名古井集团原高管也因受贿罪领刑。律师祁快乐曾是古井贡原总经理甘绍玉的代理律师。祁透露称,2007年,亳州市纪委调查这些高管,最初的目的是让他们交代王效金的问题,但他们都交代出了自己的问题。果然,2007 年 4 月 13 日,安徽省古井贡酒股份有限公司(简称"古井贡",证券代码,000596)的控股股东——古井集团 100% 国有产权转让评标结束,泰国国际饮料控股有限公司为中标候选人。当晚 10 时,王效金和他的妻子一起被安徽省纪委带走。早在 2003 年年底,王效金便开始了古井的改制之路。由于产权不清、经营状况下滑,古井改制势在必行。从 1998 年始,古井贡开始走下坡路,2000 年,酿酒规模收缩,2001 年,辞退了 900 多名农民合同工,而且从 2002 年到王效金落马时,古井贡职工半年生产,半年放假,放假期间,只发基本生活费两三百元。在生产月份,普通工人的工资仍然只有八九百元,已经低于安徽省平均工资水平。与此同时,古井集团拥有所有国有企业的包袱:如本该返还给企业的税收,却因为亳州市地方财政紧张而返还很少,造成公司生产经营资金紧张;缺钱的政府时常伸手向古井要钱,如亳州市政府建了一座大楼,就是从古井集团拨去千万资金,垫付工程款。2004 年初,当古井公布改制方案时,引发了职工们的不满和反对。改制方案是"全本员工持股、管理层持大股",即将古井集团不良资产剥离,保留优良资产,经过评估作价,以净资产为基数,转售深圳万基集团 60% 股权,余下 40% 在内部分配。万基需为此付出的代价为 6 亿元。对于内部的这四成股权,将通过各种方式分配给管理层和职工,可出资购买、也可用其国有身份置换补偿金购买等,最后还预留一部分,用于后来的新管理团队。按照上述方案,古井集团普通职工平均每人将分到 3 万股左右的股权,副总经理以上的高层则平均分到 80 万股左右的股权。员工根据公布的细则计算出,王效金一人拿到 1000 万股权,古井集团党委书记杨光远则获得 700 万的股权。职工认为,此种分配严重不公。2004 年 3 月 3 日,数千职工聚集在古井大酒店和火车站,举着"支持改制,反对不公"的标语表示抗议。当时已经到达合肥并准备赴京参加全国两会的王效金,不得不立即赶回。事态在地方政府的干预下得以平息。王效金的改制方案正是 MBO(管理层收购),那时,这被视为国企改制的一道良方,因为 MBO 实现了"所有者"在位的产权关系。事实上,国企的 MBO 改制造就一批富翁。国有企业的领导者们均因此有所动作,健力宝的李经纬提出管理层自筹资金买下健力宝内政府持有的股份,但被三水市政府拒绝,他本人于 2002 年年底因为贪污及转移国有资产被监视治疗。2004 年,伊利的郑俊怀和其他高层,因挪用公款 MBO 而入狱等。之后,MBO 引起了以郎咸平为代表的学者的质疑,海尔的张瑞敏、长虹的倪润峰等均被点名批评。2004 年 8 月,国资委等四部门紧急颁发了《关于开展企业国有产权转让管理检查工作的通知》,要求彻查国企改制、产权转让两大国有资产流失"命门"。当年 9 月中旬,安徽省国资委下发了特急文件,要求省内地市的国资部门对国企产权转让情况自查。古井集团制订的改制方案被有关部门否决。王效金因此没能赶上 MBO 之路的末班车而暴富。而他的改制热情不减。① 在国企改制产权转移的过程中,形成夹缝的一方是企业的原来的管理层面,他们在改制过程中追求获得更大的利益;夹缝的另一方是改革的领导者和管理者,他们希望产权转移尽量公平,减少国有资产的流失;处在夹缝中的是国有企业的职工。

　　房地产市场的夹缝。房地产市场是指经营房产和地产的场所和领域,是从事房产、土地的出售、租赁、买卖、抵押等房地产市场交易活动的场所,它是由房产和地产市场构成,所谓房产,是指居民的生活住宅用房,也指厂房、商店、办公楼、文化宫、体育馆等非住宅用房。所谓地产,既包括住宅或非住宅用地,也包括开发或待开发的可以作为建筑地段使用的土地。土地历来都是生产要素,在中国,城市土地归国家所有,农村土地归集体所有,永久出让土地所有权是不允许的,因此,地产市场的交易活动是土地使用权的转让或租赁。新中国建立后我国的房地产市场是从改革开放之后才迅速发展起来的。房地产市场可以分为土地使用市场、房产市场、房地产资金市场、房地产劳务市场、房地产技术信息市场等。由于我国的土地不归私人所有,因此,地产市场有其独特性。一般说来,房地产市场可以分为三级市场。房地产一级市场又称土地一级市场(土地出让市场),是土地使用权出让的市场,即国家通过其指定的政府部门将城镇国有土地或将农村集体土地征用为国有土地后出让给使用者的市场。房地产一级市场是由国家垄断的市场。二级房地产市场,又称增量房地产市场。是指生产者或者经营者把新建、初次使用的房屋向消费者转移,主要是生产者或者经营者与消费者之间的交易行为。三级房地产市场,又称存量房地产市场。是购买房地产的单位和个人,再次将房地产转让或租赁的市场。也就是房地产再次进入流通领域进行交易而形成的市场,也包括房屋的交换。在我

---

① 参见鲍小东:《古井高管窝案:改制推倒的骨牌》,《南方都市报》2009 年 2 月 28 日。

国,房地产市场本身就是一个夹缝。夹缝的一方是政府手中的土地使用权的转让,因为许多地方政府是土地财政,对土地使月的操作成为地方官员的首要任务,房产开发商想拿到土地,必须求政府;夹缝的另一方是购房者,他们希望房子越便宜越好;处在夹缝中的往往是房地产开发商,有关系的,可以赚大钱;不按潜规则操作的,往往只能少赚钱。其实,房地产的夹缝,最终还是购房者处在夹缝之中。1992 年春邓小平发表视察南方讲话,同年 10 月党的十四大明确我国经济体制改革的目标是建立社会主义市场经济体制。同年 11 月,国务院发出《关于发展房地产业若干问题的通知》,首次勾画出了房地产市场体系框架。在改革开放新高潮的大环境中,房地产价格放开,许多政府审批权力下放,金融机构开始大量发放房地产开发贷款,土地开发和出让规模迅速扩大,1992 年开始出现了“房地产热”。一是房地产开发公司急剧增加。1992 年底,全国共有房地产开发公司 12000 多家,是 1991 年底的 3 倍。大量的房地产开发公司集中在沿海,广东、海南、上海、江苏等地的房地产开发公司占全国房地产开发公司总数的 44%。二是房地产开发高速增长。1992 年,全国完成房地产开发投资 731 亿元,比上年增长 117%;开发土地面积 2.334 万公顷,比上年增长 175%;新开工商品房屋面积 11460 万平方米,比上年增长 78.1%。三是房地产市场十分活跃,价格大幅上涨。1992 年,销售商品房屋面积 4288.86 万平方米,比上年增长 40.4%。商品房屋平均销售价格 1050.03 元/平方米,比上年上涨 30.93%。四是土地出让大幅度增长,1992 年全国共出让土地 2.2 万公顷,是 1991 年前出让土地总量的 11 倍。1993 年 1—6 月,全国房地产开发在 1992 年高速增长的基础上继续高速增长,房地产开发公司从 1992 年的 12000 多家增加到近 20000 家,房地产开发投资比 1992 年同期增长 143.5%,新开工商品房屋面积比 1992 年同期增长 136%。另外,1992 年房地产业发展中心主要在珠江三角洲地区,1993 年开始北移,形成沿海、沿江到内陆开放城市的多元化格局。① 从此,房地产热一发而不可收,购房者一直处在决策者与房地产商的夹缝之中。中国房地产市场在经历了十余年的高速发展之后,房地产企业处在了一个新的十字路口。

---

① 参见邹东涛:《发展与改革蓝皮书——中国改革开放 30 年(1978—2008)》第 19 章,社会科学文献出版社 2008 年版。

2014 年,关于房地产市场的看空言论骤然增多。地产危机爆发、楼市"崩盘"、楼市"拐点"、房企破产倒闭等词句不断地出现在纸媒和网络上。经过近期多轮调研与监测,有关部门认为房地产市场总体上"供过于求",未来将侧重于"释放住房需求"。2011 年限购政策的出台,目的被认为是"以时间换空间",即在暂时对需求进行抑制的情况下,增加市场供应,并填补供需缺口。来自国家统计局的数据显示,2014 年以来,全国房地产销售面积和销售额连续四个月下滑。同期,全国商品房待售面积持续增加。从这一趋势来看,供需关系逆转的形势已较为明确。到了 2014 年上半年,多地传出松绑限购消息,算上此前或明或暗调整限购的城市,全国共有近 20 个城市对"限购令"实施调整。其中,随着呼和浩特明确发文表示取消限购,使得松绑"限购令"的行为从"地下"转入"地上"。为配合这一举措,不少地方对于户籍政策实施调整,从而释放更多的购房需求。还有不少城市推出税收优惠,目的同样在于刺激需求。值得注意的是,除了限购之外,信贷和税收政策也有释放空间。《国家新型城镇化规划(2014—2020)》提出,调整完善住房、土地、财税、金融等方面政策,共同构建房地产市场调控长效机制。实行差别化的住房税收、信贷政策,支持合理自住需求,抑制投机投资需求。① 此时的房地产夹缝已经变为针对购房者,夹缝的一方是房地产商,他们建好了房子,需要出售;夹缝的另一方是政府,政府为了拉动经济,使用政策的、服务的手段,推动房地产销售,这种夹缝一时难以化解。为了走出困境,房地产商们除了降价跑量、全民营销等常规思路外,越来越多的房企思变"多元化",出海、物流、养老、体育等领域也正成为房企业绩的新增长极。房地产开发企业面临长期需求增长放缓的销售形势,大量的中小房地产面临被迫退出市场的风险,要么被兼并,要么破产倒闭;具有一定比较优势的房地产企业也到了一个需要重新思考企业发展战略,寻求新的突破点,确立新商业模式,寻求再增长动力的时刻。北京师范大学金融研究中心主任钟伟说:"房地产市场的调整压力是异常严峻的,或者说从现在到今后的三年,2014 年会是中国房地产行业向下调整的斜率和幅度最为陡峭的一年。"房企去库存化的压力是最大的,可能需要两到三年的

---

① 记者联合报道:《房地产市场供过于求释放住房需求或成楼市关注点》,《中国证券报》2014 年 7 月 15 日。

时间。万科宣布要进军物流地产,佳兆业已与深圳大学签订《战略合作协议》,称双方拟就合作办学、房地产、互联网、金融、高新技术、医疗、养老、旅游等领域进行深度合作。万达投入巨资布局文化产业和影视产业,恒大同样也投资文化产业、矿泉水产业、音乐产业,万科、越秀地产、恒大地产等众多企业参股金融产业,万科将在社区金融领域提前布局,为未来的增值服务打下基础;世茂房地产也在 Mini Mall 商业和酒店领域进行创新探索,当然也不排除做养老地产的开发,他们甚至还在研究是不是应该专门为年轻人盖一些房子。这些都是企业为了今后的转型与突破寻找方向,探索再增长的动力。除此,越来越多的房企还将触角伸向海外。2014 年 5 月 18 日,碧桂园国际展销中心全球品牌发布会在佛山希尔顿酒店举行的时候,碧桂园的黄金业主和准业主们对于澳洲莱德花园非常感兴趣,碧桂园的成功之处在于它抓住了业主们置业、投资、移民、留学等多方面的需求,碧桂园力争使得国际展销中心成为全球第一品牌。碧桂园营销中心常务总经理陈穗金说,在未来的日子里,海外的业务将会占到集团的三分之一。据不完全统计,2014 年前三个月,房企海外投资总额已接近千亿元,超过 2013 年总投资额。[①] 当决策者对房地产进行了控制,国内人们购房的热情减少之后,房地产商处在房地产开发的夹缝之中。他们逐渐开拓新业务,寻找新市场,以求走出夹缝。

(2)服务商品市场和期货市场的夹缝

服务商品市场夹缝。服务商品市场是劳动者运用服务设备、工具及其他生产资料接受消费者的要求而提供劳动服务的场所和领域。服务商品生产和流通的特点是边生产、边消费,先出售、后生产,从而决定了服务市场呈现出与物质商品市场不同的特点,诸如,无形性特点,服务商品是无形的,它不可能像物质商品那样展销、陈列;易逝性特点,服务商品不是经久存在的东西,因为对各种服务商品的利用都是短期瞬间的事;差异性特点,服务商品不像物质商品那样标准化,同样一个服务商品的提供者,服务的效果往往会不一样。服务商品市场大体可分为几个市场。一是运输服务市场;二是邮电服务市场;三是旅游服务市场;四是饮食服务市场;五是情报信息市场;六是传统的服务市场,如理发、照相、浴池、洗染、旅馆等服务

---

① 　参见乔治、刘娟:《寻求房地产市场再增长的动力》,《时代周报》2014 年 5 月 22 日。

行业市场;七是其他服务市场,如广告服务、咨询服务、委托服务、技术服务、网络服务以及直接为工农业生产服务(如安装、气象、植物保护等)等。[①] 就广告服务而言,是百家争鸣,各领风骚。

期货市场的夹缝。期货市场与现货市场的对称,它是指先达成交易契约,然后在将来某一日期进行银货授受的交易。在这种"成交在先,交割在后"的交易方式中,市场主体的权利让渡和交换客体的实际易位在时间上是分离的。广义上的期货市场包括期货交易所、结算所或结算公司、经纪公司和期货交易员;狭义上的期货市场仅指期货交易所。期货交易所是买卖期货合约的场所,是期货市场的核心。比较成熟的期货市场在一定程度上相当于一种完全竞争的市场,是经济学中最理想的市场形式。期货市场的主要特点是交易双方达成协议或成交后,不立即交割,而是在未来的一定时间内进行交割。期货市场基本上是由四个部分组成:期货交易所、期货结算所、期货经纪公司、期货交易者(包括套期保值者和投机者)等。期货市场的特点有时就是期货市场的缺点,因此期货市场存在许多风险。由于不少投机者参与期货市场,因此,期货市场常常对参与期货交易的人构成夹缝。期货市场风险是指期货市场参与者(期货交易所、期货经纪公司、结算所、期货交易者、国家)在期货市场运作过程中直接或间接的遭受的损失及其可能性。期货市场风险主要包括:市场环境方面的风险、市场交易主体方面的风险、市场监管方面的风险等,有时各种风险混杂,使夹缝一时难以化解。投机交易有三种交易主体:套期保值者、套利者和投机者。一是套期保值者面临的风险。套期保值者风险在于套期保值者在现货市场上需要保值的股票与期货指数的成分结构不一致;对价格变动的趋势预期错误,致使保值时机不恰当;资金管理不当,对期货价格的大幅波动缺乏足够的承受力,当期货价格短期内朝不利方向变动时,投资者没有足够的保证金追加,被迫斩仓,致使保值计划中途夭折,套期保值者面临的各种风险在实际运作中都容易构成夹缝。二是套利者面临的风险。套利是跨期、现两市的交易,如果估计错误,套利风险很大。由于我国利率没有市场化,公司分红派息率不确定,并且股票价格的变动在很大程度上也不是由股票的内在价值决定的等原因,使得套利在技术上存在风险。三是投机者面临

---

① 参见赵德水:《市场经济 400 题》第 217—218 页,江苏教育出版社 2002 年版。

的风险。投机者面临三大风险:"杠杆作用"风险、"价格涨跌不具确定性"风险、"交易者自身因素"风险。简单地说,就是投机者是处在一个不具确定性的市场中,任何风险在杠杆作用下都将放大了几十倍,包括自身的一些因素。期货市场的主要功能在于发现价格、规避风险、优化商品生产结构、调节现货市场供求。① 一旦期货市场的功能发挥不到位,夹缝就很快显现。例如,1997 年的"天然橡胶 R708 事件"就是期货的典型夹缝。海南中商所地处我国天然橡胶主产区,天然橡胶作为其上市品种之一,可谓得天独厚条件,如此理想的配置,本该对现货市场及地方经济发挥更大的积极作用,然而,R708 事件的发生,却对国内天然橡胶期货、现货市场造成了巨大冲击,使得参与各方损失惨重。早在 1996 年的 R608 合约上,已演绎过一场"多逼空"行情,主要表现为投机多头利用东南亚产胶国及国内天然橡胶主产区出现的自然灾害进行逼仓。而 R708 事件却是在市场供给过剩的情况下发生的。1997 年初,在 R708 合约上,多头逆市拉抬期胶价,使得海南中商所定点库所存的天然橡胶仓单开始增加。到 R708 逼空行情出现之前,注册仓单已达 4 万多吨。R708 事件的导火线应是东京天胶于 110 日元/公斤一线企稳后大幅反弹事件,国内一大批投机商本欲借机在 R706 合约上做文章,但由于受到以当地现货商为首的空头主力凭借实盘入市打压,再加上时间不充足,不得不放弃该合约,并主动平多翻空。于是,胶价全线崩盘,连续四天跌停,创下新低 9715 元/吨。此时,市场中的多头并不甘心失败,反而调集雄厚的后备资金卷土重来。他们在 R708 上悄然建多,在 1997 年 5 月份的下半月将胶价由 10000 点水平拉至 11300 点以上。而空头也不示弱,从国内现货市场上调入了大批天然胶现货进入中商所仓库,并声称手中已掌握了 10 万多吨现货仓单,准备以实盘交割相见。多头主力是上海、江浙一带的投机大户,他们诈称准备接完库存胶去扩充上海市场,以此来吸引中小散户加盟。多空大战在 6 月底至 7 月初再次升级,双方在 11200～11400 之间形成对抗。7 月 4 日,多头突然发难,实行上下洗盘。在 R708 合约跌到 10790 之后,多方强行拉抬,当日封至涨停,随后将期价连续上推,并挟持近 23 万手的巨仓。R708 在 7 月底一度摸高到 12600 一线。巨大的风险已聚集在海南中商所以及部分会员身上。

① 参见刘树成主编:《现代经济辞典》第 775—776 页,凤凰出版社、江苏人民出版社 2005 年版。

7月26日、27日,交易所理事会持续不断地讨论R708问题,并在多空大户之间斡旋。由于谈判无任何进展,7月30日,中商所发文,"对R708买方持仓保证金分阶段提高,并自30日起,除已获本所批准其套期保值实物交割头寸尚未建仓者外,一律禁止在R708合约上开新仓"。同日,中商所再次发文,暂停农垦所属金龙和金环仓库的天然胶入库。至此,R708大战基本宣告收场。从8月4日起,以每天一个跌停板(前3日每日400点,后7日每日20点)的速度于8月18日以11160元/吨和持仓59728手摘牌。R708事件的处理延续了几个月时间。其间,标的达数亿甚至数十亿的经济纠纷在法院审理,中国证监会有史以来最大规模地处罚了一批期货经纪机构和市场参与者。R708事件的直接结果为:多方分仓的近20个席位宣告爆仓;多方按8月18日持仓单边29864手支付20%的违约罚款,计3.33亿元;多方于8月4日至13日的协议平仓中支付赔偿金近2亿元;多方在交割中只勉强接下13000吨现货;而空方意欲交割的16万吨现货,最终在期、现货市场上以平均不高于8000元/吨的价格卖出,共计损失1.4亿元。① 有人说,R708事件是一场严重破坏期货市场规则而又两败俱伤的豪赌。夹缝的一方是多方,强行拉抬,随后将天然胶期价连续上推;夹缝的另一方空方从国内现货市场上调入了大批天然胶现货进入中商所仓库,并声称手中已掌握了10万多吨现货仓单,准备以实盘交割相见;处在夹缝中的是一部分期货经纪机构、市场参与者和海南中商所。

3.营销市场的夹缝

营销原来是指根据市场需要组织生产产品,并通过销售手段把产品提供给需要的客户,现在指经营销售。营销受市场影响,也受国家的政策影响,还受营销者自身素质的影响。有的学者把营销分为服务营销、体验营销、知识营销、情感营销、教育营销、差异化营销、直销、网络营销等方式,说明营销者自身素质的作用很大。在营销过程中,市场的因素、国家政策的因素都容易对营销者构成夹缝。营销市场夹缝一般表现为竞争市场夹缝

---

① 参见 Wqj:《天然橡胶 R708 事件》,"浙江期货"Copyright(C)2009 浙商期货有限公司 AllRight-Reserved2012 年 6 月 15 日,李永强:《1997 年海南橡胶的 R708 事件回顾》《证券时报》2004 年 8 月 10 日。

和市场营销夹缝。

（1）竞争市场夹缝

竞争是一种广泛存在的现象，是许多学科的研究对象。生物学的竞争是生物之间的关系之一（无论是同种或非同种生物，有时也可能是以族群为单位）；化学的竞争是化学反应中有时发生的一种效应；社会科学的竞争是基本社会关系之一，而经济学研究的竞争是市场经济发展的推动力，同时对于不同的竞争者构成夹缝。在经济学中，竞争指在市场经济中商品生产者为经济利益而进行的斗争。正如恩格斯所指出的那样："竞争是经济学家的主要范畴，是他最宠爱的女儿，他始终安抚着她。"①竞争是市场经济中的必然现象。竞争包括同一产业、行业、部门内部的生产者争夺市场份额的竞争和不同产业、行业、部门的生产者争夺有利投资机会的竞争。同一产业、行业、部门生产者的竞争形成本产业、行业、部门商品的价值，并淘汰落后者；不同产业、行业、部门生产者的竞争导致生产资源在产业、行业、部门之间流动，有利于资源的有效配置，也为构成经济竞争的夹缝创造了条件。经济竞争是在市场中完成的，往往被称为市场竞争。竞争市场指有许多交易相同产品的买者与卖者，以至于每一个买者和卖者都是价格接受者的市场。竞争市场的夹缝主要体现在完全市场竞争夹缝、完全垄断市场夹缝、垄断竞争市场夹缝和寡头垄断市场夹缝几个方面。

完全竞争市场的夹缝。完全竞争市场有几个特征：一是市场上有许多买者和许多卖者，二是各个卖者提供的物品大体是相同的，三是市场价格在交易过程中是自然形成的，四是企业可以自由地进入或退出市场，五是卖者和买者对产品价格信息能确切了解，六是没有市场价格协议和政府直接干预。就第六条来讲，我国的市场不仅有协议和政府直接干预，而且政府干预市场的力度是非常大的。就经济活动而言，完全竞争市场在现实的经济生活中是很少见的，只是一种假设理论抽象。完全竞争市场的提出，已经和经济活动的实践者对政府和市场管理构成了夹缝。就是说完全竞争市场的理论家认为应该实现完全竞争市场，是夹缝的一方；经济活动实践者有的赞成完全竞争市场的理论，有的不赞成，有的提出新的理论，是夹缝的另一方；处在夹缝中的是政府以及经济管理者。

---

① 《马克思恩格斯全集》第 1 卷，第 611 页，人民出版社 1956 年版。

完全垄断市场的夹缝。垄断也叫独占,完全垄断市场是指少数企业为了获得最大利润,独占和控制一个部门或几个部门的商品的生产、销售以及原材料等市场。如果一个企业是其产品唯一的卖者,而且其产品并没有相近的替代品,那么这个企业就是一个垄断企业(monopoly)。垄断产生的基本原因是进入壁垒:垄断企业能在其市场上保持唯一卖者的地位,是因为其他企业不能进入市场并与之竞争。而进入壁垒又有三个主要形成原因:一是垄断资源,生产所需要的关键资源由单个企业所拥有;二是政府管制,政府给予单个企业排他性的生产某种物品或劳务的权利;三是某个企业能以低于大量生产者的成本生产产品。当形成了完全垄断市场时,夹缝就形成了。此时的夹缝一方是有关法律和政府管制,支持某企业独家经营;夹缝的另一方是其他企业,希望进入垄断的市场,参与经营;处在夹缝中的多是垄断企业,当然,有时垄断企业和其他企业对政府也容易构成夹缝。例如,专利法对于专利的保护,就形成了夹缝的形态。当一家制药公司发明了一种新药时,它就可以向政府申请专利。如果政府认为这种药真正是原创性的,它就会批准专利。该专利给予该公司在 20 年中排他性地生产并销售此种药的权利。专利受保护,如果有了产品,一定是独家经营,当企业追求利益最大化时,往往影响社会的最佳利益,因此构成夹缝。在垄断经营中,一方面是法律支持,一方面是其他企业和专利产品使用者对自己利益的保护,此时构成了既针对政府的也针对专利所有者的夹缝。如果专利产品的使用者认为专利产品价格太贵,希望降低价格,而专利所有者不同意降低专利产品的价格时,夹缝就构成了。

(2)市场营销夹缝

从经济活动过程来看,市场营销的概念已经对人们构成了夹缝;市场营销的方法和手段,也容易构成夹缝。

市场营销概念的夹缝。市场营销(Marketing)又称为市场学、市场行销或行销学,MBA、EMBA 等经典商管课程均将市场营销作为对管理者进行管理和教育的重要模块包含在内。有的学者认为,市场营销是在市场经济条件下,企业为了最大限度地满足消费者的需求并获得自身的生存与发展而有计划实施的一系列相互关联的整体经济活动;还有的学者认为,市场营销是指个人或集体通过交易其创造的产品或价值,以获得所需之物,实现双赢或多赢的过程;美国市场营销协会(American Marketing Association, AMA)下的定义是:市场营销是在创造、沟通、传播和交换产品中,为顾客、客户、合作伙伴以及整个社会带来价值的一系列活动、过程和体系(该定义于 2013 年 7 月通过美国市场营销协会董事会一致审核)。菲利普·科特勒认为,市场营销是个人和集体通过创造产品和价值,并同别人自由交换产品和价值,来获得其所需所欲之物的一种社会和管理过程,强调了营销的价值导向;格隆罗斯认为,市场营销就是在变化的市场环境中,旨在满足消费需要、实现企业目标的商务活动过程,包括市场调研、选择目标市场、产品开发、产品促销等一系列与市场有关的企业业务经营活动,这种观点强调了营销的目的;美国学者基恩·凯洛斯将各种市场营销定义分为三类:一是将市场营销看作一种为消费者服务的理论,二是强调市场营销是对社会现象的一种认识,三是认为市场营销是通过销售渠道把生产企业同市场联系起来的过程。台湾的江亘松在《你的营销行不行》中解释营销的变动性,将英文的 Marketing 作了下面的定义:"什么是营销?"就字面上来说,"营销"的英文是"Marketing",若把 Marketing 这个字拆成 Market(市场)与 ing(英文的现在进行式表示方法)这两个部分,那营销可以用"市场的现在进行式"表述。还有人认为,市场营销是一个过程,在这个过程中一个组织对市场进行生产性和营利性活动;市场营销是创造和满足顾客的艺术;市场营销是在适当的时间、适当的地方以适当的价格、适当的信息沟通和促销手段,向适当的消费者提供市场的产品和服务;市场营销是以满足人类各种需要和欲望为目的,通过市场变换交替为现实交换的活动等,可谓五花八门。就市场营销研究的定义而言,市场营销包含两种含义:一种是动词理解,指企业的具体活动或行为,这时称之为市场营销或市场经营;另一种是名词理解,指研究企业的市场营销活动或行为的学科,称之为市场营销学、营销学或市场学等。这些五花八门的市场营销的定义,已经构成了定义理解的夹缝。

营销方式的夹缝。企业如何营销,选取什么样的营销方式,有时会处在夹缝之中。营销的方式很多,我们选取几种介绍,就可以看到营销方式夹缝的夹力。一是整合营销传播(Integrated Marketing Communications)。整合营销传播指将一个企业的各种传播方式加以综合集成,其中包括一般的广告、与客户的直接沟通、促销、公关等,对分散的传播信息进行无缝接合,从而使得企业及其产品和服务的总体传播效果达到明确、连续、一致和提升。二是数据库营销(Database Marketing)。数据库营销指以特定的方式在网络上(资料库或社区)或是实体收集消费者的消费行为资讯、厂商的销售资讯,并将这些资讯以固定格式累积在数据库当中,在适当的行销时机,以此数据库进行统计分析的行销行为。三是网络营销(Internet Marketing)。网络营销是企业整体营销战略的一个组成部分,是为实现企业总体经营目标所进行的,以互联网为基本手段营造网上经营环境的各种活动。网络营销的职能包括网站推广、网络品牌、信息发布、在线调研、顾客关系、顾客服务、销售渠道、销售促进八个方面。四是直复营销(Direct Marketing)。直复营销指在没有中间行销商的情况下,利用消费者直接(Consumer Direct,CD)通路来接触及传送货品和服务给客户。五是关系营销(Relationship Marketing)。在很多情况下,公司并不能寻求即时的交易,所以他们会与长期供应商建立顾客关系。六是绿色营销。绿色营销是指企业为了迎合消费者绿色消费的消费习惯,将绿色环保主义作为企业生产产品的价值观导向,以绿色文化为其生产理念,力求满足消费者对绿色产品的需求所做的营销活动。七是社会营销。社会营销是基于人具有"经济人"和"社会人"的双重特性,运用类似商业上的营销手段达到社会公益的目的,或者运用社会公益价值推广其商品或商业服务的一种手段。八是病毒营销。病毒营销是一种信息传递策略,通过公众将信息廉价复制,告诉给其他受众,从而迅速扩大自己的影响。[①] 九是微信营销。微信营销是网络经济时代企业营销模式的一种。是伴随着微信的火热而兴起的一种网络营销方式。微信不存在距离的限制,用户注册微信后,可与周围同样注册的"朋友"形成一种联系,订阅自己所需的信息,商家通过提供用户需要的信息,推广自己的产品,从而实现点对点的营销。微信营销主要体现在以安卓系统、苹果系统、windowsphone8.1系统的手机或者平板电脑中的移动客户端进行的区域定位营销,商家通过微信公众平台二次开发系统展示商家微官网、微会员、微推送、微支付、微活动、微 CRM、微统计、微库存、微提成、微提醒等,已经形成了一种主流的线上线下微信互动营销方式。2011 年 1 月 21 日,腾讯推出即时通信应用微信,支持发送语音短信、视频、

---

① 参见百度百科:《市场营销》,2014Baidu;参见[美]卡尔·麦克丹尼尔、查尔斯·W.兰姆、小约瑟夫·F.海尔著,时启亮等译:《市场营销学》,格致出版社、上海人民出版社 2013 年版。

图片和文字,可以群聊。微信营销的特点是具有高到达率、高曝光率、高接受率、高精准度、高便利性、高效性等。微信营销的缺点是微信营销所基于的强关系网络,如果不顾用户的感受,强行推送各种不吸引人的广告信息,会引来用户的反感,[1]对于不习惯微信营销的民众同样会感到不适,同时会构成夹缝。随着网络的发展,新的营销方式还会出现。在经济活动中,人们会使用这些方式吗? 人们怎么样营销自己的产品,往往会处在夹缝之中。

　　市场调查的夹缝。企业销售商品的必要外部条件之一是该商品存在着市场需求,只有存在市场需求,商品才能销售出去。某种商品的市场需求,是指一定范围的所有潜在顾客在一定时间内对于该商品有购买力的欲购数量。由于生产分工和商品生产本身在不断地创造着市场需求,因此,笼统地讲,潜在市场需求总是存在的。问题在于人们现实需要的商品是不是市场上供应的商品。经常存在的商品销售困难的根源在于市场上供应的商品不是人们现实需要的商品,这个问题一方面造成了商品销售困难,而另一方面造成部分顾客的需要得不到满足,这就形成了商品营销的夹缝。夹缝的一方面是人们需要某些产品,结果市场没有;夹缝的另一方面是人们不需要某些产品,结果市场却很多,这就对营销者和企业构成夹缝,因此,市场需要什么,市场营销必须进行调查。从市场营销学的角度来看,市场调查就是运用科学的方法,有目的地、有系统地收集、整理、分析有关影响市场营销的资料,了解企业市场的历史、现状及其影响因素的变化,为企业的市场预测及营销决策提供依据,使市场营销活动更有效地发展。市场调查主要是研究企业的外部环境和在经营过程中所遇到的各种情况,对企业市场营销的全部过程中所需的信息进行详细的收集、整理、分析研究,以作出对各个特定问题的专门的调查报告。[2] 市场调查的本身就处在夹缝之中。在市场调查中,市场调查的内容对市场调查者构成了夹缝,市场调查的内容一般有市场营销环境的调查、市场需求的调查、产品状况调查、产品价格调查、销售渠道调查、促销情况调查和企业情况调查等。调查者

---

① 参见百度百科:《微信营销》,2015 Baidu。

② 参见刘树成主编:《现代经济辞典》第 934 页,凤凰出版社、江苏人民出版社 2005 年版;参见赵德水:《市场经济 400 题》第 249 页,江苏教育出版社 2002 年版。

在做哪些方面的调查时往往处在夹缝中。例如,在市场营销环境调查时,是调查政策法令的变化的影响,还是调查科技发展的影响、人口发展的影响、社会时尚变化的影响、网络发展的影响、竞争状况的影响等,有时难以取舍,此时调查者处在夹缝之中。曾经有家亚洲鞋厂想去开发非洲的市场,他的老板先派了甲去了非洲。甲到了非洲,他看到了非洲人都是赤脚的,马上给老板打电话,说非洲人都是赤脚不穿鞋的,我们在这里没有市场的。于是他便打道回府了。随后老板又派了乙来开发非洲市场,他同样看到了非洲人都是赤脚的,于是马上给他的老板打电话,说你赶紧生产鞋子,非洲这边都是不穿鞋子的,这边有很大的市场,你把鞋子运过来肯定会有很大的利润空间,结果乙非但没有成功,而且亏得一塌糊涂。因为非洲人长期以来都是赤脚的,根本就没有穿鞋的习惯,况且长期的赤脚使得他们脚趾的间距分开得非常大,亚洲人设计的鞋子根本就不适合他们穿。后来鞋厂老板又派丙去了非洲开发市场,丙处在市场调查和营销的夹缝之中了。甲认为没有希望卖鞋,乙认为有希望卖鞋,结果都失败了。夹缝中的丙来到非洲之后首先做了一个非常详细的市场调查,发现了非洲人的脚型特征和不喜欢穿鞋的生活风俗及习惯。在市场调查完之后,给他的老板打了个电话,要求鞋厂按照他量脚定制的样式生产适合非洲人穿的鞋子,并尽快运送一些样品到非洲来。他在非洲一个非常出名的中央广场,制作了一个人物的雕像,用一块幕布盖着,选择了一个非洲很重要的节庆日,请了一位非洲知名的主持人来主持这场揭幕典礼,当主持人喊到三、二、一时,幕布揭开。原来是一位非洲人非常崇拜的人的塑像穿着他们鞋厂设计的鞋子,而且他们身边还有很多人穿着他们厂设计的美丽的鞋子在翩翩起舞。于是,这家鞋厂的鞋很快就在非洲畅销。这是化解营销夹缝的著名的例子。①

　　市场营销活动的夹缝。市场营销是通过营销者各种活动进行的,在各种营销活动中,容易构成一些有趣的夹缝。例如,2001 年 5 月 20 日,美国一位名叫乔治·赫伯特的推销员,成功地把一把斧子推销给了小布什总统。布鲁金斯学会得知这一消息后,把刻有"最伟大的推销员"的一只金靴子赠给了他。这是自 1975 年以来,继该学会的一名学员成功地把一台

---

　　① 参见百度文库:《非洲卖鞋的故事》,2014 Baidu。

微型录音机卖给尼克松后,又一名学员登上如此高的门槛。布鲁金斯学会创建于 1927 年,以培养世界上最杰出的推销员著称于世。该学会有一个传统,在每期学员毕业时,设计一道最能体现推销能力的实习题,让学生去完成。克林顿当政期间,他们出了这么一个题目:请把一条三角裤推销给现任总统。结果没有一个学员成功。克林顿卸任后,布鲁金斯学会把题目换成:请把一把斧子推销给小布什总统。鉴于前 8 年的失败与教训,许多学员知难而退;有的学员认为,肯定和克林顿时期一样,不会有任何结果;还有的学员认为,总统缺少东西,一般不用自己购买,即使自己购买,也不会让我们赶上了。有一名叫乔治·赫伯特的学员想实践一下,同学中什么样的劝说都有,使他处在了夹缝之中,一时难以决定。最终,他决定试试。乔治·赫伯特到了布什总统在得克萨斯州的农场调查,发现总统在得克萨斯州的农场里面种了许多树,于是乔治·赫伯特给总统写了一封信说:"有一次,我有幸参观您的农场,发现里面长着许多矢菊树,有些已经死掉,木质已变得松软。我想,您一定需要一把小斧头,但是从您现在的体质来看,这种小斧头显然太轻,因此您需要一把不甚锋利的老斧头。现在我这儿正好有这样的斧头,它是我祖父留给我的,很适合砍伐枯树。假若您有兴趣的话,按信所留的信箱,给予回复……"最后小布什就给乔治·赫伯特汇来了 15 美元。一些读者纷纷搜索布鲁金斯学会,他们发现在该学会的网页上贴着这样一句格言:"不是因为有些事难以做到,我们才失去自信;而是因为我们失去了自信,有些事情才显得难以做到。"正是乔治·赫伯特的自信,才化解了向总统销售斧头的个人夹缝。

连锁营销的夹缝。所谓连锁经营是依据社会化大生产原理,结合经营特点加以运用,在专业分工基础上通过系统化和规模化,达到规模效益与灵活方便统一的经营制度。连锁销售起源于 1859 年的美国,由哈佛大学的犹太籍人所创立。起初销售茶叶。隐蔽运行 19 年后才逐渐走向明朗化。在中国其实早已存在"表面连锁"的实体,但并未冠以"连锁"二字,自1978 年改革开放、外商进入中国市场且欲抢占零售市场后,连锁经营才正式进入中国,但国内的连锁企业或许因为功力不足,造成相当多的连锁店只是招牌的一致,根本谈不上统一进货、统一管理、统一标准规范等连锁店的精髓。专家们认为,连锁企业的经营一般有四大原则:一是经营上的分工原则,即总部是法人,实行统一管理、统一进货、统一核算、统一商号、统一库存、统一定价、统一服务规范;二是管理上的 3S 原则,即专业化、标准化、简约化;三是物流上的集中配送原则,即配送中心由商品转运中心(TC)系统、商品发展中心(DC)系统和加工配送(PC)系统构成;四是信息上网络化原则,即连锁营销原则。连锁营销其一包括直营连锁型(又称正规连锁、公司连锁、联号商店等)、自愿连锁型(又称自由连锁、任意连锁)、合作连锁型和特许连锁型(商品商标型特许、经营模式特许、分支特许和转换型特许)。其二是企业识别连锁,它包括招牌、装潢、标准色彩、外观、物品陈列、布置、包装材料、手提购物袋、制服旗帜、收银台、名片、标识卡、意见箱、垃圾箱等硬件和礼节、口号、招呼等行为语言等方面的连锁。其三是商品服务连锁,连锁企业在每一门店定位出使消费者都能享受到所提供的商品一致、公平合理的待遇。其四是经营管理连锁,从总部到每一门店都须遵循从总部公布的规章、规定、办法行事,一切标准化、系统化、简单化,一切的动作、做法都有明文规定而形成管理一元化、一致化、一贯化。连锁经营可分为几种形态包括直营连锁店、特许加盟店和自愿加盟店。在我国,连锁事业是由不同的个体,各自发挥专业才能相互结合而形成的一种运作事业,也是企业最容易变大的策略联盟合作方式。连锁事业的发展,并非有了加盟店便可平步青云,期间运作技术的发展,管理系统的健全化,观念思考的启发等,却截然不同于单独的事业体制。有的学者认为发展加盟连锁,必须具备三个条件:一是具备可以成功运作的技术,一套可以运作自如却不易拷贝的技术系统,是连锁经营的根本;二是建立完善的后勤支援系统,是竞争的最大本钱,末端门店发展的好坏,与幕后总部给予的支援程度息息相关,如果后勤支援系统不足,无疑将造成门店困扰,一旦门店无法有效运转,则连锁竞争力必然降低;三是建立长期研发机构,将有助于掌握消费趋势。连锁经营是一条长期艰辛的路,面对多变的环境,建立不断创新求进的研发机能,方能为连锁体系注入更加新鲜的血液。[①] 我国连锁商业企业在经营管理中存在很多的问题,这些问题或大或小、或多或少地影响了我国连锁商业企业的进一步发展。诸如多数连锁企业资金不足,限制了发展规模,难以取得规模效益;连锁商业企业管理滞后;物流基础设施比较薄弱;跨区域扩张遭遇行政壁垒和低效率陷阱阻碍;缺乏共赢

---

① 参见刘雨辰:《我国连锁经营发展对策思考》,《中国商界》,2010 年第 1 期。

理念,同道冲突频繁,合作关系仍不稳等。① 例如,《销售与市场》杂志社社长、总编辑李颖生在《大败笔》中介绍说,2003 年,古井制药公司营销中心专门成立了社区营销推广事业部,准备从陕西省西安市场开始推广,搞全国连锁,由原西安交大药业集团心荣胶囊推广事业部陕西省销售副总经理负责。很快西安销售部招聘了 100 多名员工(很多都是原西安交大药业集团心荣胶囊社区营销队伍的优秀员工),着手对这些人进行培训,培训内容包括企业文化、成功心态、销售技巧、模拟演练等。同时,其他相关销售部门的人员经验也很丰富。很快,推广事业部在西安分成东南、西南、西北、东北、城中五个办事处,每个办事处设置两个小组,每个小组 10 ~ 12 名具有丰富调研知识的调研人员进行推销,"心荣颗粒"很快在西安老年人之间广为传播,一天的平均回款在 10000 元以上,第一个月的回款达到 30万元左右。到 3 月下旬,营销中心已经着手准备开发陕西周边地级市场,同时准备在古井制药公司的老家开设全国第二个省级市场部。但到了2003 年年底,情况发生了变化。最初是因为整个营销中心部门设置齐全,由于一开始业务尚未完全开展,造成主管陕西市场销售事务的领导很多,为了解决这个问题,营销中心采取减少领导的策略,结果领导被聘时都带了很多人,于是形成帮派争权夺利的现象。竞争对手通过卧底,开始来挖表现优秀的员工,很快销量平均每天降到 3000 多元。当时全国已开始出现"非典"疫情大面积扩散的现象,社区营销遇到致命的打击,古井制药公司终于痛下决心,关闭营销中心,撤回安徽。古井制药公司连锁经营失败,构成了连锁经营的夹缝。在起初,夹缝的一方是一些连锁经营的谋士们千方百计动员古井制药公司的决策者,扩大销售范围,有的还埋怨决策者太犹豫;夹缝的另一方提醒决策者小心扩张,谨慎设置连锁店;夹缝中的决策者也犹豫过,最终是听"进"不听"停",使得连锁经营失败。到了总结教训时,决策者还是处在夹缝之中。古井制药公司的谋士和社会学者给古井制药公司连锁经营失败总结了五方面的教训:一是错误的地点成立了营销中心,即不该借用西安交大药业集团心荣胶囊销售火爆的系列产品之力,成立连锁经营的营销中心,同时还有次要的原因,安徽古井贡酒业集团在中国白酒市场上是响当当的,但给消费者的印象是酒类,而突然之间以古井

---

① 　参见张杰:《连锁经营的模式》,百度文库,2014 Baidu。

制药公司来给消费者宣传药品,许多消费者一时还难以接受;二是产品定位方向不精确影响消费者判断;三是营销模式的照搬使自己缺乏秘密武器;四是团队实力不够与经理人的无奈;五是轻视竞争对手,战术失误;六是非典的猖獗等。还有人说,古井制药兵败陕西,不是败于竞争对手,而是败在自己面对新的营销环境缺乏随机应变的能力上。这些失败的原因,又对总结经验教训的古井制药公司构成了夹缝,到底是哪些原因使得自己连锁经营失败的呢?①

---

① 参见李颖生:《古井贡药竟然兵败陕西》,百度文库 2014 Baidu。

第四章　经济分配的夹缝

经济分配包括国民收入分配和公民个人分配。经济分配指生产要素或生产物在不同社会成员之间和经济群体之间的分割。生产物的分配是生产要素分配的结果，是社会再生产过程的一个重要环节。社会再生产是生产、分配、交换和消费的统一体，生产是出发点，通过分配和交换，最后进入消费。一般来说，分配的性质，取决于生产关系的性质。社会制度不同，分配的方式也不同。同一制度下的社会里，阶层不同分配制度也不会相同。经济分配的区别，对不同的阶层构成了分配的夹缝。

一、经济学家的夹缝

我们在此分析经济学家的夹缝，是因为经济学家对经济分配影响很大，经济学家似乎成为中国经济发展的风向标。经济学家属于哪个阶层、经济学家对经济的看法、社会对经济学家的认识，都容易构成夹缝。

1.经济学家所处阶层的夹缝

分析中国的阶级或者阶层，有政治的需要，更有经济的需要。就我国社会而言，无论是以什么为中心，无论人们愿意或者不愿意，他早已处在某一阶层之中。经济学家处于什么样的阶层呢？当为经济学家分层时，经济学家便处在了夹缝之中。

（1）中国的阶层分析

中国的阶层分析最早是毛泽东的《中国社会各阶级的分析》，他把中国社会各阶级分为：一是"地主阶级和买办阶级"。二是"中产阶级"。这个阶级代表中国城乡资本主义的生产关系。中产阶级主要是指民族资产阶级。三是"小资产阶级"。如自耕农,手工业主,小知识阶层——学生界、中小学教员、小员司、小事务员、小律师,小商人等都属于这一类。四是"半无产阶级"。半无产阶级包含绝大部分半自耕农、贫农、小手工业者、店员、小贩等五种。五是"无产阶级"。主要指产业工人和农村无产阶级。农村无产阶级是指长工、月工、零工等雇农而言。六是"数量不小的游民无产者,为失了土地的农民和失了工作机会的手工业工人"。前几年梁晓声先生出版了《中国社会各阶层分析》,他把中国当下的社会分为:一是"当代资产者阶层",二是"当代'买办'者阶层",三是"当代中产者阶层",四是"当代知识分子",五是"城市平民和贫民",六是"农民",七是"中国农民工",八是"中国当代'黑社会'",九是"中国'灰社会'"。①

（2）戏说经济学家阶层的夹缝

近几年来,人们对经济学家的评价出现了"戏说"的现象。戏说经济学家,一方面说明人们对于经济有了自己的认识,另一方面说明人们对于经济学家的一些判断产生了怀疑,对某些经济学家构成了夹缝。在当下的社会中,经济实践时刻在检验着经济学家的理论,有些经济实践的确使某些经济学家汗颜。"在中国,经济学现在成了显学。社会上的'经济学家'如雨后的春笋。不过也有人站出来很不给面子地说:中国真正的经济学家不超过5个。这样驳面子,实在让人不好受。但是看看满世界的'经济学家',真要我选边站的话,我只能向这么驳面子的言论靠近。为什么? 因为'经济学家'这个词现在用得太滥了,实在是有点欺世盗名之说。"②

跨阶层的夹缝。今天的阶层分析,对于经济学家来说,无确切的阶层可以套入。就梁晓声的《中国社会各阶层分析》来说,把经济学家套入哪一阶层似乎都不合适。有的经济学家已成为当代资产者,有的经济学家已成为当代"买办"资产者,有的经济学家是当代的中产者,但当代的经济学家大多是当代知识分子。其实让当代经济学家自己归队,怕也很困难,这样的阶层分析,往往使当代经济学家处在夹缝中,也使某些想搞清楚经济学家属于哪个阶层的人们处在夹缝中。

① 参见梁晓声著:《中国社会各阶层分析》第1—3页,文化艺术出版社2011年版。
② 沈凌著:《经济学家有点烦》第3页,人民东方出版传媒、东方出版社2013年版。

良言与瞎掰的夹缝。所谓良言指有益的话,所谓瞎掰指瞎扯及忽悠。在当下的经济活动中,有的人认为经济学家的话是良言,且在决策之前总要"问计于"经济学家;有的人认为经济学家的话是"瞎掰",这使不少人处在认识经济学家的夹缝之中。例如,小阿尔弗雷德·马拉伯是《华尔街日报》的财经专栏作家,当他在这行混了几十年后忽然感慨道:"经济学说好听点儿是一门伪科学,说得不好听,就是纯属瞎掰。"①有人认为马拉伯这么说是有道理的,在经济学界这个江湖中,三山五岳门派林立,如供给学派、货币学派、理性预期学派、凯恩斯主义、新自由主义等,对同一病症常常开出截然不同的方子,对象是个活人的话早医死几十遍了。"二战"后的美国有个奇特的现象,每当华盛顿的总统经济顾问委员会(CEA)主席一职因种种原因空缺时,便是美国经济发展最好的时候,无论从就业率、经济发展率、贫困率哪个指标来看都很不错。而一旦主席的宝座有屁股占着时,经济就开始往下滑。像哈伯·斯坦和查尔斯·舒尔兹这样的一代经济学大师任职期间,贫困率却以 2% 左右的可怕速度增长。在经济学家中,最坦诚的恐怕要数罗宾逊夫人,她说:"我学经济学的目的,就是想让自己不受经济学家的骗。"这良言与瞎掰的认识使不少人处在夹缝之中。

观点互相对立的夹缝。无论经济学家之间认识不认识,他们对于经济的分析和判断总是互相对立的,这便使听取意见者和经济活动中的人们处在夹缝之中,使他们处在两难的境地。美国经济学家肯尼斯·鲍尔丁则说:"如果你的想法不值一驳,那么请让你的想法变得晦涩难懂,否则大众就会轻易发现毛病;如果你不把要说的故事讲完整,同时你还谈论 GDP 和替代效应,并且不触及寡头垄断问题和回避解决办法,那么,你的著述将受到社会的广泛重视。"②"经济学是门奇怪的学问,对任何一位经济学家而言,一定存在着一位实力旗鼓相当同时观点又完全相反的经济学家。也唯有经济学这一门学科,会出现两位学者互唱反调,却分享着同一个诺贝尔奖(1974 年诺贝尔经济学奖授予冈纳·缪尔达尔和弗里德里希·哈耶克就是个例子)。温斯顿·丘吉尔也说过,如果把两位经济学家关在一间屋子里,那么你将得到两种观点,除非其中一人是凯恩斯,在后一种情况下,

---

① 转引自岑嵘:《经济学家的乌龙球》,《读者》2012 年第 6 期。
② 转引自岑嵘:《经济学家的西洋镜》,《北京青年报》2013 年 3 月 18 日。

你将得到三种观点。"①有个笑话是这样的:有一次,克林顿和叶利钦在首脑会谈的间歇闲聊。叶利钦对克林顿说:"你知道吗,我遇到了一个麻烦。我有 100 个卫兵,但其中一个是叛徒,而我无法确认是谁。"克林顿听罢,说:"这算不了什么。令我苦恼的是我有 100 个经济学家,而他们当中只有一个人讲的是真话,可每一次都不是同一个人。"

理论与实践相悖的夹缝。对于一般的理论家来说,理论和实践大多是统一的、一致的,可经济学家不是,他们的理论和实践往往是相悖的。1975年,经济学家库普曼斯与列奥尼德·康托罗维奇共同获得当年的诺贝尔经济学奖,他们的获奖论文是《资产分配的最优理论》,这两位专家号称根据他们的理论投资就无往不利。当时有好事的记者问:既然这个理论这么厉害,你们有没有想过用这笔奖金来证实这个伟大的理论呢? 二老捋着胡子自豪地答道:"我们正准备如此。"不过,很快他们就用自己的无敌理论把得到的奖金亏光光。无独有偶,1997 年美国经济学家默顿和斯科尔斯以期权定价理论获诺贝尔奖,二人摩拳擦掌组建投资公司,不幸的是,他们用自创的全世界最牛的理论进行期货市场交易时,却屡战屡败直至关门。在胡佛时代,经济学界威望最高的莫过欧文·费雪,在 1929 年美国大股灾到来前夕,费雪还喝着红牛振臂高呼:"股价将达到某种持久的高峰状态。"这有点像中国股市 6000 点时那些股神的忽悠:"黄金十年才开始,股指万点不是梦。"在 1929 年那场股灾中,数以千计的人跳楼自杀,欧文·费雪几天中损失了几百万美元,顷刻间倾家荡产,从此负债累累,直到 1947 年在穷困潦倒中去世。20 世纪 80 年代经济学家艾伦·格林斯潘不甘寂寞,准备在股票市场上小试牛刀。他与朋友合开了一家公司,专门向人提供股票投资的建议以及代理股票买卖。结果客户不是套牢就是割肉,亏得哭爹喊娘,而他自己的收入连租金水电都不够支付,在赔了几百万美元之后只好惨淡收场,从此专心做经济理论及宏观经济趋势的研究工作,后来他进入了美联储。② 用他们的理论指导他们的实践大多失败了,也使人们处在经济学家理论与实践的夹缝之中。

①　岑嵘:《经济学家的西洋镜》,《北京青年报》2013 年 3 月 18 日。
②　参见岑嵘:《经济学家的乌龙球》,《读者》2012 年第 6 期。

2.经济学家理论与实践构成的夹缝

萧伯纳说："即使把所有经济学家首尾相接地排成一队,他们也达不成一个共识。"经济学家们经常因为向决策者提供的建议相互矛盾而受到批评。罗纳德·里根总统曾经开玩笑说："如果小追击游戏是为经济学家设计的,那么,100 个问题就会有 3000 个答案。"①

（1）判断基础的夹缝

任何判断必须在对现实了解的基础上才能进行。当经济学家在对现实基础了解不同时,做出的经济判断肯定不同,换句话说,经济学家所处的经济环境不同,对经济结果的判断就不会相同。当不同的经济判断摆在人们面前时,人们就处在了经济学家判断的夹缝之中。

经济变量中重要参数不同的经济夹缝。不同经济类别的经济变量参数是不同的。经济变量指描述经济活动或经济现象的数量特征和数值变化的量。参数表示经济模型中变量之间数量关系的常系数。在经济模型之外,对于某些经济结果的判断也必须依据一定的参数,当不同的经济学家使用不同的参照数时,得出的结论一定不同,夹缝就形成了,这类经济夹缝是经济学家对人们构成的夹缝。例如,经济学家对于政府是应该根据家庭收入还是消费(支出)来征税的看法就对人们构成了夹缝。支持把现行所得税改为消费税的人认为,这种变化会鼓励家庭更多地储蓄,因为它不对用于储蓄的收入征税。高储蓄使更多的资源用于资本积累,又会引起生产率和生活水平更快地增长。支持现行所得税制的人认为,家庭储蓄并不会对税法的改变做出太大反应。这两派经济学家对税制持有不同的规范观点,是因为他们关于储蓄对税收激励反应程度的实证观点不同,即他们的参照系数不同,对决策者和民众构成了经济夹缝。

同一问题判断角度的经济夹缝。所谓"100 个问题就有 3000 个答案"往往是经济学家对问题判断的角度不同而构成的经济夹缝。经济学家的素质、能力、水平和对于经济问题反应的层面不同,就容易对人们构成夹缝。例如,有一个故事说有两个经济学家、一个医生和一个牧师约好去打

---

① 　[美]N.格里高利·曼昆著,梁小民、梁砾译:《经济学原理——微观经济学分册》第 34 页,北京大学出版社 2012 年版。

高尔夫球。这天,玩兴正浓时,他们发现有一个人老是在球场区漫无目的地乱跑,这严重影响了他们的兴致,于是他们同球场交涉。球场的管理人员向他们解释:"球场为了向全社会的残疾人献爱心,星期一下午是向盲人免费开放。今天是星期一,那个到处乱跑的人是盲人。如果他的行为影响了你们,我向你们表示歉意。"几人听后,有四种不同的反应。牧师听后大为感动,遂决定抽出一定时间,免费为残疾人祈祷,祈求上苍保佑,为残疾人带来福音。医生听后,马上决定,向球场学习,并准备在他的诊所里,留出一定的时间免费为残疾人提供医疗服务。第一位经济学家却不以为然地说:"我有些不明白,你们球场为什么不把向盲人开放的时间从白天改到晚上?"第二位经济学家说:"不对啊,把向盲人开放的时间改到晚上要增加晚班工作人员,增加开支,从何处出钱?"两位经济学家关于高尔夫球场如何对盲人开放对人们构成了夹缝。

(2)价值取向的夹缝

价值取向是价值哲学的重要范畴,它指的是一定主体基于自己的价值观在面对或处理各种矛盾、冲突、关系时所持的基本价值立场、价值态度以及所表现出来的基本价值取向。价值取向用在经济学家对于经济问题看法上是指经济学家对于经济问题所表现出来的价值立场和价值态度。

消费中节俭与消费价值取向的夹缝。节俭与消费价值取向的夹缝源自经济学的节俭悖论。2005 年初,美国著名经济学家本·伯南克发表了"世界目前正在遭受储蓄过剩煎熬"的新理论。在解释美国经常项目赤字飙升现象的时候,伯克南认为是"全球储蓄过剩"造成了美国经常项目的巨额赤字。他说:"美国的经常性项目逆差是世界其他国家过度节俭造成的恶果,跟美国民众积极消费没有关系。"①看似奇谈怪论,但却被不少经济学家所推崇。有人用《蜜蜂的寓言》解释这个理论。18 世纪,荷兰的曼德维尔博士在《蜜蜂的寓言》中讲过这样的故事:一群蜜蜂为了追求豪华的生活,大肆挥霍,结果蜂群很快兴旺发达起来。后来,新蜂王崇尚节俭,蜜蜂们就放弃了奢华的生活,结果却导致整个蜂群的衰败。凯恩斯正是从这个故事中看到了刺激消费和增加总需求对经济发展的积极作用。不少经济学家认为人类社会也是如此,挥霍使得整个社会繁荣,而节俭反而使

---

① 转引自于跃龙著:《趣味经济学》第 110 页,中国纺织出版社 2012 年版。

得整个社会衰败,这就是节俭悖论。他们认为节俭对于个人来说可能是件好事,但是如果整个国家的人都节俭,那么将使每个人都变得很贫穷。在我国,节俭一直是一种美德,我们坚信"省一分钱就是赚一分钱"的古训,这种古老的美德怎么会过时呢? 有人说:"由此我们可以得出一个蕴含逻辑矛盾的推论:个人的节俭能够增加储蓄、积累个人财富,对个人来说是件好事,但是对于整个社会而言,国民个人的节俭会减少国民收入,引起经济萧条,是件坏事。节俭减少了市场上的商品需求量,这样厂家就不得不削减产量,解雇工人,而个人的收入也就相应地减少了,收入减少,储蓄也自然会减少。"[1]这就是一个夹缝,夹缝的一方是有人提倡节俭,节俭可以积累个人财富;夹缝的另一方是有人认为节俭会减少国民收入,引起经济萧条;处在夹缝中的民众听谁的呢? 这种节俭悖论夹缝促生了我国一个新的群体——月光族。月光族们有着不菲的薪水,但是却几乎没有存款,他们把每个月的薪水都用于购买服饰、化妆品,去餐馆、酒吧消费,去旅游等。月光族认为"月光"是一种时尚,但不知道我国目前的社会保障体制尚不完善,许多生活中的困境要靠自己解决,万一碰上需要用钱的急事时,没有存款的状态会使他们迅速陷入窘态。化解节俭悖论夹缝的办法是,适当储蓄,理性消费。

　　消费中"买得起养不起"值不值的夹缝。"买得起养不起"最典型的当属汽车了。当汽车成为大众消费品时,汽油成为大众的"必需品"了。一方面是汽车商家和某些经济部门,鼓励买车拉动消费,使汽车成为我国城市居民的"日用品",是构成夹缝的一方;另一方面是汽油供应商和某些经济部门,在石油价格的波动中获利,是构成夹缝的另一方。对于民众来说,买得起车,养不起车成为某些工薪阶层的难题,也使不少准备购车和已经购车的民众处在"值不值"的夹缝之中。当然,石油价格波动是全球的问题,需要科学发展其他能源,减少对石油的依赖。

　　(3)感觉与现实的夹缝

　　经济学家的有些观点不被政府接受,不被民众接受,与他们的感觉与现实相差太远有很大的关系。2008 年的夏天,作为参议员的希拉里·克林顿提议缓征美国联邦燃油税,ABC 新闻台的名嘴乔治·斯特凡诺普洛

---

　　① 于跃龙著:《趣味经济学》第 112 页,中国纺织出版社 2012 年版。

问她,有哪一个经济学家赞成这种做法,不料希拉里回答道:"我才不会上经济学家的贼船呢!"一位从政者私下曾说:"我一生中最快乐的时光,就是在没有认识经济学家之前。"英国《金融时报》的专栏作家卢克·约翰逊抱怨道:"我看不出职业经济学家有什么用。他们声称自己了解贸易和金融,了解市场和信贷,可是我很难看明白他们昂贵的建议和深奥的辩论有什么实际效益。西班牙等国家已经被失业率压垮了,对于这种灾难,经济学家们给出了什么务实的解决方案?"经济学家的感觉和理论往往与现实不符,这就构成了经济的感觉与现实的夹缝。

"机会成本"的夹缝。机会成本源自经济学家,但有些经济学家并不懂机会成本。机会成本指利用一定的时间或资源生产一种商品时,而失去的利用这些资源生产其他最佳替代品的机会。根据"成本 - 效益原则"这一原理,做某事的成本至少和收益一样大时,那么这件事才值得去做。尽管这原理听起来简单得不能再简单了,但许多人还是不会正确应用,因为他们不懂什么是相关成本,因此处在夹缝之中。例如,去听一场演唱会的真实经济成本——"机会成本",不仅包括门票的显性成本,还包括因你去听演唱会而必须放弃的其他机会的隐性价值。不少经济学家都认为机会成本是一个中心概念。但佐治亚州立大学的保罗·费拉罗和劳拉·泰勒的研究表明,许多经济学家未必真正理解这个概念。在 2005 年的美国经济学年会上,研究者让近 200 名经济学家回答以下问题:"假设你免费获得一张埃里克·克莱普顿的演唱会门票(不能转卖),而鲍勃·迪伦同一晚上也有演出。迪伦的演唱会票价是 40 美元。在平时,你愿意出多达 50 美元去看他的演唱会。假设去看任意一场演唱会都没有其他成本。根据这些信息,你选择去看克莱普顿演唱会的机会成本是多少? 0 美元、10 美元、40 美元还是 50 美元?"去看克莱普顿的机会成本是:所有你因为去看他的演唱会而必须牺牲的总价值,即你去听迪伦演唱会的价值。该价值是 10 美元——对你而言,就是这场演唱会值得的 50 美元票价和你必须花的 40 美元票价之间的差额。所以,毫无疑问,答案是 10 美元。但只有 21.6% 的经济学家给出了正确答案。[①] 在理论家的理论和事实的夹缝中,民众相信什么呢?

---

① 参见[美]罗伯特·H. 弗兰克:《为什么大家都不太喜欢经济学家》,《读者》2012 年第 8 期。

　　理论被决策者取舍的夹缝。经济学家的某些经济理论,不是都能够被决策者采纳的。当经济学家的某些理论提出后,有人建议采纳,有人反对采纳,决策者和经济学家同时处在这种夹缝之中。为什么经济学家的建议有时不被采纳,为什么经济学家时常处在经济夹缝之中呢?因为任何一个向总统或其他民选领导人提出建议的经济学家都知道,他(她)的建议并不总是受到重视,这会使人困扰,但很容易理解。制定经济政策的过程在许多方面与经济学教科书上假设的理想化的决策过程完全不同。在总统听取了经济顾问关于什么政策最好的意见后,他还要听取其他顾问关于相关投入的意见。他的公关顾问会告诉他如何最好地同公众解释所提议的政策,而且,他们会努力预料任何一种会带来更严峻挑战的误解。他的新闻顾问会告诉他新闻媒体将如何报道他的提议,以及哪些意见将最有可能出现在全国报刊的社论上。他的法律事务顾问会告诉他议会将如何评论这个提议,议会、议员将提出哪些修正,以及议会通过总统提议的某个修正案的可能性。他的政治顾问会告诉他哪些集团将组织起来支持或反对所提议的政策,这个提议将如何影响选举中他在不同集团中的形象,以及是否会影响对总统任何一种其他政策主张的支持。在听取并权衡了所有这些意见之后,总统才决定下一步如何实施。① 其实,总统等决策者在取舍经济学家们的建议时往往处在这种取舍的夹缝之中。

3.经济学家之间分歧的夹缝

　　有一段幽默的话,说经济史学家就如同在漆黑的屋子里追一只老鼠的猫;经济学家就如同在一间没有老鼠的屋子里说一定要追到老鼠的猫;而计量经济学家如同在一间没有老鼠的屋子里追老鼠却声称自己已经抓到了老鼠的猫。经济学家提出的经济建议往往会互相矛盾,对决策者构成夹缝,对民众也构成夹缝。在一次博鳌论坛上,融创集团董事长说:"我做生意从来不听经济学家的话,否则就赔惨了!对这些理论,我确实没听懂,这不是客气话。"②有一位政府官员说:"不要说我,有哪几个经济专家能看得

---

① 　［美］N.格里高利·曼昆著,梁小民、梁砾译:《经济学原理——微观经济学分册》第33页,北京大学出版社2012年版。

② 　孙宏斌:《我做生意从来不听经济学家的话》,《中国企业家》2005年第8期。

清楚看得准确？那些经常出场费几万、几十万的经济学家，不信你认真查一下，有几个预言兑现的？有很多是不行的，5年前就讲中国经济不好，往年讲，去年还在讲。"①经济学家之间有分歧，对民众构成夹缝，同样，不少经济工作者和政府官员，对经济学家的看法不一，对经济学家也容易构成夹缝。货币政策和政府经济决策常常成为经济学家构成夹缝的焦点。

（1）关于货币政策的夹缝

货币政策一直是经济学家关于经济控制的"法宝"，这个法宝时常构成对于经济认识的夹缝。有个故事可能能让我们更好地了解经济学。有个学生选修了诺贝尔经济学奖得主米尔顿·弗里德曼的课，一天，这个学生居然在上课时睡着了。这让弗里德曼很不满，他敲了敲这位老兄的桌子，让其回答他刚向全班提出的问题。这位老兄揉着眼睛回答道："对不起，教授，我没听到您的问题，但我的答案是调整货币供应量。"调整货币供应量正是弗里德曼的万能药。② 是不是应该调整货币供应量，什么时候调整货币供应量，调整多少货币供应量，容易对决策者构成夹缝，也容易对经济工作者构成夹缝。

货币政策与财政政策实施目的的夹缝。有的经济学家认为货币政策与财政政策实施的目的首先是稳定经济，也有的经济学家认为货币政策与财政政策实施的目的不应该是稳定经济，这便对决策者和民众构成了夹缝。夹缝的一方认为如果政府的货币政策和财政政策对经济放任不管，经济就倾向于发生波动。例如，当家庭和企业变得悲观时，它们就削减支出，这就减少了物品与劳务的总需求。总需求减少进而又使物品与劳务的生产减少。企业解雇工人，失业率上升，因而，真实GDP和其他收入衡量指标下降。失业上升和收入下降又强化了最初引起经济下降的悲观主义。有些经济学家认为货币政策与财政政策可以稳定总需求，从而稳定生产和就业。"当总需求不足以确保充分就业时，决策者应该刺激政府支出、减税并扩大货币供给。当总需求过大，有引起更高通货膨胀的风险时，决策

---

① 刘悦:《有几个预言兑现的？信他们还不如信自己》,《观察者》http://www.guancha.cn/economy/2013-07-22-160084.shtml。

② 参见岑嵘:《经济学家的西洋镜》,《北京青年报》2013年3月18日。

者应该削减政府支出、增税并减少货币供给。"①夹缝的另一方认为货币政策和财政政策不应该试图稳定经济。货币政策与财政政策在理论上可以用来稳定经济,但在实践中运用这种政策有重大障碍。货币政策和财政政策并不能立即影响经济,其发生作用要有一个相当长的时滞。货币政策主要通过改变利率进而影响支出,特别是住房投资和企业投资来影响总需求。许多研究表明,在做出货币政策变动的 6 个月之内,这种变动对总需求的影响很小。由于政策实施过程中有这么长的时间的时滞,那些想稳定经济的决策者就要预见在他们的行动发生作用时可能存在的经济状况。而经济预测者的预测是极不准确的,部分是因为宏观经济学是极为原始的科学,部分是因为引起经济波动的冲击在本质上是无法预测的。因此,当决策者改变货币政策或财政政策时,他们不得不依靠对未来经济状况所做的学理式的猜测。因此,有的经济学家认为:经济决策者应该避免经常用货币政策和财政政策进行干预,只要他们不伤害经济就足够了,更不要谈干预了。② 在这个夹缝中,经济决策者很难选择,这也是不少决策者对经济学家的建议不屑一顾的原因之一。

　　货币政策应该按规则制定还是相机抉择的夹缝。夹缝的一方认为,货币政策应该按规则制定;夹缝的另一方则认为货币政策不应该按规则制定,而是相机抉择。认为按规则制定货币政策的一方认为,货币政策运用中的相机抉择存在两个问题。第一个问题是没有限制缺乏能力及滥用权力,诸如,当政府赋予中央银行领导人维护经济秩序的权力时,它并没有给他们任何指导。对于发达国家而言,中央银行领导人滥用权力的一个例子是,有时他们被诱惑用货币政策来影响大选的结果。假设现任总统的选票取决于他或她再次参加竞选时的经济状况。一个对现任总统有好感的中央银行领导人就会选择在大选之前实行扩张性政策,以刺激生产和就业,因为他或她知道这样做所引起的通货膨胀在大选之后才会表现出来。因此,在某种程度上,中央银行领导人与政治家结盟,相机抉择政策就会引起反映大选日程的经济波动。经济学家称这种波动为政治性经济周期。第

---

　　① ［美］N. 格里高利·曼昆著,梁小民、梁砾译:《经济学原理——宏观经济学分册》第 324 页,北京大学出版社 2012 年版。
　　② ［美］N. 格里高利·曼昆著,梁小民、梁砾译:《经济学原理——宏观经济学分册》第 324—325 页,北京大学出版社 2012 年版。

二个更为微妙的问题是,它所引起的通货膨胀会高于合意的水平。避免与相机抉择有关的这两个问题的一种方法是要中央银行服从于政策规则。例如,假设国会通过一项法律,要求美联储每年正好增加 3% 的货币供给。(为什么是 3%？因为真实 GDP 平均每年增长 3%；又因为货币需求随真实 GDP 增加时,3% 的货币供给增长大体上是使长期物价稳定所必需的比率。)①认为货币政策不应该按规则制定的一方认为,虽然相机抉择的货币政策可能有一些缺点,但它也有一个重要的优点:灵活性。例如,美联储不得不面对许多情况,而且并不是所有情况都是可以预见的。在 20 世纪 30 年代,银行破产是创纪录的。在 20 世纪 70 年代,全世界的石油价格上涨也是破天荒的。1987 年 10 月,股市在一天之内下跌了 22%。从 2007 年至 2009 年,住房价格下跌了,而且丧失赎取权的住房大大增加了,金融体系经历了重大的问题。美联储必须决定如何对这些经济冲击做出反应。政策规则的设计者不可能考虑到所有意外情况,并提前详细说明正确的政策反应。② 货币政策的变化是必然的,但经济学家的理论构成的夹缝往往各执一词,使决策者难以决策。

中央银行应该把零通货膨胀作为目标的夹缝。不少经济学家建议政府应该把零通货膨胀确定为适当目标;不少经济学家建议政府不应该把零通货膨胀确定为适当目标,这对于政府决策者构成了夹缝。夹缝的一方认为,通货膨胀没有对社会带来什么好处,却引起了一些实际成本。有的经济学家确定了六种通货膨胀成本:"与减少货币持有量相关的皮鞋成本;与频繁地调整价格相关的菜单成本;相对价格变动性提高;由于税法非指数化引起的意想不到的税收义务变动;改变计价单位引起的混乱与不方便;与用美元表示的债务相关的财富任意再分配。"③夹缝的另一方认为,虽然物价稳定是合意的,但与温和通货膨胀相比,零通货膨胀的好处并不大,然而实现零通货膨胀的成本是很大的。牺牲率的估算表明,减少 1%

---

① ［美］N. 格里高利·曼昆著,梁小民、梁砾译:《经济学原理——宏观经济学分册》,第 328—329 页,北京大学出版社 2012 年版。

② ［美］N. 格里高利·曼昆著,梁小民、梁砾译:《经济学原理——宏观经济学分册》,第 330 页,北京大学出版社 2012 年版。

③ ［美］N. 格里高利·曼昆著,梁小民、梁砾译:《经济学原理——宏观经济学分册》,第 331—332 页,北京大学出版社 2012 年版。

的通货膨胀要求放弃一年产量的 5% 左右。比如说,把通货膨胀从 4% 降低到 0,就要求减少当年产量的 20%。虽然人们不喜欢 4% 的通货膨胀,但他们是否会(或应该)愿意为摆脱通货膨胀而付出一年收入的 20% 却不得而知。有一点儿通货膨胀甚至可能是一件好事,一些经济学家认为,通货膨胀能"润滑"劳动市场的"齿轮"。由于工人抵制名义工资的减少,通过物价水平上升来降低真实工资较为容易实现。一些经济学家认为,至少在温和的通货膨胀率时,例如 20 世纪 90 年代和 21 世纪初期美国所经历的 3% 的通货膨胀时,这些成本并不大。但是,另一些经济学家认为,即使是温和的通货膨胀,这些成本也会相当大。① 这样的经济理论,不仅使决策者处在夹缝之中,还使决策者难以取舍。

(2)关于政府决策的夹缝

曼昆说:"当你翻开报纸时要想不看到一些政治家或专栏作家建议改变经济政策的文章是很难的。总统应该提高税收以减少预算赤字,或者不用担心预算赤字。联邦储备应该降低利率以刺激徘徊不前的经济,或者应该避免这些变动以降低面临更高通货膨胀的风险。国会应该改革税制以加速经济增长,或者应该改革税制以实现更为平等的收入分配。这些经济问题始终是美国和世界其他国家政治争论的中心。"②这些争论中心无意中构成了政府决策的夹缝。

政府反衰退应该增加支出还是减税的夹缝。我们先看看实例,当乔治·W.布什在 2001 年当选总统时,经济陷入衰退,他的反应是降低税率。当巴拉克·奥巴马在 2009 年当选总统时,经济又一次陷入衰退,而且是几十年来最严重的,他的反应是一揽子刺激计划,不仅提供某种减税,而且还包括政府支出的大幅度增加等。政府的决策,无疑有经济学家的功劳,但是,正是经济学家的建议,对决策者构成制定政策的夹缝,就是说,有的经济学家认为政府应该增加支出来反衰退;有的经济学家认为政府应该减税来反衰退,这就对政府决策者构成了夹缝。夹缝的一方认为,政府应该增加支出来反衰退是有道理的。传统的凯恩斯主义分析表明,政府购买

① [美]N.格里高利·曼昆著,梁小民、梁砾译:《经济学原理——宏观经济学分册》,第 332—333 页,北京大学出版社 2012 年版。
② [美]N.格里高利·曼昆著,梁小民、梁砾译:《经济学原理——宏观经济学分册》,第 323 页,北京大学出版社 2012 年版。

增加是一种比减税更有潜力的工具。当政府为家庭减税一美元时,其中一部分美元可能用于储蓄,而不是支出(如果家庭认为减税是暂时的,而不是持久的时,这种情况特别真实),用于储蓄的那部分美元对物品与劳务的总需求并没有什么贡献。与此相反,当政府支出 1 美元购买物品或劳务时,这 1 美元直接且完全地增加了总需求。例如,"2009 年,奥巴马政府的经济学家用了一个传统的宏观经济模型来计算这些效应的大小。根据他们的电脑模拟,每减税 1 美元,GDP 增加 0.99 美元,而政府购买每增加 1 美元,GDP 增加 1.59 美元。因此,政府支出增加比减税提供了更大的'作用力'。由于这个原因,对 2009 年衰退的政策反应的特点是联邦税收减少得少,而联邦支出增加得多"。① 夹缝的另一方则认为,政府应该减税来反衰退。用税收政策来刺激衰退的经济有长期传统。减税对总需求和总供给都有重要的影响。正如传统的凯恩斯主义分析所强调的,减税通过增加家庭的可支配收入而增加了总需求。但是,减税也可能通过改变激励而增加总需求。例如,如果减税采取了扩大投资税优惠的形式,减税就可以引起对投资品支出的增加。由于在经济周期期间,投资支出是 GDP 中最易变化的组成部分,所以刺激投资是结束衰退的关键。就政府支出来说,政府能否明智且迅速地花钱也不清楚。大量政府支出项目往往需要数年的计划,与此相反,当衰退期间失业急剧上升时,增加总需求的必要性是迫切的。如果政府迅速增加支出,它就会以购买没什么公共价值的东西而结束,反而容易形成浪费。② 是增加支出还是减税,使决策者处在夹缝之中。

　　政府应该平衡其预算的夹缝。在政府主导的经济中,只要政府的支出大于以税收形式得到的收入,它就要通过发行政府债券来弥补这种赤字。夹缝的一方认为,预算赤字影响储蓄、投资和利率,影响着经济发展的后劲,而政府应该平衡其预算。之所以要求政府平衡其预算,是因为当政府有预算赤字并发行债券时,它就允许这一代纳税人把某些政府支出的账单转移给下一代纳税人。政府增加其债务时,子孙后代就会出生在一个低收入和高税收的经济中。当然,在一些情况下有预算赤字也是合理的,例如,

---

① [美]N.格里高利·曼昆著,梁小民、梁砾译:《经济学原理——宏观经济学分册》,第 326 页,北京大学出版社 2012 年版。

② [美]N.格里高利·曼昆著,梁小民、梁砾译:《经济学原理——宏观经济学分册》,第 327 页,北京大学出版社 2012 年版。

预算赤字的最常见原因是战争。当经济不断发展且失业回到其自然率水平，政府应该使支出与税收收入持平。与一直存在的预算赤字的其他可能选择相比，平衡预算意味着更大的国民储蓄、投资和经济增长，也意味着未来的大学毕业生将进入一个更为繁荣的经济，因此，一般情况下，政府保持预算平衡是必需的。[①] 夹缝的另一方则认为，政府债务问题往往被夸大了。虽然政府债务确实代表对年轻一代的税收负担，但与平均每个人一生的收入相比它并不算多。预算赤字的批评者断言，政府债务不能永远持续下去，但实际上它可以永远持续下去。正如银行评价一个贷款申请人时可以比较这个人的债务与收入一样，我们也应该评价相对于国民收入规模的政府债务负担。例如，在美国，人口增长和技术进步使经济的总收入一直在增长。因此，美国支付政府债务利息的能力也一直在增长。只要政府债务的增长慢于国民收入，就没有什么能阻止政府债务一直增长。对于发展中国家来说，决策者是听经济学家的建议取消赤字，平衡政府预算，还是保持和扩大债务，有时在夹缝中难以取舍。

政府应该鼓励储蓄的夹缝。由于不同国家民众的生活方式不同，储蓄和消费的观念也不同。有的国家民众喜欢贷款消费，有的国家民众喜欢储蓄，这种习惯往往与国家的劳动保障制度相关联。例如，美国的经济学家就政府鼓励储蓄建议修改税法便构成了夹缝。夹缝的一方认为，政府应该为了鼓励储蓄而修改税法。一个国家的储蓄率是其长期经济繁荣的关键因素。当储蓄率较高时，更多的资源用于新工厂和设备的投资。如果一个国家的法律使储蓄有吸引力，人们就会把收入中更多的部分用于储蓄，而这种较高的储蓄将使未来的经济更加繁荣。"遗憾的是，美国的税制通过对储蓄的收益征收重税而抑制了储蓄。例如，一个 25 岁的工人，她为了使自己在 70 岁时能享有更舒适的退休生活而把收入中的 1000 美元储蓄起来。如果她购买支付 10% 利率的债券，在不对利息征税的情况下，到第 45 年末时这 1000 美元将累积达到 72900 美元。现在假设她面对利息收入 40% 的边际税率，如果把联邦所得税和州所得税加在一起，40% 的边际税率是许多工人面临的正常情况。在这种情况下，她的税后利率仅为 6%，

---

① ［美］N. 格里高利·曼昆著，梁小民、梁砾译：《经济学原理——宏观经济学分册》，第 336—337 页，北京大学出版社 2012 年版。

这 1000 美元在第 45 年末时累积仅达到 13800 美元。也就是说,在这么长时期的累积中,利息收入税率使 1000 美元储蓄的收益从 72900 美元减少为 13800 美元,即减少了 80% 左右。""税法又通过对某些形式的资本收入的双重征税进一步抑制了储蓄。""如果一个人想把其积累的财富留给子女(或其他任何一个人)而不是在他一生中消费掉,税法又一次抑制了储蓄。""如果遗产数额较大,遗产税率会高达 55%"。① 因此部分经济学家建议政府鼓励储蓄应该修改税法。夹缝的另一方则认为,不应该为了鼓励储蓄而修改税法。他们认为,增加储蓄可能是合意的,但这并不是税收政策的唯一目标。决策者还必须保证税收负担公平的分配。提高对储蓄激励的建议存在的问题是,它们增加了那些承受能力最弱的人的税收负担。国民储蓄是私人储蓄与公共储蓄之和,不用改变税法来鼓励更多私人储蓄,决策者也可以简单地通过减少预算赤字或提高对富人的税收来增加公共储蓄,这提供了一种增加国民储蓄并增进子孙后代繁荣的直接方法。② 这样的建议夹缝,让决策者怎么取舍呢? 而经济学家曼昆却调侃说:"如果你发现要选择站在这些争论的哪一方都很困难,当你知道这样为难的不只是你一个人这一事实时你就会得到一些安慰。"③我们不希望有这种安慰,我们希望走出夹缝或者化解夹缝。

二、收入的衡量与生活费用的夹缝

收入和民众生活费用的衡量方式,因国家而异。到目前为止,国内生产总值——GDP 是最受瞩目的经济统计数字,GDP 还被认为是衡量社会经济福利的最好指标。正是这个 GDP,构成了衡量收入和生活费用的夹缝。

---

① [美]N.格里高利·曼昆著,梁小民、梁砾译:《经济学原理——宏观经济学分册》,第341—342 页,北京大学出版社 2012 年版。
② [美]N.格里高利·曼昆著,梁小民、梁砾译:《经济学原理——宏观经济学分册》,第343 页,北京大学出版社 2012 年版。
③ [美]N.格里高利·曼昆著,梁小民、梁砾译:《经济学原理——宏观经济学分册》,第343 页,北京大学出版社 2012 年版。

1. GDP 与财政收入的夹缝

我们在前面的讨论中,已经涉及 GDP,并且对我国当下的政策即不以 GDP 论英雄做过分析,但是,GDP 作为夹缝的形式以及本质分析,前面还没有涉及。

(1)GDP 的认识和 GDP 的实践夹缝

国内生产总值英文为 Gross Domestic Product,缩写为 GDP。指一个国家(地区)在一定时期内所有常住单位生产活动的最终成果。GDP 有三种表现形态:价值形态、收入形态和产品形态。从价值形态看,GDP 是所有常住单位在一定时期内生产的全部货物和服务的价值减去同期中间投入的全部非固定资产货物和服务价值后的差额,即所有常住单位生产活动的增加值之和。从收入形态看,GDP 是所有常住单位在一定时期内创造并分配给常住单位和非常住单位的收入之和。具体分为劳动者报酬、固定资产折旧(或固定资本消耗)、生产税净额、营业盈余等。从产品形态看,GDP 是所有常住单位在一定时期内最终使用的货物和服务的价值(最终消费和资本形成总额),以及货物和服务净出口价值之和。

GDP 认识的夹缝。经济学家们对 GDP 认识可谓五花八门,什么 GDP 是市场价值;GDP 要全面衡量;GDP 只包括最终物品的价值;GDP 既包括有形的物品(食物、衣服、汽车),又包括无形的劳务(理发、打扫房屋、看病);GDP 包括现期生产的物品与劳务;GDP 衡量的生产价值局限于一个国家的地理范围之内;GDP 衡量某一特定时期内发生的生产价值等。曼昆先生解释的 GDP 是容易理解的。曼昆先生认为 GDP 同时衡量两件事:经济中所有人的总收入和用于经济中物品与劳务产出的总支出。某个买者的 1 美元支出正是某个卖者的 1 美元收入。例如,Karen 为 Doug 给她修剪草坪而支付 100 美元。在这种情况下,Doug 是劳务的卖者,而 Karen 是买者。Doug 赚了 100 美元,而 Karen 支出了 100 美元。因此,交易对经济的收入和支出做出了相同的贡献。无论作为总收入来衡量还是作为总支出来衡量,GDP 都增加了 100 美元。[①]《百度文库》中有一则"狗屎与

---

① [美]N.格里高利·曼昆著,梁小民、梁砾译:《经济学原理——宏观经济学分册》,第 4 页,北京大学出版社 2012 年版。

GDP"的笑话,讽刺片面追求 GDP。故事说,有两个经济学研究生甲和乙,二人在路上走,发现一坨狗屎。甲对乙说:你把它吃了,我给你 5000 万元。乙一听,这么容易就赚 5000 万元,于是就把屎吃了。二人继续走,心里都有点不平衡,甲白白损失了 5000 万元,什么也没捞着。乙虽说赚了 5000 万元,但是吃了坨屎心里也堵得慌。这时又发现一坨屎,乙终于找到了平衡,对甲说:你把它吃了,我也给你 5000 万元。甲一想损失的 5000 万元能赚回来,吃坨屎算什么,于是也把屎吃了。按理说这下二人该平衡了,但是他们越琢磨越觉得不对劲,两个人的资本一点儿也没有增加,反而一人吃了一坨屎。于是就去找教授,教授听了他们的诉说后说,你们应该高兴啊,你们仅仅吃了两坨屎就创造了 1 个亿的 GDP! 约翰·格拉夫和戴维·巴特克在《GDP 荒谬的那一面》一文中说,以下事物能够提高 GDP:污染。如果地下水被污染,那么我们就必须购买价格昂贵的瓶装水,GDP 会随之提高。犯罪。当人们提出财产索赔并且重新购买被盗物品时,GDP 就会增长。当人们安装警报器、栅栏,聘请保镖的时候,GDP 也会增长。建造、管理监狱以及其他的犯罪成本都是 GDP 的一部分。健康损害。另一项"防御性"支出包括很多医疗保健费用。家庭破裂。离婚的费用通常包括律师费、分家费以及心理治疗费。债务、止赎和破产。纸上产品和泡沫破裂。新的"金融产品"(如衍生产品和信用违约互换),虽然它是引发 2008 年金融危机的主要原因,并导致了全球经济衰退。日益匮乏的资源。自然资源的枯竭对于我们的子孙后代是一种危害,但是资源的稀缺对于 GDP 的提高却是一件好事。比如,随着美国和全球石油资源的日渐消耗,汽油的价格也日益上涨,从而提高了 GDP 风险。GDP 从不考虑风险成本。核电厂生产的电力能够提高 GDP。福岛发生的核灾难需要大量的金钱去清理和减少伤害,这也能够提高 GDP。想象一下当你遇到了严重的交通堵塞,这不仅耗费汽油,让你闻着尾气,你还不得不加满油。因此,交通堵塞能够提高 GDP。[①] 这样分析认识 GDP,的确使不少人处在 GDP 认识的夹缝之中。

真实 GDP 与名义 GDP 的夹缝。曼昆先生说:"名义 GDP 是用当年价格来评价经济中物品与劳务生产的价值。真实 GDP 是用不变的基年价格

---

① 参见约翰·格拉夫、戴维·巴特克:《GDP 荒谬的那一面》,《读者》2013 年第 2 期。

来评价经济中物品与劳务生产的价值。"①名义 GDP 也称货币 GDP,是用生产物品和劳务的当年价格计算的全部最终产品的市场价值。名义 GDP的变动有两种原因:一种是实际产量的变动,另一种是价格的变动。也就是说,名义 GDP 的变动既反映了实际产量变动的情况,又反映了价格变动的情况。真实 GDP 是指在相同的价格或货币值保持不变的条件下,不同时期所生产的全部产出的实际值。

真实 GDP = 名义 GDP/GDP 折算指数(即价格总水平)

名义 GDP = 实际 GDP × GDP 缩减指数

名义 GDP 是包含价格水平考虑的,如果我们现在的所有价格水平上升 1 倍,则名义 GDP 也要上升一倍。所以名义 GDP 有很大的不确定性,尤其在通货膨胀时期,这时人们引用真实 GDP 的含义。其实,经济学上的真实 GDP 也不是完全舍弃了价格水平,而是用基年的价格水平。举例说,2005 年的名义 GDP 是用 2005 年的价格水平算出的,而真实 GDP 则是用2000 年的价格水平得出的(如果选 2000 年做基年)。有了真实 GDP,可以很方便地算出 GDP 平减指数。

真实 GDP(或 GNP)是国际上公认的反映一国一定时期(年)国民产品总量的最好的综合指标。用绝对值表述时,一般用名义 GDP;反映增长速度时,一般用实际 GDP,或者说,真实 GDP 是指扣除了通货膨胀后的 GDP。有人举了一个例子:假如 2010 年生产了 100 个苹果,一个苹果卖 1 块钱,那么 2010 年的 GDP 是 100 元,2011 年生产了 100 个苹果,苹果价格变成了一个苹果 2 元,2011 年的 GDP 是 200 元,那么 2011 年的 GDP 则达到增长 100% 的水平,这便是名义 GDP。我们计算 GDP 的目的是衡量整个经济的运行状况。由于真实 GDP 衡量经济中物品与劳务的生产,所以它反映了经济满足人们需要与欲望的能力。这样,真实 GDP 作为衡量经济福利的指标要优于名义 GDP。当经济学家谈到经济的 GDP 时,他们通常是指真实 GDP,而不是名义 GDP。而且,当他们谈论经济增长时,他们用从一个时期到另一个时期真实 GDP 变动的百分比来衡量增长。对于经济学家来说,名义 GDP 或真实 GDP,是他们的行业语言;对于民众来说,那是一种

---

① 　[美]N.格里高利·曼昆著,梁小民、梁砾译:《经济学原理——宏观经济学分册》第 14 页,北京大学出版社 2012 年版。

经济夹缝。

（2）国民收入与财政收入的夹缝

国民收入与财政收入是两个概念，这两个概念在实际经济活动中容易构成夹缝。就国民收入而言，它是一个总的概念，国民收入中能够反映民众生活水平的往往是基尼系数，同样会对人们构成夹缝。

国民收入变化的夹缝。国民收入有两种含义：一是指联合国国民账户体系中的国民收入。它是"国民总收入"与"国民净收入"的统称。二是指一个国家（地区）的物质生产部门的劳动者在一定时期内新创造的物质产品的价值总和，即从社会总产值中扣除生产过程中消耗掉的生产资料价值以后的净产值，这是国民收入的生产额。在我国它是指物质产品平衡体系和1993年之前我国国民经济核算体系中的国民收入。国民收入的生产额通过分配和再分配之后，形成各物质生产部门、非物质生产部门和居民个人的最终收入，这是国民收入的使用额。国民收入根据使用不同，分为消费和积累。应当注意的是，这里的国民收入核算与国内生产总值核算存在相当的差异，这对概念使用者、经济知识学习者容易构成"国民收入核算与国内生产总值核算存在差异"夹缝。从核算范围上看，国民收入核算只核算物质生产部门，而国内生产总值核算将非物质生产部门也列入核算范围内。从价值构成来看，国民收入中已扣除固定资产折旧，而在国内生产总值中，固定资产折旧未被扣除。在1987年以前的我国国民经济核算体系中，国民收入是核心指标；在1987—1993年国民经济核算的转型时期，国民收入是其中的过渡性指标；而在1994年以后的我国国民经济核算体系中不再保留国民收入指标。[①] 这种实际操作中"指标"的变化，也容易对经济研究者构成夹缝。

财政收入与财政支出的夹缝。财政收入指国家财政参与社会产品的分配而取得的收入。国家通过财政的各个环节筹集财政资金，以保证政府拥有行使职能的财力。财政收入包括：各项税收、专项收入、其他收入、国有企业计划专项补贴等。财政支出指国家政权行使其职能，对财政筹集起来的资金进行分配使用。财政支出体现政府的活动范围和方向，反映财政资金的各种作用，满足国家经济建设、社会发展与各项事业的需要。我国

---

① 参见刘树成主编：《现代经济辞典》第394页，凤凰出版社、江苏人民出版社2005年版。

财政支出按功能性质划分一般包括:经济建设费、社会文教费、国防费、行政管理费、其他支出等。一般来说,财政收入和财政支出应该追求平衡,称作财政收支平衡。财政收支平衡指在一定时期(通常指一个财政年度)国家通过财政分配所形成的国家财政资金的收入与支出在总量上的平衡,其实质是在社会产品分配中,国家财政当年掌握的社会产品和安排使用的社会产品之间在价值量上的相互协调。从社会再生产的层面看,财政收支平衡是使国民收入生产额与使用额之间相适应,从而实现社会生产与消费之间的协调平衡,以及保证社会购买力与商品可供量之间协调平衡的一个重要因素。收入是支出的前提和资金来源,有收才能有支,收入规模制约着支出的规模。如果支出超过收入,则表明国民收入道过财政分配的部分出现了超额分配。所以,在正常的情况下,社会再生产的发展和财政收支本身都要求在进行财政分配时实现财政收支平衡。财政收支作为资金运动其平衡是相对的。不论在年度执行过程中或是年度终了,往往不是收大于支,就是支大于收,因此,在经济工作中,财政收支平衡往往对治政者构成夹缝。在这个夹缝中,怎么样实现收支平衡或者收大于支,不仅是科学发挥财政作用的问题,而且是关系到经济科学发展的问题。近年来,财政赤字已出现在财政收支的项目中。财政赤字是经济发展中的夹缝产物。财政赤字亦称预算赤字。财政赤字指财政年度国家财政支出大于收入的差额。财政赤字实质上是当年由财政分配使用的国民收入超过当年财政所能集中支配的国民收入。这种国民收入的过头分配,从资金上说,是一种没有收入来源的支出;从资金与物资的关系上说,是一种没有物资保证的支出。国家财政赤字如果没有以前年度财政结余弥补,就要向银行透支。如果不能通过信贷回笼加以调节,则将造成财政性货币发行,使纸币发行量超过市场商品流通的需要量,容易引发通货膨胀,构成全社会的夹缝。

2. 生活费用衡量的夹缝

生活费用指人们维持生活的费用。因为每个年代的生活费用不相同,所以,如何衡量不同时期的生活费用,容易对人们构成夹缝。例如,人们在生活中常说的物价怎么越来越贵,却说不清物价贵的准确原因,这正是生活费用衡量时的夹缝现象。

（1）消费物价指数的计算夹缝

消费物价指数是人们购买消费商品和服务价格水平变动情况的宏观经济指标，是度量一组代表性消费商品及服务项目的价格水平随时间而变动的相对数。当消费物价指数上升时，一般家庭必须支出更多的钱才能维持同样的生活水平。经济学家用通货膨胀这个术语来描述物价总水平上升的情况。消费物价指数（Consumer Price Index，CPI）是普通消费者所购买的物品与劳务的总费用的衡量标准，或称衡量指标[①]。在计算这个指标时，容易构成夹缝。

计算消费物价指标时的夹缝。人们在计算消费物价指数和通货膨胀率时，往往使用成千上万种物品与劳务的价格指数，以求指标的准确。曼昆先生在介绍人们计算消费物价指标时，只用了热狗和汉堡包（简单经济）两种物品来计算。计算消费物价指标时一般要遵循五个步骤。一是固定篮子，确定哪些物价对普通消费者是最重要的；二是找出价格，找出每个时点上篮子中每种物品与劳务的价格；三是计算这一篮子东西的费用，用价格数据计算不同时期一篮子物品与劳务的费用；四是选择基年并计算指数，指定一年为基年，即其他各年与之比较的基准。在用指数衡量生活费用的变动时，基年的选择是任意的。指数的计算公式为：

$$消费物价指数 = \frac{当年一篮子物品与劳务的价格}{基年一篮子的价格} \times 100$$

五是计算通货膨胀率。用消费物价指数计算通货膨胀率。通货膨胀率是从前一个时期以来物价指数变动的百分比。

$$第二年的通货膨胀率 = \frac{第二年\ CPI - 第一年\ CPI}{第一年\ CPI} \times 100\%\ [②]$$

我们知道，市场上的东西往往是物以稀为贵，影响消费物价的有各种原因。例如，在如何计算消费物价指数时，人们发现消费物价变化很大，于是又有人提出了核心 CPI。所谓核心 CPI，是指将受气候和季节因素影响

---

① ［美］N. 格里高利·曼昆著，梁小民、梁砾译：《经济学原理——宏观经济学分册》，第 27 页，北京大学出版社 2012 年版。

② ［美］N. 格里高利·曼昆著，梁小民、梁砾译：《经济学原理——宏观经济学分册》，第 27—28 页，北京大学出版社 2012 年版。

较大的产品价格剔除之后的居民消费价格指数。到现在为止，我国对核心CPI 尚未明确界定，美国是将燃料和食品价格剔除后的居民消费价格指数为核心 CPI。这种方法最早是由美国经济学家戈登（Robert J. Gordon）于1975 年提出的，其背景是美国在 1974—1975 年受到第一次石油危机的影响而出现了较大幅度的通货膨胀，而当时消费价格的上涨主要是受食品价格和能源价格上涨的影响。当时有的经济学家认为美国发生的食品价格和能源价格上涨，主要是受供给因素的影响，受需求拉动的影响较小，因此提出了从 CPI 中扣除食品和能源价格的变化来衡量价格水平变化的方法。从 1978 年起，美国劳工统计局开始公布从消费价格指数和生产价格指数（PPI）中剔除食品和能源价格之后的价格上涨率。但是，就是在美国经济学界，有人认为不应该从 CPI 中扣除食品和能源价格来判断价格水平，认为从 CPI 中扣除食品和能源价格来判断价格水平是不科学的不全面的，这就使计算消费物价指数的决策者处在夹缝之中。

衡量生活费用的夹缝。一直以来，消费物价指数并不是生活费用的完美衡量指标，诸如替代偏向、新产品引进、无法衡量的指数变动和消费者的心理一直是构成衡量生活费月指标的夹缝要素。一是替代偏向。在社会上，物价的变动不是同比例的，一些物品的价格上升快。消费者一般是购买价格上升较慢的物品或者价格下降的物品。也就是说人们用价格上升比较慢的物品来替代。其实，消费者在物价变动时选择了"替代"就已经对经济学者衡量生活费用的指标构成了夹缝，同时，对消费者也构成了选择替代品的夹缝。二是新产品引进。当引进了一种新产品时，消费者有了更多的选择。在更多的物品选择时，也就对消费者构成了选择的夹缝。三是无法衡量的质量变动。假设一种物品的质量不断在变差，即使其价格不变，但其价值下降了；相反，如果一种物品的质量不断上升，其价值也就上升了。但是，质量上升多少或者下降多少，很难把握质量变动的测量度，此时对消费者和统计者构成了夹缝。四是消费者心理。生活费用指数认为消费者是理性的，在一定的约束条件下，会追求效用的最大化。但效用如何测度呢？一些经济学理论认为，人是理性的，但由于环境的不确定性和复杂性，信息的不完备性以及人类认识能力的有限性，人们的理性认识能力会受到心理和生理上思维能力条件的客观限制，因而，人的理性应该是赫伯特·西蒙所说的有限理性。无论是完全理性还是有限理性，传统经济学理论终究认为人的行为是理性的。但心理学和行为经济学的发展却对消费者的理性选择行为提出了挑战，他们认为人类行为有其理性的一面，也有其非理性的一面，理性行为并不是唯一的行为方式，无意识和非理性是一个被现代心理学家、行为学者充分证明的现象，如情绪化行为、冲动行为、从众行为等。在经济实践中，人们往往知道何为"最优解"，却因为自我控制、意志力方面的原因无法做出最优选择。这些理论的本身已经对不同的理论者构成了夹缝，同样也对消费物价指数的制定者构成了夹缝。

（2）现实生活费用对比的夹缝

现实生活费用对比主要指物价指数、利率、美元的实际价值的对比。这些对比的本身就对消费者以及消费物价指数的制定者构成了夹缝。

GDP 平减指数与消费物价指数的夹缝。GDP 平减指数是名义 GDP 与真实 GDP 的比率。由于名义 GDP 是按现期价格评价的现期产出，而真实 GDP 是按基年价格评价的现期产出，所以 GDP 平减指数反映了相对于基年物价水平的现期物价水平。经济学家和决策者为了判断物价上升得快慢，既要关注 GDP 平减指数，又要关注消费物价指数。通常，这两个统计数字说明了相似的情况，但存在两个重要的差别使这两个数字不一致，构成了统计的夹缝。第一个差别是 GDP 平减指数反映国内生产的所有物品与劳务的价格，而消费物价指数反映消费者购买的所有物品与劳务的价格。例如，由波音公司生产并出售给空军的一架飞机价格上升了。尽管这架飞机是 GDP 的一部分，但并不是普通消费者购买的物品与劳务篮子中的一部分。因此，反映在 GDP 平减指数中的物价上升了，但消费物价指数并没有上升。第二个差别涉及如何对各种价格进行加权以得出一个物价总水平的数字。消费物价指数比较的是固定的一篮子物品和劳务的价格与基年这一篮子物品和劳务的价格，GDP 平减指数比较的是现期生产的物品和劳务的价格与基年同样物品和劳务的价格。比照物有区别，容易使比照的结果得出的价格加权不科学，对人们理解消费物价指数形成了夹缝。

真实利率与名义利率的夹缝。名义利率是指央行或其他提供资金借贷的机构所公布的未调整通货膨胀因素的利率，即利息（报酬）的货币额与本金的货币额的比率。真实利率是指剔除通货膨胀率后储户或投资者得到利息回报的实际利率。

名义利率、真实利率和通货膨胀之间的关系接近于以下公式：

真实利率＝名义利率－通货膨胀率

真实利率是名义利率和通货膨胀率之间的差额。名义利率告诉你，随着时间的推移，你的银行账户中的美元数量增加有多快；而真实利率告诉你，随着时间的推移，你的银行账户中的购买力提高有多快。[1] 对于大多数中国人来说，存款是多余钱之后的第一选择。存款者一方面不知道名义利率与真实利率之间的差距有多大，另一方面是明知道"钱"在贬值，为了防备"灾害"，必须选择储蓄，这是真实利率和名义利率构成的无奈的夹缝。

曼昆先生用通俗易懂的例子解释了真实利率和名义利率的夹缝现象。

为了使事情简单，我们假设 Sally 是一个音乐迷，而且只买音乐 DVD。当 Sally 存款时，在当地音乐商店里一张 DVD 卖 10 美元。她存款 1000 美元相当于 100 张 DVD。一年以后，在得到 10% 的利息之后，她有 1100 美元。现在她能买多少张 DVD？这取决于 DVD 价格的变动。下面是一些例子：

零通货膨胀：如果 DVD 的价格仍然是 10 美元，那么她可以购买的 DVD 量从 100 张增加到 110 张。美元数量增加 10% 意味着她的购买力增加 10% 。

6% 的通货膨胀：如果 DVD 价格从 10 美元上升到 10.6 美元，那么她能购买的 DVD 量就从 100 张增加到近 104 张。她的购买力增加约为 4% 。

10% 的通货膨胀：如果 DVD 价格从 10 美元上升到 11 美元，她仍然只可以购买 100 张 DVD。尽管 Sally 的美元财富增加了，但是她的购买力与一年前相同。

12% 的通货膨胀：如果 DVD 的价格从 10 美元上升到 11.2 美元，那么她能购买的 DVD 量从 100 张下降到将近 98 张。尽管她的美元数量多了，但是她的购买力降低了约 2% 。

如果 Sally 生活在一个通货紧缩——物价下降——的经济里，就会有另一种可能性出现：

---

① ［美］N. 格里高利·曼昆著，梁小民、梁砾译：《经济学原理——宏观经济学分册》第 38 页，北京大学出版社 2012 年版。

2%的通货紧缩:如果DVD的价格从10美元下降到9.8美元,那么她能购买的DVD量就从100张增加到将近112张。她的购买力增加了12%左右。

这些例子说明,通货膨胀率越高,Sally的购买力增加得就越少。如果通货膨胀率大于利率,她的购买力实际上就下降了。如果存在通货紧缩(也就是说,负通货膨胀率),她的购买力的增加大于利率。①

真实利率和名义利率的夹缝一直存在着,对于民众来说,到底是存款还是贷款消费,也一直难以取舍,同时,利率的高低,对存款者构成了夹缝,也对银行构成了夹缝。例如,2014年1月份的存款"搬家",就对银行构成了夹缝。中国人民银行公布的统计数据显示:2014年1月份人民币贷款增加1.32万亿元,而存款却大幅减少9402亿元。这9400多亿元存款"搬家"去哪儿了?分析家认为,这些存款的减少首先是受春节前企业发放奖金影响,一些企业存款转化为居民存款和春节期间的常规消费了。其次是受高收益诱惑,一些企业和居民存款还"搬"进了理财产品等"影子银行"。再次是一些居民把存款搬到余额宝、微信红包等互联网金融产品上了。截至1月15日,余额宝规模已超过2500亿元,用户数超过4900万户,相比2013年末,其规模15天内净增长35%,用户数新增600万。最后是一些居民把存款搬到了股市,1月沪深两市合计日均新开A股账户数为15846户。当下,我国银行应该是存款越多越好,当有些"产品"收益比银行利率还高,处在理财夹缝中的人们有了新的选择。"存款"可选择的项目多了,商业银行就处在真实利率和名义利率的夹缝中,这种现象已对商业银行敲了警钟。警钟主要表现在三个方面:一是商业银行面对不断增加的各种金融业态的存款竞争,将彻底失去"躺着也能赚钱"的安逸环境,日益面临存款成本的提高和优质客户的流失;二是应加强对理财产品等"影子银行"和一些互联网金融产品的监管,以防止存款"搬"出银行后或推升实体经济融资成本,或加剧金融风险;三是利率市场化改革既应积极,更应稳妥,存款"搬家"凸显加快利率市场化步伐的必要性。我国已放开金融机构贷款利率管制,存款利率管制尚未放开。一旦全面放开金融机构利率管制,

---

① [美]N.格里高利·曼昆著,梁小民、梁砾译:《经济学原理——宏观经济学分册》第37—38页,北京大学出版社2012年版。

会促使银行依靠抬高存款利率吸收更多存款,并压低贷款利率争夺优质客户。国际经验表明,利率市场化过程中,利率水平波动幅度加大,走势也难以预测,我国长期处于管制环境的商业银行一时恐难以适应,而且利率风险将成为其主要风险,应该注意避免重蹈利率市场化失败国家的覆辙。[1] 存款"搬家"并没有结束,夹缝在继续延伸。2014 年 5 月 12 日,央行发布 2014 年 4 月金融统计数据报告显示,4 月末,广义货币(M2)余额 116.88 万亿元,同比增长 13.2%。当月人民币存款减少 6546 亿元,外币存款增加 218 亿美元。[2] 存款因为利率构成的夹缝的夹力越来越大。

不同时期美元价值的夹缝。我们分析不同时期美元价值的夹缝,为的是使国人对于人民币价值变化的理解,尽量减少人民币的夹缝。曼昆先生有一个计算 1931 年和 2009 年名运动员、总统的收入对比,可见物价变化、收入变化过程中对民众构成的夹缝。先看看 Babe Ruth 的薪水问题,与今天运动员的薪水相比,他在 1931 年时的 8 万美元薪水是高还是低呢? 为了比较 Ruth 的薪水与今天运动员的薪水,我们需要把 Ruth 1931 年的美元薪水换算成今天的美元。

把 T 年的美元换算成今天美元的公式如下:

$$今天美元的数量 = T 年美元的数量 \times \frac{今天的物价水平}{T 年的物价水平}$$

我们把这个公式运用于 Ruth 的薪水。政府的统计数字表明,1931 年的物价指数为 15.2,而 2009 年为 214.5。因此,物价总水平上升了 14.1 倍(它等于 214.5/15.2)。我们可以用这些数字来衡量按 2009 年美元计算的 Ruth 的薪水,计算如下:

$$2009 年美元的薪水 = 1931 年美元的薪水 \times \frac{2009 年物价水平}{1931 年物价水平}$$

$$= 80000 \times \frac{214.5}{15.2} = 1128947(美元)$$

经过测算,Babe Ruth 1931 年的薪水相当于今天超过 100 万美元的薪水。但是,这份薪水不到今天纽约扬基队运动员中位薪水的 1/4。形成这种现象的原因很多,包括整个经济的增长和超级明星得到的收入份额的增

---

[1]　参见赵淑兰:《存款"搬家"的警示》,《经济日报》2014 年 2 月 18 日。

[2]　参见杨汛:《4 月人民币存款减少 6546 亿元》,《北京日报》2014 年 5 月 13 日。

加,都使最好运动员的生活水平有了很大提高。这种算法科学吗？美元的贬值能算准确吗？我们再来考察胡佛总统 1931 年的薪水。胡佛总统 1931 年的薪水 7.5 万美元,为了把这个数字换算为 2009 年美元,我们又要乘以这两年物价水平的比率,结果发现胡佛的薪水相当于 7.5 万美元 × (214.5/15.2),即按 2009 年美元计算为 1058388 美元。这大大高于奥巴马(Barack Obama)总统的薪水 40 万美元。[①] 今天的美元还是 1931 年的美元吗？怎么样使自己手中的美元少贬值呢？其实,其他币种都存在这种情况,人们处在币值的夹缝之中。

3. 地下经济的夹缝

"地下经济"(Underground economy)一般是指逃避政府的管制、税收和监察,未向政府申报和纳税,其产值和收入未纳入国民生产总值的所有经济活动。地下经济活动涉及生产、流通、分配、消费等各个经济环节,可谓无所不在,是当前世界范围内的一种普遍现象,被国际社会公认为"经济黑洞"。从表现形态看,地下经济大致可分为三大类:第一类被称为"影子经济",主要是指未经工商登记、逃避纳税的个体经济,如没有营业执照的小商小贩、家居装修、私房建筑等;第二类被称为"黑色经济",指抗税抗法的犯罪经济,包括走私、贩毒、洗钱、赌博、制假、色情业、贩卖人口等;第三类是新型的网络犯罪,指在网上搞假公司和假投资骗取钱财等。据国际货币基金组织估计,1998 年全球地下经济规模约 9 万亿美元,占全球产出的 23%。[②] 在美国,2004 年按国内生产总值(GDP)衡量,美国官方经济的规模将近 12 万亿美元,普遍认为非官方经济的规模相当大——占 GDP 的 6% ~ 20%。按中间值计算,一年大约是 1.5 万亿美元。经济学家普遍认为,发展中国家的地下经济更严重,这些国家官僚作风和腐败是臭名昭著的,更容易滋生地下经济,对社会构成夹缝。例如,经济学家 Friedrich Schneider 在 2003 年出版的《影子经济》中(广义定义为所有市场上的、有意避开当局的合法的物品与劳务的生产)对以下国家的影子经济进行了

---

① [美]N. 格里高利·曼昆著,梁小民、梁砾译:《经济学原理——宏观经济学分册》,第 35—36 页,北京大学出版社 2012 年版。

② 参见百度百科:《地下经济》,2015 Baidu. 百度百科合作平台。

估算:津巴布韦影子经济占 GDP 的 63.2%,泰国占 GDP 的 54.1%,而玻利维亚占 GDP 的 68.3%。在苏联的集团国家中,格鲁吉亚的影子经济占 GDP 的 68%,这些国家的地下经济平均占 GDP 的 40.1%,相比之下,这一比例在西方国家平均为 16.7%。① 地下经济对政府和民众形成了夹缝,我们只分析我国较为突出的地下经济夹缝形式:毒品经济和色情经济夹缝,民间放贷夹缝和网络、手机诈骗等夹缝。

(1)毒品经济和色情经济的夹缝

毒品经济指依靠生产和贩卖毒品的一种组织严密的经济活动。毒品经济可以分为政府行为的制毒、贩毒和个人行为的制毒、贩毒的经济活动。制毒经济已经对他国的民众构成了夹缝。色情经济指通过与性相关的服务获利的经济活动。色情经济的出现,对民众及执政者构成了夹缝。

毒品经济的夹缝。制毒、贩毒和吸毒成为某些地区的社会毒瘤,影响了地区稳定,影响了地区经济的和谐发展,对民众和执政者构成了夹缝,同时,也使部分制毒、贩毒和吸毒者成为夹缝人。就 2014 年禁毒情况来看,毒品经济的活动很猖狂。例如,媒体报道,2014 年 1 月至 4 月,河南省共破获毒品刑事案件 165 起,抓获毒品犯罪嫌疑人 197 人,缴获各类毒品 32.79 千克,查处非法种植毒品原植物案件 124 起。当日,河南省公安厅禁毒总队通报了 10 起典型制贩毒案。其中,平顶山市公安局成功破获一起毒品案件,抓获犯罪嫌疑人 11 人,捣毁制毒加工厂 3 个;巩义警方查获两起利用航空渠道人体藏毒运输毒品案,缴获冰毒片剂 800 余克。② 又有报道说,河南省南阳市公安机关日前破获一起涉案总金额达数千万元、涉案药品 1100 多件的跨中缅两国非法买卖制毒物品大案。此案暴露出涉毒犯罪的新手法——从常见感冒类、止咳类含麻药品里提炼麻黄碱制作毒品。③

媒体报道更为详细的是制毒贩毒第一村——博社村的故事。2013 年 12 月 29 日凌晨,广东出动 3000 多全副武装的警力,对博社村实施了大清

① 〔美〕N. 格里高利·曼昆著,梁小民、梁砾译:《经济学原理—宏观经济学分册》,第 16—17 页,北京大学出版社 2012 年版。

② 参见李凤虎、焦莫寒:《河南破获毒品刑事案件 165 起捣毁制毒加工厂 3 个》,《河南日报》2014 年 5 月 23 日。

③ 参见双瑞:《跨国涉毒大案暴露新动向:用常见药提炼制毒》,《经济参考报》2013 年 11 月 8 日。

剿,打掉 18 个特大制贩毒团伙,抓捕近 200 人,缴获冰毒近 3 吨,制毒原料过百吨。

广东警方通报扫毒行动后,"第一毒村"成为全国热点。2014 年 1 月 4 日,记者从北京南下,来到这个距离大海不到 3 公里的村庄。广东省公安厅一位高层说,博社村 20% 的家庭直接或间接参与制贩毒,已经形成"家族式运作,产业化经营,地方性防护"的局面。博社全村 14000 人左右,如果警方提供的数据真实准确,那么,博社村至少有 2000 人涉毒,警方目前抓捕近 200 人,村里涉毒但囿于各种原因(比如情节轻微、证据不足等)未被警方带走的村民还有许多。村道两边,除了禁毒标语和横幅,还张贴着陆丰市公安局关于严厉打击毒品违法犯罪活动的通告。可在一些墙脚或监控探头的盲区,公安局的禁毒通告被撕得面目全非,有的留下一截通告题头,有的仅留下一些糨糊,显示这里曾贴过禁毒通告。对外来入村者的敌视和不欢迎,是记者前后 4 次进博社村采访时共同的感受。沿着村道走访,用普通话咨询村民,不管男女、年纪大小,大多摆手,指指自己的嘴巴,意思是不懂、不会说普通话,还有一些村民头都不抬,直接翻一个白眼。后来,记者好不容易问到一个会讲普通话又愿意交流的村民老蔡,他的观点让记者黯然。老蔡说:"制毒的村民,都是一家带一家,他们知道情况,不会给你讲;不制毒的村民,要么不知情,要么知道,因为担心报复,也不敢跟你讲。"在这个村,除了环境污染,当地赌博、吸毒和抢劫等治安形势亦逐年恶化。在老蔡等村民看来,博社村制毒的家族,确实存在,但还有很多村民是奉公守法、坚持正道的。老蔡说,新闻上讲,小学生剥康泰克胶囊一个月挣 1 万元,村民剪切黄麻草一天可挣三五百元,但这些"好事"并非随便什么人都能做。更多的村民远离毒品,却要承担毒品阴影下沉重的代价。村庄的风气不断恶化,过年祭祖,有的村民甚至用箱子搬来整箱的钞票,有的焚烧真钞祭祖,有的叠起大量现金祭祖。

虽然很多当地官员把毒品屡禁不绝的原因,归咎于村民法律意识淡薄、暴利诱惑驱使,但不得不正视的问题还包括,基层政府的涣散和来自政府警队的保护伞。广东警方的行动中,陆丰党政部门干部,涉嫌充当毒贩保护伞的有 14 人,除了博社村支书蔡东家等村干部,还包括陆丰公安局机关干部,当地派出所所长和民警等。尤其是被媒体广泛关注和报道的涉毒村支书蔡东家,早年在外经商,回村走马上任没多久,即沦为村里制毒、贩毒人员的"保护伞"。有村民感叹,禁毒和戒毒一样难,如果博社村周边村庄制贩毒犯罪不除,要博社村彻底脱毒难。虽然当地政府一再表态,要千方百计引进项目,引领村民回归正道。但是,要彻底铲除毒源,除了入村清剿,清除制毒土壤,对公职人员大清查,揪出幕后真正的"保护伞",同样任重而道远。① 在这个制毒、贩毒的村子里,多数百姓还是好人,但他们处在了制毒者和制毒保护者构成的夹缝中,不仅遭外村人的白眼,在本村也不敢说话,生活上喝不上干净水,同样也得不到制毒的经济利益。

色情经济的夹缝。色情本身就是容易构成夹缝的事物。当有的人认为色情是不道德的,是应该取缔的经济活动,是构成夹缝的一方;当有的人认为,色情是一门经济时,是夹缝的另一方。这双方对许多人构成了夹缝。中国新闻网的一段视频说:"这两天早上醒来,微博、朋友圈里都是东莞挺住、东莞加油、东莞不哭。我还以为东莞发生大地震了,原来是扫黄! 也许在亚洲传统道德约束下,人们难以接受色情内容合法化,但丹麦在1969年色情品彻底解禁后,犯罪率下降了31%,色情甚至还带动了经济的发展,甚至还有一个专门的名词,叫作'色情经济'。想不想知道'色情经济'到底是什么经济呢? 一起来'涨涨姿势'吧!"解说者说:"说起'色情'这两个字,在中国人心中总是很别扭,恨不得把它扔在地上踩上两脚,再骂它几句。要是说起'色情行业'那更是如过街老鼠人人喊打,这确实不符合中国人的传统道德。但也有古话说得好:英雄难过美人关! 就连孔子他老人家都说:'食色性也!'""据调查,色情网站占全球网站的12%,而互联网的海量下载内容中有35%是色情内容。""现在打开互联网随便点击几下,各种美女露大腿、露大胸的游戏、广告满天飞,想要在这上面找点色情的东西还真不是什么难事。""在各国政府的各种禁令和管制措施之下,全球可以统计到的16个国家的色情业规模就达到970亿元。而2006年前后,诺基亚的市值也不过才1021亿元。"②

在我国,改革开放后色情经济在一些地方泛滥。例如东莞,据相关数据显示,东莞色情业每年产生的经济效益,一度多达500亿元,相当于当地一年GDP的1/7。春节期间,东莞地下色情业依然火爆,央视记者数度暗

---

① 参见刘刚:《探访广东制毒村:村民焚烧整箱真钞祭祖》,《新京报》2014年1月18日。
② 杜海涛:《涨姿势:不为人知的"色情经济"》,中国新闻网2014年2月12日。

访,揭秘淫秽地下情色世界:一是 KTV 里跳艳舞,色情服务明目张胆;二是酒店不住宿,名为"选秀"实为卖淫;三是五星级酒店里的"裸舞选秀",小姐明码标价;四是 20 多项色情"莞式服务",淫秽竟成商家竞争特色。央视报道称,在此次央视记者调查的过程中,记者看到的却是几近公开的色情服务,这其中不仅有从业者对于国家法律法规的公然践踏,同时也暴露了当地公安机关对色情业泛滥现状的充耳不闻、视而不见,这背后有怎样的深层原因,耐人寻味。

我们可以想一想,如果仅仅是个别警务人员的失职渎职行为,是无法造成如此大规模的色情服务行业横行的后果,也无法让整个东莞公安系统对于卖淫嫖娼行为采取不作为的态度的。这显然是整个东莞公安系统都已经达成共识和默契,甚至可以说东莞政府对这个现象采取的是睁一只眼闭一只眼甚至是默许存在的态度。如果没有得到更高级别的默认或是允许的话,整个东莞公安系统不可能对于卖淫嫖娼行为采取视而不见的态度。据中新网报道,2014 年 2 月 9 日,央视对东莞市部分酒店经营色情业的情况进行了报道。当天下午,东莞共出动 6525 名警力对全市所有桑拿、沐足以及娱乐场所同时进行检查,抓获 67 名涉嫌色情交易的人员。中堂、黄江等五个镇领导被诫勉谈话,所在地派出所所长均被先停职再调查。①"直到东莞市副市长、市公安局局长严小康因此被问责、免职,许多人才相信'这次是动真格的'。严小康是东莞'扫黄'首位落马高官,广东省省委常委会认为他'没有正确履行职责,致使东莞市涉黄违法行为屡禁不止,在国内外造成极为恶劣的影响'。本次行动还根据《关于追究领导干部在扫除"黄、赌、毒"工作中失职渎职责任的暂行规定》等规定处理了多名公安系统人员和地方党委委员。"②解说者一方面说要把"色情"扔在地上,再踏上两脚;一方面又说有的国家,色情品解禁后,犯罪率下降,这已构成了认识的夹缝。一方面高层和媒体要求扫黄,一方面东莞政府对这种现象采取的是睁一只眼闭一只眼甚至是默许存在的态度,这已经对正直的百姓构成了夹缝。除去公开的卖淫嫖娼之外,对于美女袒胸露臂属不属于色情也形成了夹缝。2014 年 5 月 19 日,在中南财经政法大学和中南民族大学里,有不少女学生,身穿短裙或短裤,在大腿、手臂贴上某品牌微信二维码,并写着一些暧昧的话语,号召周围同学扫码,吸引了大量学生骚动围观。其实,这些女生是在参与一个"出租身体做广告位"的创意营销活动,背后是一个某知名卫生巾品牌的幕后策划,只要你愿意将其官方微信二维码贴在身上的某一个部位,然后拍下来发布到微信上就可以赚取一定的零花钱。有些学生接受新事物的能力强,该活动一经发出,就受到了大家的热情参与,围观的一名女生说:"短裙短裤什么的平时也经常穿,在腿上多贴个广告,就能赚零花钱,没什么不好的。"更有同学表示,"并不会觉得很大尺度,很露骨什么的,反而觉得很好玩,很有创意,看到了就想扫一扫"。据英国《每日邮报》报道,将自己的大腿用作"广告空间""公关领土"在日本、香港等地早有先例,且十分流行。女大学生出租大腿当广告位,是炒作还是创意营销? 有人认为,女大学生出租大腿当广告位,不仅能让女学生赚取零花钱,还可以提高品牌的知名度,可谓一举两得。不过也有人反对,认为女大学生出租大腿当广告位,容易招引色狼,还败坏风气。作为一个女人,把大腿露出来,还叫男人来拍照,在保守的中国人看来,必定有人闲言闲语。这不同的看法,已经构成了夹缝。①

(2)民间集资、微信"集赞"的夹缝

民间集资是种民间借贷的一种变异方式,是民间借贷向专业化形态(私募基金等)演变过程中的一种中间形态,尚不具备私募基金、私人钱庄等民间金融组织的专业化程度,在运行中风险特征比较明显,容易对民众构成集资的夹缝。微信集赞指某些商家利用微信售赞的经济活动,容易对微信友构成夹缝。

民间集资的夹缝。1998 年国务院发布《非法金融机构和非法金融业务活动取缔办法》中指出:非法吸收公众存款,是指未经中国人民银行批准,向社会不特定对象吸收资金,出具凭证,承诺在一定期限内还本付息的活动。这个定义相当宽泛,很多民间借贷都可视为非法。2010 年最高人民法院颁布了《最高人民法院关于审理非法集资刑事案件具体应用法律若干问题的解释》,司法机关从中国经济实践中,归纳出更现实的执法标

①　参见:周素雅、夏晓伦:《女大学生'出租大腿'广告位引众男生弯腰扫码》,《齐鲁晚报》2014年 5 月 22 日。

准。非法集资需同时具备"四个条件":一是未经有关部门依法批准或者借用合法经营的形式吸收资金;二是通过媒体、推介会等途径向社会公开宣传;三是承诺在一定期限内还本付息;四是向社会不特定对象吸收资金——个人向 30 人以上吸收存款;单位向 150 人以上吸收存款。同时,《解释》还规定:"未向社会公开宣传,在亲友或者单位内部针对特定对象吸收资金的",不属于非法集资。① 这种解释和社会上的集资现象有很大的差距,已经对人们构成了夹缝。在民间,非法集资涉及面之广,牵扯的金额之多,是有钱者和有权者所想象不到的。到 2013 年底,非法集资案件涉及全国 31 个省(区、市)、87% 的市(地、州、盟)和港、澳、台地区。新发案件更多地集中在中东部省份,并不断向新的行业、领域蔓延。跨省案件增多,影响较大。数据显示,2013 年全国公安机关共侦破非法集资案件 3700 余起,挽回经济损失 64 亿余元。很多非融资性担保公司、投资咨询等中介机构公开"代人理财"大肆非法集资;许多小额贷款公司、私募股权投资等融资性机构超范围经营涉嫌非法集资;一些农业专业合作社以入股分红为诱饵吸收农民资金投资异地或放高利贷;网络平台打着"民间借贷"旗号非法集资风险也日见凸显。近年来非法集资的手段花样翻新——主要发现有六种典型的手法:第一种是假冒民营银行的名义,借国家支持民间资本发起设立金融机构的政策,谎称已经获得或者正在申办民营银行的牌照,虚构民营银行的名义发售原始股或吸收存款。第二种类型是非融资性担保企业以开展担保业务为名非法集资,主要表现在两方面:一是发售虚假的理财产品,二是虚构借款方,以提供借款担保名义非法吸收资金。第三种类型是境外投资、借高新科技开发旗号,假冒或者以虚构国际知名公司设立网站,并在网上发布销售境外基金、原始股、境外上市、开发高新技术等信息,虚构股权上市增值前景或者许诺高额预期回报,诱骗群众向指定的个人账户汇入资金,然后关闭网站,携款逃匿。第四种类型是以"养老"的旗号,突出表现为两种形式:一是以投资养老公寓、异地联合安养为名,以高额回报、提供养老服务为诱饵,引诱老年群众"加盟投资";二是通过举办所谓的养生讲座、免费体检、免费旅游、发放小礼品方式,引诱老年人群众投入资金。第五种方式是以高价回购收藏品为名非法集资。以毫

---

① 参见沈彬:《非法集资与民间借贷有何区别》,《新京报》2012 年 1 月 20 日。

无价值或价格低廉的纪念币、纪念钞、邮票等所谓的收藏品为工具,声称有巨大升值空间,承诺在约定时间后高价回购,引诱群众购买,然后携款潜逃。第六种是假借 P2P 名义非法集资,即套用互联网金融创新概念,设立所谓 P2P 网络借贷平台,以高利为诱饵,采取虚构借款人及资金用途、发布虚假招标信息等手段吸收公众资金,突然关闭网站或携款潜逃。① 例如,2014 年南京玄武法院审理的孙海、李晶夫妇的非法集资案,案发前就给不少民众构成了夹缝。孙海、李晶夫妇假借自己都不知道是不是真实的所谓"高大上"项目进行"融资",给出高额利息,诱使公众来"协议借款",运作中不断用新借来的钱去填前期借款的本息窟窿,他们导演了一桩新"庞氏骗局"②。检方证据指认涉案金额 2 亿多,此前审计发现超过 10 亿元;受害人数 514 人,此前审计发现超过 2000 人。2008 年,南京人孙海、李晶夫妇通过朋友介绍,认识了东北一家高新技术公司董事长李某某。不久,这对夫妇应李某某邀请到东北"考察"时,李某某对他们说,自己的公司正开发一个新能源项目,但苦于资金不足,想请他们帮忙在经济发达的南京融资,事成后给 17% 的服务费。孙海夫妇回到南京后,于当年 10 月在中央门附近一商务楼租了间办公房,设立了"迅翔投资咨询中心",到处宣传"哈尔滨天业公司"的所谓"硅电池"项目。他们制定了月息 3% ~ 5%、期限 4 ~ 6 个月的借款协议书,公开向社会揽储;到案发的 2012 年 3 月,孙海夫妇新借款不够还前期借款本息,资金链断裂,投资人报警。日前,南京玄武法院开庭审理了被告人孙海、李晶夫妇涉嫌非法吸收公众存款一案。检察院指控,孙海夫妇非法吸收公众存款达 2 亿多元,导致 514 人上当。庭审中,孙海夫妇称自己也是"受害者",钱主要汇给了东北某公司董事长李某某,他们只是打工拿佣金的。该案案情复杂,涉案金额巨大。

---

① 参见钱箐旎:《打击非法集资刻不容缓》,《经济日报》2014 年 4 月 22 日。
② 庞氏骗局是一种最古老和最常见的投资诈骗,是金字塔骗局的变体,很多非法的传销集团就是用这一招聚敛钱财的,这种骗术是一个名叫查尔斯·庞兹的投机商人"发明"的。庞氏骗局在中国又称"拆东墙补西墙""空手套白狼"。简言之就是利用新投资人的钱来向老投资者支付利息和短期回报,以制造赚钱的假象进而骗取更多的投资。查尔斯·庞兹(Charles Ponzi)是一位生活在 19、20 世纪的意大利裔投机商,1903 年移民到美国,1919 年他开始策划一个阴谋,骗人向一个事实上子虚乌有的企业投资,许诺投资者将在三个月内得到 40% 的利润回报,然后,狡猾的庞兹把新投资者的钱作为快速盈利付给最初投资的人,以诱使更多的人上当。由于前期投资的人回报丰厚,庞兹成功地在七个月内吸引了三万名投资者,这场阴谋持续了一年之久,才让被利益冲昏头脑的人们清醒过来。

在众多投资者中,南京市民苏小姐是被舅舅的朋友王某拉进来的。2011年,王某告诉苏小姐说,天业公司是做实体的,主要业务是电动车和电池,利润很大。苏小姐禁不住劝说就动心了,遂转了50万元到天业公司的账上,借款协议书写明月息5%,按月付,6个月后偿还本金。之后,苏小姐又陆续借给天业公司300万元,并陆续收到利息107万余元。但从2012年12月开始,苏小姐就再也没有收到过利息,到案发时,苏小姐不但没有把本钱拿回来,还损失了192万余元。① 在这个集资夹缝中,众多集资者都是夹缝人。构成夹缝的是南京孙海夫妇、东北高新技术公司董事长李某某和推波助澜的亲友们。换一个角度,我们发现,孙海夫妇也是夹缝人,他们处在了利益和东北高新技术公司董事长李某某的诱导夹缝之中。

微信"集赞"的夹缝。"集赞"指商家在互联网上通过网友之间微信点赞迅速积累人气建立的互动营销平台。在微信集赞过程中,部分商家无视平台规则和用户体验,屡次利用朋友圈"集赞",甚至出现预付邮费欺诈、骚扰用户现象。事实上,点赞背后,蕴藏着灰色产业链,商家通过点赞送礼做营销,涉及虚假宣传,容易引发纠纷。业内人士表示,针对这些营销方法,还缺乏有效的监管渠道,要谨防"忽悠"。点赞有风险,风险在于对于此类营销中的商品质量、服务保障等,目前尚未形成完善的监管机制,若消费者遭遇虚假营销,易陷入维权困境;商家以物质利益诱惑网友点赞支持自己的活动或产品的行为,侵犯了消费者的知情权,属于不正当竞争;网友在不知产品质量的情况下,为一己私利,拉朋友点赞、网上买赞,帮企业误导他人,可能涉嫌违法。在杭州上班的白领黄小姐可以说是微信达人,尤其热衷于在朋友圈内转发和分享各类信息。近日,她收到不少好友发过来的求"赞"信息,商家提供的礼品相当给力。黄小姐本人参与了最近最热的集满50个"赞"送港澳4天3晚单人游活动,集满50个赞太容易了,而且奖品实在很让人心动,她转发后很快就收到了几十个好友的点赞,并且其中不少人也一同转发了此条内容。集满后,黄小姐将截图发给活动方,并按照规则填写了自己的个人信息,满心期待着收到免费旅游的体验券。"后来一位同样参与此活动的朋友确实收到了体验券,但是并不像商家所

① 参见玄法、罗双江:《月息5%,拆东墙补西墙直至崩盘南京夫妇"空手套白狼"借走两亿多》,《扬子晚报》2014年4月11日。

说的那样完全是免费旅游。"黄小姐介绍说,朋友到达目的地后还必须接受商家的强制消费,一趟下来自己反而倒花了不少冤枉钱。最终,黄小姐在收到商家寄来的到付体验券时,选择了拒绝签收,"要不是看到朋友被骗的经历,自己估计也落入了商家的陷阱"。与黄小姐一样有相同经历的人颇多,网友蔡小姐是在校大学生,已连续参加了好几家此类活动,据此总结出了一些经验。"各类商家提供的集赞信息那么多,真假难辨,关键就是要学会筛选,我选择的都是比较实惠的礼品,那些带有明显消费陷阱、礼品价值太高的活动,我都不会参加。"蔡小姐透露,她目前通过集赞收获的礼品都是比较小额实用的,比如几元钱的抵用券、免费试吃等。蔡小姐说,除了本地商家的一些活动,她也会参与临近一些城市的点赞活动,不过虽然已集满赞,但很多商家并没有回应。记者在微信圈里发现,近期,微信点"赞"成为商家的营销新渠道,活动发布方涉及房产、汽车、健身、餐饮、娱乐等多个行业,大部分商家的活动规则基本一致,首先要关注商家微信,对于参与者收集到的"赞"要经前台确认,每个微信号又限兑换一次。但是在兑换礼品的名额限制上,有的商家标注送完即止,有的商家标明了限制名额,也有个别的没有任何说明。消保委相关人士提醒广大消费者,各类商家依靠微信求赞看似送福利,实际暗藏各类消费陷阱。频繁求赞也造成朋友圈广告遍布,失去了联络感情的真实意义。"参加 11 个活动,只拿到 1 个奖品","集赞领木桶? 是吸引你看楼","免费游香港? 会强制你购物。"[1] "点赞"朋友圈还是生意圈? 对于越来越多的朋友圈点赞营销,2014 年 6 月 6 日,微信平台公布了微信整顿公众号集赞行为处理机制,微信公众号累计发现一次有集赞行为的,将被封号 7 天;累计发现两次有集赞行为的,将封号 15 天;累计发现三次有集赞行为的,将封号 30 天;累计发现四次有集赞行为的,永久封号。2014 年 6 月 9 日起微信将采用技术 + 人工举报方式对"集赞"行为进行全平台清理和规范。[2] 当商家利用物质方式引诱网友"点赞"时,不少网友处在夹缝之中。明知点赞不规范,碍于面子,不得已而为之,夹缝之力是很大的。

---

① 参见韩飞、马燕、张遥:《网友集体控诉微信"集赞陷阱"》,《扬子晚报》2014 年 5 月 13 日。

② 参见罗提:《微信封杀点赞营销:再"集赞",就拉黑!》,《华西都市报(成都)》2014 年 6 月 9 日。

（3）电信网络经济推销的夹缝

互联网的快速发展，不仅开了方便之门，而且形成了一个历史上从来没有过的网络世界。在网络世界中，就有了电信和网络经济发展的独特空间，也对电信和网络使用者构成了夹缝，其中较为独特的夹缝就是电信网络诈骗。"电信网络诈骗犯罪是伴随着互联网、手机普及应用而出现的新型智能犯罪。它改变了以往'面对面'诈骗的行为方式，通过随机拨打电话、群发手机短信或者发布网络虚假信息，编造事由、隐瞒真相，'背对背'、非接触式骗取当事人的钱财。犯罪分子手段花样不断翻新，而且经常冒充公检法机关及社保等政府部门行骗，比以往的诈骗方式更令公众难以防范。"①这些诈骗的经济夹缝有的是利用电信手段形成的，有的是通过网络手段形成的，有的是电信网络共同使用而构成的。

电信经济诈骗构成的夹缝。电信经济诈骗指某些人通过电信手段获取不应该得到的经济利益的行为。由于电信速度快，非法手段得到的利益也快。利用电信手段获取非法的经济利益现在被确定为诈骗。例如，江苏省省委宣传部、省综治办、教育厅、公安厅、通信管理局、银监局等6部门，2014年5月17日起在全省联合开展防范电信网络诈骗犯罪集中宣传月活动。当天，6部门在各城市668个宣传点举行广场咨询活动，现场为群众答疑解惑。② 在防止电信网络诈骗的夹缝构成时，专家们提出了形成电信诈骗夹缝的五种可能性：一是冒充公检法工作人员实施电信诈骗。犯罪分子冒充公检法工作人员，以事主电话欠费、查收法院传票、包裹藏毒等借口，谎称事主身份信息被他人冒用或泄露，银行账户涉嫌洗钱、诈骗等犯罪活动，为确保事主不受损失，将银行存款转至对方提供的所谓"安全账户"。专家提出的防骗对策是：凡是自称国家机关要求把钱汇入安全账户的都是诈骗，切勿相信。二是冒充亲友以车祸、嫖娼、吸毒被抓实施电信诈骗。犯罪分子先拨通受害者电话，用"猜猜我是谁"套取信任，不久又编造本人或亲友出车祸、嫖娼、吸毒被抓，不敢告诉家人，向事主借钱，并要求汇到指定账户。专家支招的防骗对策是：核实对方身份，不要轻易给其汇款。三是"黑社会"绑架恐吓实施电信诈骗。犯罪分子自称"黑社会"拨打事主

① 任松筠、苏宫新：《见招拆招，应对电信网络诈骗》，《新华日报》2014年5月18日。
② 参见任松筠、苏宫新：《见招拆招，应对电信网络诈骗》，《新华日报》2014年5月18日。

电话,谎称事主亲属被其绑架索要"赎金",利用事主急于解救"人质"的心理实施诈骗。专家支招的防骗对策是:以筹钱等为理由拖住对方,及时与"人质"亲属联系核实。四是冒充税务、财政、车管部门工作人员以购车、购房退税名义实施电信诈骗。犯罪分子冒充税务局、财政局、车管所工作人员拨打电话,以"国家下调购房契税、购车附加税率"为名,让事主交纳一定的手续费,并汇入指定的账户实施诈骗。专家支招的防骗对策是:税务部门退税会在报纸、电视等媒体公告,而不会仅以电话方式通知,接到这样的电话即可认定是诈骗。五是群发银行卡透支、消费短信实施诈骗。犯罪分子向受害人发送"银行卡刷卡消费""信用卡透支"等内容的短信,当接收者打电话询问时,犯罪分子便分别扮演"银行""银联管理中心"层层设下圈套,诱骗事主将银行卡内资金转移到"安全账户"。专家支招的防骗对策是:拨打银行客服咨询,而不通过诈骗短信提供的联系电话咨询。在这种经济诈骗的夹缝中,诈骗者希望诈骗成功,希望被诈骗者能够上当;家人和朋友希望当事人要小心,免得上当受骗。[①] 有时这是一个难以取舍的夹缝。很多受骗者到银行办手续,银行工作人员劝阻,当事人还不相信呢。例如,2013 年 8 月 5 日上午,69 岁的何阿婆独自在家,突然接到自称是"电信总局"的电话,对方告诉她有一封挂号信,内容是她欠税 1 万多元。几乎没怎么出门的何阿婆不相信。对方指导她可以先报案。何阿婆照着对方提供的号码拨了过去,电话那头自称是上海市公安局民警,并称"经查,你的身份信息被人盗用开了家公司,该公司卷入贩毒案,警方此前已经抓捕 80 多人,你的责任最大,警方正在追捕你",还称"如果有疑问可以向当地检察院咨询"。听完这番话,何阿婆慌了神,很快按照"民警"的指示向"检察院"询问。接电话的"检察官"证实了"民警"的说法,并要求阿婆将存款转移到安全账户核查,同时警告阿婆不能向银行人员或家人透露此事,否则将涉嫌泄密罪。年近七旬的阿婆急忙赶到银行准备将 20 万元的"棺材本"转进"安全账户"。经验丰富的银行员工陈女士发现可疑后,劝说阿婆不要上当。但陈女士的劝说并不怎么见效。何阿婆还在电话中向"检察官"称银行不让转账。"你记下这位职员的工号牌和姓名,向他们领导投诉。""检察官"指挥着何阿婆。眼看骗子就要得逞,陈女士立即

---

① 参见苏宫新、任松筠:《10 种常见电信网络诈骗及防范》,《新华日报》2014 年 5 月 18 日。

向银行主管汇报并向当地派出所报了警。黄埔区公安分局南岗派出所民警赶到现场处理。经过民警耐心解释和劝说,何阿婆终于恍然大悟,连番感谢民警和银行及时为其挽回约 20 万元的巨额经济损失。近日,黄埔区警方对这位机敏的银行员工进行表彰,并为其发放了慰问金。① 2012 年的一天,上虞市道墟镇村民严某的手机铃声骤然响起。电话那端自称是上海市公安局奉贤分局韩警官和李警官,称严某在上海交通银行办卡,并透支 300 余万元,当天是最后期限,如果不交保证金到指定账户,下午 4 点前就要对其执行逮捕,并且这件事不能告诉任何人。一时慌了神的严某急匆匆赶回家,准备了 12 万元钱,来到上虞市道墟镇屯北信用社汇款,银行工作人员觉得严某可能中了骗子的招,在严某办理业务时进行了及时阻止,提醒严某这是一个骗局,千万不要上当。然而,严某对银行工作人员的话就是不信,见在道墟镇信用社汇款不成,严某又来到了道墟镇肖金农村合作银行,再次要求汇款,同样,工作人员再次告诉他谨防被骗。严某不但不听,还急得与银行工作人员吵了起来。对大家的劝说将信将疑。② 这种将信将疑就是夹缝人的表现。夹缝的一方是骗子,让受骗者汇款;夹缝的另一方是亲友和银行职员,阻止受骗者上当。

　　网络经济诈骗构成的夹缝。网络经济诈骗指某些人通过网络手段获取不应该得到的经济利益的行为。网络越来越普及,作用越来越大,构成的经济诈骗夹缝也越来越复杂。为防止民众上当,政府和经济专家时常出面提醒民众注意防范。例如,江苏省公安厅对网络诈骗进行了梳理,认为目前网络诈骗主要有 5 种形式。一是利用 QQ、MSN 等网络聊天工具实施诈骗。犯罪嫌疑人通过盗号和强制视频软件盗取 QQ 号码及密码,并录制对方视频影像,随后登录盗取的 QQ 号码与其亲友聊天,并将所录制的视频播放给其亲友观看骗取信任,然后以急需用钱为名借钱诈骗。专家提供的防骗对策是:眼见不一定为真,打个电话确认下就可辨别真伪。二是利用网络游戏装备及游戏币交易实施诈骗。犯罪分子利用某款网络游戏进行游戏币及装备买卖,在骗取玩家信任后,让玩家通过线下银行汇款,或者

---

① 参见埔公宣:《银行职员阻止阿婆向骗子汇款 20 万获见义勇为表彰》,《新快报》2013 年 11 月 4 日。

② 参见范文忠:《怀揣 12 万给骗子汇款银行员工阻止却发生争吵》,《绍兴晚报》2012 年 4 月 15 日。

交易后再进行盗号的方式诈骗。专家提供的防骗对策是:别轻信网游认识的"战友",尤其是警惕先付款后交货的交易方式。三是利用网上银行实施诈骗。犯罪分子制作与一些银行官网相似的"钓鱼"网页,盗取网银信息后将账户现金取走。专家提供防骗对策是:在登录银行网页时务必检查是否是该银行的官网,同时要管好自己的网银证书,避免在公用计算机上进行网上交易。四是网购诈骗。主要有以下几类:犯罪分子为事主提供虚假链接或网页,交易显示不成功让多次汇钱诈骗;拒绝使用网站的第三方安全支付工具,私下交易诈骗;先收取订金然后编造理由,诱使事主追加订金诈骗。专家提供防骗对策是:网购一定要选择有信誉度的购物网站,尽量使用支付宝、U盾等安全支付工具,拒绝与店主私下交易。五是网上中奖诈骗。犯罪分子利用传播软件随意向互联网QQ用户、MSN用户、邮箱用户、网络游戏用户、淘宝用户等发布中奖提示信息,当事主按照指定的"电话"或"网页"进行咨询查证时,犯罪分子以中奖缴税等各种理由让事主汇款。专家提供防骗对策是:千万不要相信有"天上掉下的馅饼"。① 在网络电信诈骗中,往往是电信和网络同时运用,造成的假象似乎更真。例如,2014年5月7日下午,盐城市盐都区居民小吴(化名)在不到一个小时的时间内,连续收到两条"温馨提醒":"亲!我是店铺掌柜,您的订单出现异常卡单,为了避免您的资金被冻结,请在24小时内联系淘宝客服办理退款或激活业务!客服电话:40087766××[店铺掌柜]。"两条短信内容完全一样,但发送短信的号码不一样,一次的151988739××为云南省昆明市的移动号码,另一次的155672504××为吉林省四平市的联通号码。这个诈骗夹缝,使小吴好纠结。不信吧,怕失去业务,信吧,又怕上当。问亲友,有说该信,有说不该信,在夹缝中一时难以取舍。小吴最终采取拖延的办法,才没上当。可是有的人并不那么幸运,2014年5月12日,盐城市盐都区居民小玉(化名)接到号码为131059120××手机打来的电话,对方自称是淘宝网上销售童鞋的卖家,说小玉购买的童鞋订单有问题,需要重新激活,并要求小玉加其QQ号私聊。小玉信以为真,后来就在对方发来的所谓重新激活网址上输入了自己的银行卡卡号、密码以及收到的验证码,

---

① 参见苏宫新、任松筠:《10种常见电信网络诈骗及防范》,《新华日报》2014年5月18日。

后发现被骗资金 5000 元。① 在网络电信经济诈骗的夹缝中,往往是公安提醒防上当,业务搭档希望信其有,使夹缝人左右为难。

三、经济分配的夹缝

在市场经济中,经济学家一般认为经济学的十大原理之一是,政府有时可以改善市场结果。在考虑收入分配时,这种可能性特别重要。市场中看不见的手有效地配置资源,但它并不一定能保证公平地配置资源。因此,许多人认为,政府应该为了实现更大的平等而进行收入再分配。"但是,在这样做时,政府又陷入了"权衡取舍"的矛盾中。当政府实施一些政策来使收入分配更平等时,它扭曲了激励,改变了行为,并使资源配置效率降低。"②从这段论述来看,经济分配就是一种夹缝。《中共中央关于全面深化改革若干重大问题的决定》中指出:"规范收入分配秩序,完善收入分配调控体制机制和政策体系,建立个人收入和财产信息系统,保护合法收入,调节过高收入,清理规范隐性收入,取缔非法收入,增加低收入者收入,扩大中等收入者比重,努力缩小城乡、区域、行业收入分配差距,逐步形成橄榄型分配格局。"③高收入、中收入和低收入者本身就互为夹缝构成者,互为夹缝人。当人们都希望获得更多收入时,市场经济和政府就处在了夹缝之中;当政府采取政府手段进行分配时,往往有一部分人处在夹缝之中。调节收入分配,要素分配的公平,在操作中容易形成夹缝。

1. 剩余价值与主流经济学的夹缝

(1)剩余价值的夹缝

所谓剩余价值指工人在生产过程中新创造的价值超过其劳动力价值的部分。剩余价值是马克思主义政治经济学中的一个核心概念。在资本主义社会中,剩余价值被资本家无偿占有,体现了资本家与雇佣工人之间

---

① 参见王晔章、宋孝林、任松筠:《冒充淘宝客服诈骗》,《新华日报》2014 年 5 月 18 日。
② [美] N. 格里高利·曼昆著,梁小民、梁砾译:《经济学原理——微观经济学分册》第 421 页,北京大学出版社 2012 年版。
③ 《中共中央关于全面深化改革若干重大问题的决定(二○一三年十一月十二日中国共产党第十八届中央委员会第三次全体会议通过)》,《人民日报》2013 年 11 月 16 日。

剥削与被剥削的关系。在社会主义的市场经济中,有没有剩余价值呢? 这个问题一直有争议,构成了关于剩余价值的夹缝。

剩余价值双重性质的夹缝。对于剩余价值的研究,马克思推出了一对非常重要的概念,即不变资本与可变资本。"转变为生产资料即原料、辅助材料、劳动资料的那部分资本,在生产过程中并不改变自己的价值量。因此,我把它称为不变资本部分,或简称为不变资本。""转变为劳动力的那部分资本,在生产过程中改变自己的价值。它再生产自身的等价物和一个超过这个等价物而形成的余额,剩余价值。这个剩余价值本身是可以变化的,是可大可小的。这部分资本从不变量不断转化为可变量。因此,我把它称为可变资本部分,或简称为可变资本。"①马克思还把剩余价值分为绝对剩余价值和相对剩余价值。马克思"把通过延长工作日而生产的剩余价值,叫作绝对剩余价值"。"把通过缩短必要劳动时间、相应地改变工作日的两个组成部分的量的比例而生产的剩余价值,叫作相对剩余价值"。② 看来,剩余价值作为资本的产物,与资本一样,具有双重属性,即自然属性和社会属性。剩余价值的自然属性,体现了其一般性。无论是何种的所有制关系和社会性质,剩余价值都是由商品生产者在剩余劳动时间里支出的剩余劳动所创造的价值。剩余价值的社会属性,指其所体现的社会生产关系的特殊性。归根结底,它是由生产资料所有制的性质决定的。在资本主义社会里,雇佣工人创造了剩余价值,被资本家占有,这里表现为资本家剥削雇佣工人的资本主义生产关系。在社会主义市场经济条件下的公有制经济中,剩余价值是由公有制生产经营单位劳动者的剩余劳动创造的,以上缴税金及利润和本单位留利的形式存在着,它分别由国家和本单位统一支配,从而被称之为公共价值,也即为社会主义公有制经济中的剩余价值,它体现的是国家、公有制生产经营单位及其劳动者之间根本利益一致的社会主义生产关系。虽然社会制度的形态不同,但都存在剩余价值,剩余价值是商品经济中共有的现象,它的性质取决于它反映的社会经济关系。③ 可是,马克思没有讲过社会主义所有制剩余价值的问题,现实

---

① 《马克思恩格斯全集》第 44 卷,第 243 页,人民出版社 2001 年版。
② 《马克思恩格斯全集》第 44 卷,第 366 页,人民出版社 2001 年版。
③ 参见尚明海:《关于社会主义剩余价值的思考》,《商业研究》2009 年 9 期。

又存在剩余价值的问题,这对研究剩余价值的理论家构成了夹缝。而剩余价值的自然属性和社会属性,同样对人们构成了剩余价值的属性夹缝。

不同社会形态下的剩余价值本质的夹缝。专家们认为:"在社会主义市场经济条件下,剩余价值必然存在。"①既然资本主义社会形态下存在剩余价值,社会主义形态下也存在剩余价值,它们之间有质的差别吗? 不同社会形态下的剩余价值的本质构成了夹缝。我们在前面分析了绝对剩余价值和相对剩余价值,"绝对剩余价值的榨取方式比较原始,表现出野蛮、无人性,资本家仅凭这种方式牟取剩余价值易被戴上'吸血鬼'的帽子而遭人们的唾骂;相反,相对剩余价值的榨取方式比较文明,其剥削比较隐蔽,工人易于接受,且资本家可获取技术进步的推动者的美名。但尽管如此,马克思认为,工人受剥削的程度并不随技术进步和劳动生产力的提高而降低,甚至相反,剥削程度在加大"。②

$$剩余价值率(1) = \frac{剩余价值}{可变资本} \times 100\%$$

$$剩余价值率(2) = \frac{剩余劳动时间}{必要劳动时间} \times 100\%$$

社会主义剩余价值是由联合起来的劳动者创造的超过劳动者工资的那一部分价值,即为社会创造的新价值。社会主义剩余价值反映了社会主义条件下劳动者互助互利和国家、企业、个人之间的物质利益关系。社会主义剩余价值的占有者是社会主义国家机构及其工作人员,国家把剩余价值的很大部分用来重新为劳动者谋福利。社会主义生产的目的是为了满足劳动者的需要,因此它生产剩余价值只是为了更好地满足劳动者的需要。在社会主义公有制经济中,劳动者支出的剩余劳动越多,表明他做出的贡献越大。因而,在社会主义公有制经济中,劳动者的剩余劳动与必要劳动的比率或劳动者创造的剩余价值与其个人收入的比率,即剩余价值率,不再是代表剥削程度的剥削率,而已成为贡献率。"资本主义特有的现象"——"剩余价值",大量地存在于现阶段我国社会主义经济中是历史的必然。"剩余价值在资本主义与社会主义中有着本质区别,国家宏观调

---

① 尚明海:《关于社会主义剩余价值的思考》,《商业研究》2009 年 9 期。
② 丁建中等著:《新资本论》第 11 页,中国矿业大学出版社 2003 年版。

控的市场竞争中形成了社会主义市场经济条件下的剩余价值,反映的是社会主义社会生产关系。在资本主义社会,剩余价值反映的是资本家占有雇佣工人剩余劳动的剥削与被剥削的关系。"①剩余价值的本质区别往往容易对人们构成夹缝。

（2）主流经济学的夹缝

所谓主流经济学指在经济活动中发挥主要指导作用的,研究人类社会在各个发展阶段的各种经济活动和各种相应的经济关系及其运行、发展规律的学科。在一个社会中,主流经济学往往支配着治政者的分配思想和行动。"当收入被分类成工资、利息、租金、利润等类别后,主流经济学派认为,这些收入和其他商品的价格一样由市场的供求均衡决定。在各类收入中,工资是市场对劳动的需求和供给达成均衡时形成的价格,利率是对资金（或者是货币）的需求和供给达成均衡时形成的价格,租金是对土地或建筑物的需求和供给达成均衡时形成的价格。那么,工资、利息、租金、股价等和个人收入有关的变数,和冰激凌、口香糖、牙签等普通商品的价格一样,都是由市场需求和供给决定的价格。事实上在主流经济学中,工资、租金、利息和普通商品的价格都是在同一个原理作用下得以确定的。因此,收入分配的问题理所当然要被价格决定理论替代。"②有的经济学家认为,价格不是由工资所得者自己决定的,付出得多不一定有高工资,"搞导弹的不如卖茶叶蛋的"收入高,这就形成了工资分配的夹缝。同时,在主流经济学的内部以及主流经济学和其他经济学之间也容易构成夹缝。

提高个人就职收入的夹缝。对于工薪阶层来说,大多希望自己的收入更多一些。主流经济学认为,提高收入一般有两种方法,第一种方法是通过劳动挣钱,大部分人都是通过这种就职的劳动方式获取收入。主流经济学认为,就职即意味着劳动供给,劳动供给越多,与之成正比的收入也就越多。主流经济学家只注意了就职者的收入,忘记了就职者为了增加收入而创造的剩余价值。例如,如果就职者"工作日长度为 12 小时,剩余劳动时间为 6 小时,必要劳动时间为 6 小时,则剩余价值率即为 100%。这就是说,工人为自己挣 1 元钱,就要向资本家无偿奉献 1 元钱;如果随着技术进

步,劳动的文明程度提高,工作日长度缩短为 8 小时,其中,必要劳动时间缩短为 2 小时,剩余劳动时间为 6 小时,则剩余价值率就为 300%(6 小时÷2 小时×100%)。这就是说,工人为自己挣 1 元钱,即要向资本家无偿奉献 3 元钱,工人劳动的时间虽缩短了,但工人受到的剥削却反而加大了两倍"。① 这就对人们构成了劳动挣钱的夹缝。是选择劳动供给多呢,还是选择劳动供给少呢? 这中间有剩余价值的问题,也有自己收入的问题。

提高个人投资收入的夹缝。主流经济学认为,提高收入的另外一种方法是投资。所谓投资指的是用某种有价值的资产,其中包括资金、人力、知识产权等投入到某个企业、项目或经济活动,以获取经济回报的商业行为或过程。投资什么,怎么投资,投资多少已经对民众构成了夹缝。近几年出现的投资热,已经使不少人处在投资的夹缝之中。例如,继北京出现首例 P2P(个人对个人的借贷撮合平台)跑路案件后,深圳又传出一家名为科迅网的 P2P 平台疑似跑路。2014 年 6 月 10 日该网站已无法正常打开浏览,显示为"系统维护"。后续 P2P 第三方机构"网上交易保障中心"发布了《关于深圳 P2P 平台科迅网疑似跑路的紧急通报》。北京首例"失联"P2P 平台网金宝的投资者维权还在继续。上周,注册在北京,上线不到 4个月的网贷金融平台"网金宝"网站无法访问,造成数百位投资者巨额损失。目前 200 余名投资者组成维权群,涉及受骗金额超 500 万。这也是北京出现的首家 P2P 跑路案例。2014 年 6 月 10 日上午,网金宝的部分投资者前往北京朝阳公安分局报案。某些专家认为,网贷金融平台的监管趋严将规范行业发展,下半年或出现更为严重的"跑路潮"。一家 P2P 平台创始人说,P2P 平台跑路倒闭对正规做事的 P2P 企业来说有喜有悲。对一些好平台是好消息,但是大家也担心,这样的事件一再发生,投资者对整个行业都失去信心就不好了,正规的 P2P 平台是想把这个行业做大做好,不想把它搞臭。如今 P2P 掀起了一阵全民热,各路企业纷纷来淘金,良莠不齐的情况比较严重,甚至连一些餐饮企业也在悄悄做 P2P。据媒体报道,北京贵州酸汤鱼风味的箩箩酸汤鱼火锅店,服务员在顾客吃饭的时候向顾客推销一款名为"箩箩财富"的 P2P 理财产品。一位 P2P 平台创始人称,P2P

---

① 丁建中等著:《新资本论》第 11 页,中国矿业大学出版社 2003 年版。

网贷平台的风险主要是内在的风险和外在的风险。内在风险主要体现在经营风险、道德风险、技术风险。外在风险主要体现在政策风险、法律风险、监管风险。跑路公司因为"无监管部门，无行业准则，无准入门槛"，不少心怀鬼胎的人混迹进来浑水摸鱼。对于投资者来说，选择一些运营时间较长的老牌平台，投资者的资金则更为安全。有人建议，对于投资者而言安全风险始终是要考量的第一要素。具体到网贷平台，又有人建议首先是应该明确了解平台及其创始人的相关履历信息和企业投资背景，其次是选择行业中排名靠前、具有规模和口碑的平台，另外不要只看投资回报高低和单方面的宣传信息，规避潜在的风险。P2P 网贷平台是一个投资新事物，投资者如何投资，投资哪家才能保证没有风险或者风险较小，已经对投资者和准备投资者构成了夹缝，这样类型的夹缝可能还会在网络上不断构成，人们应该提升化解网络投资夹缝的能力。①

2. 要素分配的夹缝

党的十八大报告指出："实现发展成果由人民共享，必须深化收入分配制度改革，努力实现居民收入增长和经济发展同步、劳动报酬增长和劳动生产率提高同步，提高居民收入在国民收入分配中的比重，提高劳动报酬在初次分配中的比重。初次分配和再分配都要兼顾效率和公平，再分配更加注重公平。完善劳动、资本、技术、管理等要素按贡献参与分配的初次分配机制，加快健全以税收、社会保障、转移支付为主要手段的再分配调节机制。深化企业和机关事业单位工资制度改革，推行企业工资集体协商制度，保护劳动所得。多渠道增加居民财产性收入。规范收入分配秩序，保护合法收入，增加低收入者收入，调节过高收入，取缔非法收入。"②有人认为，实行按劳分配和按生产要素分配，并不意味着劳动和生产要素都参与了价值的创造，应当把价值的创造与价值的分配区分开来。还有人认为在社会主义初级阶段，实行按劳分配与按要素分配相结合，使得社会成员能够通过提供劳动和物质生产要素参与收入分配，不仅有助于调动劳动者和

---

① 参见苏曼丽：《网金宝诈骗携百万跑路北京监管部门排查 P2P 风险》，《北京青年报》2014 年 6 月 11 日。

② 胡锦涛：《坚定不移沿着中国特色社会主义道路前进 为全面建成小康社会而奋斗》，《十八大报告学习辅导百问》第 32 页，学习出版社、党建读物出版社 2012 年版。

生产要素所有者的积极性,促进劳动的积累和资本积累,而且有利于生产要素的有效、合理利用,促进其使用效率的提高。不同的认识,在分配的实践中构成了夹缝。

(1)按劳分配与按要素分配的夹缝

按劳分配指按照劳动者付出的劳动的数量和质量来分配个人消费品或个人收入的分配制度。按要素分配指按照投入到经济活动中的生产要素的数量和质量所进行的收入分配。按劳分配与按要素分配在社会主义初级阶段的分配中常常对民众构成夹缝。

按劳分配与按要素分配认识的夹缝。马克思在《哥达纲领批判》中所说的按劳分配,是指在共产主义社会的低级阶段即我们所说的一般意义上的社会主义阶段,在生产资料归劳动者共同占有的前提下,"每一个生产者,在作了各项扣除之后,从社会方面正好领回他给予社会的一切。他所给予社会的,就是他个人的劳动量"。[1] 马克思在谈到这种新的分配方式与资本主义分配方式的区别时指出:"资本主义生产方式的基础就在于:物质的生产条件以资本和地产的形式掌握在非劳动者的手中,而人民大众则只有人身的生产条件,即劳动力。既然生产的要素是这样分配的,那么自然而然地就要产生消费资料的现在这样的分配。如果物质的生产条件是劳动者自己的集体财产,那么同样要产生一种和现在不同的消费资料的分配。"[2]马克思在这里所说的建立在资本主义生产方式基础之上的分配方式就是按生产要素分配在资本主义条件下的表现。因此,按生产要素分配与按劳分配的根本区别在于二者的前提条件不同:前者是以"物质的生产条件"或物的生产要素是私人财产为前提,后者是以"物质的生产条件"或物的生产要素是集体或公有财产为前提,因为"消费资料的任何一种分配,都不过是生产条件本身分配的结果。而生产条件的分配,则表现了生产方式本身的性质"。[3] 所以,按劳分配与按生产要素分配是两种不同性质的分配方式,在它们之间不能随意画等号。"由于我国社会主义初级阶段的特殊性,在我国现阶段,既不是物的生产要素全部归私人占有,又还没

---

① 《马克思恩格斯选集》第 2 卷,第 10—11 页,人民出版社 1972 年版。
② 《马克思恩格斯选集》第 2 卷,第 13 页,人民出版社 1972 年版。
③ 《马克思恩格斯选集》第 2 卷,第 13 页,人民出版社 1972 年版。

有也不可能达到马克思所设想的全部'物质的生产条件是劳动者自己的集体财产',即物的生产要素全部归劳动者共同占有。因此,在我国现阶段物的生产要素必然要在一定的范围内或程度上参与个人消费品的分配,也就是说,我国现阶段的分配方式不可能是完全的或纯粹的按劳分配,而只可能是按劳分配与按生产要素分配的并存或相结合。"①不少人对于社会主义初级阶段的分配方式不理解,认为就应该实行"按劳分配";有些掌握生产要素的人认为,就应该实行"按要素分配",还有人认为两种分配形式应该结合等,已经构成了分配认识中间的夹缝。

分配方式不公的夹缝。我国的基本分配制度是按劳分配为主体、多种分配方式并存。按劳分配就是按照劳动者提供的劳动数量和质量进行个人收入分配。在市场经济条件下,劳动者按劳分配取得的收入,不仅取决于个人提供的劳动量,还取决于所在单位的经济效益。按生产要素分配收入的方式有劳动要素、资本要素(私营企业主纳税后获得的收入;社会成员把节余的钱存入银行,或者购买国债、企业债券、股票所获得的利息、股息和红利;购买奖券中奖获得的收入等)、管理要素(私营企业和外资企业的高层管理者获得的高额收入)、技术要素(被聘请担任私营企业和外资企业的技术顾问获得的收入)、土地要素(凭借土地取得的收入,出租房屋获得的租金)。确立劳动、资本、技术和管理等生产要素按贡献参与分配的原则;在分配中,既提倡奉献精神,又要落实分配政策;既反对平均主义,又防止收入差距悬殊。在分配中,必须保护合法收入,周节过高收入,清理规范隐性收入,取缔非法收入,增加低收入者收入,扩大中等收入者比重,努力缩小城乡、区域、行业收入分配差距,逐步形成橄榄型分配格局。这种分配形式,看似公平,但分配结果往往是不公平的,容易形成富者越富,穷者越穷的状态,构成难以化解的分配夹缝。分配夹缝是多重的,主要由收入相对少者与收入相对多者构成夹缝,决策者和经济学家处在夹缝中,这是分配夹缝的主要形式。分配夹缝的另外一重形式是决策者与经济学家构成夹缝,收入分配中的收入相对多者和收入相对少者处在夹缝中。分配夹缝的第三重形式是收入相对少者与经济学家、部分决策者对收入相对多

---

① 郭广迪:《按生产要素分配、按劳分配及按劳动力价值分配之间的关系》,《武汉理工大学学报(社会科学版)》2001 年 12 月,第 14 卷第 6 期。

者构成的夹缝。收入分配不公的夹缝,容易形成社会动荡。例如,埃及的基尼系数在 0.3 ~ 0.35 上下,收入差距似乎并不是很大,但就业机会匮乏和财富过度集中造成的分配不公,却引发了社会动荡,造成了政权更迭。有报道指出,穆巴拉克家族的财富估计在 400 亿 ~ 700 亿美元之间,占其国家 GDP 的 1/4,同时失业率(9.4%)高居不下,青年失业问题尤其严重(失业率 15.8%)。[①]"中国收入分配问题的严重性或者说问题的根源并不仅仅在于收入差距扩大本身,这只是问题的表面现象,问题的根源在于收入差距扩大在很大程度上是通过不公平的分配方式所引起的。所谓收入分配不公平,简单说来就是社会财富或者收入以不合法不合理或者不透明的途径和方式流入了部分群体或者个人的口袋,而应该得到财富和收入的群体或者个人却被排除在外。也可以进一步地说,收入分配不公实际上就是不该得到收入的人得到了收入,而该得到的人却没有得到。"[②]分配方式所构成的夹缝主要是由"不该得到收入"的人和"该得到收入"的人构成的。

分配结果的夹缝。中共中央宣传部理论局编写的《理论热点面对面·2010·七个怎么看》中列举了五个"比如"说明当下我国的收入分配不公的问题。"比如,居民收入在国民收入分配中的比重偏低。近年来,我国居民收入在国民收入分配中的比重呈逐年下降趋势。数据显示,2007年,居民收入占国民可支配收入比重为 57.5%,比 1992 年下降 10.8 个百分点,而政府收入和企业收入却呈快速上升趋势。""比如,普通劳动者收入偏低。据统计,从 1997 至 2007 年的 10 年间,劳动报酬占国内生产总值的比重从 53.4% 下降到 39.74%。""比如,垄断行业收入畸高。一些行业凭借国家赋予的垄断地位轻而易举获取高额利润,并将其转化为员工的收入和福利。""再比如,一些不合理收入没有得到有效规范。如一些单位私设'小金库'。巧立名目滥发津贴补贴、非货币性福利等;一些行业乱收费、乱罚款、乱摊派、乱涨价;一些行业人员收受红包、回扣、出场费等。""还比如,违反分配政策的现象大量存在。一些地方最低工资标准调整不

---

① 参见张车伟:《中国的收入分配在哪里出了问题又如何应对》,中国人民广播电台经济之声编:《中国经济迫切十问》第 161 页,译林出版社 2013 年版。

② 张车伟:《中国的收入分配在哪里出了问题又如何应对》,中国人民广播电台经济之声编:《中国经济迫切十问》第 161 页,译林出版社 2013 年版。

及时,与经济发展和物价水平不相符。一些企业不执行国家最低工资标准,不按规定给工人缴纳各种社会保险,随意压低、克扣工人工资,特别是农民工工资拖欠问题久治不绝。"①收入分配不公的结果,已经对低收入群体构成了夹缝。"在目前中国这个特殊的发展阶段,通过不公平分配得到了巨额社会财富者已经形成了一个巨富或者说豪富阶层,这部分人虽然从数量上来讲不大,但产生的社会影响相当大,带来的社会震荡也比较剧烈。由分配不公所导致的社会财富向少数人的集中,使社会上大多数人产生了相对剥夺感。即使中高收入的工薪劳动者也常常认为自己属于社会的低收入阶层或者弱势群体。中国目前已经成为全球第二大富豪产生地,是世界上产生富豪速度最快的国家。""中国'豪富阶层'呈现出行业集中、财富积累渠道集中的特点。据 2007 年波士顿咨询公司发布的《全球财富报告》统计,中国 41% 左右的财富被 0.1% 的'豪富家庭'掌控。富豪群体的财富积累渠道,主要是低价收购兼并全民所有制企业,上市圈钱和进入房地产、矿产等行业。有调查显示,拥有 1 亿元人民币可投资资产的人群中,27% 已经完成了移民,47% 正在考虑移民,长期投资、创业型投资撤离到海外。"②在分配结果的夹缝中,构成夹缝的一方是中低收入者,要求分配公正;构成夹缝的另一方是豪富阶层,他们要求保护自己已得的利益,并趁机把财富转移到海外;夹缝人往往是分配政策的制定者。

(2)三次分配的夹缝

三次分配夹缝指国家确立的三次分配所构成的夹缝,即初次分配、再分配和第三次分配形成的夹缝。

初次分配的夹缝。初次分配解释方面的夹缝。一种解释认为,国民收入初次分配是指国民收入在与物质生产有直接关系的各个部门、企业和劳动者中进行的分配;另一种解释认为,国民收入初次分配与物质生产部门和非物质生产部门的划分无关,国民收入初次分配指国民收入通过市场而直接形成的分配。③ 两种解释使研究分配的人处在概念理解的夹缝中。

---

①　中共中央宣传部理论局:《理论热点面对面·2010·七个怎么看》第 87—89 页,学习出版社、人民出版社 2010 年版。

②　张车伟:《中国的收入分配在哪里出了问题又如何应对》,中国人民广播电台经济之声编:《中国经济迫切十问》第 162 页,译林出版社 2013 年版。

③　参见刘树成主编:《现代经济辞典》第 394 页,凤凰出版社、江苏人民出版社 2005 年版。

对于国民收入初次分配还有另外的解释:初次分配指国民总收入(即国民生产总值)直接与生产要素相联系的分配。任何生产活动都离不开劳动力、资本、土地和技术等生产要素,在市场经济条件下,取得这些要素必须支付一定的报酬,这种报酬就形成各要素提供者的初次分配收入。初次分配主要由市场机制形成,政府通过税收杠杆和法律法规进行调节和规范,一般不直接干预初次分配。初次分配是国民收入在物质生产领域内进行的分配。经过初次分配所形成的收入叫"原始收入",经过再分配所形成的收入,叫"派生收入"或"最终收入"。国民收入的初次分配,是在国有经济、集体经济及非公有制经济的各企业中分别进行的。一是国有经济初次分配。国有企业创造的国民收入,在初次分配中分解为三部分:第一部分是以税金形式上缴国家,成为国家集中的纯收入,由国家统筹安排,在全社会范围内使用;第二部分是以企业基金形式留归企业支配,用于企业发展生产、集体福利、职工奖励等方面;第三部分是以工资形式根据按劳分配原则分配给企业职工,由职工个人支配和使用。二是集体经济初次分配。首先是城镇集体经济初次分配,城镇集体企业创造的国民收入,在初次分配中分解为四部分:第一部分是以税金形式上缴国家财政,形成国家集中的纯收入;第二部分是以合作基金形式上缴集资单位,形成统一支配的集体收入;第三部分是以企业基金形式留给企业;第四部分是以工资形式分配给职工,形成职工个人收入。其次是农村集体经济的初次分配。农村集体经济由于普遍实行家庭联产承包责任制,所以,要以承包农户为单位进行国民收入的初次分配。承包农户创造的国民收入在初次分配中分解为四部分:第一部分是以农业税形式上缴国家,形成国家集中的纯收入(我国已于 2005 年免征农业税);第二部分是以公积金、公益金形式留给集体,用于扩大再生产和集体福利;第三部分是以管理费形式提留给乡村政权组织;第四部分是以个人收入形式留归农户。三是个体经济的初次分配。个体经济创造的国民收入,在初次分配中分解为两部分:第一部分是以税金形式上缴国家;第二部分是税后利润全部形成个体劳动者的个人收入。四是私营经济的初次分配。私营企业创造的国民收入,在初次分配中分解为三部分:第一部分以税金形式上缴国家;第二部分是以工资形式分配给企业职工;第三部分是以企业主收入形式归企业主支配。五是三资企业的初次分配。"三资企业"创造的国民收入,在初次分配中分解为四部分:除按注册投资比例分一部分给外方投资者外,其余部分的分配与一般企业相似,分别以税金、企业基金、工资形式,形成国家收入、企业收入和劳动者个人收入。[1] 初次分配依据的是效率原则,即根据各生产要素在生产中发挥的效率带来的总收益多少进行分配,高效率获得高回报。也就是说,谁的生产要素多或者生产要素发挥的效率高,谁的收入就高。这已经对生产要素掌握少的人构成了夹缝。以国有企业的初次分配为例,企业的主要负责人拿多少酬金合适也构成了夹缝。职工认为企业负责人酬金不宜太高;企业的负责人则觉得自己的酬金与自己的付出不相符;这便对政府某些管理者构成了夹缝。政府的管理者为了实现公平公正的原则,尽量管理好国企负责人的酬金分配,以厦门市国有企业负责人薪酬管理办法为例,《厦门市国有企业负责人薪酬管理办法》第七条规定:"市直管国有企业负责人基本年薪按以下公式确定:

基本年薪 = 基本年薪基数 × 薪酬调节系数 × 薪酬分配系数

基本年薪基数 =（上年度厦门市城镇单位在岗职工平均工资 × 50% + 上年度市直管国有企业在岗职工平均工资 × 50%）× 基本年薪系数

基本年薪系数确定为6。上年度市直管国有企业在岗职工平均工资由市国资委根据企业财务决算结果统计提供。

薪酬调节系数 = 国有净资产系数 × 30% + 利润总额系数 × 25% + 资产总额系数 × 20% + 主营业务收入系数 × 15% + 平均职工人数系数 × 10%"[2]

各项指标系数按下表取值:

指标名次:后三名指标系数 0.9;其他指标系数 1.0;前三名指标系数 1.1。

尽管管理者费了心思,但国有企业职工酬金和国有企业老总的酬金夹缝依然存在。

再分配的夹缝。再分配(也称社会转移分配)指在初次分配结果的基础上各收入主体之间通过各种渠道实现现金或实物转移的一种收入再次分配过程,也是政府对要素收入进行再次调节的过程。国民收入再分配是

① 参见百度文库:《政治名词解释》,2015 Baidu。
② 《厦门市国有企业负责人薪酬管理办法》,厦门市人民政府网 2011－10－31。

国民收入继初次分配之后通过国家财政收支在整个社会范围内进行的分配。国民收入分配以初次分配形成的三种基本原始收入作为前提条件和出发点,把国民收入在全社会范围内进行再分配。国民收入进行再分配的目的有四点:一是为了满足非物质生产部门发展的需要。在国民收入初次分配过程中,只有物质生产部门的劳动者获得了原始收入,而非物质生产部门要获得收入,必须通过对国民收入的再分配解决。通过对国民收入的再分配,把物质生产部门创造的一部分原始收入,转给不创造国民收入的非物质生产部门,形成"派生收入",以满足文化教育、医疗卫生、国家行政和国防安全等部门发展的需要和支付这些部门劳动者的劳动报酬。二是为了加强重点建设和保证国民经济按比例协调发展的需要。国民经济各部门、各地区、各企业的发展往往是不平衡的,它们的发展速度、生产增长规模、技术结构等互不相同,不可避免地会出现某些比例不协调现象。同时,各物质生产部门、各地区、各企业从国民收入初次分配中得到的收入份额,往往同它们各自的经济文化发展的需要不相一致。因此,社会主义国家必须从宏观调控的全局出发,有计划地将国家集中的纯收入,通过再分配,在不同部门、地区和企业之间调节使用,以加强重点建设,克服薄弱环节,保证国民经济按比例协调发展。三是为了建立社会保证基金的需要。劳动者的养老、医疗、失业等保证基金,以及社会救济、社会福利、优抚安置等基金,除企业、个人负担外,有一部分也需要通过国民收入的再分配,建立社会保证基金来解决。这是建立社会保障体系的一项重要内容。四是为了建立社会后备基金的需要。为了应付各种突发事故和自然灾害等,需要通过国民收入的再分配,建立社会后备基金,来满足这些临时性的应急需要。[1] 由于再分配面对不同的群体,这些不同的群体容易针对分配者构成夹缝。例如 2008 年 12 月国务院总理温家宝主持召开国务院常务会议,审议并原则通过《关于义务教育学校实施绩效工资的指导意见》,决定从 2009 年 1 月 1 日起,在全国义务教育学校实施绩效工资,确保义务教育教师平均工资水平不低于当地公务员平均工资水平,同时对义务教育学校离

---

① 参见百度文库:《政治名词解释》,2015 Baidu。

退休人员发放生活补贴。① 这个意见带来的是不同群体的不同反应。义务教育教师怀疑,他们的工资标准真的能达到公务员的工资标准? 其他层面的教师认为,《中华人民共和国教师法》第二十五条规定"教师的平均工资水平应当不低于或者高于国家公务员的平均工资水平,并逐步提高"。《中华人民共和国教师法》里的教师指的不仅是义务教育教师,应该是全体教师,难道"指导意见"的效力可以超过《中华人民共和国教师法》? 医疗、科研等其他层面的群体也呼吁自己的工资不应该低于教师的工资等,这已经对工资标准的制定者构成了夹缝。

第三次分配的夹缝。"第三次分配是指动员社会力量,建立社会救助、民间捐赠、慈善事业、志愿者行动等多种形式的制度和机制,是社会互助对于政府调控的补充。"②第三次分配是建立在志愿性的基础上,以募集,自愿、自主捐赠等慈善公益方式对社会资源和社会财富进行的分派,它依靠"精神力量",奉行"道德原则"。第三次分配主要是对前两种分配的补充,对缩小社会差距,实现更合理的收入分配和公平有重要意义。一是第三次分配可以弥补市场失灵方面的不足,如通过对低收入群体技术要素的补给,提供慈善培训增强其技能,通过资本要素补给,给予他们一定的创业资本,从而提高低收入者收入水平,调节差距,而且其本身也符合市场效率要求,能总体上增加社会财富。二是第三次分配可以弥补政府失灵方面的不足,如可以弥补因税收问题造成的收入差距,同时高收入者的无偿捐赠势必会直接减少他们在整个社会中所占的收入比重,可以弥补因政府转移支付造成的收入差距,如慈善在教育方面发挥着较大作用(如希望工程),一方面直接减轻了低收入群体的教育负担,另一方面为家庭成员获得发展提供物质保障,从长远角度看是一种智力救困. 此外也是对政府社会保障的有力补充,客观上缩小了收入差距。③ 第三次分配被社会不少人认为是"慈善式的分配",无论何种社会制度下的慈善事业都是阳光事业,都是先富起来的人应该做好的事业。例如,2014 年 6 月 18 日上午,比尔·

---

① 参见朱稳坦:《国务院:义务教育教师工资应不低于当地公务员》,中国政府网 2008 年 12 月 22 日。

② 中共中央宣传部理论局:《理论热点面对面·2010·七个怎么看》第 90 页,学习出版社、人民出版社 2010 年版。

③ 参见百度文库:《政治名词解释》,2015 Baidu。

盖茨在推特中文网上发了一条消息："在北京与阿里巴巴 Jake Ma（注：马云的英文名）谈论慈善事业——一次很棒的会谈。"还配发了二人边走边谈的照片。报道说，50 岁的马云最想做的是公益。2014 年 4 月 24 日，马云及另一位阿里创始人蔡崇信联合宣布，将成立个人公益信托基金，该基金来源于他们在阿里拥有的期权，总规模是即将上市的阿里总股本的 2%。马云表示："我和太太在创业时就想好了，50 岁之前赚钱，50 岁之后要投身慈善和公益事业。去年我宣布退休时，心里面最想做的事就是公益。"1964 年出生的马云今年恰好 50 岁。据分析师估计，阿里市值有望达 1150 亿~2450 亿美元。按平均预期计算，马云和蔡崇信成立的公益基金规模将达 30 亿美元。早在 2010 年 5 月，阿里便宣布从 2010 年起将集团年收入的 0.3% 拨作公益基金。2013 年 5 月 10 日，马云辞去阿里 CEO 职务，表示会将更多时间投入环境、生态保护及教育。盖茨从微软淡出后，一直热衷于慈善事业，他与巴菲特联合号召全球亿万富豪承诺至少捐出个人净资产的一半用于公益慈善。2010 年，盖茨和巴菲特还曾在北京举办了一场小型慈善晚宴，邀请中国富豪赴宴。据了解，盖茨和巴菲特都将几乎所有财产捐给慈善组织，这一举动被称为"裸捐"。曾经的世界首富提倡中国先富起来的大富豪裸捐，马云认为不可。马云在接受媒体采访时曾表示："我认为今天在中国，裸捐的时机还没到。"马云认为，中国的慈善公益起步比较晚，经验不足，做慈善不仅与钱有关，更与体制、人有关。[①] 一方面提倡裸捐，一方面认为现在裸捐不可，这对想做慈善事业的中国富豪们构成了夹缝。既然马云在中国这样的体制下成为富豪，为什么又认为在这个体制下不能裸捐呢？裸捐的夹缝就是第三次分配的夹缝，看来裸捐的夹缝也比较复杂。

中共中央宣传部理论局《理论热点面对面·2010·七个怎么看》对三次分配都存在不公的事实分析说，三次分配不公"有社会历史的原因""有体制改革不到位的原因""有相关政策不完善的原因""有分配制度改革滞后的原因""此外，随着经济发展和社会进步，人们的公平意识、权利意识

---

① 参见徐晓风：《马云组团请盖茨吃饭谈慈善》，《扬子晚报》2014 年 6 月 20 日。

不断增强,对公平的诉求日益强烈,因而对分配不公的感受更加强烈。"①该书在分析三次分配不公时认为:"一次分配中,没有明确国家、企业、居民三者合理的分配比例关系,没有建立劳动报酬正常增长机制,劳动者工资增长赶不上国民经济增长和企业利润增长。二次分配中,没有以制度形式明确各级财政用于社会保障以及转移支付的支出比例,难以确保二次分配的公平性、合理性。三次分配规模小,慈善捐赠的激励机制、管理机制、监督机制等还不健全,对分配的调节功能有限。同时,分配的调节和监管不够有效。比如,个人所得税征收存在'逆向调节'的现象:2009 年 6300 多亿元的个税中,工资、薪金项目占了 40% 以上,工薪阶层成了实际的纳税主体;对某些'灰色'和非法收入也缺乏有效的监管。"②对于三次分配民众有意见,是他们的亲身感受;中央的理论权威有意见,说明问题较为严重,也说明理论权威实事求是,这就对决策者构成了夹缝。

(3)要素分配不公夹缝

要素分配不公的夹缝由要素分配原因夹缝和要素资本化过程夹缝组合而成。

分配不公原因的夹缝。分配不公的原因很多,对这些不同原因的认识,已经构成了夹缝。例如,2011 年 2 月 27 日,时任中共中央政治局常委、国务院总理温家宝来到中国政府网和新华网访谈室,接受中国政府网和新华网联合专访,同海内外网友进行在线交流。温家宝先生说:"今后五年,我们将把解决收入分配不公作为政府的一项重要任务。这个问题直接关系到社会的公平正义,关系到社会的稳定。造成收入分配不公的原因很多,我赞成网友的说法,主要是制度的因素。"③但是,2012 年 12 月 7 日《人民日报》刊文认为:"在现实生活中,直接获取各种资产,以及资产的增值、贬值远比通过收入分配所造成的贫富差距要大得多。分配制度改革是当前社会关注的焦点问题,但各种讨论不由自主地集中在'收入'的分配制

---

① 中共中央宣传部理论局:《理论热点面对面·2010·七个怎么看》第 91—93 页,学习出版社、人民出版社 2010 年版。

② 中共中央宣传部理论局:《理论热点面对面·2010·七个怎么看》第 92—93 页,学习出版社、人民出版社 2010 年版。

③ 温家宝:《收入分配不公问题严重存在从三方面解决》,中国政府网、新华网 2011 年 2 月 27 日。

度上。收入分配制度固然重要,但在贫富差距中并不起决定性作用。"①一方面认为分配不公的主要原因是制度,另一方面认为分配不公的主要原因不是制度,这就构成了分配不公原因的夹缝。有些学者认为,分配不公的原因很多,诸如:一是社会历史原因。由于政策不完善导致长期形成的城乡二元结构,使得农村户口和城镇户口"二元分割"的制度设计,并由此延伸和固化城乡教育、医疗卫生、就业、社保、住房等二元制度安排,使得城乡居民收入分配格局长期不合理的状况难以改变。在现行城乡户籍制度和就业制度中,受劳动力所有者身份差别的影响,处于弱势地位的农民工不能与城市职工同工同酬,不能享受城市职工的社会保障、福利待遇等,农民工群体的收入水平普遍偏低。二是分配制度原因。诸如分配机会不公平、分配规则不明确、分配过程缺乏监督等。三是市场经济体制不完善。在我国市场体制转型期,物质产品交换未形成充分的竞争以及生产要素未完全的市场化,直接导致了劳动者之间分配的不公平。与其他要素市场相比,劳动力要素市场不健全,劳资双方集体谈判、政府协调管理的工资形成机制尚未形成。国有企业收入分配激励和约束机制尚未真正建立,国家对国企收入分配缺乏科学和有效的宏观调控手段,造成工资总额管理、管理层薪酬和职务消费等方面的不规范等。市场在其准入、竞争、资源配置等方面没有实现其应有的公平,条块分割、地方保护、行业垄断、权钱交易等,都严重影响了市场的公平竞争。四是政治体制改革滞后。政府职能错位,政府财政收入占国民收入比重过大,以及国有垄断企业高管和员工收入过高等。五是公共财政和社会保障体系滞后。在经济性支出、社会性支出、行政管理支出三大财政支出结构中,与公共服务密切相关的社会性支出比重明显偏低,特别是社会保障支出占财政支出比例很小,致使保障范围小,保障水平低,保障差距大,厅局以上领导干部全方位无条件的社会保障也有失公平。六是税收制度不完善。七是观念转变滞后于经济体制改革。②有的学者认为,分配不公的原因主要是"直接获取各种资产,以及资产的增值、贬值"的原因,"财富分配"与"收入分配"时常混用,但二者有重大区别。前者是指分配存量,而后者是指分配流量。分配存量体现为财产存

---

① 刘尚希:《调整财富分配,缩小贫富差距》,《人民日报》2012 年 12 月 7 日。
② 参见《分配不公原因分析》,百度文库:《分配不公原因整理》,2015 Baidu。

量,具体而言,即实物资产、金融资产和无形资产。在现实生活中,直接获取各种资产,以及资产的增值、贬值远比通过收入分配所造成的贫富差距要大得多。例如,廉价获得国有矿山的开采权,由此形成的财富差距并非收入分配上的差距造成的,而是在公共产权制度的漏洞中直接转移本来属于全民的资产所致。金融资产也是如此,居民手中的大量金融资产并没有随着经济增长而相应升值,有的金融资产如储蓄存款甚至贬值了。居民手中的金融资产价值通过银行存款、股票、债券等金融工具在隐性地向金融部门转移,银行、证券公司、保险公司的高薪高福利,实际上就是把广大居民手中以金融资产形式存在的分配存量做了再分配,使居民的一部分财富转移到了金融部门。分配存量的转移和再分配所导致的贫富差距是隐性的,不像收入的分配和再分配那样摆在明处。从我国的实际情况来观察分配不公的原因,一是城乡分治导致的财富转移。现在是通过户籍、土地来为城镇化提供资金积累。二是公共产权制度导致的财富转移。公共产权制度存在漏洞,不少自然资源如煤炭、矿山廉价地转移给了私企,等到开采完了,其资源的公共产权也同时消失,部分地下的国民财富变成了私人的巨额财富,而生态、环境成本却由社会承担。三是垄断导致的财富转移。这些关于分配不公的原因认识对许多人构成了夹缝。

　　要素资本化过程的夹缝。要素资本化是指人们在经济生活中,将物质资源,财务资源,技术、知识、信息等无形资源部分或全部地转化为可用来增殖和带来更多财富的手段的一种过程和机制。以公有制为主体、多种所有制经济共同发展是我国的基本经济制度,市场经济改革要求公有制生产资料通过市场交易完成定价,赋予要素资本的属性,实现所有权和使用权的分离和转移,以产权契约、金融票据、有价证券等多种形式进行市场交易和自由流动,从而实现要素优化配置和财富再创造。我国公有制生产资料通过市场交易完成定价实现要素资本化的特殊性,决定了这一过程中会出现各种各样的复杂情况,大量收入分配不公现象也由此产生,它也是造成我国收入分配不公的主要来源。土地、矿产资源、国有企业、公共产品等领域资本化过程中创造了大量的新增财富,但作为资源要素的所有者,国家和全体国民并没有公平地享受到资本化带来的收益,大量财富被拥有经营权或实际控制权的少数人占有,由此构成了要素资本化的夹缝。

　　一是土地资本化收益被开发商、地方政府及利益集团过度占有,农民和集体的利益被严重侵蚀,由此构成了土地资本化的夹缝。土地资本化的夹缝,是一种多重式的夹缝。就利益而言,土地开发商希望利益最大化,成为夹缝的一方;农民和集体也希望得到应有的利益,成为夹缝的另一方。处在夹缝中的往往是土地利益另一个受益者——政府。就决定权来看,农民对于土地一般没有最终决定权,最终决定权在地方政府手里,由此土地资本化构成了另一重夹缝:政府是构成夹缝的一方,希望按照政府的决策使土地资本化;开发商是构成夹缝的另一方,希望自己在土地资本化中实现自己的利益,处在夹缝中的是农民。由于土地资本化夹缝的复杂,所以土地资本化中问题频出。有调查研究显示,集体土地用途转变增值的收益分配中,政府得60%～70%,村经济组织可得25%～30%,农民只得5%～10%,开发商从中的获利没有计算,这实际上也导致土地出让金成为地方财政的重要来源。土地资本化中的分配不公导致了村民和集体利益受损,造就了一批暴富的房地产老板,刺激了"土地财政",由此引发的收入分配不公极易激发社会矛盾,造成上访、自焚、爆炸、冲击地方政府等群体事件频繁出现,[①]可见土地资本化夹缝夹力之大。

二是矿产资源资本化收益主要被矿老板占有,形成暴富群体,国家和全体国民利益受损,构成了矿产资本化的夹缝。在矿产资源资本化的夹缝中,构成夹缝的一方是矿产资源的政府官员,构成夹缝的另一方是矿老板,处在夹缝中的是大部分国民,因为矿产资源是国有资产。"很多矿产资源的开采权授予采取行政划拨、协议定价的方式,而'招拍挂'的市场交易制度仍不完善,低价转让甚至无偿掠夺、低成本开采、极低的矿产资源使用税,加上地方保护和寻租腐败等问题突出,导致少数人控制了属于全民所有的矿产资源,从而获取高额利润甚至暴利,相关管理部门也从中获取灰色收入,严重侵蚀了国有资源所有者权益,2010 年甚至出现山西平鲁价值数亿元煤矿以 1 万元转让。矿产资源税和资源补偿费严重偏低,例如,目前煤炭资源税标准为 0.3～5 元/吨,不到价格的 2%;天然气资源税标准为 7～15 元/千立方米,不到价格的 3%,石油资源税平均仅为每吨 26 元,也不到价格的 2%。过低的资源使用税导致国家分享的增值收益比例太

---

① 参见张车伟:《中国的收入分配在哪里出了问题又如何应对》,中国人民广播电台经济之声编:《中国经济迫切十问》第 163 页,译林出版社 2013 年版。

小，国民享受到的收益更少。矿产资源资本化收益的分配不公，造就了一批暴富的煤老板、铁老板、铜老板等。"[1]

三是国有企业资本化收益被企业实际控制人、相关利益群体和内部职工过度侵占，国家和全民没有得到合理分享，反而承担大量补贴的夹缝。构成夹缝的一方是企业实际控制人，夹缝的另一方是相关利益群体，包括企业的内部职工；处在夹缝中约是政策制定者和大部分民众。改革开放过程中，我国的国有企业资本化过程被企业高管和内部人控制，出现侵吞或低价变卖国有资产现象，企业高管巨额年薪与经营绩效没有完全挂钩，企业内部职工以高工资、高福利享受垄断收益，而且，国有企业同时享受着资源要素、融资贷款等多方面优惠，大部分企业利润却被少数人分享。"有估算表明 2001—2009 年国有及国有控股工业企业共应缴地租 25787 亿元，占国有及国有控股企业名义净利润总额的 64%；少交纳的石油、天然气和煤炭等自然资源租金约 4977 亿元；2007—2009 年国有及国有控股工业企业获得财政补贴约为 1943 亿元。此外，部分国有企业大肆涉足房地产行业，2009 年 136 家央企中，70% 以上的企业都涉及房地产业务，造就了一个又一个央企'地王'。国有企业资本化过程中缺乏完善的收益分配机制，存在严重的分配不公问题，少数利益群体几乎可以说是直接剥夺国家或全体国民的财富"[2]，夹缝的夹力非常大。

四是部分公共产品资本化使实际控制机构和内部职工得到超额收益，公众为此承担高额费用，权益受严重侵害的夹缝。构成夹缝的一方为公共产品资本化的实际控制机构，构成夹缝的另一方公共产品管理部门，处在夹缝中的是公共产品的使用者，这类型的夹缝十分复杂，往往是管理者睁一只眼闭一只眼，使夹缝的夹力很持久。部分公共产品领域资本化运作进程中衍生出诸多分配不公现象，集中体现为公共领域被少数人和利益集团实际控制，资本化的超额收益仅在部门内部分配，往往和权力部门结合形成垄断势力，导致公共服务的高消费。例如，部分高速公路成为利益集团把持的"创收机器"，名义上的公路成为实际上的"私路"，公共产品的属性

①　张车伟：《中国的收入分配在哪里出了问题又如何应对》，中国人民广播电台经济之声编：《中国经济迫切十问》第 164 页，译林出版社 2013 年版。

②　张车伟：《中国的收入分配在哪里出了问题又如何应对》，中国人民广播电台经济之声编：《中国经济迫切十问》第 165 页，译林出版社 2013 年版。

被改变。2009 年首发集团公路收费高达 32 亿元，而日常养护支出仅 6679.3 万元，上市公司宁沪高速 2010 年收费公路毛利率就高达 74%，四川成渝和五洲发展营业利润率分别为 66% 和 67%。高速公路的暴利直接结果便是职工收入超高，而且严重偏离了职工的人力资本水平。2010 年宁沪高速人均税前收入达到年薪 10.5 万元，拥有大学本科以上学历的不到一成，五洲发展的收入更高，人均税前收入 14.5 万元，近八成是一线人员和后勤人员。一方面是高分配，一方面是亏损，新的夹缝产生了。交通运输部公布《2013 年全国收费公路统计公报》，2013 年度，全国收费公路收支平衡结果为负 661 亿元，即整体亏损 661 亿元。其中，政府还贷公路亏损 560 亿元，经营性公路亏损 101 亿元；高速公路亏损 618 亿元。有媒体报道称，交通部相关负责人自曝收费亏损数据被夸大，目的在于为延长各省市收费公路的收费期限提供"借口"。交通运输部新闻办公室做出回应，称统计公报中的数据与国家审计署公布的全国政府性债务审计结果基本一致。审计数据显示，截至 2013 年 6 月底，政府还贷高速公路债务余额为 1.94 万亿元；《统计公报》中截至 2013 年 12 月底，政府还贷公路债务余额为 1.97 万亿元，其中 300 亿元为下半年新增债务。也就是说，公报数据不存在夸大说法。[①] 这样一来，高速公路高分配和高亏损的夹缝恐怕一时难以化解。

3. 灰色收入和腐败收入的夹缝

（1）灰色收入夹缝

灰色收入概念的夹缝。"灰色收入"概念本身就是一个夹缝的产物。理论家认为，灰色收入是当前体制转换时期居民的一种收入，是指居民在工资之外得到的现金、实物、福利性补贴、劳务费、兼职兼业收入、红利、租金、转包收入、馈赠等的总称。当前，在收入分配领域，人们常常把居民经过自己的劳动，从国家或企业那里得到的工资称作白色收入，而把通过非正常手段获得的收入称作黑色收入，而前面讲到的收入介于白色收入和黑色收入之间的，故理论家把它称作灰色收入。灰色收入一词最先来源于司

---

① 参见黄海蕾：《交通部否认夸大收费公路亏损数称经营性公路收费期限与是否举债无关》，《京华时报》2015 年 3 月 25 日。

法机关,1998 年 12 月 10 日,黑龙江省高级人民法院于朱胜文案审判中首次使用"灰色收入"一词。从此灰色收入一词成为经济术语。其实,经济学界对"灰色收入"的定义早就形成了夹缝。例如,20 世纪 80 年代,人们把工资、津贴之外的经济收入如稿酬、兼职收入、专利转让费等,统统叫作"灰色收入";而当下,有的专家定义:来路不明、没有记录在案、没有纳税、游离在申报之外的个人隐秘收入为灰色收入;有学者认为收入"非白即黑",无论如何冠冕堂皇,其本质是公权与私利交易而产生的"收入",即灰色收入就是黑色收入;又有经济学家认为"灰色收入"是介于"合法收入"与"非法收入"之间的一种隐性经济收入,基本上是通过"制度外"实现的。它既不同于贪污盗窃、走私贩毒等非法收入,又不同于合法的按劳分配和按生产要素分配的收入。其最大的特点是非公开性,即以种种手法和"技术处理"逃避政府和社会公众的监督。还有经济学家认为"灰色收入",说白非白、说黑非黑,白和黑混在一起的叫"灰色收入"。如此种种,不同的"灰色收入"理论和分法已经对人们构成夹缝。

灰色收入范围的夹缝。有的经济学家认为,"灰色收入"是存在的,主要分为三种:一是"正灰色"的,即违章不犯法的收入;二是名为"灰"实为"黑"的收入,比如商业回扣、年节收礼、小金库私分、庆典礼品等,属变相受贿;三是"浅灰色"收入,这一部分本来应该归到"白色收入"里,但制度中没有明确规定,虽然渠道正当,但缺乏税务监管。有的经济学家不同意这种分法,认为"灰色收入"应该分为两种:一种是既不合法也不合理的收入,是间接或变相获得的某种贿赂,应予以杜绝;一种是合理但不规范的收入,应加以规范和管理。有经济学家认为"灰色收入"可以理解成就是公职人员工资之外的收入,比如一些感谢费、劳务费、补贴之类的收入等。"灰色收入"范围的不同划分,如同其概念界定一样,对人们构成了夹缝。

灰色收入现实的夹缝。灰色收入现实的夹缝是由高收入人群和部分经济理论家、低收入人群构成的,这种夹缝常常是针对决策者的。《灰色收入与国民收入分配 2013 年报告》研究得出结论:2011 年居民灰色收入为 6.2 万亿元,约占 GDP 的 12%。灰色收入仍然主要集中在一部分高收入居民,而且有向某些中高收入阶层蔓延的趋势。国家统计局每年公布城镇居民家庭的分组人均收入数据,该数据分为 7 组,其中最低收入组和较低收入组各占城镇居民家庭数的 10%,中下、中等和中上收入家庭每组各占 20%,较高收入和最高收入家庭各占 10%。研究者得出的结果,与国家统计局公布的城镇居民分组收入数据有显著差别。最大的差别发生在城镇 10% 最高收入家庭,推算收入是统计收入的 3.2 倍。研究发现,最高收入家庭的隐性收入绝对数量扩大了,相对比重也仍然占全部隐性收入的主要部分——最高收入家庭和较高收入家庭合计(占城镇家庭的 20%),占隐性收入总量的 72%,而高收入居民隐性收入中一个主要部分是来源不明的灰色收入。根据统计局城镇居民收入统计,2011 年城镇 10% 最高收入家庭和 10% 最低收入家庭的人均可支配收入之比为 8.6 倍,而研究者推算,实际收入之比为 20.9 倍(2008 年时推算为 26.0 倍)。而包括农村居民在内,全国城乡居民最高和最低各 10% 的家庭人均收入之比为 23.6倍,课题组推算为 67.0 倍(2008 年时推算为 64.6 倍)。研究表明,收入越高的家庭,工资性收入比重越低,经营性收入、财产性收入比重越高。人均收入 1 万元以下和 1 万~2 万元的家庭,约 80% 的收入是工资性收入。人均收入在 2 万~5 万元的中等收入(包括部分中下和中上收入)家庭,工资性收入超过 70%,经营性收入在 10% 上下。从人均收入 5 万元以上,工资性收入比重越来越低,经营性收入比重越来越高。人均收入超过 100 万元的家庭,工资性收入只有 11%,而经营性收入占了 80%,财产性收入占6%。虚拟经济领域(股票市场、其他金融市场、房地产市场)的经营性收入,在各阶层间的分布有一个明显的特点:中、低收入居民在虚拟经济领域的投资基本上是亏损的,表现为负的经营性收入。只有中上收入和高收入居民的虚拟经济投资才有正的回报,而且对人均 30 万元以上高收入居民来说才有较为丰厚的回报,占他们全部收入的 5%~6%。这似乎印证了长期以来人们的一个猜测:目前中国的资本市场和房地产市场因为严重缺乏规范,在收入分配方面,起了把穷人口袋里的钱转移到富人口袋的作用。在经营性收入和其他收入中,都不排除包含灰色收入,因为有些经营性收入是通过钱权交易和其他某些不合法经营实现的。研究还发现,收入越高的家庭,买房买车的越多,多房户也更多;现行社保体系对高收入居民有利,低收入居民反而受益少;据中国改革基金会国民经济研究所副所长王小鲁研究,2008 年,中国居民的隐性收入为 9.3 万亿元,其中灰色收入为5.4 万亿元。庞大的灰色收入和隐性收入的遗漏,亦是官方基尼系数偏低的直接原因。① 从调查我们可以发现,灰色收入现实的夹缝一方是灰色收入的高收入者,夹缝的另一方是经济理论家和灰色收入的低收入者。这种夹缝在现实政策下,很难很快化解。于是有人高呼:"6.2万亿灰色收入都进了谁的口袋? 这不应该是个无解的天问。为此,一方面要加强行政体制改革,厘清政府与市场、社会的边界,减少一切不必要的行政审批,压缩权力的自由裁量空间;另一方面也要真正做到'有法必依,执法必严,违法必究',加大反腐败的惩治力度,完善反腐败的制度建设,不纵容不放过任何一起权力腐败与商业贿赂案件,压缩灰色收入增长的空间。"②

(2)腐败的夹缝

对于腐败者来说,腐败是一种收入。腐败的夹缝可以从概念夹缝、特征夹缝和现实夹缝来分析。

腐败的概念夹缝。腐败的原意是腐烂,用在人的行为上指陈旧、堕落、混乱、黑暗等。对于经济社会来说,"腐败"指的是运月公共权力谋取私人利益的行为。其实,腐败就是腐败,腐败的数字有大小,在概念上应该没有区别,但有些理论家把腐败的概念加以研究,把腐败的概念分成了广义概念和狭义概念。构成了人们对于腐败概念认识的夹缝。有的学者认为在广义上说腐败是行为主体为其特殊利益而滥用职权或偏离公共职责的权利变异现象;从狭义上说腐败泛指国家公职人员为其特殊利益而滥用权力的权利蜕变现象。还有学者认为,腐败大多是指国家公务人员借职务之便获取个人利益,从而使国家政治生活发生病态变化的过程。这种种关于腐败的概念,着实使不少人处在夹缝之中。在说到腐败现象时,有的学者认为,腐败无处不在。它不只是公共官员滥用职权的问题,而是人们为了捞取任何不义之财而滥用职权(不一定是政府权力)的行为。另外还体现在人们在自己的工作岗位上不尽职、不作为,有令不行、有禁不止、思想颓废、麻木不仁等,这些腐败现象常被人们忽略,其实它对社会以及对人类发展本身危害极大。这样区别和分析腐败及腐败概念已经使不少人处于理解腐败的概念夹缝之中。

腐败的特征及现实的夹缝。中国社会科学院与马克思主义研究院研

___

① 参见王小鲁:《灰色收入又三年》,《南方周末》2013年9月27日。

② 舒圣祥:《6.2万亿灰色收入都进了谁的口袋》,《中国妇女报》2013年9月27日。

究员、中国马克思主义研究二部副主任辛向阳发表署名文章,探讨当前中国腐败现象的新特点与反腐对策。文章指出,当前中国的腐败出现了一些新的特征:由收钱收物的"硬腐败"发展为接受各种服务、旅游出国等"好处"的"软腐败";由个人捞钱的"小腐败"上升为集体福利、挥霍公款的"大腐败";由内资企业的"内资腐败"发展为外资企业参与商业贿赂的"外资腐败"等腐败现象。① 同时研究者还认为腐败近年来形成了七大特征:一是群体化。一些腐败行为败露后,往往引发所辖地区官场的"大面积塌方"。2014 年 18 万"老虎""苍蝇"被打,中纪委查办的山西窝案、中石油窝案、发改委价格司窝案等重大腐败案件,既涉及中央、地方政府,也包含垄断国企,共同特征都是"倒下一个牵出一串","塌方式腐败"的定性频频出现。2014 年,仅山西一省落马省部级干部就达 7 人,其中 4 人曾是省委常委,岗位涉及党委、政府、人大、政协和太原市党委书记;发改委价格司窝案,包括两任司长、副司长、副巡视员等 5 人被查。湖南衡阳发生破坏选举案,包括时任衡阳市委书记、市人大常委会主任、纪委书记、组织部长在内的衡阳一大批党员干部在案件中严重失职、渎职、违纪,人数近 500 人。② 二是高官化。2014 年,中央打"虎"绝不手软,40 余名省部级高官被查处,这个数字相当于十八大以前年查处高官数量的五至六倍。③ 三是巨额化。腐败涉及的金额巨大,动辄就是上千万甚至上亿元。2009 年已基本查明涉案的 31 位国企高管犯罪涉案金额累计达 34 亿元,人均高达 1 亿元;其中涉及贪污、受贿的国企高管 30 人共计贪污、受贿 9.3 亿元,人均 3109 万元;涉及挪用公款的国企高管 9 人,累计挪用公款 12.9 亿元,人均 1.4 亿元。更有意思的是,2014 年 5 月 15 日下午,媒体发布了一条"国家能源局煤炭司副司长魏鹏远家中查出上亿现金,烧坏银行四台点钞机"的消息。"上亿现金""4 台点钞机"这两组字眼迅速引爆舆论。不少网友调侃说,查贪官最辛苦的应该是点钞机。也有网友戏称,点钞机质量有待提高。④ 四是期权化。"权力期权化"交易的是一种"权力",其不直接涉及钱物,因而形式和过程隐蔽,相互兑现往往是间接而不是直接的,如高薪任职、分给

---

① 参见孙乾:《腐败分子政治上结派》,《京华时报》2011 年 6 月 25 日。
② 参见李国民:《反腐 2014:三个"前所未有"》,《检察日报》2014 年 12 月 30 日。
③ 参见李国民:《反腐 2014:三个"前所未有"》,《检察日报》2014 年 12 月 30 日。
④ 参见郭彦博:《反贪路上被"累坏"的点钞机》,《新京报》2014 年 5 月 18 日。

股权、优厚待遇等。腐败分子进行权力操作可用"扶持企业、促进发展"为借口，即使损害国家利益也可用"改革代价"遮掩，过程隐蔽，其交易方不是在职干部，甚至可能不是其本人，对象和内容都较为隐蔽。"权力期权化"改变了腐败获利的时间和方式，为腐败分子手中的"权力资源"提供了最大限度的变现可能。五是潜规则化。"潜规则"文化在官场流行，很多行为规则不公之于世而是如"黑市"交易，公之于世的规则，大家又不遵守。同时，中国文化中有一种消解制度的倾向，在现实中就是"上有政策，下有对策"。六是国际化。有的腐败分子利用资本跨地域、跨行业、跨国境流动的机会，与地区外、行业外、境外的不法分子相勾结，共同犯罪；有的利用国家间法律的差异，国内犯罪，国外洗钱；有的以境外商人为合作对象，在为对方牟利后，在境外"交易"，赃款赃物滞存境外。一些涉案的党政干部特别是关键涉案人员一有风吹草动随时出逃。"裸官"问题浮出水面，暴露出以往外逃贪官贪腐时"留一手"（任职期间有意送妻儿出国，独自一人在国内），贪腐行为败露后立即逃往国外的腐败谋略。某些干部利用出国考察机会滞留不归。龙腾网2011年6月26转载了美国《赫芬顿邮报》chinchilla＋vero的文章说："中国人民银行（央行）反洗钱监测分析中心的一份课题报告，这份课题报告名为《我国腐败分子向境外转移资产的途径及监测方法研究》。这份报告还援引社科院的一份调研资料披露，从20世纪90年代中期以来，外逃党政干部，公安、司法干部和国家事业单位、国有企业高层管理人员，以及驻外中资机构外逃、失踪人员数目高达16000至18000人，携带款项达8000亿元人民币。"①仅2014年400余名外逃经济犯罪嫌疑人被从60多个国家和地区缉捕归案②。七是新型化。银行、证券、保险、信托、拍卖等方面的反腐败措施比较少，导致新兴领域腐败案件频繁发生，在这些领域中，腐败呈现出金融化、虚拟化特点。与异性直接相关的腐败现象不可轻视，中纪委研究室原副主任、中纪委北京培训中心原主任、原中央先进性教育活动办公室副主任刘春锦指出：受处分的厅局级干部中，90%的落马贪官都有包养情人，甚至有多个贪官共用一个情

---

① 《中国的腐败：众官员是如何携款1200亿美元逃往国外的》，《赫芬顿邮报》2011年6月24日。

② 参见李国民：《反腐2014 三个"前所未有"》，《检察日报》2014年12月30日。

人的现象。① 习近平在十八届中央纪委三次全会上讲："以猛药去疴、重典治乱的决心,以刮骨疗毒、壮士断腕的勇气,坚决把党风廉政建设和反腐败斗争进行到底","使纪律真正成为带电的高压线"。② 习近平在十八届中央纪委五次全会上说："我们党从关系党和国家生死存亡的高度,以强烈的历史责任感、深沉的使命忧患感、顽强的意志品质推进党风廉政建设和反腐败斗争,坚持无禁区、全覆盖、零容忍,严肃查处腐败分子,着力营造不敢腐、不能腐、不想腐的政治氛围。"③腐败的夹缝也是一个多重的夹缝。从民众的角度看,民众希望社会风清气正,希望政府下狠招,是夹缝的一方;对于一部分当权者来说,手中有权有好处,希望政府政策宽松,处在夹缝中的是决策者。在另一个层面上,从决策者的角度看,反腐败的要求很明确,为什么还出现腐败分子,是构成夹缝的一方;对于部分下级执政者来说,往往是上有政策,下有对策,是构成夹缝的另一方,处在夹缝中是大部分民众。

---

① 参见孙乾:《腐败分子政治上结派》,《京华时报》2011 年 6 月 25 日。

② 转引自王莹莹:《学习贯彻习近平同志重要讲话精神》,《人民日报》2014 年 1 月 15 日。

③ 习近平:《在第十八届中央纪律检查委员会第五次全体会议上的讲话》,《人民日报》2015 年 1 月 14 日。

第五章　政府与经济的夹缝

　　政府与经济的关系通俗地说就如同一对连体婴儿一样不可分割。政府经济管理是为了弥补市场缺陷所带来的市场失灵,保证资源配置效率的最优化。政府调控得好,可以化解经济夹缝,如果调控不好,则容易构成夹缝,且影响巨大。在我国,政府与经济的关系比经济发达的国家更为密切,夹缝更容易构成,夹缝影响也更为有力。

一、政府对经济管理的夹缝

　　在我国,政府管理经济是天经地义的事情,政府对经济的调控有时是直接的、有力的。政府管理经济,如果是科学的,就会化解经济夹缝,推动经济健康发展;政府管理经济如果是随意的、带有个人目的的,就会对经济构成夹缝,且这类夹缝一时难以化解。

1.市场经济与政府管理的夹缝

　　市场经济从理论上讲可以通过市场机制的运行有效地配置社会资源,但是现实社会并不是完全竞争市场,再加上市场本身的缺陷,容易导致市场失灵。市场失灵又导致政府必须在一定范围内调控市场,以弥补市场的不足。一方面是市场机制的运转,一方面是政府的调控,这就对经济以及涉及经济的人构成夹缝。

　　(1)市场经济的功能缺陷夹缝

　　一般说来,市场从经济主体自身的局部利益出发,自发地使生产适应社会需求,借助于价格信号来判断市场上商品关系的变化,通过价格同成本利润的比较做出投入产出的决策,调节各类资源的配置。从市场经济的机制来看,市场经济具有资源配置的功能、刺激创新的功能、价值分配的功能、优胜劣汰的功能和经济评估的功能,但是,市场经济的机制不是按照设想的功能运行的,常常出现了"市场失灵"的现象,因此构成了市场功能缺陷的夹缝,这些夹缝又是市场经济中常见的夹缝。

外部性失灵的夹缝。外部性指由于市场活动而给无辜的第三方造成的成本特性,换句话说,外部性就是指社会成员(包括组织和个人)从事经济活动时,其成本与后果不完全由该行为人承担,出现了行为举动的主体与行为后果的主体不一致性。经济学中的外部性又可称为溢出效应、外部影响或外差效应,指的是一个人或一群人的行动和决策对另一个人或一群人强加了成本或赋予利益的情况。市场经济的外部性分为正外部性和负外部性。正外部性是某个经济行为个体的活动使他人或社会受益,而受益者无须花费代价;负外部性是某个经济行为个体的活动使他人或社会受损,而造成外部性的人却没有为此承担成本。正因为经济外部性具有正外部性和负外部性,已经对不同的群体构成了夹缝。例如,钢厂排放废气和废水,废气对周围的空气造成了污染,使部分民众的健康受到影响;废水对周围的鱼塘产量产生影响。这种市场经济的负外部性构成的夹缝是一个多重夹缝。从钢厂周围民众层面来说,他们成为夹缝人,构成夹缝的一方是钢厂,不断排污;构成夹缝的另一方是上级的政策和法律规定,必须治理污染;构成夹缝的还有环保部门,往往是睁一只眼闭一只眼在施政;处在夹缝中的民众往往不容易诉求。

垄断性失灵的夹缝。垄断性失灵指市场无法竞争,也无法依靠市场来调节价格和供求关系,从而使市场失去了控制能力。经济理论认为,一个运行良好的市场,必定是一个充满竞争的市场。市场之所以能够有效配置资源是以自由的、充分的竞争为前提的,但在实际的经济生活中,完全的竞争是不存在的,市场经常被垄断。因为垄断,市场的规律就不能够很好地发挥作用,对一部分企业和购买者构成了垄断性夹缝。例如,中国 2007 年十大暴利行业中,垄断性行业(包括自然垄断、行政性垄断)占 80% 。最具特色的行政性垄断,如殡葬业、驾校培训、中小学教育、电力、有线电视、高速公路名列在先。"在垄断市场结构范式理论诞生的条件下,垄断已不单纯是一个市场失灵的问题,当前阻碍社会经济发展的拦路虎是反垄断立法和垄断规制中的政府失灵。"①迫于公众的压力和出于促进经济健康发展的需要,发达市场经济国家一般通过价格听证的方式来决定垄断的公用事业、企业的价格水平。在我国,"在垄断企业不公开财务信息的条件下,价格听证在很大程度上反映垄断企业的操纵能力。为了实现利润最大化,垄断企业可以收买官员、制造借口、欺骗舆论;垄断企业可以重金支持其观点与垄断企业利益一致的经济学家的研究"。"传统的公共管理理论把政府界定为无利益偏好、无利益诉求的中性客体,实际上,政府部门是由具有明显利益导向的经济人组成。权力批租和权力抽租成为当前寻租经济学中出现频率最高的词汇之一。只要存在不被发现的概率,只要存在寻租的制度性漏洞,大多数经济人都会心存侥幸。""一些垄断行业在国外已有价格规制的成功先例,可以通过一些简单的规制措施即可消除价格掠夺现象。首当其冲的房地产行业,有业内人士惊曝内幕,房地产开发成本只占20%,40%为行政攻关成本,40%为开发商利润。理论界提出过开发商公开开发成本和单元虚拟直接竞价的建设模式,但这些建议最后都泥牛入海。"②在垄断性失灵的夹缝中,政府的一些部门以及一些经济理论工作者,已经和垄断企业一道,认为垄断是合理的,成为构成垄断性夹缝的一方;而政府的决策者和一些正直的理论工作者认为应该控制垄断,尽量发挥市场的作用;处在夹缝中的往往是消费者。

信息性失灵的夹缝。信息不对称指市场经济交易的双方在对信息的数量和质量的掌握上存在差别,而在这种信息差别基础上做出的决策很难使资源配置达到帕累托最优,往往会导致欺诈、误导等行为,从而构成了夹缝。信息不对称有时又称信息失灵。在社会政治、经济等活动中,一些成员拥有其他成员无法拥有的信息,由此造成信息不对称的夹缝。在市场经济活动中,各类人员对有关信息的了解是有差异的;掌握信息比较充分的人员,往往处于比较有利的地位,而信息贫乏的人员,则处于比较不利的地位,有时成为夹缝人。不对称信息可能导致逆向选择。一般而言,卖家比买家拥有更多关于交易物品的信息,但反例也可能存在。前者例子可见于二手车的买卖,卖主对该卖出的车辆比买方了解。后者例子如医疗保险,

---

① 孙天法:《解决垄断管制中的政府失灵》,《中国财经报》2007年7月10日。
② 孙天法:《解决垄断管制中的政府失灵》,《中国财经报》2007年7月10日。

买方通常拥有更多信息。① 在市场经济的活动中,由于交易的内容不同,形成的信息夹缝也不同。例如,某一位消费者想购买一定价位的汽车时,有的人建议买日产的汽车,灵巧、方便、省油;有的人建议买美国产的汽车,结实、耐用、安全,此时对这位消费者构成了物品信息和购买汽车选择的夹缝,这也是消费者获得信息难以取舍而失灵的体现。

分配性失灵的夹缝。分配性失灵夹缝指在市场经济条件下,分配出现了不公平、不合理的分配现象,由此构成了夹缝。分配性失灵的原因很多,主要有几点。一是市场机制的运行以追求效率最大化为目标,市场中的各利益主体也是以此为目标。在这种情况下,如果仅仅依靠市场去分配资源,只会导致贫富差距越来越大。二是由于垄断的存在,导致价格与价值严重背离,从而部分人从中获得不合理收入。三是由于不均等的市场竞争初始条件导致收入上的差别。四是由于非个人因素(时间和空间)的不均衡经济运行而导致的收入差距。五是由于市场机制运行的盲目性,生产要素供求关系的不平衡,会引起要素收入的不合理差距的存在。其实,分配性失灵还有一个较为重要的原因,即市场制度的失灵,由此构成了分配性夹缝。有一个故事讲的就是市场制度失灵的,故事说有七个人曾经住在一起,每天分一大桶粥。要命的是,粥每天都是不够的。一开始,他们抓阄决定谁来分粥,每天轮一个。于是乎每周下来,他们只有一天是饱的,就是自己分粥的那一天,此时六个人对分粥的人构成夹缝。后来他们开始推选出一个道德高尚的人出来分粥。强权就会产生腐败,大家开始挖空心思去讨好他,贿赂他,搞得整个小团体乌烟瘴气。此时,分粥人仍然是夹缝人。然后大家开始组成三人的分粥委员会及四人的评选委会,互相攻击扯皮下来,面上看民主了许多,但粥吃到嘴里全是凉的。粥不仅是凉的,分的粥不一定是公平的。此时,两拨人因为分粥已经由夹缝变成了矛盾。最后,这七个人想出来一个方法:轮流分粥,但分粥的人要等其他人都挑完后拿剩下的最后一碗。为了不让自己吃到最少的,每人都尽量分得平均,就算不平均,也只能认了。大家快快乐乐,和和气气,日子越过越好。此时,化解了分粥夹缝。同样是七个人,不同的分配制度,就会有不同的风气。

---

① [美]N.格里高利·曼昆著,梁小民、梁砾译:《经济学原理——微观经济学分册》,第475页,北京大学出版社2012年版。

公共性失灵的夹缝。公共性一般指对象的公共性、环境的公共性、结果的公共性，而公共物品常常成为公共性的代表。当公共性失灵之后公共物品不能发挥公共性作用时，夹缝就产生了。公共物品是指公共使用或消费的物品，公共物品是可以供社会成员共同享用的物品，严格意义上的公共物品具有非竞争性和非排他性。公共物品在消费上的非竞争性和非排他性，使私人很难在经营公共物品时收费或收费的代价太大，以至于私人经营时无利可图，此时公共物品依靠市场提供是没有效率的，市场机制在提供公共物品方面是失灵的。如果政府此时不调节社会资源的分配，公共物品的服务一定会缺位，会对社会人构成服务的夹缝，公共物品也就失去了公共特性，呈失灵状态。在公共物品的理解中，什么是公共物品，什么不是公共物品，同样容易对社会人构成夹缝。例如，有的学者把公共物品分为纯公共物品（具有完全的非竞争性和非排他性，如国防和灯塔等，通常采用免费提供的方式。在现实生活中并不多见）、准公共物品（具有有限的非竞争性和局部的排他性。即超过一定的临界点，非竞争性和非排他性就会消失，拥挤就会出现），在准公共物品中又分为公益性物品（义务教育、公共图书馆、博物馆、公园等）和公共事业物品（也称自然垄断产品像电信、电力、自来水、管道、煤气等）。这种概念区别很容易对社会人构成夹缝。

宏观性失灵的夹缝。宏观性市场失灵指市场经济运行过程中出现的市场自身无法控制的经济周期性波动、国际收支不平衡、失业等现象。宏观性市场失灵的原因有价格无法发挥调节作用和市场上供大于求或求大于供的交替出现。当人们完全相信价格作用的时候，价格的变化往往不是人们所希望的，此时就构成了市场宏观失灵的夹缝。当市场上供大于求和求大于供不断交替时，就容易对社会人构成夹缝。

（2）政府经济管理职能不足的夹缝

政府经济管理职能是指政府以行政主体身份对社会经济生活进行的规划、协调、服务、管理、监督功能的总称。政府对于经济管理不是完全能够到位，调节经济的两只手出现了不协调，此时就容易形成夹缝。

政府制度的夹缝。所谓政府制度，是指在经济活动过程中，政府实行的是完全的市场经济还是不完全的市场经济，这对于从事经济工作的人员容易形成夹缝。在我国申请加入 WTO 过程中，就是不同的政府制度夹缝在发挥作用。自 1986 年 7 月 10 日我国正式向 WTO 前身——关贸总协定（GATT）递交复关申请起，我国就处在不同国家政府经济制度的夹缝之中。由于谈判逐步被"政治化"及其本身的艰巨性、复杂性、特殊性和敏感性，这一谈就是 15 个春秋。中国代表团换了 4 任团长，美国换了 5 位首席谈判代表，欧盟换了 4 位。我国复关和入世谈判大致可分为三大阶段：第一阶段从 80 年代初到 1986 年 7 月，主要是酝酿、准备复关事宜；第二阶段从 1987 年 2 月到 1992 年 10 月，主要是审议中国经贸体制，中方要回答的中心题目是到底要搞市场经济还是计划经济；第三阶段从 1992 年 10 月到 2001 年 9 月，中方进入实质性谈判，即双边市场准入谈判和围绕起草中国入世法律文件的多边谈判。1994 年底，因以美国为首的一些发达成员国家漫天要价，无理阻挠，中国复关未果。1995 年 1 月，WTO 取代 GATT；同年，中方决定申请入世，并根据要求，与 WTO 的 37 个成员开始了拉锯式的双边谈判。从 1997 年 5 月与匈牙利最先达成协议，到 2001 年 9 月 13 日与最末一个谈判对手墨西哥达成协议，直至 2001 年 9 月 17 日 WTO 中国工作组第十八次会议通过中国入世法律文件，这期间起伏跌宕，山重水复。而最难打的硬仗，莫过于中美谈判，其次是中欧谈判，其中中美谈判进行了 25 轮，中欧谈判进行了 15 轮。备受瞩目的中美谈判范围广、内容多、难度大，美国凭借其经济实力，要价非常高，立场非常强硬，谈判又不时受到各种政治因素干扰。经过 6 天 6 夜的艰苦谈判，这场最关键的战役取得双赢的结果，于 1999 年 11 月 15 日签署了双边协议，从而使入世谈判取得突破性进展，为谈判的最终成功铺平了道路。次年 5 月 18 日，中欧谈判几经周折后也正式达成双边协议。2001 年 11 月 10 日，在多哈举行的世贸组织第四次部长级会议上审议并批准了中国加入世贸组织。按照世贸组织的规则，一个月后，中国于 2001 年 12 月 11 日正式成为世贸组织成员。世贸组织本来就不是一个公平的经济组织，它是一个经济夹缝的组织，世贸公约有些条款并不有利于中国的经济，中国政府签订无非是考虑它利大于弊，尽管是一个夹缝，我们不得不在其中斡旋。WTO 本身就是一个制度夹缝的复合体。

决策不足的夹缝。政府在作出某种经济决策时，往往受市场和人们的主观方面的影响，加上政府对市场信息的掌握不完全准确，作出的经济决策容易构成夹缝。例如，在内蒙古阿拉善左旗与宁夏中卫市接壤处的腾格里沙漠腹地,分布着诸多第三纪残留湖,这里地下水资源丰富,地表有诸多国家级重点保护植物,是当地牧民的主要集居地。与黄河的直线距离也仅有 8 公里。在腾格里额里斯镇沙漠深处,数个足球场大小的长方形的排污池并排居于沙漠之中,周边用水泥砌成,围有一人高绿色网状铁丝栅栏。其中两个排污池注满墨汁一样的液体,另两个排污池是黑色、黄色、暗红色的泥浆,里面有细沙和石灰稀释。这是内蒙古和宁夏分别在腾格里沙漠腹地建起的内蒙古腾格里工业园和宁夏中卫工业园区化工企业将未经处理的污水排入沙漠的蒸发池。未经处理的废水排入后,经过自然蒸发,然后将沉淀下来的黏稠物,用铲车铲出,直接埋在沙漠里面。2014 年 9 月 6 日,《新京报》曝光腾格里沙漠污染问题引发极大关注,而腾格里沙漠污染在此前几年也多次遭媒体曝光,但未得到改观。2014 年 10 月 3 日,习近平总书记等中央领导同志对内蒙古阿拉善盟腾格里工业园区的环境污染问题做出重要批示。2014 年 10 月 15 日,环保部党组会议传达了中央和国务院领导关于内蒙古腾格里沙漠污染问题的批示,以及中办、国办《关于腾格里沙漠污染问题处理情况的通报》。2014 年 10 月 16 日,宁夏回族自治区政府通报,宁夏明盛染化有限公司涉嫌违法排污行为,已由中卫市公安局牵头进行立案调查,而当地也启动问责程序,中卫市环保局局长、分管副局长、环境监察支队队长被免职。① 当地政府为什么要上污染企业?他们不懂污染的害处?为什么不处理污水直接排入沙漠?这是一个多重的经济决策不当的夹缝,目前的夹缝人只是被处理的那几个人。

执行不足的夹缝。执行不足夹缝指在政策实施过程中,决策者的决策和执行者的实施对人们构成的夹缝。构成执行不足的夹缝一般有两个原因,一方面是政府机构设置的原因,导致政策信息在传递过程中出现信息失真,执行者和政策制定机构之间不能有效沟通,导致上情不能下达,下情不能及时上报;另外一方面是政府在决策的过程和政策的传达、执行、生效的过程中存在时滞,导致好决策实施不及时,实施的决策又达不到理想的效果,同时影响到市场的合理运行,构成执行的夹缝。例如,温州市鳌江中学多次向学生收取费用,并用计算机软件进行摇奖给学生奖励,被媒体曝光。2014 年 9 月 18 日平阳县教育局称,系家长委员会牵头筹集奖励基金,

---

① 参见金煜:《环保部:每月不定时暗查腾格里沙漠污染问题》,《新京报》2014 年 10 月 16 日。

有部分年段教师参与,摇奖仅有一次。有人却说,校方所提及的家长协商是在校方的授意下进行的,有人问家委会,家委会的人说是学校授意,而学校的授意之真正目的又在哪里? 还有人认为考试与奖金挂钩,被刺激起来的,恐怕不是对知识的欲望,而是对于金钱的欲望。如此看来,考试后奖金制度的建立,本身就是"瘸腿"的、违规的。又有人认为教育部门三令五申不得对学生乱收费,更不能巧立名目给学生增加负担。还有人提问,如果激励学生考试积极性的目的属实,那为什么又让老师进来掺和? 有人说,作为教育部门来说,教育并不差钱,如果教育差钱,也应当由政府部门加大投入,而不是由学生身上"揩油"。奖学金"收上来"之后,如何发放是个问题。奖学金发放对象历来是明确有针对性的,只能对符合条件的学生发放,而鳌江中学却实行摇号方式随机发放奖学金。该校对此的回应是"在学生的要求下,增加摇奖趣味活动"。尚不论"学生要求"是否属实,也不说中学生能不能理解学生阶段努力学习赢得肯定的道理,就说作为教育者,将奖学金的功能如此趣味化,究竟想释放怎样的理念呢? 有的民众认为,教育部门需要认真核查的是,该校总共设立了多少违规名目? 收取了多少不该收取的费用? 其中又返还了多少费用给学生? 全部收取的"奖学金"中又有多少奖励给了学生? 而收费中,又隐藏了多少利益肥私的猫腻? 这些猫腻,教育主管部门知道不知道等?[①] 这虽然是教育方面的问题,但体现的是执行的夹缝。夹缝的一方面是决策者三令五申不得对学生乱收费;一方面是具体教育部门却遮遮掩掩地说摇奖仅有一次,却不说收钱收了几次;一方面是家长的"举报";一方面是学校,的确向学生收了钱,的确摇了奖,部分年段教师参与,这是执行方面的问题;一方面是民众的义愤。谁是夹缝人呢? 是那些无辜的学生,被动执行者。

扭曲市场的夹缝。所谓扭曲市场的夹缝指政府的干预使市场破坏了市场机制构成的夹缝。在市场经济的运行中,政府往往会干预市场,政府职责范围内的正当干预也会在一定程度上扭曲市场机制。政府有时基于长远考虑和社会整体利益,可能会在某些方面实施倾向于公平的政策,而这些政策常常会既没有实现公平,又牺牲了效率,从而破坏了市场机制的

---

① 参见聂辉:《温州一中学摇号发奖学金,校方称奖金由家委会筹集》,《教育时报》2014 年 9 月 21 日;王心禾:《收学生的钱摇号发奖学金创意歪了》,《教育时报》2014 年 9 月 26 日。

正常运行。政府的干预增加了政府的负担,导致高额的财政赤字和金融赤字,进而加大宏观经济的不稳定和总量失衡的不稳定性。政府的转移支付会导致部分人不劳而获,破坏公平。有人戏说近来政府干预的结果和现象,很有讽刺意味:你说交通拥堵,给你限号了;你说油不合格污染空气,给你把油价涨了;你说房价太高买不起,给你征税 20% 了;你说国产奶粉是垃圾,给香港下禁令了;你说出租车不好打,给你把钱涨了……①市场的规律和政府的干预给人们构成了夹缝。

官员道德不足的夹缝。官员道德不足的夹缝指官员的道德风险、不作为和机会主义在经济活动中构成的夹缝。在现实生活中,奢华腐败、机构人员膨胀、推卸责任、不作为、权力扩张、利用权力寻租等官员的行为已经对社会构成了夹缝。习近平总书记说过:"我们党严肃查处一些党员干部包括高级干部严重违纪问题的坚强决心和鲜明态度,向全党全社会表明,我们所说的不论什么人,不论其职务多高,只要触犯了党纪国法,都要受到严肃追究和严厉惩处,绝不是一句空话。从严治党,惩治这一手绝不能放松。要坚持'老虎''苍蝇'一起打,既坚决查处领导干部违纪违法案件,又切实解决发生在群众身边的不正之风和腐败问题。"②官员道德不足,已经对经济和经济人构成了夹缝,而官员之中"老虎"和"苍蝇"之多,官员贪腐之明目张胆,不仅民众不可思议,同时对社会学的研究者构成了夹缝。在官员道德不足的夹缝中,制定政策的官员极有可能受到非法金钱或其他报酬的引诱,做出有利于报酬人而损害公众利益的行为。例如,在现实社会中,由于监督信息的不对称和不完全,常常会造成对政府官员的政治权力监督无效,甚至监督者可能为被监督者所操纵,从而构成监督的夹缝。夹缝的一方面是干部的任用者,按自己的办法任用;夹缝的一方是民众希望对干部的监督多样化;处在夹缝中的往往是现实的负责监督的官员,有时不知所措。

2.政府管理理论的夹缝

经济学家认为政府经济管理的理论新框架包括宏观、中观和微观三个

---

① 参见丢月等摘:《言论》,《读者》2014 年第 19 期。

② 习近平:《在第十八届中央纪律检查委员会第二次全体会议上的讲话(节选)》,《党的群众路线教育实践活动学习文件选编》第 81 页,党建读物出版社 2013 年版。

层次,在宏观方面,政府主要依靠宏观政策等调控手段实现调控目标。在中观方面,政府依靠区域政策和产业政策,实现协调区域发展和优化产业结构。在微观方面,政府借助有关法律和规章约束市场主体的行为,维持市场秩序,从而保证市场机制对资源的配置达到最优。① 经济的管理从三个方面调控,这本身就对经济管理者构成夹缝。什么时候使用宏观方式,什么时候使用中观方式,什么时候使用微观方式以及谁来使用等都是构成夹缝的条件。

(1)政府宏观调控构成的夹缝

为了防止市场经济条件下市场失效和保证国民经济总体的稳定运行,政府在市场发挥配置经济资源基础性作用的前提下,通过运用宏观经济政策工具来调节国民经济,以最终实现国家宏观经济目标的一整套运作过程。政府控制经济过程就是化解夹缝的过程和形成新的经济夹缝的过程。②

政府宏观经济调控的目的夹缝。在经济活动中,当政府调控经济的目的发生分歧时,对经济研究者和经济决策者容易构成夹缝。由于政府宏观经济调控目的的多种,夹缝构成的条件就一直存在。就经济学研究的结果来看,经济宏观调控的目的有"四目的说"和"七目的说"。"四目的说"认为,政府宏观经济调控的目的是"弥补市场失灵""维护市场秩序""维护公正分配和国家整体利益""应对经济周期性波动"等。"七目的说"认为,政府宏观经济调控的目的是为了"经济稳定增长""高就业(或低失业)""价格水平基本稳定""国际收支基本平衡""适度的收入分配差距""合理的产业结构和技术结构"、经济的可持续发展等。还有人认为,市场经济机制本身的作用和经济主体的理性行为就可促成一些宏观经济目标的实现,政府只需要对那些市场作用不到的目标(如收入分配)进行调控。并且,政府的宏观经济政策的作用是综合性的,会对几个宏观经济目标同时发生影响。因此,只要政府采取的宏观经济政策比较恰当,宏观经济的多个主要目标就可以同时实现。这些不同的调控目的分析,就已经对调控者构成了夹缝。同时,当政府调控某一目的时,其他目的的支持者就会表示异议,还

---

① 参见陶良虎、张贵孝主编:《政府经济管理教程》第17页,国家行政学院出版社2013年版。
② 参见刘树成主编:《现代经济辞典》第430页,凤凰出版社、江苏人民出版社2005年版。

会对政府调控者构成夹缝。当经济发展出现不稳定的情况时,如何调控,调控什么,都可能成为构成夹缝的原因。

政府宏观经济调控的手段夹缝。政府宏观经济调控的手段夹缝指政府在对于宏观经济调控时使用的工具对企业主构成的夹缝。政府宏观经济调控的工具主要有政策工具、法律工具和制度制约等手段。政策工具可以分为需求管理政策和供给管理政策;法律工具可以分为保护和制裁两个方面;制度约束能够保证人们在追求利益最大化时,市场不至于混乱。就经济调控使用保护或者制裁的工具时,一定会对某些企业和企业主形成夹缝。诸如对于某种产品实行保护性经营时,有些企业认为不应该保护,有些企业认为可以适当保护,有些企业和社会人认为必须保护,这就对受保护的企业和执行保护政策的工作人员构成了夹缝。

政府宏观经济调控的策略夹缝。政府宏观经济调控的策略夹缝指政府宏观调控经济使用某些策略时构成的夹缝。经济学者认为,政府宏观经济调控的策略有许多种,诸如:坚持竞争性的市场经济与政府的宏观经济调控相结合的策略,调控目标要准确的策略,建立真正的市场主体的策略,国家宏观调控目标的手段应因时而异的策略,宏观调控纳入法制轨道的策略等。对于经济的宏观调控,无论使用哪种策略,总会有人支持,有人袖手旁观,有人反对,有人非议,这就具备了夹缝构成的条件,会对经济调控策略的使用者构成夹缝。在经济运行过程中,竞争性的市场经济与政府的宏观经济调控相结合就是一个夹缝,什么时候该竞争,什么时候该调控,是构成夹缝的两个主要方面。

(2)政府微观经济规制的夹缝

政府微观经济规制是指具有法律地位的、相对独立的政府规制机构,依照一定的法规对市场经济主体所采取的一系列行政管理行为。规制的主体是政府行政机关,规制的客体是各种市场经济主体,规制的依据是各种规则制度。规制在实施过程中,容易对市场经济主体构成夹缝。

微观经济规制特点构成的夹缝。微观经济相对宏观经济来说具有长期性、针对性、绩效性、法制性和基础性等特点,这些特点往往对管理者构成经济规制实现的夹缝。同时,微观经济规制又分为经济性微观规制和社会性微观规制。经济性规制是指在自然垄断和存在严重信息不对称的领域,为了防止资源配置低效和确保使用者的公平使用,政府规制机构运用法律手段,通过许可和认可等手段,对企业的进入、退出及提供产品或服务的价格、产量、质量等进行规范和限制。社会性规制是以确保居民生命健康、安全、卫生,防止公害和保护环境为目的,对产品和服务所进行的规制,主要是针对经济活动中发生的外部性调节政策。当一名经济工作者转换为社会人时,常常从经济角色转换为健康安全的角色,对政府的规制要求也发生了变化,此时最容易对政府规制机构构成夹缝。就是说经济性微观规制和社会性微观规制在运行过程中容易对政府规制机构构成夹缝。

微观经济规制原则的夹缝。微观经济规制必须遵循一些原则,这些原则对制定规制和执行规制的人容易构成夹缝。微观经济规制的原则很多,主要有高效性、独立性、公正性和合法性等。遵循这些原则,制定和执行微观经济规制就顺利,就能够促进经济的发展。就微观经济规制公正性原则而言,不同的企业会有不同的诉求。而不同的企业诉求正是构成夹缝的条件,化解微观经济规制公正性夹缝,就必须使微观经济规制的制定公开、公正,经得住考验,经得住民众的监督。

3.地方政府经济管理的夹缝

政府经济管理职能,是指政府在一定历史时期,根据经济社会发展需要而担负的组织经济建设的应有的作用,即政府对国民经济进行全局性的规划、协调、服务、监督的职能和功能,是为达到一定目的采取的组织、干预社会经济活动的方法、方式手段的总称。[①] 地方政府在经济规划、协调、服务、监督的管理中,容易构成夹缝。

（1）地方政府与中央政府经济管理职能的夹缝

地方政府的经济管理是我国国民经济管理的重要组成部分,是中央实现经济发展的支柱。中央政府的经济目标,一般要由地方政府实现;地方政府的经济发展,要由中央政府规范和引导。

中央政府经济管理模式的夹缝。在计划经济时代,我国政府是管理国家经济的主体,管理一切经济活动。中国共产党十二届三中全会第一次对政府经济管理职能作了明确界定:"政府机构管理经济的主要职能应该是:制订经济和社会发展的战略、计划、方针和政策;制订资源开发、技术改

---

① 参见陶良虎、张贵孝主编:《政府经济管理教程》第27页,国家行政学院出版社2013年版。

造和智力开发的方案;协调地区、部门、企业之间的发展计划和经济关系;部署重点工程特别是能源、交通和原材料工业的建设;汇集和传布经济信息,掌握和运用经济调节手段;制订并监督执行经济法规;按规定的范围任免干部;管理对外经济技术交流和合作等。"①十六届三中全会把政府经济职能定位于:"经济调节、市场监管、社会管理、公共服务方面的管理责权。"②《中共中央关于全面深化改革若干重大问题的决定》中指出:

"政府要加强发展战略、规划、政策、标准等制定和实施,加强市场活动监管,加强各类公共服务提供,加强中央政府宏观调控职责和能力,加强地方政府公共服务、市场监管、社会管理、环境保护等职责。"③中央政府的经济管理"模式"是在不断变化着的。不同国家的政府管理职能也不一样,对有些国家的政府管理经济构成了夹缝。世界上经济管理模式大体上可以划分为三大类,一种是对市场机制的依赖程度较高,如政府调控作用比较有限的美、英模式;一种是以市场机制为基础,但政府调节作用和范围比较大、国有经济成分比较高、社会福利比较多的欧洲模式,以法、德以及北欧国家为代表;第三种则是政府干预程度更高的政府主导型市场模式,以日本为代表。在中国加入WTO过程中,不同的管理模式,对中国政府施压,要求中国实施完全的市场经济,对中国经济管理构成了夹缝,这个夹缝至今还存在着。

我国地方政府经济管理模式的夹缝。在我国,地方政府承担的经济职能必须按照中央政府所赋予的职权来确立。中国共产党十六届三中全会指出:"属于全国性和跨省(自治区、直辖市)的事务,由中央管理,保证国家法制统一、政令统一和市场统一。属于面向本行政区域的地方性事务,由地方管理,以提高工作效率、降低管理成本、增强行政活力。属于中央和地方共同管理的事务,要区别不同情况,明确各自的管理范围,分清主次责任。根据经济社会事务管理责权的划分,逐步理顺中央和地方在财税、金

———————————

①　《中共中央关于经济体制改革的决定(中国共产党第十二届中央委员会第三次全体会议一九八四年十月二十日通过)》,《人民日报》1984年10月21日。

②　《中共中央关于完善社会主义市场经济体制若干问题的决定(二〇〇三年十月十四日中国共产党第十六届中央委员会第三次全体会议通过)》,《人民日报》2003年10月22日。

③　《中共中央关于全面深化改革若干重大问题的决定(二〇一三年十一月十二日中国共产党第十八届中央委员会第三次全体会议通过)》,《人民日报》2013年11月16日。

融、投资和社会保障等领域的分工和职责。"①地方政府经济管理职责一般
可以分为五个方面。一是制定本地区经济发展战略与规划。二是坚定不
移地执行中央宏观调控的政策,保持地方经济平稳、健康发展。三是为本
地区提供公共产品和公共服务,创造良好的发展环境。四是建立和培育地
方市场,保护竞争,消除市场壁垒。五是确保地方性国有资产保值增值。
中央政府的政策明确,但有些地方政府不一定认真执行,这就对区域性企
业(包括非公有制企业)构成夹缝。《中共中央关于全面深化改革若干重
大问题的决定》中指出:"必须切实转变政府职能,深化行政体制改革,创
新行政管理方式,增强政府公信力和执行力,建设法治政府和服务型政
府。""加强中央政府宏观调控职责和能力,加强地方政府公共服务、市场
监管、社会管理、环境保护等职责。"②中央政府要求建设法治政府和服务
型政府,有些地方政府紧紧抓住权力不放,使有些企业处在政府经济管理
的夹缝之中。

(2)地方经济目标的夹缝

地方政府的经济目标,是地方经济、社会发展的方向和目的。地方政
府经济目标引导着地方经济向前发展。由于地方经济发展目标受到多方
面的牵制,地方政府常常处在实现经济目标的夹缝之中。

地方政府经济目标多重性的夹缝。就中国的经济体制来看,地方政府
的经济目标至少是双重的,即既要服从中央政策的要求,又要服务于地方
经济与社会发展的需要,同时地方政府还需面对来自上级政府、地方人大
选举和地方间竞争的三重压力。在地方政府经济发展过程中,地方政府的
经济目标有时是和主要负责人的政绩相关联的,存在很大的个人特色,为
此,地方政府的经济目标呈多元化的趋势,因此,构成的经济发展目标夹缝
也呈现多重性。地方官员政绩的目标直接影响地方经济的发展目标。在
改革开放的三十几年里,上级提拔干部,基本上是以 GDP 论英雄,因此,地
方政府的主要官员,基本是把经济增长目标当作发展目标,片面追求地区
生产总值。为了使"增长数据显性化",不顾地方财力,盲目地盖高楼、修

---

① 《中共中央关于完善社会主义市场经济体制若干问题的决定(二〇〇三年十月十四日中国共
产党第十六届中央委员会第三次全体会议通过)》,《人民日报》2003 年 10 月 22 日。

② 《中共中央关于全面深化改革若干重大问题的决定(二〇一三年十一月十二日中国共产党第
十八届中央委员会第三次全体会议通过)》,《人民日报》2013 年 11 月 16 日。

新路、建广场、招商引资。有的地方招商引资把污染严重，几近淘汰的项目招进来，引发民众的不满，受到上级的批评，给地方政府自己构成夹缝。地方政府在经济目标管理中，有时完全忽视中央政府经济稳定的目标，令行不止，上有政策，下有对策。地方政府在追求宏观效益目标时，把经济效益看成硬约束目标，把生态效益看成软约束目标。在地方经济发展过程中，重视民生目标不够。地方政府经济发展目标的这些偏差，成为构成地方政府经济目标管理夹缝的必要条件，当条件适宜的时候，夹缝会随时显现出来。

地方政府经济管理目标考核的夹缝。改革开放以来，我国对于地方政府的经济目标考核基本上是从几个方面进行的。一是政府经济管理目标的整体考核，二是地方政府对经济工作某一方面目标的考核，三是政府经济职能管理部门目标的考核。其实，考核的内容越多，越容易构成夹缝；上级考核的部门越多，构成的夹缝不仅多，而且夹缝也越复杂，使地方政府的领导人处在无奈的夹缝之中。

（3）地方政府经济管理行为的夹缝

地方政府经济管理行为指地方政府在经济管理中的各种活动。地方政府经济管理行为如果规范，投资成本低，办事效率高，服务环境好，就能吸引更多的资金、技术和人才，经济发展就会可持续，就会科学。但是，地方政府经济管理行为存在着一定的异化，构成例如经济管理行为的"缺位"夹缝、"越位"夹缝和"错位"夹缝。

地方政府经济管理行为的越位夹缝。地方政府经济管理行为的越位夹缝指政府行使了不该由政府行使的职能，超出了政府职能和角色的范围，政府在社会经济事务中不仅是"裁判员"，也是"运动员"，从而构成了政府管理行为越位的夹缝。这种越位的夹缝主要是由政府不同部门构成的，包括了地方政府的上级。政策规定企业应该这样，地方政府的有些部门要求企业那样，企业就处在了管理行为越位的夹缝之中。地方政府越位的管理表现在几个方面。一是地方的层层行政审批制度，即"公章太多"；二是政府过分强调自己的功用，对市场活动指手画脚，限制了市场作用的发挥，甚至以行政力量代替市场机制，出现"不找市场找市长"的现象；三是政府控制和分配的资源太多；四是地方保护主义盛行；五是不少地方政府部门对国有企业的直接干预依然过多，同时在对待不同所有制主体方面仍偏袒国有经济,对非国有经济的限制依然过多。[①] 这些越位的表现,与上级政府的要求对企业构成了夹缝。

地方政府经济管理行为的缺位夹缝。地方政府经济管理行为的缺位夹缝指政府提供公共产品和公共服务功能没有很好地发挥,把有权有利的部分抓得很紧,而提供公共产品和公共服务职能却履行不够,发生行政不作为现象等所构成的夹缝。这种夹缝的构成一方为决策者希望企业依法经营,另一方为地方政府有些管理者只顾经济利益,使依法经营的企业和民众处在夹缝之中。地方政府经济管理行为缺位夹缝的后果是政府提供的公共产品不足,该承担的地方经济规划、法律供给、环境保护、信息发布、咨询服务等方面缺位,无法为企业和个人提供足够的服务。地方政府对市场监督管理也存在"缺位"现象,甚至出现包庇地方企业违法经营的现象。一些地方经济秩序混乱,假冒伪劣商品充斥市场,假烟、假酒、假米,无货不假。越是名牌,假冒越多,制假、售假甚至护假,屡打不绝,原因很多,地方政府和有关部门职能不到位、监管不尽心、服务不到家是主要原因。由于中央政府对官员实施八项规定,这种夹缝已经化解了许多。

地方政府经济管理行为的错位夹缝。地方政府经济管理行为的错位夹缝指在部门内部发生的职能分工定位存在交叉和混淆时构成的夹缝。当政府管理诸多部门你干了我的事,我行使了你的权时,针对企业和民众的夹缝便构成了。企业和个人有事请示,不知找谁;不同管理部门都发文件不知执行谁的。这种夹缝导致管理部门之间互相打乱仗,在职权行使中争夺权力、摩擦扯皮、推卸责任、降低服务效率。具体表现在:在纵向上,既有中央政府对地方政府、上级对下级的职能越位,也有下级政府对上级政府、地方政府对中央政府的职能越位。"例如,在土地等资源的管理上,几乎都是下级政府和地方政府越位较严重。在横向上,主要是各级政府部门职能交叉、重叠,职权划分不清楚,互相推诿扯皮,政出多门的问题时有发生。如,目前仅建设部门就与发改委、交通部门、水利部门、铁道部门、国土部门等 24 个部门存在职责交叉。另外,农业的产前、产中、产后管理涉及多个部门。在条块关系上,既存在条条对块块,即上级业务主管部门超越职权干预下级政府管理事务的现象,又有下级政府超越职能干涉上级业务

主管部门业务的现象。"①化解这类夹缝的办法就是理顺关系,责任明确。

二、地方政府财税金融管理的夹缝

地方政府的财税金融管理是地方政府行政管理体制的重要组成部分,在管理过程中容易构成财税和金融管理的夹缝。

1. 地方政府财税夹缝

财税管理体制是地方政府全面履行职能,提供民众需求的公共产品与公共服务的保障,是处理政府间财税关系的基本制度,主要包括政府间支出责任划分、收入划分、税收收缴使用和财政转移支付等基本要素。地方财税管理很容易形成中央与地方财税夹缝、地方财税管理夹缝、地方政府转移支付的夹缝和地方政府债务风险的夹缝。

（1）中央与地方的财税夹缝

中央政府与地方政府间的财政税收关系是财政税收管理体制的核心内容。中央与地方政府财税管理权限的划分、事权与财权的统一是当前中央政府与地方政府财政税收关系的热点问题,因为这种利益和权力的关系,往往构成体制方面的夹缝。

我国财税体制设置的夹缝。改革开放之后,我国先后实行了分级财政包干体制和分税制财政税收体制。我国的分级财政包干体制实行于 1980 到 1993 年。分级财政包干体制的基本做法是各级政府之间收入层层包干,超收部分可按一定比例分成。这一时期,在维持分级财政包干体制基本特征的前提下,1980 年、1985 年和 1988 年又先后进行过三次财政税收体制的调整和改革。从实践当中看,分级财政包干体制的实行加大了对地方政府的激励,在发展经济和财政平衡方面的作用尤其明显。但是,分级财政包干体制的实施导致"两个比重"严重下降;一是政府总收入占 GDP 比重下降,由 20 世纪 80 年代初期的 30% 降至 1993 年的 12.6% 。二是中央政府收入占政府总收入的比重下降,由 1984 年的 40.5% 降至 1993 年的

---

① 　陶良虎、张贵孝主编:《政府经济管理教程》第 40 页,国家行政学院出版社 2013 年版。

22%。①"两个比重"下降使中央财政与地方财政都陷入了困境。②"两个比重"就是不同的地方政府收入对中央政府构成了夹缝。为了化解"两个比重"的夹缝,中央政府决定提高"两个比重",加强中央权威,1994年我国开始了推行分税制改革。分税制改革的原则和主要内容是:按照中央和地方政府的事权划分,确定各级财政的支出范围;根据事权和财权相结合原则,将税收划分为中央税、地方税和中央地方共享税,并建立中央税收和地方税收体系,分设中央与地方两套税务机构分别征管;核定地方收支数额,实行中央财政对地方的税收返还和转移支付制度;建立和健全分级预算制度,硬化预算约束。③ 分税制财政体制实施以来,最为突出的是政府间收支结构不对称,收入层层上移的同时,支出却明显"向下挤压",县、乡两级基层政府普遍陷入财政困境,县、乡政府时常处在财税体制的夹缝之中。

中央政府与地方政府财税管理权限的夹缝。中央政府与地方政府财税管理权限的夹缝指中央政府和地方政府财税管理权限不清或者不合理对有些地方政府构成的夹缝。1994年《国务院关于实行分税制财政管理体制的决定》指出:"中央税、共享税以及地方税的立法权都要集中在中央,以保证中央政令统一,维护全国统一市场和企业平等竞争。"④按照这一规定的要求,分税制方案中的税权设定采用了高度集权的模式:屠宰税、筵席税之外几乎所有地方税种的税收立法权都集中于中央政府之手,甚至地方税实施细则的制定权限都控制在中央政府;税权中的税收政策制定权也完全集中在中央;税权中的税收征管权方面则实行分级征管体制,设置了国税和地税两套税收征管系统,中央税和共享税由国税系统负责征收,地方税由地税系统负责征收,共享税中地方分享的部分,由国税系统直接划入地方金库。在财税管理中,地方政府不享有税收立法权和税收政策制定权,仅享有税收征管权。地方税务机构负责征收地方税。非对称的收支结构划分导致地方财政无法自给,存在着较大的收支缺口。为弥补地方本

---

① 参见王小林,徐丽萍:《中国财政体制改革:制度演进与优化》,《经济研究参考》2009年第25期。

② 参见王绍光:《中国政府汲取能力下降的体制根源》,《战略与管理》1997年第4期。

③ 参见《国务院关于实行分税制财政管理体制的决定》,国发〔1993〕第85号,《人民日报》法律法规库 info@peopledaily.com.cn。

④ 《国务院关于实行分税制财政管理体制的决定》,国发〔1993〕第85号,《人民日报》法律法规库 info@peopledaily.com.cn。

级财政资金缺口,从中央政府获取的转移支付资金就成为地方政府重要的收入来源。[1] 中央集权成为财税管理的夹缝一方;地方希望分权,成为夹缝的另一方,由此使部分企业和部分县、乡政府成为夹缝人。如果化解中央政府与地方政府财税管理权限的夹缝,必须科学地明确中央与地方政府的职能定位,建立一种以政控财,以财行政的分配体制;进一步完善现行分税制,科学提高地方财政的分配比例;健全科学规范的中央与地方政府间以及各地方政府之间的转移支付制度。

(2)地方政府财税征管行为的夹缝

由于地方经济的快速发展,地方政府的收入迅速增加,地方的公共产品和公共服务供给数量、质量都有很大的提高。在取得成绩的同时,地方政府税收征管行为规范形成了夹缝。

依任务征税的夹缝。《中共中央关于全面推进依法治国若干重大问题的决定》中指出:"行政机关要坚持法定职责必须为、法无授权不可为,勇于负责、敢于担当,坚决纠正不作为、乱作为,坚决克服懒政、怠政,坚决惩处失职、渎职。行政机关不得法外设定权力,没有法律法规依据不得作出减损公民、法人和其他组织合法权益或者增加其义务的决定。"[2]有些地方政府不是依法征税,而是依任务征税。不少地方政府通过给地方税收征管部门下达指令性税收任务来组织税收收入。税收征管部门将政府指令下达的税收指标层层分解给其基层税务部门。依任务治税,把税收计划凌驾于税收法律之上,构成了明显的违法征税的夹缝。中央政府的有些职能部门一方面要求依法治税,一方面又下达税收的任务;地方政府为了完成上级的税收任务,层层下达任务,完全不顾法律要求,使得有些纳税人成为夹缝人。

地方政府自行出台税收优惠政策的夹缝。为了发展地方经济,地方政府千方百计招商引资,为了做出政绩,提升地方 GDP 数量,因此,以地方政府文件的形式违规出台税收优惠政策来招商引资成为常见的现象,越权优惠的必然结果是税款流失。国家审计署 2011 年审计报告揭示,在重点审

---

[1] 参见陶良虎、张贵孝主编:《政府经济管理教程》第 52—53 页,国家行政学院出版社 2013 年版。

[2] 《中共中央关于全面推进依法治国若干重大问题的决定(二〇一四年十月二十三日中国共产党第十八届中央委员会第四次全体会议通过)》,《人民日报》2014 年 10 月 29 日。

计的 54 个县中,有 53 个在 2008 年至 2011 年间出台 221 份与国家政策相悖的税收优惠政策文件,将相关企业上缴的税收、土地出让收入等 70.43 亿元返还企业。① 税收的多重(中央政府的和地方政府的)政策,构成了针对守法企业和老企业的夹缝,同样也使许多外企感到莫名其妙。

人为调节税收收入进度的夹缝。地方政府依任务征税,税收计划与实际可以征收的税款之间存在着或正或负的差额。为了使税收收入额与税收计划任务额保持一致,人为调节税收收入进度,提前或延缓征收税款就成为地方税收征管部门矫正差额的办法。在完不成税收计划任务,并且已无税可征的情况下,一些地方税收征管部门采取"寅吃卯粮"的办法,向纳税单位预征税款,征收"过头税"。② 如果纳税单位欠税额较大无钱交税,税收征管部门为了完成税收任务,会通过财政虚列其他支出,或是向银行贷款,或由财政税务机关和干部垫钱交税。在一些经济发达、税收任务很容易完成的地区则人为延缓征收税款,通过"缓交""税收过渡户""保证金户"等形式,将超过计划的税款"存"起来,当"蓄水池"。③ 国家要求依法纳税,地方政府采取不同的办法"依计划纳税",构成了人为调节税收收入进度的夹缝,处在夹缝中的往往是纳税人和部分税务工作人员。

(3)地方政府债务风险的夹缝

地方政府性债务是指地方机关事业单位及地方政府专门成立的基础设施性企业为提供基础性、公益性服务直接借入的债务和地方政府机关提供担保形成的债务,这些债务分为直接债务、担保债务和政策性挂账。2013 年,全国 36 个地区的地方债审计结果公布,9 大省负债超 100%。地方债务存在潜在的风险,容易构成债务的夹缝。

地方政府债务现状的夹缝。截至 2013 年 6 月底,全国各级政府负有偿还责任的债务 206988.65 亿元,负有担保责任的债务 29256.49 亿元,可能承担一定救助责任的债务 66504.56 亿元。截至 2013 年 6 月底,中央政府负有偿还责任的债务 98129.48 亿元,负有担保责任的债务

---

① 参见《国务院关于 2011 年度中央预算执行和其他财政收支的审计工作报告[EB/OL]》,审计署网站 2012 年 6 月 27 日。

② 参见罗少斌:《地方税收征管中的问题及其审计要点》,《中国审计信息与方法》2003 年第 7 期。

③ 参见陶良虎、张贵孝主编:《政府经济管理教程》第 57 页,国家行政学院出版社 2013 年版。

2600.72 亿元,可能承担一定救助责任的债务 23110.84 亿元。地方政府负有偿还责任的债务 108859.17 亿元,负有担保责任的债务 26655.77 亿元,可能承担一定救助责任的债务 43393.72 亿元。从未来偿债年度看,2013 年 7 月至 12 月、2014 年到期需偿还的政府负有偿还责任债务分别占 22.92% 和 21.89% ,2015 年、2016 年和 2017 年到期需偿还的分别占 17.06% 、11.58% 和 7.79% ,2018 年及以后到期需偿还的占 18.76%。2013 年审计发现地方政府债务出现了五个新特点。一是地方政府负有偿还责任的债务增长较快。截至 2013 年 6 月底,省市县三级政府负有偿还责任的债务余额 105789.05 亿元,比 2010 年底增加 38679.54 亿元,年均增长 19.97%。其中:省级、市级、县级年均分别增长 14.41% 、17.36% 和 26.59%。二是部分地方和行业债务负担较重。截至 2012 年底,有 3 个省级、99 个市级、195 个县级、3465 个乡镇政府负有偿还责任债务的债务率高于 100% ;其中,有 2 个省级、31 个市级、29 个县级、148 个乡镇 2012 年政府负有偿还责任债务的借新还旧率(举借新债偿还的债务本金占偿还债务本金总额的比重)超过 20%。从行业债务状况看,截至 2013 年 6 月底,全国政府还贷高速公路和取消收费政府还贷二级公路债务余额分别为 19422.48 亿元和 4433.86 亿元,债务偿还压力较大。三是地方政府性债务对土地出让收入的依赖程度较高。截至 2012 年底,11 个省级、316 个市级、1396 个县级政府承诺以土地出让收入偿还的债务余额 34865.24 亿元,占省市县三级政府负有偿还责任债务余额 93642.66 亿元的 37.23%。四是部分地方和单位违规融资、违规使用政府性债务资金。部分地方违规通过 BT、向非金融机构和个人借款等方式举借政府性债务 2457.95 亿元;地方政府及所属机关事业单位违规提供担保 3359.15 亿元;融资平台公司等单位违规发行债券 423.54 亿元;国发〔2010〕19 号文件下发后,仍有 533 家只承担公益性项目融资任务且主要依靠财政性资金偿还债务的融资平台公司存在继续融资行为;财政部等四部委 2012 年底明确要求地方政府规范对融资平台公司的注资行为后,仍有部分地方将市政道路、公园等公益性资产和储备土地等以资本金形式违规注入 71 家融资平台公司,涉及金额 544.65亿元;部分地方违规将债务资金投入资本市场 22.89 亿元、房地产市场 70.97 亿元和用于修建楼堂馆所 41.36 亿元。① 美国《华尔街日报》载文说："2013 年年中,中国地方政府债务总规模为人民币 17.9 万亿元。市场预计债务规模将有所增加,但如果规模过大,例如较 2013 年年中增加 30%,就可能对短期市场人气不利,尤其是对银行。如果中国地方政府债务总规模增加 30%,意味着将达到人民币 23 万亿元。"② 一方面是中央政府希望地方政府按政策要求负债,一方面地方政府大量举债,往往给举债者以及所属地民众构成夹缝。

地方政府债务风险的夹缝。地方政府的债务风险非常明显,主要表现为"举债融资缺乏规范,债务管理制度不健全""偿债负担较重,债务率偏高""债务中借新还旧部分风险隐患极大""债务逾期风险显现""地方政府融资平台公司数量过多,管理不规范,债务违约风险大"③等。这些风险成为构成地方政府债务风险夹缝的重要原因。以"地方政府融资平台公司数量过多,管理不规范,债务违约风险大"为例,中央政府政策很明确,"赋予地方政府依法适度举债权限。经国务院批准,省、自治区、直辖市政府可以适度举借债务,市县级政府确需举借债务的由省、自治区、直辖市政府代为举借。明确划清政府与企业界限,政府债务只能通过政府及其部门举借,不得通过企事业单位等举借"。"剥离融资平台公司政府融资职能,融资平台公司不得新增政府债务。地方政府新发生或有债务,要严格限定在依法担保的范围内,并根据担保合同依法承担相关责任。"④但是,有些地方政府不是这么做,往往是怎么融到钱怎么来。出现了融资平台公司亏损的现象,因而构成了债务风险的夹缝。审计署的审计发现,在全国 6576 个融资平台公司中,有 1033 家即 15.71% 的融资平台公司存在虚假出资、注册资本未到位、地方政府部门和机构违规注资、抽走资本等问题。由于融资平台举借的债务资金主要投向回收期较长的公益性或准公益性项目,盈

---

① 参见审计署办公厅:《2013 年第 32 号公告:全国政府性债务审计结果》审计署网站 2013 年 12 月 30 日。

② VincentChan:《中国地方政府债务急剧上升》,《华尔街日报》2015 年 1 月 9 日,参见"全球经济数据"WWW.QQJJSJ.com2015 年 1 月 11 日。

③ 陶良虎、张贵孝主编:《政府经济管理教程》第 74—75 页,国家行政学院出版社 2013 年版。

④ 国务院:《关于加强地方政府性债务管理的意见》国发〔2014〕43 号,国务院网 2014 年 10 月 2 日。

利能力较弱,有 26.37% 共计 1734 家融资平台公司出现亏损。① 一方面是中央政府规定剥离融资平台公司政府融资职能,一方面融资平台公司还在行使政府融资职能。这双方已经对有些地方政府构成了夹缝。

2.地方政府金融管理夹缝

我国的金融管理实行的是以中央政府的"一行三会"(中国人民银行、中国银行业监督管理委员会、中国证券监督管理委员会和中国保险监督管理委员会)垂直分业监管为主、地方政府金融管理为辅的体制。地方政府金融管理为辅,实际上地方政府成为地方金融发展的规划者、地方金融生态建设的组织者、地方金融资产的管理者、部分金融领域的监管人等角色,由此,构成了地方政府金融管理夹缝。

(1)地方金融管理体制的夹缝

地方金融管理体制是指地方金融服务机构组织体系以及地方政府金融管理组织体系和运行机制。由于金融管理是中央政府主导,地方政府组织,金融企业唱戏,容易构成金融管理体制的夹缝。

地方政府金融管理体制的夹缝。我国的地方政府金融管理体制建设还不完善,这种不完善从中央到地方都存在。正因为地方金融管理体制的不健全,已经构成地方金融管理体制的夹缝。地方金融管理体制的问题很多,诸如地方政府金融管理边界不清晰,地方政府金融管理责权不对等,地方政府金融管理职能分散,地方政府金融管理关系不顺,地方政府金融管理能力不足等②。这些不足成为构成地方金融管理体制夹缝的条件。以"地方政府金融管理边界不清晰"为例,我国金融行业或金融机构的界定不清晰,构成了管理的夹缝。中央的"一行三会"与地方政府金融管理职能构成夹缝。中央将农村合作金融行业管理及风险处置责任下放地方,同时银监会也对农村合作金融实施监管,既然把农村合作金融行业管理及风险下放,却又对农村合作金融实施监管,地方农村合作金融处在中央与地方的管理夹缝之中。另外,有些农村专业合作社开展金融合作业务,对此

---

① 参见陶良虎、张贵孝主编:《政府经济管理教程》第76页,国家行政学院出版社2013年版。

② 参见陶良虎、张贵孝主编:《政府经济管理教程》第85—86页,国家行政学院出版社2013年版。

银监部门反对,但农业部门支持,地方政府却懒得去管,农村专业合作社有时不知听谁的,处在夹缝之中。

地方政府金融管理权限的夹缝。首先,地方政府金融管理部门有多家,造成了地方金融多头管理的夹缝。就管理部门来看,地方金融核心管理部门:金融工作办公室、农村金融行业管理部门、农村信用社联合社。地方新型准金融管理部门:各相关职能部门随意而指定的管理部门,诸如上海、北京的新型准金融机构的管理职能相对集中在金融局,大多数省份则比较分散。在管理中,通常是国资委对同级金融机构行使出资人管理职能(如管理产权交易中心、投资集团等),商务厅或经信委负责管理典当行,财政厅或经信委负责管理融资性担保公司。各地住房公积金、企业年金、地方经济发展等部门的管理职能中也隐含了部分金融管理和服务职能。这种多家管理,职能交叉,已经对金融部门构成了夹缝。其次,管理权限的来源不同,使得受管理者处在夹缝之中。我国地方政府金融管理权限主要来自四个方面:中央政府授权;中央监管部门委托;地方政府创新;行使金融资产管理职能等。当中央授权与中央监管部门委托在某一职能方面交叉时,地方政府金融管理人员就处在了夹缝之中。

(2)民间金融市场的夹缝

国外多将民间金融界定为"非正规金融",是指在政府批准并进行监管的金融活动(正规金融)之外所存在的游离于现行制度法规边缘的金融行为。民间金融,就是为了民间经济融通资金的所有非公有经济成分的资金活动。按照这个定义划定,西方国家金融系统中居主体地位的是民间金融,这显然与西方国家金融管理事实不符,因此,这个民间金融的定义是国情民情和制度不同决定的。有的学者认为民间金融是指经济体制变迁过程中,经济主体(自然人或法人)在正规金融体制以外,进行的合理的资金融通活动,它的产生属于需求诱致型的金融制度安排。在什么是民间金融的概念方面,已经构成了认识的夹缝。根据西南财经大学中国家庭金融调查与研究中心的数据显示,22.3%的中国家庭有民间金融负债。亲友关系是民间金融的基础。中国家庭民间金融市场规模为5.28万亿。相比2011年的4.47万亿,规模上升18%。与此同时,民间借款中的有息借款占比显著上升,有息借入款占比由9.3%增至14.8%,有息借出款占比也有所上升。这与近年来我国流动性资金收紧的大背景不谋而合。数据显示民间借款拥有率随收入上升而显著下降,而正规银行贷款拥有率随收入上升而上升。关于高利贷——民间金融备受质疑的地带,数据显示,其借入利率达 36% 以上。同时,家庭以低息借入高息借出的现象也存在,其借贷风险值得我们重视。[1] 民间金融大本可以分为个人借贷、民间合会、地下钱庄、非法集资和私募基金等形式。不同的民间金融市场和运作方式,已经构成了民间金融市场的夹缝。

民间金融活动融资主体多元的夹缝。在我国,民间融资的主体非常复杂,身份广,人员多,不仅涉及农村人口、城镇居民、企事业单位员工、公务员等,一些生产经营机构受高利率的驱使也把生产建设资金挪用于民间放贷。有些事业单位、政府的基层部门,几乎人人融资,个个放贷。如果有人不参与放贷,似乎成为另类,很自然的成为夹缝人。

民间金融活动融资特点的夹缝。民间金融活动融资除了主体多元,还具有几个突出的特点。一是融资成本高昂。民间利率水平与人民银行公布的基准贷款利率及市场流动性密切相关,一般是金融机构贷款利率的数倍。据人民银行民间借贷利率监测显示,民间融资利率少则月息三分,多则七八分,年息接近 100%,相对企业年利率大多徘徊在 10% 以内而言,借贷成本远远高于企业获利水平。三是融资手续简单。四是融资规模巨大。什么样的生产能够产生百分之百的利润? 当利息不能够返还时,夹缝变成了劣夹缝,甚至有些人走上了自杀的道路,可见夹缝夹力之大。

民间金融发展障碍的夹缝。民间金融发展障碍首先表现在民间金融缺乏合法身份;其次表现在民间金融运作模式不合理。民间金融的参与主体大多数都是只贷不存,只有一部分组织,如互助合作基金等有少量的吸收资金的功能,金融组织的融资渠道单一,资金来源匮乏,缺乏发展的后劲。再次表现在民间金融服务体系不完善。最后表现在民间金融在规范和范围上存在劣势。由于受到信息、交易成本等因素影响,民间金融活动的范围有限,限制了民间金融的进一步发展。另外,民间金融业务只能针对少数对象展开,服务对象又比较固定,这就造成了民间金融在发展的过

---

[1]　参见西南财经大学中国家庭金融调查与研究中心:《2014 中国民间金融发展报告》,百度文库 2014. 01. 2014 Baidu。

程中容易与市场相脱节。①

民间金融夹缝化解办法。按照一般金融管理办法理解,民间金融夹缝的化解办法一般分为"疏"和"堵",大部分时间是疏堵结合。从疏的层面看,化解民间金融夹缝办法大致有:一是法律引导,给予民间金融合法地位。保护民间金融组织、成员的基本权利,并就其组织方式、经营方式、资金处理和借贷过程中的重要环节进行细化界定,正确区分黑色民间融资与灰色民间融资,采取疏堵结合的策略,引导民间金融走上阳光化、规范化道路。严厉打击既不合法又不合理的非法集资、洗钱、逃汇、赌博等非法民间融资行为,适当放开和正确引导合理但不合法的灰色民间金融。二是建立管理体系。明确民间金融管理机构,建立民间金融市场准入和退出机制,强化民间金融信息披露管理。三是运作规范化。制定出标准、规范的操作流程,完善借贷双方的交易契约,积极搭建一个透明、快捷、诚信、高效、安全、规范的民间金融网络信息平台。四是完善民间金融发展配套制度。建立存款保险制度,推进利率市场化改革,健全优良的信用环境。从堵的层面看,化解民间金融夹缝的办法大致有:一是制定民间金融机构市场准入制度。通过降低门槛,开放对新型、合规民间借贷机构的市场准入限制,建立和完善民间金融交易服务体系。二是强化民间金融市场业务运营监管。有针对性地对民间金融的资金来源、资金规模、利率高低、还款情况等进行全方位的监控。三是引导民间金融组织加强行业自律。四是督促民间金融机构强化内部治理。五是构建民间金融市场危机处理体系。六是建立民营金融机构市场退出机制等。化解民间金融夹缝应该实事求是,针对不同性质的夹缝,科学地选择化解办法。

三、地方产业及区域经济管理夹缝

地方产业是区域经济的支柱,区域经济是地方政府经济的主体,区域环保是地方经济发展的后动力,这些要素,都是地方政府经济发展的关键,也是构成经济发展夹缝的主要条件。

---

① 参见熊武金:《农村民间金融发展障碍及措施研究》,《安徽农业科学》2011 年第 29 期。

1.地方产业经济管理的夹缝

产业经济管理是以产业经济学的产业结构理论、产业组织理论和产业发展理论三大理论体系为基础,对产业进行规划、组织、协调、沟通和控制的一种管理过程。在这个管理过程中,政府往往发挥主导作用。正因为政府发挥主导作用的原因,构成了地方产业经济管理的夹缝。

（1）特色产业的夹缝

特色产业是一个国家或一个地区在长期的发展过程中所积淀、成形的一种或几种特有的资源、文化、技术、管理、环境、人才等方面的优势,从而形成的具有国际、本国或本地区特色的,具有核心市场竞争力的产业或产业集群。特色产业的本质是"我"最擅长的经济,是具有比较优势的产业,因此是有市场竞争力的产业。[1]

特色产业选定的夹缝。每一个地方政府都希望自己的区域能够建立起特色产业,成为企业经济的主体,引领区域经济的发展。但是,什么样的产业才是特色企业,经济学家研究出许多的特色产业特征,对地方主要领导和主管经济的领导构成了夹缝。有的经济学家认为特色产业的特征有几个方面,诸如:特色产业特征很多,争议也多。特色产业特征有相同的,如地域性、优势性等;也有相似的,如相对性与层次性、开放性与外向性等;也有有争议的特征,如持续性、开放性;还有被遗漏的特征,如民族性等。刘天平等研究者认为,特色产业的特征应该包括:地域性、相对性、优势性、规模性和民族性等。[2] 陶良虎等研究者认为,特色产业的特征应该包括形象性、集群性、积累性、优先性等。形象性,特色产业是一种地域产业形象;集群性,特色产业是一种地域产业集群;积累性,特色产业是一种地域发展积累;优先性,特色产业是一种优先发展起来的产业等。[3] 如此之多的特色产业的特性,地方政府的领导在选定中处在夹缝之中,经济研究学者和产业主也处在特色产业选定的夹缝之中。

产业品牌的夹缝。"品牌"指的是产品或服务的象征。品牌所涵盖的

---

① 参见百度百科:《特色产业》,2014 Baidu。

② 参见刘天平、郭健斌、曾维莲:《论特色产业的内涵与特征》,《全国商情（经济理论研究）》2009年第20期。

③ 参见陶良虎、张贵孝主编:《政府经济管理教程》第116页,国家行政学院出版社2013年版。

领域,必须包括商誉、产品、企业文化以及整体营运的管理。研究者认为品牌是一个企业总体竞争,或企业竞争力的总和。品牌不单包括"名称""徽标"还扩及系列的平面视觉体系,甚至立体视觉体系,①但民众一般常将品牌窄化为在人的意识中围绕在产品或服务的系列意识与预期,成为一种抽象的形象标志,甚至将品牌与特定商标画上等号。区域品牌作为区域内企业品牌的集中代表,它包含了区域性、市场影响力和产业特色三个基本要素,②其中显著的地域性和产业性使区域品牌独具特色。特色产业是品牌的基础和根本条件,品牌是特色产业的提炼。没有特色产业,就不可能有区域产业品牌。在特色产业发展和品牌培育过程中,构成了许多夹缝使得创业者左右为难。诸如特色产业创建与生态环境保护的夹缝、加速现代化建设与保护历史文化的夹缝、区域性特色与全球化产业链的夹缝、特色产业持续发展与特色产业升级的夹缝等,常常使地方政府和创业者处在夹缝之中。

产业园区管理的夹缝。产业园区是指为促进某一产业发展为目标而创立的特殊区位。产业园区是区域经济发展、产业调整升级的重要空间聚集形式,担负着聚集创新资源、培育新兴产业、推动城市化建设等一系列的重要使命。产业园区又称经济开发区,是中国大陆为实行改革开放政策而设立的现代化工业、产业园区,主要解决中国大陆长期存在的审批手续繁杂、机构叠加等制约经济社会发展的体制问题。1984 年到 1986 年,经中华人民共和国国务院批准,首先设立了 14 个国家级经济开发区;到 2014年,我国共设立 215 个国家级经济技术开发区。③ 国家级经济技术开发区为所在地(直辖)设区的市以上人民政府的派出机构,拥有同级人民政府的审批权限,以提高服务效率,打造更加优越的投资软环境,吸引更多的投资者关注开发区,聚集投资,形成完善的产业链。我国各类产业园区和工业聚集区在创造巨大物质财富的同时,也成了地方资源环境矛盾最为突出的地区,构成了产业园区特有的夹缝。在"2014 中国循环经济发展论坛"

---

① 参见维基百科自由的百科全书:《品牌》修订于 2013 年 9 月 22 日。
② 参见肖阳、谢远勇:《产业集群视角下的区域品牌培育模式分析》,《福州大学学报(哲学社会科学版)》2010 年第 6 期。
③ 参见中华人民共和国商务部:《国家级经济技术开发区》,中华人民共和国商务部网站,引用日期 2014 - 11 - 10。

上,研究者表示,园区循环化发展将成为循环经济发展的主阵地、主战场。同时,园区循环化改造也面临任务量庞大;园区循环化改造国家开展园区循环化改造示范试点效果明显,但由点到面推广慢;园区废物交换、循环利用信息不通畅、市场化程度不高;产业关联度不高等问题,构成了园区如何科学发展的夹缝。2013年,环保部门曾对淮河、海河、黄河、长江、太湖流域的11个省区市、38个地市、118县进行检查,126个工业园区中有112个存在违规审批、降低环境等级等问题,占抽查总数的78.3%。据统计,工业园区污染物排放占全国的60%以上。由于资源化技术水平不高、企业规模小、再生产品的附加值不高,很多企业产生的废物给了规模小、简易化的非正规回收企业,却很少给技术水平高、规模大的正规资源回收企业。出现园区资源循环利用市场空间大,但市场化程度却不高的现象。① 建立产业园区,中央政府的要求、民众的要求与地方经济发展的需求对地方政府的某些执政者构成了产业园区的夹缝。

（2）区域现代产业体系夹缝

现代产业体系是建立在产业联动基础上的产业网络系统。这种产业体系下的产业坚持走科技含量高、经济效益好、资源消耗低、环境污染少、人力资源优势得到充分发挥的新型工化道路,以信息化带动工业化,以工业化促进信息化。在现代产业体系建设中,往往容易形成产业转型升级、培育新兴产业和现代服务业构建的夹缝。

产业转型升级的夹缝。中共十八大报告中指出:"牢牢把握发展实体经济这一坚实基础,实行更加有利于实体经济发展的政策措施,强化需求导向,推动战略性新兴产业、先进制造业健康发展,加快传统产业转型升级,推动服务业特别是现代服务业发展壮大,合理布局建设基础设施和基础产业。"②传统企业的转型升级,容易构成夹缝。在对传统产业的认识上,已经构成了夹缝。例如,有的人认为,传统产业是夕阳产业,提供的产品具有需求弹性小、附加值较低的特点,具有资源依赖型或劳动密集型特征,需要转型升级了,这便成为夹缝的一方;还有人认为,传统产业不是夕

① 参见李志兰:《园区循环化构建和改造面临三大问题》,《经济参考报》2014年11月10日。
② 胡锦涛:《坚定不移沿着中国特色社会主义道路前进,为全面建成小康社会而奋斗——在中国共产党第十八次全国代表大会上的报告》,《十八大报告学习辅导百问》第20页,学习出版社、党建读物出版社2012年版。

阳产业,从产业内部来看,产业间差异性较大,传统产业也有高技术、高附加值环节,高技术产业也有劳动密集型环节,像高端设计环节是纺织服装业的高附加值环节;还有,传统产业经过改造后也可以具有竞争力;他们还认为,"没有夕阳产业,只有夕阳技术";另外,产业也存在地区之间的差异性等,成为夹缝的另一方,许多产业主等相关人员处在夹缝之中。在推动产业转型升级的过程中,不少企业选择了不同的转型升级的路径,对一些企业主构成了夹缝。例如,有的政府推动企业转型升级采取了"推进产业结构调整"的办法,有的企业采取了"推动产业技术升级"的办法,有的地方采取了"引导企业兼并重组"的办法,有的企业采取"完善产业链"的办法等,对准备转型升级的企业构成了何去何从的夹缝。其实,产业的转型升级应该"因企而异",科学转型。

培育新兴产业的夹缝。新兴行业是指节能环保、新一代信息技术、生物、高端装备制造、新能源、新材料和新能源汽车七个产业,因此,有人说新兴产业是处于产业发展的最初阶段的产业。[①] 为了培育新兴产业,国务院发的《关于加快培育和发展战略性新兴产业的决定》,各省、市、自治区的"十二五"规划中,也都选择了自己的战略性新兴产业。"十二五"期间,部分省、市拟培育发展的战略性新兴产业如表5-1[②]所示。

表5-1　部分省(市)"十二五"选择的战略性新兴产业

省(市)	产业1	产业2	产业3	产业4	产业5	产业6	产业7	产业8	产业9	产业10	产业11
北京	新一代信息技术	新能源汽车	节能环保	高端装备制造业	生物医药	新能源	新材料	航空航天			
上海	新一代信息技术	高端装备制造	生物	新能源	新材料	节能环保	新能源	汽车			
天津	航空航天	新一代信息技术	生物技术与健康	新能源	新材料	节能环保	高端装备制造业				
重庆	通信设备	高性能集成电路	节能与新能源汽车	轨道交通设备	环保装备	风电装备与系统	光源设备	新材料	仪器仪表	生物医药	

---

① 参见林学军:《战略性新兴产业的发展与形成模式研究》,《中国软科学》2012年第2期。

② 刘铁、王九云:《发展区域战略性新兴产业的辩证思考》,《学术交流》2012年第3期。

（续表）

省（市）	产业1	产业2	产业3	产业4	产业5	产业6	产业7	产业8	产业9	产业10	产业11
陕西	航空航天	新一代信息技术	新能源	新材料	生物技术	节能环保					
广东	高端新型电子信息	LED产业	新能源汽车	太阳能光伏	核电装备	风电	生物制药	新材料	节能环保	航空航天	海洋
江苏	新能源	新材料	生物技术和新医药	节能环保	软件和服务外包	物联网和新一代信息技术					
山东	新能源	新材料	新信息	新医药	海洋开发						
浙江	生物	物联网	新能源	新材料	节能环保	高端装备制造	海洋新兴	新能源汽车	核电		
辽宁	新一代信息技术	新能源	新材料	生物	节能环保						
吉林	医药	生物化工	电子信息	新材料	新能源	新能源汽车	先进装备制造	节能环保			
黑龙江	新材料	生物	新能源装备制造	新型农机装备制造	交通运输装备制造						

从整体上分析,可以看出产业领域、产业方向、产业项目过度趋同、过度雷同。有17个省、市把"光伏产业"作为本地区的战略性新兴产业领域,甚至很多县级城市也提出打造物联网产业领域。① 就光伏产业而言,近几年出口受到美国和欧洲的挤压,国内形成不良的竞争,使不少光伏产业主处在夹缝中。2014年下半年,光伏产业出现了转机,时任中国光伏行业协会会长、常州天合光能有限公司董事长兼CEO高纪凡表示,国务院关于推动光伏行业健康发展的若干意见出台后,中央相关部委也推出了一系列扶持政策,中国光伏行业面临良好的发展机遇。最近国家能源局又公布

---

① 参见沈刚:《发展战略性新兴产业亟待理清的几个问题》,《中国发展观察》2010年第5期。

了关于进一步落实分布式光伏发电有关政策的通知,又联合国务院扶贫办发布了光伏扶贫工程工作方案。由于国内市场大规模的启动和海外市场的发展,光伏产业自去年下半年以来正在持续回暖,很多企业恢复了盈利。据统计进入工信部名单的企业利润率达到合理水平,领先企业已经连续几个季度达到100%满产,全行业产能过剩的局面已经不存在。由于领先技术创新和技术进步,部分落后产能正在被市场淘汰,未来几年行业还会处于持续的优胜劣汰和兼并整合的发展阶段。但必须看到中国光伏电站和分布式发电发展时间较短,由于下游项目和分布式项目有关标准还没有完善,各类投资主体扎堆涌入光伏电站的开发建设,可能会扰乱应用端的市场秩序,也影响制造业的健康发展。① 就我国企业和投资主体而言,什么赚钱就做什么,确实给市场构成夹缝,扰乱应用端的市场秩序。

发展现代服务业的夹缝。根据2012年2月22日国家科技部发布的第70号文件所描述的概念,现代服务业是指以现代科学技术特别是信息网络技术为主要支撑,建立在新的商业模式、服务方式和管理方法基础上的服务产业。它既包括随着技术发展而产生的新兴服务业态,也包括运用现代技术对传统服务业的改造和提升。现代服务业有别于商贸、住宿、餐饮、仓储、交通运输等传统服务业,主要包括金融服务、商务服务、政务服务、信息技术与网络通信服务、教育培训服务、物流服务,以及一部分被新技术改造过的传统服务等,核心是现代生产性服务。现代服务业的本质是服务业的现代化,既包括传统服务业升级与现代化,也包括来自于社会分工与专业化需求产生的新兴服务业。② 从上面分析来看,现代服务业主要表现为三个方面形态:一是个人与家庭消费服务业,包括食宿、娱乐、医疗保健、文化旅游、商品零售等;二是生产和市场服务业,包括现代商贸、物流、金融、咨询、信息等;三是基本性的服务业,包括公共服务、基础教育、信息服务和交通通信等基础性服务等。就家庭装潢来说,服务者众多,服务内容众多,由于家庭装潢不存在格式化的模式,因此,在服务过程中往往对受服务者构成夹缝。

---

① 参见佚名:《高纪凡:光伏行业产能过剩局面已经不存在》,中金在线2014年11月6日。
② 参见陶良虎、张贵孝主编:《政府经济管理教程》第107页,国家行政学院出版社2013年版。

（3）国内外产业转移的夹缝

企业将产品生产的部分或全部由原生产地转移到其他地区，这种现象叫作产业转移。产品生命周期理论认为，工业各部门及各种工业产品，都处于生命周期的不同发展阶段，即经历创新、发展、成熟、衰退等四个阶段。在市场经济条件下，发达区域的部分企业顺应区域比较优势的变化，通过跨区域直接投资，把部分产业的生产转移到发展中区域进行，从而在产业的空间分布上表现出该产业由发达区域向发展中区域转移的现象。[①] 一般说来，产业转移是经济发展的必然规律，但在实际操作中如何转移，转移到哪里去，却存在绝大部分的人为因素，这就必然构成产业转移的夹缝。

国内外产业转移因素的夹缝。企业为什么要转移，总体上看是经济发展规律决定的，但受到了经济发展的多种因素的影响，这些因素构成了产业转移的夹缝，使得有些企业加快了转移的步伐，也使得有些企业按兵不动，原地发展。从总体情况看，企业转移是大势所趋。影响企业转移的因素很多，主要表现在几个方面，诸如，劳动力因素、内部交易成本因素、市场因素、国家政策的调整因素、原生产地用地紧张因素、地价昂贵因素、环境保护因素、国际经济形势的变化因素等。这些因素都可能对企业构成夹缝，使得企业加快转移。从企业转移的现实来看，企业转移产生的影响是巨大的。企业转移可以促进区域产业结构调整，可以促进区域产业分工与合作、可以改变区域地理环境，可以改变劳动力就业的空间分布，同时，也对接受转移地区的企业构成夹缝。

承接产业转移模式的夹缝。产业转移一般是发达区域的部分企业根据当地产业环境的变化趋势，将部分产业转移到更具有比较优势的该产业相对欠发达地区。现实中，各地在传统项目点招商模式的基础上，推出各种形式的产业转移与承接模式，有些模式，适应了转移产业的发展，有些模式，对转移企业构成了劣夹缝，主要表现在缺少科学合理的产业承接规划，使得不少企业转移之后，缺少产业链的支撑，对转移的企业构成了企业延伸的夹缝。其次是容易构成孤军奋战的夹缝。一般来说，企业转移要形成集约化发展的有效承载模式，形成企业园区化发展、集群化发展，但有些地区不是这样，使得有些企业孤军深入，处在缺少共同建设的夹缝之中。再

---

① 参见百度百科:《产业转移》,2015Baidu。

次是容易构成企业转移的要素缺少夹缝。接受企业转移方承接产业的发展,需要产业发展的各方面要素,应该形成产业、资本、技术、人才的立体式承载的模式,而有些地区不是这样,总是缺少某一方面的要素,构成了"短板效应"式的夹缝。

承接产业转移环境的夹缝。产业转移需要具有兼容并蓄、公平竞争的环境,产业承接的地方政府应该造就这样的环境。在为承接产业创造环境的过程中,有些地方政府的成员认识不统一,做法也不统一,就容易对转移的产业构成夹缝。承接产业转移需要几个方面的环境,诸如,完善基础设施,优化投资硬环境;加强政风建设,营造良好的投资软环境;振兴现代服务业,培育产业成长的土壤;强化公共服务支撑,提升产业社会环境;加强园区管理,提高园区聚集环境等。在政风建设方面,有的部门对转移来的企业吃、拿、卡、要,改变了政府招商引资时的承诺,使一部分企业进退两难,处在夹缝之中。

2. 地方政府区域经济管理的夹缝

中国特色社会主义的一大特点就是政府对经济工作的领导。地方政府通过履行政府职能,制定地方经济发展政策,协调区域经济的发展。由于政府部门众多,管理的内容不同,有时就对某些具体的企业构成了夹缝。

(1) 区域经济发展规划的夹缝

区域经济发展规划是指政府或其授权部门制定的,对于具有某种相似性特征的相邻地域,在未来一定时期内要达到的经济发展目标所进行的总体部署。规划的制定和实施需要一个过程,时间一般分为五年规划、十年规划乃至更长的规划。影响规划制定和实施的因素很多,这些因素成为构成夹缝的条件,有时直接构成夹缝。

主要领导更替对规划实施构成的夹缝。地方政府领导者既不是纯粹的公共利益代理人,也不是完全追求自己效用最大化的自利者,而是兼有代理人和自利者双重角色。地方政府领导者制定、执行或终结某一项公共政策的行为逻辑,则主要取决于其在公共利益代理者与个人效用最大化的自利者之间的平衡和博弈,同时也受到不同领导者道德水平、业务素质等个人禀赋的重大影响。在中国目前权力高度向上集中的层级性决策体制中,由于领导者个人禀赋及对自身角色定位的差异,公共政策的生命过程非常容易受到政府主要领导者更迭的影响。"在现实中,地方领导者大多推行短期内能够取得实效并有利于自己政治利益的公共政策。当继任领导者遇到上任领导者的政策不符合这一标准时,就会终结或不再继续执行这一公共政策。这便是'人走政息'现象产生的深层次原因"①,也就容易出现地方规划的短期化。所谓地方规划的短期化,是指地方政府领导者在制定地方规划(公共政策)时常常表现出急功近利的倾向,而对这一政策所可能引起的长远后果则不加重视,也就是往往以牺牲长期的公共利益来追逐短期的个人利益的行为和观念,对当地的民众和后任者构成夹缝。例如,2014 年 9 月 8 日开始,广西柳州开始拆除尚未完工的位于该市风情港旁边的柳宗元铜像底座。按设计规划,这座柳宗元雕像高达 68 米,可以 360 度旋转,欲建设成为"国内最高的人物铜像",投资 7000 多万元。"广西柳州柳宗元人物铜像被拆"事件在网络上持续发酵,也引发了 2014 中国城市规划年会与会嘉宾关注和热议。2014 年 9 月 13 日至 15 日在海口召开的中国城市规划年会上,多名城市规划专家指出,一些"来去匆匆"的建筑属于城市规划"短视行为"。城市当政者与规划者要谨防长官意志导致政绩规划、随意规划,同时还需谨防利益驱使导致商业规划、过度规划。有的民众说,拆有理,建也有理,唯独资金浪费无人理。2014 年 6 月,云南河口斥资 2.7 亿元的"文化长廊",建成 3 年后又花费 3 亿元来拆除。2012 年 8 月,新疆乌鲁木齐"飞天"雕像仅存活 11 元被拆。耗资 4000 万元建成的重庆永川地标建筑——渝西会展中心仅仅投入使用 5 年,因在原址上修五星级酒店被拆。湖北首义体育培训中心综合训练馆因位于即将动工的辛亥革命博物馆和纪念碑之间,不得不为武汉耗资 200 亿元打造的辛亥革命百年纪念计划"让路",出现了"换一届班子换一个规划"的现象。有的民众戏说:"规划规划,不如领导一句话。"②对于新任领导来说,在经济发展方面,如果按上任领导要求办,突出不了自己的创新;推翻上任领导的经济规划,着实有些浪费。新上任的领导自己有时成为夹缝人。

---

① 王新明、王中伟:《领导者更迭与政策行为短期化及其约束机制探析》,《领导科学》2013 年 8 月 8 日。

② 李金红、郭信峰、涂超华、张钟凯:《部分地方政府换领导就改规划曾致上亿项目被拆》,新华网 2014 年 9 月 15 日。

区域经济规划实施的夹缝。一般说来,区域规划分为国务院、省(自治区、直辖市)、县(区、市)三级。不同层级的规划内容、要求不一样,其实施必然存在差异,即使是同一层级的规划,也会因时间、区域的差异而构成夹缝。这种夹缝往往是民众的要求与上级的经济发展规划成为夹缝的构成者,地方的规划者成为夹缝人。另外,由于区域的开发区类别不同,对区域领导者同样能够构成夹缝。区域开发区一般分为优化开发区、重点开发区、限制开发区、禁止开发区等类别,这些不同的类别在经济发展中,容易对区域经济发展的规划者构成夹缝。

(2) 县域经济发展的夹缝

《中华人民共和国行政区划简册(2014)》①公布,截至2013年12月31日,全国县级行政区划单位数为2853个,其中县级市辖区872个,县级市368个,县1442个,自治县117个,旗49个,自治旗3个,特区1个,林区1个。根据全国县域经济研究专门机构中郡县域经济研究所2014年11月3日发布的《2014县域经济发展报告》提供的数据,全国县域经济百强县(市)的人均地区生产总值为80610元,人均地方公共财政预算收入为5890元,农民人均纯收入为15500元,城镇居民人均可支配收入为31040元。② 从报告中可以发现,县域经济发展面临着多重夹缝。

县域经济发展不平衡的夹缝。不平衡的夹缝表现为县域经济的上级领导希望又快又好地发展,县域的民众希望科学发展和实惠发展,再加上县域经济的主导者往往又有自己的个性和风格,使得县域经济发展出现了多重形式的夹缝。首先是县域经济结构不优的夹缝。由于受地理、区域、自然、产业等条件制约,项目、资金、信息、市场、人才和先进管理方式等各种生产要素相对缺乏,制约了发展速度,使得县域经济发展不平衡,加上县区领导更换较快,无论是经济发展的硬件,还是经济发展的软件,区域不同,发展的条件就不同,构成了不同形式的夹缝。例如,根据中郡县域经济研究所2014年11月3日发布的《2014县域经济发展报告》统计,省市区县行政区划单位主体功能区划分和定位已经构成了发展的夹缝。报告把

---

① 中华人民共和国民政部:《中华人民共和国行政区划简册(2014)》,中国地图出版社2014年版。

② 参见百度文库:《中郡所〈2014县域经济发展报告〉》,2015 Baidu。

区域划分定为四类：一类是全省域为国家层面的优化开发区，主要是北京、天津和上海3个直辖市；二类是省域内主体功能含有优化开发区，主要是东部沿海的福建、广东、河北、江苏、辽宁、山东、浙江7个省份，省域内部分市辖区和富裕县市比较发达的划为优化开发区，同时存在部分重点开发区和限制开发区；三类是省域内主体功能区以重点开发区和限制开发区并重，主要是安徽、广西、河南、湖北、湖南、宁夏、青海、四川、浙江、重庆10省份，省域内部分区域具有较好的经济基础和一定的发展潜力需要重点开发，而另一部分区域主要提供农产品或生态产品需要限制开发；四类是省域内主体功能以限制开发区为主，主要是甘肃、贵州、海南、黑龙江、吉林、江西、内蒙古、山西、陕西、新疆、云南、西藏12个省份。限制开发区分为农产品主产区和动态功能区，吉林的农产品主产区比例突出，内蒙古、陕西、新疆的生态功能区比例突出。主体功能区划分和定位是人为的，优化开发、重点开发、限制开发，为什么这么划分，区域开发的愿望肯定是不同的，当不同区域想突破区域规划时，夹缝就产生了，构成夹缝的往往是区域开发的规划者和其他开发区域。

百强县划分的夹缝。百强县评比已经进行了14届。中郡县域经济研究所2014年11月3日发布的《2014县域经济发展报告》说，第十四届县域经济基本竞争力与县域科学发展评价中，依据打造县域经济升级版的"县域经济基本竞争力与县域科学发展评价体系"，突出县域经济质量和活力，评价出"第十四届全国县域经济与县城基本竞争力百强县"。"百强县"的分布为河北2个、山西1个、内蒙古2个、辽宁9个、吉林3个、黑龙江2个、江苏25个、浙江17个、安徽1个、福建7个、江西2个、山东21个、河南3个、湖北2个、湖南4个、广东1个、四川3个、贵州1个、陕西3个、新疆1个，其中，推动类百强县10个。全国十强县是江苏江阴市、江苏昆山市、江苏张家港市、江苏常熟市、江苏太仓市、福建晋江市、浙江慈溪市、江苏宜兴市、浙江义乌市、湖南长沙县、山东龙口市。全国县域经济基本竞争能力与县域科学发展评价是"客观普查全样本制"评价，为了反映县域经济单位的客观性和差异性体现评价公正性和可比性，科学评价助推科学发展，评价中设置了"推动类百强县"计10个。推动类百强县是对县域经济和县域发展差异性的客观分析，分为三种情况：一类是个别百强县，其县域相对富裕程度或县域相对绿色指数为A级，需要推动发展，加快民生建设和绿色发展;二类是个别百强县,其县域发展的某个方面(如社会安定、安全生产、环境保护、县域领导等)出现重大事件,需要推动发展,加快县域社会、文化、政治和生态建设;三类是个别百强县,其主体功能区定位是国家重点生态功能区或国家农产品主产区的十大产粮县,需要推动发展,正确引导经贸投资等经济活动。说是全面发展,其实多年来总是以经济指标为第一指标。这次百强县评价,评价方说是为了推动县域经济和县域的强县富民、特色发展、幸福发展和共同发展,其实重要的是协调发展,经济上去了,污染也上去了,那样的发展不是富民,是在害民,民众不需要那样的发展。百强县的评价,往往是评价方为夹缝的一方,没有被"评价"上的县域为夹缝的另一方,处在夹缝的有时是"评选"上的百强县和百强县的领导者。

县域经济发展模式选择的夹缝。就县域经济发展的模式来看,的确具有特色,形成了多种发展模式。这些模式之间,已经构成了夹缝,这些夹缝既针对采取不同发展模式的县域,有时也成为针对采用该模式本身的县域。县域经济发展模式有许多种类,诸如基于不同经济发展阶段的资源型县域经济发展模式,基于资源配置战略的县域经济发展模式,基于旅游资源带动型的县域经济发展模式,基于农业产业化的县域经济发展模式,基于品牌农业的县域经济发展模式,基于政府扶持型的县域经济发展模式,基于承接产业转移型县域经济发展模式,基于循环经济的县域经济发展模式,基于新增长极战略的县域经济发展模式,基于地域传统的产业集群型县域经济发展模式,基于文化创意带动产业升级的县域经济发展模式等,这些不同的发展模式具有不同的适应性和条件要求,在资金结构、产业结构、市场机制等方面表现出不同的特征①,对于采用其他发展模式的县域经济容易构成夹缝。陶良虎先生又把县域经济发展模式归纳为区位导向型、资源导向型、地域文化导向型、企业导向型等发展模式②。对于普通县域来讲,不同的经济发展模式已经构成了夹缝,他们学习和采用什么样的县域经济发展模式,的确是很难取舍的事,有时会处在夹缝中很长的时间。

---

① 参见戚绍磊:《中国县域经济发展模式的分类特征与演化路径》,《云南社会科学》2010 年第3 期。

② 参见陶良虎、张贵孝主编:《政府经济管理教程》第 141 页,国家行政学院出版社 2013 年版。

同样,对于已经采取某种发展模式之后的县域,如果想采用新的发展模式,同样会处在发展模式的夹缝之中。

(3)区域经济一体化的夹缝

《中共中央关于全面深化改革若干重大问题的决定(二〇一三年十一月十二日中国共产党第十八届中央委员会第三次全体会议通过)》中指出"健全城乡发展一体化体制机制","城乡二元结构是制约城乡发展一体化的主要障碍。必须健全体制机制,形成以工促农、以城带乡、工农互惠、城乡一体的新型工农城乡关系,让广大农民平等参与现代化进程、共同分享现代化成果"。① 区域经济一体化是指发挥各地比较优势、充分利用中心城市的辐射作用、推进产业升级而共同发展的发展模式。区域经济一体化容易构成政府角色的夹缝和利益的夹缝。

区域经济一体化政府角色的夹缝。在区域经济一体化的过程中,如果不能遵循经济规律,很好地使用政府和市场这两只手,就容易造成政府角色的夹缝。《中共中央关于全面深化改革若干重大问题的决定(二〇一三年十一月十二日中国共产党第十八届中央委员会第三次全体会议通过)》中指出"建设统一开放、竞争有序的市场体系,是使市场在资源配置中起决定性作用的基础。必须加快形成企业自主经营、公平竞争,消费者自由选择、自主消费,商品和要素自由流动、平等交换的现代市场体系,着力清除市场壁垒,提高资源配置效率和公平性"。"科学的宏观调控,有效的政府治理,是发挥社会主义市场经济体制优势的内在要求。必须切实转变政府职能,深化行政体制改革,创新行政管理方式,增强政府公信力和执行力,建设法治政府和服务型政府"。② 可见,在区域经济一体化的过程中,政府承担的角色非常重要,有时是区域经济发展成败的关键。有的学者认为,政府在区域经济一体化方面角色重要,"政府是区域合作制度的制定者""政府是区域合作组织的指导者""政府是宏观调控机制的缔造者""政府是公共产品和公共服务的提供者"

---

① 《中共中央关于全面深化改革若干重大问题的决定(二〇一三年十一月十二日中国共产党第十八届中央委员会第三次全体会议通过)》,《人民日报》2013 年 11 月 16 日。

② 《中共中央关于全面深化改革若干重大问题的决定(二〇一三年十一月十二日中国共产党第十八届中央委员会第三次全体会议通过)》,《人民日报》2013 年 11 月 16 日。

"政府是市场秩序的维护者""政府是社会保障体系的建设者"①等。政府在区域经济一体化中承担那么多的角色,本身就对其他经济工作者构成了夹缝。一方面,中央政府要求充分发挥市场的作用,建设法治政府和服务型政府;一方面,地方政府角色不变,主导、指导地方经济发展,这便对区域经济的经济人构成了夹缝。

一体化利益协调的夹缝。经济发展的结果产生利益,区域经济发展也是如此。在产生了一定利益之后,如何协调不同方面的利益,使县域经济科学发展,学问很大,也容易构成夹缝。协调区域经济一体化的利益,一是要通过深化市场经济体制改革来协调,二是通过中央政府与地方政府的联动来协调,三是通过注重产业关联、培育区域经济增长极来协调,四是通过完善现有的政绩考核制度来协调等。利益一体化协调的本身就是在夹缝中进行的,当不同方面利益诉求不同时,就形成了夹缝,协调就是在化解夹缝。就通过完善现有的政绩考核制度协调来说,现有的考核模式夸大了经济绩效的作用,以致在社会上形成了一种"唯 GDP 论",由此产生两种行为:其一是虚增产值使"数字游戏"盛行,其二是以区域经济发展为己任可能导致市场分割,这两种行为已经构成了利益追求的夹缝。这对实事求是发展区域经济的领导是不公平的,对他们构成了夹缝。要化解这类夹缝,就应该从政绩考核制度、相关法律制度、绩效考核者和财税制度等方面入手,促进区域经济协调发展。②《中共中央关于全面深化改革若干重大问题的决定(二〇一三年十一月十二日中国共产党第十八届中央委员会第三次全体会议通过)》中指出:"改革政绩考核机制,着力解决'形象工程'·'政绩工程'以及不作为、乱作为等问题。"③改革开放 30 年,一直是以经济发展为总目标的,现在,着力解决"政绩工程"问题,许多经济管理者处在夹缝之中。

---

① 陶良虎、张贵孝主编:《政府经济管理教程》第 152—153 页,国家行政学院出版社 2013 年版。

② 参见丁井国:《中国区域协调发展的效果评价与政策研究》,中国硕士学位论文全文数据库,宁波大学 2011。

③ 《中共中央关于全面深化改革若干重大问题的决定(二〇一三年十一月十二日中国共产党第十八届中央委员会第三次全体会议通过)》,《人民日报》2013 年 11 月 16 日。

3. 地方政府经济发展节约环保的夹缝

中国 30 多年的经济高速增长，在积累了巨大物质财富的同时，消耗了大量的资源，也给生态环境带来了巨大的压力。30 多年的发展模式把社会发展等同为经济增长，认为财富、财富的增长是衡量社会发展的基本尺度，发展不过是提高经济增长速度和把 GDP 做大做强。因此，地方政府在经济发展和社会建设过程中，缺乏节约资源和保护环境的理念，在各级各类发展规划中忽视了资源节约和生态保护，甚至以粗放式开发资源和破坏生态环境作为经济社会发展的代价。致使环境状况总体恶化，生态系统退化，自然灾害频发，[①]这不仅给当代人构成了生存的夹缝，也给后代人生存构成了夹缝。

（1）发展理念的夹缝

《中共中央关于全面深化改革若干重大问题的决定（二〇一三年十一月十二日中国共产党第十八届中央委员会第三次全体会议通过）》指出："紧紧围绕建设美丽中国深化生态文明体制改革，加快建立生态文明制度，健全国土空间开发、资源节约利用、生态环境保护的体制机制，推动形成人与自然和谐发展现代化建设新格局。""探索编制自然资源资产负债表，对领导干部实行自然资源资产离任审计。建立生态环境损害责任终身追究制。"[②]发展理念已经发生变化，地方政府经济管理者必须认清。这种变化对于那些没有转变观念的管理者构成了夹缝。

GDP 考核的夹缝。习近平同志指出："要改进考核方法手段，既看发展又看基础，既看显绩又看潜绩，把民生改善、社会进步、生态效益等指标和实绩作为重要考核内容，再也不能简单以国内生产总值（编者注：GDP）增长率来论英雄了。"[③]就 GDP 测量一国经济增长水平的基本指标而言，它不仅不可或缺，而且还具有极其重要的经济分析意义。但 GDP 指标最为严重的缺陷在于它不能用来度量社会福利。为什么这么说，我们来看看例子。例如，人们砍伐一片森林，并用砍伐的树木加工成各种家具或其他物

[①]　参见陶良虎、张贵孝主编：《政府经济管理教程》第 241 页，国家行政学院出版社 2013 年版。

[②]　《中共中央关于全面深化改革若干重大问题的决定（二〇一三年十一月十二日中国共产党第十八届中央委员会第三次全体会议通过）》，《人民日报》2013 年 11 月 16 日。

[③]　习近平：《不以 GDP 论英雄》，《北京晨报》2013 年 6 月 30 日。

品,然后通过市场销售而进入消费领域,这时,从 GDP 看,这个国家或地区似乎变得更加富有了。但是,从为民众谋福利的角度看,假如人们没有对被砍伐的森林重新加以种植,从而导致水土流失和洪水泛滥,并使得人们因此而失去家园和生存空间,那么当期的 GDP 增加必将造成长期的贫困。结果,从长期来看,这个国家或地区人们不是变得更富有,而是变得更加贫困。因此说 GDP 无法度量民众的富裕和福利。由此,有的经济学者提出绿色 GDP。所谓绿色 GDP,指现行 GDP 总量扣除环境资源成本和对环境资源的保护服务费用所剩下的部分。

GDP 总量 –(环境资源成本 + 环境资源保护服务费用)= 绿色 GDP

GDP 考核的本身已经对社会构成了夹缝,绿色 GDP 的提出,必然对有些经济管理者构成夹缝。有些经济学者认为,绿色 GDP 为核心的考核体系应该遵循六个原则:一是宏观性与可操作性相结合;二是国际上有关发展的最新研究成果与中国特色相结合;三是宽领域涵盖与简明精炼;四是全国宏观指导指标体系与各地的特色指标相结合;五是指标体系所涵盖的时限既要考虑 21 世纪中叶全国基本实现现代化,更要考虑 21 世纪头 20 年全面建成小康社会;六是既要使指标体系相对稳定,又要形成"动态管理"的修订机制,可根据经济社会发展的实际情况修订指标体系等原则。绿色 GDP 必须遵循的各项原则,往往使区域经济管理者难以取舍,从而处在夹缝之中。对于 GDP 问题,还有人提出,"不唯 GDP,不去 GDP,超越GDP"[1],同样使不少管理者处在夹缝之中。

地方发展规划的夹缝。当 GDP 成为衡量管理者工作成效的时候,其他所有工作和指标都会围绕 GDP 指标服务,地方发展规划也是如此。其实,地方政府的发展规划,首先应该是科学的、环保的和节约型的。地方政府应该根据人口、资源与环境承载力和主体功能区建设的要求,结合当地生态保护与环境治理中的突出问题,树立绿色发展理念,坚持开发和保护相互促进,集约节约使用资源,发展循环经济,切实解决生态环境问题,为经济发展提供环境支撑,实现人口、资源与环境协调可持续发展而制定规划[2]。"紧紧围绕建设美丽中国深化生态文明体制改革,加快建立生态文

---

[1] 张晓晶:《不唯 GDP 不去 GDP 超越 GDP》,《人民日报》2015 年 3 月 31 日。

[2] 参见万建民:《大力推进形成主体功能区》,《经济日报》2011 年 6 月 24 日。

明制度,健全国土空间开发、资源节约利用、生态环境保护的体制机制,推动形成人与自然和谐发展现代化建设新格局。"[①]但是,现实的发展和发展规划不是如此。例如,改革开放以来,我国城市建成区已由 1981 年的 7438 平方公里,到 2013 年的 47855 平方公里;城镇化率达到 53.7%,实现历史性跨越。然而,城市基础设施建设,特别是地下基础设施建设,却没能跟上城市建设的步伐。既没有规划好,也没有建设好。地下管线老化造成停水、停电、停气时有发生,燃气管道、暖气管道事故频发,管道"跑冒滴漏"严重。以自来水为例,我国平均漏失率为 15.7%,有些地方甚至高达 30%以上,而发达国家最高水平是 6%～8%。管道漏失导致我国每年流失自来水 70 多亿立方米,相当于一年"漏"掉一个太湖,足够 1 亿城市人口使用。城市内涝与马路拉链问题久治不愈。由于排水防洪体系不完善,大多数城市,一次大雨,就会导致城市交通、通信、电力中断,城市运转瘫痪。城市马路破损严重,相当数量马路不仅井盖密集,而且屡屡开挖。例如南京市市政设施综合养护管理处 2013 年就表示,过去 5 年间,南京主城区道路平均每年要被"开膛破肚"约 1500 次。而且,地下的 20 种管线 30 个部门管理。为了扭转"重地上轻地下""重建设轻管理"的城市建设管理旧观念,2014 年 6 月,国务院办公厅印发了《关于加强城市地下管线建设管理的指导意见》,要求 2015 年底前完成城市地下管线普查,建立综合管理信息系统,编制完成地下管线综合规划。用 10 年左右时间,建成较为完善的城市地下管线体系。在供排水方面,力争 2015 年实现全国城市公共供水普及率 95%,城镇污水处理设施再生水利用率达到 20%以上。为了 2014年底前编制完成城市排水防洪设施建设规划,用 10 年左右时间建成较完善的城市排水防洪工程体系,建设自然积存、自然渗透、自然净化的海绵城市。在城市管网方面,2015 年底前完成城市地下管线普查。地下城市新区要推进综合管廊建设,用 3 年左右时间,在全国 36 个大中城市全面启动地下综合管廊试点工程。在市政交通方面,到 2015 年全国轨道交通新增运营里程 1000 公里,力争完成对全国城市危桥加固改造,地级以上城市建成桥梁信息管理系统。在垃圾处理方面,到 2015 年,每个省(区)建成一

---

① 《中共中央关于全面深化改革若干重大问题的决定(二〇一三年十一月十二日中国共产党第十八届中央委员会第三次全体会议通过》,《人民日报》2013 年 11 月 16 日。

个以上生活垃圾分类示范城市,36 个重点城市生活垃圾全部实现无害化
处理。在园林绿化方面,到 2015 年,老城区人均公园绿地面积应不低于 5
平方米,城市居民出行"500 米见园"比率不低于 60%;所有城市至少建成
一个具有一定规模,水气电设施齐备、功能完善的防灾避险公园。① 城市
建设不是一天两天的事情,为什么没有人真正负责?因为各类管道在地
下,"形象工程"不显示。一方面民众希望建设好,一方面上级不同时期要
求不同,地方政府也就没有了规划和建设的热情。当下,在理清城市"地
下账本"方面,地方政府处在夹缝之中了。

(2) 资源节约与环境保护的夹缝

《中共中央关于全面深化改革若干重大问题的决定(二〇一三年十一
月十二日中国共产党第十八届中央委员会第三次全体会议通过)》指出:
"建设生态文明,必须建立系统完整的生态文明制度体系,实行最严格的
源头保护制度、损害赔偿制度、责任追究制度,完善环境治理和生态修复制
度,用制度保护生态环境。"②在经济发展过程中,只抓经济数字的管理者
一直对资源节约与环境保护者构成夹缝。有时他们片面理解"发展才是
硬道理",用这句话指责坚持资源节约与环境保护者,多年来,这类夹缝夹
力一直很大。

坚持制定资源节约与环境保护规划,化解某些管理者为了经济目标而
浪费资源的夹缝。《中共中央关于全面深化改革若干重大问题的决定(二
〇一三年十一月十二日中国共产党第十八届中央委员会第三次全体会议
通过)》指出:"健全自然资源资产产权制度和用途管制制度。对水流、森
林、山岭、草原、荒地、滩涂等自然生态空间进行统一确权登记,形成归属清
晰、权责明确、监管有效的自然资源资产产权制度。建立空间规划体系,划
定生产、生活、生态空间开发管制界限,落实用途管制。健全能源、水、土地
节约集约使用制度。"③发展经济本身没有错,发展经济中污染了环境,浪
费了资源就有错。怎么发展经济本身就是一个夹缝。经济管理者,必须做

---

① 参见陆娅楠:《城市"地下账本"亟须摸清家底》,《人民日报》2014 年 10 月 20 日。
② 《中共中央关于全面深化改革若干重大问题的决定(二〇一三年十一月十二日中国共产党第
十八届中央委员会第三次全体会议通过)》,《人民日报》2013 年 11 月 16 日。
③ 《中共中央关于全面深化改革若干重大问题的决定(二〇一三年十一月十二日中国共产党第
十八届中央委员会第三次全体会议通过)》,《人民日报》2013 年 11 月 16 日。

好环境规划,"划定生态保护红线"①,执行环境规划,坚守国家有关部门划定的红线,以改变资源节约与环境保护夹缝构成的条件。

坚持资源价格导向的发展模式,化解资源使用不合理的夹缝。《中共中央关于全面深化改革若干重大问题的决定(二〇一三年十一月十二日中国共产党第十八届中央委员会第三次全体会议通过)》指出:"实行资源有偿使用制度和生态补偿制度。加快自然资源及其产品价格改革,全面反映市场供求、资源稀缺程度、生态环境损害成本和修复效益。坚持使用资源付费和谁污染环境、谁破坏生态谁付费原则,逐步将资源税扩展到占用各种自然生态空间。稳定和扩大退耕还林、退牧还草范围,调整严重污染和地下水严重超采区耕地用途,有序实现耕地、河湖休养生息。建立有效调节工业用地和居住用地合理比价机制,提高工业用地价格。坚持谁受益、谁补偿原则,完善对重点生态功能区的生态补偿机制,推动地区间建立横向生态补偿制度。"②化解污染的夹缝,必须深化资源性产品价格和税费改革,建立反映市场供求和资源稀缺程度、体现资源有偿使用制度。建立污染者付费,利用者补偿,开发者保护,破坏者恢复的责任制,将环境损害科学、合理地纳入企业生产成本,解决企业赚钱、百姓受害的错误的经济发展模式,化解污染的夹缝。

坚持低碳发展,化解科学发展的夹缝。《中共中央关于全面深化改革若干重大问题的决定(二〇一三年十一月十二日中国共产党第十八届中央委员会第三次全体会议通过)》指出:"发展环保市场,推行节能量、碳排放权、排污权、水权交易制度,建立吸引社会资本投入生态环境保护的市场化机制,推行环境污染第三方治理。"③国际社会公认二氧化碳等温室气体的排放是全球气候变化的根源,需要全人类通过制度创新和技术创新,尽最大可能降低生产和生活中温室气体的排放量,发展低碳经济,提高碳生产效率。目前,在我国,低碳经济的发展重点有三个方面:一是把好产业准

---

① 《中共中央关于全面深化改革若干重大问题的决定(二〇一三年十一月十二日中国共产党第十八届中央委员会第三次全体会议通过)》,《人民日报》2013 年 11 月 16 日。

② 《中共中央关于全面深化改革若干重大问题的决定(二〇一三年十一月十二日中国共产党第十八届中央委员会第三次全体会议通过)》,《人民日报》2013 年 11 月 16 日。

③ 《中共中央关于全面深化改革若干重大问题的决定(二〇一三年十一月十二日中国共产党第十八届中央委员会第三次全体会议通过)》,《人民日报》2013 年 11 月 16 日。

入门槛,对新上项目提高"高碳"产业标准;二是加大力气调整产业结构;三是发展高新技术产业和现代服务,用高新技术改造传统产业,培育战略新兴产业,实现低碳转型等。发展低碳经济有三个难点;一是传统能源消费需求量增长难以抑制;二是"富煤少气缺油"能源资源禀赋形成的能源供求结构调整难度大,以煤炭为主的能源生产和能源消费格局将长期存在;三是产业结构造成的能源效益低下短期内尚不能完全克服等。低碳发展的重点和难点,都成为构成低碳发展的夹缝条件。为了化解低碳发展的夹缝,我们必须扎实地解决好低碳发展的重点和难点。[①]

---

① 参见陶良虎、张贵孝主编:《政府经济管理教程》第255—256页,国家行政学院出版社2013年版。

第六章　社会与经济的夹缝

经济是社会发展的基础,经济又是社会的组成部分。社会与经济关系十分密切,有的地方经济被视同为社会;社会与经济又有区别,经济为社会发展服务。我们在这里所说的社会,泛指由于共同物质条件而互相联系起来的人群。社会是在特定环境下共同生活的人们长久形成的彼此相依的一种存在状态。微观上,社会强调同伴的意味,并且延伸到为了共同利益而形成联盟;宏观上,社会是由长期合作的社会成员,通过发展组织关系形成团体,进而形成机构、国家等组织形式。共同物质条件就是经济基础。在人们的生活中,社会对经济、经济对社会、经济与社会对人们都容易构成夹缝。

一、经济原因构成的社会分层夹缝

社会分层就是根据一定的社会标准将社会成员划分成高低有序的等级层次。分层有不同的方式,著如有马克思主义的阶级分层法,韦伯的财富、权力和声望三层分层法,沃特等人的六个阶层分层法等。沃特等人的六个阶层分层法共八项指标,即职业、收入数量、收入来源、文化程度、生活方式、宗教信仰、政治态度和价值观念。根据这八项指标,沃特把社会成员划分为上上层、上下层、中上层、中下层、下上层和下下层六类。其实恩格尔系数的分层最有意思,它的分层法与经济联系最为紧密。恩格尔系数描述的是一个家庭或个人收入越少,用于购买生存性食物的支出在家庭或个人收入中所占的比重就越大。对一个国家而言,一个国家越穷,每个国民的平均支出中用来购买食物的费用所占比例就越大。恩格尔系数指出由食物支出金额在总支出金额中所占的比重最终决定人们的穷富程度。联合国根据恩格尔系数的大小,对世界各国的生活水平有一个划分标准,即一个国家平均家庭恩格尔系数大于 60% 为贫穷;50% ~ 60% 为温饱;40% ~ 50% 为小康;30% ~ 40% 属于相对富裕;20% ~ 30% 为富足;20% 以下为极其富裕。分层容易构成夹缝,分层的不同层次之间也容易构成夹缝。

1. 有价值物的分配夹缝

有价值物分配的夹缝一般分为分层的夹缝和有价值物分配的夹缝。这两种夹缝都是人们在社会生活中必然遇到的夹缝。

(1)历史的分层夹缝

历史分层都是以经济为核心的。人们在一定的社会形态中因为经济水平被社会分为不同的层级。没有经济的分层,就不会有社会的分层。经济分层和社会分层是一致的。在不同历史时期,因为不同层级的原因,社会除了存在冲突之外,还存在夹缝。

奴隶制的夹缝。奴隶制,是指奴隶主拥有奴隶的制度。劳力活动须以奴隶为主,无报酬,且无人身自由。奴隶制一般出现在农业社会里。奴隶制的本质特征是一种经济关系:一些人占有另一些人。因为奴隶被占有,所以他们为其主人提供非常廉价的劳动。另外,奴隶本身就是一种可以在市场上买卖获利的商品,奴隶的本身就存在经济性。例如,奴隶制度是美国最初的 200 年历史中最显著的分层特征。然而,有一点需要强调指出,这种分层制度需要大量的镇压性社会控制机制。奴隶往往通过造反或者逃跑来反抗他们的处境。这说明,奴隶制度合理的意识形态在为奴隶主广泛接受的同时,也不断地遭到奴隶本身的抵制。[①] 在社会发展中,进步人士希望破除奴隶制;大部分奴隶主希望保持奴隶制;这对当时的美国政府构成了夹缝,也因此爆发了南北战争。

种姓制的夹缝。种姓制是以种姓分层的社会制度。种姓制度作为一种不平等的分层体系,其地位由出生所决定,人们一般不能改变他们的社

---

① 参见[美]戴维·波普诺著,李强等译:《社会学(第十版)》,第 247—248 页,中国人民大学出版社 1999 年版。

会位置。在种姓制度中,要想与另一个等级的人结婚通常是非常困难的,这对出生在低层次种姓的孩子构成夹缝。例如。如果一个低层次种姓的男(女)爱上了高层次种姓的女(男),在一部分人看来是大逆不道的。在跨种姓恋爱中,种姓制度下的人们往往是一部分人赞成,一部分人反对,这就使孩子们左右为难,从而处在夹缝之中。历史上最有名的种姓制度在传统的印度,那里虽然只有四个主要种姓,但是还有1000多个亚类。每一个亚类都有自己的传统职业、居住地以及与其他种姓交往的规则。印度人早在儿童时期就学会辨认各个种姓成员的地位象征。最高种姓是牧师(婆罗门)和武士(刹帝利)种姓。然而,很多人并不属于任何种姓,这些人叫"不可接触者",被认为是社会中地位最卑贱的,其他种姓成员禁止与他们进行某种接触。印度教的一个重要信条是相信"轮回"。人死后,将重生为世上的另一个生命。生为不可接触者被认为是前世表现不好的结果。印度教鼓励那些不可接触者顺从地接受他们的下等社会地位。种姓制度的本身就对低下层次种姓的人构成夹缝,种姓分层经过制度的实施,夹缝就会变成多重的夹缝。这类种姓夹缝的最终原因,还是经济地位的不同。

等级制的夹缝。等级制度是从奴隶社会到封建社会划分社会层次的制度,其划分是与封建主义社会经济制度联系在一起的。在等级社会里,不同的等级之间,容易构成夹缝。我国的封建社会都曾在"名分"的原则上建立起区分贵贱尊卑的严格等级制度。周代天子以下有诸侯、卿、大夫、士等统治等级和庶人、工、商、皂、隶、牧等被统治等级。到了清代,除最高统治者皇帝外,还拥有不同特权的宗室贵族、缙绅、绅衿等级,以区别于凡人等级和被奴役、被歧视的雇二、贱民等级,当时的法律明确规定了他们的不同的法律地位。就诸侯、卿、大夫、士统治层面而言,层面之间往往没有冲突,多数层面对个别层面常常构成夹缝,同一等级层面之间不同的阶层时常构成夹缝。

阶级制的夹缝。阶级制度是以阶级进行分层的制度。现代社会中最常见的分层类型是阶级制度,这是一个主要以经济地位为基础的相对开放的分层形式。阶级制度的特点是其群体界线没有奴隶制度、种姓制度以及等级制那么严格。在阶级制度中,群体之间有大量的流动,个人成就在确定其等级位置中起较大作用。当群体之间流动而改变阶级的过程中,夹缝就产生了。诸如旧社会中国的地主,他们把土地提供给平民耕种,再向平民收取租税,平民一般认为地主地租太高,有些地主认为"某些"地主的地租太低,影响了地租的提升,这就对"某些"地主构成了夹缝。就社会阶级制度本质看法而言,也对人们构成了夹缝。例如,夹缝的一方是以马克思为代表的学说,他们用生产资料的占有方式来界定阶级,马克思主义学说认为,生产资料是财富的源泉,上层阶级(资产阶级)拥有并控制着生产资料,剥削下层阶级(无产阶级)的劳动。马克思认为资产阶级和无产阶级注定不可避免地要发生冲突。这种阶级冲突或者对抗阶级之间的斗争,采取像罢工和革命之类事件的形式表现出来。夹缝的另一方是以韦伯为代表的学说,他们认为,分层体系中除了经济之外还有两个重要的分层维度:权力与声望。马克思认为权力和声望最终来源于财富,而韦伯认为权力和声望与经济是相对独立的。韦伯还认为,在资本主义社会阶级之间的关系不一定就是冲突的,甚至有可能发展为相互依赖和相互合作的表现形式。戴维则认为,社会阶级一词在某种程度上是模糊的,因为它代表的是一个非常复杂的社会现实。对于普通美国人来说,"社会阶级"的意义和"社会身份"是一样的,并不指向具体的集团。[①] 这些不同的学说至今都还在发挥作用,成为夹缝的"构成者"。

(2)有价值物分配的夹缝

有价值物指有价值的物品。历史时期不同,有价值物也不同。有价值物可以是物质的有价值之物(牲畜、黄金、新鲜食物、世界锦标赛的门票),或者是非物质的有价值之物(声望、尊重或名誉)。无论人们希望得到的物品是什么,但是,有一点是肯定的:即这一物品是稀缺的,其需求大于供给。并非每个人都能够拥有大量的黄金或者声名远扬,但有些人一生中得到好东西的机会比另一些人多得多,这就构成了有价值物的分配夹缝。

收入财富的夹缝。在非经济学者看来,收入和财富是一回事;在经济学者看来,两者有很大的区别。财富指一个人或者一个群体所拥有的全部财产。收入通常指一个人或者一个群体正常情况下的货币获得量。当我们说一个人有 500 万美元时,我们是在对他的财富进行评估,这些财富包括他所有的动产和不动产:他的房屋、汽车、投资、银行账户以及口袋里的

---

① 参见[美]戴维·波普诺著,李强等译:《社会学(第十版)》,第249—250 页,中国人民大学出版社 1999 年版。

现金。当我们说这个人一年挣 50 万美元时,我们就是对他的收入进行描述。这在理解收入和财富时构成了理解的夹缝。在我国实行让一部分人先富起来的经济政策之后,尽管几乎所有的人都愿意拥有财富和收入,但是总是有一些人比其他人获得的多,这种现象在其他国家也很普遍。以美国为例,20% 最富有的美国家庭占全部国民收入的 46.7%,而最穷的 20% 家庭只占 3.8%。① 作为中间的 60% 的中产阶级,很想成为最富有的那一部分人,同样,作为 20% 的那一部分最穷的人,也想成为最富有的那部分人,当然,最富有的那部分人,绝对不想变为穷人,这就构成了财富的竞争,因而互相构成夹缝。当然,这类夹缝除了针对我们所说的三部分人之外,还针对统治阶层和政策执行阶层。

权力的夹缝。权力指个人或者群体控制或影响他人行为的能力。权力夹缝是显性的且长期存在的。不同层面的权力者,往往不管别人是否愿意合作,照例行使自己的权力。在行使权力的过程中,大多是权力大者向权力小者行使权力,权力者向没有权力者行使权力。当然,没有权力者有时也有机会向权力大者行使投票权力,但这种权力的使用几年才有一次。在权力行使中,往往权力者之间对没有权力者构成夹缝;有时权力小者和没有权力者对权力大者也会构成夹缝。在实际生活中,有一些权力是由权力低层行使的,因为基层的工作由这些"基层者"来完成,像警察忠于职守、城管行使职权、教师课堂教学等的权力,往往对没有权力者构成实实在在的夹缝。很明显,权力有可能不随财富而存在;并不是所有的富人都有权力,同时也并不是所有的有权者都富有,不过这两个方面密切相关。财富有时能够买到权力。例如,在美国的国家政治中,当政的候选人通常很富有。肯尼迪兄弟、洛克菲勒的三任总裁以及罗斯福家族只是富人获取政治权力的几个代表。然而,权力通常又有助于获取财富,在美国,有多少法律制定者或将军在退休时还穷困潦倒呢? 在中国,近年来在反腐中倒掉的某些官员腰缠亿元人民币,这些金钱都是通过权力获得的。

声望的夹缝。声望是指对一个人的良好评价与社会承认。声望以多种形式出现:公众的接受与名誉、尊重与钦佩、荣誉与敬意等。声望可以通

---

① 参见［美］戴维·波普诺著,李强等译:《社会学(第十版)》,第 240 页,中国人民大学出版社 1999 年版。

过多种方式获得:特别善良、慷慨、勇敢、有创造性或者聪明的人通常得到声望的回报。在财富、权力和声望的社会分层中,声望是最容易构成夹缝的。例如,我国以打假创出声望的方舟子,就是典型的制造声望夹缝的人物。在一部分人心目中方舟子就是"英雄",在一部分人心目中方舟子就是"罪人",这使不少民众处在声望的夹缝之中。在凤凰网举办的"凤凰健康"栏目《舟子论健》中方舟子说:"从理论上可以说中医把出喜脉是不靠谱的。"民众随即议论纷纷。凤凰网四川省成都市网友手机用户说方舟子:"'没有调查就没有发言权',你一个半点中医没学过的所谓学生物学的,你有什么资格评论中医?你有什么资格代表你所信仰的科学?你有什么资格代表群众和患者?由于你的个人言论耽误了患者的治疗乃至生命你会负责吗?"凤凰网中国网友璞石说:"方舟子打假用科学观点和方法分析问题,说的都是事实,把一切假的都揭露出来,他纯洁、高尚、伟大,是一个鲁迅式的民族英雄。那为什么还有一些人骂他呢?就是因为那些人都为造假者或是帮凶?"①等,两种不同的观点不仅对方舟子,对一般民众都构成声望的夹缝。

2. 社会经济分层理论夹缝

在社会生活中,社会学家通常用社会地位的这种用法来指称社会经济地位(socio economic status,简称 SES)。SES 是一种对社会地位的度量方法,它考虑到个人的教育程度、收入求平以及职业声望等内容。由于社会经济地位相同的人有机会从社会中获得大体等量的需求物品,因此,社会分层从理论到实践都容易构成夹缝。

(1)分层理论的夹缝。

社会分层来源于社会实践,社会人在财富、权力和声望方面出现了不同的层次,理论家必然要根据社会情况进行分层研究。在进行分层理论研究过程中就出现了分层理论的夹缝。

功能主义理论与冲突理论构成的夹缝。金斯利·戴维斯(Kingsley-Davis)和威尔伯特·莫尔(Wilbert Moore)(1945 年)的经典分析最为充分地表达了功能主义的观点。他们的基本观点是,社会不平等不仅是不可避

---

① 李天白:《方舟子:〈中医号喜脉都是瞎蒙的〉》,《凤凰网健康·舟子论健》2014 年 11 月 6 日。

免的,而且事实上对于社会的正常运转也是必要的;冲突理论家认为,不平等并不是社会运行必不可少的,它是强大群体对弱小群体剥削的结果,强大群体决定着哪些人将占据哪个职位以及谁将得到什么报酬。双方各执一词,人们一时难以相信这些不同倾向的理论,并因此处在夹缝之中。

伦斯基理论出现后的夹缝。本来功能主义理论与冲突理论构成的夹缝已经使一部分人无所适从,处在无奈的夹缝中,结果又出现了一个类似折中的理论,格尔哈特·伦斯基(1966—1984 年)理论。格尔哈特·伦斯基理论有力地说明了功能主义和冲突论的观点都有一定经验效用,两者应该结合起来对分层做一个更准确的分析。他还认为有必要以大历史的眼光来看待分层,因为分层的特点是随着时间变化的。伦斯基指出在小型的前现代社会里物品和服务主要是根据需要分配给其成员的。权力几乎与社会报酬没有关系。然而,社会越现代,权力确实在形成分层体系方面就越重要。假定在他人的利益和自己的利益之间选择,伦斯基指出大多数人自然会选择他们自己的利益。因此,当社会第一次开始生产超出日常生活所需要的物品时,强者就会为他们自己安排获得更多的一份。① 这种折中式的理论使人们处在了多重的夹缝中,它与功能主义理论、冲突理论一起构成理论理解的夹缝,三方又互相构成多重夹缝。

(2)社会地位的夹缝

社会学所说的社会地位是指在一个群体或社会中所界定的社会位置,也有人“定义”为社会地位是指在一个社会等级体系或分层系统中的等级位置。在社会生活中,不同地位之间,同一层次之间,都容易构成夹缝。

社会地位辨认的夹缝。与一个人碰面,如果没有人介绍,很难判断他的社会地位。社会学家认为,判断人们的社会地位,一般有两个依据:一个是有公认的用于划分地位等级的等级序列,另一个是有一些可以理解的符号(诸如便宜或者昂贵的物品、衣服的式样、说话的方式、一栋房子、一辆汽车、一个邻居、一种宠物等)。当然,地位较低的人不会有意表现他们低等级的符号。不过,地位较高的人倒是努力展现他们的地位,保护他们的地位不被低估。事实上,人们的地位等级越往上,他们越喜欢有意表现更

---

① 参见[美]戴维·波普诺著,李强等译:《社会学(第十版)》,第 258 页,中国人民大学出版社1999 年版。

多的地位符号。然而,地位符号也可能产生误导,有些地位符号可能会被并不属于这个阶层的人利用,从而构成夹缝。例如,当有的人衣着贵重,却语言粗鲁,往往容易使地位判断者难以判断,有人认为衣着贵重地位一定高,有人认为语言粗鲁地位一定低,使其他的判断者处在夹缝中。

社会地位等级评定的夹缝。在现代社会,地位与职业有关,一部分人的地位还与出身有关。职业与收入紧密联系在一起,收入与个人的声望又紧密相连,因此,评定社会地位的等级,有人往往看职业的声望,这就对不同职业者构成夹缝。

表6-1　声望等级分布①

职业	声望	职业	声望	职业	声望
内科医生	82	葬礼主管	52	钟表修理工	37
大学教授	78	计算机专家	51	瓦匠	36
法官	76	证券经纪人	51	航空小姐	36
律师	76	记者	51	飞机副驾驶员	36
物理学家	74	办公室主管	50	技工	35
牙科医生	74	银行出纳	50	面包师	34
银行家	72	电工	49	修鞋匠	33
航空工程师	71	机工	48	推土机手	33
建筑师	71	警官	48	公共汽车驾驶员	32
心理学家	71	保险代理人	47	卡车驾驶员	32
飞行员	70	音乐师	46	出纳员	31
化学家	69	秘书	46	售货员	29
部长	69	工头	45	切肉工	28
民用工程师	68	房地产代理人	44	管家	25
生物学家	68	消防队员	44	码头工人	24
地质学家	67	邮局职员	43	加油站工人	22
社会学家	66	广告代理人	42	出租车司机	22
政治科学家	66	邮递员	42	电梯工	21
数学家	65	列车员	41	酒吧间侍者	20
中学教师	63	打字员	41	侍者	20
护士	62	管道工	41	农场工人	18
药剂师	61	农场主	41	佣人/服务员	18

① 〔美〕戴维·波普诺著,李强等译:《社会学(第十版)》,第245—246页,中国人民大学出版社1999年版。

（续表）

职业	声望	职业	声望	职业	声望
兽医	60	电话接线员	40	垃圾清运工	17
小学教师	60	木工	40	看门人	17
会计	57	电工	40	擦鞋的	9
图书管理员	55	舞蹈演员	38		
统计员	55	理发师	38		
社会工作者	52	宝石匠	37		

注：这张表表明美国公众划分各种职业等级的方法。研究表明这些声望等级是相当固定的。

从表中我们可以知道，美国的声望统计和我国的声望统计有很大的不同。美国的部长排在第 13 位，我国可能要排在前三位。这种职业声望的排列已经对声望较低的职业构成了夹缝。

3. 社会经济互动与社会圈的夹缝

社会经济互动与社会圈是人们社会互动的一个组成部分，人们在社会经济互动中，实现了交往受益的目的，也形成了互动的夹缝和社会圈的夹缝。

（1）社会经济互动的夹缝

社会经济互动，也称社会相互作用或社会交往，是指社会上个人与个人、个人与群体、群体与群体之间通过信息的传播而发生的相互依赖性的社会经济交往活动。互动的经济活动，必然会构成互动为动因的夹缝。

交换的夹缝。恩格斯在《反杜林论》中说："政治经济学，从最广的意义上说，是研究人类社会中支配物质生活资料的生产和交换的规律的科学。生产和交换是两种不同的职能。……这两种社会职能的每一种都处于多半是特殊的外界作用的影响之下，所以都有多半是它自己的特殊的规律。但是另一方面，这两种职能在每一瞬间都互相制约，并且互相影响，以致它们可以叫作经济曲线的横坐标和纵坐标。"[1]交换分为经济层面的交换和社会层面的交换，两种交换都与经济利益有关。经济交换可以分为商

---

[1]　《马克思恩格斯选集》第 3 卷，第 489 页，人民出版社 1995 年版。

品交换、劳动交换和智能交换。当货币出现之后,交换的价值往往用货币来衡量。经济交换在价值方面往往构成夹缝,这就是人们常说的值不值的经济夹缝。就社会交换来说,个人或群体采取某种方式彼此交往,这种交往旨在获得报酬或回报,这样形成的关系就是交换关系,许多关系都是属于这种类型。例如,雇主与受雇者之间的交换,如果受雇者按照雇主的意图去做事,那么他(她)就会获得一份薪水的回报,不同雇主之间所给予的回报不同时,就容易对受雇者构成选择雇主的夹缝。

竞争的夹缝。竞争是经济活动中最为正常的营销方式,只要有经济活动,就会有竞争,而竞争最容易构成夹缝。经济学上的竞争是指经济主体在市场上为实现自身的经济利益和既定目标而不断进行的角逐过程。竞争需要一定的条件,一是竞争必须发生在两个或两个以上的企业之间,如果在特定的市场里只有一个企业想参与竞争,则形成不了竞争。二是竞争大多发生在同行业企业的生产经营活动中,发生在同一个特定的商品市场或劳务市场上。竞争还有卖方竞争和买方竞争之分,前者是作为卖方主体的商品和劳务提供者之间的竞争,后者则是作为买方主体的商品和劳务的接受者之间的竞争。竞争,需要第三方乃至更多的竞争的"外人",他们既是竞争的受益者,也是竞争的夹缝人。例如,可口可乐公司与百事可乐公司这两个竞争对手在双方激烈的竞争时对消费者构成了夹缝。百事可乐与可口可乐都盯死了对方,只要对方一有新动作,另一方肯定也会有新花样。可口可乐早在20世纪20年代便在古巴用飞机在空中喷出烟雾,画出"COCA—COLA"字样,可惜因为缺少经验而失败,百事可乐在1940年一下租了8架飞机,飞了14.5万公里,在东西两海岸城市,以机尾喷雾,写下百事可乐的广告。可口可乐当然要及时反击,为强化国民第一饮料的形象,可口可乐赞助了1939年的纽约世界博览会,并请名人啜饮,将其照片刊在杂志封面。但相比之下,百事可乐的宣传广告方式更有创意。他们专门设计了一套卡通片,而且还创作了一首看似极普通却风靡全美的广告歌曲。两大巨头在竞争中可谓不遗余力,使出浑身解数来击败对手,但结果却是二者都有了长久的发展。它们所做的一切,都是为了吸引顾客,多销售饮料,同时,也对消费者构成了选择的夹缝。

合作的夹缝。合作是指由于有些共同的利益或目标对于单独的个人或群体来说很难或不可能达到,于是人们或群体就联合起来一致行动的一种互动形式。合作有形式合作、实质合作和内容与实质都合作等几种形式。在经济活动中，往往有形式上合作，实质上竞争；也有实质上合作，形式上竞争等方式，这些"合作"方式，都容易对人们构成夹缝。例如，历史上有一个著名的形式上竞争、实质上合作的故事，对人们构成夹缝。在美国费城西部，有两个敌对的商店，一个叫纽约贸易商店，一个叫美洲贸易商店。两个商店是隔街的邻居，店老板却是死对头，他们之间经常展开价格竞争。当纽约贸易商店的窗口上挂出："出售爱尔兰亚麻被单，该被单质量上乘，完美无缺，价格低廉，每床价格 6.50 美元。"美洲贸易商店的窗口就会出现："人们应擦亮眼睛，本店床单世界一流，定价 5.90 美元。"此外，他们还常走出商店，相互咒骂，甚至大打出手，最终他们中间有一个会从竞争中退出来，宣称另一个店老板是疯子，在他那里买东西的人都是疯子。于是人们便纷纷跑到竞争获胜的商店买完所有的床单。在这一带，由于他们不断地竞争，人们买到各种物美价廉的商品而收获不少。有一天，他们中间的一位老板去世了。而几天以后，另一位老板开始停业大清仓大展销，然后，他搬了家，人们再也没看见他。这是为什么呢？当房子的新主人进行大清理时发现了其中的秘密。原来，两位老板的住房的街下有一暗通道，他们的住房就在商店上面。后来经过进一步核查 这两位老板竟是亲兄弟。这也是合作上较为典型的夹缝，夹缝人是不知实情的消费者。

（2）社会圈的经济夹缝

社会圈是物质发展的一个新阶段。社会圈是指包括人本身在内的整个社会结构与社会的政治、经济、文化等所组成的社会系统。社会的经济圈子是指在经济活动或者为了经济利益而构成的夹缝。在社会生活中，政治、经济、文化的圈子不会单独的，它是由利益作为核心的，而利益能够给圈内和圈外的人构成夹缝。

圈子与圈子的夹缝。什么是圈子？简单来说就是一个人的社会关系。共同的爱好、共同的经历、共同的回忆、共同的血缘、共同的目标、共同的生活背景、共同的利益诉求，都会在我们的身边形成各种各样的圈子。爱好文学、音乐、摄影、动漫、旅游，会形成圈子；曾经的同学、同事，会形成圈子；来自某个共同的地方，会形成圈子；喜欢某个共同的明星、名人，会形成圈子；喜欢某部共同的小说、共同的电影，会形成圈子；炒房、炒股、炒基金，会形成自己的圈子;经常出入某些共同的场所,会形成圈子……①在经济活动中,所有的圈子归根结底还是以利益诉求为核心的。既然有那么多的圈子,不同圈子之间容易对第三方圈子容易构成夹缝。

圈子内部的夹缝。一般说来,圈子是对内开放的,对外是较为封闭的,许多事情只有圈子内的人才能参与,许多好处也只有圈子内的人才能享受。在各种经济活动中,每个人都处在一个个洋葱头结构的圈子里,每个圈子都有核心,有边缘,每个人所处的位置不同,说话的分量各异。对于一个经济实体来讲,圈子有核心、有中间、有边缘,处在不同的位置,说话有不同的分量,就已经具备了夹缝构成的条件,有可能中间和边缘对核心构成夹缝,也有可能核心与中间对边缘构成夹缝。

二、人口与经济的夹缝

人口与经济之间存在着一种相互依存、相互制约、相互渗透、相互作用的关系。人口与经济由于各自本身内在的原因和外在条件的影响,都在不断地运动和变化着。这种运动和变化是在两者之间相互作用中实现的,有时又是在夹缝中实现的。经济及其运动过程是人口存在和发展的前提,经济发展对人口发展起着决定性的作用,同样,经济离不开人口。人口对于经济,经济对于人口,人口和经济共同对于社会都容易构成夹缝,而且这种夹缝有时是互为条件的。

1. 人口增长与经济发展的夹缝

人口对于经济来讲,最容易构成夹缝。经济发展规模,需要人力规模;人口的增长,形成经济资源的压力,为了减压,减少投资,又不利于经济增长,这便构成了人口与经济发展的夹缝。

(1) 人口增长与消费、投资、经济发展的夹缝

人口增长与消费、积累的夹缝。人口增长通过生产者和消费者的行为,与国民收入中的积累和消费发生直接关系。在国民收入增长为一定的前提下,人口增长首先扩大的是消费,因为新增加人口要成长为劳动力人

---

① 参见邵双平:《圈子就是社会关系》,《杭州日报》2007 年 7 月 4 日。

口进而转变为生产者，需要一定时间和投入，肯定会影响积累。在人口增长的情况下，要保证积累适当扩大，人口的消费水平就会下降。这就出现了一种夹缝中两难的选择。例如，我国在 20 世纪 70 年代左右，先是实行一对夫妻一对孩的政策，后又实行独生子女的政策，到了今天，则实行了独生子女（含单独）可以生二胎的政策，这些都体现了人口与经济对决策者构成夹缝的夹力。

人口增长与储蓄、投资的夹缝。一些经济学家认为人口增长阻碍储蓄和投资，给经济增长带来负经济效益，这种情况在发展中国家是显而易见的；又有的经济学家认为低收入国家生育率比较高，人口增长率较快，使抚养负担和消费需求不断增加，结果储蓄率和投资率都有所降低，经济发展缓慢，就是说，在其他条件不变的情况下，人口增长的速度越快，所需要的资本形成越多；还有的经济学者认为人口多，消费多，劳动力多，从某一层面对经济发展是有利的，这些认识已经构成了夹缝。当人口增长时，为使新增加人口不低于原有人口生活水平所需费用的投资叫"人口投资"，这种投资基本上随着人口增长的变化而变化。但随着经济的发展，人们的文化程度和生活水平不断提高，为满足这种提高需要追加一部分投资。这种为提高整个生活水平的投资称为"经济投资"，经济投资是为了以后的经济发展，是为了提高人口素质。这种辩证的思维，一样会对一些决策者构成夹缝。

人口增长对经济增长的夹缝。一般的经济学者认为，人口增长的压力对经济增长的副作用很明显。一是有人口压力的国家，经济的进步往往被新增加的人口所抵消，为了养活新增加的人口，社会需要增加大量的人口投资，而总投资中，减去这部分投资所剩余的生产投资会相应地减少，因而影响了经济发展的速度；二是人口增长过快，带来消费倾向上升，因而减少了积累；三是人口增长过快会减少个人储蓄，对国家来说，储蓄等于投资，人口压力导致国内投资减少，从而妨碍了生产设备的改进和增加，对经济发展产生不利影响。在有着"养儿防老"文化传统的国家里，对于有些人来说，儿孙满堂是一种幸福状态，这种观点和人口增长副作用的观点对决策者构成了夹缝。有的学者认为，从人口经济理论上来看，人口增长可以产生两种经济效应：一是可以形成规模经济，促进劳动分工和技术进步，在经济资源相对充裕的条件下，人口增长有利于经济增长；二是可能形成对经济资源的压力,减少投资,降低劳动生产率,在经济资源短缺的条件下,人口增长则不利于经济增长。这两种正反作用的经济效应,已经对人们构成夹缝,需要辩证地理解和科学地化解人口增长对经济增长构成的夹缝。

(2)人口质量与经济发展的夹缝

人口质量通常是指人口本质的综合性素养和能力,可分为身体素质、文化科学素质和道德素质。人们为了获得较高的质量如较高的文化科学素质和身体素质,往往需要花费一定的代价和费用,因而,人口质量也就具有了经济价值,投入提高人口质量的资本要获得一定的经济效益,追加的人口质量投资要获得追加的经济效益。传统的比较优势的经济学理论认为,一国的生产优势主要取决于自然资源状况、资本和劳动力构成的要素比率,现在的经济学理论认为,一国的生产优势主要取决于劳动力构成、资本和自然资源状况的要素比率。发达国家如美国和日本一直把提高人口素质放在首位。就是说,人口素质对经济发展已经构成了夹缝。

人口素质与劳动力素质对经济的夹缝。劳动力人口是总人口的一部分,其素质决定于总人口的质量。劳动力素质是指劳动力的各种构成要素的综合情况,具体体现在劳动者的身体素质和某些先天才能、知识积累、工作能力和经验、技术水平和熟练程度以及思想道德素质等。对于一个企业来讲,劳动力素质高,企业的发展后劲就大,否则则相反。但是,对于这个企业的不同的岗位来讲,需要的是不同素质的劳动力。如果企业都招聘同一层次的劳动力,必然会对企业发展构成夹缝。劳动力的素质的提升,一般靠教育。由于人对于知识技能的接受能力不同,培养素质的结果也不同。如果用同一样的培养模式,同样会对受培养者构成夹缝。例如,美国纽约圣约翰大学肯·邓恩和丽塔·邓恩教授的研究表明,仅有30%的学生记得课堂内听到的东西的75%;40%的人记得四分之三他们所读到的或看到的东西;15%的人通过触摸学习;15%的人通过身体运动来学习。[①]学校教育毫无疑问适合于左半脑发达的孩子,这种局面很难改变。学生在接收信息之后经过大脑加工还有记忆和储存的问题,不同的个体也不相同。由此看来,那30%的记得课堂内听到东西的人肯定成为老师喜欢的聪明学生,而那15%的通过身体运动来学习的学生,肯定成为老师和家长

---

① 参见郑杰著:《给教师的一百条新建议》第185页,华东师范大学出版社2004年版。

不喜欢的差学生,而处在学习方式夹缝中的15%的学生是非常倒霉的,他们往往成为学校课堂教育夹缝被挤夹的牺牲品。对于一个国家来讲,劳动力的需求一定是有层次的,用好不同素质的劳动力,会化解人口素质的夹缝。

人口质量与科技进步的夹缝。现代经济学理论认为,经济增长主要是科技进步的成果,而科技进步成果,主要是科技人才的发明和创造,因而人口质量的提高和科技进步的作用要远远超过资本积累。科技进步要求人口质量尤其是高素质人才的相应提高,这主要包括需要大量从事科技研究和应用研究、具有较高素质的科技人员以及具有足够数量的技术技能劳动者。科学技术是人发明的,又是靠人掌握的,人口质量是科技进步和经济发展的基础和前提。也就是说人口质量与科技进步紧密相连,只有人口质量提高了,科技才能更好更快地进步。人口质量的提高与科技进步,往往是相辅相成的,有一种"因果关系"。在经济发展中不少领导者关注的是科技进步,忽视的是人口质量的提升,因而构成了人口质量与科技进步的夹缝。

人口质量与经济发展的夹缝。一般说来,经济是基础,经济状况有时决定人口素质状况;同时,人口质量反作用于经济发展,影响经济发展的质量和速度。人口质量和劳动力人口质量的变化对经济活动中的生产、交换、分配以及消费等各个方面都起着普遍的促进作用。当人口质量与经济发展相适应时,就会促进经济发展,如果人口质量尤其是劳动力人口质量普遍低下时,则会阻碍经济发展。[①] 人口质量尤其是劳动力人口质量一般需要教育来提高,可是,有些管理者,只追求经济数量,忽视劳动力人口质量的提升,对教育的关注和投入不够,构成了人口质量与经济发展的夹缝。

2. 人口投资的夹缝

"人口投资通常是指社会或家庭对人口群体在出生、成长、被培育成为劳动力所花费的抚养费用、教育费用、医疗费用及其他公共支出费用的总和。"[②]人口投资有家庭的投资,也有社会的投资,社会投资包括了国家

---

① 　参见李仲生著:《人口经济学》第 201 页,清华大学出版社 2006 年版。
② 　李仲生著:《人口经济学》第 161 页,清华大学出版社 2006 年版。

投资,由于投资需要有一定的回报,因此,人口投资往往构成夹缝。

（1）家庭人口投资的夹缝

家庭是社会的细胞,是人口、劳动力的生产和培育的基本单位。家庭人口投资指家庭生育孩子所支出的费用,又称为微观人口投资。具体说来,家庭人口投资包括母亲从怀孕到把孩子养育成人损失的工时折算的费用;孩子抚养过程的衣食住行等生活费用;由家庭支付的各种教育培训费用;由家庭支付所花费的医疗保健等方面的支出费用等。家庭对孩子教育投入了,有没有回报,回报率高不高,都是投资夹缝的构成条件。

家庭投资回报的夹缝。我们以家庭对孩子读大学的投资为例,上大学值不值一直在争论中,已经构成了家庭对教育投资的夹缝。例如,2013 年成都女孩玲玲考上大学本科,但父亲固执地认为"读书无用",宁愿出钱资助女儿做点小生意,也不愿"扔几万元学费进去打水漂"。玲玲的父亲说,"读 4 年书花 8 万,高中毕业打工挣 8 万元,来回 16 万元"[①],不如做生意。2013 年 9 月 1 日,1 万多名网友在参与大成网专题调查投票时,七成网友均认为"读大学不是唯一出路,在哪里都可以学习"。这些年,"注水的高就业率"与"毕业即失业"并行、"北大学子卖肉"与"清华学子当城管"成为现实风景、"学术不端"与"教育腐败"同行。英国卡迪夫大学教授艾丽思说,"高校收费越来越高,是个世界性问题。英国高校也面临这个问题,明年就将提高学费"。在美国读一年书最低的消费大约为 11000 美元,而最高则可能高达 47000 美元。而中国以清华为例,一年的学费约是 5000元,住宿费 1500 元左右,加上其他的一年需要万余元。如此看来,中国学生的学费,其实并不算贵,持读大学无用观点的人真正纠结的并非花了多少钱,而是读完大学是否能创造相对等的价值。也有人认为,表面上看,如今部分大学毕业生似乎与没读大学的人在找工作、收入等方面没多大区别,并且读大学不菲的花销也暂时回收无望。但是从长远角度看,读大学绝非"赔本买卖",对国家、对个人都有重要意义。上大学到底值不值,教育到底能否改变命运? 仁者见仁、智者见智。支持上大学的人认为,直至今天,上大学仍然是许多学子,尤其是贫困地区或者贫困家庭的孩子改变命运的重要途径。"没有高考,你拼得过富二代、官二代吗?"虽然沉重,却

---

① 柯娟:《成都父亲反对女儿上大学:舌战读书无用》,《华西都市报》2013 年 9 月 3 日。

未必不是现实。反对者则认为,付出了那么大的代价,却换来大学毕业即失业的尴尬,得不偿失,如果把上大学的钱拿来提前创业、工作,或许获得回报的机会更多、概率更大,时间也会更早。[①] 家庭教育投资的现实已经对人们构成夹缝。

家庭投资效益取舍的夹缝。家庭在经济上进行人口投资之后,会获得一定的经济收益,这种经济收益是指新增劳动力在整个工作期间为家庭获得的经济收入。一般情况下,一个人一生中所获得的经济收入,总是多于其一生的消费支出,因而家庭人口投资的经济收益总是多于家庭人口投资的支出。由于家庭人口投资具有"一定时期的投资获得长期经济收益"的特点,且这种投资的经济收益绝大部分不是由投资者本人获得,而是由投资者的子孙代获得,这便构成了投资给谁获得效益的夹缝。在不少经济发达的国家,父母们经常面对现实经济利益和未来子孙经济利益的选择,是把现金用来购买消费品,还是用来生育孩子这种特殊的"消费品",时常出现把生育孩子放在次要位置的家庭投资的取舍现象。据调查,法国 10 个家庭中有 9 个不想生育孩子,美国有 70% 的夫妇不想要孩子,结果使这些国家人口增长缓慢。而不少经济欠发达的国家,父母们面对经济利益的选择时,大多侧重于生育孩子。在不同的家庭投资行为面前,很多家庭处在夹缝之中。

(2)人口投资转化的夹缝

在经济发展过程中,投入购买生产资料的资金这和经济投资将转化为"资产"或"资本存量",如原料、生产工具、厂房等物质形态,在生产或再生产过程中逐步将其价值转移到产品中去。人口投资作为生产性投资,它和其他经济投资一样转化为"资产"或"资本存量",但转化的形式和转化的结果却不同,人们常常在人口投资的形式和结果的取舍中构成夹缝。

人口投资转化形式的夹缝。人口投资转化形式很多,主要表现为健康资本存量、知识资本存量和就业资本存量等,健康投资作为一项重要的人力资本投资,是指一定时期用于预防和治疗人体病变和保持人们身体健康所花费的支出,包括花费在医药、医疗机械、医疗服务等的医疗费,以及花费在营养用品、衣食住行、体育锻炼、自我照顾等有关身体健康方面的费用

---

① 　参见柯娟:《没上大学很遗憾:市民愿助玲玲圆梦》,《成都商报》2013 年 9 月 2 日。

支出,这种投资在逐年加大。知识资本存量指人们所具有的智力、知识、技能等。知识资本存量是教育投资转化而来的,这种投资包括投入儿童早期教育、各级正规学校教育以及在职人口的职业培训等方面的费用支出等。就业资本存量是由为装备新增劳动力人口所花费的费用转化的物质资本存量。① 在人口投资中,尤其在家庭的人口投资时,有的人建议偏重健康投资,有的人建议偏重知识资本投资,不少民众处在投资夹缝之中。

人口投资转化中知识存量的夹缝。知识存量是由教育投资转化而来的,即通过教育而提高人口的智力、知识、技能等水平。教育投资转化为知识存量,存留在人们的头脑中,以便在以后的工作中使用出来,转化为投资效益。其实,人们在投资什么样知识"存量"时已经构成了夹缝。例如周浩同学的逆向转学,便是知识存量转移的例子,同时构成了人口投资知识存量转换的夹缝。2014 年 11 月 4 日,第六届全国数控技能大赛决赛开幕式在北京工业技师学院举行。会场上,周浩代表参赛选手进行宣誓,他的一举一动吸引着媒体记者们的眼球。3 年前,周浩从北京大学退学,到北京工业技师学院学习技能,从众人羡慕的高才生到普通的技校学生,从北大生命科学研究院人才储备军到如今还未就业的技术工人。谈起这次身份的转变,周浩说:"毫不后悔,很庆幸。"从北大退学转到技校,这在我国当下绝对是新闻,很多人不敢相信周浩同学的选择,因为在大家眼里,技校和北大相差实在太远,众人以读北京大学为荣。对于周浩同学从北大退学,也有不少人认为他是北大的失败者,无奈而退学。② 其实,站在教育选择角度看周浩同学的转身,你会发现这只是学生做出适合自己的选择,是一种知识存量转移的常规现象。周浩同学"转学"的本身,构成针对教育制度优化的夹缝。

3. 人口迁移的经济夹缝

人口迁移是社会发展过程中的正常现象,人口迁移指的是人口在两个地区之间的空间移动。人口的迁移与经济发展有着密切的关系,人口迁移经常对经济发展构成夹缝。

① 参见李仲生著:《人口经济学》第 162—163 页,清华大学出版社 2006 年版。
② 参见熊丙奇:《弃北大读技校何时不再是新闻》,《北京青年报》2014 年 11 月 18 日。

（1）人口分布与经济发展的夹缝

人口分布是指人口在一定时间内的空间存在形式、分布状况，包括各类地区总人口的分布以及某些特定人口（城市人口、性别等）的分布状态。人口分布是一个变动的过程，人口变动，大多是迁移的结果。人口分布对于经济发展、经济发展对于人口分布、人口的密度对于经济发展都容易构成夹缝。

人口分布与经济发展的夹缝。1883 年，法国学者瓦列塞尔提出人口密度与经济发展的关系式：当人口密度每平方公里为 0.02～0.03 人时，人类的生产属于渔猎时期；当人口密度每平方公里在 0.5～2.7 人时，为畜牧业时期；当人口密度每平方公里达到 40 人时，为耕作业时期；当人口密度每平方公里达到 160 人时，为工业时期；当人口密度每平方公里大于 160 人时，为商业时期。瓦列塞乐通过观察和统计看出了人口密度与经济发展方式之间的一种数量关系，但并没有揭示出人口分布与经济发展之间的实质关系。[1] 在经济发展过程中，人口集中和人口城市化的过程同工业化、市场经济发展相一致。但是，随着市场经济的发展，人口对一个地区的经济发展有很大影响，有时构成人口与经济发展的夹缝。人口过密会出现人口和劳动力过剩，产生大量的失业人口和待业人口，人均收入水平低，生活资料供不应求，对经济发展造成压力；人口过疏则会出现劳动力不足，市场狭小，影响经济的发展。这样的"两难"构成了人口与经济发展的夹缝，当地的管理者往往成为夹缝人。

人口经济密度的夹缝。人们用人口密度指标来衡量人口分布状况。人口密度指标是指一定时点上单位土地面积上所拥有的人口数量，通常以每平方公里常住的人口数来表示，反映一定土地面积上人口的稠密程度。从人口经济学的观点来看，人口密度虽然被广泛使用，但缺乏可比性，不能真实反映一个国家或地区的经济发展水平。为了弥补这一指标的不足，人们通常采用人口经济密度指标，以便比较各国或各地区人口分布的疏密。人口经济密度是指一定时点上该地区的经济发展达到一定水平时所拥有的人口数。它反映了一个地区的人口和某种经济发展水平之间的关系。可用如下公式计算：

---

① 参见李仲生著：《人口经济学》第 163—170 页，清华大学出版社 2006 年版。

$$PED = \frac{P}{a}$$

公式中 PED 为人口经济密度,P 为人口数,a 为经济发展水平。

表 6-2　主要国家的人口密度和人口经济密度(1999 年)①

国名	土地面积 (万平方公里)	总人口 (万人)	人口密度 (人/平方公里)	国民生产总值 (百万美元)	人口经济密度 (每万美元国民 生产总值人数)
美国	936.4	27313.1	29	8879500	0.3
日本	37.81	2664.9	340	4054545	0.3
德国	35.7	8208.7	230	2103804	0.4
英国	24.3	5874.4	242	1403843	0.4
法国	55.2	5909.9	107	1453211	0.4
意大利	30.1	5734.3	190	1162910	0.5
加拿大	997.1	3049.1	3	614003	0.5
中国	959.7	126683.8	132	979894	12.9
印度	328.7	98661.1	300	4418342	2.3
印度尼西亚	190.5	20743.7	109	125043	166.6
巴西	854.7	16537.1	19	510212	3.2

　　从表 6-2 中我们可以发现使用人口经济密度这一概念比人口密度更能反映出人口分布与经济发展相互关系的地区差异。有些经济学者认为,从人口经济水平密度来看,密度越小的国家经济发展水平往往越高,如美国、日本和德国等发达国家的人口经济密度均在 0.5 以下,其经济规模总量在世界经济占有靠前的位置,但经济发展潜力较小;而密度大的国家经济发展水平往往较低,经济规模人均总量在世界经济占有靠后的位置,人口经济的发展不协调,但具有较大的经济发展潜力,因为人口占有优势;也有经济学者认为,人口有优势,但人口往往成为经济发展的负担,影响人均经济总量的提升。这些观点对决策者构成夹缝。

　　(2)人口迁移的夹缝

　　人口迁移是指人们由于经济因素、政治因素、自然环境或社会因素离

---

① 李仲生著:《人口经济学》第 172 页,清华大学出版社 2006 年版。

开居住地转移到其他地区,通过地域的移动行为改变人口规模和结构。人口迁移从人口经济学的角度来看,具有经济阶层间的移动性和人口地域移动的二重性。联合国《多种语言人口学辞典》给人口迁移下了一个为人们普遍接受的定义,即"人口在两个地区之间的地理流动或者空间流动,这种流动通常会涉及永久性居住地由迁出地到迁入地的变化"。人口迁移构成的夹缝形式很多,从经济层面看,至少有迁移经济模式的夹缝和迁移经济效益的夹缝。

迁移的经济模式夹缝。人口迁移的模式在经济学家的研究中是多样的,对人们理解人口迁移模式构成了夹缝。20 世纪 50 年代中期,威廉·阿瑟·刘易斯在《无限劳动供给下的经济发展》一文中提出了二元经济结构发展模型,也称为无限过剩劳动力发展模型,其目的是论证发展中国家农业劳动力向城镇工业部门流动的两部门人口流动模型。刘易斯认为,发展中国家一般存在着二元经济结构,即发展中国家的经济结构由传统的自给自足的农业部门和现代工业部门组成。刘易斯的二元经济结构发展模型遭受了一些经济学家的批评,特别是迈克尔·P·托达罗的批评指出,刘易斯的二元经济结构发展模型有三个关键性的假设前提与大多数发展中国家的经济现实不符:"刘易斯模型暗含的假定现代工业部门的劳动转移率和就业创造率与现代部门的资本成正比例的关系"与发展中国家的经济现实不符;刘易斯模型假定"在农村存在着剩余劳动,而城市实现了充分就业"与发展中国家的经济现实不符。刘易斯模型假定"现代工业部门存在着一个竞争劳动力市场,从而保证在农村的剩余劳动力被完全吸收以前城市的实际工资保持不变"与发展中国家的经济现实不符等。费景汉和古斯塔夫·拉尼斯认为,刘易斯的二元经济结构发展模型忽视了农业劳动生产率提高和农业剩余产品的增加是农业劳动力转入现代工业部门的先决条件。为此,费景汉和拉尼斯在刘易斯的二元经济结构发展模型的基础上,把农业部门和现代工业部门的发展联系起来加以说明。费景汉和拉尼斯把两部门经济发展划分为三个阶段,揭示了每个阶段上农业劳动力向工业转移的不同特点。但有的经济学家认为这个模式是根据发达国家经济增长的历史经验模拟的,不符合发展中国家的经济发展状况。西奥多·威廉·舒尔茨在研究人力资本投资时,把"直接用于教育保健以及为了取得良好机会而用于迁移的费用"都看作人力资本的直接投资,也就是说,用于迁移的花费与用于教育的费用一样,都是为了获得更大效益的投资。西蒙·库兹涅茨认为,经济发展与人口的区域再分布相互紧密关联。约翰·里斯·哈里斯和迈克尔·P·托达罗针对发展中国家城市失业率水平居高不下情况下,大量农村人口迁移到城市的现象提出了城乡人口迁移模型,并做出了理论解释等①。这些不同的模式和研究理论成果,使不少经济理论工作者处在夹缝之中。

迁移的经济效益夹缝。经济因素是人口迁移的主要动因,而人口的迁移,不仅使人口分布和人口结构发生变化,而且使迁出和迁入的地区经济效益发生变化,从而构成经济效益的夹缝。就国际人口迁移而言,不少国家处在迁移的经济效益夹缝之中。一方面,迁出发展中国家的人口大多是富有进取精神和具有一定的专业知识和熟练技术的人才,这被联合国国际贸易发展委员会称为"技术逆转移",影响到迁出国家的经济效益;另一方面,发展中国家往往存在人口过剩、失业率偏高的问题,人才和劳动力外流,增加了国内就业机会,这样的迁移形式使发展中国家的决策者处在夹缝中。从国内人口迁移来看,最典型的是由于工业化和城市化引起的农村人口向城市迁移,这类迁移促进了工业化和城市化的发展,产生了巨大的经济效益。但大规模的迁移往往带来负经济效益,例如,农村大量有技术的青年劳动力的外迁,降低地域的边际生产力,影响农业现代化的发展,同时带来了城市人口过密、本地人口就业受到冲击等问题,这些事关人口迁移带来经济效益变化的问题,也对决策者构成夹缝。

三、家庭、人的健康与经济夹缝

家庭建立和人的健康,都与经济有着密切的关系。家庭收入和支出,不仅关系生活质量,也关系家庭成员的身体健康,同样容易构成夹缝。

1. 社会中家庭经济夹缝

家庭是指婚姻关系、血缘关系或收养关系基础上产生的,亲属之间所构成的社会生活单位,是社会的细胞。家庭的经济水平,往往对家庭成员

---

① 参见李仲生著:《人口经济学》第175—184页,清华大学出版社2006年版。

构成夹缝。

（1）核心家庭与扩展家庭的经济夹缝

核心家庭的经济夹缝。核心家庭指两代人组成的家庭,核心家庭的成员是一对夫妇及其未婚孩子。核心家庭之所以被称作核心,是因为在社会中,这种家庭结构最为普遍,它们代表了大多数人的生活。在发展中国家,核心家庭的一对夫妇都正值工作的最好时期,经济条件一般较好,生活的压力较小。虽然现在大多数国家推行的是平权社会,但是,许多重要的事情还是由父亲决定,这就容易构成经济支付的夹缝。例如,当孩子需不需要购置一样东西时,如果夫妻不事先商量好,必然会出现一方认为可以买,另一方认为不可以买,对当事的孩子构成夹缝。当然,发达国家大多数核心家庭都雇得起人照看孩子,一般情况下,他们不需要扩展家庭,因此,在不需要外援的情况下,容易构成针对双方父母的夹缝。

扩展家庭的经济夹缝。由有共同血缘关系的父母和已婚子女,或已婚兄弟姐妹的多个核心家庭组成的经济方面收入共有、支出统一的家庭。有的扩展家庭规模较大,累世同堂,人丁兴旺,但等级森严,实行家长制,家庭经济、家务、财产乃至青年男女的婚姻都由家长安排或控制,这样对于晚辈则容易构成经济夹缝;有的则只有三代,同样容易构成家庭经济的多重夹缝。对于较为贫穷的扩展家庭来说,必须依靠家庭成员和亲戚来提供他们买不起的产品和服务。例如,妹妹来照看小孩;祖母来照顾生病的父亲或母亲;哥哥借给妹妹50美元,下次发薪的时候再还;如果需要的话,表哥还要带孩子去看牙;搬家那天家里所有能动的人都要帮一把手……没有这种互相帮助的网络,低收入的家庭就无法满足自己的需求,无法处理各种紧急情况。家庭成员越多,每个人就越有可能得到帮助。这样,对于穷人来说,大家庭、扩展家庭和关系密切的亲属群体就是一种实实在在的好处——事实上,是一种必需。① 由于人口多,经济方面互相帮助的水平不同,即当帮助了一个,没有帮助好另一个,则容易构成夹缝。

（2）工作与家庭的夹缝

在一般情况下,工作意味着收入,有了收入,才有可能有开支,才能

---

① 参见［美］戴维·波普诺著,李强等译:《社会学（第十版）》,第395页,中国人民大学出版社1999年版。

"养家糊口"。在社会里,中产阶级和下层阶级的经济来源都源自工作,中国人习惯称工作为"饭碗",可见工作的重要性。一个人的工作,在家庭和社会中容易构成夹缝。

双职工家庭的经济夹缝。双职工家庭指夫妻两人都工作的家庭,双职工家庭的最大优点是家庭收入的提升以及为妇女提供就业的机会。在夫妻双方都工作的情况下,家庭收入提升了,但照顾家庭的负担加重了,子女的照顾和教育弱化了,这对双职工夫妇构成了夹缝,到底是为了收入而工作,还是把妻子留在家里照顾孩子等,有时难以取舍。就美国而言,双职工家庭的特点是家庭收入更多,为妇女提供了更广泛的就业视野,为孩子建立了更积极和平等的角色模型,证明通过努力获得个人成就的愿望可以实现等。但是有研究表明,职业妇女仍继续承担着家务劳动、照顾子女和事务的主要责任。在美国从事全职工作的母亲平均每周工作 40 个小时,照顾家庭和孩子用 36 个小时。因此,当"既为妻又为母"的妻子,在照顾孩子、处理社会事务、做家务之间无法分身且没有经济实力雇人的时候,或为其他日常生活要求所牵扯的时候,家庭收入的夹缝夹力就非常大。①

单亲家庭的经济夹缝。单亲家庭指只有父母一方构成的家庭形式,这类家庭一直处在夹缝之中。从不同国家的家庭来看,单亲家庭虽然在各个阶层都存在,但在下层家庭更为普遍。单亲家庭通常是由于离婚、分居、未婚生育或丈夫失业造成的。单亲家庭在经济方面一般是困难家庭,时常处在正常家庭和社会某些组织的夹缝之中。

2.婚姻经济夹缝

婚姻在社会学上被定义为一种社会赞许的配偶约定,通常包括一男一女之间性行为、经济合作。在现代社会,婚姻往往是以经济为基础的,因此容易构成婚姻经济的夹缝。

(1)两种极端婚姻经济的夹缝

在我国,婚姻提倡门当户对似乎是一种传统,这种门当户对实质上是以经济为核心的。当爱情遇上了经济,往往爱情输给了经济,因此构成婚

---

① 参见[美]戴维·波普诺著,李强等译:《社会学(第十版)》,第 409 页,中国人民大学出版社1999 年版。

姻经济夹缝。

土豪子女婚姻的夹缝。"土豪"原指在乡里凭借财势横行霸道的有钱人,那时的土豪,是被专政与被打击的对象,因为为富不仁、盘剥贫苦农民、破坏革命。当下的"土豪"是网络用语,通常指有钱并非主观而显示出个人巨额财富的人。这些有巨额财富的人,通过子女结婚的显摆,往往对有些社会人构成夹缝。天津一"土豪"嫁女儿,别出心裁地采用近百筒连体钞票作为陪嫁现金,让人大开眼界。据在场知情人士及众多网友爆料,新婚女方家底雄厚,陪嫁嫁妆除了天津富力中心、北京昌平等地的几处房产、上百万元的名车等,最让人惊叹的就是99筒整版钞,寓意"天长地久",筒内装的每张都是未经过裁剪的、连在一起的真币。宾客们的红包也丝毫不含糊,新娘的同学就送出了高达9万元的红包。天津土豪嫁女的嫁妆再次刷新中国富豪嫁女嫁妆榜。万元人民币花束、400万元宾利豪车、888万元礼金、1080万元现金……被土豪们不断升级的婚礼"斗富"早就闪瞎民众的双眼,按说民众早已"见怪不怪",但众多网友还是被这些"刚出炉、连在一起的钞票整版"和出手霸气的"丈母娘"所震惊。这场连体钞做嫁妆的"土豪"婚礼在短短几天内,就引发微博及各大论坛网友热议,面对这些多数人连见都没见过的限量版连体钞票,网友们在惊讶之余,不禁纷纷表示拼爹拼妈还得拼丈母娘,比谁钱多钱重还得比谁钱"大"。也有的网友说,这类显摆,值吗?① 土豪的这种做派与一些网友的议论对不少年轻人构成婚姻夹缝。

为了换取医药费救亲人愿意嫁给出钱人的夹缝。婚姻经济时常在某一个关键时刻显现出来,而婚姻经济的夹缝时常使人很无奈。21岁的周小芳是武汉生物工程学院财务管理专业的一名大三学生。2014年7月29日,周小芳的弟弟周方正刚考上高中便被确诊为急性髓系白血病。8月4日,周方正到武汉协和医院就诊,并很快找到骨髓配型成功(周小芳骨髓配型完全没配上,父母都是半相合),但百万元的治疗费成为周家最大的困扰。周小芳的父亲多病近年来不曾工作;母亲照顾弟弟辞去工作,家中经济重担落在周小芳身上。周小芳家里条件不好,都是靠助学贷款和助学

---

① 参见佚名:《天津土豪嫁女整版钞作嫁妆,同学送9万元红包》,《齐鲁晚报》2013年12月10日。

金上学的,她每年寒暑假都会出去兼职,发传单、家教、做平面模特、流水线工作等都做过。为了筹集到医疗费,首先,周小芳想到了卖红薯。在武汉精武横路菜场,冬日的寒风中,周小芳每天下午摆摊卖红薯。卖红薯刚开始时一天能卖 30 多斤,后来多一点。因为很多朋友买时会献一点爱心,5块钱的红薯,他们给 10 元,还不让找零。有的一买一整袋,一天能卖两三百元。其次,周小芳为了弟弟搞了义演募捐。周小芳在网上说想去义演募捐,很多朋友积极响应,他们在广场跳《小苹果》,募得了 1.9 万元善款。对于有人说周小芳是炒作,她说,现在是为了救弟弟没办法,能引起社会关注很高兴,因为弟弟有救了。生活逼得这样,也只能去承受。周小芳说,没想炒作,只为筹钱救弟弟。对于有人说周小芳的衣服是名牌,周小芳说,这个外套是家人给她买的,地摊货,不到 100 元。我穿衣服可以穿最便宜的,但能穿出最贵的品位。周小芳还说,2014 年 8 月份时她想,如果有人救她弟弟,她可以嫁给他。① 对于周小芳筹集医疗费用的事,网上议论纷纷,有赞美的,也有反对的,还有质疑的,五花八门,已经构成了夹缝。对于周小芳为了救弟弟嫁给出钱的人,完全出于无奈,彰显金钱——婚姻夹缝中的无奈。

(2)不同婚姻类别的夹缝

婚姻的类别是依据社会进步程度决定的。历史上有的追求同类婚姻,有的实行内婚制,有的实行外婚制,无论哪种婚制,其根本原因还是经济条件决定的,都会对适宜结婚的男女构成夹缝。

内婚制的经济夹缝。内婚制又称"血缘婚""族内婚",是指在一定社会关系范围内选择配偶的一种婚姻制度。在阶级社会里,内婚制有各种不同的内容,其通婚范围除与血缘有关之外,也和经济、民族、宗教、等级、阶级等有关。有的民族不与外族通婚,有的教徒不与其他教徒通婚,如信仰伊斯兰教、犹太教和印度教的,一般只在教徒内自相通婚。阿拉伯人堂兄妹可以结婚。印度的种姓等级制度,严格规定种姓内婚,允许两个上等种姓(婆罗门、刹帝利)从两个下等种姓(吠舍、首陀罗)娶妻,但禁止下等种姓从上等种姓娶妻的权利。在某些社会中,贵族、平民与奴隶各行内婚。古代罗马禁止贵族与平民通婚;古代埃及和秘鲁,王室不得与其他贵族结

---

① 参见王黎莉:《摆摊卖红薯女大学生:曾想谁救弟弟就嫁给他》,《华商报》2014 年 11 月 30 日。

婚,只在近亲内寻求配偶,甚至兄弟与姊妹结为夫妻。古代日本的法律明文规定阶级内婚,因而皇室只在近亲内通婚。近代大洋洲波利尼西亚人社会有明显的等级划分,实行等级内部通婚,如塔希提人贵族女子若与平民通婚,就要被处死。新中国成立前,四川凉山彝族奴隶社会的统治等级,为了维护自身的所谓高贵血统的纯洁,严禁与不同民族、不同等级的人通婚,统治等级的女子如果与被统治等级的男子有性关系,双方都要被处死。①政治、民族、阶级都与经济密不可分,婚姻又受经济制约,由此对适宜结婚的男女构成夹缝,这种夹缝时常表现为,适宜结婚的男女爱上了族外人时,往往形成复杂的针对当事男女家庭的婚姻经济夹缝。在美国,内婚制仍是某些种族群体的传统,如正统的犹太人当自己的子女与非犹太人结婚时会按传统为他们哀悼,就像他们已死了那样。许多在美国的希腊人也鼓励内婚制等,最终表现为针对适宜结婚男女的经济夹缝。

外婚制的经济夹缝。外婚制又称"族外婚",是指同一氏族内男女只能在外氏族男女间选择配偶的婚姻制度。专家认为,外婚制有利于人类的体质和种的繁衍,加强各通婚集团间的社会经济联系。在传统的社会里,婚姻对象必须是另一个村子人,这种做法有助于加强比邻群体间的联系,因为每个配偶都有亲属住在另一个村子里。建立在这些亲属联系之上,村与村之间的联盟就会通过物品与服务的交换而使经济关系得到强化。但是,当经济利益冲突时,往往使婚姻处在夹缝之中,有时,婚姻要给经济利益让步。

（3）离婚的经济夹缝

离婚是较为复杂的社会生活现象,男女办理离婚过程中,都要面对许多复杂的问题,诸如夫妇间甚至是双方家庭在财产上的分配;子女的抚养权或监护权,而且相当多的夫妻离婚之前会先协议分居。当下的社会还出现了假离婚的现象,使离婚的经济问题更加复杂,夹缝的夹力更大。

当下假离婚的夹缝。"中国式假离婚",是指中国大陆夫妻双方为了满足一方或双方的某种需求,一致同意办理离婚手续,并且同时商定,在目的达到后再办理复婚手续。"中国式假离婚"是随着拆迁补偿、买二套房、逃避夫妻债务、生二胎、孩子上学等问题而形成的,是为了获取一定的利

---

① 参见百度百科:《内婚制》,2015 Baidu。

益,为此构成了假离婚的经济夹缝。有人认为"假离婚"是对资源分配不公的一种诉求表达;有人认为"假离婚"表面是投机取巧,实际是品质问题;有法律人士认为"假离婚"不仅是对神圣婚姻的亵渎,而且隐藏着巨大的风险;有人认为一旦可以获得经济利益,有些人就会奋不顾身离婚,他们鄙视这种行为;有人认为各有各的难处,表示理解"假离婚",这已经形成了"假离婚"的夹缝。

　　离婚经济分割和补偿的夹缝。离婚经济分割和补偿是离婚的核心问题之一,谁抚养孩子也是离婚的核心问题之一。离婚的某一方要抚养孩子,就需要经济支持,孩子的抚养金往往也成为构成夹缝的条件。例如,在美国,离婚者的子女通常必须特别依赖于父亲提供的子女抚养费。但是,这种费用是否理想,通常依赖于母亲的社会地位。如,大学学历的妇女得到孩子抚养费的人数要比只受过高中教育的妇女多。一般看来,法院大多裁定父亲有负担抚养费的义务,实际在法庭上获准得到子女抚养费并不一定意味着事实上就能得到这笔费用,许多年来,获准得到子女抚养费的妇女中只有75%左右从孩子父亲那儿拿到了钱。[①] 在中国,《中华人民共和国婚姻法》第37条第1款规定:"离婚后,一方抚养的子女,另一方应负担必要的生活费和教育费的一部或全部,负担费用的多少和期限的长短,由双方协议;协议不成时,由人民法院判决。"因此,在处理子女抚养费问题时,以离婚夫妻双方的自愿协商为首选,只有在协商不成的情况下,才由人民法院根据实际情况判决。在研究审判实践时,对非直接抚养方承担子女抚养费和教育费问题的处理应该关注几个问题:根据《婚姻法解释(一)》第21条的规定,抚养费包括子女生活费、教育费、医疗费等费用。根据《子女抚养意见》第7条规定,子女抚养费的数额,可根据子女的实际需要、父母双方的负担能力和当地实际生活水平确定:①有固定收入的,抚养费一般可按其月总收入的20%～30%的比例给付。负担两个以上子女抚养费的,比例可适当提高,但一般不得超过月总收入的50%。②无固定收入的,抚养费的数额可依据当年总收入或同行业平均收入,参照上述比例确定。③有特殊情况的,可适当提高或降低上述比例。子女抚养费一般到子

---

　　① 参见[美]戴维·波普诺著,李强等译:《社会学(第十版)》,第403页,中国人民大学出版社1999年版。

女 18 岁为止。① 父母离了婚,无论谁抚养,孩子一直处在夹缝之中,这种夹缝有心理的、经济的和亲情的等性质。所谓离婚损害赔偿,是指因夫妻一方的重大过错致使婚姻关系破裂,并对无过错方的财产或精神造成损失,离婚时过错配偶对无过错配偶所受的物质和精神损害承担民事赔偿责任。离婚赔偿的夹缝更为复杂,构成夹缝的不仅仅是当事者,还包括当事者的家属、朋友和相关人员。

3. 健康经济夹缝

一个人身体健康可以为经济发展做出贡献,一个人身体不健康需要经济"做出贡献",从另一个角度看,身体不健康的人需要花钱治疗,为经济做出另类的贡献。在日常生活中,健康与经济时常形成夹缝。

（1）老龄化社会的经济夹缝

作为独立的生命阶段,老年是人生的最后一段时期。老年一般从退休开始算起,它通常意味着地位的丧失。就像青年被看作一生中最有希望的阶段一样,老年则被认为是希望最少的时期。其实,几百年来,年老是与地位的增长而不是下降联系在一起的,而且老年地位的变化发生在工业化和城市化之后。老年地位的降低、老年身体质量的下降、老年医疗费用的增多等,都对相关的社会人构成夹缝。《中共中央关于全面深化改革若干重大问题的决定(二〇一三年十一月十二日中国共产党第十八届中央委员会第三次全体会议通过)》中指出:"积极应对人口老龄化,加快建立社会养老服务体系和发展老年服务产业。"②为化解老龄化经济夹缝指明了方向。

老龄化社会经济压力的夹缝。老龄化社会是指老年人口占总人口达到或超过一定的比例的人口结构模型。按照联合国的传统标准是一个地区 60 岁以上老人达到总人口的 10%,新标准是 65 岁以上老人占总人口的 7%,即该地区视为进入老龄化社会。我国第一部老龄事业发展蓝皮书——《中国老龄事业发展报告(2013)》2013 年初出版,根据蓝皮书记述,

---

① 参见最高人民法院:《关于人民法院审理离婚案件处理子女抚养问题的若干具体意见》,法律图书馆 Copyright 1999—2015。

② 《中共中央关于全面深化改革若干重大问题的决定(二〇一三年十一月十二日中国共产党第十八届中央委员会第三次全体会议通过)》,《人民日报》2013 年 11 月 16 日。

2012 年我国老年人口数量达到 1.94 亿,老龄化水平达到14.3%,预计2013 年老年人口数量突破 2 亿大关,达到 2.02 亿,老龄化水平达到14.8%。老年扶养比从 2012 年的 20.66% 上升到 2013 年的 21.58%,推动社会总扶养比从 2012 年的 44.62% 上升到 2013 年的 45.94%。报告显示,中国老年人口基数大,人口老龄化进程快,老年人慢性病患病率高。老龄事业面临的主要问题包括:应对人口老龄化的顶层设计和战略规划滞后;政府、市场、社会多元主体共同应对人口老龄化的体制尚未形成;养老保障和医疗保障水平还比较低;农村老龄事业发展明显滞后等。[①] 我国老龄化社会来得比较快,相比之下,发达国家老龄化进程长达几十年至 100 多年,如法国用了 115 年,瑞士用了 85 年,英国用了 80 年,美国用了 60 年,而我国只用了 18 年(1981—1999 年)就进入了老龄化社会,而且老龄化的速度还在加快。老龄化社会到来,形成了老龄化社会的夹缝,这种夹缝不仅仅是针对个人的,而且是针对全社会的。构成老龄化经济夹缝的,一方面是政策的某些制定者,一方面是地方老龄化保障部门。我国老龄化经济夹缝的夹力会越来越大。

老有所养的夹缝。养,需要经济做保障。一部分早退休的退休人员,退休金很少,加上补助也只有几百元,一些效益差、濒临破产的企业,不能享受足额的退休金和医疗保障,有相当一部分退休人员生活窘迫;农村老人基本不享受社会保障,主要靠自己劳动和子女赡养,由于农民整体收入水平低下,中西部贫困户还占较大比例,决定了农村老人生活质量低于城镇老人,因此,无论从收入水平、生活质量和健康状况,1 亿多老年人成为社会上的弱势群体。地方政府应该建设一批老年福利服务设施,健全社区老年福利服务网络,如社区医疗保健站、托老所、养老院、护理院、照料中心、文化活动中心等,大力发展老年消费产业,提供专用商品及精神文化用品、保健用品、老年服务业、咨询业及旅游业等。老有所养是夹力很大的经济夹缝。按照我国传统道德要求,老由子女养;按照工作退休的有些规定,老应该由家庭和社会养;处在这种夹缝之中的老人,应该引起社会关注。

---

① 参见吴玉韶主编:《中国老龄事业发展报告——老龄蓝皮书(2013)》,第 2—3 页,社会科学文献出版社 2013 年版。

（2）化解老有所医的经济夹缝

化解老有所医的夹缝。"积极应对人口老龄化,加快建立社会养老服务体系和发展老年服务产业。""统筹推进医疗保障、医疗服务、公共卫生、药品供应、监管体制综合改革。""加强区域公共卫生服务资源整合。""加快健全重特大疾病医疗保险和救助制度。"[①]老年人是疾病的高发人群,医疗费是退休人员的"活命钱",近年来城镇离退休人员的医疗费逐年下降,个人医疗费却逐年上升,使相当部分的退休人员不敢看病。要解决好老人医疗费的报销问题,加快医疗保险制度、医疗卫生体制、药品生产流通体制改革,提高医疗服务水平,化解政府决策与执行过程中构成的老人看病"难"的医疗夹缝。

化解老人临终的夹缝。很多老年人喜欢得到家庭的照顾,如果他们的丈夫或妻子已经去世,他们首先求助于自己的孩子或者其他近亲。然而,家庭成员发现他们很难去照顾年迈的父母或亲戚,他们有自己的孩子,居住在较为拥挤的房屋里;给额外的依赖者提供住宿和食物往往给家庭带来紧张、财政危机甚至精神问题。在这样的状况下,从身体或精神上虐待老年人也就成为不可避免的了。因此,照顾老人给家庭所带来的经济与精神负担,超过了给老人带来的好处,而这样也就使得专门机构的照料广受欢迎,"临终关怀"成为受老年人欢迎的工作,化解了子女疲于奔命照顾老人的夹缝。临终关怀不是一种治愈疗法,而是一种专注于在患者将要逝世前的几个星期甚至几个月的时间内,减轻其疾病的症状、延缓疾病发展的医疗护理。临终关怀是近代医学领域中新兴的一门边缘性交叉学科,是社会的需求和人类漫长的历史长河中文明发展的重要标志。就世界范围而言,它的出现只有二三十年的时间。临终关怀指对生存时间有限(6个月或更少)的患者进行灵性关怀,并辅以适当的医院或家庭的医疗及护理,以减轻其疾病的症状、延缓疾病发展的医疗护理。临终关怀以照料为中心,关怀的过程中维护人的尊严,提高临终生活质量,与患者共同面对死亡。现在,国内有临终关怀志愿者协会,志愿者们尽心尽力义务地做好临终关怀的工作。临终关怀的医疗机构和临终关怀志愿者的工作,化解了许多老人

---

① 《中共中央关于全面深化改革若干重大问题的决定(二〇一三年十一月十二日中国共产党第十八届中央委员会第三次全体会议通过)》,《人民日报》2013年11月16日。

临终的生活和经济方面的夹缝。

（3）以色列基布兹老年人整合化解夹缝的启示

以色列基布兹创造的老年人整合社会形式值得我们深思。基布兹为"聚集"之意，是以色列的一种自愿的集体社区（集体企业），通常是（但不完全是）一个农场，过去主要从事农业生产，现在也从事工业和高科技产业。基布兹的目标是混合共产主义和锡安主义的思想建立乌托邦社区，社区里的人没有私有财产，有工作没有工资，衣食住行教育医疗都是免费的，它的宗旨是在生产、消费和教育等一切领域实行自己动手、平等与合作，实行所有物全体所有制。外人可以自愿加入基布兹，里面的成员也可以自愿退出，退出的时候可以领到一笔退出费以回报对社区的贡献。不过近几十年有些社区进行了私有化，生活方式发生了一些改变。1909 年底至 1910年初，第一个基布兹——德加尼亚基布兹在约旦河谷南端金纳雷特湖畔的德加尼亚地区建立起来。这个基布兹最初只有 7 名成员，他们集体劳动、集体生活、集体拥有并且保卫自己的财产和安全。到 1947 年以色列建国前夕，基布兹的数量已增至 145 个。以色列建国后，基布兹又有了进一步的发展，到 20 世纪末，以色列的基布兹总数为 300 多个。现在小的基布兹有 200 人左右，大的则有 2000 人，大多数基布兹的规模则在 400 人至 600人之间。虽然每个基布兹在社会上和经济上都是自治单位，但是，许多全国性的联合会向它们提供活动的协调以及某些服务。2010 年以色列有270 个基布兹，工业产值约 80 亿美元，占全国的 9%，农业产值 17 亿美元，占全国的 40%。虽然其他国家也有公社企业，但没有任何国家让自愿的集体社区承担如此独立的自治权。基布兹制度的特色在于一是所有生产资料、劳动产品和个人收入均归集体所有。除分配给个人的生活必需品外，基布兹成员不拥有任何私人财产。二是实行个人生活必需品的供给制。在基布兹内，没有商品，也没有货币。基布兹成员所需要的一切，从住房、卫生、教育和食物，都由基布兹负担。他们在公共食堂就餐。他们的子女由公共托儿所与学校抚养和教育，直至成年后成为基布兹成员。三是权利平等，民主管理。基布兹成员在政治经济方面的权利一律平等，人人在生活用品的享用、选举、教育、娱乐、休假等方面都享有同等资格。四是各尽所能，禁止剥削。在基布兹，凡是有劳动能力的成员都必须从事自己力所能及的劳动，无劳动能力者则由基布兹提供生活保障。基布兹既没有雇佣劳动,也不允许其成员受雇于人。基布兹管理特色一是劳动理念创新。基布兹人把生产劳动视为创造财富、保持集体凝聚的巨大力量,所有有劳动能力的男女成员都积极而热情地参加集体劳动。劳动光荣是人们的基本理念。即便是国家议员和政府要员,只要他是基布兹成员,每年必须回来参加劳动一段时间。二是休假保证劳逸结合和不断进取。基布兹成员一年中大体上只干半年活,其余时间则可以自由选择学习、娱乐或外出旅游。三是换岗取得互相理解。基布兹对各种工作实行轮换制度,因为这既可以克服劳苦不均现象,又可以避免枯燥感。轮换期有长有短,一般是一年轮换一次。但从事较高技术含量工作的人则相对稳定一些,他们往往只是象征性地轮换一段其他工作后又重新回到自己的专业岗位。四是基布兹实行全体成员民主管理制度。凡年满18岁并服满两年以上兵役者可申请加入基布兹。申请者要经过一年的考察后方能成为正式成员。凡表现不好、屡教不改的基布兹成员,全体成员大会可以决定将其开除出去。五是选举民主。秘书长和各委员会主任都由基布兹全体成员大会选举产生,每届任期2年至3年,专职专任。各委员会的委员则由不脱离生产劳动的基布兹成员轮流兼职担任。有关基布兹的各种重大问题均由全体成员大会讨论决定。基布兹每周六召开全体成员大会,讨论并通过基布兹的预算和生产计划,批准接纳新成员,对管理者的工作提出建议和批评等。每个基布兹的最高行政领导是秘书长。秘书长下设几个专门委员会,如教育委员会、生产计划委员会、财务委员会、住房委员会、卫生委员会等。各委员会主任与秘书长一起组成基布兹的执行机构——秘书处,负责处理基布兹的日常事务。六是成员待遇一律平等。基布兹建造了各种必要的生活设施,尽量满足每个成员的要求。公共食堂是基布兹的中心。每个基布兹成员都在公共食堂就餐。吃饭采取自助餐的形式,多种主副食由每个人自己挑选。基布兹成员的住宅大多为花园式的二层别墅,未婚者也都有单间住所。房间内的一切全部从基布兹领取。住宅周围种满花草树木,环境优美。附近有游泳池、运动场、俱乐部、文化室、洗衣房、育婴室、托儿所、幼儿园、少年之家、老年之家等。基布兹的生活消费品统一采购,定期登记领取。基布兹成员外出旅游观光、探亲访友时所需交通工具也由基布兹提供。但每个家庭的生活也并非千篇一律,因为在花费差不多的前提下,各家可以根据自己的喜爱自己选择物品。七是养成集体观念。基布兹人的子女从小就过集体生活。婴儿出生后交育婴园,一年后转入托儿所。孩子在 4~5 岁时进入幼儿园,7 岁上小学,13 岁之后进入少年之家,18 岁中学毕业后服完两年兵役,方可申请加入基布兹。这样,基布兹人由于长期过集体生活,集体观念、平等意识极强,而血缘观念、家庭观念则较为淡漠。八是在爱国方面很独到。每个基布兹都是一个准军事组织,基布兹成员都有武器,他们平时生产,战时打仗。① 基布兹的制度和管理的确是一种探索,中间也有失败和波折,但最终还是很红火,这种模式可以化解许多治政的经济夹缝。

老人整合化解夹缝的启示。看了以色列基布兹的制度和管理,我们应该学到一些实质的东西,以求化解老人养老的夹缝。在城市独生子女一代父母逐渐进入老年和农村城市化过程中,如何做到老有所养、老有所医、老有所依,已经成为一个困难而又必须面对的现实问题。一是学习整合老人集体生活的方式。基布兹整合老年人的生活方式,在一定程度减少老年社会的许多问题。生活在基布兹的老人从来不用担心住房、经济支持等问题,他们可以继续从事生产性的工作,只要他们力所能及。基布兹老年人并没有与其他人隔离开,而是与任何年龄层的人保持联系。② 二是地方政府设置专门养老机构。"基布兹"的养老措施独具特色,它始终重视社员的养老,设有专门的养老机构,社员退休后可以享受免费的养老服务,可以与其他老人一起生活在他们自己创办的养老院里,且娱乐设施齐全,在自愿的前提下对有劳动能力的例如安排其做力所能及的工作,继续发挥为集体做贡献的余热。在我国,老年人由于年老体衰与外界往来越来越少,特别是农村由于娱乐休闲设施的缺乏,他们的娱乐活动几乎没有,极易引发孤寂、失落等心理问题,同时还增加了家庭生活的负担。我们能否可以通过村办养老院(城市已有的养老院需要改进),加强集体自养、联养等养老方式,既解决部分家庭年轻人的就业,又使老年人走出小家,增进老年人之间的往来,为集体的建设发挥余热。这样做使老人在以家庭为核心的儿女孝敬之下,在村集体全方位的照顾下,在社会多方提倡敬老养老的社会风

---

① 参见王本立、江红云:《基布兹的体制演变与历史贡献》,《科学社会主义》2008 年第 5 期。

② 参见[美]戴维·波普诺著,李强等译:《社会学(第十版)》,第 340 页,中国人民大学出版社 1999 年版。

气熏染之下,增强幸福感,提高幸福指数。① 这样做,减轻了家庭负担,缓解了老人心理压力,化解了老人如何养老的夹缝。

创新制度与规范管理化解我国养老夹缝。当一部分独生子女无暇顾及老人,社会保障不能完全照顾老人,一部分老人亲友也无法看护老人时,部分老人的养老就处在夹缝之中了。当然,这样的夹缝与经济是紧密相连的。先富起来的那部分人可以自办养老场所、自己雇人照看,自请医生看护,对于大部分民众来说,养老还是需要政府的帮助和支持。当《中共中央关于全面深化改革若干重大问题的决定(二〇一三年十一月十二日中国共产党第十八届中央委员会第三次全体会议通过)》决定加快建立社会养老服务体系和发展老年服务产业决定出台后,不少地方政府也相继出台了养老的相关文件和举措,诸如有的地方政府制定了相关的任务:一是加快发展社区居家养老服务。推进城乡社区居家养老服务中心(站)建设,进一步完善服务设施,做到有人员、有场地、有经费、有项目,能正常开展养老服务。引导专业化社会组织、家政和物业等企业和机构,加盟、参与、托管社区居家养老服务,为居家老年人提供助餐、助浴、助洁、助急、助医等养老服务。二是加强公办保障性养老机构建设。重点为政府供养老人、低收入老人、经济困难的失能半失能老人提供无偿或低收费的供养、护理服务。支持公办养老服务机构科学合理配置生活、医疗、康复、文化娱乐、教育、体育健身等设施设备,完善服务功能,发挥示范引领作用。三是扶持社会力量兴办养老机构。以市场为导向,以需求为基础,通过降低准入门槛、简化手续、土地供给优惠、资金补贴、税费减免、政府购买服务等办法,引导社会力量兴建养老机构。四是推进农村养老服务业发展。按照城乡一体化要求,把农村养老服务设施建设纳入当地经济社会发展规划,在政策、资金、项目等方面给予扶持。五是加快实现医养融合发展。推进医疗机构与养老机构合作,建立健全养老机构与医疗机构之间的业务协作机制,在养老服务中充分融入医疗卫生服务,促进医疗资源进入养老机构、社区和居民家庭。六是发展养老服务产业。把养老服务产业纳入现代服务业发展体系,进行统一规划、统一部署。按照市场化、品牌化、项目化方式,通过推进

---

① 参见张春波、何春歧:《"基布兹"对我国农民道德建设路径的启思》《人民论坛中旬刊(总第362期)》2012年5月。

养老服务业重大项目,培育经济效益好、社会认可度高、管理规范的养老机构,实行专业化、规模化连锁经营,走集团化发展道路,重点培育县(区)级老年服务产业园区及乡镇(街道)老年服务街区,推出适宜老年人的旅游线路,开发适合老年人年龄特点的旅游产品,完善老年旅游服务设施建设,规范老年人旅游服务市场秩序等,这些规划非常好,需要实实在在的落实,真正化解养老的经济夹缝。

第七章 文化与经济的夹缝

《中共中央关于全面深化改革若干重大问题的决定》中指出："建设社会主义文化强国,增强国家文化软实力,必须坚持社会主义先进文化前进方向,坚持中国特色社会主义文化发展道路,培育和践行社会主义核心价值观,巩固马克思主义在意识形态领域的指导地位,巩固全党全国各族人民团结奋斗的共同思想基础。坚持以人民为中心的工作导向,坚持把社会效益放在首位、社会效益和经济效益相统一,以激发全民族文化创造活力为中心环节,进一步深化文化体制改革。"①在文化发展追求社会效益和经济效益相统一时,文化经济化、经济文化化都容易对民众构成夹缝。

一、文化在经济化过程中的夹缝

文化生产既是文化经济形成的前提,也是文化经济发展的原动力。文化生产包括了文化生产的主体、组织,文化产品的生产方式、文化产品的生产流程等。所谓文化生产是指形成文化产品和文化商品的活动,是精神创作形态物态化的过程,是文化经济化的关键。文化的经济化是在文化和物质的夹缝中完成的。

1. 文化经济化是一种创造性的经济文化

文化经济化首先是通过文化生产来实现的。就是说,文化经济化,首

---

① 《中共中央关于全面深化改革若干重大问题的决定(二〇一三年十一月十二日中国共产党第十八届中央委员会第三次全体会议通过)》,《人民日报》2013 年 11 月 16 日。

要的实现形式是文化生产。文化生产一般分为三个时期:一是原始文化生产时期,被称为人类文化生产的第一次革命,标致为石器的发明。二是古代文化生产时期,被称为人类文化生产的第二次革命,标致为纸的制造运用和印刷术的发明。三是现代文化生产时期。文化生产是一种创造性活动,是在人类物质化进步的夹缝中完成的。由于文化生产既要追求社会效益,又要追求经济效益;既要遵循经济规律、市场规律,又要遵循文化自身的发展规律,这使文化生产处在"价值"的夹缝中。

(1) 文化经济化生产的性质夹缝

文化经济化生产的性质是由社会经济结构,即社会生产方式决定的。在不同的社会生产方式下,会有不同的思想意识和政治内容的文化经济化生产,也因此规范了文化产品"物态化"的过程,使文化生产处在夹缝中。

工具是在"生产"斗争的夹缝中产生的。这类夹缝的构成至少有两个方面:一个是生活需要的挤压;另一个是对于洪水猛兽的防范。夹缝中的人类便琢磨出简易的工具。人类文化是从制造和使用工具那天开始的,工具的生产也是从那时开始的,工具是人类文化产生的标志。人类最早的工具当属石器和树枝了,这两种工具都要打磨,才可以顺手和方便。人类面对自然世界的风、雨、雷、电,又面对凶猛动物,在这种恶劣的环境中生存,必须制造工具,才可以捕猎和防身,才能保证自身的生存和生活。民间传说鲁班发明了木匠所使用的锯、刨子、墨斗等,传说在鲁班之前,伐树都要用斧头砍,费力不说,砍得还不整齐,造成木头浪费,有一年夏天鲁国国王要鲁班监工营造一座宫殿,期限为三年,但这座宫殿所需要的木料,工匠们到山上砍了三年也完不成任务。为了尽快砍树,节省时间,有一天天刚蒙蒙亮,鲁班便带着工人们抄小路去伐木的工地。山坡太陡,鲁班拽着茅草往上爬,手被茅草的叶子划破了。鲁班拔下茅草一看,叶子两边都有小细齿,鲁班用手在茅草叶子上再划一下,手又破了一个小血口,鲁班想,如果做一件工具带细齿,用它来伐树,是不是更快一些? 在金属工匠的帮助下,鲁班做了带有许多细齿的铁条,用它伐树,果然又快又省力,锯子就被发明了。在国王催工,工匠建设太慢,是按国王要求的速度还是按工匠建设速度的夹缝中,鲁班发明了锯子。

文化经济化的生产者的生活创新是在夹缝中进行的。生活夹缝有良有中有恶、有大有小。接受生活中的夹缝并进行文化创造的人数不多,应该说这为数不多的人是非常优秀的夹缝人。伟大的史学家《史记》的作者司马迁在天汉二年（公元前99年），因李陵事件而受"腐刑"。这年夏天，汉武帝派自己宠妃李夫人的哥哥，贰师将军李广利领兵讨伐匈奴，另派李广的孙子别将李陵随李广利押运辎重。结果李陵遇8万单于骑兵，战斗八昼夜，斩杀1万多匈奴，在没有后援、弹尽粮绝的情况下而被俘。武帝询问太史令司马迁的看法，司马迁看法与众大臣不同，公然为李陵辩护，汉武帝一怒之下，对司马迁施了"腐刑"。在是死是活的夹缝中，司马迁选择了著书，完成了《史记》的创作。在司马迁完成《史记》写作之后，写了一封信（《报任安书》），信中说："古者富贵而名摩灭，不可胜记，唯倜傥非常之人称焉。盖西伯拘而演《周易》，仲尼厄而作《春秋》；屈原放逐，乃赋《离骚》；左丘失明，厥有《国语》；孙子膑脚，《兵法》修列；不韦迁蜀，世传《吕览》；韩非囚秦，《说难》《孤愤》；《诗》三百篇，大抵贤圣发愤之所为作也。此人皆意有所郁结，不得通其道，故述往事，思来者。乃如左丘明无目，孙子断足，终不可用，退而论书策，以舒其愤，思垂空文以自见。"（古时候虽然富贵而名声却泯灭不传的人，是无法都记载下来的，只有卓越不凡的特殊人物能够名扬后世。周文王被拘禁后推演出《周易》的六十四卦；孔子受困回来后开始作《春秋》；屈原被放逐后，才创作了《离骚》；左丘明失明后，才有《国语》的写作；孙子被砍断双脚，编撰出《兵法》著作；吕不韦贬官迁徙到蜀地，世上传出了《吕氏春秋》；韩非被秦国囚禁，写出了《说难》《孤愤》等文章；《诗经》的三百篇诗，大都是圣贤为抒发忧愤而创作出来的。这些人都是心中忧郁苦闷，不能实现他们的理想，所以才记述以往的史事，想让后来的人看到并了解自己的心意。至于左丘明失去双目，孙子砍断双脚，终于不可能被任用，便退而著书立说，以此来舒散他们的愤慨，想让文章流传后世以表现自己的志向。）这些文人都是在世俗者和统治者的夹缝中，愤而前行，因此有了文化创造，也成为千古留名的大家。

　　文化经济化的生产者是在夹缝中求生存的。在民国时期，不少作家靠卖文生存，即依靠文章稿费生存。如果靠稿费生存而又有自己的观点，必然会处在夹缝之中。例如鲁迅便是如此。"在鲁迅一面，由于在北京时代为经济所累，所以特别看重饭碗问题。但是在他这里，有一个长期缠扰的矛盾，就是：教书呢，还是写作？结果他决然辞掉了劳动大学的教职，而接受了南京政府大学院院长蔡元培为他争取的'特约撰述员'的聘书，领取

300元月薪。因为蔡元培答允了领薪之后仍可自由著作,这样,他觉得也不妨一试。拿政府的钱骂政府,无论如何是占便宜的事,何况这钱说到底也算不得是政府的钱。鲁迅写信给江绍原说:'现在是专要人的性命的时候,倘想平平稳稳地吃一口饭,真是困难极了。'"①不仅生活夹缝中的鲁迅,感到"倘想平平稳稳地吃一口饭,真是困难极了";而且工作中的鲁迅,既要和当时的政府代表人物斗争,又要和自己"同盟"中的一些人斗争,这是鲁迅处在夹缝中的抗争。鲁迅发表的文章是需要官方检查的,国民党的文章检查官经常砍杀文章。例如,鲁迅的《病后杂谈》和《病后杂谈之余》继而叙说文字狱,以及文字狱以外的统治者的虐政等,"这样的文字当然为检查官所不容。《病后杂谈》送到文学月刊,检查时即被删掉五分之四,只剩下第一段,即鲁迅戏称的'只剩了一个头'。他要求将删剩的部分照样发表,意在悬头示众。但发表出来以后,就有作家据此评论说:鲁迅是赞成生病的。至于《病后杂谈之余》一删再删,题目也被改作《病后余谈》,而且删掉'关于舒愤懑'的副题,才准予发表。鲁迅没有办法,只好在结集时设法补正,在曾经删除的文字旁边加上黑点,以存'中国文网史上极有价值的故实'"。② 而在同时,"铺天盖地的攻击,火力比现代派的正人君子们凶猛得多,他们是共产青年,是他自己先前曾经打算联合的对象——这是为鲁迅所预想不到的"。③ 国民党的"清党"事件,是中国现代史的一个转折点。"四一二"以后,蒋介石以"国民革命"的天然领袖自居。中国共产党人在血泊中站起身来,发动过多次暴动,都先后以失败告终。革命进入了低潮。"就在这时,上海文学界的一批年轻的共产党人,高扬'革命文学'的旗帜,开始围攻鲁迅。由创造社的元老成仿吾挂帅,纠集了刚刚从东京留学回国的冯乃超、李初梨、彭康、朱镜我、李铁声诸人,筹办了一个新刊物《文化批判》。而蒋光慈、钱杏邨等则同时成立了'太阳社',创办《太阳月刊》。在有关'革命文学'的发明权和领导权方面,创造社和太阳社之间有过颇为激烈的争论,但在倡导同一性质的'革命文学'以及攻击鲁迅等'老作家'方面,步调是一致的。"④鲁迅在《醉眼中的朦胧》中指出,"真

---

① 林贤治著:《鲁迅画传》第152—154页,团结出版社2004年版。
② 林贤治著:《鲁迅画传》第238—239页,团结出版社2004年版。
③ 林贤治著:《鲁迅画传》第164页,团结出版社2004年版。
④ 林贤治著:《鲁迅画传》第161—162页,团结出版社2004年版。

正'朦胧'的是革命文学家。他们扯不断同官僚军阀的瓜葛，然而以他们的敏感和远见，梦中又害怕铁锤和镰刀，不敢太露骨地恭维现在的主子；和官僚军阀的瓜葛已断，本可以走向大众，毫无顾忌地说话，又担心大家记得他们的指挥刀，总之得有点朦胧。鲁迅说，在中国，知道跟着人称托尔斯泰为'卑污的说教人'，而对于感觉到的为黑暗势力所支配的社会现状，却连他的'剥去政府的暴力，裁判行政的喜剧的假面'的勇气的几分之一也没有；知道人道主义不彻底，但当杀人如草的时候，连人道主义式的抗争也没有，这算得什么'革命者'，什么'革命文学家'呢？"①后来，又有关于"国防文学"和"大众文学"的争论，鲁迅仍然处在执政者检查官和在上海的年轻的"文学共产党人"的夹缝中。毛泽东 1940 年在延安时就讲过："而鲁迅，就是这个文化新军的最伟大和最英勇的旗手。鲁迅是中国文化革命的主将，他不但是伟大的文学家，而且是伟大的思想家和伟大的革命家。鲁迅的骨头是最硬的，他没有丝毫的奴颜和媚骨，这是殖民地半殖民地人民最可宝贵的性格。鲁迅是在文化战线上，代表全民族的大多数，向着敌人冲锋陷阵的最正确、最勇敢、最坚决、最忠实、最热忱的空前的民族英雄。鲁迅的方向，就是中华民族新文化的方向。"②1957 年毛泽东在《同文艺界代表的谈话》中说："鲁迅不是共产党员，他是了解马克思主义世界观的。他用了一番工夫研究，又经过自己的实践，相信马克思主义是真理。特别是他后期的杂文，很有力量。他的杂文有力量，就在于有了马克思主义世界观。"③1957 年毛泽东在《同新闻出版界代表的谈话》中说："鲁迅是真正的马克思主义者，是彻底的唯物论者。真正的马克思主义者，彻底的唯物论者，是无所畏惧的，所以他会写。""鲁迅的时代，挨整就是坐班房和杀头，但是鲁迅也不怕。"④毛泽东对于鲁迅的评价，的确使不少"革命文学者"吓出了一身冷汗，也处在认识鲁迅的夹缝之中。

（2）文化生产物态化时容易构成夹缝

在市场经济之前，文化生产是一定社会形态下的自由的精神生产。因此，不少学者认为文化生产的产品是精神产品，由此而推断"文化生产是

---

① 林贤治著：《鲁迅画传》第 164—165 页，团结出版社 2004 年版。
② 《毛泽东选集》第 2 卷，第 698 页，人民出版社 1991 年版。
③ 《毛泽东文集》第 7 卷，第 253—254 页，人民出版社 1999 年版。
④ 《毛泽东文集》第 7 卷，第 263 页，人民出版社 1999 年版。

非商品生产,而其产品也非商品。"①但是,在社会主义市场经济条件下的今天,文化生产已成为名副其实的商品生产,文化生产已经成为一个国家重要的经济组成部分。2013年我国文化产业占GDP的3.77%,而美国文化产业占GDP的25%,是其最大的出口产业。有数据表明,目前美、欧占据世界文化市场总额的76.5%。② 就个人而言,不少作家已进入了富豪排行榜,专业作者已把"写作"作为谋生的手段。文化的不少形态已成为产业形态,以产业的方式进行经营,像影视剧、图书、流行音乐产品、演出类产品、动漫产品等。文化生产过程是文化生产者对人们社会生活进行提炼、加工,创造出文化产品和商品的过程。如图7-1所示。

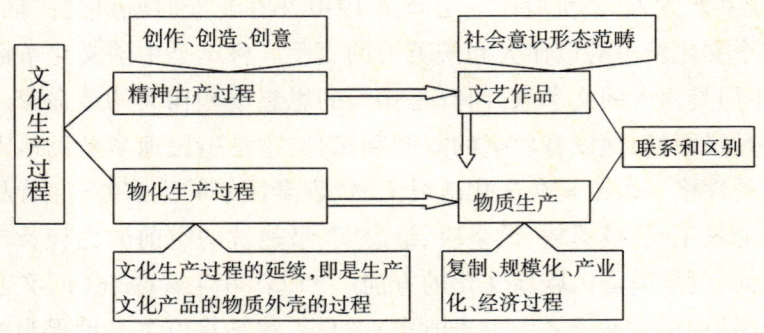

图7-1 文化生产过程

文化生产在满足社会需求时容易构成夹缝。在文化生产化为文化产品形态时,文化生产结果的精神、文化和艺术价值的永久性与它的市场价格的不等性并存,价格低于价值,价值与使用价值相悖,审美和文化的价值与"票房价值"相悖,因而构成的夹缝导致了文化艺术产品的第一生产者(创造者)与第二生产者(经营者)的收入严重倒挂,价值与使用价值倒挂;导致了高雅艺术和高品位文化市场的萎缩和生产的萎缩。文化艺术产品第一生产者一直处在经营者和消费者的夹缝之中。文化人在文化产品为和不为中左右两难,在夹缝中徘徊。为了满足社会人对文化生产的需求,有不少文化生产者不断地创新,从而化解这种倒挂式的夹缝。有一个出书

① 司马云杰著:《文化社会学》第247页,华夏出版社2011年版。
② 参见精英家教:《文化产业》2007—2014www.1010jiajiao.comAllrightsreserved.精英家教网。

的故事讲的是文化创意的事,让人感到很有意思,同时使创意者与经营者利益相一致。故事说国外有一家出版公司要出版一本超级畅销书。为了让这本书一炮打响,他们请来了策划专家出谋划策。专家出了这样一个主意:出一本书,书的名字就叫《你也能写一本书》。这本书除了封面、扉页之外,里面既不印字,也不印图,全是白纸。凡是购书者只要把自己想写的话写在上面,然后寄回公司,公司将会派专人认真审阅,并从中选出几部最佳作品出版且加以推销。此举一出,全国轰动。几十万册"书"很快销售一空,为公司赢得了丰厚的利润,同时,出版社也选择了"几本可以出版的书"予以出版,被人们赞美为化解了出书难的夹缝。其实,这一做法,不仅化解了"几本可以出版的书"的出书难的夹缝,还化解了出版公司出书选题难的夹缝。有人请教专家为什么会有这样出奇制胜的创意,专家说:这是一种营销方式,让更多的人跟你动起来,你离成功不远了。营销者知道某些社会人具有爱成名和爱占便宜的心理,从而用一种创意满足他们的这种心理需求,同时获得营销成功。说到底,这个创意夹缝是由老板和请来的专家构成的,夹缝人正是那些准备出书的人。

文化的创新思考(钻牛角尖)可以化解日常生活中的夹缝。现代社会的经济发展大多都是在追求又好又快的模式下进行的。怎么样又好又快地实现工业化,科学家和治政者们开始并没有"蓝图",一些飞跃式的发展,往往是在科学家文化思考变为现实中实现的。例如,瓦特蒸汽机的发明就是如此。瓦特时代,在瓦特的故乡——英国格杯诺克的小镇,家家生火烧水做饭。一天,瓦特在厨房看祖母做饭,开水在沸腾,壶盖啪啪地作响,不停地往上跳动。瓦特问祖母,"什么玩意使壶盖跳动呢?"祖母回答:"水开了,就这样。"连续几天,每当做饭时,瓦特都蹲在火炉旁边仔细观察,他把壶盖盖上又揭开,反复地做。瓦特终于弄明白了,是水蒸气推动壶盖跳动,因而他发明了蒸汽机(在谁发明蒸汽机上存在分歧,有人说是古希腊数学家亚历山大港的希罗发明了汽转球;有人说是法国物理学家丹尼斯·巴本制造了第一台蒸汽车模型等)。由于蒸汽机的发明,英国成为世界上最早利用蒸汽推动铁制"海轮"的国家,19世纪开始海上运输改革,船只就行驶在茫茫无际的海洋上了。随之而来,煤矿、工厂、火车也全应用了蒸汽机,体力劳动解放了,经济发展了。蒸汽车的发明,化解了人力效率低和求高速发展而速度慢的夹缝。

2. 现代文化生产过程的夹缝

现代文化生产有不同的生产形态，不同的生产形态容易构成不同的夹缝，诸如原创性文化生产夹缝和物态性文化生产夹缝，这些夹缝对于文化生产有很强的夹力。

（1）原创性文化生产夹缝

所谓原创性文化生产指文化生产者——作家、艺术家、理论家、网络文化创作者以个体性精神劳动形式，按照个人的意愿，为了表达自己的思想、情感和对社会、人生、宇宙等的看法而进行的"文化生产式"的劳动，这些劳动容易对他人形成夹缝或他人对他们形成夹缝。

"文化"反映民间疾苦或个人义愤容易构成夹缝。中国封建社会几千年里，不让平民讲话已成为一种默认的传统，让平民讲话、讲理，生怕天会塌下来。在传统的文学创作中，有不少反映民间疾苦的作品不能出版，即使出版了也会被列为禁书。网络盛行的今天，不少网民用这个短、平、快的方式反映一些社会问题，诸如反腐、反贪、某处事情处理不公等，不时会被关闭和删除，其原因是网上的一些消息或者作品，影响了一部分人的利益，他们不允许这样的文化生产进行下去，也就形成了网络文化生产的夹缝。在这种文化生产中，一部分人支持，是夹缝的一方；一部分人反对，是夹缝的另一方。而生产反映民间疾苦的文化产品的人们时常处在夹缝之中。

"遵命"文化原创态生产容易构成夹缝。习近平在文艺座谈会上说："社会主义文艺，从本质上讲，就是人民的文艺。文艺要反映好人民心声，就要坚持为人民服务、为社会主义服务这个根本方向。这是党对文艺战线提出的一项基本要求，也是决定我国文艺事业前途命运的关键。要把满足人民精神文化需求作为文艺和文艺工作的出发点和落脚点，把人民作为文艺表现的主体，把人民作为文艺审美的鉴赏家和评判者，把为人民服务作为文艺工作者的天职。"[①]文艺工作者和文化的生产必须遵循这些要求进行文化生产。原创态文化生产是高度的精神劳动过程，尽管这个过程的结果有时也表现为物化形态（如雕塑），但他们生产的欲望和动机则完全取决于文化生产者的文化冲动和激动。原创态文化生产是个体行为，这种创

---

① 习近平：《坚持以人民为中心的创作导向》，《人民日报》2014 年 10 月 16 日。

造性生产成果是这个精神劳动过程的终结——表现物。这个"表现物"的出世社会可能会有几种反应：一种是被社会接受，一种是没有被社会接受，还有一种是社会既不接受也不拒绝。为了使个体的原创态文化生产达到治政者的要求，一般要对原创态文化生产者进行培训，使原创态文化生产成为"遵命的文化生产"。所谓遵命的文化生产指文化生产者按照治政者的要求生产治政者所需要或希望看到的文化产品。在某些时代，不搞遵命文学生产是无法打开市场的，尽管现在有了网络且有些变化，但是绝大多数出版物及文学生产必须符合治政者的要求。在这个文化生产的夹缝中，构成夹缝的一方是平民百姓，他们希望文化生产能够切合自己的生活实际；构成夹缝另一方的则是治政者，他们要求文化生产者必须按要求进行文化生产。处在夹缝中的往往是原创态文化生产者。

（2）物态性文化生产夹缝

物态性文化生产的夹缝指文化生产者运用社会化生产工具将原创性文化产品制作、加工、复制、转化为社会产品过程，即在把原创态成果转化为具有使用价值的物化成果过程中构成的夹缝。

文化生产物化过程中的规范性容易构成夹缝。原创态的文化是由个体完成的，在古代，原创态文化生产并不是生产者的职业。例如，中国古代社会的诗歌、绘画等艺术创作多出自官僚和士大夫之手，他们吟诗、作画等进行的文化生产，或者是为了发泄心中的不平，或者是为了朋友之间的应酬，并不是把文化、艺术生产当作一种职业。即使像张衡、蔡伦、沈括这样的科学家和发明家，他们都在各自的王朝中担任着一定的职务，是以政务为主的，而发明创造不过是闲暇余事。[①] 在今天，为了完成某项科学任务，可以集中专家群有组织地大规模地进行生产，同时，这种生产又都是规范地进行，这是科学的需要。除此之外，文化生产即使在物态化过程中，一般是不能有指令性规范的，如哲学、文学、艺术、网络文学等。习近平在文艺座谈会上的讲话中指出："各级党委要把文艺工作纳入重要议事日程，贯彻好党的文艺方针政策，把握文艺发展正确方向。"[②]规范式、规模式的物态文化生产在治政者的"扶持"下，必然会对文化生产者构成夹缝，因为治

---

① 参见司马云杰著：《文化社会学》第265—266页，华夏出版社2011年版。

② 习近平：《坚持以人民为中心的创作导向》，《人民日报》2014年10月16日。

政者规范了物态文化生产者生产的文化,不少民众希望生产喜闻乐见的文化,此时,必然对物态文化生产者构成夹缝。

知识密集型的文化生产容易构成夹缝。知识密集型文化生产指具有新兴高科技、自有知识产权、专利技术为主导、科技人员比重大、操作人员的素质比较高的生产形式,产品也是"高、尖、精、独"的文化产品。在这样的文化集体生产中,可以集中几千名来自各个方面的专家、学者,他们拥有各种各样的专门知识,可以集体进行一项甚至多项科技攻关,一次取得前所未有的文化成果,这正是利用各种知识的集结,综合地进行文化创造的结果。① 辩证法认为,任何事物都有两面性,"我们必须学会全面地看问题,不但要看到事物的正面,也要看到它的反面。在一定条件下,坏的东西可以引出好的结果,好的东西也可以引出坏的结果。"②同样,知识密集型的文化生产,需要一种凝聚力,需要人们的组织才能,否则会浪费人才和知识。另外,在这样的集体文化生产中,组织不好,可能会使优秀者变成平庸者,从而扼杀了他们的独立创造性。知识密集型的决策者主观愿望是好的,他们要求知识分子们努力工作;决策执行者们的水平和能力也必须是一流的,只有这样才能带领知识分子踏实工作,否则,决策者和执行者就会对文化生产者的知识分子构成夹缝。此时,决策的执行者和文化生产者容易对文化决策者构成夹缝。

二、文化产业经济的夹缝

文化产业一词产生于 20 世纪,最早出现在霍克海默和阿多诺合著的《启蒙的辩证法》一书中,文化产业英文为 Culture Industry,可以译为文化工业,也可以译为文化产业。由于文化产业是一种特殊的文化形态和特殊的经济形态,影响了人们对文化产业本质的把握,也引发了对文化产业经济的不同理解,从而对文化产业构成了认识上的夹缝。

---

① 参见司马云杰著:《文化社会学》第 267 页,华夏出版社 2011 年版。
② 《毛泽东文集》第 7 卷,第 238 页,人民出版社 1999 年版。

1. 文化产业概念和构成的夹缝

由于文化产业是一种特殊的文化形态和特殊的经济形态，因此，人们对文化产业的认识有很大的差别，从而构成了文化产业概念的夹缝。

（1）文化产业概念夹缝

产业是社会分工的产物，文化产业更是如此，它随着社会分工的产生而产生，并随着社会分工的发展而发展；文化产业是社会生产力不断发展的必然结果，是具有某种同类属性的企业经济活动的集合。[①]

文化产业概念的内涵差异的夹缝。在对文化产业认定中，人们有从具体内容划分上确定概念的；有从抽象层面上确定概念的；还有从辩证法方面确定概念的，众说纷纭，构成了文化产业概念认识上的夹缝。例如：欧盟用具体描述内容的方式阐述文化产业内容，欧盟认为文化产业是指那些"制造、开发、包装和销售信息产品及其服务的产业"，它包括"各种媒介上所传播的印刷品内容（报纸、书籍、杂志等）、音像电子出版社、音像传播内容、用作消费的各种数字化软件等"。[②] 美国、日本则用抽象化的方式定义文化产业，美国定义为："通过工业化和商品化方式进行的文化产品和文化服务的生产、交换和传播。"日本学者日下公人定义为："文化产业的目的就是创造一种文化符号，然后销售这种文化和文化符号。"[③]我国是从文化的生产和服务的层面定义文化产业的。2003 年文化部颁布的《关于支持和促进文化产业发展的若干意见》把文化产业定义为："文化产业是指从事文化生产和提供文化服务的经营性行业。"2004 年国家统计局在颁布文化产业统计指标时指出，文化产业是"从事文化产品的生产、流通和提供文化服务的经营性活动的行业总称。其特征是以产业作为手段来发展文化事业，以文化为资源来进行生产，向社会提供文化产品和服务，目的是为了满足人民群众日益增长的精神文化生活需要"。[④] 这里的"精神文化"，带有一定意识形态的说法。联合国教科文组织从工业化和商业化层

---

① 参见李怀亮、金雪涛主编：《文化市场学》第 34 页，首都经济大学出版社 2010 年版。

② 蔡尚伟、温洪泉：《文化产业论》，转引自李怀亮、金雪涛主编：《文化市场学》第 35 页，首都经济贸易大学出版社 2010 年版。

③ 转引自李怀亮、金雪涛主编：《文化市场学》第 35 页，首都经济贸易大学出版社 2010 年版。

④ 转引自李怀亮、金雪涛主编：《文化市场学》第 36 页，首都经济贸易大学出版社 2010 年版。

面定义文化产业为："文化产业是以工业化和商业化发展方式所进行的文化产品和文化服务的生产与再生产。"①概念的角度不同,概念定义的层面不同,规范出的概念内容也不相同。马克思指出："体现生产工人的劳动的商品,其使用价值可能是最微不足道的。劳动的这种物质规定性同劳动作为生产劳动的特性毫无关系,相反,劳动作为生产劳动的特性只表现一定的社会生产关系。我们在这里指的劳动的这种规定性,不是从劳动的内容或劳动的结果产生的,而是从劳动的一定的社会形式产生的。"②"生产劳动就是一切加入商品生产的劳动……不管这个劳动是体力劳动还是非体力劳动(科学方面的劳动),而非生产劳动就是不加入商品生产的劳动,是不以生产商品为目的的劳动。"③在马克思看来,如果生产出来的产品用于市场交换,这种劳动便是商品性生产。此后,马克思还做了进一步说明,他举例说："密尔顿创作《失乐园》得到 5 镑,他是非生产劳动者。相反,为书商提供工厂式劳动的作家,则是生产劳动者。密尔顿出于春蚕吐丝一样的必要而创作《失乐园》,那是他的天性的能动表现。后来,他把作品卖了 5 镑。但是,在书商指示下编写书籍(例如政治经济学大纲)的莱比锡的一位无产者作家却是生产劳动者。因为他的产品从一开始就从属于资本,只是为了增加资本的价值才完成的。一个自行卖唱的歌女是非生产劳动者。但是,同一个歌女,被剧院老板雇用,老板为了赚钱让她去唱歌,她就是生产劳动者,因为她生产资本。"④我们怎么理解文化产业和文化经济呢,这确实是一个难以定夺概念的夹缝。在今天社会中,构成普通人日常文化生活的不外乎是由电视、手机、电影、报刊、网络、休闲、娱乐等众多形式组合而成的文化构件,尤其是每天有数亿人在手机和网络虚拟世界中,这种文化的联系和传播方式正向文化主流迈进,其夹缝力量之大不容忽视。在这种文化产业概念的夹缝中,学者们分析和确立概念应该有一个较为一致的概念,使人们走出文化产业经济概念认识的夹缝。

否定文化产业构成夹缝。由于人们对文化产业的认识不同,对文化产业的概念就产生了分歧,有些学者否定文化产业这个概念,他们同概念文化

---

① 转引自李怀亮、金雪涛主编:《文化市场学》第 35 页,首都经济贸易大学出版社 2010 年版。
② 《马克思恩格斯全集》第 26 卷第 1 册,第 149 页,人民出版社 1972 年版。
③ 《马克思恩格斯全集》第 26 卷第 3 册,第 476 页,人民出版社 1973 年版。
④ 《马克思恩格斯全集》第 26 卷第 1 册,第 432 页,人民出版社 1972 年版。

产业的人们一起,对民众构成了概念的夹缝。非常有意思的是,阿多诺和霍克海默 1947 年在《启蒙的辩证法》中首次提出"文化产业",正是为了否定这个概念,从哲学与艺术学价值判断的双重角度对文化产业进行了否定性的批判,认为它是"资本主义技术统治和工具理性的发展",指出"文化元素一旦与现代科技结合形成工业体系就会产生巨大的影响社会的力量"①。但随着社会和经济的发展,文化产业也不断发展壮大成为具有极大潜力、对经济贡献较大的产业组织,丰富的产品和多元化的经营模式让人们对文化产业有了新的理解和认识,尤其是手机文化经济和网络文学以及网店的出现,使文化产业与百姓紧紧相连,人们对文化产业经济由听任批判到充分利用,使否定文化产业的人们处在了文化产业经济的夹缝之中。

（2）文化类别和文化产业构成层次的夹缝

文化类别指从服务和经营层面分析文化带有公益性和产业性的不同性质;文化产业的内部层次指文化产业内部不同层面,对于两类的区别,很容易构成夹缝。

划分公益性和经营性文化形态的夹缝。把文化分为公益性和经营性文化的本身就是一个夹缝。在文化生产和活动中,公益性也好,经营性也好,都是人们对文化的需求,都应该得到满足,过分地强调意识形态,忽略法律和道德的规范,是一种文明的跛足现象。像人们津津乐道的美国人学雷锋,并不是美国人接受了中国的意识形态,而是在赞许雷锋的品德修养。中国学者马平到美国做访问学者时,在国防部五角大楼一位官员的办公室里见到了雷锋的大幅照片和有关书籍,这位官员说:"雷锋是一位了不起的军人,我崇拜他的牺牲精神。作为军人,无论是中国的军人,还是美国的军人,都应该具备军人特有的牺牲精神,这是一种至高无上的军魂。"②按中国划法,学雷锋的文化一定是公益性的文化。中国学者把公益文化定义为:指由政府或非盈利的组织和个人参与,以满足大众文化需求为目的的公共文化产品或服务的传播。同时又认为之所以产生公益性文化,主要是与文化产品的双重属性以及市场的缺陷有关。他们还认为,文化消费属于"注意力"消

---

① 阿多诺、霍克海默:《启蒙的辩证法》,转引自李怀亮、金雪涛主编:《文化市场学》第 35 页,首都经济贸易大学出版社 2010 年版。

② Kalayang:《美国人"学雷锋"的劲头不减》,www. Copyright@ 2006—2011 RyeduNet.

费,人们往往对那些吸引眼球的文化产品感兴趣,却忽略了那些具有高文化内涵的产品。① 我国把公共文化产品列为街头的雕塑、广场音乐会、图书馆、博物馆、历史文化遗址、免费公园、公共广播电视等,这其中绝大多数产品都是用纳税人的钱建造的,理应为纳税人服务。再看经营性文化划分,"经营性文化是指对文化产品进行盈利性质的经济活动,其目的是为了实现产品交换"。② 这里的产品交换与马克思所讲的"生产劳动者"的划分是两回事情,我们一定要从目的性层面把这两种"概念"厘清,才明白划分公益性文化和经营性文化的夹缝性。马克思讲:"一个自行卖唱的歌女是非生产劳动者。但是,同一个歌女,被剧院老板雇用,老板为了赚钱而让她去唱歌,她就是生产劳动者,因为她生产资本。"③其实,同一种生产,可以是商品性的,也可以是非商品性的,关键就是看它是否进入了"商品生产链条",而公益性文化有些内容早已进入了"商品生产链条"。以电视媒介为例,商业性质的电视媒介是通过提供电视产品达到盈利的目标。美国是商业媒介运营最为发达的国家,大多数的电视台都是由公司拥有和运作的,其经营手段与市场经济体制下企业的运作手段完全相符。与发达国家相比,中国媒介仍属于公共文化的一部分,主要体现在对大众文化的传播上。中国虽然实行市场经济,但在文化发展上,市场没有主导。中国的电视台是执政党的喉舌,同美国电视台有本质区别,因此,产业文化也就有公益性和经营性之别,这也使不少文化人处在了文化产业的夹缝之中。

划分文化产业内部不同层次的夹缝。澳大利亚经济学家大卫·索斯比在《经济与文化》一书中用一个同心圆来划分文化产业。按这种划分方法,可以划分成核心层、基础层和延伸层等。文化产业同心圆的核心层为:音乐、舞蹈、戏剧、文学、视觉艺术、工艺等创造性的艺术等;基础层为:电影、电视、广播、报刊和书籍等;延伸层为具有文化内容的行业,包括广告、咨询、建筑等。不同的国家有不同的划分方法和标准。例如美国采用了世界知识产业组织的界定方法,将文化产业分为核心版权产业、交叉产业、部分版权产业以及边缘产业。"核心版权产业"是指受版权保护的作品或其

---

① 参见李怀亮、金雪涛主编:《文化市场学》第 39 页,首都经济贸易大学出版社 2010 年版。
② 李怀亮、金雪涛主编:《文化市场学》第 44 页,首都经济贸易大学出版社 2010 年版。
③ 《马克思恩格斯全集》第 26 卷第 1 册,第 432 页,人民出版社 1972 年版。

他物品的创造、生产与制造、表演、宣传、传播与展示或分销和销售的产业；"交叉版权产业"指的是那些生产、制造和销售功能主要是为了促进有版权作品的创造、生产或使用的设备的产业；"部分版权产业"是指那些拥有部分版权的产品的产业；"边缘版权产业"包括将版权产品发行给商家和消费者的产业，这样的经济组织有为发行版权产品的运输服务以及批发商和零售商。① 英国把文化产业理解为创意产业，诸如将广告、建筑、艺术和文物交易、工艺品、设计、时装设计、电影、互动休闲、音乐、表演艺术、出版、软件、电视和广播等需要创造性思维的行业确定为创意产业。我国对于文化产业内部层次构成"采用了索斯比的同心圆理论划分法，将文化产业划分为核心层、外围层和相关产业层。文化产业核心层是指直接参与文化产品生产和传播的行业，包括新闻服务、出版发行和版权服务、广播、电视、电影服务、文化艺术服务；文化产业外围层是指为提供休闲服务的文化行业，包括网络文化服务、文化休闲娱乐服务和其他文化服务；相关文化产业层包括文化用品、设备及相关文化产品的生产，文化用品、文化设备及相关文化产品的销售"。② 这样的划分，规范不同，要求不同，容易引起文化争端。例如，美国人认为应有版权保护的作品，许多国家不予保护，有的国家配合美国予以保护，还有的国家不予理睬，文化经济的夹缝就形成了。

识别文化产业的夹缝。对于一般的民众来说，产业就是产业，至于产业的类型及文化产业的层次、类别则不太过问，这就容易构成夹缝。例如，《光明日报》主办的"2014 中国文化产业年度人物"推选活动得到了文化产业界人士的积极响应，100 名候选人中，既有阿里巴巴集团董事长马云、安徽新华发行集团董事长曹杰等在各自领域处于领军地位的"业界巨头"代表，也有广州长隆集团有限公司董事长苏志刚、江苏呈辉工艺文化城（中国）有限公司董事长陈辉等带动当地文化产业发展的"领军人物"典范。候选人所处行业涉及文化艺术、广电影视、新闻出版、文化科技、创意设计、文化旅游、文化金融等文化产业的多个领域。③ 创意设计是不是文化产业？对于文化金融的文化产业名称，也存在着争议，构成了文化产业

---

① 参见李怀亮、金雪涛主编：《文化市场学》第 38 页，首都经济贸易大学出版社 2010 年版。
② 李怀亮、金雪涛主编：《文化市场学》第 38 页，首都经济贸易大学出版社 2010 年版。
③ 参见杨君、鲁元珍：《"2014 中国文化产业年度人物"候选名单出炉》，《光明日报》2014 年 12 月 8 日。

类别认识的夹缝。其实,文化金融也是近几年出现的新的产业名称。专家认为:"文化金融成为文化产业发展新动向。"①"文化金融"这一概念从提出到不断得到理论界、实践界及政府相关部门的认知、认可,可以说经过了不少周折,期间的反对、质疑、争论不断,但令人欣慰的是,文化金融作为一种新的理论与实践新形态,伴随着理论研究的深入与实践的不断推动,在质疑与争论中确立了起来。但最为关键的还是处于对"文化金融"本身的认识上。在很多时候,人们还没有摆脱"文化 + 金融"的认知模式,可以说,就是这么一个" + "号,导致很多混乱的认识与实践过程中的争论发生,比如,文化与金融能否相加相融,如何相加相融,前景如何,大家对此的争论可谓莫衷一是,构成了对于"文化金融"概念认识和推动实践的夹缝。有的学者认为,文化金融是一个具有一定独立性的学科与产业系统。首先,这种独立性体现在两个基本的方面:一是文化金融资源是一类区别于现实资源的另类资源。二是文化金融资源的价值构成与发现有其最为根本与特殊的特征,无论从方法、路径还是特征上,不同于已有产业资源的价值构成与价值认知。其次,文化金融及其产业的发展有其内在的独特规律。第三,在文化金融及其产业发展的过程中,要抓住文化艺术资源资产化、金融化这一主线展开。第四,创新是文化金融发展的一个最为本质、最为基本的要求。发展文化金融的新型金融工具及其能力非常迫切、非常重要,这就体现了金融机构自身创新的重要性。② 专家有了明晰的认识,需要人们去实践,在认识与实践过程中,人们还容易处在对于"文化金融"的认识和实践的夹缝之中。有专家认为,"文化金融",这一词汇成为近来绕不开的话题。2014 年 2 月 28 日,中央全面深化改革领导小组第二次会议审议通过《深化文化体制改革实施方案》,2014 年 3 月 24—25 日召开的全国文化体制改革工作会议,对文化金融合作提出了明确要求,文化与金融的合作成为文化产业进一步发展的选择。专家认为,金融服务文化发展成绩斐然。据时任文化部副部长的项兆伦先生介绍,我国文化企业数量达130 多万家,其中骨干企业不断做大做强,中小微企业如雨后春笋般涌现;

---

① 河阳:《文化金融成为文化产业发展新动向》,《中国社会科学报》中央文化管理干部学院 Copyright,2002—2014AllRightsReserved。

② 参见西沐:《强化文化金融的理论与实践研究》,《中国文化报》2014 年 11 月 14 日。

此外还有 200 多万文化类的个体创业者、经营者,文化产业发展势头迅猛。文化部披露的信息表明,近年来,在支持文化产业发展方面,银行界采取了积极措施:国家开发银行支持大批文化基础设施建设;中国进出口银行为文化企业境外投资、并购提供多样化金融服务;中国工商银行为 40 余部电视剧的拍摄提供贷款并承销了首笔文化企业私募债;中国人保财险公司开发文化产业专属保险产品;中国银行、民生银行、北京银行、潍坊银行等在文化类无形资产融资、抵押等方面,进行了积极探索;民生银行新设文化产业金融事业部,从体制机制上进行创新等。2014 年 3 月 17 日,文化部、财政部、央行正式印发《关于深入推进文化金融合作的意见》,为文化与金融合作提供了政策性框架。文化金融成为一项前沿课题。当文化产业发展到一定阶段后,其形成的巨大市场空间自然吸引金融单位的介入,实现双方自愿结合,制度创新尤显必要。通过制度创新,营造宽松金融政策环境,可使文化企业,尤其是小微企业获取便捷的金融服务,从而提升文化产业的支柱性地位,进而为金融部门提供广阔的发展空间,从而帮助我们化解文化金融认识和实践的夹缝。①

2. 文化产品的夹缝

文化产品是文化经济的一种表现形式,指用一定的物质载体表现出来的有形文化实物和一定的无形文化服务。文化产品的夹缝主要指文化产品组成特征的夹缝、文化产品营销的夹缝和文化产品整合营销传播的夹缝。

(1)文化产品组成的夹缝

文化产品是多样的,正因为它的多样,文化产品也就有了不同的组成形式和类别,从而构成了不同的夹缝。

文化产品的组成类别在不同区域构成的夹缝。从文化产品研究者公布的类别来看,文化产品组成有许多的形式。有人根据物质载体的有无把文化产品分为服务性文化产品和实物性文化产品。服务性文化产品如表演艺术(音乐、舞蹈)、语言艺术(文学)和综合艺术(戏剧、影视)以及网络、剧院、娱乐场所、图书馆、博物馆、展览馆、广播电台、电视台提供的表演性

---

① 参见河阳:《文化金融成为文化产业发展新动向》,《中国社会科学报》中央文化管理干部学院 Copyright, 2002 – 2014 All Rights Reserved。

演出服务、游艺娱乐服务、阅读展览服务、广播电视服务以及手机、网络服务等。实物性文化产品指造型艺术(绘画、雕塑)、美术品、工艺制品以及书籍、报刊、音像制品和电脑光盘等传媒出版物。有的学者又以文化产品艺术形象的存在方式为标准,将文化产品分为空间的文化产品、时间的文化产品和时空的文化产品。他们把绘画、雕塑、工艺美术称空间艺术;音乐、文学等称时间艺术;舞蹈、戏剧、电视、电影等称时空艺术。这些都是研究者们的"术语",社会人不太了解。文化产业者和文化产业研究者的分类方式已对社会人构成了文化产品组成类别的夹缝。在文化产业的实际运转中,文化产业的分类包括边界确定是根据文化产品的特征和相互间的差异来区分的。在中国,根据国家统计局《文化及相关产业分类》标准和中国文化产业市场的现实业态表现,把文化产品区分为传媒出版产品、广播影视产品、广告产品、动漫产品、演出娱乐产品、文物艺术品、旅游产品和手机、网络文化产品。文化产品的外延在某种程度上还可以包括策划、咨询、博彩、竞技体育、会展、公关和培训等文化产品外围层和文化用品、玩具、设备产品等文化产品相关层。① 正是因为文化产品具有互通性和相关性特点,任何的截然分类都是不恰当的。在这些分类中,包括前面的实物性、服务性产品,有些产品的内涵是相通的,即实物产品也具有服务性,服务性产品也具有实物性。社会人消费文化产品时,根本不去分类,有需求了就去消费,绝对不会因为是服务类或实物类而刻意地挑选。文化产业者和文化产业研究者的文化产品类别夹缝对社会人的夹力并不大,但容易影响社会人消费心理。"事实上,各种产业活动都是紧密联系在一起的,随着信息技术的发展,文化产业的产业融合现象越来越显著,任何分类都难以做到清晰和完备。"②看来,文化分类的夹缝还会长期存在。

　　文化产品的意识形态性容易构成夹缝。世界的不同民族,有着不同的信仰,也存在着不同的意识形态。所谓意识形态是一种对事物的感观思想,是观念、观点、概念、思想、价值观等要素的总和。人的意识形态受思维能力、环境、信息(教育、宣传)、价值取向等因素影响。不同的意识形态,对同一种事物的理解、认知也不同。因此,在有些理论家看来,纯艺术是超

---

① 参见李怀亮、金雪涛主编:《文化市场学》第 54 页,首都经济贸易大学出版社 2010 年版。
② 参见李怀亮、金雪涛主编:《文化市场学》第 54 页,首都经济贸易大学出版社 2010 年版。

越意识形态的。例如,在抗日战争时期,反帝反封建是当时斗争形势的需要;在解放战争时期,反对独裁政府是当时斗争的需要。那时的文化产品,一定要为意识形态服务。在中国特色社会主义的今天,我们的文化是否还都带有"阶级性"? 另外,人类有没有共同的文化? 这些概念有时对国人构成夹缝。其实,在我国,文化产品非常注重意识形态,与世界文化产品的大众性和全民性构成了夹缝。不少文化学者至今还在坚持意识形态性。"从文化产品的认识、审美和伦理的价值功能来看,它都不是一般意义上的满足生理需要的'纯物质',而是表现为其作为文化精神产品的存在特性,那就是社会意识形态性。""尽管并不是全部文化作品都直接和政治相联系并为阶级利益服务,但却为共同的经济基础所决定,反过来总是和政治紧密联系在一起的,融思想性、艺术性、知识性、审美性和群众性于一体,通过自己独特的潜移默化的方式行使意识形态功能。"①如今手机、网络文化快速发展,网络产业作用越来越大,人们并不是因学者们强调意识形态而改变自己的购物以及消费心理。执政者以及学者们一方面强调文化产品科学发展,另一方面又强调文化产品注重意识形态,这便对社会人构成了文化产品意识方面的夹缝。

(2) 文化产品营销环境夹缝

"营销环境是指在营销活动之外,能够影响营销部门建立和保持与目标顾客良好关系能力的各种因素和力量。"②由于许多文化产品是人们精神层面的需求,因此,文化产品的营销环境应注重精神性和物质性的结合。

文化产品营销宏观环境的夹缝现象。由于文化产品和文化企业向社会提供的是为了满足人们某些精神需求的事物,包括实物、服务、场所、组织、策划、理念等,因此,它的营销也就受到了经济、技术、政治法律、文化、人口等环境的影响。每种环境都可以支持或制约文化产品的推销,影响文化产品营销的环境。以技术环境为例,美国电影大量使用新技术,使美国的电影业一路领先。美国电影巨片《指环王》通过数字特技手段,带给人们巨大的视觉冲击,2009 年美国电影《阿凡达》中,电脑动画场景占了

---

① 李怀亮、金雪涛主编:《文化市场学》第 52 页,首都经济贸易大学出版社 2010 年版。
② 菲利普·科特勒:《市场营销学》,转引自李怀亮、金雪涛主编:《文化市场学》第 87 页,首都经济贸易大学出版社 2010 年版。

60%，特技镜头达 3000 个，可谓史无前例。《阿凡达》使用了创新的面部捕捉头戴装置，即在每个"表演捕捉"的演员头上佩戴一套摄像装置。这个头戴装置的核心便是一个离演员面部只有几英寸距离的微缩高清摄像头，它能用广角镜头记录下演员面部最微妙的表情变化，将演员 95% 的面部动作传递给计算机里的虚拟角色，使得最后由电脑生成的 CG 角色与真人演员无异。《阿凡达》在中国内地掘金 13.2 亿元人民币，近 2 亿美元，让中国电影界眼红。美国的电影商和导演用技术对中国电影人和世界电影人构成了夹缝，这个夹缝很特别，是由美国的摄影技术所有者和中国的摄影爱好者构成的，夹缝人是国内电影制作人士，这种夹缝对我国的电影制造商产生很大的夹力。

文化产品营销微观环境的夹缝现象。所谓微观环境指对文化产品营销活动过程和结果直接影响的各种微观层面的力量，这些要素与文化产品经营的供应链直接发生关联，包括了文化产品、文化企业、市场、竞争者、营销渠道机构、社会公众等。① 在文化市场中，同一产品可能有不同的推销者，这就需要文化产品的营销者广开渠道，善用技能，找到出路。例如售书，过去只有新华书店一家，现在民营书店很多，尤其是近几年的网上购书以及手机、电脑阅读，已对实体书店形成了巨大的冲击，如果实体书店还死抱传统的营销方式，倒闭是必然的。当人们对实体书店"指手画脚"时，夹缝就形成了。竞争构成的文化产品夹缝是我们最能感受到的微观环境夹缝现象。

文化产品知识产权的夹缝。文化产品第一大特性就是与生俱来的知识产权性，这是文化产品所有特性的首要特性。文化产业的各行各业几乎都涉及知识产权问题。文化产品以内容为中心，其内容版权是产权的核心。一个作家把作品的内容交付出版社的同时，也将与之相关的版权转移给出版商，作家同时享有获得版税的权利。但是，作品的衍生性极强，一部小说可以被改编成戏剧、电影、电视剧、网络游戏等，作品中的人物形象和名称可以被授权成为玩具、服装、运动品和文具等产品的外形和品牌，这就

---

① 参见李怀亮、金雪涛主编：《文化市场学》第 109—110 页，首都经济贸易大学出版社 2010 年版。

有了诸多的版权问题。① 美国是把知识产权保护与产业发展紧密结合起来并取得巨大成功的国家,美国的电影围绕着版权衍生出剧本创意、音像出版、图书出版、特许营销、主题游乐园甚至是主题宾馆等宏大产业群,产业群上每个链条都给版权产业这棵大树带来了充足的营养,这正是美国先进而又严厉的知识产权保护制度带来的"效益链"。中国知识产权的保护力度十分薄弱,盗版猖獗,严重地损害了从作者开始的所有文化产业。② 以《三大音乐协会再战百度,多家唱片公司发表联合声明》为例:"2008 年6 月,中国音乐著作权协会(MCSC)、中国音像著作权集体管理协会(CAV-CA)和国际唱片业协会(IFPI)三大音乐协会对外宣布联合抵制中国最大的搜索引擎百度音乐下载侵权。""2008 年 6 月的这次三大协会发起的反盗版行动最终以百度胜诉而告一段落,虽然最终的结果并不如众多版权人所愿的那样,但百度同意同唱片业进一步扩大进行广告分成的做法,至少说明了三大协会的努力在一定程度上给了百度极大的舆论压力,也反映了国内知识产权保护社会大环境的好转。"③2011 年 12 月 20 日最高法公布了百度公司侵犯著作权纠纷案等两起知识产权领域典型案例,并披露了环球唱片公司、华纳唱片公司和索尼音乐娱乐公司与百度公司侵犯著作权纠纷上诉案的最新进展。最高法透露,2008 年,环球唱片公司、华纳唱片公司和索尼音乐娱乐公司发现其享有录音制作权的 128 首歌曲在百度公司的 MP3 栏目中通过搜索框、榜单等模式,提供了链接以及相应的在线试听和下载服务。三家唱片公司认为百度公司的上述行为侵犯了其信息网络传播权,请求法院判令赔偿其经济损失和合理费用共计 6350 万元。北京市一中院经过审理认为,百度公司根据网络用户的指令进行搜索、建立临时链接,这种服务具有自动和被动性质,即使百度公司施予与其能力相当的注意,也难以知道其所提供服务涉及的信息是否侵权。因此,百度不构成侵犯信息网络传播权,据此判决驳回三大唱片公司的诉讼请求。三大唱片公司不服,提起上诉。北京市高院在二审审理中,合议庭最终使双方在

① 参见李怀亮、金雪涛主编:《文化市场学》第 100—101 页,首都经济贸易大学出版社 2010 年版。

② 参见李怀亮、金雪涛主编:《文化市场学》第 100 页,首都经济贸易大学出版社 2010 年版。

③ 《三大音乐协会再战百度,多家唱片公司发表联合声明》[OL] http://news.163.com/08/0604/09/4DJ731DN000120GU:html,2008 年 6 月.

达成合作协议的基础上,就涉案纠纷达成和解。协议规定,百度公司支付版税,三大唱片公司将授权百度公司上传其全部完整歌曲目录及即将推出的新歌曲目录。网络用户可以直接从百度网站免费在线播放及下载相关歌曲。① 当人们提问这笔费用是否会转移至网民头上,结束互联网音乐的免费午餐时代? 百度负责人表示,上述情况目前不会发生,用户仍可直接从百度服务器上免费在线播放及下载,或在"百度听"上使用更多功能。② 夹缝很有意思,构成夹缝的主体较多,有著作权人、名类音像协会、MP3 听众、法院等,处在夹缝中的是百度公司,这类夹缝化解并不彻底。

　　文化产品社会效益与经济效益的夹缝。《中共中央关于全面深化改革若干重大问题的决定》指出:"坚持把社会效益放在首位、社会效益和经济效益相统一",③社会效益放在首位,经济效益必然放在次要位置,首位与次位已经对文化产业者构成了夹缝:文化企业应该遵循市场规律,追求经济效益,可政府要求必须把社会效益放在首位,这也对文化产业和文化产品的所有者构成了夹缝。人们应该注意处理文化产业社会效益与经济效益的关系而化解构成的夹缝。文化企业的社会效益和经济效益是相辅相成的。社会效益指文化企业具有传承社会文明和推动文化发展的功能,企业能够通过在文化推广传播,非物质文化遗产保护,为社会培养高素质文化人才,税收,环境保护,帮助解决就业问题等方面提升企业社会地位和影响力,通过开展公益活动,树立良好的文化企业社会形象,打造文化企业的品牌。文化企业的经济效益是指企业的生产总值同生产成本之间的比例关系。企业经济效益从其内涵与提高途径角度看,可分为潜在经济效益、资源配置经济效益、规模经济效益和技术进步经济效益及管理经济效益。社会效益是在经济效益基础上形成的,经济效益又受社会效益的影响和制约。处理好文化企业、文化产品的社会效益与经济效益的关系,可以化解文化企业、文化产品的社会效益与经济效益夹缝。

　　(3) 文化产品整合营销传播夹缝

　　整合营销传播(Integrated Marketing Communications,简称 IMC)的概念

---

① 参见邢世伟:《百度音乐侵权案调解收场》,《新京报》2011 年 12 月 21 日。
② 参见秦川:《百度与三大唱片公司签协议音乐仍可免费下载》,《新闻晚报》2011 年 7 月 20 日。
③ 《中共中央关于全面深化改革若干重大问题的决定(二〇一三年十一月十二日中国共产党第十八届中央委员会第三次全体会议通过)》,《人民日报》2013 年 11 月 16 日。

是 20 世纪 90 年代后期在促销策略组合的基础上发展起来的。整合营销
传播是以消费者为中心,建立在对消费者的深入了解基础上的一种传播方
式,它将所有的营销传播手段协调、统一起来,将一度各自为政的广告、公
关、促销、组织传播等各种传播方式看作一个整体,向目标受众传送统一的
说服性信息,在文化产业和消费者之间建立关系,从而达到文化产业营销
的目的。①

　　文化产品促销组合的夹缝。文化产品促销组合指文化产业主把产品
或服务信息及时地通过各种方式传递给目标市场,引起消费者的购买行
为。为了实现产品促销,引起消费者的注意并予以购买,一般要有实施过
程,在实施过程中,要注意确定目标受众,确定沟通的目标,设计促销信息,
选择信息沟通渠道,制定促销预算等。文化产品信息传播一般过程如图
7 - 2②所示:

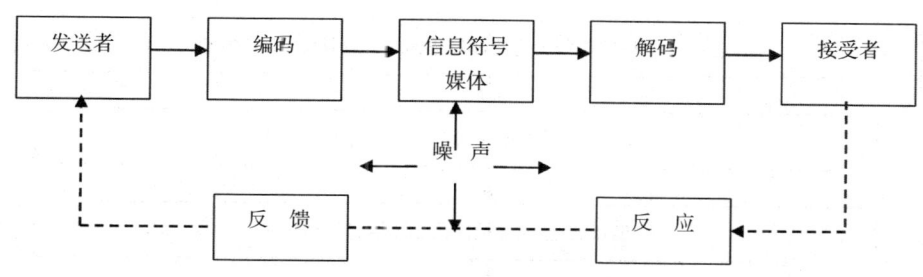

图 7 - 2　信息传播的一般过程

　　●发送者:文化产业。

　　●编码:把发送者的思想、要传播的信息转变成消费者能够感受的信
息符号。

　　●信息符号:可传播以及感知的信号,像语言、文学、图画、色彩、表情、
动作、标识、象征物等。

　　●媒体:介于信息发送者和接受者之间的传递信号的各种载体。

　　●解码:对信息感知和理解。

　　●接受者:感知信息传播的那部分人。

---

① 参见李怀亮、金雪涛主编:《文化市场学》第 327 页,首都经济贸易大学出版社 2010 年版。
② 参见李怀亮、金雪涛主编:《文化市场学》第 280 页,首都经济贸易大学出版社 2010 年版。

●噪声:指对正常信息传播的干扰。

●信息的反应、反馈:社会人和信息接受者对信息的实际反应。

就文化产业的促销组合的信息传播来看,从发送者到接受者中间至少有四个以上的环节,这些环节全部是通过人来完成的,就媒体而言,也是由人主持操作而进行的。怎么样完成信息的传递,这些环节中的人处在了发送者和接受者的夹缝之中。发送者希望信息越真实越快越好;接受者希望信息越真实越是自己需要的越好。文化产品促销组合的夹缝在文化产品信息传播时无时不在。

文化产品整合营销传播步骤的夹缝。文化产品的营销传播是一个系统,每个传播环节都应按照总设计的目标进行。文化产品的整合营销是以消费者为核心的,一切设计都应以消费者为核心制定。文化产品实施整合营销传播一般分为五个步骤,如图7-3①所示。

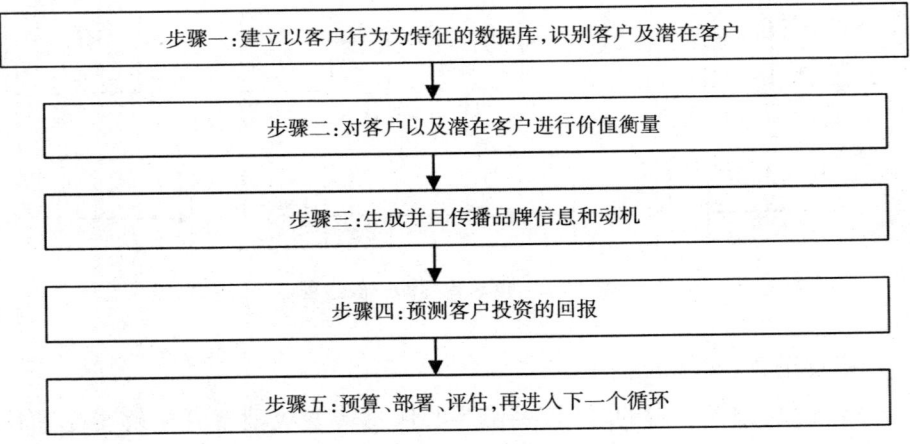

图7-3 整合文化产品营销传播实施流程图

在这个流程图中,我们以步骤四为例,文化产品拥有者要营销人员准确地预测和评估每一个顾客或每一种顾客对文化产品的态度,从而决定对顾客营销传播值得不值得。文化产品的拥有者和那些欲购文化产品的顾客往往对营销者构成夹缝,文化产品拥有者所希望的,并不是顾客所希望的。同样在营销者推销过程中,不同的营销者会对顾客构成夹缝。

———————————

① 参见李怀亮、金雪涛主编:《文化市场学》第334页,首都经济贸易大学出版社2010年版。

三、文化的消费夹缝

文化消费一般必须具备三个要素:文化产品(或叫文化产品拥有者)、文化产品需求者、文化产品经销者,文化消费主要源自文化产品需求者的需要。每个不同的消费者个体,对文化产品的需求是不同的,因此,文化产品需求的差异又是文化消费的重要特点,而这些不同的消费者个体的需求差异往往容易构成一些文化消费的夹缝,就是说,当不同的消费者个体,对文化产品提出不同的需求时,夹缝就形成了。

1. 文化需求夹缝

美国心理学家马斯洛认为,人类的需求可以分为不同的层次。马斯洛的理论首先强调人是有需求的动物,其需求取决于他已经得到了的东西,只有尚未满足的需要能够影响其行为;其次强调人的需求是有层次的,一旦某种需求得到了满足,另一种需求又会出现,又需要满足,马斯洛用图表示人们的需求不同的层次。如图7-4所示。

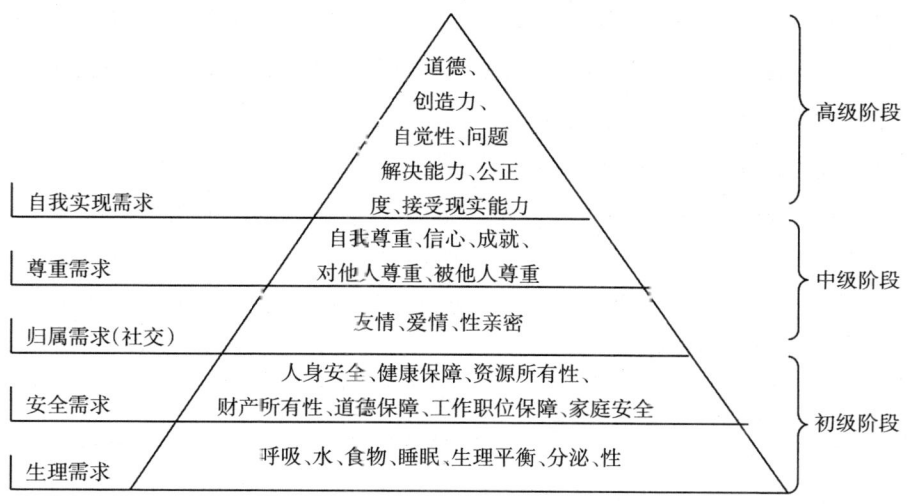

图7-4　马斯洛需求层次理论

马斯洛认为需求分为五个层次,这五个层次是逐级上升的。当低层次的需求获得相对满足之后,追求高层次的需求就成了驱动力。我们套用马斯洛的需求理论,发现文化产品的需求是属于较高层次的需求,应是中级阶段以上的需求,即归属需求、尊重需求和自我实现的需求。为什么这样归类,因为"文化消费是指用文化产品或服务来满足人们精神需求的一种消费,主要包括教育、文化娱乐、体育健康、旅游观光等方面。文化消费的内容十分广泛,不仅包括专门的精神、理论和其他文化产品的消费,也包括文化消费工具和手段的消费;既包括对文化产品的直接消费,如电影电视节目、电子游戏软件、书籍、杂志的消费,也包括为了消费文化产品而消费各种物质消费品,如电视机、照相机、影碟机和计算机等;此外也需要各种各样的文化设施,如图书馆、展览馆和影剧院等"。① 不同的消费个体有不同的文化需求,相同的文化层面有不同的文化产品和服务的需求,这便构成了需求的夹缝,夹缝是针对文化产品提供者的。

(1)个人文化产品需求的夹缝

个人是文化产品需求的主体,马克思曾讲过:"他们的需要即他们的本性。"②个人的文化产品需求受不同因素的制约,一般有年龄因素、职业因素、收入因素等,这些不同的因素制约着人们对文化产品的需求,也构成了不同因素制约的夹缝。

不同年龄层面或相同年龄层面因性别不同的消费者对于文化产品消费容易构成夹缝。不同年龄段的人群文化产品的消费习惯、消费偏好不同,他们的价值观、认知结构和社会经验不同,对文化产品的解读有可能会截然相反。例如:如今的汽车广告,已从汽车转向了汽车加美女,用美女来吸引购车者的眼球。广告商有一点没有弄明白的是美女对于女购车来说,怕是失去不少的吸引力。如果夫妇俩同去购车,男士喜欢美女做广告的那一款式,女士一般会反对,购买者已对汽车广告商和汽车商形成了夹缝。对于网络文学,年龄段的差别更为明显。例如:北京大学中文系教授张颐武说,"80后"一代的文化消费能力特别强,"他们是独生子女,赶上了我国历史上最富裕的时期;他们要买书,于是郭敬明变成了文化英雄;他们要玩游戏,于是陈天桥变成了网游大亨;他们要看电影,于是《头文字D》卖座。""随着这代年轻人的崛起,一种独特的文学创作和阅读市场也逐渐形

① 李怀亮、金雪涛主编:《文化市场学》第115—116页,首都经济贸易大学出版社2010年版。
② 《马克思恩格斯全集》第3卷,第515页,人民出版社1972年版。

成。'青春化写作'崛起并占据了文学市场的重要位置,引发了文学领域的许多变化;首先是作家'换代',原来走红的王朔等人渐趋沉寂,而郭敬明、韩寒、春树等人开始崛起"。① 这些现象有网络的原因,也有文化产品市场的原因。"80 后"成为文学消费的主体之后,对同龄作家和作品有一种相容、相融的亲切感。年轻的文化产品消费者选择了年轻一些的文化生产者,尽管他们的"文化产品"并不成熟。王朔等作家们当然希望自己的作品继续走红,而新生代郭敬明们也希望引领年轻读者队伍。当不同年龄段的作家对年轻读者形成夹缝时,年轻人就会有所选择。同样,不同年龄段的文化产品消费者会对文学作者构成文化产品需求的夹缝。

不同收入层面的人对文化产品需求会形成夹缝。文化产品的消费需要经济收入作为基础,不同收入的人会有不同的文化产品需求。现在收入的差距越来越大,贫富悬殊也越来越大。低收入的往往先满足生活基本需求,高收入阶层往往在文化产品消费上任性,他们倾向于选择图书、电影、音乐会等高消费的文化产品。这不同的收入层已对文化产品生产者和经营者构成了"消费"的夹缝。为了化解文化产品夹缝的夹力,中国不少城市已采取了低保家庭免费看演出的措施。就有钱人而言,其文化娱乐活动则完全是另外一个样子。低保家庭免费看演出是政府买单化解"穷人"对文化需求的夹缝,富人却有很大的不同。冯小刚先生说:"高尔夫是一项高高在上的运动,是少数人的运动,是成功人士给自己的奖励,是对你过去付出努力的一次分红。我们可以想一下,1000 多亩地里,有那么多服务的人,却只能容纳几十个人在上面打球,所以不可能成为大众的,""我大概一年打 100 多场球,平均一场球花费 2000 块钱。冬天去南方打球,几乎是打球花费 20 万元,住店是 10 万元,一共是 30 万元。我今年 50 多岁,我再打 30 年球,今后我打球的钱需要 1000 万元,这是不包括通货膨胀,不包括贬值的情况。一个工薪阶层甚至年薪 100 万元的人不敢像我这么打球,他可能打三四十场,年薪 100 万元的人不可能把他收入的 30% 拿出来打球,他得供房子,还有很多的消费。所以我觉得这是一个少数人的运动,但是也没关系,它给多数人一个很大的诱惑,就是开车路过一片绿草如茵的漂

① 张颐武:《"80 后"一代成为文学消费主力军》,转引自李怀亮、金雪涛主编:《文化市场学》第 116—117 页,首都经济贸易大学出版社 2010 年版。

亮场地的时候,你就会告诉自己要努力、成功,要成为一个成功的人,才有可能进入球场里打球,这是对很多年轻人的鞭策。""中国有很多生意人,因为中国有特殊的国情,是靠拉关系致富,所以这些生意人身上带了很多江湖气,这种江湖气和高尔夫球会的氛围格格不入。你能打高尔夫是因为你成功了,就算是为了配合这项运动,你也应该把身上的毛病改掉,变成一个讲礼貌、懂礼仪、有风度的人。过去这三年多我一直在接受改造,我身上也有很多的江湖气。老实说,中国20年前全是穷人,谁也别吹牛,身上都带着劣根性。后来大家慢慢富裕了,更应该让自己变得有一些修养,而高尔夫就是我培养修养的一种方式。"①由此看来,打高尔夫至少要三有:有钱、有修养、有技巧。那些暴富起来没有修养的人也不配打高尔夫;有少钱的人也不能打高尔夫,因为你的钱不够;穷人更不要说了,连场子都去不了。看来提供文化娱乐服务的人很难取舍,既要保证穷人免费看演出,又要保证特别有钱的人打高尔夫,还要保证那些年薪百万人的文化消费,这种夹缝的夹力在我国越来越大,且一时难以化解。

引导文化消费需求化解三驾马车消费不力的夹缝。多年来,经济三驾马车跑,消费最难见成效,民众消费成为消费夹缝构成的主要方面,夹缝的态势为:政府引导,企业"诱惑",处在消费夹缝中的民众买得少。所谓三驾马车指拉动经济的三个方面:投资、出口和消费。如何化解文化消费的夹缝,北京有了新的做法,初步化解三驾马车消费不力的夹缝。例如,2014年第四季度的北京,在政府的引导下,企业的"诱惑"下,北京市民文化消费需求呈现旺盛趋势,文化消费已经成为拉动首都经济增长的重要力量,从而化解了经济三驾马车消费发力不足的夹缝。北京化解文化消费夹缝的抓手是举办惠民文化消费季。文化消费季瞄准群众多样化文化需求,调动市场力量增加有效供给,促进消费扩大和升级,让民生在文化中落地,让文化在消费中闪光,让民众掏腰包消费。全国图书市场,当当网三分天下有其一。当当网第二次参加北京惠民文化消费季,"动员了全国65%的出版社让利销售,在短短60天里,共实现销售额20亿元,接近2000万人参与买书,人均消费达到100元。原本我们预计达到30%左右的增长,结果同比实现了翻一番。更没想到的是,每天网友留下的书评多达四五万

---

① 冯小刚:《要像打高尔夫那样生活》,《读者》2014年第21期。

条"。为期两个月的惠民文化消费季累计消费人数 3772.5 万人次,消费金额达到 101.8 亿元,同比分别增长 42% 和 94%。除此之外,北京市通过惠民文化消费季搭建的平台,中国木偶剧院推出五折优惠票,和央视动画合作的《大头儿子小头爸爸》演出,场场爆满,观众超过 4.5 万人。据《国民经济和社会发展统计公报》2013 年中国居民人均可支配收入 18311 元,而北京人均可支配收入已达 40321 元,能消费得起,关键是引导居民愿意为文化买单。北京市拉动文化消费化解三驾马车消费发力不足的夹缝有三招,首先,供给充足多样,"吊"居民消费的胃口,文化消费季整合了一批文化产品,"打包"供市民选择,市民们形象地说"可以像逛超市一样来采购文化产品"。其次,有价格优势,"送"居民消费的实惠。第二届惠民文化消费季推出近 60 万套"北京文化惠民大礼包",富有吸引力和人情味的文化惠民政策让不少市民动心,主动地加入到文化消费行列。再次,顺应消费的新态势,"促"居民消费的意愿。当互联网深刻改变居民的消费方式时,着重推出网上惠民文化消费季,成效显著,线上消费超过线下消费,达到 58.9 亿元,同比增长 104%,①初步化解了三驾马车消费发力不足的夹缝。

(2)心理需求夹缝

对文化产品的需求,不同的个体有差异,这种差异有的表现在职业方面,有的表现在个体收入方面,还有的表现在心理方面。人们不同的心理,会选择不同的文化产品,容易构成心理需求文化产品的夹缝。

需求动机差异的夹缝。所谓动机是指达到一定强度的想法和愿望。人的动机产生于需求,而动机又左右人们的行动,对文化产品需求是先从动机开始的。研究者把人的动机分为求实动机、求廉动机、求新动机、求美动机、求奇动机、求名动机、求央动机、追崇动机等。著名作家阿来有一篇回忆的文章:《词典的故事》,讲了他在文化产品缺乏时期自己对"词典"的渴求。阿来五年级时是 20 世纪 70 年代初,五年级小学毕业了,到县城照相,每个小伙伴的手里都有一张小面额的钞票,当时家长已把吃饭的钱和照相的钱都给了老师,父亲又给了阿来一元钱。阿来表姐手里攥着五毛钱,照过相表姐走向了百货公司,出来时,手里拿着许多五颜六色的彩色丝

---

① 参见张玉玲、温源:《文化消费:扩大消费升级版》,《光明日报》2014 年 12 月 9 日。

线。而阿来去了新华书店，书店有马克思、列宁、毛主席的书，有鲁迅的作品和当时流行的几部小说。阿来在一个装满了小红书的柜台前停了下来，认出了那本同毛主席语录差不多的《汉语成语小词典》。阿来要买那本《汉语成语小词典》，可营业员要证明，阿来必须证明自己是哪个学校的学生，可阿来不是这个县的，不能买这本书。阿来回忆说：自己的泪水便很没有出息地下来了，营业员吃惊地看着他，脸上露出了怜悯的表情。她说："你真的这么喜欢这本书？"阿来说："我从老师那里看见过，我还梦见过。"她说："那我要考考你。"阿来看到了希望，擦干了眼泪，营业员说了一个简单的成语，阿来解释了。营业员又说了一个，阿来又解释了。然后，营业员的手越出柜台，落在阿来的头顶，深深地叹了口气说："不容易，一个乡下的孩子。"然后破例把这本小书卖给了阿来。从此，很长一段时间，阿来像阅读一本小说一样阅读这本词典；从此，阿来有了第一本自己的藏书；从此，阿来对于任何一本好书都怀着好奇与珍重之感。[①] 阿来的需求动机是一本《现代汉语小词典》，而其他同学的动机则不是。在这个动机需求的夹缝中，小朋友们各取所需，阿来购书，书店不卖，小朋友让他买别的东西，营业员开始也劝他买别的书，由此构成夹缝。由于阿来的心诚和聪明，他的购书愿望实现了，化解了这个求实动机的夹缝。

　　文化习惯和需求偏好的夹缝。消费者需求偏好是指消费者对一种商品（或者商品组合）的喜好程度。消费者根据自己的意愿对可供消费的文化商品或商品组合进行排序，这种排序反映了消费者个人的需要、嗜好。文化习惯和需求偏好在文化消费中容易形成夹缝。有一位经济学家，研究了不同国家的餐饮文化习惯，推出了一个定理，被称为"阿波罗不可能性定理"，这个定理是 1972 年度诺贝尔经济学奖获得者美国经济学家肯尼思·J. 阿罗提出的。定理认为，如果众多的社会成员具有不同的偏好，而社会又有多种备选方案，那么在民主的制度下不可能得到令所有的人都满意的结果。例如，分别来自中、日、美三国的甲、乙、丙三人吃饭叙旧。甲的倾向是中餐、西餐、日本餐，乙倾向于日本餐、中餐、西餐，丙的倾向是西餐、日本餐、中餐。如果用少数服从多数的投票机制表决，中餐多于西餐，西餐

---

① 　参见阿来：《词典的故事》，《读者》2012 年第 2 期。

多于日本餐,日本餐多于中餐。这下,三人根本无法决定到哪里吃饭,①这便构成了文化需求偏好的夹缝,"三餐者"互构夹缝,也互为夹缝人。由餐饮文化推出定理,的确是一大发明,也给人以启发。

人的兴趣可以形成文化产品消费的夹缝。文化学者认为,人们的兴趣是一种文化现象,指人们喜好的情绪,是人们积极认识事物的一种倾向性,也是推动人们某些心理活动的一种力量。② 兴趣具有很强的指向性特点、持久性特点、偏好性特点、感染性特点,这些特点决定了人们可以具有相同的兴趣,也可以具有不同的兴趣。人们的文化产品兴趣一旦形成,可以成为人们生活中的某种习惯,诸如网瘾、集邮、音乐发烧友、体育迷、文化名人的粉丝等。文化消费的兴趣不是一种坏事,但过于偏执则可能成为坏事,偏执的文化消费兴趣不仅会对其他兴趣的人构成夹缝,还会对同兴趣的人构成夹缝,变成一种坏事,网瘾这种文化兴趣即如此。就一部分人兴趣是买彩票来看,买彩票的兴趣的确给一部分人构成了夹缝。近年来,我国彩票行业发展迅速,人均购买彩票的支出,比刚开始发行彩票时增长了近2800倍。但是,彩票收入的35%用于社会公益,15%用于发行费用,用于返奖的只有50%。所以,彩票购买者购买1元彩票,期望收益只有0.5元。那么为什么有那么多的人如此踊跃地购买呢? 在彩民眼里,彩票是一夜暴富的机会。因此,中低收入者人群,出于"撞大运,发大财"的心理需求,会长期购买彩票。例如,北京有一位市民名字叫韩枫,他已经有十几年的彩龄。自从多年前偶然中了一次6000元之后,便开始学习算号。现在,每个月他用来买彩票的钱要达到5000多块,占了薪水的大部分。虽然陆续中过奖,但最终算下来还是赔大于赚,但他无法停止。有些疯狂的彩民,会把彩票作为投资,最终倾家荡产。有的经济学家认为,从风险上来看,穷人之所以热衷于买彩票,是因为在彩票的投资中,投资的金额相对于可能存在的回报数额来说是相当小的。所以,即使得不到回报的风险无穷大,人们也愿意冒这种风险。③ 有的经济学家认为,作为一个理性的投资者,购买彩票不应是我们的一种投资,而只能是一种精神消费。既然彩票获奖概

①　参见张溪竹、张再金编著:《漫话经济学》第180页,中国法制出版社2014年版。

②　参见李怀亮、金雪涛主编:《文化市场学》第120页,首都经济贸易大学出版社2010年版。

③　参见张溪竹、张再金编著:《漫话经济学》第74页,中国法制出版社2014年版。

率,尤其是获大奖的概率很低,最好只是投入一小份即不太在意的资金来购买。还有的经济学者认为,零散的资金留着也没有多大用处,买彩票又有获大奖的可能,买买也无妨。也有经济学者认为,彩票不能买! 这些认识和实践,已经对准备买彩票的人形成了夹缝。

(3)社会环境对文化消费的夹缝

文化消费除了受到经济条件、个人心理影响之外,还受社会环境的影响,即受社会阶层、地域文化、生活方式、价值观的影响,这些不同的社会因素,会形成文化消费的夹缝。

社会阶层形成的文化消费夹缝。社会阶层指社会共同的经济状况或其他某种共同特征形成的社会群体。在社会群体中,人们的经济状况、受教育的程度、职业类型、社交范围有着明显的阶层差异。一般情况下,社会阶层的差异直接影响人的消费方式,其文化消费行为也表现出很大的差异,从而构成文化消费的夹缝。李升先生讲的《互联网带来的"数字鸿沟"》[1]证明了这种夹缝的夹力之大。"数字鸿沟"(Digital Divide)一词被频繁使用于 20 世纪 90 年代中期以后的美国。1999 年 7 月,美国商务省公布了一份《在网络中落伍:定义数字鸿沟》的报告,该报告指出:美国年收入在 7.5 万美元以上的家庭使用互联网络的比率是最低收入层的 20 倍以上,电脑的持有率也达到 9 倍以上,另外,接受过最高教育的阶层与只接受过最低教育的阶层之间的使用差距 1 年间上升了 25%。从这份报告可以看出,在 IT 革命进行的同时,一方面,互联网络也开始向一般大众普及,年轻人、高学历者及高收入者等群体通过使用 IT 而逐渐获得更高的收入及更好的雇佣机会;另一方面,那些不会使用电脑的高年龄群体和因贫困无法获得信息工具(电脑)的群体则陷入一种较困难的生活状态之中。这是1999 年的报告,如今中国的电脑在城市已经普及,但农村还远没有达到这一水平。在这个文化消费夹缝中,一方面政府希望和要求人们掌握电脑,使用电脑,提高收入,是夹缝的一方;一方面是电脑商极力推荐电脑,促使人们去购买,从而实现他们的利润;处在夹缝中的往往是那些想使用电脑,提高自己雇佣机会的人们,很多人是心有余而力不足。如今的中国,正是美国那个时候的状况,有一部分人处在飞速发展的网络文化之中。

---

[1]　参见李升:《数字鸿沟:当代社会阶层分析的新视角》,《社会》2006 年第 6 期。

　　区域文化形成的文化消费夹缝。区域文化也称地域文化,地域文化、城乡差异对于文化消费容易构成夹缝。区域中,地域差异、城乡差异决定了人们语言、风俗、习惯、生活方式、处世方式、价值观、文化需求的走向,因此,也必然会对文化消费形成夹缝。例如,以2008年各省电视收视率排行榜中,电视剧《乡村爱情》《闯关东》在吉林、黑龙江、辽宁均位列前两名,而《李小龙传奇》则在云南、贵州、海南等地区位居榜首,如表7-1所示。

表7-1　2008年电视剧TOP3排行比较

2008年吉林市场电视剧收视率排名前三位				
名次	电视剧名称	频道	平均收视率(%)	平均占有率(%)
1	乡村爱情第二部	中央电视台综合频道	32.1	60.7
2	闯关东	中央电视台综合频道	12.8	28.2
3	清凌凌的水蓝莹莹的天	中央电视台综合频道	9.9	23
2008年黑龙江市场电视剧收视率排名前三位				
名次	电视剧名称	频道	平均收视率(%)	平均占有率(%)
1	乡村爱情第二部	中央电视台综合频道	36.6	64.5
2	闯关东	中央电视台综合频道	14.9	31.2
3	笑着活下去	黑龙江电视台影视频道	13.8	28.8
2008年辽宁市场电视剧收视率排名前三位				
名次	电视剧名称	频道	平均收视率(%)	平均占有率(%)
1	乡村爱情第二部	中央电视台综合频道	21.7	47.6
2	闯关东	中央电视台综合频道	9.3	22.1
3	乡村爱情第二部	辽宁卫视	7.6	27.7
2008年云南市场电视剧收视率排名前三位				
名次	电视剧名称	频道	平均收视率(%)	平均占有率(%)
1	李小龙传奇	中央电视台综合频道	16.7	26.7
2	暖春	云南电视台都市频道	8.4	16.3
3	魔幻手机	中央电视台第八套	7.9	14.0

（续表）

2008 年海南市场电视剧收视率排名前三位				
名次	电视剧名称	频道	平均收视率（%）	平均占有率（%）
1	李小龙传奇	中央电视台综合频道	24.5	45.1
2	精武陈真	海南电视台综合频道	21.6	42.5
3	少林寺传奇	海南电视台综合频道	20.2	37.2
2008 年贵州市场电视剧收视率排名前三位				
名次	电视剧名称	频道	平均收视率（%）	平均占有率（%）
1	李小龙传奇	中央电视台综合频道	16.6	31
2	五月的鲜花	贵州卫视	7.9	17.6
3	生死十日	贵州卫视	7.8	18.7

数据来源：CSM 媒介研究。

从表中我们可以感受到不同区域对电视内容喜好有很大的差别，这些差别体现在对电视剧内容构成的夹缝。南方爱看"李小龙"，东北喜爱"闯关东"。就同一部电视剧而言，有的地区热播，有的地区很少有人问津，有的地区不热不冷，这对电视剧的制作者、播出者，都构成了夹缝。在文化消费中，要注意这种区域的特点，以求破解夹缝。

生活方式构成的文化消费夹缝。所谓生活方式指人们生活模式，通常包括了人们的衣、食、住、行、工作、劳动、休息、娱乐、社会交往、待人接物等物质生活和精神生活的价值观、审美观、道德观等内容，这些物质生活和精神生活的内容，大多与文化有关，有的直接与文化消费有关。生活方式有区域性、民族性，在一个家庭中，生活方式还与年龄有关。生活方式的不同，决定了文化消费方式的变化。以传统的家庭为主的文化消费方式为例，在 20 世纪后半叶，一家人听广播、看电视、读看报纸是文化消费的主体；而现在，这一文化消费的模式早已被打破。今天的文化消费，已转为向上网、网聊、博客、微博、微信、K 歌、追星、蹦迪、泡吧、看演唱会等，这种变化并没有停止，还会因为计算机作用的扩张而变化。传统的以家庭为主的文化消费方式已经转为以群体或个体为主的文化消费方式；求实的文化消费内容正向虚幻的文化消费内容转变。生活方式的变化引起的文化消费方式的转变,对不同的人群构成了夹缝。不上网、不写博客、不用微信成为"没有文化"的代名词。

2.文化消费行为夹缝

在文化消费的过程中,不同层面的人们会选择不同的文化产品和服务,使用不同的消费方式,当人们采用了某种文化消费方式消费后,即构成了文化的消费行为。不同的文化消费行为会对他人以及文化产品生产者、服务者构成夹缝。

（1）休闲消费夹缝

文化消费大多是"闲暇消费",是一种闲暇时间的闲暇消费活动。闲暇时间是指人们的全部生活时间减去必需的生存时间（吃饭、休息等）和必要的工作时间（上班、家务等）之后的可自由支配的时间。既然是自由支配的时间,不同的人会运用这些时间做自己感兴趣的或认为对自己有帮助的事情,诸如娱乐、享受、休息等。闲暇消费,指生存生活需求之外的消费,是马斯洛认为第三层次以上的需求消费。人们在选择休闲消费时容易构成夹缝。

休闲消费多样化与休闲消费过程的夹缝。随着社会的发展,人们生活水平的提高,人们休闲消费的时间和内容在不断增多,休闲消费已体现出多样化的特征。闲时发发微信、上上网、聊聊天,写个博客,看看"八卦";或者旅游、看电影、听音乐会、参加民间协会活动等五花八门。一个工作很忙的人一旦有了休闲时间,会有人劝说参加旅游、参加协会活动等,使闲暇者处在了夹缝之中。同样,由于不同旅游点服务方式的不同,旅行社的服务也往往使休闲者成为夹缝人,休闲者处在选择难的夹缝中;而个别旅游者对服务人员的"非礼、刁难"也会对旅行社构成夹缝。例如,2014 年 12 月 11 日晚,在一架曼谷飞南京的航班上,两名中国乘客闹事导致飞机返航,这一事件随后迅速成为网民热议的焦点。13 日上午,江苏省旅游部门拿出了相关处理意见。2014 年 12 月 11 日晚,由南京康辉国旅组织的由36 名散客拼团的"泰国曼谷芭提雅 6 日游"团队,乘坐泰国亚洲航空公司由曼谷返回南京的 FD9101 航班。涉事游客安徽阜阳籍张某、江苏南京籍王某登机后,因要求空服人员将两人座位调换到一起,虽经调换,但耽搁时间造成张、王二人不满。该航班为廉价航班,机上不提供免费餐饮,客人点餐需自费。在航班飞行途中,张某取出随带的方便面用餐时,要求空服提供热水,空服告知其热水需要收费,在空服为其提供热水后,张某仍与空服发生言语冲突,并将泡好的方便面泼向该空服。事情发生后,组团社领队熊某某离当事人后面10排远的座位上赶到前面,与其他游客一道进行劝解,张、王仍激烈争吵,并谩骂、恐吓和威胁空服人员。因事态迅速扩大,恐危害航空安全,机组立即决定飞机中途返航,飞机落地后,张、王二人及另两名需要协助调查人员无锡籍游客高某、吴某某被泰国警方带走。事件发生后,不仅造成该航班延误6个多小时,并造成后续航班延误。该航班除上述4人以外的其他客人于12日凌晨3:30抵达南京禄口机场。12月12日晚,张某等4人经泰国警方调查处理,其中张某向涉事空服人员口头赔礼道歉,涉事四人共缴纳罚金50500泰铢后返回南京。国家旅游局在获悉该事件后,立即指示江苏省旅游局尽快查处此事。江苏省旅游局负责人向记者表示,此次事件虽然系少数素质极其低下的游客所为,但也是一起涉嫌危害航空安全的违法行为,暴露出领队处置不当、旅行社管理教育不力等问题,特别是发生在当前全国大力开展"文明旅游"活动的大背景下,影响更加恶劣,必须严肃查处,毫不懈怠。为吸取教训和抵制不文明出游的行为,南京市旅游委研究决定,对该事件作出三点处理意见:一是将该起事件的发生情况和处理结果,进行全行业通报;二是依据国家旅游局2002年第18号令《出境领队人员管理办法》第十三条第二款、第四款的规定,对组团社领队熊某某给予暂扣领队证一年的处罚;三是对组团社在事件中暴露出来的文明出游管理教育不到位、出现重大突发事件处置不力等问题给予全行业通报批评并责令整改。将涉事4位游客的不良行为发至江苏省旅游协会,要求协会将其纳入个人信用不良记录并在一定范围内告示。①旅游消费是文化消费,旅客的文明表现是一种文化现象,个别旅客文明素质差,应该和散客组团的领队没有多大关系。这种消费文化夹缝构成因素是多方面的。夹缝构成的一方面是国家旅游管理部门,希望领队负起责任来;夹缝的其他各方是:散客们希望领队支持他们;亚航的航乘人员希望领队支持他们;网民希望严肃处理肇事者;旅行社希望领队最好谁都不要得

① 参见吕中、杨文:《亚航闹事者拟纳入信用不良记录》,《扬子晚报》2014年12月15日。

罪;还有的民众认为这点小事就处理人真是多此一举等。无论如何,国人的文明形象必须改变。

重视休闲大众化可以化解夹缝。由于中国城市人民生活水平的提高,加上城市化进程的加快,城市扩张速度前所未有,城市 30 年扩张速度超过百年甚至 200 年以上的速度,占地面积几倍几十倍地增长,人口不断地翻番,随之而来的问题是,休闲的人士多了,休闲的场所少了。人们有休闲的需求,城市要休闲场所,过去的博物馆等馆所开放率不足,于是全国开始了开放不同馆所的举措。据《光明日报》报道:"从 2008 年 3 月 28 日起,北京的 29 家博物馆开始免费向公众开放。""这项关乎群众文化权益的惠民政策赢得了一致好评。来自国家文物局的数字显示,先期实施免费开放的博物馆客流量增加了 5~15 倍。而在以前,这些依靠政府财政资金建设和运营的博物馆每天接待量明显不足,造成公共资源的闲置浪费。据了解,除北京之外,还有甘肃、山西、新疆、广东、吉林等地从 2008 年 3 月 28 日起,全国又有 400 余座博物馆、纪念馆、爱国主义教育基地加入了免费开放的行列。""2008 年 4 月 1 日前,全国免费开放的博物馆将达到 600 座,2009 年还将有 800 座,今明两年将有 1400 座公益性的博物馆、全国爱国主义教育基地免费向公众开放。有媒体称:'一个新的博物馆免费时代正向民众走来。'"①全国开放博物馆、爱国主义教育基地、公园较好地化解了人们休闲场所短缺的问题,化解了人们日益增长的休闲文化夹缝问题。

(2)文化感性消费夹缝

感性消费指人们凭着自己的情绪和情感体验而进行的消费行为,这种"由感而消费"的方式很容易形成夹缝。著名营销专家菲利浦·科特勒将消费者的行为划分为三个基本阶段:一是量的消费阶段,即人们追逐买得到和买得起的东西;二是质的消费阶段,即人们寻求货真价实、有特色、质量好的商品;三是感性消费阶段,即人们注重购物时的情感体验和人际沟通,以个人满足、个性实现、精神愉悦为主要消费目标。② 正是由于这种追求个人满足的消费行为,会对他们构成夹缝。

---

① 李韵:《首都地区博物馆免费开放头三天见闻》,《光明日报》2008 年 3 月 31 日。
② 参见李怀亮、金雪涛主编:《文化市场学》第 128—129 页,首都经济贸易大学出版社 2010 年版。

文化的感性主观消费夹缝。感性消费追求的是个性化、满足感、愉悦感,很容易跟着自己的感觉走,还有极强的趋同性。所谓趋同,最明显的表现是:朋友或其他人可以有,我也可以有。有一个故事讲,一位女同事的丈夫外出旅游时,"驴友"都买石头,她的丈夫也花了2000元买了一大块两人才抬得动的灵璧石,请朋友从车上抬下来后,不知如何放才好。家中房子倒不小,放一两块石头没有问题,可这块观赏石放哪儿都感到不协调。老婆说没处放,儿子说瞎花钱。最后放在楼道里吧,楼道是公用的,邻居认为不合适,说,影响观瞻不说,主要妨碍了人们的出行。妻子问他为什么要买这石头,丈夫说,当时一高兴就买了,朋友买了好几块,我才买一块。弄得妻子哭笑不得,最后把石头送了朋友。老婆、孩子、邻居对其购买石头的行为形成了文化消费的夹缝,这是人的感性消费的行为造成的。

文化关联消费的夹缝。关联消费指当购买某类产品对其有好感后,还会购买与原产品相关的产品和服务。关联消费有很强的感性因素,关联的文化消费行为是商家欢迎的,但容易对购买者构成夹缝。例如,《后宫·甄嬛传》,先是由网上小说连载,引起了轰动,粉丝如"粉",随后成书,又成为畅销书。不少读者觉得网上读书不过瘾,买回小说再读,这便是一种关联消费。随后《后宫·甄嬛传》又拍了电视剧,那些甄嬛的粉丝们又接着购买电视剧光盘,观看和收藏,使关联消费继续下延。在这个关联消费的夹缝中,构成夹缝的一方是商家,运用各种营销策略,尽量推动关联消费;构成夹缝的另一方是作者,写了小说,又当编剧,把故事做成更大的"故事";处在夹缝中是那些粉丝们,跟着喜好的感觉走。

3.导引文化消费化解夹缝

信息、广告、行为示范是文化消费的导引形式,有了正确的导引,才可能实现促进文化消费的目的,并可以化解许多文化消费的夹缝。

(1)优化文化消费环境化解夹缝

文化消费环境一般分为自然环境和社会环境,对文化消费影响最大的是文化消费的社会环境。文化消费的社会环境主要包括社会宗教信仰、价值观念、消费习俗、道德规范、制度法规等。执政者要为社会创造一个良好的文化消费环境,让人们乐于消费、安心消费,从而化解文化消费环境的夹缝。

确立正确的价值观,化解文化消费迷茫的夹缝。物质富有了,不可能代替精神的富有。要用实实在在的理想和道德标准规范人们的文化消费。要从官员自身做起,确立官德,用制度和法律抵制和清除消极的、不健康的文化消费方式,确立文明、健康、向上的文化消费方式。中共十八大以来,国家加大了反腐的力度。不少官员价值观出了问题,变成了腐败分子。例如,原中央军委副主席徐才厚,2000 平方米豪宅的地下室里到处堆放着现金,有美元、欧元、人民币,由于太多,一时无法清点,拿秤称了一下,再贴上封条。被查抄的现金居然足足有 1 吨多重! 在徐宅的仓库里,还有 100 多公斤、200 多公斤的和田玉,各种名贵的硬木和珍稀的翡翠制品一大堆。璞玉有那么十几块,该知情人士称,徐宅仓库还有唐、宋、元、明历朝的各种古玩器具和字画。这位原中央军委副主席豪宅里查抄的财物堆积如山,办案人员只得临时叫来十几辆军用卡车才将其全部运走。[①] 解放军原总后勤部副部长谷俊山最后涉案 300 多亿元,贪污受贿达 6 个多亿,拥有 300 多套房产,会所起名"将军府"。谷俊山送礼方式是准备一辆奔驰 600,里面放上上百公斤的金条,车钥匙直接给送礼对象。[②] 最高人民检察院 2014 年 10 月 31 日举行新闻发布会,通报检察机关 2014 年以来查办和预防职务犯罪工作的有关情况。最高人民检察院反贪污贿赂总局局长徐进辉说,根据中央反腐败整体部署,最高人民检察院反贪总局直接组织指挥北京、河北、黑龙江等地检察机关,依法立案查办了一批国家发改委工作人员利用职权受贿犯罪案件。截至目前,共立案查办 11 案 11 人,其中,发改委国家能源局 5 人,发改委价格司 5 人,发改委就业和收入分配司 1 人,分别为:国家能源局副局长、新能源司司长、核电司司长、电力司副司长、煤炭司副司长、价格司原司长、现任司长、副司长、副巡视员,价格司领导班子多数涉嫌职务犯罪。其中,在煤炭司原副司长魏鹏远家中搜查发现现金 2 亿余元,执法人员从北京一家银行的分行调去 16 台点钞机清点,当场烧坏了 4 台。成为新中国成立以来检察机关一次起获赃款现金数额最大的案件。[③]

---

① 参见吴宏亮编辑:《徐才厚被抄家内幕曝光豪宅地下室搜出 1 吨重现金》,《扬子晚报》2014 年 11 月 21 日。

② 参见吴宏亮编辑:《谷俊山案查办内幕惊心动魄　刘源当面放言与其"你死我活"》,《扬子晚报》2014 年 12 月 9 日。

③ 参见吴宏亮编辑:《煤炭司副司长家中搜出 2 亿现金》,《扬子晚报》2014 年 11 月 1 日。

2014 年 11 月 12 日,河北省纪委通报了多起官员腐败案件,其中,秦皇岛市城市管理局原副调研员、北戴河供水总公司原总经理马超群因涉嫌受贿、贪污、挪用公款被查处,在其家中搜出现金 1.2 亿元、黄金 37 公斤、房产手续 68 套。① 这些大小官员,开始绝对不是贪官,随着形势的变化,他们价值观发生了变化,成为官员中"先富起来"的一部分人,治政者必须从制度、源头抓起,帮助他们牢固树立价值观,防止腐败的发生,化解腐败劣夹缝。

确立知识产权理念,化解文化生产亚健康的夹缝。知识产权通常是国家赋予创造者对其智力成果在一定时期内享有的专有权或独占权,一般只在有限时间期内有效。知识产权的范围很广,诸如各种智力创造、发明、著作、文学和艺术作品,以及在商业中使用的标志、名称、图像以及外观设计等。例如,国家版权局于 2014 年 12 月 16 日通报了"剑网 2014"专项行动第三批 12 起网络侵权盗版案件查办情况。国家版权局通报的这 12 起案件包括:黑龙江"第一教育网"侵犯影视作品著作权案、上海"射手网"侵犯影视作品和字幕作品著作权案、江西陈某某通过网络销售侵权盗版出版物案、辽宁大连一海通科技有限公司侵犯网络文学作品著作权案、广东"宽松网"侵犯网络文学作品著作权案、黑龙江刘某等涉嫌侵犯"逐鹿中原"网络游戏著作权案、湖北多家网站涉嫌侵犯《知音漫客》杂志著作权系列案、上海吕某某等涉嫌侵犯"街头篮球"网络游戏著作权案、湖南谭某某等涉嫌通过网络销售盗版软件案、广东"3·24"网络批销盗版图书案、江苏"77免费电影"网涉嫌侵犯影视作品著作权案和广东"懒人听书"网涉嫌侵犯金庸作品著作权案,涵盖了侵犯网络影视、文学、网络游戏作品著作权、通过网络平台销售侵权盗版制品等案件类型。② 其实,有些"侵权者"没有觉得是侵权,当"所有权者"诉讼,国家版权管理部门通报,法院审理构成夹缝时,"侵权者"才感到自己处在夹缝之中。知识产权保护是文化产业得以健康发展的保障之一,国家不仅要有立法,还要严格地执法,不能地方保护,不能各行其是,保证文化生产健康发展。要在与世界文化交流的同时,促进知识资源共享和文化科技的进步,化解文化生产侵权的夹缝。

---

① 参见吴宏亮编辑:《河北"亿元小官"抄家现场曝光现金堆成山,金条铺满地》,《扬子晚报》2014 年 11 月 16 日。

② 参见应妮:《国家版权局通报第三批网络侵权盗版案件查办情况》,《中国新闻网》2014 年 12 月 17 日。

　　加大公共文化基础建设的力度,化解供不应求的夹缝。我国的公共文化基础建设还有很大差距,构成了明显的夹缝。公共文化基础建设表现的差距主要有:一是文化事业投入经费不足,尚未建立比较完善的基层公共文化服务运营经费保障机制,城乡差距和区域差距较大;二是基层公共文化服务资源设施总量不足、质量不高、配置不合理的问题依然突出,基层文化建设重硬件、轻软件,重建设、轻管理的现象比较严重;三是公共文化服务的内容、形式、方法与城乡居民现实需求还不相适应,以群众文化需求为导向的公共文化服务模式尚未形成;四是文化管理体制和与运行机制尚不健全,还存在多头管理、条块分割等问题,配套政策和法律法规不完善;五是基层文化队伍数量不足,专业素质偏低,难以适应新时期文化工作的需要;六是社会力量参与文化建设的文化自觉意识尚未形成。当民众需要加大公共文化基础建设,提供某些文化服务;上级要求加大公共文化基础建设的力度,做好文化服务时,针对地方政府的夹缝就形成了。公共文化设施是人们文化消费的基础,是人们文化生活质量的保障。地方政府不仅要把开放馆所作为公共文化服务项目,还要把公园、宗教文化建筑列入免费系列,让更多的普通居民用"平民的价格"享受高品位的文化,让更多的居民参与文化消费,化解因公共文化服务不到位而形成的夹缝。

　　(2)建立市场机制化解文化消费低迷的夹缝

　　《中共中央关于全面深化改革若干重大问题的决定》中指出:"完善文化管理体制。按照政企分开、政事分开原则,推动政府部门由办文化向管文化转变,推动党政部门与其所属的文化企事业单位进一步理顺关系。建立党委和政府监管国有文化资产的管理机构,实行管人管事管资产管导向相统一。"①文化市场机制指文化市场的运行机制,政府一定要用好市场这只手,建立和健全文化市场的运行机制,让文化市场在规范的市场机制下自由运行。同时,政府还必须用好自己这只手,控制文化市场的价格,引导文化市场消费,促使文化产品的创新,化解文化市场消费总量不高的夹缝。

　　调控文化产品和服务的价格,化解文化产品和服务购买的夹缝。发达国家经济文化发展的经验表明,当人均 GDP 超过 3000 美元时,文化消费

---

　　①　《中共中央关于全面深化改革若干重大问题的决定(二〇一三年一一月十二日中国共产党第十八届中央委员会第三次全体会议通过)》,《人民日报》2013 年 11 月 16 日。

会快速增长;接近 5000 美元时,文化消费会出现"井喷"。2008 年,我国人均 GDP 已经超过 3000 美元,按发达国家计算方法,我国文化消费支出总量应当在 4 万亿元以上,而实际上只有不到 8000 亿元。这意味着我国居民文化消费潜力远未得到释放。① 文化消费潜力没有得到释放,有几方面的原因,一是文化市场中文化产品和文化服务价格太高,以文化演出为例,一般票价几百元,高的达几千元,让居民望票价兴叹;二是文化市场中的服务不到位;三是市场的引导不够,没有激活居民的消费潜力;四是文化习俗的原因,存钱防病、防老、防急需,存钱留给后代读书用。文化消费的服务和购买,必须化解价格和保障这类夹缝,让居民能够从心理到现实接受文化产品和服务的价格,在文化消费方面敢花钱。

以需求引导市场,化解文化产品供求的夹缝。现在的文化产品市场,一方面是大量文化产品难以进入市场,一方面是文化产品不受民众欢迎,这是一种供求的夹缝。以电视剧产品的夹缝为例,构成夹缝的一方是文化产品的生产者,他们为了追求速度,忽视了质量,高品位受欢迎的文化产品很少;构成夹缝另一方的是电视台的播放者,他们倒是从市场出发,便宜的,广告收入多的电视剧先播,使大量的"烂剧"充斥黄金档;构成夹缝的还有一方,即电视剧的审查者。处在夹缝中的是观众,他们没有选播权,但他们有选看权,对劣质电视剧可以选择不看。政府的这只手要引导电视剧的生产者,更加贴近生活,生产出好作品,体现社会主义核心价值观;引导电视剧播放者,择优播放;引导居民,扩大消费量,以满足自己的兴趣;适当放宽审查标准。要看到网络以及手机的普及,它们会像电视冲击电影一样,网络和手机将来一定会冲击电视台电视剧播放的功能。

加快文化产品创新,化解文化市场潜在需求的夹缝。"鼓励非公有制文化企业发展,降低社会资本进入门槛,允许参与对外出版、网络出版,允许以控股形式参与国有影视制作机构、文艺院团改制经营。支持各种形式小微文化企业发展。在坚持出版权、播出权特许经营前提下,允许制作和出版、制作和播出分开。建立多层次文化产品和要素市场,鼓励金融资本、社会资本、文化资源相结合。完善文化经济政策,扩大政府文化资助和文化采购,加强版权保护。健全文化产品评价体系,改革评奖制度,推出更多

①　参见赵卫东:《什么因素制约了我国文化消费增长》,《人民日报》2009 年 7 月 6 日。

文化精品。"①说到底文化大繁荣需要文化大消费的推动。为什么我们文化市场的潜力那么大,却没有按常规发挥出来呢? 主要原因是居民没有见到自己想消费的文化产品和服务。文化产品要加大创新创意的力度,挖掘原创性,优化创意思维,使文化产品成为创新的产品,引导人们的文化消费。就发展空间巨大的动漫产业来说,动漫生产最早与国际接轨的深圳,九成以上的动漫企业仍以加工为主,原创作品少,优秀原创作品更少。②政府希望民众扩大文化消费,文化产品的作者希望文化产品消费者购买自己的产品,形成了文化消费的夹缝。但是,在现实生活中,多数民众是根据自己需求而消费的。因此,创新文化产品,满足民众需求,才能化解潜力需求的夹缝。

(3)提升国民文化素质化解文化负面效应夹缝

国民文化素质整体在提升,但也有不少人文化素质在下降。以教育为例,读书能够干什么,读书值不值一直是人们议论的话题。在文化教育方面,一定要看到部分国民素质在下降的现实,看到文化产品的负面效应对人们生活构成的夹缝。

贫困学生大量辍学已构成提升国民素质的夹缝。据 2012 年《新世纪》第 25 期报道,甘肃省陇南市南部某县有二十几所初中,大量初中生辍学现象在当地几为常态。当地教育局官员私下承认,农村初中生的流失率普遍在 30% 乃至 40%,而中科院农业政策研究中心在 2009—2010 年期间,对西部贫困地区 46 所学校进行跟踪调查也发现,初中阶段一届学生的辍学率高达 25% 以上,这与官方数据相差太大。据甘肃省一所乡中心校校长透露,2011 年 9 月起,为了迎接国家一级对"两基"("基本普及九年义务教育"和"基本扫除青壮年文盲")达标的检查,甘肃各县市都在组织乡村干部和教师,签订控制辍学责任书,但要将近 30% 的辍学率降到 2% 以下,几乎是不可能完成的目标,所以,"只能弄虚作假",各个学校上报的数据和名单都对照着指标数来编。最终,该县的初中辍学率不出意外地被"控制"在了 1.07%,甘肃省一级的初中辍学率更低,达 0.6%。③ 中央政

---

① 《中共中央关于全面深化改革若干重大问题的决定(二〇一三年十一月十二日中国共产党第十八届中央委员会第三次全体会议通过)》,《人民日报》2013 年 11 月 16 日。

② 参见李怀亮、金雪涛主编:《文化市场学》第 137 页,首都经济贸易大学出版社 2010 年版。

③ 参见王宝梅:《贫困学生大量辍学须正视》,《报刊文摘》2012 年 7 月 2 日。

府希望孩子们读书接受教育,孩子们的家长要求孩子早些打工挣钱,有些孩子成为教育文化中的牺牲品。初中辍学,将重新构成国民素质下降的夹缝,必须想法化解。

文化产品的负面作用构成的夹缝必须化解。由于我们推行市场经济,文化产品所处的是市场经济中的文化市场,在这种市场状态下,一些文化产品产生了巨大的负面作用,构成了文化夹缝。例如,福建省曾对少青管教所和女子劳教所的一项调查表明,①电影、电视、录像、文艺书刊中消极因素对青少年的不良影响是造成青少年犯罪的重要诱因之一。其中,影视、录像和文艺书刊中侠客、暴力、武打等惊险情节、场面、镜头,容易诱发凶杀犯罪,这类犯罪情节占所调查1700多人的20.56%;影视、录像、文艺书刊中对豪华阔气场面的过分渲染,容易诱发青少年走向盗窃、抢劫犯罪,这类犯罪情节占所调查1700多人的41.4%;文化产品对色情的露骨描写容易诱发性犯罪,影视、录像、文艺书刊中对犯罪过程的详细描述,为一些青少年所仿效而犯罪。有研究人员使用量表调查研究暴力对直接进攻性行为的影响发现,青少年攻击性行为与玩电脑游戏的时间之间呈正相关关系。也有研究媒体群体文化与攻击性行为之间关系的学者发现,对媒体群体暴力文化越认同越容易产生攻击性行为。相对于那些没有吸引力、不受尊重的被模仿者来说,人们更可能模仿那些受欢迎、受尊敬和有名望的被模仿者的暴力行为,对被模仿者的认同越深,越可能模仿他们的行为。媒介过多接触暴力情节容易引发未成年人侵犯性行为,媒介过度渲染奢华生活方式诱发财产犯罪,未成年人容易模仿媒介传播的人物或事件。电视暴力对儿童产生的短期效果主要是模仿电视暴力行为,使孩子认为社会充满危险,缺乏安全感,对周围世界充满疑惑,从而养成说谎、戏弄别人的习惯。儿童受媒体影响产生的攻击性行为表现在三个方面,一是言语攻击,二是身体攻击,三是损害他人财物。动漫亚文化对青少年犯罪有较大的影响。研究者认为动漫亚文化导致青少年社会公德心缺失、暴力崇拜,甚至直接导致青少年性犯罪和模仿性犯罪。网络中的黄毒信息使自制力较弱的青少年往往出于好奇或冲动心理,从而寻找色情信息,导致青少年产生性犯

---

① 参见刘培光:《浅谈文化市场中消极因素对青少年犯罪的影响》,《福建青少年研究》2008年第10期。

罪的行为或动机。① 要化解媒体负面效应的夹缝,一方面要提升社会人的素质,另一方面要对影视等文化产品以必要的控制,这种控制又可以分为两方面,即对文化产品内容本身控制和国家限制看读的层次等。

---

① 参见雷代利:《媒体对青少年犯罪的影响研究综述》,《传播与版权》2014 年 9 月 15 日。

第八章　移动互联网经济夹缝

移动互联网,就是将移动通信和互联网二者结合起来,成为一体,是指互联网的技术、平台、商业模式、应用与移动通信技术结合的实践活动的总称。习近平在致首届世界互联网大会贺词中指出:"当今时代,以信息技术为核心的新一轮科技革命正在孕育兴起,互联网日益成为创新驱动发展的先导力量,深刻改变着人们的生产生活,有力推动着社会发展。互联网真正让世界变成了地球村,让国际社会越来越成为你中有我、我中有你的命运共同体。同时,互联网发展对国家主权、安全、发展利益提出了新的挑战,迫切需要国际社会认真应对、谋求共治、实现共赢。"①移动互联网正在以看不见的形式和无法想象的速度改变着我们的生产生活,改变着我们的观念,对我们构成了不同类型的夹缝。

一、移动互联网经济认识与经济发展的夹缝

1994 年 4 月 20 日,中国实现与国际互联网的第一条 TCP/IP 全功能链接,成为互联网大家庭中一员。20 多年来,我们见证了创新、开放、自由、平等、共享的互联网精神。人类社会从未像今天这样密切协作、开放共享。互联网正逐步成为信息时代人类社会发展的战略性基础设施,推动着生产和生活方式的深刻变革,不断创造新业态、新市场,重塑经济社会发展的新模式。现在,互联网移动技术使得我们在未来几年内会有接近 10 亿人拥有移动技术,在几年时间内,整个世界人口的 50% 可以接入互联网。

---

① 转引自陈剑:《习近平向首届世界互联网大会致贺词》,新华网 2014 年 11 月 19 日。

互联网的快速发展,让今天的我们无论如何畅想,也无法预料 20 年后互联网又将带我们走向何方。专家们预言"让每个机械、每个汽车、每个车床、每个灯泡都连到互联网上,这个连接刚刚开始"。[①] 移动互联网使不少人处在这种新的经济方式的夹缝之中。

1.移动互联网经济认识的夹缝

盘点全球十大市值最高的互联网企业,中国已占四席,中国互联网上市企业市值突破 3.95 万亿人民币,中国已经成为全球最大的电子信息产品生产基地,全球最具成长性的信息消费市场,中国推荐的 TD—SCDMA和 TD—LTE 分别成为国际移动通信第三代、第四代主流技术标准;同时中国拥有 6.4 亿网民,12 亿手机用户,5 亿微博、微信用户,每天信息发送量超过 200 亿条,极大地促进了经济发展。[②] 正如人们对移动互联网发展前景认识一样,对于移动互联网经济的发展也构成了认识的夹缝。

(1)移动互联网经济理论认识的夹缝

移动互联网经济理论认识有概念认识层面的夹缝和思维认识层面的夹缝。

移动互联网经济理论概念认识层面的夹缝。当一部分人热衷移动互联网,一部分人不适应移动互联网,个别人不会上网时,当一部分人认为经济最终是实体经济,移动互联网只是补充时,当有一部分人认为移动互联网的经济发展是有限的时,这就构成了移动互联网经济认识的夹缝。移动互联网到底是怎样的经济发展方式,专家们认识大不相同,构成了概念认识的夹缝。腾讯公司主要创办人之一,董事会主席、执行董事兼首席执行官马化腾说,为什么我们最近一直讲移动互联网?因为移动互联网已经不单单是一个手机或者 PC。智能手机有摄像头、麦克风、传感器、定位功能,已经成了人类器官的延伸,所以,我认为移动互联网才是真正的互联网。它的使用时长、流量会比 PC 有 10 倍以上的增长。互联网不是新经济新领域独有的东西,我觉得最终它会像蒸汽机、电力等工业化时代的产物,可以

---

　① 转引自张薇、郑逸、王恩慧、严红枫:《互联网对我们的影响刚刚开始——写在首届世界互联网大会召开之际》,《光明日报》2014 年 11 月 20 日。
　② 参见高赛:《乌镇:为国际互联网系上"中国结"》,《光明日报》2014 年 11 月 20 日。

成为所有行业的应用工具,互联网会在各行各业焕发生机。所以我们很多的产品包括微信其实是在做一个连接器,人和人,设备和设备,服务和服务,人和设备,人和服务都有一个智能的连接。① 中华人民共和国国家互联网信息办公室副主任任贤良说:"国际互联网共享共治有了中国平台。"亚太互联网络信息中心(APNIC)战略中心主任帕博罗·伊诺霍萨说:"互联网治理需要在包容、沟通和有效的参与上做出更大的改进。"俄罗斯互联网络信息中心总裁安德烈·科列斯尼科夫说:"互联网治理应使各方在共同点上进行合作。"斯里兰卡域名注册局总裁吉昂·迪亚斯(互联网名人堂入选者)说:"应更多地倾听来自小型发展中国家的声音"。国际互联网协会(ISOC)首席经济学家迈克尔·肯德说:"缩小数字鸿沟、降低流量交换成本,使因特网成为全球的因特网。"德国互联网之父维纳·措恩(互联网名人堂入选者)说:"互联网治理和相关法律法规都是从无到有的"②等,专家们从不同的角度阐释了互联网的性质、作用和发展的趋势。这些不同的认识,对人们容易构成移动互联网经济概念认识的夹缝。

移动互联网经济思维认识层面的夹缝。移动互联网思维,就是在移动互联网、大数据、云计算等科技不断发展的背景下,对市场、对用户、对产品、对企业价值链乃至对整个商业生态进行重新审视的思考方式。互联网时代的思考方式,不局限在互联网产品、互联网企业,这里指的互联网,不单指桌面互联网或者移动互联网,是泛互联网,因为未来的网络形态一定是跨越各种终端设备的。移动互联网商业模式必然是建立在平等、开放基础之上,移动互联网思维也必然体现着平等、开放的特征。移动互联网经济是真正的以人为本的经济,移动互联网已经从一种工具变成一种思维、一种文化、一种工作和生活的状态。万向集团董事局主席鲁冠球先生认为:"互联网思维是零距离和网络化的思维。"海尔集团口号是"淘汰你的不是互联网,而是你不接受互联网。是你不把互联网当成工具跟你的行业结合起来。最终淘汰你的还是你的同行,他们接受了互联网,把互联网跟自己做的事情结合起来,淘汰了你"。360 公司董事长认为:"互联网思维分为三个层级。层级一:数字化。互联网是工具,提高效率,降低成本。层

---

① 参见马化腾:《移动互联网,才是真正的互联网》,《新华日报》2014 年 11 月 12 日。

② 转引自丁玉冰、廖慧、张莉娇《高端对话》,《光明日报》2014 年 11 月 22 日。

级二：互联网化。利用互联网改变运营流程,电子商务,网络营销。层级三：互联网思维。用互联网改造传统行业,商业模式和价值观创新。前微软亚太研发集团主席、百度总裁张亚勤先生认为："换一种角度,从结果的角度来解读,互联网思维与传统产业的对接,会改变传统的商业模式。从结果看,大致会产生这么几个效应:长尾效应、免费效应、迭代效应和社交效应。互联网思维开放、互动的特性,将改变制造业的整个产业链。因此,用好互联网思维,制造业链条上的研发、生产、物流、市场、销售、售后服务等环节,都要顺势而变。"联想集团执行委员会主席柳传志先生认为："淘汰你的不是互联网企业也不是传统企业,而是你不具备互联网思维。互联网思维营销的核心是将产品、需求、互动、数据、感官、工具等融合起来。最终用超值的体验让你的客户得到了非同凡响的价值。你的同行一旦掌握了互联网思维营销,他将会淘汰了你。"①陈光锋先生则系统化地提炼出互联网 12 大核心思维："标签思维、简约思维、NO.1 思维、产品思维、痛点思维、尖叫点思维、屌丝思维、粉丝思维、爆点思维、迭代思维、流量思维、整合思维。"这么多移动互联网思维,不同的企业有不同的移动互联网思维,不同的经济工作者也有不同的移动互联网思维,这已经对网民构成夹缝。

（2）移动互联网经济实践认识的夹缝

对于移动互联网经济的实践认识,还处于"初级阶段",在实践中也褒贬不一,对刚刚接触移动互联网经济的人容易构成夹缝。

实践中认识的夹缝。移动互联网对个人、对社会的改变刚刚开始,商业模式、经济形态、业务流程向互联网迁移和改造,才迈出第一步,移动互联网已经是一个庞然大物,一个巨大的空间,也成为一个融入普通人生活如同柴米油盐一样不可或缺的事物。移动互联网发展经历了大致三个阶段:技术革命阶段,技术改变商业的阶段,商业改变社会的阶段。江浙的村镇,因为互联网,农民的生活完全不一样了,有的农民甚至成了最成功的网商。目前迁移最充分的商业应用是广告,2013 年互联网广告首次超过电视广告的收入。之后,网络零售、批发、物流、金融都在慢慢向网上迁移,但都还在起步阶段,还未成熟。随着宽带、云计算等互联网基础设施的建设,互联网开辟了信息社会新大陆,而我们还只处在边缘。在我国,1999 年之

---

① 参见百度百科:《互联网思维》,2014 Baidu。

前,是技术革命阶段,最早是科研部门开始接入使用互联网;1998 年至
2008 年,技术潮流发展到一定程度开始改变商业的存在方式,促进了很多
商业应用,产生了各种商业模式,当然也催生了一批全新的商业公司,比如
腾讯、百度、新浪、阿里巴巴都是由于新技术产生的;2008 年之后是互联网
改变社会的阶段,随着移动互联网商业潮流进一步发展,网络零售超过
1000 亿元、网购人数超过 1 亿……这一阶段普通人开始密切接触互联网,
无论是教育、文化、日常出行,还是人们的社交生活,都发生了改变。比如
妇女们常常一边抱着孩子一边坐在电脑前,动动手指就能做生意;比如以
前出去打工的青年很多回来了,利用互联网的便利信息和平台创业。这些
电子商务能起到的效用,大大超出了最初的想象。当互联网社交到达一定
深度、广度,互联网成为和衣食住行一样重要的生活内容。作为信息技术
发展改变人类发展的最杰出代表,互联网已经席卷了普通人的生活,它对
个人生活方式的改变已经到了事无巨细的程度。现在的人想要获取信息,
首先想到的不是图书馆,而是上网搜索。工作、购物、娱乐、社交……越来
越多的事情都在网上完成。移动互联网对个人对社会的改变才刚刚开始,
专家预计未来互联网有三大因素的能量还未释放:移动互联网、大数据和
云计算。未来趋势在移动互联网上已初露端倪,以前电脑一关就切断了自
身与互联网的联系,而现在通过手机、各种穿戴式智能设备,我们能随时随
地保持与互联网不间断联系。[①] 在移动互联网的实际应用中,有不上网的
人,有网上娱乐的人、有网上经营的人、有网上撰文的人等,这些不同的移
动互联网的实践者,对移动互联网的使用程度不同,相互间容易构成夹缝。

　　物联网的夹缝。物联网就是物物相连的互联网,具体说来就是利用局
部网络或互联网等通信技术把传感器、控制器、机器、人员和物等通过新的
方式联在一起,形成人与物、物与物相连,实现信息化、远程管理控制和智
能化的网络。物联网有两层意思,一是物联网的核心和基础仍然是互联
网,是在互联网基础上的延伸和扩展的网络;二是其用户端延伸和扩展到
了任何物品与物品之间,进行信息交换和通信,也就是物物相息。物联网
是互联网的延伸,它包括互联网及互联网上所有的资源,兼容移动互联网
所有的应用,但物联网中所有的元素(所有的设备、资源及通信等)都是个

---

① 参见张洋:《互联网对生活的改变才刚开始》,《人民日报》2014 年 11 月 21 日。

性化和私有化。① 马凯在此次全国物联网工作电视电话会议上指出,物联网是新一代信息网络技术的高度集成和综合运用,是新一轮产业革命的重要方向和推动力量,对于培育新的经济增长点、推动产业结构转型升级、提升社会管理和公共服务的效率和水平具有重要意义。发展物联网必须遵循产业发展规律,正确处理好市场与政府、全局与局部、创新与合作、发展与安全的关系。要按照"需求牵引、重点跨越、支撑发展、引领未来"的原则,着力突破核心芯片、智能传感器等一批核心关键技术;着力在工业、农业、节能环保、商贸流通、能源交通、社会事业、城市管理、安全生产等领域,开展物联网应用示范和规模化应用;着力统筹推动物联网整个产业链协调发展,形成上下游联动、共同促进的良好格局;着力加强物联网安全保障技术、产品研发和法律法规制度建设,提升信息安全保障能力;着力建立健全多层次多类型的人才培养体系,加强物联网人才队伍建设。② 在物联网的认识和运用方面,还存在着夹缝。例如,有的人把传感网或 RFID 网等同于物联网;有的人把物联网当成互联网的无边无际的无限延伸,把物联网当成所有物的完全开放、全部互连、全部共享的互联网平台;有的人认为物联网就是物物互联的无所不在的网络,因此认为物联网是空中楼阁,是很难实现的技术;有的人把物联网当成个筐,什么都往里装;基于自身认识,把仅仅能够互动、通信的产品都当成物联网应用。专家认为,物联网将成为全球信息通信行业的万亿元级新兴产业;到 2020 年之前,全球接入物联网的终端将达到 500 亿个。物联网是继计算机、互联网和移动通信之后的又一次信息产业的革命性发展;物联网产业具有产业链长、涉及多个产业群的特点,其应用范围几乎覆盖了各行各业;物联网连接物品网,达到远程控制的目的,或实现人和物或物和物之间的信息交换。③ 这些不同的认识和指导实践的理论,着实让人眼花缭乱,使有些人处在夹缝之中。

　　移动互联网抢购的夹缝。"双十一"天猫神话的创举无疑使世人感叹。从 2009 年"双十一"的创意,到 2014 年,真的出现了移动互联网抢购的神话,也构成了"双十一"购物的夹缝。"双十一"即指每年的 11 月 11

---

① 参见陈光锋编著:《互联网思维商业颠覆与重构》第 213—216 页,机械工业出版社 2014 年版。
② 参见博嘉:《马凯要求着力突破物联网核心技术》,《中国证券报》2014 年 2 月 19 日。
③ 参见百度百科:《物联网》,2015 Baidu。

日,由于日期特殊,因此又被称为光棍节。从2009年开始,每年的11月11号,以天猫、淘宝、京东为代表的大型电子商务网站一般会利用这一天进行一些大规模的打折促销活动,以提高销售额度,成为中国互联网最大规模的商业活动,光棍节的重要性因为联系到购物节而更受人们关注。阿里巴巴集团控股有限公司于2011年11月1日向国家商标局提出了"双十一"商标注册申请,2012年12月28日取得该商标的专用权,2014年10月末,阿里发出通告函,称阿里集团已经取得了"双十一"注册商标。2009年,天猫商城双十一销售额为0.5亿元;2010年,提高到9.36亿元;2011年,天猫双十一的销售额已跃升到33.6亿元;2012年,"双十一"当日支付宝交易额实现飞速增长,达到191亿元,其中包括天猫商城132亿元,淘宝59亿元;订单数达到1.058亿笔。2013年,淘宝"双十一"总交易额为350.19亿元。2014年天猫"双十一"购物狂欢节,11月12日凌晨,阿里巴巴公布了"双十一"全天的交易数据:支付宝全天成交金额为571亿元。① 2014年"双十一"来临之前,中国青年报社会调查中心通过问卷网对1530人进行的一项调查显示,56.1%的受访者打算在"双十一"网购,24.4%的受访者直言自己属于网上冲动消费的"剁手族",对于"双十一"54.2%受访者最担心虚假宣传、价格虚标。调查显示,56.3%的受访者表示期待"双十一",34.9%的受访者态度一般,6.3%的受访者不期待,另有2.5%的受访者对"双十一网购节"有些反感。调查中,56.1%的受访者打算在"双十一"促销期间网购,16.9%的受访者不打算,27.0%的受访者表示不好说。受访者打算在"双十一"购买什么商品?调查显示,服装、鞋帽类排在首位(51.6%),其次是数码、家电类(50.6%),接下来是:食品、饮料和酒类(29.6%),图书音像类(20.3%),化妆品、个人护理类(20.0%),箱包类(11.7%),母婴玩具类(8.8%),医药保健类(5.2%)等。调查显示,"便宜且为眼下所需"(49.6%)成为受访者参加"双十一网购节"的主要原因。其他原因还有:"促销力度大、不买就亏了"(40.7%),"随便看看、想买就买"(25.2%),"满足消费欲望"(19.3%),"受购物氛围影响,追赶潮流"(13.3%)等。调查显示,30.7%的受访者担心"双十一"期间会冲动消费、后悔购买。调查中,24.4%的受访者认为自己属于网上冲动消费的"剁手

---

① 参见陈光锋编著:《互联网思维商业颠覆与重构》第16—22页,机械工业出版社2014年版。

族",54.8%的人认为自己不是,20.8%的人表示不好说。"双十一"期间如何避免当"剁手族"? 61.7%的受访者建议谨慎判断再购买,不跟风,45.2%的受访者认为应多考虑商品的实用性,44.6%的受访者表示要提前锁定目标,货比三家,21.8%的受访者提醒买前想想钱包,量力而行。受访者在"双十一"网购中最担心的问题,54.2%的受访者担心虚假宣传、价格虚标,43.3%的受访者担心快递爆仓、收货延迟,33.5%的受访者担心网站、支付系统瘫痪,32.5%的受访者担心预售商品不能七天无条件退换货,16.9%的受访者担心网络诈骗。针对消费者担心的问题,国家工商总局在2014年10月31日约谈了阿里巴巴、京东商城、1号店、苏宁易购、亚马逊等10家电商企业,要求防范用先涨价后降价的方法虚构优惠促销,确保"七日无理由退货"等法律规定得到切实执行。"双十一"网购热造成了无数实体店的生意下降。① 在"双十一"抢购风潮中,除了天猫商城以外,还有京东商城、1号店、苏宁易购、亚马逊等10多家企业都参与了"双十一"神话,的确使不少消费者处在购什么,到哪里购,购后的保障等夹缝之中。

2. 移动互联网经济发展的夹缝

　　移动互联网经济的发展可以用日新月异来形容,移动互联网成为当今世界发展最快、市场潜力最大、前景最诱人的行业。近年来,移动互联网高速发展,传统企业、互联网企业等纷纷加入移动互联网行业,促使移动互联网市场蓬勃发展,随着各大互联网企业强强联合,巨头战略投资或并购,打造各自的生态圈,使得市场竞争也更加激烈,行业壁垒逐步形成,中小企业进入难度进一步加大,移动互联网市场的创业将趋于理性发展。随着无线通信技术的发展,以及智能终端用户(特别是智能手机用户)的增加,移动互联网这座金矿将会越来越大,这将为整个产业链上的参与者提供更多的机会和挑战,是创业者的梦想"王国",也构成了不同类型的夹缝。

　　(1)颠覆与被颠覆的夹缝

　　用颠覆与被颠覆来形容移动互联网发展给企业构成的夹缝变化是非常恰当的。回顾移动互联网尤其是手机的发展,我们发现颠覆与被颠覆的

---

① 参见王琛莹:《"双十一"来了54.2%受访者最担心价格虚标》,《中国青年报》2014年11月4日。

夹缝最为明显。

移动互联网经济发展展望的夹缝。有的专家预计,2015年移动互联网发展有10大新特点:一是亚洲会成为移动领域的领先者;二是市场规模及用户体量继续高增长;三是移动互联网技术开源与多样化;四是移动搜索市场稳步增长,格局稳定但竞争激烈;五是移动互联网带来在线教育行业爆点;六是社交进入视频时代;七是移动电子商务随时随地不只是购物;八是移动游戏市场产业链优化,用户舍得花钱;九是移动设备新兴产品层出不穷,同质化问题待解决;十是移动广告:原生、跨屏、LBS等。[1] 也有的专家认为移动互联网经济发展趋势只有六方面,还有的专家认为移动互联网经济发展趋势不止这些方面等,在移动互联网经济发展展望方面构成了夹缝。

手机颠覆企业行业的夹缝。自1973年第一部手机问世到现在,40年的时间里,手机已经从1G发展到5G时代。而每一代手机的出现,就如同黑洞一样,对将它所触及的一切传统行业构成夹缝。1G时代也就是大哥大时代,它主要使用模拟信号,不能传输数字化的内容,只能打电话。第一代手机的移动通信功能,预示着固定电话语音业务的消亡,而这种消亡的趋势随着手机的普及逐渐明晰。2G时代,是数位式移动通信系统时代,以数字语音传输技术为核心,传输速率为9Kbps,最高可达32Kbps,支持短信、彩信的数字信息传播,增加了像素较低的手机的照相功能。此时的手机就是照相机,手机就是报纸、杂志,手机就是图书。2G时代对一系列产业构成夹缝,例如因为有了短信,寻呼机死了,电报机死了,信函死了;正在灭亡的还有照相机、印刷机,如果这些相关的产业不想办法走出夹缝,一定会在夹缝中死亡。3G时代,手机能够处理图像、音乐、视频流等多种媒体形式,提供包括网页浏览、电话会议、电子商务等多种信息服务。3G手机的出现,对传统行业造成极大的冲击:手机阅读导致纸质出版物的内容被下载;QQ、微信、微博、网络电话等即时通信工具的出现不断使短信、语音业务处在夹缝中;手机上网的普及程度超过了电脑上网,对电脑上网的方式构成了夹缝。第四代移动通信是一种超高速无线网络。4G通信技术最明显的优势在于通话质量及数据通信速度。4G数据传输速率甚至最高可

---

[1] 参见孟芳:《2015年移动互联网同行业11大趋势》,《互联网周刊》2014年11月26日。

以达到 100Mbps，其最大的新业务就是移动视频的应用。4G 时代，"固网宽带 + Wi－Fi＋4G 网络"的移动视频业务必将成为带动大流量增长的主导应用：不仅人会移动起来，所有的内容也会在移动终端上通过"视频化"动起来。平板电脑越来越像手机，手机越来越像平板电脑。谁不把握这个趋势，谁就将丧失 4G 时代的机会。4G 时代手机流量费用的降低，势必造成新一轮的更新换代，手机视频业务必将成为发展趋势。移动互联网未来 60% 的流量都会来自视频应用业务，这又将构成新的夹缝。5G 时代构成的夹缝还是未知的，肯定会使一些行业处在夹缝中，一些企业在夹缝中消亡。①

　　5G 时代发展展望的夹缝。4G 网络方兴未艾，5G 技术蓄势待发。到 2014 年 12 月初，4G 在我国投入商用刚满一年，5G 技术的研发已悄然开始。华为轮值 CEO 徐直军介绍说，5G 仍处于研究和创新阶段，还没有明确定义，目前行业对 5G 的研究重点在关键性技术和相关标准的制定和统一。尽管定义"说不清"，5G 的基本特征却已明晰。华为提出了 5G 的三大特征：网络传输速度比 4G 快 10 到 100 倍、网络时延从 4G 的 50 毫秒缩短到 1 毫秒、满足 1000 亿量级的网络连接。5G 时代，网络传输峰值速率将达到 10G，就是说在 5G 网络环境下，下载一部超高清画质的电影只需 1 秒钟。一个"快"字，还将促使虚拟现实游戏、视频对话、远程监控等对宽带要求高的智能应用进入寻常百姓家。对于普通用户而言，网络时延是一个距离生活较远的专业词汇。网络时延是指数据输送至第三方服务器并传回的时间，在 5G 网络中，时延将从 4G 的 50 毫秒缩短到 1 毫秒。"低延时"是电子医疗、自动驾驶等远程精确控制类应用成功的关键。目前网络连接仍以人与人之间的连接为主，但可穿戴设备、智能家居等智能设备的大规模商用，将带来大量人与物、物与物的连接，从而形成更广阔和开放的物联网世界。数据显示，目前全球约有 70 亿个网络连接，到 2020 年全球连接将达到 1000 亿个。5G 网络的一个重要特征就是能承载 1000 亿个网络连接，这将为物联网的进一步铺开和万物互联时代的到来奠定重要基础。5G 将不单单是现有移动网络的升级，而是未来数字社会和数字生活的驱动者。5G 的应用将使通信范围从人与人之间拓展到人与物、物与物

---

① 参见王立新：《哪些行业会被手机干掉》，《读者》2014 年第 5 期。

之间,智慧医疗、智慧教育、智慧交通等应用将不再遥远。同样也给这些原有的行业构成夹缝。伴随移动网络技术的持续演进,我国互联网业务模式不断创新,手机打车、移动电子商务等 O2O 业务方兴未艾,同样对一部分消费者构成夹缝。万物互联将会是未来的趋势。不仅手机、电脑、电视机等传统信息化设备将连入网络,家用电器和工厂设备、基础设施等也将逐步成为互联网端点,人们生活将全面智能化。专家解释,移动网络未来将成为和交通、能源一样的关键性基础设施,而网络技术也将成为经济发展的重要引擎。其实,5G 时代的到来对一些国家的科学技术发展构成夹缝。例如,受制于专利技术和标准的匮乏,我国通信行业在 2G 时代处于被动位置,并从 3G 开始注重技术研发和参与行业标准的制定。技术标准实现全球统一将是未来 5G 全面快速推开的重要条件。如果不能统一标准则很难形成产业规模,设备、终端成本也将因此高企。构建起各国之间、各行业之间的统一技术标准,是各国进行 5G 技术研发时需要协商解决的问题,这也成为构成夹缝的条件。未来整个产业界需要继续加大投资,从基站架构、网络架构等核心技术上获得突破性的技术和解决方案。为支持和推动 5G,工信部、国家发改委和科技部于 2013 年共同组织成立了 IMT-2020 推进组。① 这样做,是否能够跟上移动互联网发展的步伐,化解技术和发达国家对我们构成的人为的夹缝,还是一个未知数。

(2)改变人们生活生产的夹缝

李克强同志说过:"中国接入互联网 20 年来,已发展成为世界互联网大国,不仅培育起一个巨大市场,也催生了许多新技术、新产品、新业态、新模式,创造了上千万就业创业岗位,很多人特别是年轻人、大学生因此实现了事业梦、人生梦。""互联网是大众创业、万众创新的新工具。只要'一机在手''人在线上',实现'电脑 + 人脑'的融合,就可以通过'创客''众筹''众包'等方式获取大量知识信息,对接众多创业投资,引爆无限创意创造。"②不仅如此,移动互联网经济还改变了许多人的生活习惯和爱好,对一部分人构成了生活生产的夹缝。

---

① 参见杨君:《5G 将带来什么》,《光明日报》2014 年 12 月 30 日。
② 转引自邹春霞:《李克强会见世界互联网大会中外代表八"巨头"建言》,《北京青年报》2014 年 11 月 21 日。

移动互联网在改变我们生活的同时,对一部分人构成了夹缝。1994年4月20日,中国通过一条64K的国际专线,接入国际互联网,回首中国互联网20年,即使是最富远见的人士,也未料到由这条简单的64K专线开始,中国人的生活开始发生天翻地覆之变,构成了意想不到的移动互联网生活夹缝。一是社交网络的夹缝。以微博为代表的社交网络应该是互联网送给中国最大的礼物,它们改变我们之前相对单调、程序化的生活形态,并无限拓展了现实社会的边界。一部分人利用网络,改变着自己的生活,一部分人参与网络,还有一部分人游离于网络之外,这就构成了社交网络的夹缝。二是获取即时新闻式的夹缝。从烽火相传到驿站邮差再到现在的即时信息,互联网让人们告别之前缓慢、"原始"的生活,彻底进入高效率、高度文明的现代社会。对于网络时代的个体而言,不再像他们的长辈那样,闲暇闲聊只能是张家长李家短,视野仅限在"本庄"3公里之内,打开电脑他们瞬时就可放眼全球。但是,也浪费了许多时光,构成网瘾式的夹缝。三是百科获取与网络抄袭式的夹缝。互联网可以负责解答一切疑问。以百度百科为代表,搜搜百科、互动百科、金融百科等,网民们自由在其上寻找答案,互联网所有用户均能平等地浏览、创造、完善内容的平台,在网上都能找到自己想要的全面、准确、客观的定义性信息。同时,网络抄袭也时有发生,有些人学问也做得粗糙起来。四是网上购物的夹缝。人们感受互联网改变生活最为典型的"事件"是"网上购物"。对于年轻人来说,什么都可以网上购买,同时网上物品购置的可信度和质量保证还有困难,因此构成了购物式的夹缝。五是亚文化的夹缝。最有代表性的是网络语言,诸如"土豪,我们做朋友吧"等,再加上近来社会上流行的各种"体",基于网络而生,依附于网络而生的各种亚文化在社会上产生了强大的影响力,现如今,如果你不会几句网络流行语,你都没法和年轻人打交道。当然,有些语言来得快也消失得快,对一部分不了解网络语言的人构成了夹缝。六是智能手机使用的夹缝。我国消费者比其他国家消费者更为广泛地使用智能手机。智能手机在中国和其他国家除通话以外的"最主要用途"相同,包括看新闻和天气、搜索定位、使用社交网络,但是,有些智能手机的用途在中国远比其他国家流行,特别是网上交易和内容消费。比如中国受访者中有71%用手机购买商品,美国只有32%;中国消费者用手机进行餐饮预订的有37%,美国只有13%;35%的中国受访者用手机上网买卖股票,在美国这一比例只有5%。使用者和未使用者差别很大,对一部分人构成夹缝。七是网恋的夹缝。"网恋",即网络恋爱,男女双方通过现代社会先进的网络媒介进行交往并恋爱。现在没有数据支撑到底有多少男女因为网恋而修成正果,但是,网络让陌生的男女认识多了一种便捷的可能,并提供了一个无障碍的交流方式,当然也有进入误区的可能。八是GPS使用的夹缝。借助GPS的帮助,人们可以轻松查找世界上的任何地点,并按照它提供最经济的方式,抵达此地。这让"带路人"职业彻底消失在高速公路路口,从而构成依赖性的夹缝。九是即时通信使用式的夹缝。即时通信利用的是互联网线路,通过文字、语音、视频、文件的信息交流与互动,有效节省了沟通双方的时间与经济成本。即时通信系统不但成为人们的沟通工具,还成为人们利用其进行电子商务、工作、学习等交流的平台。具体到现代人的生活中,它们就是QQ、微信等,如果把它们从你的手机、电脑中删除,你可能感到自己成了瞎子和聋子,成了"呆子",这是移动互联网的依赖夹缝现象,而对于不使用移动互联网的人来说,容易构成远离时代的夹缝。①

移动互联网联系到生产环节,构成生产与需求的夹缝。宽带资本董事长田溯宁说:"如果过去20年经历的是消费者互联网时代,未来20年,迎接的将是产业互联网时刻的到来。"②网络使得个人能够找到和创造最好的经济机会,能够帮助企业获得人才、资源、客户、产品、服务和合作伙伴。物理的联通会创造很多网络,把人、过程、数据和设备连起来,让他们更加相关,把信息变成现实的行动,让客户有更多经济发展的机会,帮助各国通过提高劳动生产力实现繁荣。让每个机械、每个汽车、每个车床、每个灯泡都连到互联网上,当每个城市每一个生产制造环节都连到网上的时候,万物互联,人和人相连、人和机器相连、有电的地方都有计算,有计算的地方都有智能,有智能的地方都可以相连,一个互联的系统,将工厂、家庭、传感器与云计算结合在一起,可以提高效率、优化需求。农业、资源、交通、卫生、医药、金融等,都可以通过互联网的发展提高效率。例如,现在全球每

---

① 参见谷岳飞:《中国接入国际互联网二十年十大应用改变你的生活》,《扬子晚报》2014年4月20日。

② 转引自董碧水:《"大咖们"告诉你互联网如何改变世界》,《中国青年报》2014年11月21日。

年有 130 万人死于路上交通,自动导航和智能车辆的发展,可以更高效地运输,可以帮助减少二氧化碳的排放,更可以拯救这方面的生命。[①] 有人担心,如果移动互联网经济发展到了这样一步,那么多的交警干什么呢?有人则认为不会那么快实现智能交通,此时构成的夹缝则是梦想式的,如果真的实现了智能交通,那么这类夹缝一定是颠覆式的。

二、移动互联网经济的经营与创新夹缝

移动互联网为经济发展提供了前所未有的平台,为不同的经济人提供了前所未有的机会。移动互联网经济经营方式和内容一直在发展和变化着,可以说是日新月异。移动互联网经济的方式、内容和创新的途径,对不少经济人构成夹缝。

1.移动互联网经济的经营夹缝

移动互联网经济对传统的经济经营方式带来"革命"式的变化,形成了经营方式的夹缝。

(1)移动微信营销的夹缝

e 时代来临,各类电商网站和 App 应用创新加快,商业模式多样,网上支付便利,服务内容更加贴心。随着线上线下不断融合,从商品销售、餐饮娱乐到旅游出行,消费者轻点鼠标就能完成一系列消费行为。移动互联网时代的电子商务是扩大消费的重要着力点,鼓励电子商务创新发展,可以释放十几亿人口蕴藏的巨大消费潜力。移动互联网的经营模式已经对一部分人构成了夹缝。

手机使用率的夹缝。手机有多少功能,我们使用了多少功能,我们会使用多少功能,对手机拥有者已经构成了夹缝。例如,据调查,手机各类应用使用率为:手机即时通信 85.7%,手机搜索 69.9%,手机网络新闻 67.6%,手机网络音乐 52.6%,手机微博 49.5%,手机网络文学 43.9%,手机社交网站 42.2%,手机网络游戏 34.8%,手机网络视频 34.4%,手机邮件 27.3%,手机在线支付 17.1%,手机网上购物 16.5%,手机网上银行

---

① 参见董碧水:《"大咖们"告诉你互联网如何改变世界》,《中国青年报》2014 年 11 月 21 日。

15.6%,手机旅行预订7.5%,手机团购6.8%等。① 一般情况下,只要使用率不是百分之百,"使用率内"的部分民众和"使用率外"的部分民众必然会对一部分使用率之外的民众构成夹缝。

微信营销的冲击夹缝。微信营销是网络经济时代企业营销模式的一种。是伴随着微信的火热而兴起的一种网络营销方式。微信不存在距离的限制,用户注册微信后,可与周围同样注册的"朋友"形成一种联系,订阅自己所需的信息,商家通过提供用户需要的信息,推广自己的产品,从而实现点对点的营销。商家通过微信公众平台二次开发系统展示商家微官网、微会员、微推送、微支付、微活动、微CRM、微统计、微库存、微提成、微提醒等,已经形成了一种主流的线上线下微信互动营销方式。微信营销的突出特点:一是点对点精准营销。微信拥有庞大的用户群,借助移动终端、天然的社交和位置定位等优势,每个信息都是可以推送的,能够让每个个体都有机会接收到这个信息,继而帮助商家实现点对点精准化营销。二是形式灵活多样像"漂流瓶"。用户可以发布语音或者文字然后投入大海中,如果有其他用户"捞"到则可以展开对话,如:招商银行的"爱心漂流瓶"用户互动活动就是个典型案例。三是强关系式的机遇。微信的点对点产品形态注定了其能够通过互动的形式将普通关系发展成强关系,从而产生更大的价值。通过互动的形式与用户建立联系,互动可以解答疑惑、可以讲故事甚至可以"卖萌",用一切形式让企业与消费者形成朋友的关系,你不会相信陌生人,但是会信任你的"朋友"。其实,并不是人人都有微信,有微信的人也不是个个都满意微信做生意,我们时常听到微信用户的抱怨,此时,微信通过不同的"朋友"对某些微信使用者构成了夹缝。正如有的学者指出微信的缺点为微信营销所基于的强关系网络,如果不顾用户的感受,强行推送各种不吸引人的广告信息,会引来用户的反感,②有的微信内容涉嫌诈骗,由此构成夹缝。例如,记者李光焱报道说:"不管你用什么诈骗方式,不管你的手段有多高明,我们一定会查到你,然后……封了你的号!"微信官方的"谣言过滤器"表示,一周内拦截诈骗信息14万条,封停公众账号67个。其中,不乏微信名称为"xiaomi"(微信ID"zhangshan-

---

① 参见王珂、王倩、黄文砚:《网上消费,这些妙招很实用》,《人民日报》2014年3月21日。

② 参见百度百科:《微信营销》,2015Baidu。

gxiaomi")、"健康养生"(微信 ID"jkjk300")等的公众号。看来,骗子借助知名度大诈骗,微信使用者当提高警惕。微信官方提醒使用微信添加公众号时要谨慎,微信使用者反问哪些公众号添加时要谨真?已经加入了的怎么办?上当了怎么办?不同的微信主提出的问题,已经对"微信官方"等管理者构成夹缝。① 其实,当微信的一方说该这样,微信的另一方说该那样,夹缝就形成了。

不同行业微信营销的夹缝。关于不同行业的微信营销,学者们常有经验之谈。例如,有人从企业宏观层面认为不同的企业,微信营销的方法应该不同。诸如大品牌企业做营销,更多的是品牌传达、传递品牌诉求、主办品牌活动、附加新品推介等,微信公众账号可以聚集品牌新老消费者,实现闭环,真正将自己的"目标消费者"变成自己的铁杆儿死党,把属于自己的东西握在自己的手里,品牌要想知道消费者的数据,甚至他们在想什么、买了什么,都可以通过微信公众账号实现。金融、地产行业微信营销有相似之处,都以大客户营销、精准营销为主,金融、地产行业做营销,以往更多的是做 B2B 营销、品牌营销、短信营销、电话营销等,但现在应该做好微信营销,"目标顾客"到底在想什么、需要什么,都是可以通过微信统计的。微信舆情检测可以作为一个重要的市场调研指标,为企业指明发展方向。微信舆情检测中应该采取人工客服与技术自动回复相配合,积极互动,实现真正的 F2F 营销。医疗企业的微信营销,可以用传统方式推广自己的公众账号(在报纸上不能放医疗广告,但是可以放自己公众平台的二维码和账号),然后做丰富多彩的活动,账号里面的人都是自己的目标人群,对他们进行营销就可以了。移动互联网的到来给本地服务行业创造了一次革命的机会。其实从团购开始,本地行业就成为互联网中转换率最高、最实效的行业,无论是餐饮、美容美发、足浴,还是电影院、KTV,都因为互联网而获益,过去顾客的数据库在团购网手中,本地商家拿不到数据库,微信的出现将这种矛盾解决了。首先微信的数据库是属于本地商家的,而且操作简单,自己做可以,交给专业公司做也可以,每天向目标人群、新老客户有针对性地进行消息渗透,不用再担心来过一次就不来的情况,因为他只要来过一次就成为你永远的顾客了。微信营销对于电商(电子商务)行业来

---

① 　参见李光焱:《微信已封公众号 67 个 小心中奖不用验证码》,《广州日报》2015 年 1 月 14 日。

说,已经成为移动互联网电商推广最理想的通道,微信可实现开发平台技术接口与电商内部所有数据业务系统打通,从而实现微信闭环售前咨询、售中促销、售后反馈,微信朋友间沟通工具这个属性和氛围可以让电商的产品更可信,微信一对一的沟通特性,以及起源于朋友间沟通工具这一属性,让销售在这个生态体系中如鱼得水,就是说,微信是真正的 F2F 营销(F2F 是一种家庭或者个体到厂家的一种直销模式)①。学者们说的是经营方式吗?微信经营者该采用哪些经营方式?微信营销这些不同的经验之谈,已经对微信营销者构成了夹缝。诸如,有的学者认为应该这样营销,有的学者认为应该那样营销,营销者处在夹缝之中,有时很难选择。

微信消费者的夹缝。微信朋友圈有时既是传播者,又是消费者。当微信朋友成为消费者时,往往会处在夹缝之中。例如,微信朋友圈本是朋友之间分享心情所用,可是不少人抓住其中的商机,最大化利用人脉圈,做起了买卖。南京市民于女士谈自己微信购物的感受说,自己没经住诱惑,掏钱买了一款价值 2000 元的衣服。但是收货之后,却发现这款对方声称在大商场要卖 5000 元衣服的样子,却和商场的挂样相差很大,显然这就是一件冒牌的衣服,在其他网店的标价最高也就 200 元,收到衣服后她就要求对方退货,但没想到对方居然将她拉黑了。于女士后悔地说,因为自己的钱已经汇出了,她只能根据对方的电话号码来寻求相关部门的援助,在她看来对方的行为构成了欺诈。南京市消费者协会秘书长许先生说:“这种通过朋友圈进行买卖的客户是特定的,属于私下交易,工商部门和消费者协会都没法介入。法律上也没有相关的规定来约束买卖双方。”根据《消费者协会受理消费者投诉工作导则》第十七条第五款规定:“公民个人之间私下交易或通过非法渠道购买商品或者接受服务的,消费者协会可以不予受理。”而就于女士的个案而言,虽然新消法规定网购七天可以无理由退换,但是从于女士所投诉的这起事件中的被诉人的经营者身份来看,其卖家“朋友”由于没有在工商部门登记,属于自然人,所以面对自然人的交易他们消费者协会是无法受理的。据消费者协会调查,大型网络销售平台上的实体店买卖需要颁发营业执照,销售进口产品需要有进口报关单等,

① 参见程小永、李国建著:《微信营销解密——移动互联网时代的营销革命》第 62—73 页,机械工业出版社 2014 年版。

可是微信朋友圈内朋友间的买卖商品,完全不需要这些证。而这种低门槛就容易造成消费夹缝,这里的"卖家"逃避责任的可能性就很大。① 一方是"商家"虚假销售,一方是消协无法投诉,处在夹缝中的是于小姐一类的消费者了。

(2)移动互联网产品经营的夹缝

移动互联网产品经营的方式很多,但是,也容易构成营销的夹缝,这些夹缝构成的原因很多,有的因为产品本身,有的因为经营的方式等。

线上外卖与网上餐馆的夹缝。年轻人吃饭,催生了线上外卖和网上餐馆,而线上外卖和网上餐馆对年轻的消费者构成了夹缝。应该说,上班族对于外卖体会最深,过去,每到饭点,"今天吃什么?"总会让白领们在办公室里纠结很久。而现在,这个"纠结"正被敏感的商家发掘成一个越来越大的市场——线上外卖!动动手指,轻松搞掂吃饭难题。在南京新街口华新大厦上班的刘冬源,过去就常常为中午去哪吃饭而烦恼:"一到 11 点,同事们就会在 QQ 群里讨论中午去哪搭伙,你一句我一句的,有时争论到 12 点都没个结果,太崩溃了。"不过,自从有了外卖平台,小刘的烦恼就烟消云散了。同事们会在 11 点将各自想吃的午饭准时汇总到"外卖采购员"小刘那儿,然后他只要打开外卖网站,根据清单一一选购、下单、付款,不出半个小时,外卖小哥就送货上门了。说起外卖 App,不得不提从南京起家的"零号线",自 2012 年 6 月上线以来,这家企业已和南京全城 1000 多家美食、超市建立合作关系,为宅男宅女以及白领人士等提供一小时上门外送服务。为此,每天有 100 多个穿着制服的"零小哥"在大街小巷穿行。如今,"零号线"总部已迁至上海,覆盖南京、苏州、上海三个城市,并计划在今年扩张到全国 10 个主要城市。"零号线"的创新之处在于推广"厨房店"的概念,即厨房就是店面。商户不用有太大的店面,不需要服务员,只需一个厨师、一套厨房设备就可以开一家餐饮店。这样可以省去选址、装修、服务员劳务费、管理等复杂的中间环节。目前市场上的线上外卖采用不同盈利模式:比如,"零号线"是向商家收取营业额的 6%,此外每单再拿3 元送餐费;"饭店网",则对用户订购的食物额外加收 13 元的配送费;"楼

---

① 参见陈郁:《"朋友圈"购物退货遭拒,投诉无人管——卖家将她"拉黑",消协却因为此举属于"私下交易"而无法受理》,《扬子晚报》2015 年 1 月 9 日。

口网"，则规定了 20 元的起送门槛；此外，也有一些平台目前看不出从哪赚钱：他们既不从店家提成，也不额外收取点餐者费用。据业内人士分析，此类平台背后一般都有风投的身影，目前正处在争夺市场阶段，所以不计成本。当下互联网"烧钱"思维正席卷外卖市场，这也导致后者近年飞速发展。数据显示，2014 年中国餐饮行业 O2O 市场规模已超过 900 亿元，2015 年有望突破 1200 亿元，线上外卖已经成为餐饮 O2O 逐渐崛起的重要力量。就在前不久，外卖平台"美团外卖"和"饿了么"都宣布，日成交量超过 100 万元，业务覆盖近 300 个城市。美团外卖甚至宣布未来 3 年投入 10 亿元补贴，以补贴商家、奖励首次消费、满额返现等一系列活动让越来越多的人选择外卖。线上外卖一时风光无限，但也有消费者发出了疑问：线上外卖的食品是否有保障？如果出了安全问题，找谁负责？一些线上外卖平台提供的店家营业执照并不真实。此外，还有不少人通过微信微博推销外卖，推荐的其实是小作坊或者个人家庭生产的食品，安全难有保障。南京市消费者协会王芙蓉指出，由于目前的消费投诉没有针对线上外卖的专项，而是分列于餐饮和团购两个项目，因此很难统计针对线上外卖的投诉量。但她承认，目前线上外卖的食品安全确实存在监管盲区，尤其是个人通过微信、微博发布的外卖信息，实际上缺乏监管。她认为，正规注册的线上外卖网站应当为消费者把好食品安全关，"如果出了事故，网站需要承担连带责任"。[①] 有些消费者需要外卖，有些销售者推销外卖，消费者协会监督不了外卖，这使一些网站成为夹缝人。

网上经营无限大的夹缝。有人说网上购物只有想不到，没有买不到。普通类如美食特产、衣帽鞋袜、萝卜青菜、油盐酱醋，大的有房子、汽车，其他有彩票、洗衣、拍卖，另类的有新鲜空气和给人惊喜的垃圾袋等，可谓五花八门，一应俱全。网上购物对于网购大军来说，是方便了，对于习惯于传统购物来说，则构成了夹缝。同时，网购的质量和安全方面，容易对购物者构成夹缝。例如，2014 年 11 月 25 日晚间，北京产权交易所发布北京法院京牌小客车司法处置 201411 期竞价结果：11 辆车全部以评估价 150% 的最高限价成交。为体现公开透明，同时公布的还有竞买人的摇号申请编码等信息。根据竞买规则，买受人为在限价范围内出价最高者。多人报出最

---

① 唐澄、徐宛之、杭春燕：《线上外卖，呼啦啦别忘安全底线》，《新华日报》2015 年 1 月 5 日。

高限价时,首先看谁参与摇号次数多,摇号次数相同的,则看谁的摇号注册时间早。根据此前的竞买人公示,参与此次竞买的人数超过 4000 人。而这些竞买者中,不少人从 2011 年就开始参与摇号买车,却一直未能中签。北京小客车摇号的艰难,使这次带有北京牌照的小客车竞拍显得尤其激烈。首期处置车辆中评估价最高的是一辆捷豹轿车,评估价为 31 万元,最低的是一辆东风标致轿车,评估价为 10.43 万元。它们的成交价最终被锁定在 46.5 万元和 15.645 万元。据了解,成功竞得京牌小客车后,该车的交通违法问题(罚款、罚分)由原车辆所有人承担。但需要买受人先行垫付罚款,再通过执行法院从车辆成交款中扣划。未办理完成转移登记手续的车辆不得报废或出售,亦不能直接申请更新指标。根据道路交通安全相关法律法规要求,在办理车辆转移登记手续前,应对车辆进行检验。车辆检验期间所产生的车辆维修费用及其他相关费用,均由买受人自行负担。此次参与竞买的 11 辆京牌车不少存在"遗留问题",有的没有机动车行驶证,有的没有机动车登记证,很多车辆背负着违法记录,车辆的车况也是未知数。买受人要开车上路,还需要履行完各项手续才行。[①] 这样的竞卖对 4000 名想购车者构成夹缝。明明知道车子有问题,有人劝买;知道车子有问题,有人劝不要购买,这就构成了竞卖汽车的夹缝。

人人都是产品经理的夹缝。2010 年,一本名为《人人都是产品经理》的书红遍互联网,让产品经理一瞬间成为一个看起来可以改变世界的职位。而人人都是产品经理的精髓,就是从每一个细节寻找解决方案。对于产品来说,在使用它的过程中出现任何问题,都足以使整个产品看起来不协调。而对产品经理的基础要求则是:把自己当成用户。正是因为人人都是产品经理,所以首先要站在用户的角度看问题。我们宣扬人人都是产品经理,不是说人人都能做产品经理,是在传递一种产品理念,或者称为产品意识,如果产品经理本身没有足够的热情,那么产品的吸引力肯定有限。人人都是产品经理对人的要求是:做任何事情的时候,能够从产品的角度来思考问题,用做产品的思维来开展整个工作。这是针对产品生产方而言的。对于产品使用方而言,用户不会帮助产品生产方试错,但是能够帮助他们体验整个产品。用户很少会购买 64GB 内存的手机,不会和产品设计

---

① 参见杨学聪:《北京 4000 人网上竞买 11 辆带牌车》,《经济日报》2014 年 11 月 26 日。

者一样装几百个 App,更不会研究自己使的产品在整个行业中占据怎样的地位。用户也不会去帮助产品寻找问题并解决问题,对用户来说,用着好就没有问题。① 如果消费者都成为产品经理,产品经理又做什么去呢? 尽管我们说人人都是产品经理,但是只能解决个别问题的不是产品经理,真正的产品经理需要比用户更专业,同时比用户更有协调能力。一方面要求人人都是产品经理,一方面认为不可能人人都成为产品经理,这两种理念已经对一般民众构成夹缝。在营销现实中,用户往往真的不知道他们自己要什么,只知道他们不要什么,这就是产品经理面对的消费者。

2. 移动互联网经济创新的夹缝

移动互联网重塑传统行业,催生了一部分新的产业,使许多职业发生了变化。移动互联网成为许多青年实现创业梦想的舞台,也对一部分创业者构成夹缝。

(1)职业岗位创新的夹缝

经济职业岗位一般是随着经济发展模式的变化而变化。在经济发展的历史长河中,一些企业和职业岗位诞生了,一些企业和职业岗位消失了,在这些职业岗位发生变化过程中,容易产生职业夹缝、创业形式的夹缝。

"互联网 + "的夹缝。李克强总理在 2015 年《政府工作报告》中指出:"制定'互联网 + '行动计划,推动移动互联网、云计算、大数据、物联网等与现代制造业结合,促进电子商务、工业互联网和互联网金融健康发展,引导互联网企业拓展国际市场。"②从此,解读和实践"互联网 + "的文章和报道铺天盖地。马化腾解释说,"互联网 + "战略就是利用互联网的平台,利用信息通信技术,把互联网和包括传统行业在内的各行各业结合起来,在新的领域创造一种新的生态。简单地说就是"互联网 + XX 传统行业 = 互联网 XX 行业",但是,实际的效果绝不是简单地相加。比如,传统集市 + 互联网有了淘宝,传统百货卖场 + 互联网有了京东,传统银行 + 互联网有了支付宝,传统的红娘 + 互联网有了世纪佳缘,传统交通 + 互联网有了快的滴滴,而传统新闻 + 互联网有了柴静《穹顶之下》病毒式的传播。有人

---

① 参见陈光锋编著:《互联网思维商业颠覆与重构》第 74—75 页,机械工业出版社 2014 年版。

② 李克强:《政府工作报告》,《人民日报》2015 年 3 月 6 日。

说,"互联网＋":是对传统产业不是颠覆,而是换代升级。形成了诸如互
联网金融、互联网交通、互联网医疗、互联网教育等新生态,而且正在向第
一和第二产业渗透。[1] 有人解读说"互联网＋"就是当今中国产业结构调
整的"风口",中国经济结构转型升级站上这一"风口",经济的持续增长和
开启新一轮经济腾飞就有了发力点。"互联网＋",加的是创新驱动发展
方式,加的是实体经济新的创新力和新的生产力,加的是现代商业模式创
新,加的是生产流程再造和价值链重组。[2] 如果说工业3.0要解决的是生
产效率与消费效率之间的矛盾,那么"互联网＋"为特征的工业4.0则很
可能会打破先生产后消费的传统思维,甚至会让生产与消费之间的鸿沟逐
步消除。这次"互联网＋"与以往究竟有什么不同? 在所谓工业4.0阶
段,传统产业与互联网是"互联网＋",而不再是"＋互联网",一个"＋"号
的位置变化耐人寻味。过去,无论信息化带动工业化还是深度融合,都是
"＋互联网"概念,即传统产业是主体,互联网只是工具。在工业4.0阶
段,互联网已经不再是传统意义上的信息网络,它更是一个物质、能量和信
息互相交融的物联网,互联网传递的也不仅仅是传统意义上的信息,它还
可以包括物质和能量的信息。今后的互联网已不再是一般意义上的工具,
它会上升为矛盾主体,从设计、生产、销售到售后的全流程对传统产业进行
改造,传统产业则可能变为被＋的对象。[3] 汉语词汇丰富,的确绕出了"互
联网＋"的发展夹缝来,到底是"互联网＋",还是"＋互联网"?

　　网购咨询师等职业的夹缝。在微信朋友圈里开"微店",碰到技术难
题可咨询"微信服务工程师";买上衣不知配哪条裙子,可以咨询"私人服
装搭配师",微博运营专员、网购咨询师……当下涌现出一批时髦高薪的
职业让人耳目一新。当下新生了五大新兴时髦职业,2014年底江苏一家
生物制药企业提供给网购咨询师的薪水是底薪＋提成每月最多能达到
10000元。这些时髦职业求职难度如何? 未来发展前景怎样? 对一些求
职的大学生构成了夹缝。一是微信服务工程师。随着微信、微博的发展,
以及远程在线技术支持,传统PC品牌针对用户量身打造的个人专属工程

①　参见李方编辑:《解读:李克强政府报告中的"互联网＋"是什么》,财经网2015年4月1日。

②　参见胡敏:《"互联网＋"如何助推中国经济腾飞》,《中国青年报》2015年4月13日。

③　参见萧然:《是"互联网＋"不是"＋互联网"》,《人民日报》2015年4月13日。

师正在成为潮流,一对一的服务、朝九晚九的陪伴都体现了人性化的服务理念。专业工程师会针对客户提出的产品问题,提供真人客服的在线解答。职业预测者认为,随着微信服务的发展,"私人订制"工程师会越来越抢手。对于应聘者来说,一方面兴趣带来的计算机硬件基础是前期需要的素质,学习能力较强也是必须的,应聘者需要能够快速掌握各类业务知识,在经过实习、培训之后,专业听证会会对应聘者进行考核;另一方面,涉及服务岗位,也要求应聘者具备强大的抗压能力,要欢迎用户实时"骚扰",和用户保持长期友好的联系。微信服务工程师职位对于人才的要求很高,同时上升空间也是可以预见的,这对许多求职者构成夹缝。二是数据分析师。苏州中科知图科技信息有限公司公布招聘"大数据工程师"岗位。"大数据""云计算",如此热门的岗位,在招聘会上却"门可罗雀",对企业构成夹缝,原因在哪里?职业预测者认为,毕业生的"专业技能"储备得不够完整,成为应聘时的瓶颈所在。"R软件、MATLAB和机器学习的相关概念和知识,都是学生在校期间就应该掌握的",但骨感的现实却颇为尴尬,计算机系的学生懂些数学知识,但数学系的学生却不懂计算机编程,找个两者兼备的学生比较难,难的本身就是一个夹缝。三是智能交通调查分析师。路口的红灯为什么是30秒而不是45秒?左拐弯时的待转区到底应该怎么设立?智能交通调查分析师能够解答。智能交通调查分析师职位对学生的学历及掌握技能的要求相对较高,研究生就业前景会更广。企业希望职员能"一专多能",如将JAVA语言学精学透,同时还能够掌握其他的语言和算法。"蜻蜓点水"式的技能掌握不能够满足岗位的需要。一专多能是比较困难的,对许多希望成为智能交通调查分析师者构成了夹缝。四是私人搭配师。私人搭配师主要工作是指导有需求的女生穿衣搭配,依据客户穿衣风格,通过微信、微博平台与女生交流,进行一对一的指导。"应聘者进入应聘后期,将会有专门的色彩搭配、服装搭配技巧的培训,其实在最初的应聘阶段,主要还是考察时尚敏感度,以及对于服装搭配方面的专注和热爱。爱美和帮助别人变美就是一个夹缝,当有人认为这样美,有人认为那样美,搭配师成为夹缝人。五是网购咨询师。这个职位需要应聘者有足够的耐心与责任心,同时有较好的沟通能力,能适应两班制倒班。从上升空间来说,从普通的网店客服做起,上升的通道有客服经理、网店店家、网店运营统筹。也有网购咨询师熟悉流程后辞职创业,为什么熟悉流程之后辞职创业呢？商家还会随便让所谓的网购咨询师们熟悉流程吗？一些人认为熟悉流程就可以炒老板鱿鱼，一些人认为不能这样做，应该忠于原来的企业，夹缝就构成了。当一些年轻人急着"尝鲜"新职业时，一些人认为新兴职业可以试，一些人认为最好不要试。一些专家认为，部分新兴职业都比较小众化，无法形成大规模产业，劳动力的需求量和从业量都不是很大，对那些准备投入新行业的求职者构成取舍的夹缝。当下，我国和世界都处在技术变革和市场变革的关键时刻，一些原来成熟的职业慢慢没落，新兴职业会逐渐发展起来。[1]

移动互联网催生新农人的夹缝。工农兵学商都是职业，新农人是区别传统农民的新型职业。新农人是指具有科学文化素质、掌握现代农业生产技能、具备一定经营管理能力、科学运用移动互联网，以农业生产、经营或服务作为主要职业，以农业收入作为主要生活来源，居住在农村或城市的农业从业人员。当下，在移动互联网推动下，致力于农业信息化服务的移动应用平台"新农宝"上线，"新农宝"将配套网上农资商城和线下实体连锁服务店，整合传统农资供应链，改变传统销售模式，实现农资厂家和农户的直接对接。例如，陕西靖边农民冯小燕则利用互联网为自己家乡的土豆找到了大市场。早在2012年，冯小燕就借央视《星光大道》的机会成名，而她"土豆姐姐"的绰号更在一夜之间传遍大江南北。在微博上，"土豆姐姐"通过晒图片、分享土豆食用知识，使自己的粉丝量急剧增加。2013年，通过微博粉丝牵线，"土豆姐姐"一举签下来自上海市场的1.5亿元订单。目前，她的网店客户也主要来自微博和微信。除了显而易见的改变，互联网对农村社会关系的改变也在潜移默化地发生，适应规模农业的"互联网＋物联网"的技术在我国部分地区已经开始应用。特别是在精准农业领域，我国已经在新疆、黑龙江、吉林等7个省份建立了26个农业数字化综合应用示范基地。在黑龙江某示范基地进行的一场试验显示：示范区内的大田作物产量提高15%～20%，经济效益提高了10%。但不可否认的是，传统小农经营距离"互联网＋物联网"的生产模式仍有距离。[2] 一方面

① 参见金秋、杨甜子、蔡蕴琦：《网购咨询师月入能过万，数据分析师月收入5000以上，你心动吗？》，《扬子晚报》2014年11月21日。
② 参见刘文波、李家鼎：《互联网"牵手"新农业》，《人民日报》2014年11月20日。

是不少新农人移动互联网的尝试,屡获成功;一方面是不少农人小农经济思想浓厚,死守传统农业经营方式,还有一部分农人在观望,因此处在夹缝之中。

打车软件开发的夹缝。打车软件是一种智能手机应用,乘客可以便捷地通过手机发布打车信息,并立即和抢单司机直接沟通,大大提高了打车效率,这种打车软件开发,先是对打车者构成了夹缝,而后又对出租车司机构成夹缝。2013 年,上海出租行业兴起一款"手机打车软件",用户在网上下载软件后,输入起点和目的地,自愿选择"是否支付小费",出租车司机则可根据线路、是否有小费等选择接受订单。这种拼小费竞价打车的模式引来了不少质疑声,认为这是变相涨价,并使行业监管出现"灰色地带"。手机打车软件由于正处于探索起步阶段,商业模式尚不明确,导致运营成本较高。特别是由于打车市场的不规范,导致加价策略在某种程度上加剧了原有公共交通资源的分配矛盾,打乱了路边打车和应用订车的公平竞争环境,对打车的消费者构成夹缝。阿里巴巴掌门人马云明确承认:"打车软件让老百姓懂得用移动支付是好事,但后来玩过头了。"2014 年 3 月底,嘀嘀打车公布的"成绩单"更像给这场"烧钱大战"画上了一个阶段性的"句号",在之前 77 天的时间里,嘀嘀打车的用户数从 2200 万增至 1 亿,日均订单数从 35 万增至 521. 83 万,补贴达 14 亿元。[①] 问题并没有因此结束,移动互联网的打的风波还在继续。例如,2015 年的第一周,沈阳、青岛、南京三座城市分别发生不同程度的出租车停运事件。而这样的情绪还在许多城市的出租车从业者中蔓延。此次多地出租车停运中,出租车司机们将主要诉求集中在了打车软件上,而打车软件最初恰恰是出租车司机最喜欢和推崇的揽客工具。出租车司机与打车软件的关系在半年之中急转直下,从"闪婚"之后的"蜜月期"快速变成了"闪离",出租车司机们成为夹缝人。在这场出租车司机与打车软件的纠葛中,执法者站在了出租车司机的一方。但政府的表态并未起到太大作用,出租车司机最终还是走上停运的道路,而打车软件却在人们对新事物的呼吁声中,面临着非法生存的窘境。交通部公开表示支持"专车"服务,但同时要求"专车"软件公司应遵

---

① 参见陈静:《打车软件:"烧钱"之后往哪走》,《经济日报》2014 年 4 月 7 日。

循运输市场规则,禁止私家车接入平台参与经营。① 一方面是"专车"软件公司的营销,一方面是政府部门的要求,一方面是油价大跌或大涨,某些地方免征出租车燃油附加费,由此引发出租车停运风波,这是处在夹缝中的出租车司机的抗争。有的专家说:"年年打击黑车,今年打到了招车软件里:不少地方申明,私家车不能跑出租,这是现行规定;挂靠到租赁公司上,通过招车软件拉活儿,那也还是黑车,照样得打。至于租车公司的车、用派遣司机的方式打'擦边球',提供类似出租车的服务,目前尚没有特别明确的说法,没往黑车堆里算。对打击黑车,赞同,法有禁止不可为;'擦边球'再看看,更赞同,法无禁止即可为。打与不打,都合章法。但是,倒是想问一个问题:黑车也罢,'灰车'也罢,这些车是靠什么生存的呢?""供需失衡造就的'打车难'、服务差,是'专车'生存的重要土壤。网络招车,就是靠满足老百姓迫切而多元的打车需求挣的钱。黑车不打发票,出事了又没保障,乘客不知道吗? 知道。但有什么办法? 正规车不好打啊! 越着急办事,出租车越没影儿,好容易盼来一辆,车还扬长而去,根本不搭理你,让你顿起'过尽千帆皆不是'之叹;好不容易拦住一辆,司机不愿跑,你坚持要上,一路上等着看人掉脸儿吧! ⋯⋯这样的场景,生活中并不罕见。""网络招车的出现,其实为解决这一痼疾提供了另一条路。初期,它盘活了既有资源,乘客一个信息发出来,一片区域内的司机谁想拉谁抢单,供需接上头,总数虽没增加,可实际供给增加了。然后,再推出'专车'服务,瞄准中高端需求,也往大盘子里增加了一支生力军。""网招'专车'挣的什么钱? 挣的就是正常出租车服务缺失的溢价。光做减法不做加法,这个减法的正义性就不够,效果也不会好。老百姓的旺盛需求,不能视而不见,出租车不能继续再搞'饥饿管理'了。"②"饥饿管理"是管理部门对出租车行业管理的办法,限制出租车数量,波及顾客的利益,由此构成针对出租车管理者的夹缝,民众不满意,因为不能及时打到车;出租车司机也不满意,因为有"专车"服务,自己挣得少了,这类夹缝看来一时难以化解。

　　移动互联网创业夹缝。创业者往往是有备而来,这种有备,指的是为

---

① 参见栗泽宇:《多地出租车停运打车软件"专车"动了谁的奶酪》,《华夏时报》2015 年 1 月 10 日。

② 知庸:《出租车不能再"饥饿管理"了》,《人民日报》2015 年 1 月 8 日。

了赚钱,赚大钱。当有的人在移动互联网以赚钱为唯一目的时,往往容易构成夹缝。例如,360 公司董事长周鸿祎先生认为,移动互联网有些基本的价值观和传统商业不一样,具体体现在一是用户至上。二是体验为王。移动互联网营销,游戏规则变了,消费者鼠标一点就可以比价、在网上讨论,变得越来越有主动权和话语权。三是免费的商业模式。互联网的商业模式总结起来无非三种——电子商务、广告和增值服务,这三种商业模式有一个共同的前提,即必须拥有巨大的、免费的用户群。四是颠覆式创新。在互联网上,颠覆式创新越来越多地以两种形式出现:一种是创新用户体验,一种是颠覆商业模式,后者就是把原来很贵的东西的成本降得特别低,甚至把原来收费的东西变成免费。当年 360 开始做免费杀毒的时候,传统的杀毒厂商不理解——怎么能免费干下去呢?直到今天,360 都在通过浏览器、导航、手机助手、360 搜索等这些互联网入口平台级产品,与合作伙伴分享流量,实现收入和共赢。以颠覆式创新重塑产业和行业,正是互联网思维给传统产业带来的冲击,互联网的游戏规则决定了要想获得商业利益,先要考虑如何建立和创造用户价值。在传统行业里,由于市场和地域广大,信息不对称,可以通过各种营销方式来获得客户。真正能够在互联网上发展的企业,只有想办法给用户提供高品质的甚至是免费的服务,才能把很多人变成用户基础,有了强大的用户基础后,才可能去构建商业模式。所以,当你决定进入移动互联网时,不要想着一上来就赚钱,或者把传统生意简单照搬到互联网上,或者把互联网看成分销、推广平台,这都不是对互联网真正的理解,①结果是你也赚不到“大钱”。不赚钱甚至免费,颠覆了传统的营销方式,许多人不了解,由此构成了“进入互联网时,不要想着一上来就赚钱”的创业营销理念和营销方式的夹缝。其实,有些创业者的不同时期的创业观点,也对准备创业者构成理解的夹缝。例如,如果多年前,你问柳传志对大学生创业的看法,这位联想神话的缔造者、联想控股董事长第一句话多半会是“希望你想清楚了”,接着,他会谈起自己在成本和风险上的考虑,“如果你的家庭条件不够宽裕,拿着父母的养老金创业,做完了以后啥都没了,会把家庭带到一个尴尬的境地,毕竟,想一次创业就

① 参见张蕾、赵刚:《搞互联网不要一上来就赚钱——访 360 公司董事长周鸿祎》,《光明日报》2014 年 6 月 21 日。

成功十分困难。"而到了 2014 年底,柳传志的态度变了。2014 年 12 月 13 日,柳传志出席在京召开的创新驱动发展联想控股媒体交流会时说:"今天,我倒确实鼓励(大学生创业),或者有胆子就可以(试试)。""现在的年轻人,在非常年轻的时候,就能创业,也许他的中国字还写不好,但他的电脑已经玩得很熟了,这就带来一种可能,他们会做出一些我们无法想象,甚至是匪夷所思的事,而(即便)这些东西没做好,他们也付出不了什么代价"①,这种变化容易对准备创业的大学生构成夹缝。

货郎担、供销社、电商的夹缝。货郎担是游走于村屯乡里、城镇街巷,走街串巷,挑着扁担,贩卖日用小百货的"移动商店"。挑担者多为年轻男子,称作"货郎",一般使用拨浪鼓、小锣等响器来招徕顾客。我国的货郎担早在宋代就有了一定的规模,南宋画家李嵩曾绘有《货郎担图》。中华人民共和国成立初期,在乡间也十分常见。但由于近现代城乡市场的发展,商铺密集,货郎担也逐渐减少,已不多见。当时主要是供销社顶替了货郎担的功能。在计划经济年代,供销社几乎是物资供销的唯一渠道。虽然面积不大,品种也不像现在这样丰富,但谁家要买油盐酱醋、针头线脑都要上这儿来,农民家养的鸡、收的蛋、种的棉花大都送到供销社销售。从一开始,供销社的秤杆子就是最准的,东西也是最全的。改革开放之后,供销社经受过最强烈的冲击和最严峻的考验,不得不自我改革,供销系统一方面与淘宝、1 号店等第三方平台合作推出农产品和其他特色产品的网上交易,另一方面积极打造电子商务平台,鼓励"农"字号企业线上开店。网页上陈列着六七十种特色农产品,每天平均成交 2 万单。电子商务推动了地方农产品走向全国,这个无形市场的交易未来有可能超越有形市场。② 货郎担被供销社代替了,众多的商铺冲击了供销社的生意,如今的电商又在冲击实体店铺的生意,包括供销社在内的实体店铺,既要跟上电商的步伐,又要发挥自身的优势,走特色之路,在夹缝中谋生存、谋发展。

(2)文化产业创新的夹缝

近来,中国文化市场上发生了一轮又一轮的并购和投资。而在这些并

---

① 柳传志:《移动互联行业年轻人的创新创业速度超出了想象》,转引自邱晨辉:《因"移动互联",柳传志对大学生创业从慎言到鼓励》,《中国青年报》2014 年 12 月 20 日。
② 参见杜芳:《货郎担到电商网络有多远》,《经济日报》2014 年 12 月 3 日。

购和投资中,常常可以看到互联网企业的身影,互联网正在对传统文化产业进行再造,传统与新兴领域的融合也正在发生,文化产业发展和创新的夹缝不断显现。

文化产业打破行业壁垒的夹缝。2014 年是互联网对传统文化产业进行再造和升级的关键一年,尤其是百度、阿里巴巴、腾讯 3 家国内互联网巨头主导的一系列产业并购和投资,都让传统文化产业的不少从业者感受到互联网的来势汹汹。2014 年 6 月 17 日,腾讯宣布进军电影产业,投资的 6 部电影全部是颇具市场号召力的商业影片。6 月 25 日,阿里巴巴完成对"文化中国"的新股认购,成为"文化中国"第一大股东,并将其更名为阿里巴巴影业。7 月 17 日,百度旗下爱奇艺宣布成立爱奇艺影业公司,未来一年内其将与国内外电影公司联合推出 7 部国产电影及 1 部好莱坞电影……以 3 家公司为代表的互联网企业已涉足网络文学、数字音乐、电影电视、手游、视频领域的方方面面;从产业链上下游纵向看,它们贯通资金、内容制作、演艺明星、宣传推广、发行销售、衍生产品等各个环节。随着线上、线下各种渠道的整合,传统文化产业中不同领域之间的壁垒正在慢慢打通,这不仅使某一个文化产品的开发、营销和销售方式更加多元,也使整个文化产业迎来了一次新的升级。以前,小说是小说,影视是影视,游戏是游戏,但是,现在越来越多的渗透融合,边界越来越模糊,正在形成围绕以 IP(知识产权)为核心的品牌概念。文化产业一直被视作以版权经济为核心的产业模式,拥有一项知识产权,就意味着可以围绕它进行多维度的开发和盈利,并由此制造长尾效应。应当说,这一轮互联网进驻传统文化产业的热潮,使知识产权在文化产业中的重要性进一步突显。未来只有基于 IP 的用户运营模式才会取得成功。有人戏言,可以预见不久的将来,一部由互联网企业出品的文化产品或将这样产生:选择其旗下文学网站的优秀作品进行改编;通过其旗下众筹计划完成项目融资;利用其后台大数据进行剧本创作和主创人员选择;由其旗下影视公司完成拍摄制作;通过其旗下各平台和渠道进行宣发营销;电影上线,电视节目、电视剧登陆荧屏,电影票线上销售;影视剧网络上线;衍生品开发;通过其旗下音乐和手游平台发行原声音乐和主题游戏……①有人诠释传统文化产业应该保持特色;有

①　参见刘阳:《破局,互联网再造传统文化产业》,《人民日报》2014 年 9 月 4 日。

人诠释传统文化产业应该跟上移动互联网发展的步伐,还有人非常担心文化产业的何去何从,这容易构成夹缝。文化通过网络发展,必然会打破行业壁垒的夹缝,但新的夹缝还会形成。

影视网生代的夹缝。网生代指靠网络生存的一代。由于移动互联网的发展以及进入影视行列,催生了影视网生代。又由于移动互联网娱乐正在起步阶段,娱乐内容良莠不齐,容易对网生代构成夹缝。2014 年,从制作、营销到发行,互联网的新玩法正在颠覆并重新定义传统影视产业的每一个环节。这一年,各大互联网企业在影视业密集行动,纷纷成立或投资入股影业公司,豪爽宣布每年出品数部院线电影;各大视频网站在网络自制剧上出手阔绰,预估投入达 1500 集以上,很多网络剧的点击量甚至超过卫视大制作电视剧,并反向输出到电视台……中国互联网络信息中心发布的报告显示,截至 2014 年 6 月,中国网络视频用户规模已达 4.39 亿,网络视频用户使用率为 69.4%。业内人士认为,中国影视产业的"网生代"已经到来。互联网给用户更多的选择权,不管是时间上还是内容上,这对于传统影视业构成夹缝。互联网使得传统影视观众的角色发生转变,使观众成为用户,这是互联网给传统影视业带来的最大改变。优酷从 2011 年起推出《泡芙小姐》系列,总播放量已超 4 亿次。搜狐视频《屌丝男士》系列推出至今,三季的播放量累计已突破 21 亿。有业内人士预测,未来三年,电影在线售票的市场份额将超过 50%,移动互联网企业将成为新一代影视发行公司。移动互联网影视文化,还发明了"众筹",让普通人可以当"电影投资人"。"100 元,你就可以成为某部大电影的投资人。"2014 年 3 月,通过阿里巴巴推出的娱乐宝,短短几天就有 22.38 万网友参与到影视娱乐投资中,过了一把"投资人"的瘾,这预示着中国电影产业的"网生代"已经正式到来。王旭东先生说:"'网生代'的形态是电影、视频还是综艺都不重要,'边界被溶解''社群成为核心'正在成为其鲜明特点。"① 在互联网公司、传统影视公司都满怀憧憬地往互联网影视大手笔投资的同时,也有业内人士担忧伴随互联网影视热度而来的是鱼龙混杂、良莠不齐的制作水准。为此,2014 年 3 月,国家新闻出版广电总局发布《关于进一步完

---

① 转引自岳小乔、朱利:《互联网"催生"影视"网生代"观众成用户作品成产品》,《人民日报》2014 年 12 月 11 日。

善网络剧、微电影等网络视听节目管理的补充通知》，就网络剧、微电影等网络视听节目的内容审核、播出机构准入管理，提出一系列新要求。有人认为互联网娱乐正在起步阶段，也具有传统渠道的一些不足，有些问题如内容低俗等甚至更加突出。① 有人喜爱移动互联网影视文化，有人担忧移动互联网影视文化，这就对移动互联网影视创作、制作者构成了夹缝。

名人网店的夹缝。名人是一种文化现象，"名人"可以指：著名人物，又可称作名流（英文：Celebrity）。日语中的名人，泛指各行各业中能力崇高而备受景仰的人物。名人名声在外，在网上具有一定的信誉度，所以，网民网购时往往优先考虑名人。移动互联网的发展，使得电子商务成为时髦，不少名人抓住机遇，开了网店。名人在产品推广方面的优势令普通商家望尘莫及。有民意调查者在中国网和问卷网对 2006 人进行的一项调查显示，47.9% 的受访者逛过名人网店，29.3% 的受访者表示网购时会优先考虑名人网店，38.2% 的受访者则不会这么做。调查显示，名人网店之所以生意红火，原因主要有三："有粉丝支持"（58.5%）、"有名人展示"（43.8%）、"营销宣传力度大"（28.0%）。此外，"商品品质好"（19.7%）、"服务态度好"（19.7%）、"文化内涵丰富"（7.5%）、"举办慈善活动"（6.7%）等也是部分原因。对于普通百姓来讲，开店就完全不同了，普通店铺在开业之初，为获得靠前的搜索排名，大都需要四处找朋友刷销量，甚至需要花钱请名人代言。名人开店则是一呼百应。当下，网购的种种天然缺陷让信用的重要性更加凸显。在消费者心目中，名人网店是否更有信用？调查显示，36.4% 的受访者对此表示赞同，22.9% 受访者不以为然，40.7% 的受访者表示不好说。② 这种种调查结果，已经对名人网店构成夹缝。对于名人网店，有人买账，有人不买账，还有人认为名人开网店，初期效果往往比较好，但这种效果不一定能够持续等，这类夹缝很有意思。

笑话网化解创业夹缝的启示。大学生怎么创业，怎么选择创业内容，怎么处理学业与创业的关系，对每一个想创业的大学生都容易构成夹缝。例如，"当您每天打开手机，一个个时髦的笑话'蹦出来'"，南京邮电大学

---

① 参见岳小乔、朱利：《互联网"催生"影视"网生代"观众成用户作品成产品》，《人民日报》2014年 12 月 11 日。

② 参见周易：《29.3% 受访者网购时会优先考虑名人网店》，《中国青年报》2014 年 10 月 21 日。

大三男生奚佳炜抓住了这个有趣的金点子,于 2013 年 7 月创办了"笑话网",创办一年不仅吸引了百万粉丝关注,还赚到了 10 多万元的广告费。在南京邮电大学这个遍地"技术宅"的地方,专业是生物医学工程的奚佳炜自学成才,成为阿里巴巴实习前端工程师。奚佳炜说,自己之前开发了一些社交平台的应用,正因这些平台的开发让自己收获了一些粉丝,平时大家都有一些碎片时间,打游戏既浪费时间也无益于身心健康,倒不如想个点子给粉丝带去快乐。起初我在人人网上面向大学生办了"密议荚"公共主页,反响很不错。随后又有了网站及微信。奚佳炜说,在"密议荚"之前他也创办过其他的网站,"密议荚"是到目前为止最成功的一个,这是一个简单分享新鲜笑料和共同参与趣味测试的小网站。内容并非原创,而是要有趣贴近,他们会选取网络上时髦的笑话,同时网友可以在网上发布他认为有趣的笑话,他们推崇的是一种轻娱乐的生活理念。这很符合时下年轻人的想法。奚佳炜对于网站的定位很精准。奚佳炜说,其实身边有不少同学希望在大学里闯出自己的一片天地,开一家自己的小公司或者办一份属于自己团队的电子杂志,真正坚持下去的人很少。他身边有不少同学感到困惑,把精力投在自己感兴趣的事情上会影响本专业的学习。奚佳炜同学起初也遇到了这样的问题,到底是放弃本专业去做自己喜欢的网页开发,还是放弃创业回到书本? 经过了一番深入的思考,他在这两者之间找到了平衡,学习时间学知识,完成学业,业余时间搞创业,从而化解了创业与学业的夹缝。

三、移动互联网经济投资与金融的夹缝

移动互联网的经济投资和金融发展,使人们耳目一新,对传统的投资理念和传统金融业带来巨大的冲击,也对不少人构成了投资和金融管理的夹缝。

1. 移动互联网投资的夹缝

移动互联网投资分为理财和产业两类,在移动互联网投资还没有被全面监管的情况下,很容易构成夹缝。

（1）产业投资的夹缝

互联网产业投资需要实体和投入，投资分成许多类别，投资的内容和投资的结果都容易构成夹缝。

种田与"种网"的夹缝。江苏北部睢宁县沙集镇的东风村，农民们既种田，又"种网"，可他们种田时间越来越少，"种网"时间越来越长。当农耕文明遭遇网络技术，当乡土中国融进电子商务，当熟人社会触碰市场规则，互联网经济如燎原星火，燎得东风村农民，放下锄头敲键盘，从"汗滴禾下土"到"网来网去"，从祖祖辈辈"面朝黄土背朝天"，到感叹"再不创业就会晚"，东风村几乎家家网络营销，户户电子商务。领头的是在南京林业大学旅游管理专业读了两年选择了退学的 80 后孙寒，他在南京当过保安，在上海卖过黄酒，然后应聘到睢宁县移动公司做客服经理。孙寒 2006 年 3 月离职，回到东风村的，花 2000 多元买了台组装电脑。他把手头积攒的 30 张面值 100 元的充值卡，以每张 95 元的价格挂在淘宝网上，"没想到一个晚上就卖光了"。此后孙寒又代理过小家电、创意家居，生意不温不火，好的时候一个月能有三四千元，差的时候也就千把块，他准备打"退堂鼓"。但 2007 年的一次上海之行，改变了一个人、一个村庄的命运。在上海逛街时，孙寒看到一些别致的简易、拼装木质家具，就思考，能不能把这些家具放到网上卖呢？他买了几件样品回村，然后请木匠、改进设计、加工生产、上网销售，第一个月就销售了十来万元，有的产品利润率甚至超过 50%。自从 8 年前村里开起第一家网店，东风村迅猛"逆袭"，"无中生有"了一个产业、一个完整的产业链条，一跃成为睢宁县名噪一时的"明星村"：1180 户，超过六成触网，经营 2000 多个网店，交易额突破 10 亿元。短短几年，东风村从无到有，建起 250 多家家具厂，聚集 42 家物流企业，村里兴建了产业园，周边其他村上千人到这里打工。东风村也越来越像豪车展览馆。当然，他们有人也处在知识产权的夹缝之中。东风村曾经出现过从"拿来主义"到"专利风波"。2012 年 2 月本村网店的徐松投诉了本村一些家具店专利侵权，一夜之间，东风村几十家网商，发现网店瘫痪，货品被下架。徐松这么干，是受过刺激的。2011 年 9 月，东风村销售最好的一款电视柜遭人投诉，被淘宝客服下架。当时这款电视柜，东风村一天能销售 40 多万件，仅徐松的店铺，一天就能卖 1 万多件。因为有个苏州公司抢先申请了这款电视柜的专利，然后再投诉其他店铺侵权。徐松与这家公司沟通,人家说得很直接:我卖你就不能卖。徐松意识到东风村可能面临着产品专利危机,也嗅出了其中的"商机"。当时,徐松回东风村办的第一个公司,专门代理网商注册淘宝商城。入驻商城一般需要3到6个月,徐松提出"15天入驻淘宝商城不是梦",注册了80多个公司,每个成本是3万多元,收取4万元代办费,全部转让给村民,通过赚取差价,掘得了一桶金。专利能否成为下一桶金?"如果专利授权给村民使用,每家每年收取1万元使用费,一年就有几百万元轻松入账。"当时徐松准备把东风村正在卖的近千款家具,由上海一家公司代理,分三批申请专利,花了30多万元,批准通过了200多件。正当徐松拨打着"如意算盘"的时候,他的楼下已经聚集了几百号人,"不撤诉,就砸你的店,赶出东风村!"路被人群堵住,物流的车也过不去,派出所、交警都派人维持秩序。就这样僵持了半个月,徐松说,公司玻璃被砸,还受到了人身安全的威胁,"我看这事闹得有点儿大,感到前所未有的孤立无援。"后来政府找徐松谈,给他一点补助,把专利捐出来,大家共享。"事后也没什么补助,结果就不了了之。""向淘宝投诉,能够显示是谁投诉的,专利权人写的是我老婆名字,别人一看就知道是我干的,如果换个陌生的名字,恐怕是另一种结果。"处在夹缝中的徐松,至今还在夹缝的夹力下反思。①

移动互联网企业海外投资热的夹缝。美国东部时间2014年9月19日中午,经过两个多小时的询价,阿里巴巴开盘价锁定在92.7美元,较IPO(首次公开发行招股)定价68美元大幅跳涨。18日,阿里巴巴将其IPO定价最终确定为每股68美元,为此前定价区间的上限。按此价格和发行股数计算,阿里巴巴将筹资218亿美元,成为有史以来最大的IPO之一。理论分析人士认为,阿里巴巴的快速崛起,得益于中国快速发展带来的巨大机遇,尤其是中国互联网普及程度的提高,以及电子商务产业的爆炸式增长。② 2014年,堪称中国互联网企业走出去的丰收年:企业扎堆境外上市,阿里巴巴赴美上市更是刷新了美股IPO纪录;产品海外市场屡有斩获,微信海外用户数突破2亿,猎豹浏览器移动端海外活跃用户超1.9亿;海外投资并购出手频繁,阿里巴巴2.15亿美元入股美国聊天应用Tan-

---

①　参见孔祥武、王伟健:《一个被互联网改变的村庄》,《人民日报》2015年1月9日。
②　参见许志峰、吴成良:《"中国故事"为互联网公司增添魅力》,《人民日报》2014年9月20日。

go,百度收购巴西最大团购网站 Peixe Urbano。2015 年,中国互联网企业境外上市热潮可能会有所降温,但仍有不少企业会继续踏上海外上市路。有人认为,中国互联网企业海外投资并购热度将可能继续升温。"不差钱"的 BAT(百度、阿里巴巴、腾讯),在海外的投资布局将进入大手笔、大战略的新阶段。与此同时,一些复制中国模式的产品开始在海外火起来。也有人认为,中国互联网企业海外投资并购热度将可能会降温。2015 年,中国互联网模式能否实现向海外逆向输出,能否赢得更多海外用户和投资者的眼光,构成了移动互联网企业海外投资热的夹缝。①

移动互联网保险的夹缝。移动互联网经济无孔不入,已经涉及保险业,构成了保险的夹缝。淘宝购物成就了马云十年一剑的神话,也成就了互联网保险一夜暴富的传奇。2014 年的"双十一",淘宝天猫共售出 1.86亿份退货险,刷新了中国保险业单日同一险种成交保单份数的纪录。互联网保险长势迅猛。数据显示,从 2011 年至 2013 年,国内经营互联网保险业务的公司从 28 家增加到 60 家,年均增长 46%;规模保费从 32 亿元增长到 291 亿元,3 年间增幅总体达到 810%,年均增长率达 202%。2014 年前三季度,中国保险业实现互联网保险业务收入 622 亿元,超过 2013 年全年业务收入的 195%。互联网保险的创新力也令人刮目相看。针对互联网消费的碎片化、小金额、大批量、高频次等特点,许多公司为消费者设计出凸显风险点、保障功能强的产品,比如退货运费险、快递延误险、货到付款拒签险、个人账户资金安全险、信用保证、个人资金账户安全险、手机碎屏险等。众安保险半年内就推出了 35 个险种。首都经贸大学保险系教授庹国柱认为,互联网保险之所以形成燎原之势,主要是它适应了互联网经济蓬勃发展的大趋势,敏锐地捕捉到了互联网经济参与各方的风险保障需求。保险产品接地气、保费低、投保方便,比如运费险,少则几毛钱,多不过三五元,轻点鼠标就完成投保,容易获得消费者认可。对于一些保险公司来说,这无疑是一种挑战,要不要进入移动互联网经济领域成为一个问题。中国人民保险集团股份有限公司风险管理部副总经理顾伟认为,作为传统保险体系的有益补充,互联网保险发展潜力巨大,但其快速发展中也蕴含

---

① 参见余荣华、邓圩、王汉超、卞民德、岳小乔、刘鹏飞、张焕、李家鼎:《2015,关于新媒体的 10 个猜想》,《人民日报》2015 年 1 月 8 日。

着不可小觑的风险。首先是信息技术与数据安全风险,其次是网络欺诈风险。互联网环境下,保险人核实投保人的告知内容较为困难,投保人有可能利用这一缺陷隐瞒与保险标的有关的重要事实。还有互联网保险特有的衍生风险,主流客户群在很大程度上缺乏专业知识和能力,经济损失承受力有限,恐慌情绪和流动性风险可能在短时间内急剧放大。最后是法律缺失风险,互联网保险交易过程缺乏相应的网络消费者权益保护管理规则及法律法规作为保障。有些专家认为,风险大了最好别投入;有的专家认为需要应该投入,但需要有风险不该投入,这给保险公司构成了夹缝。一方面,对于机构网点布局较少的中小公司和外资公司,线下销售难以与大公司抗衡,线上渠道打通对公司而言不失为一个扩张机会,另一方面网络渠道中,保险公司与消费者之间信息不对称的程度更高,如何在合规前提下更好地展示和销售,对险企构成了不小的夹缝①。如何化解网民需要、移动互联网企业高兴、网上保险业获利的移动互联网保险夹缝,的确需要研究。

（2）理财投资的夹缝

理财投资分为个体和团体的投资方式,无论哪种投资方式,都容易构成夹缝。

个人投资网贷的夹缝。所谓 P2P(peer to peer lending,指"点对点借贷"),是民间借贷的互联网化。2007 年全国第一家 P2P 网络借贷平台"拍拍贷"诞生于上海。对投资人而言,P2P 投资门槛低、动动鼠标就行,利息又远高于银行定存;对平台创建者而言,P2P 不受地域限制,能迅速聚拢资金,吸引力不言而喻。根据 P2P 网贷行业门户网站"网贷之家"最新数据显示,目前全国 P2P 平台超过 1500 家。2014 年年底,网贷行业频现倒闭潮,每月有上百家新平台上线,但每月有几十家平台出现危机。2014 年底,福建、浙江、四川等地接连爆发 P2P 网贷"跑路"现象。据第三方研究机构零壹财经提供的数据显示,当下有 250 家 P2P 网贷平台给投资者开出了年化率 20% 的高收益理财产品的"空头支票",保守估计总涉案金额超过 100 亿元,意味着至少有 100 亿元的民间资金因而"打水漂"。近两年来,作为互联网理财和投资的一种典型模式,各类 P2P 平台"快速生长",

---

① 参见曲哲涵:《互联网保险,是搅局还是创新?》,《人民日报》2014 年 12 月 15 日。

但是行业风险也随之"发酵"。仅 2014 年 10 月以来,涉案金额 7000 余万元的四川铂利亚、牵涉金额 2.8 亿元的浙江传奇投资等 35 家 P2P 网贷平台,纷纷陷入关停甚至"跑路"的危机,被称为行业发展史上的"黑色 10 月"……出现这种现象的原因有两种,一种是恶意欺诈。2014 年 3 月 13 日上线的深圳市"元壹创投",9 月 28 日上线的湖南怀化"晶玉贷",都是上线当天就关停网站跑路。而据零壹财经介绍,9 月份"出事"的 11 家 P2P 网贷平台中,有 8 家纯粹是欺诈。二是风控不严,资金链断裂。幸福财富公告称,由于投资人急于提现,而借款人逾期未还,公司资金链断裂,无法给投资人按时兑付。业内人士告诉记者,有些"出事"的中小平台,一开始并不是冲着"捐钱"去的,只是因为不懂经营、盲目扩张,尽职调查和风险控制形同虚设,一旦遇到借款人违约,风险就会集中暴露。为此金融投资人士提醒,作为投资的一种模式,互联网理财是有风险的,虽然监管规则的出台能够净化市场,但是更重要的是投资者自身要擦亮眼睛,切实保障自身的资金安全。① 一方面是高回报的诱惑,成为夹缝的一方;一方面是有成功者的榜样,投资获利;一方面是家人和朋友的提醒,"天上不会掉馅饼",这就构成了网上投资的夹缝。为了维权,有少数维权者采用了极端手段:有大户动用暴力,现场扣车押人等,以此拿回自己的钱;有中户走悲情路线,给平台老总下跪、在众人面前意欲跳楼等,为了化解网上投资的夹缝,2014 年 12 月 6 日,由国内 P2P 网贷行业门户网站"网贷之家"主办的"中国首支网贷投资人权益保障基金"成立,随之受聘的还有一支阵容较强的投资人权益保护律师团。在疏离监管、自成江湖的网贷行业,民间维权力量被迫壮大。多数网贷投资人认为真正能有所建树的应对之策应该是:制度保障、底线监管。有专家建议,相关部门可以对 P2P 设置前置门槛,包括为平台注册资本设置杠杆率,即根据注册资本金来限定平台业务量的大小;对创始人股东及高管,尤其是风控总监从业经历有相应要求;平台债权协议需上传备份;平台不得建资金池,资金需有托管等。相关部门应进行前期审查,对确实开展真实业务的 P2P 发放相应牌照,并在金融办、公安部门等审核或报备,同时加强民间征信,建立信息披露制度,② 只

---

① 参见新华社:《百亿资金互联网理财"打水漂"》,《新华日报》2014 年 11 月 26 日。

② 参见李晔:《网贷江湖维权记》,《解放日报》2014 年 12 月 11 日。

有这样,才能化解夹缝。

投资追求利益最大化的夹缝。追求利益最大化是投资者正常行为,但是,如果投资者到了咋利是图的地步,一定会坠入唯利的陷阱,使自己处在夹缝之中,相关部门应该提醒和警示这种夹缝的存在,防止一部分投资者进入夹缝。例如,《中国青年报》社会调查中心通过民意中国网和手机腾讯网进行的一项调查(10234 人参与)显示,84.7%的受访者购买过互联网理财产品。66.0%的受访者表示会把银行存款转投互联网理财。至于吸引他们购买的原因,23.9%的人认为是银行存款利息太低,18.9%的人认为是互联网理财"可以随时取用",其他还有"收益高"(17.6%),"收益透明,每天可见"(11.6%),"支付方便"(10.9%)等。但55.4%的受访者表示,并不了解互联网理财产品背后的基金和盈利方式。受访者中,90 后占36.3%,80 后占36.0%,70 后占16.7%,60 后占10.0%,还有 1.0%的人为 50 后及以上。调查显示,84.7%的受访者购买过互联网理财产品。具体来说,购买最多的是余额宝(63.0%),其次是理财通(10.2%)。仅15.3%的人一个也没买过。调查中,37.5%的人对要承担的风险不清楚,23.9%的人觉得理财账户不安全,还有 23.1%的人担心未来能否及时赎回。其实,商网提供的"互联网金融产品"的风险并非不存在,但在目前环境下还比较隐晦,有四点值得投资者注意:一是支撑余额宝高收益背后的天弘基金提供的是理财产品,属投资行为。银行存款和理财投资最大区别是,存款是被国家层面存款保险制度保护的公共品,而理财的"保本付息"宣传不现实,也不受法律保护。二是网络安全的问题。三是互联网金融本身的问题。纯虚拟银行在英美 20 世纪 90 年代就兴起了,但传统商业银行并未随着"鼠标点击"而消亡,反而市场竞争力更强,因为银行作为经营资金的企业,第一要义不是效率和渠道,而是声誉。四是宏观经济层面的问题。目前余额宝的收益率大大高于银行活期存款甚至定期存款的利率,这是一把"双刃剑"。它客观上推动了利率的市场化,但若不加约束,任其疯狂发展,必将快速推高银行的利息成本。[①] 这些提醒,不一定引起投资者的注意,投资者在追求利益最大化过程中,往往会财迷心窍。20 多万名网

[①] 参见孙震、孙庆玲:《66.0%受访者欲将银行存款转投互联网理财》,《中国青年报》2014 年 3 月 20 日。

贷投资人,约60%参与打新,网贷P2P投资群里每天都忙个不停……这是网贷打新遍地开花的盛况。时至今日,打新热潮虽有所回落,但对高额回报的渴望还是吸引不少打新者参与其中。所谓网贷打新,是指投资者在刚刚开业的网贷新平台投资,因为这些网贷新平台的收益比老平台高得多。网贷行业没有准入门槛,新平台大量出现,纷纷推出高息计划。但由于没有风控体系,不少新平台上线不久便宣告倒闭,打新者被套牢的现象屡见不鲜。网贷打新究竟是一份高风险高收益的投资,还是一场豪赌?① 这真的是一种罕见的追求利益最大化的移动互联网理财的夹缝。一方面是传统银行收益低,一方面是移动互联网投资收益高;投资者投资移动互联网理财有获大利者,也有损失者,让一些没有参与移动互联网投资理财的人处在夹缝之中。

2.移动互联网金融的夹缝

移动互联网金融对人们金融理念冲击是巨大的,对传统银行冲击也很大,构成了传统银行被迫发展改革的夹缝,推动了金融业创新服务,同时,互联网金融也对民众构成了夹缝。

(1)传统金融遇上了移动互联网显得夹缝重叠

传统金融四平八稳,金融职业一直让民众羡慕不已。当传统金融遇上了移动互联网,面貌全部变了。无论传统金融的自保,还是移动互联网金融的快速发展,或者是民众的取舍,都形成了与移动互联网相关的金融夹缝,而且这种夹缝将会在一定时期内存在。

移动互联网金融倒逼传统金融改革的夹缝。面对风生水起的移动互联网金融,有人认为:小公司要做新秩序的搅局者,大公司要面对门口的"野蛮人",光有皮不够,还需要互联网的骨和大数据的魂。无论是豪气干云的"如果银行不改变,我们改变银行",还是谦虚顺和的"银行没办好的事,我们替银行办好",在银行眼里,马云和阿里都是不折不扣的"野蛮人"。第三方支付刚开始时,阿里恭顺听从,为的是与银行合作,结果是年年"双十一"(11月11日光棍节)网购疯长,令银行叹为观止;小微贷款起来时,阿里说我们只管千万小微企业,与银行的"高富帅"客户不冲突;到

---

① 参见温济聪:《网贷打新潮退始知风险》,《经济日报》2014年5月25日。

现在,阿里金融信用支付(网络虚拟信用卡)和网络银行虽然犹抱琵琶半遮面,但银行蓦然发现,自家的存贷汇三大业务门口,"野蛮人"已经大兵压境。[①] 中国银行业协会 2014 年 12 月 16 日在北京发布《中国银行家调查报告(2014)》(以下简称《报告》)显示,互联网金融异军突起,给传统银行业带来了巨大冲击。互联网金融凭借其优异的客户体验、较低的门槛以及适当的创新,充分释放了人们的金融需求,促使银行家思考应对之策。《报告》显示,银行家已经普遍认识到互联网金融对银行业带来的冲击,43.3%的银行家认为互联网金融在很大程度上改变了商业银行的经营理念和经营模式,8.5%的银行家甚至认为互联网金融对传统银行有颠覆性的影响。各类创新业态对传统银行造成的冲击主要表现在存款分流、推高负债成本方面,认同比例分别达到 48.2%与 29.9%。银行家普遍认为,互联网金融与传统金融相比,在便捷性、服务成本、产品创新、信息技术及产品门槛等方面具有优势,加大电子银行渠道的投入成为应对互联网金融发展的首选。《报告》显示,72.7%的银行家认为"增加存款"是银行业面临的最大压力,银行负债业务压力的上升在未来一段时间内将成为常态。特别是进入 2014 年以来,银行业存款持续分流,负债压力进一步凸显。在对负债业务压力来源的调查中,存款利率市场化加速、其他互联网理财产品分流银行存款、表外银行理财产品的替代、大客户议价能力的提升、货币市场基金对活期存款的替代等均被认为是银行负债业务压力的主要来源,选择上述因素的银行家占比分别是 63.6%、58.1%、51.4%、47.3%、45.1%。如何打好"存款保卫战"已然成为当前摆在各家商业银行面前的一项具有挑战性的重大任务。[②] 一些民众认为,移动互联网金融普惠、个性,"小、平、快",填补传统银行盲区,是对银行传统业务的补充。传统的银行理财产品起点往往在 5 万元以上,签约理财产品的流程也颇为复杂,这样稀缺的产品自然很难"普惠",互联网却让一切发生了改变。刚刚走出校门的大学生薛金橘说,我没什么专业理财技能,只是等到每月工资下来,就把钱转存到余额宝里,利率比银行高,而且可随时提取,方便网购。互联网帮助

---

① 参见吴甘沙:《当传统金融遇上互联网》,《人民日报》2013 年 9 月 23 日。

② 参见刘溟:《2014 年度中国银行家调查报告显示——互联网金融冲击银行业加剧》,《经济日报》2014 年 12 月 17 日。

许多人迈过金融业高额的理财门槛,实现理财收益。受惠于互联网金融的不仅仅是工薪阶层,网络信贷平台也帮助很多人实现了创业梦想。在"拍拍贷"上,用户可进行最少3000元的借贷,出贷方最低出资额甚至可以仅为50元。"小、平、快"渐成互联网金融的一大特点。不仅如此,对用户个性化需求的尊重,也成为互联网金融跳向时代前列的一块踏板。安联财险2013年中秋在天猫推出"赏月险",将意外险与生活消费事件捆绑。此后,"熊孩子保险""黄金圣斗士""圣女单身保障险""宠物责任险""家政雇佣责任险"等个性化险种纷至沓来,创意迭出。中国人民银行调查统计司副司长徐诺金曾表达担忧,商业银行或有可能成为21世纪"灭绝的恐龙"。其实,传统金融机构没有坐以待毙。2014年1月12日,工商银行正式上线电子商务平台"融e购",集购物、理财、融资、信贷功能于一体。这一事件被业内人士当成了2014年传统银行业反击互联网企业的一大标志。在此之前,建设银行的"善融商务"、交通银行的"交博汇"等网络平台已纷纷推出。为了保生存,各传统银行业不断改革,出新招。① 一边是传统金融,平安、稳妥;一边是移动互联网金融,利多、方便、有风险,不少民众还在夹缝中观望。

商业银行与移动互联网金融冲突的夹缝。2014年3月22日,建设银行下调了其用户通过支付宝快捷支付网上消费及购买余额宝的额度,幅度从原先的单笔5万元降为5000元,每月不超过5万元。此前,工行、农行、中行已经下调了用户使用支付宝快捷支付的额度。其中,工行的额度由原先的单笔5万元下调为5000元,每月限额则从20万元降为5万元。中行、农行则将额度从原先的单笔5万元降为单笔1万元。至此,四大银行均已对支付宝快捷支付额度做了下调。综合来看,四大银行对支付宝快捷支付的单笔额度和单日累计基本限制在万元以下,最低的仅为5000元。而对于下调额度的原因,工行和农行给出的理由是"为了保护用户资金安全"。为此,2014年3月23日马云终于忍不住在来往扎堆里公开发声《支付宝,请扛住!》:支付宝,请扛住! 昨日,工、农、中、建四大"国有"银行一致行动,强令限制储户转向支付宝的资金额度。市场不信眼泪,市场更不怕竞争,市场怕不公平。四大天王联手封杀,支付宝虽败犹荣,虽死犹生,

① 参见张意轩、蒋波、刘阳春:《互联网"搅局"传统金融业》,《人民日报》2014年10月23日。

但决定市场胜负的不应该是垄断和权力,而是用户! 虽千万人吾往矣。支付宝,生逢其时? 死得其所? 也不知道谁给银行权力,可以伤害储户支配自己资金的权力。更不知道谁来监管四大"国手"联合封杀的合法性? 有国际友人说:举世未闻,匪夷所思。支付宝,这是你最艰难的时刻,也是最光荣的时刻! 你可以的! 改革,创新,希望,梦想……你必须可以! 中央财经大学中国银行业研究中心主任郭田勇认为,银行作出限额规定,首先是从客户资金安全的角度考虑,用支付宝购物也会有交易的限额。其次,银行使用的系统是各自开发的,限额的额度可能跟系统的构成以及设置的参数有关。此外,郭田勇还表示,也不排除银行防止存款流失的动机,余额宝等互联网理财产品对银行活期存款冲击巨大,为了符合存贷比的监管要求,银行"不得不精打细算,处处算计着过日子"。2014 年 3 月 22 日,全国人大财政经济委员会副主任吴晓灵在中国发展高层论坛上表示,监管当局出台政策不是着眼于动了谁的奶酪,而是着眼于对社会、资金安全有什么影响,对投资者、客户有没有很好的保障。吴晓灵认为,国内监管政策出台首先要考虑互联网业务对货币创造是不是有影响。其次,还要考虑第三方机构能不能很好地保护客户资金安全。如果第三方支付金额大,那么对客户的资金安全就会有影响。此外,吴晓灵还认为,应该衡量网络金融在方便投融资行为的同时,能不能很好地保护投资者的利益和权利。吴晓灵最后说,余额宝的高息是银行自己给的,商业银行当初不惜血本高息揽存,怪不得余额宝们。[1] 道出了余额宝高息的奥妙。银行卡住余额宝,马云无奈声明,处在夹缝中的是那些余额宝的客户们。

　　传统银行发力移动互联网金融力争化解夹缝。在移动互联网"宝"的启发下,传统银行不再等待,主动出击,它们一边学习移动互联网金融推宝,一边推出银行直销业务,以减少移动互联网金融的冲击,化解存款减少的夹缝。自余额宝诞生之日起,类似产品便层出不穷:活期宝、理财通、现金宝……名字很多,本质都是货币基金。随着近期被市场解读为货币基金3.0 版的中信银行"薪金煲"的推出,民生银行也联手中国电信翼支付,共同推出账户余额理财服务"添益宝"。从本质上讲,不管是"薪金煲"还是"添益宝",和互联网"宝"类基金产品并无太大区别,只是发行主体变成了

---

　　[1]　参见苏曼丽:《四大行下调快捷支付转账限额》,《新京报》2014 年 3 月 24 日。

银行。为什么这么做,因为互联网金融的快速发展对银行负债端冲击明显。这一冲击将导致两个结果:一是存款分流使银行一般存款占全部存款的比重由2010年的85%下降到目前的78%,二是企业和居民活期存款占一般存款的比重从50%下降到目前的37%。移动互联网"宝"类产品吸引力主要有二:一是收益率高,二是流动性好。然而,收益率普降已成为"宝宝"们不得不面对的现实。有专家提出商业银行应该发挥自身的优势,一是其在客户中多年来形成的良好声誉,二是在风险管理方面的能力,与移动互联网金融竞争,以求走出夹缝。① 除了各类"宝"之外,银行业同时推出了直销银行,不需要去营业厅,只需打开直销银行页面,点击鼠标即可完成网上开户,输入个人银行卡号、身份证等相关信息后即可便捷理财、存款和转账。2014年初仅半年时间内,就有北京银行、民生银行、兴业银行等3家银行相继推出直销银行业务。从"银行柜台"到"网络平台",大部分金融服务都可以通过直销银行来实现。作为传统银行拥抱互联网的创新之举,直销银行是银行业迎接利率市场化、加速金融转型的有益尝试。直销银行主要通过互联网渠道提供金融产品和服务,就是没有营业网点,不发放实体银行卡,客户主要通过电脑、电子邮件、手机等远程渠道获取银行产品和服务。电子银行是作为一个"工具"服务于银行的各业务板块,依托实体网点而存在,是实体网点的补充渠道。而直销银行已颠覆银行传统的服务模式,不依赖于实体网点,正朝着独立的模式发展。我们相信,国外直销银行的优势将逐步被各大银行"吸收",用于化解存款搬家和贷款规模萎缩的夹缝,直销银行可以为客户提供更高的存款利率、更优惠的贷款定价。就民生银行而言,"牵手"阿里巴巴开展的直销银行业务似乎是"纯线上"。从开户到业务办理,几乎所有的金融服务都在网上进行。此外,比较有新意的是利用直销银行拓展理财业务。民生银行率先在淘宝网上开直销银行店铺,推出针对淘宝客户的专属理财产品,实现专属理财产品及其他适宜产品的展示和线上销售功能。而北京银行则注重提供线上和线下融合、互通的渠道服务。据北京银行电子银行部总经理施展介绍,北京银行直销银行线上渠道由互联网综合营销平台、网上银行、手机银行等多种电子化服务渠道构成;线下渠道采用全新理念建设便民直销门店,其中

---

① 参见钱箐旎:《商业银行推"宝"动力何来?》,《经济日报》2014年5月21日。

布放 VTM(智能银行机)、ATM、CRS(自动存取款机)、自助缴费终端等各种自助设备,以及网上银行、电话银行等多种自助操作渠道。有的专家认为这种线上线下结合的"直销银行"更符合我国国情。[①] 商业银行争夺线上支付背后,有着拓展投资理财业务、支付融资一体化等深层次的需求。华夏银行副行长黄金老认为,互联网金融主要由四部分组成:支付业务、销售业务如销售金融产品、融资、理财。[②] 通过互联网,银行希望实现资金流、物流、信息流统一,同时为客户提供支付、融资及其他金融服务。有专家认为,互联网金融不仅不会颠覆传统金融,反而会促进传统金融机构转变观念,形成以消费者为中心的服务理念。长期来看,二者是"共荣共生"的关系。2014 年 7 月 22 日,阿里巴巴宣布与中国银行等 7 家银行深度合作,推出基于网商信用的无抵押贷款计划"网商贷"高级版。有专家认为,从另外一方面来讲,互联网金融的影响力被夸大了,因为互联网金融公司不具备银行的很多业务功能。目前看来,互联网金融对传统金融行业的冲击仅局限于渠道方面。还有的专家认为,银行与移动互联网金融合作,有市场、有风险,对待新事物需有新方法;要支持、要规范,完善制度防垄断,力争化解金融发展与服务的夹缝。[③]

地方政府发力互联网化解金融产业夹缝。移动互联网金融近几年百花齐放、生机勃勃;移动互联网金融同时又是良莠不齐、危机重重,夹缝频现。为了化解移动互联网夹缝,不少地方政府想出了不少办法,采取了不少措施,推动移动互联网金融安全发展。例如,上海浦东陆家嘴金融贸易区管委会日前发布《陆家嘴互联网新兴金融产业园暨创新孵化基地配套措施》,力推陆家嘴互联网新兴金融产业园的发展,将重点发展基于互联网及移动通信、大数据、云计算、社交平台、搜索引擎等信息技术的互联网金融、第三方支付、对冲量化、私募基金、财富管理、融资租赁、融资担保、小额贷款等新兴金融企业,以及对上述企业有控制力的金融类投资控股公司,为金融机构提供资讯、评级、评估、征信、咨询等专业服务的机构。此次配套措施支持的企业类型十分广泛,既包括 P2P、第三方支付等互联网金

---

①　参见崔文苑:《"线上"体验带来什么》,《经济日报》2014 年 5 月 12 日。

②　参见郭子源:《银行持续发力互联网金融》,《经济日报》2014 年 9 月 5 日。

③　参见张意轩、蒋波、刘阳春:《互联网"搅局"传统金融业》,《人民日报》2014 年 10 月 23 日。

融企业，又包括私募股权基金、融资租赁等新兴金融机构，几乎涵盖除传统持牌金融机构之外的所有准金融、类金融、新金融形式。在地域范围上，凡是在陆家嘴金融贸易区 31.78 平方公里之内，无论是入驻创新孵化器或是自由选址的上述企业，都将同等享受该优惠政策。陆家嘴管委会将与平安信托、广发证券、中欧基金等合作平台签约共建创新孵化器，第一批入驻企业包括上海网易小额贷款有限公司、上海盛大金融服务有限公司、快钱支付清算信息有限公司等。业内人士认为，该政策是国内迄今为止含金量最高、考虑最为周全的互联网金融扶持办法，囊括了几乎所有基于互联网的金融新业态，不但让这些新兴金融企业享受与银、证、保持牌机构类似的扶持政策，还从拓展空间载体、降低运营成本等多个方面营造良好的综合环境。上海市金融办专家表示，上海有基础有条件成为互联网金融发展的高地，正在考虑选择若干区域建设上海市互联网金融产业基地，从政策扶持、空间载体、孵化培育等全方位营造有利于互联网金融企业创新发展的生态环境，①化解移动互联网金融发展中构成的夹缝。也有移动互联网金融专业人士认为，移动互联网金融大多是民众自愿参与活动的，政府强行参与移动互联网金融活动，结果会怎么样，还需要实践检验。

移动互联网微众银行化解传统银行和网络金融之间的夹缝。2014 年初四大银行对网络各类金融"宝"加以限制，使得马云先生大声疾呼：支付宝，请扛住！支付宝的使用，主要依托银行来完成。而当下的移动互联网"微众银行"，既是银行，又不是传统的银行；既是移动互联网金融，又是独立的银行实体，的确可以化解移动互联网金融和传统银行的夹缝。例如，2015 年 1 月 18 日微众银行开始对外试营业，作为首家民营互联网银行，微众银行"不设立物理柜台和网点，非现场开户"，业务模式上定位于"个存小贷"。在与传统银行业实现互补发展的同时，其在营业时间、物理空间、终端介质、交易模式等方面的新突破将深刻影响银行业的传统格局。进入微众银行官网，首先看到的是"科技、普惠、连接"六个大字。随着屏幕滑动，可以看到微众银行将为用户提供购物、旅行、娱乐等个人消费金融服务。官网还显示，微众银行高管团队包括：董事长为中国平安集团前执行董事兼常务副总经理顾敏，行长为中信银行原副行长曹彤，监事长为原平

---

① 参见李治国：《上海浦东发力互联网新兴金融产业》，《经济日报》2014 年 11 月 4 日。

安银行董秘李南青。微众银行注册资本金 30 亿元,以普惠金融为目标,业务模式上定位于"个存小贷",经营范围包括吸收公众,主要是个人及小微企业存款,针对个人及小微企业发放短期、中期和长期贷款;办理国内外结算以及票据、债券、外汇、银行卡等业务。主要目标客户为工薪阶层、自由职业者、进城务工人员等普通公众,以及符合国家政策导向的小微企业和创业企业。相较传统银行,微众银行最大的区别是"不设立物理柜台和网点,非现场开户"。微众银行主要依托互联网为目标客户群提供服务,通过摄像头加人脸识别系统,与公安部身份数据匹配,解决传统银行业务线下网点亲见亲签的问题。"刷脸"认证的同时,通过社交媒体等大数据分析,即时给用户信用评定,确定贷款额度。近几年,商业银行不断改变传统观念和经营模式,向电商、移动支付等领域拓展,布局互联网金融。一方面,网上银行、手机银行、微信银行等渐渐替代传统柜台渠道;另一方面,银行建设电商平台或者与电商平台合作,销售银行金融产品,并介入个人在线信贷和企业全产业链综合金融服务。银行正在将互联网思维和技术全面融入营销、服务、管理之中,以求化解夹缝。在移动互联网时代,传统银行在以往无法覆盖的领域里也有了更多的个性化服务。互联网金融机构和传统银行业将长期共存、融合发展,而不是相互取代的关系,[1]同时可以化解传统银行和网络金融对民众构成的夹缝。

（2）移动互联网的金融监督夹缝

移动互联网的监管应该说是滞后的,人们希望移动互联网金融能够规范起来,保险起来,让人们放心理财,由此构成了监管的夹缝。

对于移动互联网金融监管认识的夹缝。随着 2014 年底移动互联网金融理财问题的出现,对移动互联网议论一直不断:"全靠包装"有之,"高投入高收入"有之,"忽悠你没商量"有之,"低风险不等于无风险"有之,"想钓大鱼? 换个鱼池吧"有之,"心眼还得留一个"有之,"高收益都是凑出来的"有之,"P2P'保本'存在风险"等,可谓五花八门。大揭移动互联网金融的"机密"[2],由此得出,对移动互联网金融需要监管,构成了监管认识的

---

① 参见杨阳腾、楼蓉:《"刷脸"认证客户定位"个存小贷",微众银行主打差异化竞争》,《经济日报》2015 年 1 月 14 日。

② 参见容维:《当金融遇上了互联网》,《读者》2014 年第 6 期。

夹缝。2014年,移动互联网的热点是O2O,就是从线上到线下(OnlineTo Offline)。"红包大战""全民打车",互联网公司用实际行动让人们真切感受到O2O的威力。因此,也有人把2014年称为"移动支付元年"。而O2O竞争的核心焦点,就是移动支付。所有线上的手机应用,如果不能在线下找到变现出口,落地难度就比较大。有专家分析说,世界上有两件事最难:一是把自己的思想装进别人的脑袋里,二是把别人的钱装进自己的口袋里。于前者,"互联网思维"已经横扫世界;于后者,大概靠的就是"钱包的革命"。手机钱包一旦流行,移动支付变成日常消费习惯,O2O的"闭环"就打通了。从创新角度看,互联网企业一切以"快"为核心。可是在金融支付领域,恰恰要以"稳"为核心,用户对手机钱包,更在乎安全问题。也就是说,用手机代替传统的银行卡和现金,用于支付,必须达到金融级别的安全认证,纳入金融行业通用的监管条例。这些是基本功课,也是互联网金融可持续发展的基础。移动支付行业新兴技术很多,NFC、HCE、二维码、声波、指纹识别等,单谈技术不存在好坏之分,它们都有各自擅长的场景和应用。但任何技术的应用场景都要照顾"两端",商户和用户(简称B端和C端)。手机钱包就是连接两端的基础设备,[1]需要中间的认证和监管;中国人民大学汉青经济与金融学院副院长汤珂认为:"随着互联网金融的发展,金融服务将会越来越生活化。未来每个人都是一个银行,可以通过网贷将钱随时贷出去;或通过余额宝等把钱存过去,而不用太依赖大的金融机构。"一是通过网贷随时把钱贷出去,居民不需要太依赖金融机构;二是借助移动定位为客户送咖啡,互联网金融更需要技术创新;三是互联网金融监管不妨引入审计,不能碰乱集资、吸储和诈骗三条红线。互融宝风控总监孙靖建议投资者,要注重网贷平台借款信息和借款企业的真实性与透明度,以防止资金风险。[2] 陆雨泉在《加强监管对互联网金融无须因噎废食》一文中说,国内连续出现多起P2P互联网金融公司倒闭或卷款逃跑案例,给投资者造成损失,也令部分人对该行业发展产生疑虑。许多人包括一些专家和媒体甚至断言,我国互联网金融由于先天信用不足、监

---

① 参见杜兵:《移动支付更需"基础建设"》,《经济日报》2014年4月23日。

② 参见李冲、徐建华:《专家学者齐聚南京,展望互联网金融与创新——"未来每个人都是一个银行"》,《扬子晚报》2014年10月27日。

管标准缺失等原因，未来发展将十分困难，其实，不用这么担心。行业监管会加强监管，淘汰那些蓄意欺骗或者模式存在漏洞的公司。互联网金融服务模式创新还将日益深化，创新和监管都会与时俱进。^① 对移动互联网金融监管认识可谓五花八门，认识的夹缝也一样多重。

对于移动互联网金融监管建议的夹缝。移动互联网金融管理的建议多种多样，构成了建议的夹缝。夹缝的形式表现为：一是呼唤"大管家"。传统金融理念是羊毛出在羊身上，投资者通过银行申赎基金，基金公司、代销银行分别收取管理费、代销费从中渔利。而余额宝利用网络渠道将千千万万"小散"直接绑在一起，积沙成滩，积水成渊，不用代销费和支付门槛，而采取"羊毛出在猪身上"的互联网经营模式，让投资基金真正飞入寻常百姓家。完成这一切，需要一群具备互联网思维的"大管家"，实现移动互联网金融的监管大家管。^② 二是呼吁对移动互联网金融监管要适度。在守住安全底线的原则基础上，制定互联网金融监管具体措施时，应对风险进行量化评估，分清哪些是系统性风险，哪些不是，提高对"适度监管"界限的把握能力。所有的金融活动都面临风险，关键是要判断非系统性风险的量级究竟有多高，这需要对风险作出量化评价，要有可靠的统计数据和可信的材料作为根据。比如，第三方支付机构数量很多，各家公司的风控能力、风险管理水平必然不同，其风险大小需要有差异化的评估。^③ 三是建议互联网金融要用大数据降风险。互联网金融的科技风险管理成为不容忽视的问题，真正的互联网金融应该通过大数据不断完善信息对称问题，有效控制风险，降低风险。^④ 四是建议学习外国的管理方式。作为一种基于互联网的金融活动，互联网金融最早出现在互联网技术发展较为成熟的美英等国，起初只是一种事实形态。2013 年以来，在大数据、云计算、移动互联、即时通信、社交媒体等技术创新综合驱动下，互联网金融在我国异军突起，迅速渗透到经济社会生活中。美国没有互联网金融的概念，但相关业务产品在 20 世纪 90 年代即开始出现，在产品市场的深度和广度上，只是传统大金融企业的补充。在监管方面，美欧主流做法是将互联网

---

① 参见陆雨泉：《加强监管对互联网金融无须因噎废食》，《经济日报》2014 年 6 月 25 日。

② 参见周琳：《谁在管理余额宝》，《经济日报》2014 年 8 月 1 日。

③ 参见张忱：《互联网金融：走好监管和创新"平衡木"》，《经济日报》2014 年 3 月 26 日。

④ 参见谢平：《互联网金融要用大数据降风险》，《扬子晚报》2014 年 7 月 21 日。

作为工具逐步纳入正规金融体系中,互联网企业做金融受到严格限制,以切实保护消费者权益。① 五是建议给移动互联网金融镀上"法制金身"。社会主义市场经济本质是法治经济,任何经济行为,都需要在法治的轨道上运行,互联网金融也不例外。法治不仅是一种规范,更是一种保障。在前不久的首届世界互联网大会上,一位即将成立的民营银行拟任行长指出,互联网金融作为一种全新的生态,没有一定的基础设施是不可想象的。行业的准入门槛怎么界定,企业的信用评级如何建立,风险监测和预警机制怎样完善,这些都有待于明细的法律条文予以规定。互联网金融还很年轻,生长在法治土壤之中,才能让它的筋脉长得更加强壮。② 这些建议,从建议的层面看,都是正确的,但却对移动互联网金融的管理者构成了夹缝。

(3)比特币的夹缝

我们在前面曾经初步分析过比特币夹缝,感受过比特币的神秘和独特。现在我们重提比特币,是为了分析比特币在移动互联网金融之中构成的夹缝。

比特币认识的夹缝。比特币(Bit Coin)是一种虚拟货币。2008年爆发全球金融危机时,有人用"中本聪"的化名发表了一篇论文,描述了比特币的模式。这是一种计算机算法,可以用来模拟现实中的"掘金"过程,如果你完成了这个算法所设定的任务,就能获得一定数量的比特币(就如同在19世纪淘金热中,你挖出了金子,这金子就归你了),这种算法最终只会创造2100万枚比特币。③ 比特币是一种P2P形式的数字货币。点对点的传输意味着一个去中心化的支付系统。与大多数货币不同,比特币不依靠特定货币机构发行,它依据特定算法,通过大量的计算产生,整个P2P网络中众多节点构成的分布式数据库确认并记录其所有的交易行为,并使用密码学的设计来确保货币流通各个环节安全性。P2P的去中心化特性与算法本身可以确保无法通过大量制造比特币来人为操控币值。基于密码学的设计可以使比特币只能被真实的拥有者转移或支付。这同样确保了货币所有权与流通交易的匿名性。比特币与其他虚拟货币最大的不同是

---

① 参见黄震:《互联网金融,西方国家怎么管?》,《人民日报》2014年4月17日。
② 参见陈凌:《给互联网金融镀上法治金身》,《人民日报》2014年11月28日。
③ 参见李振生、贡晓旭、周天立编著:《玩赚比特币》第7页,人民邮电出版社2014年版。

其总数量非常有限,具有极强的稀缺性。比特币可以用来兑现,可以兑换成大多数国家的货币。使用者可以用比特币购买一些虚拟物品,比如网络游戏当中的衣服、帽子、装备等,只要有人接受,也可以使用比特币购买现实生活当中的物品。对于比特币的认识,很有意思。早先,分析家总集中在比特币是不是骗局方面。而现如今的分析总是集中在比特币能否成为未来的主流货币方面,其中争论的焦点又往往集中在比特币的通缩特性上。不少比特币玩家是被比特币的不能随意增发所吸引的。和比特币玩家的态度截然相反,经济学家们对比特币2100万固定总量的态度两极分化。① 这种两极分化的态度,构成了人们对比特币认识的夹缝。

比特币投资的夹缝。比特币这个虚拟的货币,到底能不能投资,怎么投资,投资后能够赚钱吗? 赚的钱合法吗等相关问题,一直对人们构成夹缝。投资比特币是一场前所未有的货币实验,无疑存在极大风险。有专家建议,如果你具备极强的风险承受能力并有一定的闲钱,不妨参与一下。比特币经济圈的形成不是一帆风顺的,比特币就像坐上了"过山车",经历了暴涨和暴跌。通常,比特币的暴跌和黑客攻击、交易所问题、自身程序及政府监管有关。不过,很多新产品在早期价格都会剧烈波动,比如说汽油。从某种角度看,比特币就像一个新生儿,一会儿大哭、一会儿大笑。当然,我们谁都不会因为婴儿情绪波动极大,就把"孩子和洗澡水一起泼掉"。看来,投资比特币至少需要两个条件:一是具有承担风险的心理,二是有一定的闲钱。② 其实,这两个条件就是夹缝构成的条件。面对比特币大起大落的市场,投入还是不投入,都是夹缝中的一个难题。近来,比特币似乎见到了光明,纽约州政府的财务部门曾经给比特币创业公司指了两条明路:要么合法化、要么出局,现在,Coinbase终于让比特币交易在美国的25个州合法化了。③ 媒体报道称,Coinbase公司的交易所将在已获得监管机构批准的20多个州对个人和机构投资者开放,前两个月免费开放,之后将对每笔交易收取0.25%的佣金。Coinbase公司之前已经在对用户提供一项类似服务,允许个人购买、出售和存储比特币。该公司还提供支付处理服

① 参见百度百科:《比特币》2015 Ba.du 百度百科合作平台。
② 参见林小驰:《一个投资者眼中的比特币》,《人民日报》2014年3月20日。
③ 参见爱范儿:《比特币交易终于合法化了》,新浪广东,Copyright,1996—2015 SINA Corporation,AllRightsReserved。

务,使商家可以从消费者那里接受比特币作为支付货币。Coinbase 公司表示,交易所将提高个人和机构交易比特币安全性,实时监控比特币价格,并且公司拥有保险,为交易者资金提供保障。Winklevosstwins 等其他一些比特币服务商也计划在美国运营合法的比特币交易所。Coinbase 公司已在19 个海外市场开展业务。Coinbase 公司的首席执行官布莱恩·阿姆斯特朗表示希望加快在新兴市场挖掘比特币发展潜力,计划在 2015 年底将业务推广到至少 30 个国家。① 比特币业务推得越广,夹缝涉及的范围就越大。

比特币监管的夹缝。看到美国对待比特币的态度,可以理解我国的移动互联网金融与美国移动互联网金融管理还是具有很大区别的,这些区别,使一部分人不理解,构成了关于比特币监管的夹缝。例如,有的学者发出比特币"为何中国严格监管"? 比特币在中国很难再继续线上交易,未来要想用人民币购买比特币,只能利用非交易平台的线下手段私下交易。对比玩家和平台来说,关闭金融服务接口进一步收窄了比特币在中国市场的生存空间,国内比特币交易平台火币网公布了暂停银行卡充值业务的公告,这传达出明确的政策信号——未来的中国金融市场将彻底与比特币交易划清界限。美国、德国、挪威、英国、日本、新加坡在内的 6 个国家表示要对比特币交易征税,其中德国联邦金融监管局制定和执行了细致的税收规则,把提供比特币交易服务的机构整体纳入监管,在此环境下,中国全面停止对比特币提供金融服务会不会显得过于严格? 我国过于严格的原因还是由于忌惮比特币的投机风险。② 怕风险就应该关闭金融服务接口吗? 这样做的确使我国比特币玩家处在夹缝中。

四、移动互联网经济管理与扶持夹缝

移动互联网经济的发展,需要管理,也需要扶持。由于移动互联网经济的网络性和独特性,往往容易形成管理与扶持的夹缝。

---

① 参见王婧:《美首个合法比特币交易所将运营》,《经济参考报》2015 年 1 月 27 日。
② 参见李景:《比特币遭遇最严监管》,《经济日报》2014 年 4 月 16 日。

1.移动互联网经济的管理化解夹缝

经济管理是指经济管理者为实现预定目标,对社会经济活动或生产经营活动所进行的计划、组织、指挥、协调和监督等活动。简言之,经济管理就是经济管理者对经济活动的管理。移动互联网经济是经济管理内容的重要部分,虽都属于经济,性质相似,而形式却大不相同,规范起来非常容易构成夹缝。

(1)管理者自身管理的夹缝

移动互联网经济管理者自身管理指管理者自身的规范和对受管理者规范。移动互联网经济规范的内容很多,夹缝构成的机会也很多。

管理者强化自身化解管理过程构成的夹缝。我国是一个网络大国,随着互联网技术的广泛应用以及互联网产业与各行各业的融合,移动互联网将有望成为我国经济发展的新催化剂。创新是互联网行业的主旋律,包括技术创新、商业模式创新以及组织管理创新等,主要表现制造业的服务化;互联网企业走向软硬件一体化;影视网站 IM(即时交流)化;电商服务显现 O2O(线上与线下结合)化;金融服务互联网化;企业创新思维的开放化;电信业务被 OTT 化(Over The Top,原意是"足球场上过顶传球",引申意为突破受制于运营商的被动局面,取得有利于自身发展的主动地位),在传统通信中,运营商主导了内容提供商和终端提供商组成的产业,在移动互联网中,内容提供商将内容、应用平台和门户网站等整合到产业链中并反客为主,运营商被管道化或称为 OTT 化;商业模式注重后向化等模式,这些新模式,需要管理者从宏观层面进行管理。专家认为管理要抢占信息技术领域的制高点,从国家战略高度认识网络安全,发挥政府在引导市场配置资源中的作用[1]等。还有的学者认为,管理者要看到,互联网大国不等于互联网强国,不要因为开了一个世界互联网大会,就认为自己已经是互联网强国了。这个时候尤需冷静客观地分析自己。在全球体系中,互联网治理是各种不同原则博弈的结果。我们特别要搞清楚,互联网长期稳定有序发展的表征是什么,与之匹配的网络治理模式是什么,"互联互通、共治共享",共享是基础,共治为了共享,但实践起来并不容易。我们现在政策最

---

① 参见邬贺铨:《互联网时代的强国战略》,《求是》2014 年 5 月 16 日。

大的难点是在产业政策上。互联网产业与其他产业是相辅相成的,现在繁荣的阿里巴巴、腾讯等公司,实际上都是上游产业,不是实体性东西,更多是应用和商业模式。而商业模式的成功,和物流体系、道路交通体系建成是密切相关的。比如淘宝为什么能成功?这和我们交通道路体系建设有关,比如南美搞淘宝,未必搞得出来。我们下一步要做什么,要扩展自己的产业广度,发展出适合自己的一套互联网产业,比如微信能否搞成一套手机操作系统……这都是需要认真考虑的。① 管理规范移动互联网企业发展的具体方向,才能化解管理夹缝。还有的专家认为,移动互联网经济管理必须加强顶层设计,我国中央网络安全和信息化领导小组的成立,标志着维护网络安全已经成为我国的一项国家战略。这也显示出,以国家意志加强网络空间治理的顶层设计已成为一项重要任务。如果按照"三个世界"理论来描述,在网络空间方面可以分为三类国家:一是网络霸权国家。美国依靠互联网域名管理及技术上的优势,成为网络空间唯一的超级霸权国家。二是网络独立国家。如德、英、法、日、韩等国。这些国家尽管受到网络霸权国家的影响,但已经具备网络国防意识,或制定了国家网络安全战略和规划,或正筹备建立独立的国内网。如德国在 2013 年 10 月提出建立"零监控"的国内通信网;伊朗政府在被"震网"病毒攻击后,宣布建立国域网。三是网络空间租客国家。包括我国在内的大部分国家,受制于发展现状及网络信息技术瓶颈,在网络空间上受制于网络霸权国家。网络空间作为国家综合实力的体现,必须以国家意志来加强顶层设计。目前,网络信息技术的发展已经超出物理范畴,渗透进经济、政治、文化、社会、军事等各个领域,工业化融入信息化、信息化推动现代化已经成为当前全球发展的图景,网络空间与现实空间前所未有地交融在一起。交通、电力、科研、金融、教育、商务、社会保障、公共治安以及政府管理和社会服务等都越来越依赖网络。网络信息系统已经成为国家关键基础设施和整个社会体系的神经中枢。我国在网络空间治理上与西方大国相比还存在较大差距,必须以国家意志来加强顶层设计。② 三个世界的网络发展状态,时常互为夹缝条件,容易构成管理的夹缝。虽然不同的国家,网络发展处在不同的层

---

① 参见孔令君:《不要认为已经是互联网强国了》,《解放日报》2014 年 11 月 24 日。
② 参见谢新洲:《网络空间治理须加强顶层设计》,《人民日报》2014 年 6 月 5 日。

次,但是,依法管网已经迫在眉睫。欧洲法院 2014 年 5 月 13 日裁定,普通公民的个人隐私拥有"被遗忘权",并据此要求国际网络搜索引擎巨头谷歌必须按照当事人要求删除涉及个人隐私的数据。由于谷歌等公司依靠收集、分析、储存信息数据进行盈利,无怪乎,谷歌回应,对这一裁决感到"失望"。欧盟早在 1995 年就在相关数据保护法律中提出了"被遗忘权"概念,任何公民可以在其个人数据不再需要时提出删除要求。欧盟委员会从 2012 年开始建议制定关于"网上被遗忘权利"的法律,提议包括要求搜索引擎修改结果,以符合欧盟保护个人信息的方针。[①] 1980 年 9 月经合组织就制定了保护隐私与个人数据跨国界流动的准则。1995 年 10 月,欧洲议会和欧盟颁布《关于涉及个人数据处理的个人保护以及此类数据自由流动的指令》。欧盟还通过了经修订后的数据保护法。欧洲法院针对谷歌的裁决结果将适用于所有欧盟成员国,势必将对包括谷歌、脸谱等美国网络企业运营产生冲击,可能导致其市场估值下跌,因为这些网络巨头的一大优势就是坐拥全球数十亿用户。这一裁决表明,在网络自由与隐私保护两者之间的长期争论僵局中,欧盟法院偏向了后者。这也是斯诺登事件在欧洲产生的效应之一。在大数据时代,保护个人信息数据和隐私权是一个日趋紧迫的课题,应健全和完善相关法律法规,加强监督投诉,严格执法,提高个人信息数据的自我保护意识。1980 年 9 月经合组织就制定了保护隐私与个人数据跨国界流动的准则。1995 年 10 月,欧洲议会和欧盟颁布《关于涉及个人数据处理的个人保护以及此类数据自由流动的指令》。2014 年 10 月,欧盟还通过了经修订后的数据保护法。[②] 这些方面的强化,不是全面的,还需要在网络实践中逐步加强,以求更快更好地化解管理者自身管理的夹缝。

网络问政化解执政服务经济的夹缝。2014 年 11 月 18 日,《人民日报》客户端"政务发布厅"正式上线。最高人民法院、最高人民检察院、上海市人民政府、湖北省人民政府等数十家党政机构首批入驻,而更多的政府机构也已确认入驻。通过这一平台,政务信息发布与网络问政功能紧密

---

① 参见刘栋、陈丽丹:《欧洲法院裁定,谷歌必须依照要求移除相关个人隐私数据,国际互联网巨头运营规则受冲击》,《人民日报》2014 年 5 月 15 日。
② 参见俞晓秋:《欧洲法院裁定,谷歌必须依照要求移除相关个人隐私数据,国际互联网巨头运营规则受冲击——点评》,《人民日报》2014 年 5 月 15 日。

衔接,网友既可以第一时间了解政策动态和重大事件,又可以直接同地方领导互动。微博、微信、客户端,移动政务发布正加速融入百姓生活,以"滴灌"方式直达社会治理的神经末梢。10多年来,我国着力建设政府网站,打造政务公开网上平台。"县级以上政府部门主要业务基本实现电子政务覆盖"的目标明确写入"十二五"规划。新浪微博已有超过12万个政务账号。其中,337个政务微博粉丝超过百万。而在微信上,政务微信公众号呈"井喷"趋势。腾讯方面的数据显示,2014年下半年,每月都有数量上千的政务微信公众号开通,目前总数已过万。此外,越来越多的政府机构选择入驻新闻客户端,或自主开发独立客户端,有专家将2014年称作"政务客户端元年"。2014年11月20日,《上海市消费者权益保护条例》修改方案最终落定,同日,"上海发布"在《人民日报》客户端政务发布厅、微博、微信等多个平台发布了对条例的图文解读,回答了包括"哪些商品可以七日退货""退货商品需保持'完好'是什么意思""受到欺诈该如何获赔"等网友关心的问题。① 我们以经济建设为中心,利用网络平台,更好为民众服务,可以化解许多网络经济夹缝。

　　敢于担当责任化解管理不到位夹缝。移动互联网管理到位的确非常困难,哪些需要规范,哪些需要支持,哪些需要禁止等容易构成责任管理夹缝,当事人时常怨声载道,旁观者认识也不一致,夹缝出现多重性。国家互联网信息办公室2015年1月21日宣布,国家网信办、工业和信息化部、公安部、国家新闻出版广电总局联合启动"网络敲诈和有偿删帖"专项整治工作,力争用半年左右时间,着力解决这一损害群众利益、群众反映强烈的突出问题,努力使网络空间全面清朗起来。据国家网信办介绍,网络敲诈,主要是指以在互联网上发布、删除等方式处理负面信息为由,威胁、要挟他人,索取公私财物的行为;有偿删帖,主要是指违反国家规定,收受他人财物,为他人删除、下沉、稀释网上信息的行为。网络敲诈和有偿删帖具体表现为"四大乱象":一是合法网站乱象丛生,以所谓批评报道为由索取宣传费、赞助费,这种情况在地方尤为严重;二是非法网站私自以民间反腐、舆论监督等为由,对地方党政机关、企业、个人进行敲诈;三是非法网络公关

---

① 参见王威:《"政务发布厅"将政务信息发布与网络问政功能紧密衔接移动政务加速融入百姓生活》《人民日报》2014年11月27日。

蔓延成风,以有偿删帖、非法经营为主,蓄意炒作新闻稿件,迫使企业进行有偿删帖;四是工作人员监守自盗。网络敲诈和有偿删帖的危害可以用"五宗罪"概括:严重违反国家法律法规,严重侵害群众合法权益,严重破坏网络传播秩序,严重损害网络管理部门和网络媒体形象,严重扰乱社会主义市场经济秩序。[①] 国家网信办2015年1月26日公布"网络敲诈和有偿删帖"十大典型案例,包括涉网络敲诈勒索案件4起,涉有偿删帖案件6起。上海21世纪网涉敲诈勒索案;江苏昆山周禄宝网络敲诈勒索案;江苏徐州社会焦点网、今日焦点网等网站系列敲诈勒索案;湖南衡阳格祺伟网络敲诈勒索案;江苏南京"黑客"有偿删帖案;广东深圳腾讯网编辑有偿删帖案;北京杨秀宇有偿删帖案;北京口碑互动营销策划有限公司有偿删帖案;中央外宣办原副局长高剑云案;海南海口魏壹宁有偿删帖案等[②]。国家相关部门这么做,敢于担当责任,意在化解网络敲诈和有偿删帖的夹缝,受到网民的欢迎。

(2)维护网民权益化解网络夹缝

网民权益应该受到保护,如果保护得好,可以化解许多网络经济的夹缝。

千方百计保障网民权益化解网络侵权的夹缝。报告调查数据显示,2014年我国网民因各类侵权遭受的损失合计达1434亿元。目前,我国网民权益遭受侵害的情况十分严峻。网民权益保障的现状与网民的普遍预期还有一定差距,损害网民权益的现象短期内难以彻底清除。网购、网络搜索、社交软件、游戏、在线旅游网站等成"重灾区"。侵害网民权益的行为在生活中正时时发生,小到被迫接收垃圾短信,大到网络诈骗。其中,网购令网民权益损失最严重,网民遭受损失的范围广,平均损失规模大,曾在网购中遭受损失的网民比例高达65.3%,平均经济损失为176.2元;68.6%的旅游网站用户遭遇过时间损失,大约有一半的旅游网站用户遭遇过经济损失。在100张来自旅游网站的机票中,就有6张可能是假机票。在网络或手机游戏里遭受经济损失的用户达五成,平均损失为174.5元。

---

① 参见李先昭:《出重拳,让网络空间全面清朗起来》,《新华日报》2015年1月22日。

② 参见张洋:《国家网信办公布"网络敲诈和有偿删帖"十大典型案例》,《人民日报》2015年1月27日。

个人信息泄露也是网民权益遭受侵害的重要领域。有91%的网民认为其身份证和手机号曾经通过网络被公开过;超过80%的网民承认自己家庭住址、姓名和银行卡号遭到网络泄露;超过50%以上的网民,确认学历、医疗、体检记录、个人社会关系、工作单位、婚姻状况和地理位置等主要信息遭到泄露。法律保障、维权渠道尚不完善,目前的法律法规还没有专门设定"网民权益"的概念。一方面,互联网技术自身的特性,导致治理困难;另一方面,我国关于网络权益保护方面的法律法规和相关政策的不完善,也影响了网民权益的保护措施出台。建立网络黑名单记录,共享网络信用体系,让在网上从事非法活动的失信者一处失信处处受限。只有将那些损害网民权益的人曝光处罚,才能真正保护网民权益。保护网民权益,除了政府和企业的努力,网民自身的维权和防范意识是真正推动网民权益维护发展的根本力量。因此,开展大量的网民权益保护宣传教育必不可少。[①]另外,网络视频的广告同样对网民构成夹缝,想看两分钟视频,不得不"忍受"45秒广告;如果不慎点进贴片广告链接,那么就得重看一遍广告……移动互联让视频应用日渐普及,但不断"臃肿"的视频贴片广告让用户不堪其扰。如何制作"既少又好"的广告,如何兼顾消费者的体验,这样才能化解网民忍受广告夹缝。[②] 如果政府、企业和消费者都行动起来,就一定能够保障网民的权益,化解网民的网络夹缝。

千方百计保障网民权益,化解网络传销夹缝。2014年,发生在深圳的网络传销案,为网民敲响了警钟。一家网络理财网站的宣传材料讲投资回报率达到32倍,全年收入可达1470万元……一起覆盖全国15个省份,交易金额高达20多亿元的特大网络金融传销案,被骗人数达到13.9万人。深圳市公安局经济犯罪侦查局介绍,从2013年5月起,一个犯罪团伙在网上利用"MSA控股集团"网站进行宣传,以出售虚拟游戏豆为名,通过"一进一出""两倍出局"等静态奖制度来吸引参与者投入资金并成为会员。同时,该团伙以直推奖、组织奖、管理奖和信任奖等形式引诱会员发展下线,大肆进行传销活动诈骗钱财。参与者的回报分为静态和动态两种。静

---

① 参见魏薇、贺琰:《据近日发布的〈中国网民权益保护调查报告(2014)〉透露,最近一年网民因侵权损失1434亿元——谁动了网民的权益》,《人民日报》2014年9月4日。
② 参见姚友明、吴昊:《看2分钟视频不得不"忍受"45秒广告视频商家岂能竭泽而渔》,新华网2014年11月10日。http://www.cq.xinhuanet.com/2014-11/10/c_1113179816.htm.

态收益方面,参与者只要投资 7000 元人民币,6 个月后可提现 22.4 万元,投资回报率为 32 倍。如果正常循环,以后每个月都可以提现 22.4 万元。动态收益方面,包括直推奖、组织奖、管理奖和信任奖。比如,投资 7000 元人民币成为二星会员,每周向下发展一代,到第七周可以实现组织奖的日封顶 5600 元,全年的动态收入可达 290 万元。如果投资 3.5 万元人民币成为三星会员,每周向下发展一代,到第七周可以实现组织奖的日封顶 2.8 万元,全年的动态收入可达 1470 万元。传销犯罪的发展主要表现出两种趋势。一是从传统意义上的拉人头、限制人身自由的传销向网络传销发展。传销活动中的"缴纳入门费""发展下线""形成层级关系""分配返利"等行为全部由互联网系统自动完成,较之以往,更加精确,更加便于管理,而且不再需要经常性的培训和聚会,满足了传销活动掩人耳目的要求。二是从实物传销向金融传销转变。过去曾经成为传销工具的"摇摆机""保健床垫"等已经不再具有吸引力,各种打着"理财产品"旗号的传销不断滋生,所谓的"资金盘""分红盘""拆分盘"等传销活动充斥在部分 QQ群、论坛、博客空间。[1] 例如,随着互联网的普及,传销不法分子将传统传销手段改头换面,借助虚拟网络继续编造传销骗局,使传销不再受时空的限制,也使谎言更加逼真。山东省公安、工商机关接连破获了多起传销大要案件,随即公布了传销十大典型案件,这些传销分子借助网络,以为会员提供"电子商务平台"为幌子,在无任何产品和实际经营的情况下,采用交费入会的方式发展会员,以高额返利为诱饵,以"拉人头"的方式引诱、鼓动会员继续发展下线参与传销活动,从中牟取巨额非法利益,涉及 26 个省份,涉及 1.4 万余人,涉案金额 1400 余万元。[2] 再例如,有人发出了"微营销"还是"微传销"的感叹。许多微信用户"吐槽"说,"最近一段时间里,点开微信朋友圈,微信满屏都是卖东西的内容"。同时,关于微信朋友圈创业的美丽传说也开始流传——坐在家里发发微信,就能月入上万元。又有人问:朋友圈成了生意圈?微信朋友圈怎么跟传销宾子似的?腾讯公司已通过一些技术手段对微商进行监管,封杀了部分存在问题的微商,但如今

---

① 参见吕绍刚、张娜:《声称投资七千、回报 32 倍,发展下线、日赚两万八千网络传销,披上理财外衣》,《人民日报》2014 年 7 月 31 日。

② 参见潘俊强:《小心网络传销黑手伸向你的钱包》,《人民日报》2014 年 11 月 26 日。

微信在全球已发展到 4 亿用户,不管如何监管,都很难做到"天衣无缝"。①
话虽然这么说,但是,管好微信,以求从源头上化解"微传销"的夹缝。

千方百计保障网民权益,化解网络欺诈夹缝。网络欺诈的方式很多,
从骗卖信息到骗卖实物,五花八门,对于网购爱好者来说,真是防不胜防。
例如,非法收集个人信息出售。徐某本是一名大学毕业生,偶然接触了非
法售卖私人信息,在几个月的时间里,他先后出售了几百万条个人信息。
出售这些个人信息时,徐某会在网上发帖子并留下 QQ 号招揽"生意"。有
人需要的时候会通过 QQ 号和他们联系,按照购买者需求的不同,徐某会
将个人信息进行分类。他们还将个人信息的价格分成几个不同的等级,从
几块钱一条到几分钱一条不等。对于一些购买者所需要的重要客户,一条
个人信息能够卖到几块钱,而普通的信息用户则是每条卖到几分钱。购买
者中,有的是房地产销售,有的是投资管理,有的是教育培训机构,而他们
购买个人信息所花费的价钱也不尽相同。② 这些个人信息一旦到了投机
者手中,则会对泄露信息的个人构成夹缝。又例如,网上禁售品的销售,给
不少消费者和某些单位构成夹缝。禁止交易香烟就销售"烟标"(在网上,
很多时候只是香烟的代名词),禁止销售"烟标"就卖"烟灰缸";禁止销售
请假条,"跑腿儿""代办"服务能帮你搞定……电商平台上,电商的管理团
队和禁售商品卖家之间的"斗争",就像是"道高一尺"与"魔高一丈"的较
量。禁售商品销售屡禁不绝,除了烟以外,网上还能买到"报复出气"用
品。报复出气、报复仇人、报复软件等商品、服务众多。有发骚扰短信、代
打骚扰电话、邮寄恐怖物品三种措施。一家网店在页面上打出"伸张正义
提倡正能量"的标语,称可以报复、反骚扰等,卖家表示,可以邮寄蛇、蝎
子、蟑螂等给指定的人,其中蛇有 20 厘米长,价格为 80 元,系家庭饲养,不
会有毒。专家建议:线上线下联动,对买家也应加以打击。还有人建议:要
把违禁品,败坏公序良俗的、危害公众安全的物品清除出电商网站,应由工
信部、商务部、公安机关、第三方交易平台开展联合行动。应该鼓励广大消

---

① 参见吴晋娜:《微信朋友圈创业:"微营销"还是"微传销"》,《光明日报》2014 年 10 月 22 日。
② 参见伏欢、范丽君、陈咏:《大学毕业生卖了数百万条个人信息》,《扬子晚报》2014 年 12 月
30 日。

费者举报违法违规交易,由有关部门给予物质和精神奖励,[1]以求化解夹缝。再例如,假劣药流通的夹缝。在近几年,未取得合法资质,非法制销药品的行为较为突出;利用互联网、快递等现代物流手段销售假药,对消费者和管理者都构成了夹缝,必须想方设法化解。[2] 另外,2014 年"双十一"期间网购诈骗构成了劣性网购夹缝,需要认真对待。网购诈骗受骗人群年龄分布为 90 后 45.8%、80 后 39.8%、70 后 8.5%、60 后 3.4%、其他 2.5%。针对"双十一"期间的网络安全状况,360 互联网安全中心发布《2014 年"双十一"中国网购安全专题报告》,报告显示,"双十一"购物狂欢季落幕,江苏成钓鱼网站重灾区;90 后网购者被骗的最多;相比女网友,男网友更容易受骗。江苏遭密集钓鱼攻击,全国拦截 1.97 亿次,相当于平时日均拦截量的 2.05 倍。而江苏、浙江、福建、广东等沿海经济发达地区也是钓鱼网站攻击密集的地区,显示攻击的红点几乎密密麻麻列满了地图,而相对来说中西部地区遭受的攻击较少。"双十一"当天,广东用户遭到钓鱼网站攻击的次数最多,高达 2896 万次,而广东同时也是当天网购交易额最高的地区。另据监测,"双十一"期间共截获新增假冒淘宝的钓鱼网站 3288个,占全天新增钓鱼网站总数的 53.9%。360 专家告诉记者,从钓鱼网站内容的分析来看,出现的假冒淘宝网站主要集中为两种类型,一类是以"淘宝异常订单处理中心"为代表的专门用于退款欺诈的钓鱼网站,另一类是以假冒二手淘宝为代表的虚假二手交易平台。江苏网购被骗者南京苏州最多。根据受害用户报案情况看,年龄最小的为 12 岁,年龄最大的为 59 岁。男性占比高达 72.8%,女性比例为 27.2%,男性网民在"双十一"的人均被骗损失为 1922 元,女性网民的人均被骗损失为 1183 元。这表明尽管"双十一"期间有大量女性参与抢购,但女性网民在此期间更倾向于选择自己习惯的或者相对安全的消费环境。[3] 化解这类夹缝需要网商、消费者和网络管理者共同配合。

---

　　① 参见张意轩、程晨、胡雅婷:《请假条、骚扰短信发送软件、活蛇蝎……网上禁售品缘何难绝迹》,《人民日报》2014 年 6 月 18 日。

　　② 参见庄庆鸿:《"网购、快递"成为假劣药流通大道》,《中国青年报》2014 年 11 月 19 日。

　　③ 参见徐晓风:《"双十一"网购诈骗上当的七成是男性》,《扬子晚报》2014 年 11 月 14 日。

2. 扶持移动互联网经济化解其夹缝

扶持移动互联网经济可以从法律、制度、规范、引导、示范等层面进行，在扶持移动互联网经济中可以化解许多网络经济夹缝。

（1）利用法律与科技扶持化解移动互联网经济夹缝

利用法律可以规范移动互联网经济，化解各类违法的夹缝；利用科技，可以化解移动互联网经济发展中的技术夹缝，从而推动移动互联网经济健康发展。

落实《侵害消费者权益行为处罚办法》化解网购夹缝。2015 年 1 月 5 日，国家工商行政管理总局令第 73 号公布《侵害消费者权益行为处罚办法》（以下简称《办法》）。该《办法》共 22 条，由国家工商行政管理总局负责解释，自 2015 年 3 月 15 日起施行。《侵害消费者权益行为处罚办法》中明确，网购七天无理由退货是保护消费者的基本权益，故意拒绝或拖延退货的商家最高可处 50 万元的处罚，该处罚办法在 2015 年 3 月 15 日正式实施。消费者网购后可把与商家的聊天记录通过截图等方式保留下来，一旦遭遇非法拒退的情况，就可以通过掌握的"证据"维权。根据新《消法》中的新亮点，《办法》在防止商家耍赖方面作了不少探索。新《消法》针对网络购物这种新的消费形式，新增"七日无理由退货"制度。但执行数月来，效果并不尽如人意，其中一个重要原因是商家耍赖。根据新《消法》，经营者采用网络、电视、电话、邮购等方式销售商品，消费者有权自收到商品之日起七日内退货，且无须说明理由。然而，由于社会各界对新《消法》七日无理由退货规定的适用范围和具体执行标准存在不同理解，消费者和经营者之间常常产生争议，成为消费投诉热点。据电商平台较为集中的北京、上海、南京、杭州、广州 12315 中心受理网络购物诉求情况分析，2015 年 3 月 15 日以来，五市共受理消费者网络购物诉求 2.7 万件，涉及"七日无理由退货"投诉占与新《消法》相关投诉总量的 53.69% 。而《办法》则明确了可视为"故意拖延或者无理拒绝"的情形：对于适用无理由退货商品，经营者自收到消费者退货要求之日起未办理退货手续超过七日的；未经消费者确认，经营者以自行规定该商品不适用无理由退货为由，拒绝退货超过七日的；消费者退回商品完好，经营者以消费者已拆封、查验为由，拒绝退货超过七日的；经营者自收到退回商品之日起无正当理由未返还消费者支付的商品价款超过七日的,以上 4 种情形也可以按照消法"第 56 条"执行处罚。《办法》同时还规定,工商部门依据本办法对经营者予以行政处罚的,应当记入经营者的信用档案,并向社会公示。这也意味着,网商无理由拒绝退货的,将被列入信用黑名单。① 如果真正落实了《消法》和《办法》,将会化解许多网购的夹缝。

　　法院依法办案化解移动互联网经济不规则的夹缝。法律支持主要在于法院办案时候的支持。我国是一个人情社会,法院的支持非常重要。例如,奇虎公司诉腾讯公司垄断纠纷上诉案,就是执法者依法化解经济不规则的夹缝的案例。2014 年 10 月 16 日,最高人民法院对奇虎公司诉腾讯公司垄断纠纷上诉案以"全媒体"现场直播的形式进行了公开宣判。该案审判长、最高法知识产权庭副庭长针对案件的多个争议焦点阐述了最高法的意见,并宣布驳回奇虎公司的全部上诉请求,维持一审法院判决。奇虎公司诉腾讯公司垄断纠纷上诉案缘由奇虎公司诉至广东省高级人民法院,指控腾讯公司滥用其在即时通信软件及服务相关市场的市场支配地位。奇虎公司诉称,2010 年 11 月 3 日,腾讯公司宣布拒绝向安装有 360 软件的用户提供相关的软件服务,强制用户在腾讯 QQ 和奇虎 360 之间"二选一",导致大量用户删除了奇虎公司相关软件。此外,腾讯公司还将 QQ 软件管家与即时通信软件相捆绑,以升级 QQ 软件管家的名义安装 QQ 医生。奇虎公司主张,腾讯公司的上述行为构成反垄断法所禁止的限制交易和捆绑销售。此案系最高人民法院审理的第一起垄断案件,也是"3Q 大战"中最引人注目的案件之一,受到国内外广泛关注。在本案长达 7.4 万字的判决书中,最高法院详细阐述了互联网领域反垄断法意义上相关市场界定标准、市场支配地位认定标准以及滥用市场支配地位行为的分析原则与方法等一系列具有重要意义的法律问题,明确了反垄断法律适用的多个重要裁判标准。奇虎公司对最终的结果表示遗憾,但尊重法院终审判决。作为国内反垄断法在互联网领域的第一个典型案例,奇虎 360 诉腾讯滥用市场支配地位一案本身引发了行业、用户和法律界各方的关注,本身就促进了中国互联网企业创新生态的营造,也推动了中国市场经济的开放与竞争。判决清晰阐述了互联网行业的特性,对引导、规范互联网行业有序竞争具有

---

　　① 　参见杭春燕:《网商耍赖不退货请进黑名单》,《新华日报》2014 年 9 月 10 日。

里程碑意义。① 很欣慰"3Q 大战"在法律的轨道上获得解决,从而化解了"大战"的夹缝,使许多网络公司有了申请执法的依据。

规划工业互联网发展路线图化解产业结构调整的夹缝。我国工业增速已经从两位数回落到个位数。2010 年至 2014 年,我国规模以上工业增加值增速分别为 15.7%、13.9%、10%、9.7% 和 8.3%。我国产业结构调整步伐加快,调整存量突出体现在压缩过剩产能上,截至 2014 年 11 月底,我国已淘汰炼钢产能 2790 万吨、水泥 6900 万吨、平板玻璃(909, - 3.00,- 0.33%)3760 万重量箱,提前一年完成了"十二五"时期淘汰任务。在做优增量方面,今年我国建立了首台(套)重大技术装备保险补偿机制,出台了加快新能源汽车推广应用的一系列政策措施。1 至 11 月,高技术制造业增加值同比增长 12.2%,新能源汽车生产 5.67 万辆,同比增长 5 倍。2014 年,移动互联网、电子商务等信息消费迅速发展,新型智能终端、节能高效家电等成为热点产品。工信部预计,2014 年信息消费规模达到 2.8万亿元,同比增长 25%;电子商务交易额超过 12 万亿元,同比增长 20%;电信业、软件和信息技术服务业、互联网行业收入分别增长 4%、20% 和50%。2015 年将加快建设宽带网络基础设施,4G 用户力争突破 2.5 亿,并在条件成熟时研究发放 LTEFDD 牌照。目前,我国 11 家互联网企业进入全球市值排名前 30 名。生活互联网发展很活跃,下一步要大力发展工业互联网。2015 年将研究出台互联网与工业融合创新指导意见,绘制工业互联网发展路线图。具体包括继续实施物联网发展专项行动计划,在食品、药品等领域开展试点示范,培育智能检测、全产业链追溯等工业互联网新模式。② 研究制定鼓励车联网发展的政策措施等,逐步化解产业结构调整中构成的夹缝。

用移动互联网化解科技成果转化的夹缝。中科网董事长张立福创办的中科网——一家已有 2700 多名科技工作者和 1.2 万多家企业入驻的网站,正在进行着一场科技成果和市场"无缝对接"的实验。入驻的任何一家企业如果碰到产品转型升级、企业发展定位等难题,都可以在这个网站

---

① 参见徐隽:《最高人民法院宣判第一起垄断案,驳回奇虎公司上诉请求"3Q 大战",腾讯终审胜出》,《人民日报》2014 年 10 月 17 日。

② 参见黄鑫:《工业互联网发展路线图有望出炉》,《经济日报》2014 年 12 月 23 日。

上发布诉求,到"庞大"的专家圈里寻找合适的科技二作者"取经"。类似的科技中介网站就像架起了一座连接科技工作者和企业的桥梁,桥这头的企业相当于免费多了一个庞大的人才库,桥那头的科技工作者则能更有针对性地进行研发,让科技成果不被浪费。而我们的现实是,我们的科研成果,大部分都被锁在了柜子里,无法转化。这是重大的浪费和损失。渠道是打通了,但如果只是给科技工作者和企业家一个"同场交流的机会",很有可能会变成"干瞪眼",一定是公说公有理、婆说婆有理,很难谈到一起。中科网要做的,是一种由互联网思维引导的打破原来的先产品后市场的模式,直接变成以市场需求为导向的模式,中科网以"互联网思维"为导向,正在做"科技中介网站里的淘宝网"。据统计,截至目前,已有 49885 个科技成果在网站上公布,同时,也有来自企业的 20812 个难题被抛到了网站页面上。中科网花了 5 年的时间,和 13 个省市政府部门建立了科技战略合作意向。通过地方企业需求征集匹配中科网线上技术与人才资源,为地方企业提供技术与智力支持,同时把在线优秀科技项目推介给地方政府,促成项目落地。线上和线下结合一直是中科网发展的重要思路。线上,中科网正加速完善网站内容,加强科技成果转化信息加工与分析、评估、经纪等服务,为技术交易提供更好的交易场所和信息平台;而线下,网站正尝试为初创期科技型中小企业提供孵化场地、创业辅导、研究开发设计与检测、认证、管理咨询等服务。① 这种尝试如果推广开来,一定能够化解科技成果转化慢的夹缝。

(2)实事求是做实事扶持和化解移动互联网经济夹缝

移动互联网经济出现的夹缝需要实事求是的化解,需要从现实的经济活动中化解。

把"发展互联网经济"作为政府任务,化解移动互联网经济夹缝。我国不同层级的政府,已经发现了移动互联网经济的发展后劲和经济发展的创新方向,把发展移动互联网经济作为经济发展的重要任务来抓,以求化解移动互联网经济发展中的夹缝。例如,李克强总理在 2015 年《政府工作报告》中指出:"制定'互联网 + '行动计划。"②江苏省人民政府把"发展互

---

① 参见袁贻晨:《科技成果转化也得来点"互联网思维"》,《中国青年报》2014 年 12 月 16 日。
② 李克强:《2015 年政府工作报告》,《人民日报》2015 年 3 月 6 日。

联网经济"首次写入政府工作报告。支持大数据、云计算、物联网等研发应用坚持需求导向和产业化方向,顺应世界新技术革命孕育发展的趋势,大力支持大数据、云计算、物联网、新能源、新材料、纳米和生物技术等方面的研发应用,促进科技服务业发展,形成新的增长点。积极主动融入全球创新网络,提高创新国际化水平。大力发展互联网经济、平台经济等新业态。加快发展现代服务业。重点发展信息服务、电子商务、现代物流、融资租赁等新型服务业,大力发展互联网经济、平台经济等新业态。① 政府主动发展移动互联网经济的举动,能够化解移动互联网经济发展方向、政策等层面的夹缝。

中国制造借网出海化解贸易夹缝。我国硬件厂商借移动互联网的发展不断向海外市场拓展,即使在国内的手机展上,一些手机厂商也不忘"与国际接轨"。在移动互联网的风向标谷歌应用商店 2014 年 9 月下载排行榜中,按公司计算,前 10 名中有百度、猎豹移动、广州久邦数码、腾讯和阿里巴巴 5 家中国公司,BAT 三巨头悉数在列。从服务来看,百度已启动葡语搜索,UC 浏览器在印度市场占据 35% 份额,猎豹更依靠清理大师和CMSecurity(金山手机毒霸国际版)等热门应用在美国上市。在中国互联网企业看来,相比国内硝烟弥漫的"红海",在海外市场,特别是新兴市场国家更像是一块少人开拓的"蓝海"。不过,在"蓝海"里怎么玩? 又有些什么不一样的"规则"? 在海外市场的"名声"又如何转化为"真金白银"?的确是构成夹缝的条件,必须懂规则,以求化解夹缝和改善夹缝条件。例如,对于广州的假发商人谢荣钿来说,简单的游戏规则来自于"中国制造"的价格优势,成为他借网向海外进军的最大筹码。在美国做一套假发成本要 500 美元以上,但中国卖家通过在线外贸平台销售的假发产品均价只有100 美元。只要渠道方便,你价格低,消费者自然会向你靠拢。现在谢荣钿的两个假发品牌 ROSA 和 LUVIN,在阿里巴巴旗下的速卖通平台上都能排进假发行业前五,每月营业额超过 400 万元人民币。2014 年 10 月底小米全球副总裁雨果·巴拉表示,小米正在将海外用户数据从北京服务器转移至美国和新加坡,这也被视为是小米为国际化铺路的重要一步。吴倩则表示,在俄罗斯,阿里巴巴遇到了同样的问题,出于用户数据安全的考虑,

---

① 参见时立强:《"发展互联网经济"首次写入报告》,《扬子晚报》2015 年 1 月 28 日。

俄罗斯方面要求阿里巴巴将用户数据存储在俄罗斯本地,经过多方面斡旋,结果是必须在2016年前完成。① 为什么要将用户数据存储在俄罗斯本地? 不存不行吗? 还有其他方法解决吗? 这就构成了数据存储的夹缝。其实,在网络快速发展的情况下,新的移动互联网夹缝形成的条件还会出现,新的夹缝还会形成,必须不断化解。

互联网保险化解网络保险的夹缝。真正的互联网保险不仅仅是销售渠道的网络化,更重要的是以互联网思维运用大数据、云计算的巨大潜力,对现有保险产品、运营和服务模式进行重构。而现实的情况是,我们与保险业发达的国家和地区相比,我国互联网保险还没有形成成熟的理念和模式,在规范市场、防范风险、加强监督等方面还有大量工作,网民常常处在网络保险的夹缝之中。2014年8月,国务院出台《关于加快发展现代保险服务业的若干意见》,明确提出支持保险公司积极运用网络、云计算、大数据、移动互联网等新技术促进保险业销售渠道和服务模式创新。2011年至2013年,国内从事互联网保险业务的公司从28家上升至60家,年均增长达46%;规模保费从32亿元增长至291亿元,3年间增幅总体达810%,年均增长率达202%;投保客户数从816万人增长至5437万人,增幅达566%。互联网也成为保险业务一个重要的销售渠道。以2014年“双十一”为例,当天,淘宝和天猫共售出1.86亿份退货运费保险,创下了我国保险业单日同一险种成交保单份数的纪录。互联网保险具有成本低、信息透明、覆盖广、效率高等天然属性,可以预见互联网保险的发展将对整个保险行业带来深远的影响和变革。我国保险行业已经形成了以官方网站模式、第三方电子商务平台模式、网络兼业代理模式、专业中介代理和专业互联网保险公司模式为主导的互联网保险商业模式。互联网销售的保险产品越来越丰富,不仅有传统的意外险、车险等险种,同时也在不断尝试长期的健康险、万能险以及满足互联网产业需要的退货运费险、餐具险等新型的保险产品。在美国人寿保险协会国际事务官Brad Smith看来,推动互联网保险发展有几个重要因素,包括基础设施、监管和相关的法律法规、行业的不断创新以及消费者的信任。与保险业成熟发达的国家和地区相比,我国互联网保险还没有形成成熟的理念和模式,很多领域还需要深入探索,如

---

① 参见陈静:《“中国制造”借网“出海”》,《经济日报》2014年11月4日。

市场机制有待进一步成熟、保险产品有待进一步升级、服务能力有待进一步提高、商业模式有待进一步创新等。2014 年 12 月 10 日,保监会发布《互联网保险业务监管暂行办法(征求意见稿)》,这也标志着国内首份针对互联网金融领域的监管文件即将出台。互联网保险的销售者,应该大力推进网销条款通俗化、简单化和服务标准化,鼓励网销产品个性化、定制化;不断提升网销服务质量,提供质优价廉的产品和诚信周到的服务;采用多种方式,继续鼓励和推广行业在互联网保险方面的创新举措,提升行业整体的创新能力,①化解移动互联网保险的夹缝。

移动互联网与教育结合化解网络发展的夹缝。我国互联网的创建,困难重重,却从缺人少钱的状态中,由教育网起步,化解了我国互联网发展的夹缝。1998 年,"教育振兴行动"计划颁布实施,教育网及时跟进,建成了我国第一个 IPv6 试验床。教育网主干网带宽达到 100G,成为我国第一个 100G 主干网,也成为世界上规模最大的 100G 主干网。百度和腾讯这两大巨头的创立之初和中国教育和科研计算机网(英文缩写 CERNET)结下了不解之缘。教育网开拓者之一、清华大学计算机科学与技术系教授吴建平先生,在回顾过往时曾深有感触地说:"如果没有中国教育和科研计算机网,中国的互联网还要推迟几年。我确信,我们在做一项伟大的事业。"20 年前国内这方面的专业人才极少,教育网的建设召唤了一大批怀揣中国互联网梦想的业界精英。吴建平算是国内较早接触互联网先驱者之一。20 世纪 80 年代他就开始网络研究,1987 年被选派赴加拿大留学,当时正逢北美第一张互联网诞生。在加拿大,吴建平第一次接触到互联网后就意识到,这是一个事关国家发展大计的技术。于是不顾导师的极力挽留,吴建平第一时间回到国内,他深知,祖国需要尽快建设属于自己的互联网。吴建平被清华大学点将,出任清华大学网络中心主任,同时被教育部任命为教育网专家委员会主任,挑起了建设教育网的这副重担。当时,吴建平刚刚 40 岁,他带领着一批刚刚回国的年轻人,让教育网这条大船扬帆起航。除了人才稀缺外,无论从技术上、工程上还是管理上都没有现成的经验可以参考和遵循,1995 年底,教育网提前一年通过鉴定验收。这条带宽只有 64K 的主干网,覆盖了全国东西南北 8 个主要城市,联结了 108 所高校,联

① 参见姚进:《互联网保险开启业态新模式》,《经济日报》2014 年 12 月 26 日。

网用户达到 3 万余人——中国第一张全国性计算机互联网由此诞生。但是，教育网在得到肯定的同时，也面临着更大的压力。当时，国际互联网逐渐全面走向成熟，对全世界经济、政治、军事等带来了翻天覆地的变化，互联网规模也快速膨胀，IP 地址缺少以及安全存在漏洞等局限很快暴露出来，互联网发展走到了一个新的十字路口。美国、日本、欧洲等国家纷纷投入到下一代互联网的研究中，地址协议的第六版，即 IPv6 被提了出来。从 IPv4 到 IPv6 使国际互联网格局面临重新洗牌。2003 年，国家发改委等 8 部委正式启动中国下一代互联网示范工程 CNGI（中国下一代互联网示范工程），力争在下一代互联网的竞争中取得先机。教育网再一次充当了急先锋的角色。2004 年 12 月，覆盖 20 个城市，联结了 100 多所高校的 CNGI 核心网之一，教育网 2 率先正式开通，成为全世界最大的纯 IPv6 互联网。互联网发明人温瑟夫在参观 CNGI—教育网 2 后感慨地说：在下一代互联网的发展上，中国走在了美国的前列。李彦宏和百度，马化腾与腾讯，还有新晋中国首富马云，他们都是互联网时代诞生的奇迹。对搜索引擎的研究最早起源于"中国教育和科研计算机网"一期工程中的子项目。当时北大网络实验室北大汉字研究所和东北大学共同承担了该课题任务。北大对中国语言文字有着长期的探索与积累，通过与计算机技术结合优化了搜索范围，并使用轻量级的目录服务和文字检索方式，在天网主要技术负责人北大副教授刘建国的带领下，最终开发了北大天网搜索引擎。2000 年，在李彦宏的邀请下，刘建国毅然辞职加入百度，随后天网主力开发人员周利民、雷鸣、段晖相继加入百度，共同开始了百度搜索引擎的创业生涯。天网的搜索引擎技术与"超链分析"技术专利的强强联合，开辟了今天的百度帝国。如今，出身于天网的他们，已成为国内搜索技术领域的精英，散布在世界众多著名 IT 公司的研究机构中。他们出身于天网，成长于百度，后相继创办了爱帮网、酷我音乐盒、酷讯搜索等公司，在互联网领域大放异彩。在这里，教育网培育了中国第一批互联网用户，第一批建设者、研究者，也创造了中国互联网历史上众多第一。比如，全国第一个互联网主干网，第一个互联网标准 RFC，中国第一个电子杂志《神州学人》，第一个 BBS 水木清华等。有人预测，下一个全球 30 亿网民将有 90% 来自发展中国家。教育网一直在前进的征途中上下求索，让互联网真正成为中国创新驱动战略的先导力量，让互联网发展成果真正惠及 13 亿多国民，为全球互联网经济持续繁荣提供强劲动力,①不断化解移动互联网发展的夹缝。

注意化解"脱网人群"的夹缝。互联网和移动终端全方位融入生活,给我们带来了极大便利。但是,我们的生活中,还存在着这样一群人,他们由于不会或者不习惯使用网络及移动终端,无法享受网络上的资源和网络给当今生活带来的种种便利。在网络时代,他们显得格格不入,他们中有老年人、农民工、偏远地区的人,被称为"脱网人群"。不会网上银行汇款、不会网上购票、不会使用微信、不会网上购物等。用智能手机聊天、网购、网上充水电费、上网查信息……对于网络时代的年轻人来说,这些都是再简单不过的事,这也给大多数人带来了便利。但对于接受新鲜事物较迟缓或受教育程度不高的脱网人群来说,这种便利无形中却成了他们的不便。他们的困难和尴尬,应给予理解和重视。从人数上来看,脱网人群并不在少数;脱网人群在网络时代中的不便,不仅涉及个人和家庭,也是一个社会问题。带领他们入网,需要整合社会资源,集中社会力量,帮助农民工网上订火车票;老年大学开设电脑课,系统地教老人使用网络……这些做法值得推广,体现了社会对脱网人群的关怀和尊重,②以求化解这类夹缝。

---

① 参见宋伟涛:《中国互联网的"黄埔军校"——中国教育科研网协同"织网"20 年记》,《中国教育报》2014 年 12 月 2 日。

② 参见叶琦、侯云晨、方莹馨:《他们不会或不习惯使用网络,是和网络时代疏离的一群人,不要落下"脱网人群"》,《人民日报》2014 年 5 月 25 日。

参考文献

1.《马克思恩格斯全集》第 1、3、23、25、26、44 卷，人民出版社 1956、1972、1975、1974、1973、2001 年版。

2.《马克思恩格斯选集》第 1—4 卷，人民出版社 1972、1995 年版。

3. 恩格斯:《反杜林论》,人民出版社 1970 年版。

4.《列宁全集》第 1、3 卷,人民出版社 1984、1972 年版。

5.《毛泽东选集》第 1—4 卷,人民出版社 1991 年版。

6.《毛泽东文集》第 1—8 卷,人民出版社 1999 年版。

7.《邓小平文选》第 2—3 卷,人民出版社 1993 年版。

8.《中共中央关于经济体制改革的决定(中国共产党第十二届中央委员会第三次全体会议一九八四年十月二十日通过)》《人民日报》1984 年 10 月 21 日。

9.《中共中央关于完善社会主义市场经济体制若干问题的决定(二〇〇三年十月十四日中国共产党第十六届中央委员会第三次全体会议通过)》,《人民日报》2003 年 10 月 22 日。

10.《中共中央关于全面深化改革若干重大问题的决定(二〇一三年十一月十二日中国共产党第十八届中央委员会第三次全体会议通过)》,《人民日报》2013 年 11 月 16 日。

11. 胡锦涛:《坚定不移沿着中国特色社会主义道路前进 为全面建成小康社会而奋斗(十八大报告)》,人民出版社 2012 年版。

12. 习近平:《关于"中共中央关于全面深化改革若干重大问题的决定"的说明》,《求是》2013 年第 22 期。

13. 习近平:《在第十八届中央纪律检查委员会第二次全体会议上的

讲话(节选)》,《党的群众路线教育实践活动学习文件选编》,党建读物出版社 2013 年版。

14. 习近平:《不以 GDP 论英雄》,《北京晨报》2013 年 6 月 30 日。

15. 习近平:《坚持以人民为中心的创作导向》,《人民日报》2014 年 10 月 16 日。

16. 习近平:《在第十八届中央纪律检查委员会第五次全体会议上的讲话》,《人民日报》2015 年 1 月 14 日。

17. 李克强:《2015 年政府工作报告》,《人民日报》2015 年 3 月 6 日。

18. [美]N. 格里高利·曼昆著,梁小民、梁砾译:《经济学原理——宏观经济学分册》,北京大学出版社 2012 年版。

19. [美]N. 格里高利·曼昆著,梁小民、梁砾译:《经济学原理——微观经济学分册》,北京大学出版社 2012 年版。

20. [美]布拉德利·希勒著,王福重译:《经济学基础》,人民邮电出版社 2011 年版。

21. [美]保罗·萨缪尔森、威廉·诺德豪斯著,萧琛主译:《经济学(第十七版)》,人民邮电出版社 2004 年版。

22. [韩]李正典著,李学权译:《颠覆经济学》,北京大学出版社 2013 年版。

23. [英]本杰明·西博姆·郎特里著,张爱民、黄薇译:《企业管理中人的因素》,北京理工大学出版社 2013 年版。

24. [美]尼古拉斯·拉迪著,熊祥译:《中国经济增长,靠什么》,中信出版社 2012 年版。

25. [美]埃尔查南·科恩、特雷·G.盖斯克著,范元伟译:《教育经济学》,格致出版社、上海人民出版社 2009 年版。

26. [美]加利·克莱德·霍夫鲍尔、杰弗里·J.斯科特、金伯莉·安·艾略特、芭芭拉·奥格著,杜涛译:《反思经济制裁(第三版)》,上海人民出版社 2011 年版。

27. [日]小林正宏、中林伸一著,王磊译:《从货币读懂世界格局》,人民东方出版传媒、东方出版社 2013 年版。

28. [美]戴维·波普诺著,李强等译:《社会学(第十版)》,中国人民大学出版社 1999 年版。

29. ［美］卡尔·麦克丹尼尔、查尔斯·W. 兰姆、小约瑟夫·F. 海尔著,时启亮、朱洪兴、王慧译:《市场营销学》,格致出版社、上海人民出版社2013 年版。

30. 翁志勇主编:《经济学概论》,上海大学出版社 2006 年版。

31. 刘树成主编:《现代经济辞典》,凤凰出版社、江苏人民出版社 2005年版。

32. 周文根主编:《市场营销学》,中国人民大学出版社 2012 年版。

33. 郭凯峰、王利军、冯志强编著:《经济法原理》,科学出版社 2009 年版。

34. 郭凯著:《王二的经济学故事》,浙江人民出版社 2013 年版。

35. 吴晓波著:《历代经济变革得失》,浙江大学出版社 2013 年版。

36. 陈洪涌编著:《企业文化说道》,复旦大学出版社 2012 年版。

37. 张斌著:《"非市场经济"待遇:历史与现实》,上海人民出版社2011 年版。

38. 杨子云主编:《谁动了中国经济》,团结出版社 2013 年版。

39. 肖英主编:《电子商务》,北京航空航天大学出版社 2011 年版。

40. 中央人民广播电台经济之声编:《中国经济迫切十问》,译林出版社 2013 年版。

41. 格安编译:《松下幸之助经营智慧全书》,内蒙古人民出版社 2002年版。

42. 余胜海著:《能源战争》,北京大学出版社 2012 年版。

43. 厉以宁著:《中国经济双重转型之路》,中国人民大学出版社 2013年版。

44. 李文杰著:《投资陷阱》,机械工业出版社 2012 年版。

45. 圣铎编著:《跟温州人学经商》,中国华侨出版社 2013 年版。

46. 孙祺奇著:《马云是特例　创业其实不可爱》,中国经济出版社2012 年版。

47. 吴小杰、刘志军编著:《资本的故事(第一季)》,经济日报出版社2013 年版。

48. 张斌著:《"非市场经济"待遇:历史与现实》,上海人民出版社 2011年版。

49. 中华人民共和国教育部国际合作与交流司组编:《世界 62 个国家

教育概况》，首都师范大学出版社 2001 年版。

50. 张溪竹、张再金编著：《漫话经济学》，中国法制出版社 2014 年版。

51. 王加微编著：《行为科学》，浙江教育出版社 1986 年版。

52. 于跃龙著：《趣味经济学》，中国纺织出版社 2012 年版。

53. 赵德水主编：《市场经济 400 题》，江苏教育出版社 2002 年版。

54. 黄晓林、赵伟编著：《二十几岁要懂点经济学》，中国华侨出版社 2011 年版。

55. 邹东涛：《发展与改革蓝皮书——中国改革开放 30 年（1978—2008）》，社会科学文献出版社 2008 年版。

56. 梁晓声著：《中国社会各阶层分析》，文化艺术出版社 2011 年版。

57. 沈凌著：《经济学家有点烦》，人民东方出版传媒、东方出版社 2013 年版。

58. 丁建中等著：《新资本论》，中国矿业大学出版社 2003 年版。

59. 中共中央宣传部理论局：《理论热点面对面·2010·七个怎么看》，学习出版社、人民出版社 2010 年版。

60. 陶良虎、张贵孝主编：《政府经济管理教程》，国家行政学院出版社 2013 年版。

61. 郑杰著：《给教师的一百条新建议》，华东师范大学出版社 2004 年版。

62. 李仲生著：《人口经济学》，清华大学出版社 2006 年版。

63. 林贤治著：《鲁迅画传》，团结出版社 2004 年版。

64. 司马云杰著：《文化社会学》，华夏出版社 2011 年版。

65. 李怀亮、金雪涛主编：《文化市场学》，首都经济大学出版社 2010 年版。

66. 李振生、贡晓旭、周天立编著：《玩赚比特币》，人民邮电出版社 2014 年版。

67. 梁晓声著：《中国社会各阶层分析》，文化艺术出版社 2011 年版。

68. 陈光锋编著：《互联网思维　商业颠覆与重构》，机械工业出版社 2014 年版。

69. 程小永、李国建著：《微信营销解密——移动互联网时代的营销革命》，机械工业出版社 2014 年版。

70. 吴群编著：《供应链物流学》，中国物资出版社 2012 年版。

后　记

　　《经济夹缝谈》的写作用了 555 天的时间,至今为止是我所有论著中写作时间最长的一本书。书稿杀青时我掰着手指计算,竟然用了那么长的时间,可同事和朋友们还"戏说"我写作"高产",真是羞愧难当。写这本书的过程中,还真经历了几件对我们来说的"大事"。一件大事是"群众路线教育实践"活动,从 2014 年初开始,到 2014 年底,可谓轰轰烈烈,几个阶段,紧锣密鼓,环环相扣,一着不让;另一件大事是百年校庆,也是年初开始启动,到 10 月底落下帷幕,举全校之力,贺百年盛事;还有一件大事是省教育厅对学校的教学质量评估,从 2012 年启动,两年多时间,开始慢条斯理,有条不紊,最后是紧锣密鼓,百米冲刺,同样一举获得成功;另外,再加上自己的办公室搬迁、家里的家务事等,使得这本书的写作常常处于停滞状态。当然,列举这些"大事",是为自己写作慢寻找借口,写作慢的真正原因还是我没有利用好自己晚上的时间,致使有时一天只写几十个字,有时一天一个字也没有写。

　　当我把完成了书稿的消息告诉我的一位朋友时,朋友却不以为然。朋友说:"你不应该停留在夹缝现象的研究方面,你应该对夹缝的问题重新考量一下,加以升华,对夹缝的本质深入研究,找出规律,找出化解夹缝的办法,你要打破你已有的夹缝研究成果和研究思路,重新确立研究的路径,深化对夹缝和夹缝学的研究,即跳出夹缝研究夹缝。"友人不经意的劝说让我想了很久,"自我打破"何其难也,有位哲人说:"鸡蛋,从外打破是食物,从内打破是生命。"人生亦如是,从外打破是压力,从内打破是成长。我理解理论研究也应该是这样,自己从内部打破才是研究者的理论重生。可是,怎么样打破自己的研究思路、成果和路径,至今还没有想出子丑寅卯来,恐怕要使朋友失望了。

《经济夹缝谈》是继《夹缝学》一书出版十年之后的研究夹缝问题的系列成果之一,在2013年、2014年中,我分别出版了《文化夹缝谈》《教育夹缝谈》两本小册子,《经济夹缝谈》是第四本研究夹缝的小册子。《经济夹缝谈》共八章,从经济夹缝概念、主客体、类别、转化,经济夹缝的本质特征,经济机制与体制的夹缝,经济分配的夹缝,政府与经济的夹缝,社会与经济的夹缝,文化与经济的夹缝,移动互联网经济夹缝等方面,对经济夹缝现象、本质、规律进行了研究,研究大多是从夹缝现象着手,分析经济夹缝的本质和规律,寻找化解夹缝的办法。

关于"夹缝"和"经济夹缝"的概念在此要解释一下。夹缝原指两个靠近的物体中间的狭窄空隙。而用在夹缝学中的夹缝指两个及两个以上的事物(主要是人)对第三个事物或更多事物(主要是人)构成挤压态势。经济夹缝指两个及两个以上的组织或个人利用经济事物对第三组织、个人(乃至更多的组织、个人)构成挤压的态势。

移动互联网经济的发展,使我们耳目一新。习近平在致首届世界互联网大会贺词中指出:"当今时代,以信息技术为核心的新一轮科技革命正在孕育兴起,互联网日益成为创新驱动发展的先导力量,深刻改变着人们的生产生活,有力推动着社会发展。互联网真正让世界变成了地球村,让国际社会越来越成为你中有我、我中有你的命运共同体。同时,互联网发展对国家主权、安全、发展利益提出了新的挑战,迫切需要国际社会认真应对、谋求共治、实现共赢。"专家们预言"让每个机械、每个汽车、每个车床、每个灯泡都连到互联网上,这个连接刚刚开始",人和人,设备和设备,服务和服务,人和设备,人和服务通过移动互联网都有一个智能的连接。李克强会见世界互联网大会中外代表"八巨头"时说:"互联网是大众创业、万众创新的新工具。只要'一机在手''人在线上',实现'电脑+人脑'的融合,就可以通过'创客''众筹''众包'等方式获取大量知识信息,对接众多创业投资,引爆无限创意创造。"2015年李克强在《政府工作报告》中说:"制定'互联网+'行动计划,推动移动互联网、云计算、大数据、物联网等与现代制造业结合,促进电子商务、工业互联网和互联网金融健康发展,引导互联网企业拓展国际市场。"移动互联网经济出现了"一机在手,生意不愁"现象,对于不上网的和无意网上创业的民众构成了夹缝,需要逐步化解。

在本书成书过程中,得到了招办、继续教育处、继续教育学院、图书馆、校办的同志们热情帮助,在此表示感谢。

由于作者夹缝研究的水平和能力有限,书中一定有许多不到之处,敬请批评指正。

朱其训

2015 年 5 月 1 日

（京）新登字083号

图书在版编目（CIP）数据

经济夹缝谈/朱其训著. —北京：中国青年出版社，2015.7
ISBN 978-7-5153-3598-8
Ⅰ.①经... Ⅱ.①朱... Ⅲ.①经济学-研究 Ⅳ.①F0

中国版本图书馆CIP数据核字（2015）第175131号

责任编辑：方小玉
装帧设计：刘 凛

出版发行：中国青年出版社
社址：北京东四十二条21号
邮政编码：100708
网址：www.cyp.com.cn
编辑部电话：（010）57350503
门市部电话：（010）57350370
印刷：三河市君旺印务有限公司
经销：新华书店经销

开本：700×1000 1/16
印张：29
插页：2
字数：450千字
版次：2015年7月北京第1版
印次：2015年7月河北第1次印刷
定价：58.00 元

本图书如有印装质量问题，请凭购书发票与质检部联系调换
联系电话：（010）57350337